林兆木自选集

人民出版社

目　　录

序　言

王梦奎

几年来我多次建议林兆木同志编一本经济论文选集，他一直没有响应。现在终于改变主张，编辑出版这本书。作为同行、朋友和先前的动议者，我自然分外高兴。

林兆木同志是经济学科班出身，在大学教过书，在中央理论刊物做过编辑。从上世纪80年代末期以来，一直在国家综合经济部门从事政策研究咨询工作，并且参加过党中央和国务院许多重要文件的起草。这本论文集，选的是从事政策研究咨询工作以来的文章。在我看来，这本文集至少有三个特点：

第一，讨论的都是现阶段中国经济和社会发展中带有全局性的重要问题。对宏观经济形势的分析和对发展趋势的判断是言之有据而绝不是道听途说和捕风捉影的；对中央重要决策的解读是准确可信的，宣传是带有创造性的。因此，可以帮助读者从若干重要侧面，理解20多年来中国发展的脉络。

第二，研究是有深度的。不论是关于经济政策的建议，还是关于中央决策的解读，都是以自己的深入研究为基础的。特别是关于我国经济发展周期的研究，关于老龄化问题的研究，以及关于对中国经济总量评估的研究，更表现了深厚的功底。愈到后期，文章愈加老到，表现了作者与时俱进的不懈追求精神。

第三，立论和逻辑是严谨的，文风是朴实的。不是虚张声势的空洞说教，而是用事实和道理心平气和地和读者交流。立论和逻辑的严谨得益于他多年从事理论教育和理论编辑工作的练历，以及对于马克思主义经典著作的熟读和理解；文风朴实则不仅得益于他的文字功底，在很大程度上也反映了他务实而平和的品格。中外早有名言："文如其人"，"风格就是人"。

　　这洋洋大观的数十万言，并不能全面反映兆木同志的贡献。我以为，作为经济学家，他的主要贡献还是参与重要文件的起草工作。他多年来一直参加中央文件的起草工作，包括国务院向全国人大所作的《政府工作报告》，党的十五大、十六大和十七大报告，许多次中央全会的决议，从"八五"计划到"十二五"规划的研究论证和文件起草。当然，这些重要文件反映的都是中央的精神，是集体智慧的结晶，兆木同志作为参与者也贡献了自己的一份力量。他在工作中所表现的理论见解、文字功底和负责精神，是得到普遍好评的。

　　我和兆木同志相识近半个世纪。1988年他调到国家计委经济研究中心，即现在国家发改委宏观经济研究院的前身，我们在那里共事两年多。从那时起一直到现在，经常一起参加中央文件起草和其他文稿的讨论，相聚的机会很多。散步是我们工作之余的主要活动。这是名副其实的"散"步，不求速度也没有确定方向，想走就走，想回即回。总是边走边聊，或可称为"散话"。散文并不散，高手名篇只是雕琢不露痕迹而已；我们的"散话"才真叫"散"。漫无边际，天南海北，古今中外，宏观大而至于世界格局和学术问题，细微小而至于花鸟鱼虫，遗闻轶事，生活体验，读书心得。零零碎碎，时断时续，没有中心也没有目的，想到哪儿说到哪儿。随心所欲，无拘无束，完全是思想的漫游。内容虽杂乱无章但绝没有套话空话和家长里短。这本论文集里所涉及的一些观点甚至论据，也不免议论过，而且有着共同的见解。有位和我们共事并且一起散步和"散话"过的年轻朋友，对这种"散话"感觉好奇，开玩笑说：如果你们身上装有录音机，多年积累记录下来一定很有意思。我们当然不会有这种想法，那就失去散步和"散话"的真谛了。不过前两年兆木同志确曾动议，是否采取灵活的通讯方式，把彼此对于各种问题的零星思想记录下来，说不定可以集为一册。这是一个不错的创意。我有些畏难，觉得精力不支，而且时过境迁，不易坚持，没有响应。但回首往事，总会是有兴味的。

　　话说远了。文选即将付梓，兆木同志嘱为之序。愿以这番话应命，并聊表祝贺之意。

　　　　　　　　　　　　　　　　　　2011 年 9 月 5 日

推进相互配套的全面改革

（1988 年 11 月 2 日）

一、正确认识治理整顿和深化改革的关系

党的十三届三中全会根据对我国当前经济形势的全面分析，提出了治理经济环境、整顿经济秩序、全面深化改革的指导方针，并确定把明后两年改革和建设的重点，突出地放到治理经济环境和整顿经济秩序上来。这是在我国经济改革和经济建设的关键时刻作出的重大决策。治理整顿和深化改革，是一个完整方针的两个方面，是相互联系、相互促进的。

第一，治理环境、整顿秩序是在坚持改革开放大方向的前提下提出来的。我国十年的改革为国民经济注入了强大的活力，促进了经济和社会的发展。1987 年与 1978 年相比，国民生产总值由 3482 亿元增加到 11049 亿元，按可比价格计算，增长 1.25 倍，平均每年增长 9.3%。改革十年来，工农业主要产品产量都有大幅度增长，城乡市场繁荣，社会商品零售总额 1987 年达到 5820 亿元，增长 2.7 倍，对外开放取得了显著成就，进出口总额 1987 年达到 826.5 亿美元，增长 3 倍以上，科学技术、教育、文化等各项事业也都取得了很大成绩。在生产迅速发展的基础上，城乡人民生活有了明显改善，城镇居民人均收入，扣除价格变动因素，增长 85%；农民人均收入，扣除价格因素，增长 1.8 倍。改革对于我国的伟大意义，不仅

在于已经给我国社会带来了巨大变化，更重要的是，它结束了我国长期封闭和停滞的局面，开辟了新的历史发展时期。实践已经证明，只有坚持改革开放，才有出路。因此，改革开放的总方针、总政策决不会改变。治理经济环境、整顿经济秩序，只是在改革与建设的步骤、方法上作一些调整。这种调整不仅以坚持改革开放为前提，而且目的就是为了促进改革开放，促进经济与社会发展。

第二，治理经济环境、整顿经济秩序，既是全面深化改革的必要条件，也是改革的重要内容。不论是价格改革还是企业改革，不论是市场竞争机制的发育还是国家调控市场机制的形成，都需要有一个比较稳定、相对宽松的经济环境。在总需求与总供给的缺口扩大、通货膨胀加剧，市场物价上涨幅度达到两位数的情况下，如果不首先集中力量抑制通货膨胀、治理经济环境，势必造成工资与物价竞相推进，各种商品翻番涨价，不仅价格改革的措施难以出台，而且价格关系会更加混乱，价格改革的难度和风险也会加大。同时，总需求大大超过总供给，一方面企业缺乏竞争的压力，从而缺乏改善经营管理和进行改革的压力，相反会给企业以错误的市场信号和不正常的市场环境，诱使企业行为短期化；另一方面，能源、原材料的紧缺和不断涨价，市场秩序混乱，又给企业经营承包制的实行造成了许多困难，为企业改革的深化制造了障碍。因此，治理经济环境、整顿经济秩序是深化改革的内在要求，是为深化改革创造必要条件的。同时，其中的不少措施本身就是深化改革的重要内容，如积极推进住房制度改革，国有大中型企业进行股份制试点，出售国有小企业，广泛推行企业的兼并和联合，发展企业集团，优化企业劳动组合，等等。

第三，要从根本上解决前进中面临的复杂问题，逐步建立社会主义商品经济新秩序，必须有领导有秩序地、坚决而稳步地全面深化改革。通货膨胀加剧、物价上涨幅度过大的直接原因是投资膨胀和消费膨胀导致的货币过量发行。而投资膨胀和消费膨胀的深层次原因，则在于我国现行经济体制和经济运行机制的问题。近几年导致明显通货膨胀的投资膨胀和消费膨胀，是在新旧体制转换过程中出现的。我国经济体制改革虽然取得了重大进展，但是"国家调节市场、市场引导企业"的新的经济运行机制仍未确立。企业还没有真正成为自主经营、自负盈亏的商品生产者和经营者，仍未形成有力的自我约束机制；市场发育不健全，不合理的价格体系和价格管理体制还有待于改变；原有体制的宏观调控手段有的失灵了，有的削弱了，而适应有计划商品经济的宏观调控机制还不能有效发挥作用。以上几个方面的因素结合在一起是投资需求和消费需求失控的重要原因。当然，在改革过程中，有些措施不配套，有关的制度、法规建设和管理、监督工作没有适应新的形势、新的情况，这些问题也同需求膨胀不能得到有力抑制有很大关系。因此，要从根本上解决需求膨胀、通货膨胀和经济秩序混乱的问题，必须从企业、市场和宏观调整三个层次上进行相互配套的全面改革。

二、在综合改革中必须抓紧深化企业改革

按照党的十三届三中全会的精神，1989 年价格改革的步子应当放慢，企业改革则必须抓紧。这是从我国经济当前的实际情况出发作出的正确部署。1984 年 10 月，党的十二届三中全会关于经济体制改革的决定已经明确指出，企业改革是经济体制改革的中心环节，而价格体系改革是整个改革成败的关键。企业改革和价格改革不是相互排斥的，而是相辅相成的，应当互相配合进行。不理顺价格，不建立合理的价格形成机

制，就不可能造成市场竞争的环境，就谈不上真正确立新经济体制的基础，企业也不可能真正成为自主经营、自负盈亏的商品生产者和经营者。另一方面，如果不进行企业机制的改革，企业不能真正成为市场竞争的主体，价格改革也难以顺利进行并获得成功。当然，在不同的情况下，这两方面的改革可以有不同的侧重。当前，物价上涨幅度达到了两位数，已经超过了企业和职工的承受能力，为了稳定经济，价格改革的步子必须放慢，也只能放慢。中央提出，明年物价上涨幅度必须明显低于今年，此后几年，每年物价上涨幅度必须控制在 10% 以内。这也就是说，明年以及今后几年，价格改革只能在上述物价上涨的控制幅度之内进行。我们能不能做到在逐步理顺价格的同时，把物价上涨幅度控制住呢？这就要看我们今后几年能否有效地控制社会总需求。而要有效地控制住社会总需求，一方面需要有正确的宏观经济政策，并改善和加强宏观经济管理；另一方面必须通过改革，使企业尽快成为自主经营、自负盈亏的商品生产者和经营者，以形成有力的自我约束机制。所以从当前看，价格改革和企业改革也是相辅相成的。明年，价格改革的步子放慢，才能有一个比较稳定的经济环境，使企业改革能够抓紧进行；而只有企业改革的深化，促进了企业（特别是工业企业）经济效益的提高，才能增强企业、职工对价格改革的消化和承受能力，才能把改革的风险减少到最低限度。

抓紧企业改革也是当前经济形势和治理环境、整顿秩序任务的客观要求。当前，企业的生产和经营面临许多困难，一方面是能源、原材料供应和运输都很紧张，生产资料价格不断上涨；另一方面为了抑制通货膨胀必须压缩投资、压缩信贷、收紧银根，这些都使企业面临严峻的考验。要克服困难、渡过难关，最根本的还是靠深化企业改革。现在，许多国有企业经济效益不高，生产、流通、基本建设中的浪费极其严重。这正好说明国有企业在提高经济效益方面的潜力还很大。这种潜力现在不能发挥出来，主要原因仍是旧的经济体制的束缚，所以出路是通过改革加快企业机制的转换。

按照三中全会的精神，当前和明年深化企业改革的任务和措施主要是：

1. 认真完善企业承包经营责任制。目前，全国百分之九十以上的国有工业企业已经实行承包经营责任制，对调动企业和职工的积极性，增强国有企业的活力，起了积极的作用。但在通货膨胀、生产资料供应不足、价格上涨的情况下，承包制也面临许多新的问题。要按照所有权与经营权分离、政企分开的原则，继续搞好承包制的配套、深化、完善、发展。这包括：积极引进竞争机制，通过招标使经营者在公开、平等、民主的条件下展开竞争，择优评选企业承包者，在企业内部也要用层层招标的办法优选各级管理人员，推进企业人事制度改革，积极稳妥地推行优化劳动组合，严格按劳动量、工作量实行定员、定岗，开辟各种门路消化多余人员，同时允许有一定数量的待业人员。允许劳动者在地区之间、企业之间流动，以利于开展竞争。与劳动制度的改革相适应，要逐步建立社会保险制度；继续推行并完善企业工资总额与经济效益挂钩的办法，使职工收入的增长主要依靠本企业提高经济效益和劳动生产率，纠正和防止企业通过涨价增加职工收入。有条件的企业要积极实行工资与产品实物量、实际工作量挂钩的办法，克服平均主义。所有国有企业都应当全面实行厂长负责制，做到党政职能分开，建立起"厂长全面负责、党委保证监督、职工民主管理"的企业领导体制。在搞好企业内部配套改革的同时，要加强企业管理，依法治厂，从严管理，积极推广行之有效的先进管理方法。

2. 进一步推动政企分开，使有条件的企业放开经营。要认真贯彻实施《企业法》，保护企业的合法权益，当前主要是应当减少各级政府和企业主管部门对企业的行政干预，制止对企业的各种摊派、抽头和中间盘剥。为此，关键是认真实行政企职能分开，只要企业依法经营，照章纳税，履行合同，政府和主管部门就不应当对企业的正常经营活动进行干预。当前使企业放开经营的重点是全行业产品供求大体平衡的国有企业，以及县属的国有企业。

3. 积极推进企业兼并，进一步发展企业集团。企业兼并是实现优胜劣汰，优化产业结构、产品结构和企业组织结构的有效途径。近几年，由于经济过热，加工工业发展过快，一些生产长线产品的企业，一些能源及原材料消耗大、效益差的企业，一些经营管理不善、长期亏损的企业，在按国家产业政策调整产业结构、信贷结构的过程中，必然有一个关停并转的问题。按照经济上合理和自愿的原则，优势企业兼并劣势企业，可以使生产力的各种要素按照产业政策的要求重新组合，有利于经济发展和整体经济效益的提高。进一步发展企业集团，关键是妥善处理各方面的利益关系。可以通过兼并、参股、控股等方式形成资产一体化的企业集团；也可以通过承包、租赁等方式形成经营一体化的企业集团，还可以通过契约、合同的方式发展横向经济联合。企业兼并和发展企业集团，都不要硬性捏合。

4. 有步骤地试行以公有制为主体的股份制。这有利于明确企业产权关系，有利于完善企业机制和促进企业行为合理化，应当认真研究，进一步试点，逐步推行，但不要一哄而起。在企业联合或兼并过程中，可以通过互相参股、控股的形式发展为股份制企业。由多方出资的新建企业，可将各方的资金折成股份，办成股份制企业。有条件的地区，可以选择少数企业向社会发行股票。

三、加强市场建设，改善宏观调控

全面深化改革，还包括计划、劳动、商业、物资、外资、财政、金融、投资等方面的改革。1986 年 4 月，六届人大四次会议原则批准国务院制定的"七五"计划中提出的"七五"期间经济体制改革的目标和任务，主要是抓好互相联系的三个方面：一是进一步增强企业特别是全民所有制大中型企业的活力；二是发展社会主义市场体系；三是加强和改善宏观控制。"七五"计划还提出：要围绕上述三个方面，配套地搞好计划体制、价格体制、财政体制和劳动工资制度等方面的改革，形成一整套把计划和市场、微观搞活和宏观控制有机结合起来的机制和手段。过去几年，我们在企业改革方面已经走了两步。第一步是放权让利，第二步是普遍实行企业经营承包制。这两步对微观搞活、增强国有企业的活力都起了重要作用。同微观搞活方面的探索、改革和工作所取得的进展相比，在加强和改善宏观调控，以及市场体系的培育与建设这两个方面，则做得很不够，旧的宏观调控手段有的失灵了，有的削弱了，新的手段还不能充分发挥作用；原有的经济运行秩序破除了或部分破除了，新的市场法规、秩序又没有建立或者不巩固，加上新旧体制转换过程中，适应新情况的管理、监督工作没有跟上，这就出现了目前这种较大范围和较深程度上的宏观失控与经济秩序混乱的情况，因而需要集中力量进行治理和整顿。由此得出的结论，当然不是微观不应当搞活，企业不需要增强活力，而是在微观搞活的同时，必须相应地改善与加强宏观调控和市场建设，逐步建立社会主义商品经济的新秩序。从整体上看，宏观失控、市场秩序混乱，企业也不可能真正搞活。因此，企业、市场、宏观三个层次的改革必须配套。不能仅仅从企业的角度看问题，以为只有放权让利、有利于微观搞活的措施才是改革。应当看到，为了全局的搞活和整个经济的稳定发展而采取的改善与加强宏观控制的措施也是改革的内容，也是深化改革所必需的。因此，当前改善与加强宏观调控、整顿流通秩序、加强市场建设，既是治理经济环境、整顿经济秩序的要求，也是全面深化改革的题中应有之义。不能把它看作是改革外的任务。在经济生活中，既要搞活，又要制约；既要放开，又要管理。为了比较顺利地实现新旧体制的转换，为了经济的稳定与发展，必须在抓紧企业改革的同时，适应新形势、新情况，切实提高宏观调控能力。针对当前的情况与问题，必须综合运用经济的、行政的、法律的，纪律的和思想政治工作的手段，五管齐下，进行宏观调控。过去几年的实践经验告诉我们，在新旧体制转换时期，不能过早、过多地放弃行政手段。否则原有的有效手段放弃了，而新的经济手段又不配套或由于种种条件不能充分发挥作用，就会出现失控和混乱。为了稳定发展经济，为了推进改革，而适当地运用或加强行政手段，决不是走老路。

（本文原载《学习三中全会精神辅导读本》，北京工业大学出版社 1988 年出版）

齐心协力把农业搞上去

（1989 年 11 月 8 日）

农业在我国国民经济中占有特殊的重要地位。发展农业生产，不仅过去是、现在是、而且在将来很长的历史时期内，都是我国经济发展的首要问题。在治理整顿期间，加强农业，保证主要农产品产量的稳定增长，对于缓解总需求和总供给的矛盾，调整经济结构，抑制通货膨胀，都有重大作用。农业的状况如何，不仅关系整个经济能否尽快走出困境、走上稳定协调发展的轨道，而且关系到政治的稳定和社会的安定。党的十三届五中全会要求，迅速在全党全国造成一个重视农业、支援农业和发展农业的热潮，齐心协力把农业搞上去，确保粮食、棉花等主要农产品的稳定增长。我们要响应五中全会的号召，切实把重视农业、加强农业、办好农业的精神落实到实际工作和实际行动中去。

一、充分认识我国农业面临的严峻形势

党的十一届三中全会以来，我国农业生产和农村经济有了很大发展，八亿多农民基本上解决了温饱问题，生活显著改善。成绩是巨大的，是主要的。为什么又说农业面临严峻形势呢？这是因为 10 年来农业生产在大发展中也出现了曲折，经历了前 6 年高速增长和后 4 年徘徊不前两个时期。

从 1979 年到 1984 年，农业生产有了重大突破，6 年间农业总产值增长 55.4%，平均每年增长 7.6%。粮食产量，1978 年为 30477 万吨，1984 年增长到 40731 万吨，增长 33.6%。棉花生产发展更快，从 1978 年的 216.7 万吨增长到 1984 年的 625.8 万吨，增长 1.89 倍。油料从 521.8 万吨增长到 1191 万吨。粮、棉、油产量都上了一个大台阶。其他主要农产品产量也都有大幅度增长。这 6 年农业生产迅速发展的主要原因是：农村成功地进行改革，普遍实行多种形式的联产承包责任制；国家大幅度地提高了粮食和其他 18 种农副产品的收购价格；国家大量进口粮食，减轻农民负担，为农村调整经济结构创造了条件；对农村发展多种经营和乡村企业实行优惠政策和支持，等等。这些措施大大调动了亿万农民发展农业生产的积极性，增加了对农业的投入，并使多年来建设的农田水利设施充分发挥了作用，从而形成了我国农业生产前所未有的一次发展高潮。农业生产不同于工业生产的一个显著特点，是它受自然条件特别是气候因素的很大制约，因而本身就具有很大的不稳定性。尤其是我国农业的基础还相当脆弱，受自然条件的制约更是明显。1979 年到 1984 年的高速增长，是上述各种因素以及先进农业科技的应用和比较有利的气候条件等共同发生作用的结果，并不能证明我国农业已经"过关"，没有大问题了。但是，恰恰在这个对农业基本估计的问题上，我们一度过于乐观，在指导思想上和实际工作中，对农业都有所忽视和放松。另一方面，发生了工业过热，投资规模过大，消费需求增长过快，又放松了人口控制，这就使曾经一度缓和的农产品供需矛盾重新紧张起来。工业发展过快，农业上不去，又使 1984 年以前趋于协调的工农业比例关系重新出现严重失调。从 1978 年到 1984 年全国工业平均每年增长 9.5%，农业平均每年增长 7.6%，工业和农业的速度比是 1.25 比 1。从 1985 年到

1988 年，工业平均每年增长 17.8%，同期农业平均每年增长 4.1%，工业和农业的速度比是 4 比 1。其中 1988 年，工业比上年增长 20.8%，农业只增长 4%，两者的速度比达到 5.2 比 1。

我国农业面临严峻形势，具体表现在：

（一）主要农产品产量连续 4 年徘徊，供需矛盾越来越尖锐。粮食总产量 1988 年为 39408 万吨，比 1984 年减少 1323 万吨，而这个期间人口增加了 5082 万，人均占有粮食产量从 392 公斤，下降到 360 公斤，减少 32 公斤。与此同时，由于城乡人民生活的改善和消费结构的变化，对粮食的消费量不断增加。1988 年，全国已有 11 个省市 36.2% 的人口人均粮食消费量超过 400 公斤，其中京津沪三大城市人均消费已达到 500 公斤。全国许多省、市、区粮食供应紧张。1953 年全国净调出粮食的省、区有 21 个，1988 年净调出粮食的省只有 5 个，净调入省的总调入量达 1500 多万吨。1987 和 1988 两年净进口粮食 1700 万吨。棉花产量也出现了严重滑坡。1985 年比 1984 年下降 33.7%，1986 年继续下降 14.7%，1987 年比上年有所增长，1988 年又因灾减产。另一方面棉纺能力从 1984 年的 2000 多万锭增加到 1988 年的 3000 多万锭，棉花供需缺口很大。油料产量 1988 年比 1985 年减少 258 万吨；糖料虽有所增长，但幅度不大，而近几年食油、食糖的人均消费量却在不断增加，只能靠大批进口食油、食糖来弥补缺口。

（一）粮食、棉花、油料等种植业的比较收益偏低，农民种植粮棉油的积极性下降。1984 年粮食丰收出现卖粮难以后，粮食收购价由比例加价改为倒三七定购价，使新商品粮产区降低了收入。近几年国家对粮食的合同收购价进行微调，但由于农业生产资料价格大幅度上涨，在很大程度上抵消了提高收购价给农民的好处。据有关资料分析，1988 年粮食综合收购价比 1978 年上升 121.3%，而同期化肥综合销售价上升 133%。1983 年一斤稻谷可以换 0.7 斤尿素，到 1987 年只能换 0.5 斤。1988 年农民因农副产品收购价格水平提高增加收入 587 亿元，而因农用生产资料和工业消费品价格水平增加支出 622 亿元，收支相抵，农民实际多支出 35 亿元。同时，由于许多经济作物、畜牧产品价格已经放开，价格逐年上升，使粮棉生产的比较效益下降，挫伤了农民种粮种棉的积极性。在通货膨胀严重的情况下，解决粮棉价格问题的难度又很大。

（三）农业形势严峻还表现在：耕地不断减少，水利设施失修老化，土壤肥力下降，发展后劲严重不足。我国的农业自然资源相对短缺，人口占世界人口 22%，耕地只占世界耕地的 7%，人均耕地不到世界人均耕地数的 1/3。对于十分宝贵的耕地资源，浪费现象却很严重。城镇和农村的工厂、道路、住宅建设，每年吞食了大量耕地。从 1957 年到 1988 年的 30 年间，我国耕地累计减少 2.5 亿亩。其中从 1984 年到 1988 年，减少了 3198 万亩，平均每年减少 800 万亩。现在全国人均耕地只有 1.33 亩，比 1957 年人均耕地 2.59 亩，减少了近一半。农田水利设施失修老化，是最近 10 年来越来越严重的问题。从 1980 年到 1988 年，农田灌溉面积由 6.73 亿亩减少到 6.66 亿亩，减了 700 万亩。现有 8 万多座大中型水库和 17 万多公里的江河防洪大堤，有相当一部分年久失修，机井和排灌机械有不少需要更新。不少地区森林植被遭到破坏，生态环境恶化，受灾面积在扩大。1952 年，我国农田受灾面积和成灾面积，分别占总播种面积的 5.9% 和 3.19%。1985 年，受灾面积和成灾面积，分别占总播种面积的 30.8% 和 15.8%。1985 年成灾面积为 1952 年的 5.13 倍，为 1965 年的 2 倍。从 1985 年到 1988 年，平均每年受灾面积和成灾面积分别为 6.92 亿亩和 3.28 亿亩，分别比前 5 年平均增加 25% 和 23%。以上情况说明，农业基本生产条件恶化的状况已经相当严重，如果不尽快采取强有力的措施加以扭转，我国农业生产不仅难以摆脱连年徘徊不前的局面，甚至有可能出现更为严峻的形势，对此我们一定要有充分的清醒的认识。

二、农业的稳定发展是经济、政治和社会稳定的基础

农业是国民经济的基础，粮食是基础的基础。新中国成立40年来的历史反复证明一条规律，粮食、棉花等主要农产品丰收，农业形势好，工业和整个国民经济就能顺利发展，市场、物价和人民生活也就能够稳定。反之，粮棉歉收，农业生产徘徊甚至下降，整个国民经济也就困难。可以说，农业活，全局皆活；农业被动，则全局被动。最近10年的历史又一次证明了这一点。1979年到1984年，农村改革成功和农业生产迅速发展，对城市经济体制改革和整个国民经济发展，起了巨大推动作用，这是举世公认的事实。而最近几年物价大幅度上涨，产业结构恶化，又同农业生产连续4年徘徊有密切关系。目前我国人民消费支出中仍有相当大比重直接或间接和农产品有关，轻工业的原料有50%以上来自农业。因此粮、棉、油、肉、禽、蛋、蔬菜等农副产品供应状况和价格水平，对全国零售商品物价指数有很大影响。1985年全国零售物价上升8.8%，其中大约有2/3是出于放开副食品价格引起的。1988年全国零售物价上升18.5%，其中食品类价格上升约占56%。因此，争取粮食、棉花、油料等主要农产品稳定增长，并且保持林、牧、渔业的稳定发展，对于增加有效供给、抑制物价上涨、稳定经济全局具有十分重要的意义。

　　农业稳定发展是经济稳定的基础，也是政治稳定和社会稳定的基础。民以食为天，任何社会、任何国家要稳定，解决人民的吃饭，都是第一位的问题。对于我们这样有11亿人口的大国来说，更是如此。我们虽然可以进口一些粮食，但要解决11亿人口的吃饭问题，归根到底必须依靠自己采取正确方针，进行持久不懈的努力，把农业搞上去，而不能依靠别人代替我们解决。我国农村人口占全国人口80%，工农联盟是人民民主专政的基础。过去我们依靠工农联盟夺取了政权，巩固了政权，并保证建设事业取得了巨大成就。现在，巩固和发展工农联盟仍然是关系国家安危的重大问题。在新的历史条件下巩固工农联盟，就要巩固这个联盟的经济基础，使工业和农业都得到稳定协调的发展，只有工业的发展而没有农业的相应发展，工农联盟是难以巩固的。

　　要加强农业的基础地位，必须动员各方面力量，在全党全国造成一个重视农业、支援农业和发展农业的热潮。为此首先是各级领导干部需要进一步提高对农业的基础地位和办好农业的重要性、紧迫性的认识，使各项工作都贯彻以农业为基础的方针。

　　总结前几年对农业有所放松的教训，一是要充分认识把农业搞上去是长期的艰巨的任务。农业生产受气候等自然条件的很大制约，要保持长期稳定增长很不容易，即使连续几年丰收，对农业也不能稍加放松。二是要从全局的长远的眼光认识农业的战略地位。从增加产值速度和财政收入的角度看，农业当然比不上一般加工工业。如果片面追求产值速度和局部的近期效益，忽视社会的整体经济效益和长远的战略利益，就会产生对一般加工工业过热，而对农业过冷的情况。三是要考核领导干部的政绩，不能只看经济增长速度和城市建设的规模，还必须看农业搞得怎么样、工业和农业是否协调发展。前几年有些领导的精力过多地向工业和城市倾斜,在农村经济发展中无工不富的声音大,而无农不稳的声音小,农村劳动力向工业和城市转移的速度快了一些。要加强农业,就要切实解决这些问题。尤其是要加强对农业的领导,今后要把发展农业的成绩作为考核各级干部政绩的重要标志,尤其是地县一级领导要把主要精力放在发展农业特别是粮食、棉花生产上。

三、增加对农业的投入,大力加强农田水利基本建设

(一)农业的产出在很大程度上取决于对农业的投入。决定农业产出多少的因素主要有:(1)农业劳动力的数量和素质;(2)农作物的播种面积;(3)资金的投入包括种子、肥料、农业科技、农田水利设施、农业机械等由资金转化的物质技术投入;(4)气候等自然条件。除了气候、土壤的自然肥力等因素外,农业产出可以说主要取决于对农业的劳动投入和资金投入。播种面积、土地肥力也和投入有密切关系。据有的资料分析,农业产值与农业劳动力人数的相关系数为0.9125;与农作物播种面积的相关系数为0.9266;与农业机械化程度的相关系数为0.84;与化肥施用量的相关系数为0.9729。影响农业产出的各种因素是互相联系的,例如,农业先进科技的应用、推广,土壤的改良,都需要增加资金投入和劳动投入。增加对农业的投入,既包括增加化肥、农药、地膜以及农用机械等的投入,也包括为改善农田水利设施的投入。从1984年到1988年我国化肥施用量增长23%,但粮食、棉花的单位面积产量和总产量并没有相应增长,这说明只注意短期性投入,不注意长期性投入,短期性投入也不能发挥应有的增产效果。

（二）近几年投入减少是农业生产连续几年徘徊的重要原因。国家对农业基本建设的投资额，1978 年为 53 亿，1988 年减少到 45 亿，减少 13.2%。在全国基本建设投资总额中的比重逐年下降，"五五"时期平均占 10.5%，1981 年为 6.6%，1984 年降到 5%，1985 年为 3.3%，1986 年为 3%，1987 年为 3.1%，1988 年为 3%。过去集体经济的资金积累加上农民的劳动积累，构成了对农业投入的重要组成部分。最近几年农村集体经济单位用于农业的投资在总投资中的比重也在下降，1981 年为 40.4%，1984 年降为 16.6%，1985 年为 10.4%，1986 年为 8.1%，1987 年稍有回升为 11.6%，但是仍远低于 1984 年以前的比重。农村乡镇企业税后利润用于农业投资的比重，1978 年为 30%，1988 年降到 4.5%。与此同时，农户对农田水利基本建设的劳动投入也比过去大为减少了。

（三）我国农业的投入水平不高，增产潜力还很大。从 1985 年到 1987 年，全国化肥施用量平均每年 1960 万吨，平均每亩耕地 10 公斤，同一般发达国家平均每亩施用化肥 20—30 公斤的水平还有很大差距。我国化肥有效利用率只有 30%，仅是发达国家平均水平的一半。如果按粮食增产 500 万吨需要增加 150 万吨化肥，棉花增产 1000 万担需要增加 50 万吨化肥计算，每年就需要增加 300 万吨的化肥。1985 年以来我国农业机械总动力增加很快，机耕、机灌、机播、机收面积，1988 年分别比 1985 年增长 19.6%、27% 和 52%，但农村能源供应不足，农村供电短缺约 20%，供油短缺 40%—50%，机电设备保证率不到 40%。物质投入的不足，限制了技术成果效益的发挥。

我国农业生产的潜力还很大，要把这种潜力挖掘出来，增强发展后劲，就必须切实保护现有耕地，同时要大大增加对农业的资金投入和劳动投入。我国人均耕地不多，而中低产田约占 2/3；水资源缺乏，而目前农业用水有效利用率只有 40%。我国还有大量尚未开发的农业资源可以利用。据不完全统计，尚未开垦利用的宜农荒地有 2 亿亩左右，滩涂面积约 2000 万亩，大部分尚未开发利用；可以用于养殖的淡水面积中还有40% 没有利用；可用于养殖的海水水面，目前只利用 1/3。要把这些资源开发利用起来，就必须逐步增加对农业的资金和劳动投入。

（四）国家要尽可能增加对农业的投入，同时要积极引导农民增加对农业的资金和劳动投入，使之成为对农业投入的主体。今后几年国家对农业的投资应当逐步有所增加，但在治理整顿期间，国家财政既要偿还逐年增加的内外债，又要缩小财政赤字，因此面临许多困难，显然不能只靠国家增加对农业的投入，地方政府也应当把更多的机动财力用于发展农业，还应当从多种渠道筹集和建立农业发展基金，包括从预算外资金中提取一部分，从乡镇企业税收、耕地占用税、农林特产税、农村个体工商户和私营企业税收中提取全部或一部分，从国外贷款中划出一定比例，用于发展农业。国家投资主要用于大江大河的治理、加强农业科研、建设和完善国家级的商品粮棉基地以及大型的农田水利建设项目。一些地方性、区域性的项目和小型水利建设项目，要根据自力更生为主，国家支援为辅，谁受益、谁负担，本着需要、自愿、量力的原则，接受益范围分级举办。

10 年来随着农业生产和农村经济的发展，农民收入有了大幅度增加，虽然各地的情况不平衡，但是总的看来农民增加对农业投入的潜力还是很大的。1988 年年底农村储蓄存款总额达 1142 亿元。现在许多农户把相当一部分资金用于建造房屋，有些收入增加较快的地区，农民用于生活消费的比重很大，铺张浪费的现象比较严重，应当通过思想政治工作和政策措施，引导农民把更多的资金投入农业。

（五）劳动积累仍然是农民增加对农业投入的重要形式。从 50 年代以来，农民劳动积累对于农田水利基本建设曾经起过重大作用。现在许多水库、机井、水渠以及其他设施，基本上是靠农村劳动积累搞起来的。当然国家也给予了必要的资金和物资的支持。我国农村人口众多，劳动力资源极为丰富，随着农业机械化程度的提高，有大批剩余劳动力，而且每年在增加，现在只能有一部分向城市和农村工业及第三产业转移。在治理整顿期间，由于压缩投资规模和调整产业结构，还会有一批前几年从农村进城的劳动力再回到农村。利用这个时机组织农民大搞农田基本建设，增加劳动积累，是一举两得的事情，既安排了剩余劳动力，又可以维修农田水利设施。因此各地都应当按照国务院最近作出的《关于大力开展农田水利基本建设的决定》的精神，充分发动和依靠群众，制订切实可行的规划，由各级政府的主要领导亲自负责，切实把这项工作抓紧抓好，从今年秋冬起，连续坚持三、五年，抓出成效来。

四、积极推广先进的农业科技成果，各行各业大力支援农业

在农业中也和在工业中一样，科学技术是社会生产力最重要的要素，是生产力发展最重要的动因。我国人均耕地只有一亩多，发展农业生产必须走主要依靠科技提高单位面积产量的道路。邓小平同志在谈到发展农业问题时说，"最终可能是科学技术解决问题"。新中国成立以来尤其是最近 10 年来，农业先进科学技术的应用和推广，对粮食、棉花、油料以及其他农产品的大幅度增产作出了重大贡献。但是应当看到，这方面的

潜力还很大，许多农业科技成果还没有得到充分推广应用，如杂交稻仅占可推广面积的45％，杂交玉米也仅占75％，配方施肥等技术的推广面积所占比重更小。据有关专家推算，现在科技成果在农产品增产中的作用最多只占30％—40％。经过努力把这种作用再提高10％，是完全可能的。要进一步推广农作物的优良品种。据测算，全国增加1亿亩杂交水稻，每年就可增加稻谷50亿公斤，杂交玉米如果发展到2.4亿亩，每年可增产玉米120亿公斤。应用模式化综合配套栽培技术，小麦单位面积产量可以增加10％以上。

要把科技成果转变为现实的生产力，关键在于通过切实有效的形式，加速农业科技成果的推广应用。为此必须健全以乡级为重点的农业科技推广服务组织，充实基层科技推广队伍。同时，要继续深化科技体制改革，推动科技成果的有偿转让和有偿服务。我国现有农业科技人员150万人，是一支很大的力量，目前尚未充分发挥作用。要进一步动员和组织农业科技人员下乡，深入农业生产第一线，积极推广花钱少、增产显著、适用性强的先进技术。要使科技人员和科研单位从推广科技成果的增产效益中取得合理报酬，以调动他们参加科技兴农的积极性。近年来河北省通过发展和完善农业技术承包制的方式，组织大批科技人员和农民技术员相结合，把组装配套的科技成果送到农民手里，大面积地加以推广，已经取得明显的增产效果。例如，在条件适宜的地区依靠科技投入改变耕作方式，实行"棉麦一体化"（棉垄间套播小麦，小麦快成熟时在麦垄间套种棉花），和"夏秋粮一体化（麦垄套种玉米，玉米收割后再套种小麦）。这种办法既可提高粮棉单位面积产量，又解决了粮棉争地的矛盾。农业技术承包制这种组织形式的特点之一，是把行政领导部门、科技部门、银行和物资等部门的力量，围绕着科技投入促进农业增产这一个目标组织起来，使科技投入、资金物资投入、劳动投入形成一个整体，因而效果比较好。各地都应当从实际出发，积极探索有效的形式，以推广各种先进的农业科技成果，促进农业发展。

增加对农业的投入，推广先进的农业科技成果，都需要各行各业的大力支援。除了必要的资金、技术的支援外，保证农用生产资料的供应和价格稳定，是当前一个突出的问题。近几年农用生产资料特别是化肥、地膜、农药、柴油等，不仅数量少，供应不及时，而且价格高。其原因，是支农工业发展滞后。全国农用工业投资占总投资的比重1980年以前为4.2%，近几年降到1.3%。不少生产农用生产资料的企业生产工艺落后，加上能源原材料供应不足、价格不断上升，导致生产企业成本上升，经济效益下降。二是流通环节多、层层加价，到农民手里的价格很高，出现厂家不愿意生产、农民又不愿意购买的现象。解决农用生产资料不足的问题，根本出路要立足于国内，积极发展我们自己的支农工业。在治理整顿期间，为了保证农业的稳定增产，要把发展支农工业放在优先地位，实行资金、原材料倾斜，尽快健全和加强支持农业稳定发展的农用工业体系。同时要整顿流通秩序，加强和完善专营制度，减少流通环节和费用，千方百计稳定农用生产资料的价格，并保证及时供应。

五、继续深化农村改革，执行稳定的农村政策

没有农村经济改革和各种形式的联产承包责任制，没有党的十一届三中全会以来的一系列正确的农村经济政策，就没有我国农业生产的迅速发展。今后要使农业摆脱徘徊，走上稳定发展的轨道，靠先进农业科学技术，靠增加对农业的投入，是十分重要的，但归根到底还必须依靠八亿农民的积极性。因此

要继续深化和完善农村改革，保持各项农村经济政策的连续性和稳定性。

家庭联产承包责任制是农村改革的重大成果，对于调动广大农民的积极性，促进我国农业生产的发展起了巨大作用，它适应我国大多数地区农村生产力的发展水平，是现阶段组织农民进行各类种植业和养殖业的较好形式，仍然具有生命力，应当继续坚持不变，同时加以完善。保持农村经济政策的稳定，首先就是要保持联产承包责任制的稳定。讲完善不是要改变，而是在坚持不变的前提下加以完善和提高。当前重点是发展社会化生产服务，特别是发展村级的产前、产中、产后的服务体系，完善统分结合的双层经营体制，进一步发挥集体经济统一经营的优越性和农民分散经营的积极性。

当然家庭联产承包责任制并不是没有缺点的。以农民家庭为单位按人口或按人口、劳力各占一定比例平均承包土地，存在着经营规模小、分散，不利于劳动力和土地的合理利用的问题。因此，在有条件的地区，可以根据农民自愿的原则，稳妥地推进适度规模经营。适度规模经营有利于提高劳动生产率和土地产出率，从而有利于提高农产品商品率。但是搞适度规模经营，需要具备一定的条件。不论是土地向种田能手集中的户办农场，还是由经济联合体办的合作农场，或者集体经济办的集体农场，都需要增加投入，必须有一定的资金积累和机械化程度为前提，同时要安排从土地转移出来的劳动力，也需要有乡镇企业的相当发展。从我国目前的情况看，具备这种条件的主要是一部分大中城市郊区以及少数经济发达、乡村企业比较发展、农业机械化程度比较高的地区。在这些有条件的地区，应当稳妥地推进适度规模经营，发展新的集体经济组织，但一定要注意根据农民自愿，不能勉强，要有步骤地进行，不能一哄而起。我国农村大部分地区目前还不具备搞适度规模经营的条件，应当从实际出发，根据生产力发展的要求和农民的愿望，对家庭经营为主的承包经营责任制加以完善、补充和提高。

（本文原载《学习十三届五中全会精神讲话》，桂世镛等编著，中共中央党校出版社1989年12月出版）

保持稳定，坚持发展

（1990 年 4 月 7 日）

1990 年 3 月李鹏总理在七届人大三次会议上作的《政府工作报告》，主题、中心非常明确和突出，这就是不管国际风云如何变化，我们都要在政治上保持安定团结的政治局面，在经济上保持持续稳定协调发展。稳定是压倒一切的头等大事。今年《政府工作报告》从总题目到三个部分，都贯穿了"稳定发展"这个主题。稳定包括政治稳定、社会稳定和经济稳定发展三个方面。稳定才能发展，政治、社会稳定是前提，经济稳定发展是基础。发展是稳定的目的，只有发展才能使稳定的局面巩固持久。

在当今世界上，我们的国家要独立，要生存，就必须发展；要发展，就必须改革；而要发展，要改革，就必须稳定。关于稳定的重要性，邓小平同志有一段精辟的话："中国的问题，压倒一切的是需要稳定，没有稳定的环境，什么都吹了，已经取得的成果也会失掉。我们的国家要改革，就一定要有稳定的政治环境，离开这一点，什么都搞不成。"今后十年、二十年以至到下世纪的中叶，对于我国是非常重要的时期。因为从历史上看，我国工业化比西方发达国家晚起步一、二百年到二、三百年，新中国成立以来我们一直在追赶，取得了巨大的成就，但是由于历史造成的差距太大，也由于失误浪费了不少时间，所以现在同发达国家的差距还很大。今后如果不更加努力追赶，这种差距还有进一步拉大的危险。现在国际上科学技术的发展日新月异，十分迅速。不只是"不进则退"，进步慢一点，都表现为落后，而落后是要受欺侮，甚至要挨打的。国家之间的竞争归根到底取决于经济实力，取决于科技的发展水平。不久前美国《新闻周刊》的一篇文章惊呼日本人在踢美国的屁股。文章认为，"美国不必等到德国变成下一个超级大国，一个强劲的竞争对手今天就站在它的眼前。日本已经控制了亚洲迅速发展的市场的大部分，而且它在美国的经济力量也在逐步增长。"而日本人则认为自己国内没有资源，要想在激烈的国际竞争中立于不败之地，就要靠技术上的优势。这说明，就是发达国家也常有危机感，也不敢稍有停顿。我国作为发展中国家，在这样的世界格局中，更应当利用历史给我们的和平环境和宝贵的发展时机，保持国内稳定，集中精力加快经济发展。世界上有些国家在历史上也落后过，也经历过很困难的时期，但是它们咬紧牙关，急起直追，终于发展起来了。我们要从世界的战略格局中，从国家、民族和社会主义制度的前途和命运这样的高度，来看待稳定和发展的问题。

现在强调稳定是压倒一切的，既是从我国面临的国际环境和今后发展的任务得出的正确结论，也是从当前国内的现实情况出发提出的。一般说来，在经济高速增长时期和改革时期，社会矛盾和不稳定因素会比平常多一些，社会上利益冲突也会比较尖锐和复杂。不仅我国的情况是这样，其他国家一般也是这样。比如日本学者认为，日本高速增长时期社会矛盾和冲突，比发展比较缓慢的时期要多。当然这不是说，由于社会矛盾和冲突多，就不要发展得快一些，而是说在经济高速增长时期，更要注意处理好各种社会矛盾和冲突，以保持社会稳定。我国改革开放以来，不仅处在经济高速增长时期，而且处在改革和体制转换时期，各方面的经济关系变动比较大，同时出现了收入分配差距扩大，以及腐败等消极现象，这就使社会矛盾和不稳定因素增多起来。去年以来，进行治理整顿，把经济增长速度放慢下来，对各方面的利益进行必要的调整，这是必要的。但也要看到，治理整顿也带来了一些新的矛盾和困难。当前最突出的就是，原有的矛盾和新的矛盾交织在一起，增加了不稳定的因素。从外部来看，1989 年政治风波以后，西方国家在政治上对我国施加压力，经济上进行制裁，也给我们增加了困难。去年下半年东欧发生了一系列变化，世界各方力量在重新组合，世界格局发生了较大变动。在国际风云变幻的环境中，我们要坚持社会主义制度，坚持我国的发展目标（到本世纪末国民生产总值实现比 1980 年翻两番，到下世纪中叶基本实现现代化），就必须保持国内政治、社会稳定和经济稳定发展。没有这一条，我们就会再次失去历史给予我们的宝贵时间和机会。西方国家的一些政治家也认为，中国只要按照现在的路线、方针、政策干下去，那么到下一个世纪，中国肯定成为世界上一个头等的大国。美国前总统尼克松在《1999：不战而胜》一书中说："我们时代的奇迹之一是中国在惨遭 20 世纪各种最可怕的天灾人祸之后，在 21 世纪必将成为世界上的一个头等大国。160 年前，拿破仑这样描绘中国：'一个巨人在沉睡着。让他睡吧！一旦醒来，他会震动全世界。'这个巨人现在苏醒了。他的时候到了，他准备震动世界"。尼克松还说："如果中国继续走邓小平的道路，我们孙辈的世界将有三个超级大国，而不是两个——美国、苏联和中华人民共和国"。

要使我国富强起来，就要在稳定的环境中加紧努力发展经济。只要我们团结一致，艰苦奋斗几十年，就一定能够实现我们的目标。如果在这个过程中，我们自己折腾起来，破坏了改革和发展所需要的起码条件，那么将会出现另一种局面，我们在世界上就会处于很困难的境地。

怎样实现我国政治、经济和社会的进一步稳定发展？今年《政府工作报告》总结了六条经验。总的讲都是围绕稳定发展这个中心的。

第一条经验是，必须坚决维护国家和社会的稳定。除了强调要发展，要改革，必须保持稳定之外，还强调我们已经吃够了动乱的苦头，决不允许有人再制造动乱，把本来充满希望、前途光明的中国，变成一个乱糟糟的动荡不安的中国。从历史看，我国人民不仅吃够了十年"文革"动乱的苦头，而且从1840年鸦片战争到中华人民共和国成立，一百多年来动乱不断，这是中国落后贫困的重要原因。因此维护国家稳定，维护各族人民大团结，是全国人民的根本利益所在，是人心所向，大势所趋。我国是一个拥有十一亿人口的大国，中国的稳定对亚洲和世界的和平与稳定，也是十分重要的。尼克松在《1999：不战而胜》一书中认为："某些西方超级鹰派人物梦寐以求的就是看到革命再次席卷中国，然而那会造成大批人死亡，并使中国和亚洲陷入混乱之中。"超级鹰派人物的所谓革命，是要在中国推翻共产党领导的人民政权。尼克松从美国的全球战略的利益考虑，也不赞成这种会使中国和整个亚洲都陷入混乱的"革命"。

第二条经验是，中国要保持政治、经济和社会的稳定发展，就必须坚持社会主义道路，坚持共产党的领导。当然，坚持社会主义道路，坚持共产党的领导，不只是为了保持稳定。但是中国要独立、统一，要发展、富强，就必须坚持社会主义道路，坚持共产党的领导。这是历史已经证明的真理。我们国家虽然大，但是在1949年革命胜利前四分五裂，一盘散沙，极其贫穷落后，是世界上最受欺侮的国家。是中国共产党领导人民革命取得胜利之后，中国才获得独立，实现统一，才有今天这样的国际地位，中国人民才站起来，才不受列强欺侮的。这是任何人不能否认的历史事实。如果中国退回去走资本主义道路，起码有两个问题解决不了。第一个是吃饭问题，我国耕地占世界总耕地面积的7%，而人口占世界总人口1/5。由于坚持社会主义道路，特别是最近十年的改革开放，我国农业有了很大发展，基本上解决了11亿人口的温饱问题。这是举世公认的、了不起的成就。国外曾有评论说，几个世纪以来，历代历届中国政府都没有解决中国几亿人口的吃饭问题，现在在共产党领导下解决了。第二个是就业问题。现在我国每年净增加1500万人左右，城镇每年700多万人要就业。我们靠经济快速发展和以公有制为主体发展多种经济成分这样的办法，基本上解决了就业问题。当然我们也不否认这样解决就业问题带来效率不高等问题，许多企业人员过多和提高劳动生产率确实是有矛盾的。这个矛盾如何解决，可以有不同的办法。但如果在需要就业的人很多而生产力水平又很低的情况下，采取西方的办法，就可能会有大批人失业，社会就不可能稳定。从短时间看，个别企业效率是提高的，但是如果社会严重不稳定，经济也不可能发展。西方许多国家经济那样发达，但都面临严重的失业问题。例如，联邦德国经济高度发达，国民生产总值比我们高好几倍，人口只有6000多万，但是去年就有200多万人失业，失业率达到8%以上。从中国的历史和现实出发，我们必须坚持社会主义，必须坚持共产党领导，才能稳定，才能发展。东欧一些国家是一面镜子。有人以为一搞资本主义制度，经济就能发展，但是至少从近期来看，东欧这几个经济问题严重的国家，现在又面临几个新的问题，一个是失业大量增加；一个是物价急剧上涨；一个是社会治安恶化，犯罪率提高，而经济状况并没有好转。今后它们的经济问题能不能解决，看来有两种可能性。哪一种可能性大，现在还很难说。不同的国家可能不一样。退一步说，即使东欧这几个国家经过去年的变化，而且在接受西方国家大量经济援助之后，将来经济能够发展，也不能证明，在中国资本主义道路就可以走得通。因为国情有很大差别，历史发展不同，现实状况也不同。最近，美国著名中国问题专家奥克森伯格教授在一次演说中这样说："中国有11亿人口，是美国的4倍，而中国的可耕地面积只有美国的60%。按照这个比例计算，美国的土地上应能容纳20—30亿人。如果美国果真有这么多人，还能够维持现有的生活水平吗?"他认为："中国面临巨大的人口压力，因此美国的价值观念，美国的体制和美国的生活方式并不适合中国"。他还认为，东欧国家的情况和中国情况不同，因此"没有任何理由去相信，在东欧发生的一切都肯定会在中国发生"。

第三条经验是，必须把坚持四项基本原则和坚持改革开放更加紧密地结合起来。

这也是保持稳定的一个重要的条件和经验。去年国内的政治风波和东欧事件深刻地告诉我们：建设社会主义，不搞改革开放，不行；改革开放不坚持社会主义，也不行。因为不搞改革开放，束缚生产力发展的体制障碍和弊端不消除，人民生活长期得不到改善，社会不可能稳定。如果改革开放搞不好，把经济搞乱了，甚至出现经济衰退，老百姓生活水平下降，也很容易产生政治动乱。当然，东欧一些国家去年发生的事件，原因非常复杂，有历史的原因，有现实的原因，有外部的原因，有内部的原因。从国内看，有经济的原因，有政治的原因，还有别的方面的原因。但是经济没有搞好，是一个重要原因。我国改革开放以来的经验证明：要把经济搞上去，既要坚持社会主义制度，又要坚决改革原有的经济体制和其他方面体制。同时，要对外开放。总结我们的历史经验，中国长期处于停滞和落后状态的一个重要原因是闭关自守。中国的发展离不开世界。不对外开放，我国就不可能很快发展起来。

第四条经验是，必须坚持国民经济持续稳定协调发展的方针。这一条总结了我们国内的经验，也注意到了国外的经验，既总结了十一届三中全会以前30年的经验教训，也总结了改革开放以来的经验教训。八十年代初我们党提出了两个正确的口号：一个是保持国民经济持续稳定协调发展；一个是把经济工作转到以提高经济效益为中心的轨道上来。这两个正确的口号总结了十一届三中全会以前二十多年经济建设中大起大落、不稳定、不协调，以及盲目追求高速度而不注意经济效益的教训。八十年代前期我们在这两个方面是做得比较好的。同过去相比有很大进步。但是邓小平同志在1984年就指出，"存在的问题归纳起来还是表现在没有能够一贯地保持持续、稳定、协调发展。"这句话是讲得很中肯的。1986年初一度紧缩以后出现速度下跌，当时没有经受住，不久又放松了银根，1986年下半年以后又重新出现了膨胀，1987年秋天北戴河会议提出财政信贷双紧方针，但后来也没有贯彻下去，1987年年底又开始热起来，直到引发了严重通货膨胀，发生1988年秋天的抢购风。因此，1988年9月党的十三届三中全会决定对国民经济进行治理整顿。这说明什么时候离开持续稳定协调发展的方针，国民经济迟早要出问题；不顾国情国力地追求高速度，大起就会导致大落。从去年党的十三届四中全会、五中全会到今年的六中全会和这次七届人大二次会议的《政府工作报告》，都反复强调，要真正吸取历史的教训，今后一定要坚持持续稳定协调发展的方针。对于这个方针，要有全面和辩证的理解。稳定，就是不能大起大落；协调就是经济结构和重大比例关系比较合理；持续稳定协调发展，就是要在协调的基础上长期保持一个稳定的适当的发展速度。回顾建国40年来，每10年开始时经济都有困难，经过调整，中间发展起来，最后因过热又需要调整。六十年代初一次调整，八十年代初一次调整，九十年代初又一次调整，从这三次大的调整来看，有几个共同点：一是急于求成，固定资产投资规模过大，超越了我们的国情国力。二是工农业比例失调。要么农业歉收，像六十年代初那样，要么像 80 年代这一次，工业的摊子太大，农业又连续几年徘徊不前，造成工农业比例失调。三是工业内部，轻重工业比例失调，或者能源、原材料工业和加工工业比例失调。四是由于以上原因引起财政、信贷、物资和外汇收支不平衡。归结起来是急于求成，追求高速度导致国民经济在总量上不平衡，在结构上比例失调，因而不得不进行调整。经过这次调整，九十年代我们一定要避免膨胀——紧缩——发展——再膨胀——再紧缩的恶性循环。党中央和邓小平同志提出的我国现代化建设分三步走的战略目标，既是积极的，又是稳妥的。不要再盲目追求过高速度，关键是要合理调整结构，提高经济效益。当然这并不是说，速度越低越好。速度过高会引起结构不合理，引起比例关系失调，但是，速度低也不见得效益就高，不见得结构就合理。更重要的是，从我国的实际情况来看，每年人口净增加 1500 万，有 700 多万人要就业，人民生活要逐步改善，各项事业还要发展，所有这些都离不开资金的积累，都需要国民经济有一个适当的发展速度。适当的速度，应当是在提高经济效益的基础上经过努力能够实现的，是可以持续的速度。

第五条经验是，必须保持基本方针政策的稳定性和连续性。这既是稳定的重要内容，同时也是进一步实现稳定的重要条件。从去年党的十三届四中全会以来，在党中央、国务院一系列重要文件和中央领导同志的讲话中，都反复强调这一点，对稳定大局、稳定人心起到了很重要的作用。这次《政府工作报告》又把它作为一条重要经验提出来。为什么要保持基本的方针政策的稳定性和连续性？首先是因为这些基本方针政策是正确的，从总体上讲是适合我国当前生产力发展水平、符合人民意愿的。同时，从"稳定是压倒一切的"这个指导思想出发也必须这样做。前一段有些地方的农民担心农村家庭联产承包制要变，有些企业担心企业承包要变。如果人心不稳定，经济就难以稳定和发展。所以，中央反复强调基本方针政策不变。当然，这里面也有一个稳定和完善的关系问题，基本方针政策不变，并不是说具体政策和措施不能有所调整，都不需要完善。从当前和长远来看，保持稳定必须妥善处理好这个关系。坚决清除腐败现象，切实改进工作作风。这也是保持政治、社会稳定和经济发展非常重要的一个条件。《政府工作报告》指出："廉政才能稳定"，这是讲得很中肯的。1989 年的政治风波和东欧事件使我们更深刻地体会到，密切联系人民群众的极端重要性。"民犹水也，水可载舟，亦可覆舟"。我们党过去为什么能够从小到大，以弱胜强，取得革命的胜利，成为执政党，最根本的就是因为我们是中国人民利益最忠实的代表，与人民群众有着最紧密的联系，时时刻刻不忘记人民群众的利益，而且接受人民群众的监督。这是我们最大的政治优势，也是我们永远立于不败之地的根本保证。人民群众是我们力量的源泉和胜利之本。我们成为执政党以后最大的考验也在这里，就是看我们能不能继续真正保持同人民群众的血肉关系、鱼水关系。从当前来说，就是要下最大决心清除腐败现象。尽管这种现象是局部的，但是它对党和人民群众的关系的破坏性是很大的，因而是关系全局和根本的大问题。这次七届人大四次会议在讨论中，许多代表一方面对去年四中全会以来中央大力抓清理整顿公司、惩治腐败、廉政建设制定了一系列措施，感到满意；另一方面也认为还不够，问题还不少，希望进一步抓紧。这体现了全国人民的要求和愿望。

今年要进一步实现政治、社会稳定和经济的稳定发展，从大的方面看，既要切实解决当前经济生活中的问题，使经济能够稳定和适当速度增长；同时，为保持政治和社会稳定，除了经济稳定发展之外，还必须加强精神文明建设和思想政治工作，必须加强民主法制建设，加强廉政建设。在今年《政府工作报告》中，廉政建设放在非常突出的位置。它是在讲了十项工作之后讲了一大段，指出为了实现上述十项任务，总起来说必须下更大的决心、花更大的力量继续加强廉政建设，消除腐败现象，切实改进作风，密切同人民群众的联系。这也是党的十三届六中全会决定的重要精神。

1989年四中全会以来中央反复强调一个重要观点，即政治、社会稳定是经济稳定发展的前提，而经济稳定发展是政治、社会稳定的基础。从我国当前的情况看，要保持国家稳定，社会稳定，首先要稳定发展经济。要从总的形势来看解决当前经济问题的重要性。因此，集中精力搞好治理整顿和深化改革，把经济搞上去，是当前全党全国最重要的任务。

（本文是作者在中央宣传部、解放军总政治部、北京市委、中央机关工委、国家机关工委联合举办的关于经济形势报告会的讲稿第一部分）

进一步扩大对外开放

（1990 年 12 月 25 日）

党的十一届三中全会以后，我国把对外开放确立为基本国策和经济发展战略的重要组成部分。十年多来对外开放取得了重大进展和巨大成绩。在今后十年和"八五"计划期间，必须继续坚持这个基本国策和发展战略，进一步搞好对外开放。扩大对外开放。这对于加快我国社会主义现代化建设，实现到本世纪末的战略目标，具有十分重大的意义。

一、对外开放是我国长期坚持的基本国策

1979 年以来，我国党和政府确定并执行了一系列在新的历史条件下发展对外经济技术合作和交流的经济政策，对外开放是作为概括这一系列政策的总概念提出来的。邓小平同志有一个高度的概括："为了实现社会主义四个现代化，我们制定了一系列的方针和政策。其中最大的政策是两个开放，即对内、对外开放。"党中央和国务院在一系列文件中一再重申：对外开放的基本国策和战略方针将长期坚持，决不会改变，我国已经打开的国门决不会再关上。为了坚定不移地贯彻执行对外开放的基本国策，有必要进一步提高对以下几个问题的认识。

1. 我国长期实行对外开放的必然性

首先从世界的角度来看。当代的世界是个开放的世界。早

在一二百年前，随着资本主义世界市场的形成，各民族之间的互相往来和互相依赖，就逐步取代了原来闭关自守和自给自足状况。本世纪以来特别是第二次世界大战以后，这种状况又有了空前的发展。当代世界范围内的贸易往来、资金融通和技术转移的规模日益扩大，新的技术革命正在世界范围内兴起，绝大多数国家和地区，都把自身经济的发展同对外经济技术合作与交流的扩展紧密联系起来。世界各国经济发展的历史经验都证明，任何国家闭关自守都不可能使自己发达起来。现在的发达国家和二战后一些经济发展较快的国家和地区，它们的一个共同经验就是实行对外开放。

其次从国内的角度来看。我国的基本国情和现代化建设的长远目标，决定了我们必须长期实行对外开放政策。我国过去闭关自守，造成了长期的停滞和落后，今后关起门来搞建设更发展不起来。我国是一个发展中的大国，人口众多，资源相对不足，资金短缺，经济、科技、教育和经营管理水平都比较落后，只有实行对外开放，利用国际上的有利条件，引进国外的资金、先进技术设备、管理知识与经验，以天下之长补本国之短，才能使社会主义现代化建设得到更快、更好的发展。因此，正如邓小平同志所说：我国的对外开放政策不但本世纪不变，下世纪的头五十年、后五十年更不会变，更不容易变。因为我国同国际经济有千丝万缕的联系不能变。中国发展速度越快，和国际联系的发展也更快、更密切、更不可分，所以对外开放不会变。

2. 实行对外开放同坚持自力更生的关系

对外开放和自力更生都是我国在社会主义现代化建设进程中必须长期坚持的基本方针和政策，必须在实践中把这两个方针很好地结合起来。这是由中国的基本国情和所处的国际环境所决定的。中国是个大国，又是个穷国，这是两大基本特点。

中国既然是个大国，完全依靠外国资金来建设我们国家，实现现代化，是不可能的，必须立足于国内，立足于自力更生这个基本原则。另一方面，中国又是个经济、科技、文化都落后于发达国家的穷国，关起门来搞建设是发展不起来的。必须实行对外开放，充分利用国外的资金、技术和先进管理经验来加快我们的发展。建国以后在一个比较长的时间里，外国对我们实行封锁，没有现在这样的国际条件。70年代末以来我国所处的国际环境有了变化。我们应当利用国际上的有利时机和条件来促进国内建设。这同坚持自力更生不是对立的，而是统一的。邓小平同志早在1978年就指出："独立自主不是闭关自守，自力更生不是盲目排外。科学技术是人类共同创造的财富。任何一个民族、一个国家，都需要学习别的民族、别的国家的长处，学习人家的先进科学技术。"他还指出，我国实现现代化的目标有很多重要的条件作为根据，其中很重要的一条，就是把世界最先进的技术吸引过来，作为我们发展的起点。实行对外开放，可以增强我们自力更生的能力，而立足于自力更生，又可以使我们更有成效地扩大对外开放。这两个方面是可以统一的，互相促进的。

　　3. 对外开放和坚持社会主义制度的关系

　　社会主义阶段的根本任务是发展社会生产力。对外开放是推动生产力发展的强有力手段，可以增强社会主义的物质技术基础，增强社会主义的吸引力，从而有利于社会主义制度的巩固和发展。开放也是改革，也是社会主义制度的自我完善。我国的对外开放，是在坚持公有制为主体和共同富裕这两条社会主义原则下进行的，因而冲击不了社会主义经济基础。这也像邓小平同志所说的："无论怎么开放，公有制经济始终还是占主体。同外国人合资经营，也有一半是社会主义"，"社会主义的经济基础很大，吸收几百亿、上千亿外资冲击不了我们社会主义基础。"当然，对外开放不可避免会带来资本主义腐朽思想的影响。这是我们实行对外开放的方针时已经考虑到的。我们既不能因为害怕这种坏影响就不实行开放，也不能因为必须实行开放而对这种坏影响听之任之。针对这个问题，党和政府反复强调必须坚持两手，一手坚持对外开放，一手使用教育和法律的手段，教育人民抵制来自资本主义的坏影响，并打击严重的经济犯罪和刑事犯罪活动，把开放不可避免带来的消极影响减少到最低程度。

总之，在今后十年和"八五"期间，我们必须继续坚定不移地贯彻执行对外开放这个基本国策，为此应当认真总结已有的经验，进一步提高认识，使对外开放搞得更好、更有成效。

二、80 年代对外开放的成就和经验为今后扩大开放打下了良好基础

党的十一届三中全会以来，我国对外开放政策不断充实完善，对外开放在广度和深度上都不断取得进展，给经济发展注入了很大的活力。80 年代对外开放所取得的成就和经验，为90 年代进一步扩大对外开放奠定了良好的基础。

1. 初步形成了以 5 个经济特区为前沿、14 个沿海港口开放城市为骨干和 11 个沿海开放省市为依托的从沿海到内地的对外开放格局。1979 年 7 月，党中央和国务院正式确定在深圳、珠海、汕头、厦门创办经济特区，并确定对广东、福建两省对外经济活动实行特殊政策和灵活措施，给地方以更多的主动权，先行一步尽快把经济搞上去。1984 年中央在总结经济特区经验的基础上又作出了加快沿海地区经济开发的战略部署，决定增设海南经济特区，并开放大连、秦皇岛、烟台等

14 个沿海港口城市。1985 年年初中央确定将长江三角洲、珠江三角洲、闽南厦漳泉三角地区，以及胶东半岛、辽东半岛开辟为经济开放区。至此，我国对外开放的格局已初步形成。

十年来经济特区的建设取得了显著成就。深圳、珠海、汕头和厦门四个经济特区累计完成基本建设投资 286.8 亿元，新开发土地面积近 80 平方公里，兴建了一批水、电、交通、通讯等基础设施项目。到 1989 年年底，深圳等四个经济特区累计建成吸收外商直接投资项目 4178 个，占全国外商投资项目的 26%；实际利用外资 31.2 亿美元，占全国的 25.7%。深圳等四个特区已形成外向型经济格局。四个特区生产的产品已有 60% 用于出口，出口商品达 800 多种，涌现了近百家出口创汇 1000 万美元以上的外向型企业。经济特区成为我国十年来经济发展最快的地区。1989 年深圳等四个特区的工农业总产值达 22.7 亿元，比建特区之初增长 14.6 倍，平均每年递增 32%。地方预算内财政收入增长 17.4 倍，平均每年递增 34%，增长速度比全国其他地区高得多。经济特区在经济体制改革的许多方面先行了一步，为全国经济体制改革的深化提供了重要的经验。沿海开放城市和地区在对外开放的推动下，经济发展更具活力，也取得了比开放前大得多的成绩。经济特区、沿海开放城市和开放地区在发展外向型经济的同时，还加强了与内地的横向经济合作，成为我国广阔内陆地区通往国际市场的窗口与桥梁，在全国经济生活中发挥着重要的积极作用。

2. 对外开放促进了对外贸易以及其他方面经济技术交流与合作的迅速发展。现在我国已同 184 个国家和地区建立了贸易关系。进出口总额已连续三年突破 1000 亿美元的大关，比 1978 年增长 4 倍多。1978 年我国外贸出口额居世界第 32 位，1989 年上升到第 14 位。出口商品结构不断改善。1989 年纺织品和服装出口额达 131 亿美元，占出口总额的 1/4。机电产品出口迅速增长，已占出口总额的 15.8％。1989 年工业制成品出口所占比重已达 71％。这不仅反映了我国出口创汇能力的增强，而且标志着我国工业技术水平的明显提高。

3. 打开了利用外资和引进先进技术的新局面。在利用国外贷款方面，1989 年年底我国中长期外债余额 370 亿美元，短期外债余额 43 亿美元，共 413 亿美元。我国借用国外中长期贷款主要用在生产建设和引进技术上。"七五"计划期间所借用的国外贷款和国内资金配合，建设了近千个大中型项目，其中已建成 200 多个。对外开放以来，外商直接投资迅速增长。到 1990 年 7 月末，我国已批准外商投资企业 25220 家。目前已有 47 个国家和地区的外商来华投资。到 1990 年 10 月底，外商在华投资协议金额已达 384.23 亿美元，实际投入金额 178.63 亿美元。利用外资弥补了国内资金的不足，加强了国民经济薄弱环节的建设，对发展出口创汇产业、进口替代产品，以及引进先进技术对老企业进行技术改造等方面，也都起了促进作用。对外开放以来全国引进先进技术几万项，其中一部分是国际 80 年代初期水平的先进技术和关键设备，促进了我国企业技术水平的提高和产品的升级换代。

对外开放以来我国在海外投资、对外承包工程、劳务合作和国际旅游业等方面也有很大发展。

总之，十年多来我国对外开放的硕果累累。事实充分证明，改革和开放是推动我国经济发展的两个巨轮。今后十年和"八五"期间，我们要在总结 80 年代改革开放经验的基础上，继续推进改革、扩大开放。

三、今后十年要进一步扩大对外开放

今后不管国际风云如何变幻，我国都将坚定不移地贯彻执

行对外开放的基本国策。为了更有成效地扩大对外开放，必须正确认识当前的国际形势和今后面临的国际环境，以便抓住机遇，做好工作，克服困难，迎接挑战。

1989 年以来国际形势发生了重大变化，美苏关系的缓和并没有给世界带来和平与安宁，国际局势更加动荡不安。我国所处的国际政治、经济环境是相当复杂的，但是综合分析各种因素，我们仍有可能争取到十年以至更长时期进行现代化建设的和平环境，在风云变幻的国际环境中仍有不少有利于我们实行对外开放的因素。从经济上看，在今后十年和"八五"期间，我们扩展对外经济技术合作与交流的有利条件主要是：

1.1983 年以来，世界贸易额增长速度连续七年超过世界经济增长速度，预计这个趋势在 90 年代将会继续维持。国际市场的容量将随之扩张，特别是亚太地区经济发展仍具有一定的活力，这给我国扩大出口带来机遇。

2.90 年代资本市场仍然可能供过于求，我国利用外资仍有较大余地。据有关资料，截至 1989 年年底，国际金融市场的融资总余额达到 33650 亿美元。近年来我国进入国际资本市场后仅发行了 30 多笔债券，总额 42.5 亿美元，只占国际金融市场融资总余额的 0.13%。目前我国借外债虽有一定难度，但仍有不少机遇，通过各种形式吸引外商直接投资更可以大有作为。

3.90 年代国际范围内科技革命的进程加快，在一些领域酝酿着重大突破。与此相适应，产业结构正在发生阶段性变化，知识密集型产业迅速发展，产业结构重组、升级将会出现新局面，这些为我国引进先进技术与设备、调整产业结构、发挥"后起效应"提供了有利条件。

4. 我国政治、经济、社会稳定，有潜力巨大的国内市场，继续坚持改革开放以及积极扩展对外经济技术合作与交流的方针政策，在国际上引起良好反响。

当然也要看到，与有利条件并存的还有一些不利因素，主要是：

1. 世界贸易集团化趋势日益发展，北美自由贸易区已经建立，欧洲统一大市场即将形成，拉美、东南亚一些国家也有经济集团化的倾向。由于集团内部加强经济贸易合作，会减少某些产品特别是劳动密集型产品的进口；区域性经济合作将提高这些国家的生产社会化水平，增强出口商品的竞争能力；随着贸易保护主义的加强，贸易摩擦会加剧。这些都会对我国发展出口贸易带来不利影响。

2. 世界贸易结构中初级产品的前景不佳，加工制成品中技术密集型、知识密集型产品比重上升，也将对我国出口商品结构调整提出更高的要求。

3. 西方国家对我国的经济制裁虽然已经基本上被打破，但它们对我国的经济关系在短时期内难以恢复到前几年的水平。受海湾危机的影响，油价上涨，使美国经济加速步入衰退之中，这将对世界贸易体系和我国出口贸易产生消极影响。

综合分析各种因素，展望 90 年代我国对外开放面临的国际环境，尽管有严峻的一面，但仍然有不少机遇和回旋余地，是困难与机遇并存，挑战与希望同在，关键在于我们要认真总结经验，做好工作，把对外开放搞得更好。

在今后十年和"八五"期间，我们要按照平等互利的原则，进一步扩大对外经济技术交流与合作，在对外贸易、利用外资与人才等方面取得更大的进展。

1. 努力扩大出口和增加外汇收入。这是进一步扩大对外经济技术交流与合作的基础。外汇短缺是我国经济发展中的一个突出矛盾。努力扩大出口，增加外汇收入，是缓解这个矛盾的主要途径。我国进口和举借外债的规模，在很大程度上取决于出口创汇能力的大小。因此，在今后十年和"八五"期间都要把扩大出口作为关系经济全局的一件大事来抓。我国的出口总额1978年为97.5亿美元，1989年增长到525亿美元，1989年比1978年增长了4.3倍，平均每年增长18.3%，比同期国民生产总值平均每年增长9.1%高出9个百分点。在今后十年和"八五"期间，经过努力，保持出口总额平均每年增长率高于同期国民生产总值年平均增长率，是完全可能的。1989年我国出口总额占国民生产总值的比重已达到12.5%，同世界一些大国相比，比重已不算低，而且一部分出口商品与内销也有一定的矛盾。因此，今后在继续努力增加出口商品数量的同时，要把工作重点放在改善出口商品结构和提高出口商品质量上，做到主要依靠提高出口商品的质量和档次来增加出口创汇。80年代我们实现了从初级产品出口为主到以工业制成品出口为主的转变。今后我们要进一步实现由粗加工制成品出口为主向精加工制成品出口为主的转变。要努力增加机电产品、轻纺产品和高技术产品的出口，特别是精加工、深加工制成品的出口。国家要选择一批国内生产有优势、国际市场销量大、有发展前景的拳头产品给予重点扶持。

为了扩大出口，要继续实行有利于扩大出口的政策和措施，在资金、物资、运力安排上支持出口，尤其要更好地运用信贷、税收、价格和汇率等经济杠杆，鼓励、支持出口商品的生产。要大力加强出口商品生产体系的建设，充分发挥沿海地区、边境地区和其他有条件地区的优势，建立各种不同类型的工贸、农贸结合的出口商品生产基地。在发挥国营大型企业出口潜力的同时，进一步发挥中小型企业和乡镇企业在出口贸易中的重要作用，积极发展创汇农业。为了扩大出口，还要努力巩固已有的市场，积极开拓新的市场。为此要把提高出口产品质量放在第一位，并根据国际市场的变化，不断更新花色品种，改进产品包装，改善推销服务，扩大在国外的经销系统和售后服务网络。在扩大商品出口的同时，要继续发展劳务输出、对外承包工程、国际空运、远洋运输和国际旅游业，以增加外汇收入，并增进我国人民和世界各国人民的了解与友谊。

2. 保持适度进口，合理调整进口商品结构。我国是个发展中国家，一方面现代化建设需要大量引进先进技术、设备和重要物资；另一方面外汇短缺又制约进口的规模。为了保持一定数量的外汇储备，实现进出口基本平衡，进口既要考虑国内需要，也要考虑出口的创汇能力。因此，适当控制进口，使进口保持适度规模，是必要的。这几年我国进口了一批先进技术、装备，对提高国民经济素质产生了积极作用，但现今进口商品的结构也存在着不合理的现象，如进口的机电产品比重较大。据海关统计，1985—1989 年，全国机电产品进口额达 983 亿美元，占同期进口商品总额的 40% 以上。其中消费类机电产品和生产性一般机电产品占相当大部分。进口存在的另一个问题是，重复引进生产线，造成生产能力过剩，形成对国外技术、配套件的依赖。在今后十年和"八五"期间，要在保持适度进口的同时，合理调整进口商品结构。要按照有利于技术进步、有利于增强出口创汇能力和有利于节约使用外汇的原则，合理安排进口，把宝贵的外汇主要用于引进先进技术和关键设备，以及进口国家重点生产建设所需的物资。要防止盲目引进和不必要的重复引进，加快对引进技术的消化、吸收和创新。国内能够生产供应的原材料和机电设备，应当在国内组织生产，争取不进口或少进口。要积极发展进口替代产品的生产，加快国产化进程，保护和促进民族工业的发展。同时，要采取有力措施，严格限制奢侈品、高档消费品的进口。

3. 积极有效地利用外资。利用外资包括借用国外资金和吸收外商投资两个方面。在今后十年，这两个方面都要继续做好工作，争取有很大的成效。

我国借用的国外贷款，从资金来源看主要有：国际金融组织贷款，外国政府贷款和国际商业贷款（包括在境外发行债券），以及补偿贸易、国际金融租赁等。国际金融组织和外国政府贷款在资金投向上有一定的限制性要求，而且受国际政治形势的影响。1989年"六四"以后，已签约生效的国际金融组织和双边政府贷款没有受到影响，但新的贷款项目在一段时间里处于冻结状态。由于我国政治、经济形势稳定，外债还本付息情况好，这一状况近来已经逐步松动。今后对国际金融组织贷款和外国政府贷款，特别是条件比较优惠的贷款，要继续积极争取。商业贷款的利率高，而且是浮动的，易受国际资金市场波动的影响，贷款的成本比较高，还款期比较短，一般在5年左右，最长不超过10年，因此风险比较大。发展中国家的债务危机，其原因往往出在商业贷款上。如墨西哥、巴西、阿根廷陷入债务危机时，它们的商业贷款占外债余额的比例分别高达87.5%、83.5%和81.7%。几年来在我国借用的外债中，中长期贷款比重有所上升，1985年中长期贷款占59%，短期贷款占41%；1987年以后，中长期贷款比重上升到80%，短期贷款占20%，同国际上通常的比例大致相当。但商业贷款比重近年来出现上升趋势，1985年占50%，现在已占外债余额的60%左右，这在国际上已属较高的比例（发展中国家债务总额中商业贷款的比重为50%）。今后借用外债需要注意两个问题：一是要保持合理的贷款规模和结构。要按照积极利用、规模适度、提高效益、保障偿还的原则，控制外债的规模和投向，防止外债规模过大，出现债务问题。由于我国借外债的时间还不长，一部分中长期贷款还处于宽限期，只付息不还本，因而前几年我国的偿债率（当年还本付息额占贸易收汇和非贸收汇总额的比率）还不算高，1987年为9%，

1988 年为 13.5%，1989 年为 17%，但比重呈上升趋势，而且接近国际上通常认为的 20% 的警戒线。同时，借用国外贷款还需要考虑国内资金的配套能力问题。现在借 1 美元的国外贷款约需 5 元人民币的配套资金。"七五"期间我国借用国外贷款相当于同期全民所有制企业固定资产投资的 10%，国内配套资金已经感到紧张，有的因配套资金不足已影响到项目的进度。因此今后借用国外贷款要充分考虑我们的资金配套能力和偿还能力，保持合理的规模。在贷款结构上，要力求保持中长期贷款与短期贷款的合理比重，并使商业贷款的比重比"七五"末期有所下降。二是要选好贷款的投向。利用国外贷款的项目要严格按照国家的产业政策把关，重点用于加强农业、水利、能源、交通、通讯和重要原材料等项目上。

吸收外商直接投资，是今后利用外资的重点，应当进一步积极做好工作，增加对外商来华投资的吸引力。通过十年来的实践，我们在吸收外商投资方面已积累了一些宝贵的经验，已经办起来的外商投资企业多数进入了收获期，收益状况是好的。据财政部统计，1986 年投产开业的中外合资、合作企业 1900 多家，当年上缴国家各项税收 9 亿多元，盈利企业实现利润 10 亿多元；到 1989 年年底，投产开业的中外合资、合作企业已达 6221 家，上缴国家各项税收 48.6 亿元，盈利企业实现利润达 37.4 亿元，4 年间利、税增长 3 倍多。今后随着我国对外开放的进一步扩大和投资环境的进一步改善，吸收外商直接投资的前景将会越来越好。要进一步采取多种形式吸收外商投资，并根据我国产业政策把外商投资引导到能源、交通、重要原材料工业和农业开发项目，引到开办先进技术型、出口创汇型企业上去。在继续创造条件帮助办好"三资"企业和发展"三来一补"的同时，要注意把吸收外商投资与我国现有企业技术改造结合起来，既可以在一个工厂搞合资，也可以在一个车间或者一个项目上搞合资。对外商投资企业既要保护其合法经营和收益，又要依法加强必要的监督和管理。

4. 进一步贯彻沿海地区经济发展战略，积极发展外向型经济。实践证明，我国创办经济特区、开放沿海港口城市和地带，实施沿海地区经济发展战略，是正确的。在 5 个经济特区和 14 个沿海港口开放城市的带动下。11 个沿海省市的对外开放和经济发展已经取得了很大成绩，为今后的发展打下了良好基础，在 90 年代可能有一个更大的发展。日本国民经济研究协会理事长叶芳和在 1990 年 6 月访华后认为，"沿海开放城市和经济特区对中国来说是'下金蛋的母鸡'，80 年代是亚洲新兴工业地区起飞的时代，而 90 年代则是中国沿海地区经济腾飞的时代。"他阐述了"中国沿海地区经济起飞所具备的优势：首先人均国民收入相当于南朝鲜等在 70 年代经济起飞时的水平。其次，劳动密集型产业集中，劳动力丰富。第三是地理优势，能够与国际市场密切联系，求得发展。第四是采用了重视效益的体制。第五是中国经济改革为沿海地区腾飞创造了条件。"应当说这些分析是比较客观和中肯的。沿海地区经济发展的潜力确实很大，80 年代的改革、开放、建设为今后的发展打下了很好的基础；90 年代又有许多机遇和有利条件。因此，应当充分发挥沿海地区的潜力和优势，进一步贯彻沿海地区经济发展战略，加快这些地区的经济发展。要保持政策的连续性和稳定性，继续贯彻行之有效的政策和灵活措施，把经济特区办得更好，巩固和发展已开辟的技术开发区、开放城市和开放地带。经济特区、开放城市和地区要从国民经济全局出发，合理确定开发与建设规划，更好地面向国际市场，同时积极开展同内地的横向联系与协作，在促进和带动全国的经济振兴与繁荣方面发挥更大的作用。1990 年，党中央、国务院从我国经济发展的长期战略着眼，作出了开发与开放上海浦东新区的决定。这对于充分发挥上海和长江沿岸腹地的经济资源优势和科学技术优势，带动这些地区乃至全国经济的发展，具有重大意义。搞好上海浦东开发和开放，是今后十年的一项重要任务。

5. 改革外贸和外汇管理体制。以补贴包干为主要内容的外贸承包制，有利于发挥地方各级政府、各部门支持和推动外贸发展的积极作用，有利于调动各类外贸企业和出口生产企业扩大出口的积极性，对于扩大对外贸易特别是增加出口起了积极作用。但是现行的外贸承包制也存在一些问题，主要是外贸经营体制下放后，没有建立相应的外贸自负盈亏体制，基本上保留了各地各类外贸企业的出口补贴和外汇留成水平不一致的不平等竞争条件，以致出现抬价抢购、低价竞销、肥水外流以及亏损挂账等现象。因此对外贸体制要进一步加以完善和改革。要按照有利于调动中央、地方、企业三个积极性，更有成效地扩大对外开放的原则，把外贸企业的补贴机制改为自负盈亏的机制。在人民币对美元的汇率下调的基础上取消补贴，促使各类外贸企业自负盈亏。对于外贸的三种形式即外贸收购制、有外贸经营权的生产企业直接出口制和代理制，要加以完善。为了发挥大型骨干企业特别是企业集团的出口创汇积极性，要适当扩大它们的外贸经营权。

实行对外开放以来，外汇管理体制的改革也取得很大成绩。实行了创汇留成制度。改革以前我国对所有外汇实行统收统支，全部由国家按指令性计划分配和管理。1979 年以来实行了创汇留成制度，给创汇地区和单位一部分外汇使用权，调动了他们增加出口创汇的积极性。创汇留成制度还成为国家计划分配外汇的必要补充，使地方、企业用汇有一定灵活性。留成外汇参加外汇调剂，也为出口企业的亏损补贴开辟了一条重要途径。与此同时，建立了外汇调剂市场，促进了外汇资金的横向流动。初步发挥了汇率的经济杠杆作用。1980 年以来已多次下调人民币对美元的汇率，从 1979 年 1 美元合 1.49 元人民币调整到现在 1 美元合 5.22 元人民币，初步发挥了汇率促进出口、调剂外汇收支的杠杆作用。外汇管理存在的问题，主要是：收汇管理制度不健全，出口收汇率下降，外汇流失比较严重，外汇资金分配和使用比较分散。今后要进一步改进结汇办法和用汇制度，健全外汇市场，并建立灵活合理的汇率调节制度。

（本文原载《学习中共十三届七中全会精神辅导报告》，中共中央党校出版社 1991 年 1 月出版）

充分重视人力资源开发和利用的研究

（1991 年 2 月 10 日）

今后十年人力资源的开发和利用，同社会稳定、经济发展、体制改革都有密切关系，有一系列重大课题亟待研究。

我国是世界上人力资源最丰富的国家。1990 年大陆人口已达 11.43 亿，其中劳动适龄人口约 6.8 亿，社会劳动者 5.67 亿。预计到本世纪末劳动适龄人口将达到 7.5 亿以上。劳动者是生产力的重要因素，生产力的其他要素，科学技术、劳动资料、劳动对象等，都离不开人，归根到底是由人发明、制造和使用的。因此，如何充分有效地开发和利用我国丰富的人力资源，其重要意义不言自明。但是另一方面，人口多也是国民经济和社会发展的负担。特别是由于我国经济、科技、教育落后，劳动者素质低，长期以来为解决就业问题，以保持社会稳定，不得不付出了降低效率的代价。今后十年就业效益的矛盾仍然很突出。80 年代虽然农业人口向非农产业的转移进程加快，但由于农村人口基数大、增长快，现在农村人口仍占总人口 80%，约有 9.1 亿人，每年还将增加 1300 万人以上，而我国耕地只有 15 亿亩，人多地少，农村劳动力就业的压力越来越大。城镇每年又有 600 多万新增劳动力要就业，而现有机关、企事业单位多数已人满为患，效率低下。今后如果继续采取"三个人的饭五个人吃"的办法解决就业问题，并且仍然吃大锅饭，企业不能倒闭，工人不能失业，经济效益就难以提高。但如果完全采取西方国家市场经济的一套办法，大批工人失业，农村人口大量涌入城市，又会造成社会不稳定，国民经济也不可能持续稳定发展。如何解决这个两难的矛盾，是一个重大的课题。

解决剩余劳动力的出路问题，需要多种途径同时并举。首先应当利用农村劳动力多的优势，通过以工代赈、劳动积累等形式，大规模地进行农田水利和交通等基础设施建设。这既是发展农业和农村商品经济的需要，也是扩大农村就业的重要途径。其次，应当继续支持、引导乡镇企业健康发展。农业劳动力向非农产业转移，是实现工业化、提高劳动生产率的必然趋势。80年代乡镇企业蓬勃发展，通过亦工亦农、离土不离乡等多种形式，吸纳了农村大批剩余劳动力，找到了一条适合我国国情的解决农村就业问题的新路。今后十年乡镇企业无疑仍将有一个大发展，但吸取前些年的教训，农业劳动力向非农产业的转移规模和速度也不能太快，不能超过整个经济的承受能力。如何处理好两者关系，也是有待进一步研究的问题。我国劳动力就业在第一、二、三产业之间的分布很不合理，第一、二产业比重过大，第三产业比重过小。今后解决农村和城镇劳动力就业的重要途径是大力发展第三产业。解决就业和效益的矛盾，从根本上说要依靠发展经济、广开就业门路，同时必须对就业制度、收入分配制度和社会保障制度进行配套改革。这个方面需要研究的课题更多。

特别要看到，当今世界范围内科技革命的浪潮风起云涌，高新技术层出不穷，科学技术日益成为现代生产力中最活跃的因素和最主要的支撑力量。发达国家在国民生产总值的增长中，科技进步因素所占的比重已上升到60%—70%。各国之间经济上的竞争，越来越多地表现为科学技术的竞争。而科技竞争实质是人才的竞争。强调科学技术是第一生产力，并不是贬低劳动者和人才在生产力诸要素中的地位和作用。如果说生产力是劳动者、劳动资料、劳动对象三要素相加的话，那么科学技术是作为"乘数"乘到三要素之和上面去的。科学技术越发展，这个"乘数"越大。不同国家或同一国家不同时期，由于科学技术的发展水平和在生产中的应用程度不同，科学技术的"乘数"作用也大不相同。科学技术的"乘数"越大，生产力就越发达，而科学技术的发展和应用，又在很大程度上取决于人力资源的结构和质量，取决于人才的开发和利用。

在全球性的科技和人才的竞争中，我国面临着严峻的挑战。我国工业化比西方国家晚起步二三百年。新中国成立以来我们虽然在奋力追赶，但是经济发展受到人口众多，资源、资金相对不足的严重制约，现在同发达国家的差距仍然很大，而且有进一步拉大的危险。我国社会劳动生产率只相当于世界先进水平的5％。为了缩小同发达国家在经济、技术上的差距，我们别无选择，只能凭借对人才的充分开发和利用，凭借大力发展科学技术，去推动生产力大发展，以赢得时间和速度。因此，如果说大力发展科学技术是实现第二步战略目标的关键，那么培养人才、充分发挥人才的作用，则是发展科学技术的关键。从这样的高度充分认识人才开发和利用的战略意义，就需要把人才的开发和利用，作为今后十年人力资源开发和利用的重点。这个方面也有一系列迫切需要研究的课题。

人才资源开发和利用的基础在教育。发展教育事业，提高全民族素质，是社会主义现代化的根本大计。新中国成立以来教育事业有很大发展。1990年各级学校在校学生已达1.75亿人，各级成人学校在校学生3978万人。但是，人力资源数量众多、素质不高的基本特点仍未改变。据1990年人口普查，在15岁及15岁以上人口中，文盲和半文盲仍有1.8亿人，占总人口的15.88％。我国平均每一万人中在校大学生18人，美国是 323 人，印度是 62 人。1990 年我国全民所有制单位平均每万名职工中自然科学技术人员只有 1045 人。劳动者的构成和素质对生产效率和技术水平有直接影响。90 年代，我国经济面临从粗放的速度型向集约的效益型转变的艰巨任务。为适应这种转变，既需要培养大批专门人才，也需要使亿万劳动者素质有较大提高。我国教育经费占国民生产总值的比重，只有 2%，不仅低于发达国家，也比一些发展中国家低。为了进一步发展教育，今后应当逐步增加对教育的投入，并继续多方面、多渠道地筹措教育资金，提倡和支持社会办学。发展教育事业，既要重视基础教育，又要重视职业教育。应当继续采取多种途径、多种力量、多种形式办好成人教育，进一步加强在职人员的培训，加强专业技术人员的继续教育工作。

人才开发利用，一方面要发展教育事业，培养数量更多、质量更高的人才；另一方面是要合理地使用现有人才，充分发挥现有人才的作用。我国社会主义现代化建设需要大批人才，人才短缺将长期存在，但是现在又普遍存在人才积压和浪费的现象，主要是人才分配不当，所用非所学，布局结构不合理，又难以流动。专业技术人才过分集中于大中城市，在行业、单位之间分布也不合理。一些高等院校、科研单位和大中型企业，专业技术人才过于密集，造成人才积压。据抽样调查，约有 40% 的专业技术人员由于种种原因未能充分发挥作用。今后十年人才资源开发利用的重点，应当从人才总量增长转到人才结构的调整和人才使用效益的提高上。人才资源的合理配置，是整个资源合理配置的重要组成部分，对生产潜力的充分发挥具有重大作用。我国人才短缺和人才积压浪费并存、配置不合理的重要原因是人才难以流动。据典型调查，在专业技术人员中，30.73% 的人有流动意向，但流动率只有 2%—3%，而美国流动率是 20%，苏联是 17%，我国专业技术人员人均流动率不到1%。为了实现人才结构的调整和合理配置，应当改革人才管理体制。我国经济体制改革的基本方向是建立计划经济和市场调节相结合的经济体制和运行机制。这个基本原则也适用于人才资源的开发和利用，既要坚持对人才的计划调配和管理，又要充分发挥市场调节的作用。当前迫切的任务是要建立人才流动的机制。在全民所有制企事业单位的专业技术和管理人员中推行聘用合同制，按照公开、平等、竞争的原则，实行用人单位和人才本人的双向选择。通过人才流动，实现人才结构的调整和合理配置。

总之，今后十年人力资源的开发和利用，面临许多重大而紧迫的研究课题。《中国人力资源开发》作为这个领域的专业性刊物，在反映研究成果、交流研究经验，培养研究人才、推动重大课题研究等方面必将发挥应用的作用。祝贺《中国人力资源开发》创刊，预祝刊物取得成功。

（本文原载中国人力资源协会主办的《中国人力资源》杂志1991年创刊号）

翻两番：宏伟而可行的目标

（1991 年 5 月 21 日）

问：七届全国人大四次会议通过的《中华人民共和国国民经济和社会发展十年规划和第八个五年计划纲要》，描绘了今后十年的发展蓝图。我们已经实现了第一个"翻番"，跨入了实现第二个"翻番"的历史进程，应当怎样从总体上把握"翻两番"的意义？

答：包括"翻两番"在内的奋斗目标，是根据我国社会主义现代化建设分三步走这样一个总的战略部署提出来的。关于社会主义建设的目标，曾提出过各种不同的口号，如 1958 年提出过短期内超英赶美，反映了当时严重的急于求成。后来对实现四个现代化的时间也有不同提法。直到 80 年代，邓小平同志总结了国内和国际经验，根据中国的基本国情，提出了分三步走的战略部署。第一步，到 1990 年实现国民生产总值比 1980 年翻一番，解决人民的温饱问题，这一步已经基本实现；第二步，到本世纪末，使国民生产总值比 1980 年翻两番，人民生活达到小康水平；第三步，到下世纪中叶，人均国民生产总值达到中等发达国家水平，人民生活比较富裕，基本实现现代化。

提出三步走的战略部署，可以使我们从总体上、战略上认识实现现代化是不容易的，从而防止急于求成的偏差，同时，也可以使我们坚定信心。从 1949 年算起，我们用 100 年的时间走完西方国家二三百年才走完的路程。

问："翻两番"首先是个数字概念，它的现实基础是什么？有什么实际意义？

答：1980 年我国的国民生产总值为 4770 亿元，到 1990 年国民生产总值已达到 10492 亿元（按 1980 年不变价格计算），增长了 134.7%，翻了一番多。这样，今后 10 年只要在这个基础上再增长 70.4%，就可以实现比 1980 年翻两番的目标。大家知道，从 1981 年到 1990 年，我国国民生产总值平均每年增长 9%。十年规划和"八五"计划《纲要》要求今后 10 年平均每年增长 6%，这既考虑到"翻两番"的要求，又考虑到长期计划应当留有余地，是实事求是的，经过努力是可以实现的。

从世界各国的历史看，解决人民的温饱问题，是一个重要的发展阶段，而从温饱到小康（从低收入到中等收入），则是一个更为重要的发展阶段。我们现在基本上解决了 11 亿多人的温饱问题，这是很了不起的。一家外国报纸曾评论说，几个世纪以来历代历届中国政府都没有解决几亿中国人的吃饭问题，在中国共产党领导下现在解决了，这是历史性的成就。今后 10 年的目标是使人民生活达到小康水平。如果真正实现了结构好、效益高的 6% 的增长速度，到 2000 年，群众的生活会得到明显改善。

问：80 年代初，我们曾提出过到 2000 年人均国民生产总值达到 800—1000 美元的要求，由于汇率的变化，现在看这个要求还能达到吗？

答：当时提出这个要求，是为了综合反映小康水平，并便于在国际上进行比较。如果按 1980 年不变价格和当时人民币对美元的比价计算，1980 年我国人均国民生产总值为 300 美元左右，到 2000 年可达到 938 美元（按届时 12.8 亿人口计算）。这里需要说明的是，如何看待汇率的变化。1980 年以来，人民币对美元的汇率从 1.49 元人民币换 1 美元，调到现在 5.31 元人民币换 1 美元。单就这一点看，按美元计算的人均国民生产总值岂不是没有增长或者说越来越少了吗？这显然是不符合实际情况的。

国际间消费水平的比较，必须考虑不同国家间的价格水平和汇率的变化。不久前美国一家报纸刊登的一篇文章指出："最近几年的统计数字表明，日本的人均收入超过美国，但这主要是由于 1985 年以来美元贬值、汇率变化而导致统计数字的变化。""如果考虑到日美两国的消费水平，日本的人均收入实际只有美国的 1/3"。由此可见，汇率的变化并不能反映生产水平和生活水平的实际变化。实际上，同样收入在我国的消费水平比国外要高得多。

问：您刚才在谈及 6% 的增长速度时，前面加了"结构好"、"效益高"两个定语。这两个定语是必要条件吗？

答：可以这样说。从历史上看，我们的问题主要出在盲目追求高速度上，结果造成大起大落。今后 10 年经济发展的难点主要在于结构的优化和效益的提高，而不在于速度。今后 10 年，我国经济处在重要的转变时期。第一个转变是从低收入向中等收入的转变。这将带来消费结构的明显变化。城乡居民的消费不仅要求在数量上扩大，更要求多样化，提高质量。因此，生产结构要调整、优化，质量要提高。第二个转变是从粗放的速度型向集约的效益型转变。我国经济发展的一个严重问题，是投入产出低，与资源相对不足同时并存。如果我们不能在提高经济效益上有明显进步，资源浪费将随着生产增长而不断增长，那么我们在实现发展目标的过程中将会遇到更大的困难。目标是宏伟的、切实可行的，任务是艰巨的。我们有实现第一步战略目标的宝贵经验，"翻两番"一定能实现。

（本文是作者接受《人民日报》记者莫新
元采访的记录稿，原载《人民日报》
1991 年 5 月 21 日）

对编制 1992 和 1993 两年
经济计划的政策建议

（1991 年 9 月 10 日）

一、关于治理整顿的基本估计

中央提出，从 1989 年算起，用三年或更长一点时间完成治理整顿的任务。治理整顿，主要是治理通货膨胀，整顿经济秩序。经过三年来的努力，通货膨胀得到有效的抑制。全国零售物价指数从 1988 年的 18.5%、1989 年的 17.8%，降到 1990 年的 2.1%、1991 年预计的 4% 左右。随着社会总需求与总供给矛盾的缓解，加上整顿公司，加强市场、物价管理等措施，经济秩序混乱的状况已有明显的好转。由于加强农业、加强基础工业，控制加工工业的发展速度，产业结构也有一定改善。同时，推进了价格、住房、社会保障和外贸等方面的改革。因此，目前（1991 年 9 月）从总的方面看，可以说治理整顿的主要任务已经基本完成。至于财政状况的根本好转、结构的合理化，看来需要经过相当长时间的努力，才能逐步实现。治理整顿只能达到阶段性的有限目标。基于这种认识，是否可以在 1992 年春天的七届人大五次会议上宣布治理整顿任务已经基本完成。或者，采取类似六十年代初、八十年代初调整结束时的做法，即不明确宣布调整结束，但提出了新的方针、任务，代替调整的方针。也就是说，1992 年不宣布治理整顿结束，但也不再提继续治理整顿。

也可以有另一种考虑，由于当前经济生活中矛盾较多、产成品积压严重、"三角债"问题突出、经济循环不畅、效益差的状况仍未改变、财政困难较大，暂不宣布治理整顿结束。

我们倾向于前一种意见。在经济总量矛盾基本缓解之后，为了集中力量解决结构、效益、体制等突出问题，以提出新的任务代替治理整顿任务较为有利。

二、对总量平衡状况的认识

当前经济生活中一个突出问题是，产成品大量积压，经济循环不畅。1991 年 5 月末，全国县以上工业企业产成品库存高达 2094 亿元，比正常周转需要多出 800 亿元左右。从时间上看，1989 年工业企业产成品库存比上一年增加 610 亿元，增长 66.3%；1990 年又比上年增加 209 亿元。两年五个月增加 1200 亿元。产成品严重积压，造成资金周转受阻、"三角债"越来越多、企业亏损不断扩大，成为整个经济发展的大障碍。

造成产成品积压的原因比较复杂。从大的方面讲，一种分析认为，主要是结构问题。由于前些年经济过热、加工业盲目发展，许多产品的生产能力大大超过现有的市场需求，供给结构和消费需求结构错位，而结构调整又进展缓慢，生产回升基本上建筑在原有结构的基础上、必然造成边生产边积压。另一种分析认为，结构问题虽然是一个重要原因，但问题发展到现在，已经不能不看到也有总量平衡的问题，即最终需求不足的问题。我们倾向于第二种分析。主要理由是：

第一，从最近几年社会总供给与总需求平衡的态势看，国民生产总值 1989 年比上年增长 3.7%，1990 年增长 5%，1991

年预计增长 6.2%，三年累计增长 15.6%。而从社会总需求方面看，社会商品零售总额 1989 年比上年增长 8.9%，1990 年增长 2.5%，1991 年预计增长 12%，于三年累计增长 25%。同期社会商品零售物价指数累计上涨 25.1%，与社会商品零售总额增长基本持平。全社会固定资产投资 1989 年为 4137 亿元，1990 年为 4449 亿元，1991 年预计达到 5100 亿元，名义投资虽比 1988 年的 4496 亿元增长 8.6%，但扣除几年来投资品物价上涨的因素，实际工作量还下降 12.7%。由于以上两项是消费需求和投资需求的大头，这两项基本上没有什么增长，总供给增长的部分，除了弥补前几年总需求超总供给的缺口以及增加出口外，多出的部分只能是增加流动资产积累。总供给＝国民生产总值＋国外供给（进口）。总需求＝投资需求（包括固定资金和流动资金）＋消费需求（包括个人、集体和农民自给）＋国外需求（出口）。据统计局计算，1989 年总需求（按当年价格计算）大于总供给（按上年价格计算）1342亿元，1990 年总需求大于总供给 1436 亿元。据我们分析，主要原因是这两年流动资金需求大幅度增长，1989 年增加 1555亿元，占全部投资需求的 26.7%；1990 年增加 2249 亿元，占全部投资需求的 33.2%。问题在于，我国的流动资产积累的比重历来偏大，而最近几年又连续大幅度增长，其中相当大部分是不合理的，与其对应的是产成品大量积压。如果扣除这个部分，便可以明显地看出，总需求已经小于总供给。

　　第二，从短线物资的库存和价格的变动来看。我国资源相对不足，基础工业、基础设施发展长期滞后，能源、交通和重要原材料是制约整个经济发展的"瓶颈"部门。从历史上看，经济过热、总需求超过总供给，首先都突出地表现在短线物资供应紧张、价格上涨、进口增加上，而最近两年短线物资也出现了积压。1991 年，在适当控制产量的情况下，到 7 月末，

煤炭库存仍达到 1.94 亿吨，可供周转 77 天；钢材库存达到
2628 万吨，可供周转 247 天；水泥库存 1546 万吨；木材库存
2328 万立方米，均比正常库存偏大。其他短线物资如铜、铝
等有色金属、橡胶和基本化工原料，历来供应紧张，现在也出
现了积压。有些投资类生产资料如钢材，从大量进口转为少量
出口。前几年，由于生产资料供不应求，价格大幅度上涨。近
两年不少生产资料价格涨势明显减缓，有些产品的市场议价甚
至低于计划价格。这些情况都反映投资需求小于投资品的供
给，这种经济现象仅仅用结构问题是说明不了的。

根据以上的分析，我们认为，造成经济循环不畅、产品大
量积压，既有结构不合理的因素，也有总需求不足（主要是
投资需求不足）的问题。因此，需要从适当扩大投资需求和
调整结构两方面入手。

三、关于适当扩大固定资产投资问题

按照国民生产总值增长 6% 测算，1992 年全社会固定资产
投资规模（投资笼子）可以安排 5900 亿元。比 1991 年预计达
到的 5100 亿元，增长 15.7%（扣除价格上涨因素，投资实际
增长只有 10% 左右）。另一种方案是考虑到全民所有制单位的
投资有一部分资金难以落实；全社会投资规模安排 5700 亿元，
比今年预计增长 11.8%（实际增长只有 6% 左右）。我们倾向
于前一种设想。从启动投资需求、疏通经济循环、推动经济增
长来看，5900 亿元的规模是必需的，也是有可能达到的。

明年按 5900 亿元的规模安排，扣除 1989 年以来投资品价
格上涨的因素，其实际的投资规模大体只相当于 1988 年的水
平。而从 1989 年到 1992 年，国民生产总值累计约增长 22%，
即使考虑到 1988 年投资规模过大，经过三年的压缩和踏步，

与现在的经济规模相比，恢复到 1988 年的实际投资规模，至少不能说过大了。另据对世界各国经济周期的实证分析，经济循环从萧条到复苏，一般都伴随着大规模的设备更新，当经济从谷底开始回升时，为启动前期闲置或积压的生产要素，在复苏初期的投资增长速度，大都高于平均增长速度。我国的情况也是这样。在前几次经济波动中，越过谷底后的第一、二年，投资增长幅度都比较大。例如，1981 年因经济调整，投资比上年下降 14.3%（按可比价格计算），而 1982 年投资比上年增长 25.2%，1983 年又增长 16.3%（1982 年、1983 年物价总水平分别上升为 1.9% 和 1.5%）。

按照 5900 亿元投资规模的设想，主要难点在于资金来源的落实问题。据测算，5900 亿元总规模中，全民所有制基本建设投资大体安排 2100 亿元，比 1991 年预计增加 350 亿元，除其他资金来源外，需要增加银行贷款 170 亿元。技术改造投资大体安排 1200 亿元，比今年预计增加 250 亿元，均需增加银行贷款解决。以上两项共需增加银行固定资产投资贷款 400 亿元以上，不容易落实。

在现有的体制和经济格局下，筹集全民所有制基本建设和技术改造资金确实存在许多矛盾，难度比较大。但是也要看到，在经济发展的基础上，全社会资金的潜力还是相当大的。我们认为，可以从以下几个方面采取措施：

第一，调整银行信贷资金投向，增加固定资产投资贷款。最近几年银行信贷资金来源增长是很快的，仅城乡居民储蓄存款 1989、1990 和 1991 年预计共增加 5000 亿元以上（1986、1987 和 1988 三年城乡居民储蓄存款只增加 1829 亿元）。问题是，银行信贷资金运用结构不合理，流动资金贷款急剧增加，比重过大。1989、1990 和 1991 年预计，新增贷款共增加 7214 亿元，其中流动资金贷款增加 5470 亿元，占新增贷款总额的

75.8%。由于原有结构基本上没有调整，新增加的流动资金贷款有相当一部分是支持了积压产品的生产。这就使得注入的资金无法转动。与此同时，由于没有足够的资金投入基本建设和技术改造，造成投资需求不足，又使得投资产品包括短线物资出现积压。一方面资金大量沉淀，另一方面生产要素闲置，两者无法结合，资金转动不起来，经济就无法进入正常运转。固定资产投资是启动经济的源头，它会产生一系列需求，带动许多行业的发展。投资规模过大，超过国力的可能，会导致经济过热，引发通货膨胀，这已为实践所证明。反之，投资规模过小，不仅从长远看无法支持经济的增长，而且会造成需求不足，生产要素闲置，导致当期经济萎缩。我国经济已从财政主导型转变为金融主导型，财政规模的增量每年只有二、三百亿元，而信贷规模增量每年有 2000 多亿元。在这种情况下，固定资产投资增量只能依靠信贷资金来解决。因此，必须坚决下决心调整现存的信贷结构。

在"七五"基本建设投资总规模的资金来源中，银行贷款占 19.2%。如果按这个比例计算，1992 年全民所有制基本建设投资 2100 亿元的规模中，银行贷款应为 400 亿元，比 1991 年计划新增贷款 260 亿元，增加 140 亿元。同时，现在正大力采取措施压缩库存，要求到 1991 年年底压缩 200 亿元，如果把压缩库存盘活了的资金，相应地用于技术改造投资，那么，1992 年需要增加的 256 亿元技术改造贷款，就有相当一部分可以解决了。

第二，适当扩大建设债券的发行规模。现在社会游资还比较多，在市场流通的 3000 亿元现金中（1991 年年底预计数），有一部分是沉淀的，没有加以运用。除继续吸收储蓄外，适当增加一部分债券发行是可能的。1991 年国家投资债券发行 80 亿元，居民认购很踊跃。1992 年可考虑按"八五"计划纲要编制时曾设想的 120 亿元债券安排。现在的问题主要是，投资债券利率较高（年利率 10%），一些重点项目用不起。是否可考虑：（1）在适当降低银行储蓄利率的同时（现在三年期银行储蓄存款利率为 7.56%，可考虑调低一个百分点），再调低一点建设债券的利率（例如调到年利率 8%）。（2）对确实需要使用投资债券的亏损行业，国家给予一部分贴息。（3）把投资债券筹集的资金用于石化、电子等盈利行业，增加资金积累后，再用于建设基础产业。

除国家统一发行投资债券外，可允许经济效益好的行业和企业，符合国家产业政策，经过批准向社会发行债券。

第三，按"八五"计划的部署，通过适当调整价格，筹集煤、电、油、运专项建设基金。1992 年可考虑安排 150 亿元，比 1991 年增加 120 亿元。

第四，动用一部分现汇结存，作为基本建设和技改投资贷款。随着对外开放的进展，我国同国际市场的联系越来越紧密。1990 年进出口总额已占国民生产总值的 31.1%。保持外汇收支平衡和合理的外汇储备，对于扩大对外贸易、提高我国在国际金融市场的资信是十分重要的。尤其在当前的国际形势下，为对付可能发生的不测事件，适当多增加一点外汇储备是必要的。但是，增加外汇储备应作为中长期目标，随着国民经济的发展和国际收支顺差的增长而逐年增加，不宜在一两年内增加太多。1991 年外汇结存预计达到 210 亿美元，比 1990 年年底增加 100 亿美元左右。从我国现有的经济发展水平和当前的经济情况（财政困难、资金紧张、重点建设资金严重不足）来看，现汇结存一下子增加那么多，对克服当前困难，恢复经济正常循环，是不利的。因此，我们建议可考虑从 210 亿美元的现汇结存中拿出 30 亿美元，作为基本建设和技术改造贷款。这样做，一是可以解决明年全民所有制单位投资难以落实的问题；二是可以用这一部分外汇贷款进口先进技术装备，加快重点行业的技术改造，提高国营大中型企业的经济效益；三是可以促进出口的增加，从而又可以增加新的现汇结存。

四、把适当扩大投资和严格控制资金投向结合起来

对于适当扩大投资有两种担心。一是会不会引起新的投资膨胀，诱发通货膨胀反弹；二是会不会造成新一轮投资结构不合理。为了避免产生这两方面的问题，需要采取相应的措施。

首先，扩大投资规模要以调整资金投向结构为前提。历史上投资规模过大造成通货膨胀，主要原因是资金来源有问题，即靠财政扩大赤字，银行多发票子来搞建设。1992 年扩大投资规模不能再走这条路子，而是要在坚持经济总量平衡，不放弃投资总规模控制的基础上，主要调整贷款结构，靠压缩流动资金的增长速度，盘活现有资金等办法，以相应扩大固定资产投资。同时，适当增加投资是同库存（包括短线物资）比较充裕相适应的。1990 年银行贷款增加 2700 亿元，1991 年预计又增加 2600 亿元。这一方面确实增加了通货膨胀的压力，但另一方面，近两年新增贷款有相当大的部分是增加流动资金（包括增加物资储备）。这同贷款主要用于扩大投资、创造一系列最终需求是有区别的；一旦经济循环打通、加快，与这部分资金相对应的物资就可以得到应用，这和没有物资保证、单靠发票子搞建设也是不同的。

其次，适当扩大投资要以调整结构为前提。基本建设投资是调整产业结构的主要手段，但如果投向不当，也会加剧产业结构不合理。1992 年新增投资规模，应集中用于农业、水利、能源、交通、通信，以及重要原材料等基础产业、基础设施。同时，适当用于既符合国家产业政策、经济效益又好、税利

高、创汇多的行业和企业，以及能够提高国民经济技术水平的微电子工业等高新技术产业。

第三，加快投资体制改革。现在，全民所有制单位仍然缺乏明确的投资责任制和有力的约束，引起投资膨胀的体制基础仍然存在。因此，在适当扩大投资的同时，一方面，需要加强对投资的管理，尤其是对基本建设投资更要管住；另一方面，要加快投资体制改革，特别是要解决投资主体的责任制和自我约束问题。

五、把加快企业组织结构的调整与加大企业改革的力度结合起来

治理通货膨胀，紧缩银根，消除经济过热，一般规律是会引起大批企业倒闭、失业增加。而我们前两年在治理通货膨胀取得显著成绩的同时，保持了社会的稳定，这是很不容易的。但为此也付出了沉重的代价，用银行信贷资金保住了一批本该淘汰的企业，效益好的企业也活不起来，造成经济效益全面下降。如果我们不能闯过存量调整这一关，国民经济就难以走出目前的困境，一批企业不能死，大部分企业就难以活，继续用目前这种办法维持稳定，把各种矛盾都往后推，不仅会丧失解决问题的时机和时间，而且会酿成今后大的不稳定。难点和出路都在于处理好当前稳定和长远稳定的关系，把握好调整存量结构的力度。治理通货膨胀需要冒一定风险，我们顶住压力闯过来了，调整结构如果不冒一定风险也难以闯过去。我们认为，现在的主要倾向是只考虑当前稳定，而对长期的稳定考虑不够。实际上，只要从各方面采取措施，做好工作，在保持稳定和加快企业结构调整之间，还是有一定回旋余地的。

第一，在充分调查研究和预测今后国内国际市场需求的基

础上，分地区、分行业制定调整企业组织结构的规划，既要有中期目标，又要有近期的要求，按年度、分步骤实施。对大型骨干企业的调整，主要应通过行政手段；对多数中小企业主要应通过市场竞争，优胜劣汰。

第二，逐步规范政府和企业的关系。关键是要减少政府机构对企业过多的直接干预，真正落实《企业法》规定的企业自主权。另一方面，要减少企业对国家的过多依赖，解决企业负盈不负亏和短期行为问题。在改革的步骤上，可以考虑：一是对新投产的企业，从开始就按正确原则和规范处理政府与企业的关系。二是把现有企业按垄断性和竞争性加以区分。对基础产业、基础设施的垄断性企业，以国家直接管理为主，但也应建立明确的盈亏责任制。对因价格过低、承担社会责任等因素造成的亏损，要逐项加以核定，由国家给予政策性弥补。而对于经营性亏损，应由企业自行消化。对于大多数市场放开、价格放开、具有竞争条件的企业，应逐步过渡到由国家间接管理，企业自负盈亏。企业除照章纳税外，还应当上缴利润并使资产增值。

第三，加快企业内部改革的步子。现在企业内部的问题仍然主要是"铁饭碗"、"大锅饭"。干部能上不能下、工人能进不能出、工资奖金能多不能少。要办好企业，就必须从改革企业干部制度、用工制度和分配制度入手。

现在有些企业经营不好、亏损严重，但企业领导人照样受到重用提拔，易地升官，这就不能形成一种压力，使企业领导者具有高度的责任感。同时，由于国家与企业的关系不规范，企业领导者往往站在企业职工一边，不能自觉地代表国家利益。世界各国的经验证明，现代的企业资产所有者，并不一定要直接经营企业，而企业的经营者（厂长，经理）也不一定是资产所有者才有高度的责任感。要把一个企业办好，除了经营管理者的素质以外，关键是要使经营者既有动力又有压力。动力和压力，既包括经济利益也包括政治荣誉与社会地位。大中型企业是国民经济的支柱，应当建立一种能把最优秀人才选拔到企业领导岗位的机制，实行干部聘任制，能上能下。对企业领导人的考核，应强调实践的标准，视其能否代表国家利益、能否根据市场的需求经营管理企业，并取得最大的经济效益。

现在城镇就业难与招工难并存，企业内部劳动制度缺乏竞争机制，"隐性失业"严重，处理富余人员又困难重重。应当深化劳动制度改革，推行优化劳动组合和全员劳动合同制试点，建立厂内待业和淘汰机制，对违纪职工和劳动合同期满、生产不再需要的人员，应允许企业辞退。公安、司法、工会等有关部门应予以配合。同时，要进一步完善待业保险制度，可考虑利用一部分待业保险基金与发展第三产业结合起来，消化一部分关停企业的职工和大中型企业的富余人员。还应允许职工流动，进入劳务市场，另谋职业，或从事个体经营。

近两年企业经济效益下降，而工资、奖金增长过多。在内部分配上平均主义严重，既造成国民收入过分向个人倾斜，又不能调动职工的积极性。应加强工资总额的宏观管理，各地区、各部门追加工资总额和增资项目，必须报国务院批准；完善工资总额与效益挂钩的办法，坚持挂涨也挂落，效益下降的企业，要相应少提工资，尽快扭转工资与效益严重"倒挂"的局面；要从政策制度上使工资、奖金的分配体现多劳多得、少劳少得，克服企业搞人人有份的浮动升级和平均发放奖金的现象。

当前企业严重亏损，企业亏损面达到 36% 以上。这对增强企业活力是不利的。但从另一方面看，又是加快企业内部机制改革的有利时机，因为矛盾暴露得比较充分，"物极必反"，

"穷则思变"。从主管部门、企业领导人到工人都有改变现状振兴企业的愿望。在这种情况下，改变企业干部制度、用工制度虽然会触及一部分人的利益，但会得到多数人的拥护。因此，我们建议，可以选择一批亏损严重的企业作为改革企业内部机制的突破口。1992 年可否首先从轻纺、机电行业起步。

六、关于重整财政问题

现在要缓解经济生活中多种矛盾，诸如增强大中型企业活力、纠正国民收入分配过分向个人倾斜、保持经济总量基本平衡，都同解决财政问题有密切关系。在现有财政包干体制不变的情况下，增加财政收入、压缩财政支出都还有很大潜力，关键是要切实采取一些大的政策措施，并雷厉风行地加以贯彻执行。

从根本的长远的观点看，决定财政的是经济。现在财政的主要问题是，作为财政收入主要来源的国有企业困难重重，后劲不足，财源萎缩，而且面临枯竭的危险。而要对企业减税让利、提高折旧，财政困难又将加重。财政困难和企业困难搅在一起，形成恶性循环。要走出两难的困境，首先还是财政应让一步，必欲取之，先必予之，使企业减轻负担，有个休养生息、增强活力的时机，以培养财源。为此，一方面应当大力整顿税收，有的税率偏低、多年未动，可考虑适当提高，拟议中的提高营业税税率，可考虑出台，对私营企业、个体经营者的征税，以及个人收入调节税等，漏洞很多，应通过加强税收征管，把该收的收上来。只要措施得当并认真加以落实，除已列入预算之外，一年再增加百八十亿元收入是可能的。建议从党政机关抽调一批得力干部，充实、加强税务队伍，并建立专门的税警，在提高税务人员待遇的同时，大力整顿税务部门的不正之风，堵塞漏洞。

另一方面，应下决心压缩财政支出。近几年财政相当困难，但支出急剧增加，机构越来越臃肿，吃"皇粮"的人越来越多，各种开支标准越来越高；兵多官更多，机构不断升级，各级干部职数随意增加；只要是一个单位的领导人，甚至下至科级干部都在乘专车；各种名目繁多的招待、宴请越吃越凶；至于各种各样的会议，天南海北轮换着开，公费旅行、吃喝玩各种开支均由公家报销。如此等等，财政怎么能不困难！不用说我国人口众多、经济还很落后，就是经济发达国家，这样大手大脚，花钱如流水，也会坐吃山空，导致债台高筑，经济萎缩。因此，一定要下大决心把各种不合理的支出压下来。现在国际形势严峻，国内又遇到严重洪涝灾害，应当以此动员全党、全国干部反对铺张浪费、厉行节约。各部门、各地区、各单位，都应当制定厉行节约的目标和措施。这不仅在经济上而且在政治上都具有重大意义。

七、坚持稳定物价与振兴经济结合的原则

1991、1992 两年价格改革面临的主要矛盾是，既要控制价格总水平，又要逐步调整基础产品价格，积累必要的建设资金。近两年零售物价实际上涨幅度均明显低于计划安排，主要原因是宏观环境比较宽松，上游产品的价格调整对价格总水平的推动比预计的小得多。1992 年如果适当扩大投资规模，加上 1991 年农业歉收的影响，经济总量的平衡可能偏紧，如果价格调整的步子过大，就会使物价总水平上升超过企业和居民的承受能力。另一方面，农业和基础部门又要求多解决一些价格方面的问题，物价上涨幅度过低，许多矛盾也难以解决。考虑以上两方面的情况，我们建议 1992 年全国零售物价指数按

6％安排，略高于 1991 年预计。其中，国家计划安排的调价项目对零售物价指数的推动，按 3 个百分点掌握。重点解决粮食、原油、铁路货运等。

1992 年在调整价格结构的同时，要适当加快价格管理体制的改革。一是进一步扩大价格放开的范围。工业消费品，目前国家定价的还有 48 种，这类产品的品种、规格、花色较多，替代性大，竞争性强，而国家只规定其中代表品种的价格，作用不大。目前市场平稳，是放开的好时机，1992 年在这方面的步子可以迈得大一些。重工业产品，现在由国家规定出厂价的有 733 种，规定销售价的有 9 种。可以考虑适当缩小国家定价的范围。二是整顿生产资料价格双轨制，对部分计划内外价格差距不大、不直接影响市场的产品如钢材、有色金属、建筑材料，在市场价格的基础上实现并轨。

八、积极创造把发展、改革和稳定结合起来的社会舆论环境

当前经济生活中的许多矛盾，既有经济因素，又有非经济因素。要把发展、改革和稳定统一起来，仅仅从经济上采取措施，是不够的。根本问题还在于人的积极性。通过强有力的思想政治工作，动员、组织群众，调动绝大多数人的积极性，历来是我们的优势所在。现在处理发展、改革和稳定的关系，许多方面触及人们的利益，需要得到社会各方面的有力支持。为此，应当有破釜沉舟的决心，下大力气，解决党内和社会上的不正之风问题，推进政治体制改革和决策民主化、科学化的进程。同时应当把解决经济中的矛盾、问题，同进行建设有中国特色社会主义的教育紧密结合起来，特别是应当着重宣传一些有利于发展、改革和稳定结合的观点。例如，全国人民绝大多

数从十年改革中得到了很大实惠，改革遇到的风险，也需要大家共同承担；从根本上说，改革是为全国人民谋利益的，但就某一项改革措施来说，由于是利益关系的调整，可能一部分人从中得到好处，而一些人可能暂时受到一些损失，不应当以一时一事的得失来判断是非；按劳分配是社会主义的根本原则，只有提供社会所需要的产品，只有产出大于投入，才是为社会提供有效劳动，才能从社会分配中得到相应的产品。少劳多得、不劳也得，不是社会主义原则；社会主义为劳动者就业和公平分配创造了有利的条件，但由于我国还处于社会主义初级阶段，经济还很落后，又人口众多，还不可能做到没有相当数量的失业人口，不能说社会主义就不允许企业倒闭、工人失业；我们的干部是人民的勤务员，能上能下，能进能退，这是天经地义的；社会主义的根本任务是发展生产力，公有制是社会主义的基础，坚持社会主义就要从行动上同形形色色的吃社会主义、挖社会主义墙角的行为进行斗争，如此等等。只有造成强大的社会舆论，才能创造有利于解决当前各种经济问题的社会环境。

（本文是由作者主持和撰写的一项课题的研究报告，赵书英同志参加报告起草，此研究报告获国家计委 1993 年科技进步奖二等奖）

对搞活国有大中型企业的意见

（1991 年 9 月 21 日）

前几年我对国有大中型企业曾作过专题调查，近年来又作了一些跟踪研究，下面谈几点认识和建议，供国务院领导同志参考。

当前国有大中型企业在增强企业活力方面还存在许多问题，面临不少困难，其中有些是企业无力解决的，有些是企业经过努力也只能解决一部分的。主要问题是：

（一）按国务院有关规定应下放给企业的权力还没有落实。综合企业的反映，主要是三种情况。

第一种情况是，国务院规定应该下放给企业的权力，有些被部门、地方或行政公司截留了。如，按规定企业可以自销的产品，由于产品紧俏，有利可图，主管部门或主管部门的供销公司就要企业让它们经销，除了赚钱外，还要向企业收管理费。

第二种情况是，有些大企业原来归中央部门或省厅局管，下放给中心城市以后，由于在产品销售、原材料供应、投资项目等方面仍要依靠原来的主管部或主管厅局，企业反映，"婆婆"不是少了，而是多了。既然要政企分开，中央部门或省属厅局等政府机构不应直接管企业，为什么下放到市里，市政府的局就能直接管企业呢？看来仅仅下放还没有解决政企分开问题。

第三种情况是，由于改革措施不配套，企业在名义上有某种权力，而实际使用时，来自上面的干扰还时常发生。如国务院有关文件规定，"企业在主管部门规定的定员编制范围内，有权按照生产的特点和实际需要，自行确定机构设置和人员配备"。但上级有些部门硬性规定，企业上下对口设置某种机构和配备人员的情况仍然经常发生。还有的主管部门违反自愿互利的原则，用"拉郎配"的办法搞"以大带小"、经济联合等。

（二）国有大中型企业的社会负担过重，各种不合理的摊派严重妨碍企业搞活和发展。

对企业的乱摊派、乱集资名目繁多，屡禁不止，有的地方甚至愈演愈烈，危害很大。扩权、改革这几年，国有大中型企业刚刚有些活力、有些发展，但整个说来基础还很薄弱。企业在生产上、生活上欠账都很多，而留利水平又相当低，这本来已经存在尖锐矛盾，再加上四面八方都向企业伸手要钱要物，甚至把企业60%以上的留利拿走了，企业还怎么能有自我改造、发展的能力呢？各种摊派集资中有些名义上虽然是同企业协商、企业自愿拿的，但实际上企业是在某种压力下被迫拿的，因为不敢得罪搞摊派、集资的部门或单位，否则就可能受到各种莫名其妙的"报复"，给企业生产和职工生活带来诸多麻烦、损失。如果这个问题不解决，谁都可以伸手向企业要钱要物要人，那么企业就可能由原来是某个主管部门的算盘珠，变成社会各部门共同的算盘珠，还有什么自主权可言呢？

从企业反映的情况看，摊派、集资金额较多的项目，主要是一些应列入市政建设项目的集资（如修建学校、医院、公路、桥梁等），其原因主要是地方、部门的领导者不切实际地过高估计企业的经济实力，在"人民事业人民办"的口号下，百业俱举，没有钱就向企业要。还有些部门、单位要办某件事，本应报上级批准拨款或来自某专项经费，现在要企业

"凑份子"，这是某些部门、单位带行业特点的不正之风的表现。

企业是细胞，生产是根本。对企业的苛捐杂税是损细胞、伤根本的缺乏远见的做法，需要大声疾呼并采取果断措施加以制止。但现在要解决这个问题，仅下个文件，一般性的发个号召已经无济于事，或有效于一时，过一阵子又来了，或堵住这个，又冒出那个。从根本上解决这个问题，需要国家通过立法来解决，明确规定企业除缴纳国家规定的各种税金外，任何部门、单位都不得向企业摊派，否则就属违法。中央和省、市一级需要向企业集资的项目，也应通过法令，明文规定集资的项目及其数量界限。

（三）国有大中型企业留利水平偏低，企业现有资金难以做到自我改造和发展。

企业留利按规定要分为生产发展基金、新产品试制基金、后备基金和职工福利基金、奖励基金。由于留利水平偏低，企业社会负担很重，企业留利能够用于生产发展基金等项目的就很有限了。不少企业还反映，不同行业的企业之间、同一行业的不同企业之间，留利水平都存在很不平衡的情况，这种不平衡并不是由于企业经营管理好坏和经济效益高低形成的，而是由于原来工业基础、工资水平不同以及价格不合理造成的。有些由于企业无法改变的外部因素和价格变动（原材料、能源涨价，产品降价）等原因造成利润大幅度下降，企业留利也随之下降。因此，适当提高企业税后留利水平，是搞活国有大中型企业的当务之急。应当根据企业和产品的不同情况（原来留利水平的高低和合理程度，资金有机构成高低和技改任务大小，产品是急需发展的还是要控制发展的等）区别对待。企业留利水平提高以后，当然也要采取相应的控制措施，防止有些企业只注意眼前利益，搞短期行为，防止消费基金和基建规模失控。

（四）企业技术落后、设备陈旧，而又缺乏更新改造资金。

大中型企业要搞活，关键是要抓更新改造、采用先进技术，否则新产品开发，提高质量，降低消耗，适应市场变化调整产品结构，增强竞争能力等等，都很难谈起。但是，长期以来国有大中型企业折旧率很低，平均不到5％，而且都集中上缴主管部门，用于项目建设。同时，国有大中型企业规模较大、设备较多，加上资金有机构成一般比较高，因此更新改造资金需要量很大，即使把所有折旧基金全留给企业，加上企业留利，对于设备陈旧、技改任务繁重的老企业来说，也是"杯水车薪"而已。还要看到，在生产技术日新月异的现实条件下，机器设备除了有形的损耗（折旧）外，还应当考虑无形磨损的问题。马克思说："劳动资料大部分都因为产业进步而不断革新。因此，它们不是以原来的形式，而是以革新的形式进行补偿。……竞争，特别是在发生决定性变革的时候，又迫使旧的劳动资料在它们的自然寿命完结之前，用新的劳动资料来替换。"① 在我国现有条件下，由于不同行业、不同企业的资金有机构成有很大差别，原有设备的状态也不一样，加上有些产品适销对路、经济效益好、有发展前途，有些产品则属于长线产品，应当控制其发展，因此折旧基金不分情况地全部留给企业使用，从社会的观点看，不一定合理；而由省、市掌握一部分或通过信用集中一部分，有偿地先给一些重点企业用于技术改造，这从理论上讲是正确的，从实践上看也是必要的。

（五）计划管理体制上仍然存在的妨碍大中型企业搞活的问题。

---

① 《马克思恩格斯全集》第 24 卷，人民出版社 1972 年版，第 190—191 页。

一是指令性计划面广、品种多的状况仍然存在，缩小指令性计划的原则还缺乏执行的具体办法。二是指令性计划指标太满，尤其是市场上紧缺的产品留给企业超产的余地太小。指令性计划还存在层层加码的情况。三是完成指令性计划指标所需的原材料和能源供应不足。企业只得自找门路，按高于计划供应价格一倍甚至更高的议价购买缺口部分的原材料，结果是成本上升，利润减少，企业完成指令性计划的积极性受到影响。这就形成了一种恶性循环：原材料、能源缺口大——指令性计划完成不好——国家掌握的能分配的重要物资的数量或比例减少——指令性计划配套供应的物资缺口……造成这种恶性循环的主要原因是固定资产投资规模过大，总需求超过总供给。由于原材料、能源的需求过大，两种价格悬殊，必然引导企业追求计划价格外的收入，影响完成指令性计划的积极性。这恰恰是缩小指令性计划的阻碍。只有解决这个问题，才能缩小缺口，有利于指令性计划的完成，既使国家重点建设的物资得到应有的保证，又反过来为逐步缩小指令性计划、进一步搞活大中型企业创造条件。

（六）宏观控制和宏观经济环境的变化对大中型企业搞活的影响。

当前一个突出问题是流动资金不足，企业之间互相拖欠严重，影响企业正常经营活动。彼此连锁反应，谁也动不了。当前流动资金紧张的原因比较复杂，有些企业由于流动资金定额是1983年核定的，1984年以来生产有很大发展，但流动资金增加不多。其次是某些生产资料供应紧张，价格上涨，企业原材料储备增加，相应地要增加流动资金。还有一个重要原因是许多企业只顾增加固定资产投资，没有按比例考虑相应增加流动资金，原来银行贷款比较松时矛盾不尖锐，近年来银行收紧银根，加上工作上有"一刀切"的毛病，因此几乎所有企业都感到受不了。解决这个问题，除企业加速资金周转外，是否可以考虑拨出一笔资金，重点支持一下特别困难的大型企业。

进一步搞活搞好大中型企业，从企业讲，需要有一个长远的规则。从宏观讲，需要有相对稳定的政策。有些厂长提出，由于每一项宏观决策、措施都会在企业引起连锁反应，对企业行为起到导向的作用。因此希望政府部门在制定政策、措施以前，能先在不同类型的企业进行试点，看看各种反映、效果如何，是否会产生什么新的矛盾、新的问题，怎样解决等等。这样可以使政策、措施尽量完善，尽可能不和已有的政策、措施发生矛盾，尤其是不和改革的总方向、总目标发生矛盾。当然，一项政策、一项措施尽管制定之前经过周密考虑、反复研究，在执行中也可能出现这样那样的偏差。这不一定是政策、措施本身有问题，往往同执行者包括企业领导人的素质有很大关系。在这种情况下，应防止为纠正一部分地方、企业发生偏差，而对所有地方、企业采取"一刀切"的纠正措施。就是说，纠正偏差要针对有偏差的地方、企业，哪里有问题，到哪里解决；有什么问题就解决什么问题。贯彻政策不要刮风，纠正偏差也不要刮风。具体政策上的调整尽可能避免幅度过大和过于频繁。

当前增强国有大中型企业活力的主要问题在哪里？是在于企业内部还是在于企业外部？有两种不同的意见。一种意见认为，企业搞活搞不活的决定因素在企业内部。企业首先应当眼睛向内，搞好内部改革，抓好经营管理。内部改革和经营管理搞得很好的企业，就好比是一个身体很健康的人，吃进去的东西能很好地消化、吸收，使机体充满活力。而一个不会经营、管理混乱的企业就像一个肠胃功能混乱的人，吃得再多再好也消化、吸收不了，机体仍然没有活力。改革以来，外部条件差不多的企业，有的搞得很活，有的仍然不活，其主要原因是在内部，而不在外部。另一种意见则认为，现在多数大中型企业的外部条件还没有明显改善，有的处境还相当困难。当前增强大中型企业活力，主要应继续从外部为企业创造条件。

我认为这两种意见都有一定的道理，应当互相补充，使对问题的认识更全面。不论从个别企业的角度看，还是从整个经济的角度看，要进一步搞活大中型企业，需要同时解决两个方面的问题：一个是继续从外部为企业创造条件，这是经济体制改革要继续解决的；另一个是企业要眼睛向内，抓好企业内部改革和经营管理，抓好更新改造、技术进步，这是企业改革应当解决的。经过这几年的改革，搞活大中型企业的内部条件和外部条件都有不同程度的好转，看不到这种变化是不对的；另一方面也确实都还存在不少问题。一般说来，企业对外部条件和困难感受深，看得清楚，要求也比较强烈，这是很自然的。但是也应当防止把搞活企业完全寄托在外部条件上，甚至用外部条件掩盖企业内部改革滞后、管理不善的倾向。因此，强调企业眼睛向内，把搞活企业的希望放在自己努力的基点上，这是正确的。另一方面，政府的综合部门和企业的主管部门，对于企业的内部问题则看得比较清楚，而对于为企业创造外部条件则容易忽视，甚至由于受旧体制和某些观念、习惯做法的束缚或影响，往往自觉不自觉地给企业造成某些障碍。因此，对于政府部门强调外部条件对于搞活国有大中型企业的意义，就很有必要了。如果企业眼睛向内，从推进企业内部改革和加强管理入手，而政府综合部门、主管部门则从解决企业的外部条件入手，双管齐下　两个方面一起使劲，那么搞活国有大中型企业的步伐就可能加快。

（本文是作者参加国务院总理李鹏同志就如何搞活国有企业听取经济学者意见座谈会的书面发言稿）

对建立社会主义市场经济体制的认识

（1992 年 11 月 2 日）

江泽民同志在党的十四大报告中强调指出，我国经济体制改革的目标，是建立社会主义市场经济体制。同时提出，九十年代改革和建设十大任务的第一项，是围绕社会主义市场经济体制的建立，加快经济改革步伐。这是十分重要的论断。它指明了我国今后加快经济改革的方向和目标，必将对改革实践产生巨大推动作用。

明确我国经济体制改革的目标，是建立社会主义市场经济体制，从而用"社会主义市场经济"替代"有计划的商品经济"，这绝不仅仅是一个提法的变化，其实质在于：提法的改变反映的是我们对社会主义经济的性质认识上的进一步深化，是对经济体制改革目标模式认识上的重大变化，也是对社会主义经济中计划和市场两种手段的地位和作用认识上的重大变化。认识上的这种深化和重大变化，必将对社会经济生活的各个领域产生巨大的影响，带来深刻的变化。

市场经济是商品经济发展的产物。在市场经济中，资源配置和经济调节的基本方式和主要手段是市场。在发达的市场经济中，不仅有商品交易市场，而且有资本、劳动力、技术、信息、房地产等生产要素市场，不仅有现货和有形商品的交易，而且有期货和股票、证券、产权的交易。竞争是市场经济最基本的要素。市场经济建立在自由竞争和充分竞争的基础上，没有竞争就没有市场经济。在充分竞争的市场经济中，企业为了追求利润最大化，争取更大的市场份额，必然不断使生产经营合理化，不断提高产品质量，不断改进技术，不断降低成本，从而不断提高效率和经济发展水平。竞争的过程是优胜劣汰的过程。追求最大利润的动力和竞争的压力，使企业和整个经济具有活力，达到资源的最优配置。价格是市场经济中供求关系变动的灵敏信号，它引导企业根据供求的变化不断调整投资和生产的方向与结构，促使生产、经营、服务与消费者的需求紧密结合起来。为此，商品、服务和生产要素的价格，除了少数例外，基本上应当是放开的，即经过市场竞争形成的价格。在市场经济中，企业要成为市场主体，能自由进入或退出市场，因此企业应当是独立的法人，能够自主经营、自负盈亏。市场经济要求有统一的国内市场，使商品和各种生产要素能在全社会范围内自由流动，配置到效益最优的项目上。市场经济还要求有健全的法律体系，竞争应当是有规则的，市场应当是有秩序的。在市场经济中政府的主要职责，是划定比赛范围，制定比赛规则，并且执行裁判员的职责，但不直接参加比赛。市场经济的上述基本要素和基本特征，决定了市场作为配置资源的基础性方式和主要手段，比由政府通过行政命令和计划作为配置资源的基础性方式和主要手段，具有许多优点。当然，市场不是万能的，市场也有自身的弱点和消极面，在一些领域市场是无效的。因而必须加强和改善国家对经济的宏观调控，包括运用计划手段，这已为二战以后许多市场经济国家制定和实施计划的事实所证明了的。

现在提出经济体制改革的目标，是建立社会主义市场经济体制，提出要使市场对资源配置起基础性作用，这是改革开放以来实践发展的必然结果，又是加快改革开放和现代化建设的客观要求。总结以往改革开放的经验，分析现实的经济问题，可以得出一条很清晰的线索：80 年代经济发展之所以取得巨大成就，主要得益于市场取向改革取得的重大进展；而当前经济生活存在的矛盾和问题，主要原因也恰恰在于向市场机制的转轨尚未完成。90 年代无论加快改革，加快开放，还是加快经济发展，核心和关键都在于要尽快建立社会主义市场经济体制。这种客观要求，主要表现在：

（1）我国经济现在的对外开放度已经很高，1991 年进出口总额占国民生产总值的比重已高达 39%。特别是恢复我国关贸总协定缔约国地位之后，在生产和贸易的许多方面更必须遵守世界通用的市场经济的规则。1992 年以来我国采取许多措施，进一步扩大对外开放，外商投资大量增加。为了改善投资环境，不仅要加强基础设施等"硬件"建设，更需要在经济体制上改善"软件"环境，采取国际上通用的市场经济的规则和做法。这些都要求按照建立社会主义市场经济体制的目标，加快改革的步伐。

（2）提出建立社会主义市场经济体制，指明了国有企业转轨的方向。改革开放以来，乡镇企业、个体私营企业、三资企业活力比国有企业强，根本原因就在于它们由市场调节，受市场机制支配，能适应市场变化。国有企业改革的任务已经提出多年，政企分开、两权分离的改革方向也已经明确，但进展比较缓慢，成效不很明显。究其原因，主要是还没有找到一种既坚持公有制又充分发挥市场机制作用的实现形式。为使国有企业能尽快适应市场经济的要求，看来必须实行股份制的企业制度，让各种所有制企业以及各种法人之间可以互相持股，并实行董事会和总经理负责的企业领导体制。这有利于切实做到政企分开，两权分离，使国有企业真正成为市场主体，同其他所有制企业一样，按照同等的地位进入市场竞争，优胜劣汰。

（3）我国现在农产品和工业消费品市场比较发达，而生产资料市场发展较慢，资金、劳务、技术、信息、房地产等生产要素市场发展滞后，其原因同思想观念上受市场经济等于资本主义的束缚有很大关系。只有迅速改变生产要素市场发展滞后的局面，才能适应加快改革开放和经济发展的客观要求。提出建立社会主义市场经济体制，就从根本上排除了发展各类生产要素市场的思想障碍，为其加快发展创造了条件。

（4）竞争是市场经济最基本的要素，没有充分竞争，就没有市场经济的活力。我们过去曾经长期否认竞争、排斥竞争，从而窒息了经济发展的活力。现在虽然理论上已经承认竞争的积极作用，但在许多领域，竞争仍然受到旧体制的限制。没有竞争或没有充分竞争，是国有经济至今缺乏活力的重要原因。把建立社会主义市场经济体制作为改革的目标，才能为确立竞争在整个经济生活中的重要地位奠定体制基础，才能把竞争机制引入经济生活的各个领域，才能借鉴西方发达市场经济国家开展竞争的经验，尽快制定维护公平竞争的法规。

（5）提出社会主义市场经济理论，从根本上解决了政府转变职能的方向问题。前些年提出的"国家调节市场、市场引导企业"以及政府对经济以实行间接调控为主，本来是正确的，但后来认识上产生了摇摆。政府职能转变滞后于其他方面改革，势必妨碍整个经济体制改革进程的加快和深化。明确建立社会主义市场经济体制之后，就可以大大推进政府机构改革和政府职能转变了。

（6）提出社会主义市场经济理论，对加快经济发展，对提高经济增长的质量，对加快产业结构调整和升级步伐，也都有直接的推动作用。我国现正处在经济发展阶段的转折时期，即从温饱走向小康，从低收入走向中等收入的转变时期。与过去解决温饱的阶段更多的是注重增加产品数量不同，在经济发展的新阶段，经济增长越来越要既重视数量更要注意提高质量。在新阶段，经济发展不仅受资源的约束，而且越来越受市场需求的约束。如果说，对受资源约束的经济活动和对供给的管理，可以运用计划手段的话，那么对受市场约束、以市场为导向的经济活动，以及实现产需的紧密结合等，就非要靠市场手段不可了。

总之，明确计划与市场都是社会配置资源的手段，既不姓"社"也不姓"资"，这就彻底摘掉了人们头上的紧箍咒，从此可以放开手脚，从实际出发，看使用哪一种手段更有利于生产力发展，就采用哪一种手段。采取什么办法才能更有利于发展社会生产力，这既是我们考虑一切问题的根本出发点，又是衡量各种办法、措施得失利弊的最重要的标准。

有的同志提出，市场经济既不姓"社"也不姓"资"，为什么还要在"市场经济"前面加上"社会主义"四个字？据我理解，讲社会主义市场经济，并不是用社会主义来规定市场经济的一般属性，而是指我们所讲的是"社会主义条件下的市场经济"。正如生产力既不姓"社"也不姓"资"，当讲到社会主义生产力时，指的是社会主义社会的生产力一样。市场经济作为商品经济发展的产物，是一种经济活动的方式，是一种配置资源的方式和手段。它可以与资本主义制度相联系，也可以与社会主义制度相联系。不同国家、不同时期的市场经济，既有共同的一般规律，也有各自不同的特点。就社会主义市场经济来讲，首先是有和各个国家市场经济共同的一般属性和一般规律，同时由于社会基本制度不同，社会主义市场经济活动的参加者和活动的目的不同，社会主义市场经济也有不同于西方市场经济的特点。

社会主义市场经济体制，是和社会主义基本制度结合在一起的。因此，社会主义市场经济除了具有一般市场经济的共同属性和一般规律外，就其特殊性来讲，是由社会主义制度的本质特征决定的。社会主义制度的本质特征包括：共产党领导和人民民主政权，公有制为主体，以按劳分配为主要分配形式等。这些特征决定了在社会主义市场经济中，有可能从怎样才能更有利于生产力发展出发，更好地发挥计划与市场两种手段的长处，把人民的当前利益与长远利益、局部利益与整体利益结合起来，兼顾效率与公平，合理拉开收入差距，又防止两极分化，逐步实现共同富裕。

社会主义市场体制本身包含运用计划手段，包含发挥国家宏观调控的作用。在建立社会主义市场经济体制过程中，计划与市场两种手段相结合的范围、程度和形式，在不同时期、不同领域和不同地区可以有所不同。社会主义市场经济，为什么要加强和改善国家的宏观调控，为什么还要运用计划手段？这除了和所有实行市场经济的国家具有共同的原因之外，从我国来看，还有以下特殊的原因：

（1）我国现在仍然是一个经济比较落后的国家，各项事业、各个行业、各个地区都要发展，而人口众多，资源、资金相对不足，又对发展形成了很强的制约。另一方面，我国社会主义制度又具有能够集中力量办大事的优势。这两个方面的实际，决定了我们必须也有可能运用计划和其他宏观政策手段，集中必要资源去举办一些运用市场手段办不到的大事，以加快经济发展。

（2）由于历史的原因，我国产业结构、地区经济结构存在许多不合理现象，结构调整任务极为繁重，而国际上高新科技迅猛发展，产业结构调整和升级也正兴起新的浪潮。我们要适应和赶上这种潮流，发挥"后起效应"，加快我国结构调整与升级以及发展高科技的步伐，也不可能所有事情都经过市场去筛选，那样做时间长，见效慢、成本高。在使用市场手段的同时，运用计划手段，就可以避免出现这些弱点，加快结构调整和升级。

（3）90年代我国同时处在经济体制转轨、经济结构升级、经济发展阶段转变的关键时期。由此决定了经济发展过程既有规律性和可预测的因素，又有一些复杂的、难以预测的因素。而且加快经济发展与保持经济总量的基本平衡同结构调整升级、提高经济增长的质量、提高经济效益，都有一系列矛盾需要妥善处理。因此，在充分发挥市场作用的同时，加强和改善宏观调控，运用必要的计划手段，比一般情况下更为必要和重要。

（4）我国从传统的计划体制向市场经济转轨，目的是要使市场在国家宏观调控下对资源配置起基础性作用，并给企业以压力和动力，实现优胜劣汰，使微观经济充满活力。这同西方国家在微观经济具有活力的基础上，为避免全社会的经济失调、失衡而进行国家干预、运用计划手段，正好是从不同的方面着手。因此，我们不需要也不应当在搞活微观经济的同时放弃宏观调控和必要的计划手段，等到出现宏观失衡时再回头来进行国家干预。特别是我国现在各类市场还很不成熟、不规范，法律体系也不健全。这也决定了我们在向市场经济的转轨过程中，要加强和改善宏观调控。国家要运用经济政策、经济法规、计划指导和必要的行政管理，引导市场经济健康发展。

为了加快社会主义市场经济体制的建立，党的十四大提出，要认真抓好四个相互联系的重要环节。一是要转换国有企业特别是大中型企业的经营机制，把企业推向市场，以增强活力，提高素质。通过理顺产权关系，实行政企分开，落实企业自主权，使企业真正成为法人实体和市场竞争的主体，并承担国有资产保值增值的责任。二是要加快市场体系的培育。继续大力发展商品市场特别是生产资料市场，积极培育包括债券、股票等有价证券的金融市场，发展技术、劳务、信息和房地产等市场，尽快形成全国统一的开放的市场体系。三是深化分配制度和社会保障制度的改革。四是加快政府职能的转变，转变的根本途径是政企分开。政府的职能，主要是统筹规划，掌握政策，信息引导，组织协调，提供服务和检查监督。

建立和完善社会主义市场经济体制，是一个长期的发展过程，是一项艰巨复杂的社会系统工程，完成这项巨大的工程，将具有世界性的历史意义，它虽然没有成功的经验可供借鉴，但我们有十四年来改革开放和建设有中国特色社会主义的丰富经验，有十四大正确路线的指引，因此，完全可以相信，经过全党和全国人民的努力开拓，我们一定能够完成建立社会主义市场经济体制的历史任务。

（本文是作者在国家计委举行的报告会讲稿的一部分，全文原载《时事报告》1992 年第 12 期）

把握有利时机，力争经济更快更好地登上新台阶

（1992 年 10 月 15 日）

80 年代我国在建设有中国特色社会主义理论的指引下，在改革开放的推动下，国民经济和社会发展取得了举世瞩目的巨大成就，提前实现了社会主义现代化建设的第一步战略目标，经济建设、人民生活和综合国力都上了一个大台阶。90 年代的中心任务，就是加快改革开放和现代化建设的步伐，使国民经济更快更好地登上新台阶。现在国际环境有利，国内条件具备，是加快发展的难得的好时机。我们要认真学习党的十四大文件，进一步解放思想，提高对加快改革开放和经济发展的重要性及紧迫性的认识。

一、国际环境：既有挑战，也有机遇

最近几年国际形势发生了重大变化，两极格局已经结束，世界正在向多极化发展。随着世界格局的变化和各国经济的发展，国际舞台上的激烈竞争，已从主要表现在政治、军事领域，转向以经济和科技实力为基础的综合国力的竞争。一个国家未来在国际上的地位，其政治、经济、军事和外交的影响，都将取决于综合国力的水平。经济、科技落后，就会非常被动，就会受制于人。只有将经济、科技、教育、文化与政治、

军事等诸多因素有机地融为一体，谋求全面发展，不断提高综合国力的水平，才能在激烈的国际竞争中立于不败之地，并不断提高国际地位。我国是一个大国，人口众多，幅员广大，中华民族具有悠久的历史和很强的凝聚力，1949年建国以来特别是改革开放以来，我国经济迅速发展，80年代国民生产总值年均增长9%，综合国力水平有很大提高，人民生活显著改善。但是，从历史上看我们比西方发达国家工业化晚起步二三百年。最近几十年我们虽然在努力追赶，但由于原来差距太大，加上从50年代到70年代有二十几年以阶级斗争为纲，耽误了不少时间，致使我国在经济发展水平特别是人均国民生产总值和重要产品的人均产量、经济增长的质量、产业结构的高度化程度、科技和教育的发展水平、人口的素质、参与国际分工的能力等方面，同发达国家相比都存在很大差距，与我国在国际上应有的地位和应发挥的作用还很不相称。因此，抓紧有利时机，迅速提高我国综合国力的水平是刻不容缓的。

世界范围正在发展的科技革命和产业结构调整的新浪潮，也对我国经济发展提出了挑战。最近几十年科学技术的发展日新月异，科学技术作为第一生产力对经济发展的作用越来越大。80年代兴起、目前正在迅猛发展的科技革命新浪潮的核心，是发展以微电子技术、航天技术和生物工程为代表的新一代高科技。它不仅预示着高科技对宏观和微观层次认识上进一步向纵深拓展，而且正在对经济发展产生巨大的推动力，并强有力地改变着现实生产过程。如日本目前正在兴起的"灵活生产线"体系，就是利用现代电子技术、信息技术、机器人操作技术，将原来大批量生产改造成多品种、多型号、小批量生产，以此来适应瞬息万变的国际市场。与此同时，科技成果向生产经营的转移速度也在进一步加快。特别是由跨国公司推动的直接服务于商业目的的科技开发，更是提高了国际产业结构调整和转移的速度，使国际分工在很大程度上由部门间垂直或水平分工，转向部门内交叉分工。面对这种形势，处于国际分工较低水平的发展中国家，如果不及时调整国内的经济结构，谋求提高参与国际分工的水平，就将处于更加被动的地位。我国虽然是一个致力于科技进步和产业结构多层次、多元化发展的大国，但是，科学技术和产业结构的总水平仍然比较落后，参与国际分工的程度主要还是局限在初级产品和低档次制成品的水平上。因此，运用科技进步成果改造现有的产业结构，加快科技进步和科技成果产业化的进程，仍是十分艰巨的任务。

还要看到，在科技发展和产业结构调整的推动下，一方面，世界经济正在从一个倚重于自然资源和制造业的经济时代，转向一个倚重于信息资源和服务业的经济时代；另一方面，少数经济大国主宰世界市场的局面已开始让位于由国家集团组织区域合作的局面，从而导致世界市场的重新组合。随着时代的变革和形势的发展，对于一个后进的发展中国家来讲，在世界经济国际化和市场重新组合的趋势下，只能有两种选择：要么沉湎于传统的思维模式和发展框架之中，停滞不前或发展缓慢，最终拉大与世界经济发展的差距，从而被抛到世界市场的边缘；要么转变和调整发展的思路，奋起直追，以超常规的发展迅速跻身于先进国家的行列。也就是说，在未来世界经济发展中，不仅有"富国"和"穷国"之分，而且还会有"快国"与"慢国"之别。我们显然要选择后一种思路和战略。所有这些都要求我们必须抓紧有利时机，瞄准国际上科技进步的新发展，抓住科技成果向产业转化的关键环节，通过引进和创新，全面提高科技进步对经济增长的贡献系数，以此来加快我国经济发展，更快地提高综合国力的水平。

世界上许多国家特别是我们周边的一些国家和地区都在加

快发展，如果我国经济发展慢了，就会处于很被动的地位。目前西太平洋地区在世界经济增长中保持着领先的势头。构成这个地区经济增长中心的主要有日本、"四小龙"、东盟国家和我国。日本在60—70年代经济高速增长时期，国内生产总值年均增长率达到10.9%，目前仍在发达国家中居于经济增长的前茅，今后也将在世界经济发展中发挥更加重要的作用。亚洲"四小龙"从60年代开始一直保持较高的经济增长速度。国内生产总值年均增长率，韩国1965—1980年为9.9%，1981—1990年为9.7%，1991年为7%；新加坡1965—1980年为10%，1981—1990年为6.4%，1991年为6.7%；台湾1965—1980年为9.9%，1981—1990年为7.6%，1991年为4.7%；香港1965—1980年为8.6%，1981—1990年为7.1%，1991年为3.9%。亚洲"四小龙"近几年经济增长速度有所下降，但总的看来仍然保持快速增长或快中趋稳的走势。东盟国家自80年代中后期以来经济增长速度明显加快，一度超过亚洲"四小龙"，有的国家达到两位数的水平。如泰国1989年达到12%，1990年为10%，1991年为8.6%；马来西亚1989年为8.6%，1990年达到9.8%，1991年为8.5%；印尼1989年为6.5%，1990年为7.4%，1991年为7%。目前亚洲"四小龙"和东盟国家都已经提出了面向21世纪的发展构想。其中亚洲"四小龙"提出要进入发达经济的行列，东盟国家争取成为新兴工业国。为了保证经济持续增长，亚洲"四小龙"和东盟国家准备拿出大量资金或进一步扩大利用外资，以投入工程浩大的建设项目，为未来经济现代化和高速增长打下坚实基础。我们周边一些国家和地区都在加快发展，这实际上是一种无形的压力与挑战。我国能够发挥社会主义制度集中力量办大事的优势，没有理由比这些国家和地区发展得慢。最近几年我国进行治理整顿，国内生产总值增长率并不算高

（1989 年为 4.1%，1990 年为 3.8%，1991 年回升到 9.2%）。如果在 90 年代我国经济增长速度不能更快一些，达不到 8%—9%，那么我国在西太平洋地区和全世界的经济地位，将很难保持一个上升的势头。

这些挑战也为我们加快发展提供了难得的机遇。世界经济、政治向多极化发展，使我们有可能争取到较长时期的和平环境，并在国际关系中有更大的回旋余地。从经济增长的格局和趋势看，欧美发达国家经济在经历衰退之后，可能在近期内进入缓慢的增长阶段；包括日本在内的亚洲地区维持快速增长的势头；拉美多数国家的经济已结束衰退，恢复了增长；非洲大陆的经济情况也有好转；只有中东和原苏联及东欧国家经济近期内仍处于衰退之中。据预测，90 年代东亚经济增长率将居全世界之首，世界经济增长将会略好于 80 年代，国际市场容量将随之扩张。从 1983 年以来世界贸易额增长速度多年超过世界经济增长速度，预计这个趋势在 90 年代还会继续保持。特别是西太平洋地区经济的持续快速增长，为我国扩大对外开放和加快经济发展提供了很多有利条件。主要是：（1）西太平洋地区市场进一步扩大具有潜力。由于许多国家和地区实行外向型经济发展战略，外汇储备充裕，近几年来又实行扩大内需的政策（主要是工资水平的提高和基础建设规模的扩大），这对我国利用外资和扩大出口十分有利。（2）西太平洋地区产业结构层次分明、多样化，而我国产业体系完整，结构齐全，因此可以在投资和生产领域多层次地参与这个地区的国际分工，通过各种形式和变通的手段，谋取动态的比较利益。（3）西太平洋地区各国（地区）都在实行进一步的开放政策，这个地区的关税水平和非关税壁垒保护程度较低或正在降低，这为我国进入其市场提供了良好时机。（4）西太平洋地区作为世界经济增长的中心之一，构成了对国际资本流动和商品贸易的强大吸引力。目前较为明显的趋势是，美国和西欧等发达国家都已将对外经济政策的重点转向西太平洋地区。这种区域经济发展的外部效应，可以使我国利用位居这个增长中心的有利地位，扩大全方位的对外经济技术交流与合作。

二、国内条件：有利条件多于不利因素

从国内环境看，90 年代加快经济发展有其客观条件和物质基础，主要是：

首先，经过 40 多年的建设，我国已经形成比较雄厚的物质基础，工业门类比较齐全，生产力布局已经展开。特别是党的十一届三中全会以后的 80 年代，在改革开放的巨大推动下，我国在农业、工业、基本建设与技术改造、国内贸易、科学技术与教育、对外经济技术交流等方面都有很大发展，综合国力明显增强，人民生活显著改善，整个社会面貌发生了历史性的深刻变化。这就从各个方面为 90 年代加快经济发展奠定了基础。现在，我国重工业已有一定的基础，能够生产国内需要的大部分能源、原材料和多数技术装备；尤其是 80 年代轻纺工业有很大发展，许多消费品的生产能力已大大超过城乡居民的市场需求。同时，由于我国对外开放的不断扩大，进出口总额已占国民生产总值的三分之一，有一定的外汇储备，吸引外资的环境不断改善，可以从国际上调剂余缺，以满足国内经济增长的需要。

第二，80 年代我国改革开放迈出的步伐和取得的成果，对 90 年代的经济发展将产生重大影响。这包括在改革开放进程中所取得的理论成果，及以其为基础形成的一整套以建设有中国特色社会主义为出发点和目标的路线、方针、政策和制度、措施，都将在 90 年代现代化建设中继续发挥作用。80 年

代在改革开放中不仅积累了丰富经验，而且培育锻炼了一大批人才。

第三，国内市场的潜力很大。90年代我国随着工业化的推进、人口的增加和居民生活从温饱向小康过渡，消费需求和投资需求都会较快增长。由于城乡居民收入增加，消费结构将发生变化，消费领域将拓宽，消费的选择性将增强，消费需求在吃、穿、住、行等方面不仅数量会增加，而且在品种、质量上会提出更高的要求。这对整个工业的发展将起很大的带动作用，并将引起产业结构和工业内部结构发生变化，产生巨大的需求。从生产和投资的角度看，随着工业化的推进，对基础产业和基础设施的建设资金投入，将会有较大幅度增加，特别是随着科技进步、分工专业化、工业内部结构的变化，以及新兴产业的发展，工业内部的中间需求将以更快的速度增加，成为推动经济增长的重要因素。就是说，第一部类（生产资料生产）内部的需求和第二部类（消费资料生产）对生产资料的需求都会增加。因此，90年代国内市场的巨大潜力将包括两个方面：由投资增加带动的对生产资料需求的增加，这个方面将比80年代起更大作用；由居民收入增加，向小康水平过渡所带动的对消费资料需求的增加。

第四，国内资金积累的潜力也很大。我国人口多、底子薄，各项事业都要发展，资金不足的矛盾十分突出。但有利因素是城乡居民储蓄连续几年大幅度增长，1989年增加1334亿元，1990年增加1887亿元，1991年增加2076亿元，年均增长在30%左右，到1992年6月，城乡居民储蓄存款余额已超过一万亿元。90年代随着经济发展和居民收入的增长，预计储蓄将继续保持较快增长的势头，从而为投资增长提供良好条件。

第五，3年治理整顿、深化改革，解决了经济发展中出现的一些问题，形成了比较好的经济社会环境。经过治理整顿，社会总需求超过社会总供给的不平衡状况已经根本扭转，物价总指数连续几年保持在较低水平（1990 年全社会零售物价指数上升 2.1%，1991 年上升 2.9%，均低于计划上升幅度）；近两年外汇储备增加较多；特别是农业连续 3 年丰收，粮食产量 3 年累计增加 850 亿公斤，国家粮食储备增加，农业支撑工业和整个经济发展还有一定潜力。这些因素结合在一起，构成了促进经济更快发展的有利时机。

当然，我们也面临着一些不利因素。由于基础产业、基础设施欠账较多，财政困难，又将进入偿还内外债高峰期，国内资金供求矛盾仍较突出。特别是 90 年代将转入重化工业为中心的工业化阶段，与 80 年代轻型化的增长方式相比，单位产出所需投资多、建设周期长、见效慢。石油等一些资源供给相对不足的矛盾将会加剧，尤其是东部地区经济增长受资源约束的矛盾可能比 80 年代更为突出。国际上区域化趋势的加强对我国扩大开放也有不利因素。但综合分析国内和国际的各种条件，困难与机遇并存，挑战与希望同在，全面衡量还是有利条件比较多，而且通过推进改革，扩大开放，转换经济增长方式，某些不利因素是有可能克服的。例如，当前资源配置和利用的效率还比较低，这正说明通过深化改革，加强管理，以及技术进步和产业升级，资源节约的潜力很大，有可能比 80 年代以较少的资源支持较快的经济增长速度。

二、在优化结构、提高效益的基础上加快经济发展速度

90 年代我国经济的发展速度，十年规划原定为国民生产总值平均每年增长 6%。现在看来，经济发展速度完全可以更

快一些，据预测达到 8% —9% 是可能的。我们应当努力争取达到这个目标。

根据历史经验和现实经济状况，加快经济发展速度，需要处理好速度与平衡、速度与结构、速度与效益等方面的关系。

（一）加快经济发展速度的同时，要努力保持社会总需求与社会总供给的基本平衡，保持财政、信贷、外汇收支和重要物资供求的基本平衡。为此要正确调控需求总量和结构。对需求总量的调控，主要是对财政收支、信贷收支和国际收支等货币价值量指标的调控。在一般情况下，应注意保持财政、信贷和经常贸易项目的平衡，以保持社会总供求的基本平衡，把通货膨胀率和物价指数控制在社会可以承受的范围之内。从我国历史经验看，要保持社会总需求与总供给的基本平衡，最重要的是要注意解决两个问题。

一是固定资产投资规模要与国力相适应。固定资产投资规模过大，会给经济生活带来一系列矛盾，是造成经济不稳定的重要原因。首先，固定资产投资主要来自财政支出和银行贷款，规模过大，超过财政、银行的承受能力，就必然扩大财政赤字和信贷差额，导致货币超量发行，引起通货膨胀和物价上涨。其次，投资规模过大，超过生产资料的供给能力，必然造成物资供求不平衡，推动生产资料价格上涨，并引起连锁反应，牵动物价全面上升。第三，固定资产投资约有 40% 转化为消费基金。投资规模过大，必然刺激消费需求过快增长，扩大消费资料供求矛盾。第四，在正常情况下，国民收入分配要在扣除消费基金和流动资金的积累之后，才能用于固定资产投资。一旦投资规模过大特别是预算外投资的规模过大，必然会挤占流动资金的积累，影响当年生产，从而扩大供求矛盾。

当然，固定资产投资规模过小也不行。投资规模过小，有效需求不足，会导致市场疲软，造成一部分生产能力和资源闲置。例如 1991 年同 1988 年相比，城乡居民购买消费品实物量只增长 2.5% 左右，全社会固定资产投资规模按完成的实物量计算还低于 1988 年，而同期国民生产总值累计增长 17%。由于供给超过需求，导致市场疲软和企业产成品库存大量上升。我们要注意经济稳定、协调发展，但稳定和协调也是相对的，不是绝对的。发展才是硬道理。因此，投资规模过小也不利于宏观经济的平衡，不利于加快经济发展。

90 年代推动经济增长的主导方面，应当由扩张消费需求转为增加投资需求。这是因为：90 年代消费结构的变化，从增加供给能力到扩大市场，都需要一个积聚和培育的过程，需要较长时间。而产业结构调整和升级，又需要重化工业等资金技术密集型产业的迅速发展。因此，必须充分认识需求结构的这种变化，将扩张需求的重点由扩大消费需求转向增加投资需求。从当前情况看，由于最近 3 年多来城乡居民储蓄存款大幅度增长，银行资金运用还有一定潜力，因此适当扩大投资规模，以带动需求和经济增长是必要的。但同时也要注意防止一哄而上，造成投资失控，再次导致固定资产投资总规模过大。

二是生活消费的增长要与生产的发展相适应。社会总需求包括投资需求和消费需求。在经济总量既定的条件下，如果仅仅是投资率和消费率此减彼增，幅度相等，一般说来不会影响总量平衡。但如果投资需求和消费需求同时膨胀，就会造成总需求超过总供给的状况，引起通货膨胀和物价上涨。因此对个人收入的增加和生活的改善不能期望过高。城乡居民消费水平的提高不能超过国民收入的增长，职工实际收入（包括工资及工资外收入）的增长不应超过劳动生产率的增长。

（二）加快经济发展速度要建立在结构优化、效益提高的基础上。90 年代加快经济发展速度，不应只是单纯的经济数量的扩张，而应当是包括增加数量和提高经济增长的质量两个方面，尤其要重视提高国民经济整体素质。所谓提高经济增长的质量，主要是指结构的优化和升级，以及产品质量、技术水平和经济效益的提高。数量的增长和质量的提高是密切联系的。从我国的情况看，结构的优化和升级，质量、技术、效益的提高，不仅本身具有重大意义，而且也是数量增长的必要条件。没有结构的优化和效益的提高，数量的增长不可能持久，整个国民经济也不可能持续稳定协调发展。仅从经济增长的资源、运力条件来看，80 年代我国国民生产总值平均每年增长 9%，如果 90 年代国民生产总值平均每年增长 8%—9%，按 80 年代的消耗水平粗略匡算，到 2000 年大约需要原煤 16 亿吨以上，发电量 1.4 亿千瓦小时以上，铁路货运量 20 亿吨以上。根据我国的资源条件，要达到这样大的增长幅度是很难的。这说明，再继续走以往高投入、高消耗、低产出的路子已经走不通。要加快经济发展，唯一的出路是必须转变经济增长方式，从大量消耗资源的粗放型的经济增长方式，转变为依靠科技进步、优化结构、降低消耗、提高产品附加值为主的集约型经济增长方式。只有这样，才能大幅度提高经济效益，用较少的资源支持较高的增长速度。否则加快经济发展就难以实现。调整结构和提高效益也是密切联系的。调整结构是提高效益的基本手段。调整结构的核心内容是依靠科技进步实现产业升级，这一方面会导致产品加工程度加深，附加价值增加；另一方面企业改组、改造则会出现规模经济，从而使单位产出的消耗系数下降，经济效益提高。

　　积极调整产业结构，首先必须大力加强和发展农业。农业稳定发展，是国民经济持续、稳定、协调发展的基础，也是政治稳定、社会稳定的基础。建国以来经济上几次大的调整，都同农业生产下降或徘徊不前有密切关系。前几年抑制通货膨胀能够取得明显效果，连续 3 年的农业丰收起了极为重要的作用。从今后看，解决 11 亿多人口的吃饭问题仍然是头等大事。我国每年新增人口 1600 万左右，到本世纪未按 12.8 亿人口计算，人均 780 斤粮食，粮食总产也必须达到 1 万亿斤，还必须发展棉花、油料、糖料等经济作物，以及肉类、水产品等。因此，90 年代发展农业的任务相当艰巨。我国人均耕地面积不多，而且还在减少，前些年对农业的投入减少，不少农田水利设施失修老化，加上粮食等种植业的比较收益偏低，农民种植粮、棉、油的积极性受到影响。要使农业有一个较大发展，90 年代必须采取一系列加强农业的重大措施。

积极调整产业结构，还必须加强基础工业和基础设施的建设，缓解对国民经济发展的"瓶颈"制约，同时，大力改组、改造加工工业，扭转二者比例失调的状况。发展基础工业和基础设施，应当采取开发与节约并重的方针，近期内更要把节约放在首位。要采取适当的投资倾斜政策，尽可能筹集必要的资金加强能源、交通、通信和重要原材料等的开发与建设，有计划地新建和改扩建一批大中型项目。我国加工工业规模已经不小，但布局分散，低水平重复建设严重，技术水平和专业化程度较低。今后应当把重点放在对现有加工工业的改组、改造上。抓好这件事，关系到现代化建设的全局，关系到整个经济素质和效益的提高。应当在调查研究的基础上，分地区、分部门作出规划，并综合运用经济的、行政的和法律的手段，付诸实施，以求取得大的进展。在调整产业结构中，还要有重点地培育和发展新兴产业和高技术产业。同时，进一步人力发展第三产业，使其增长速度超过国民生产总值的增长速度。这对于提高经济的效率和效益，扩大劳动就业，增加资金积累，方便人民生活，都将发挥重要作用。在抓好产业结构调整的同时，还要认真调整行业结构、产品结构、企业组织结构和地区布局结构。

改革开放是我国经济社会发展的最强大的推动力。如果没有改革开放，我们就不可能在 80 年代取得那样巨大的成就。90 年代要在把握有利时机的前提下，在优化结构、提高效益的基础上加快经济发展，并保持经济稳定协调，最根本的是要有合理的经济体制和经济运行机制。按照建立社会主义市场经济体制的要求，迅速转换国有企业的经营机制，把企业推向市场，并建立新的价格形成机制，形成充分的市场竞争，才能推动技术进步以及管理水平的提高，才能推动结构调整的进程，也才能从根本上提高经济增长的质量和国民经济的整体素质。因此，加快经济发展必然要求加快改革开放。可以说，加快经济发展的前提是加快改革。不加快改革，不尽快建立社会主义市场经济体制，加快经济发展就会落空；只有加快改革，才能避免因加快经济发展速度导致再次出现需求过度扩张、引起通货膨胀的局面。

（本文原载《求是》杂志 1992 年第 24 期）

积极发展第三产业

（1993 年 3 月 9 日）

加快发展第三产业，是今后五年经济建设的一项重要任务。要使第三产业的增长速度高于国民生产总值的增长速度，以较快的速度提高第三产业在国民生产总值中的比重，使第三产业在国民经济上新台阶、提前实现第二步战略目标中作出更大贡献。

第三产业是除农业（第一产业）、工业、建筑业（第二产业）以外的其他所有行业，基本上可分为流通和服务两大类。我国第三产业主要包括流通部门；为生产和生活服务的部门；为提高科学文化水平和居民素质服务的部门。第三产业是国民经济和社会事业的重要组成部分，由于它为经济运行、社会生活、居民消费提供必不可少的服务，因而不仅可以对第一、第二产业的发展起到巨大的推动作用，而且可以直接增加国民生产总值，成为其中越来越大的部分。第三产业是在第一、第二产业的劳动生产率不断提高基础上发展起来的。随着工业化、现代化的推进，第三产业必然越来越发展。第三产业增加值在国民生产总值中的比重，已成为衡量一个国家或地区经济发展水平的重要尺度。西方发达国家第三产业的增加值、就业人数早已超过第一、第二产业的总和。许多新兴工业化国家和地区实现经济高速增长的重要经验之一，也是高度重视第三产业的作用，积极促进第三产业迅速发展。世界银行在《1992 年世界发展报告》中测算，第三产业增加值在国民生产总值中的比重，高收入国家（人均国民生产总值7000美元以上），平均达到61%，中等收入国家（人均国民生产总值600—7000美元）；平均达到50%，低收入国家（人均国民生产总值600美元以下），平均达到35%。根据世界银行的标准，现代化社会第三产业的比重应占到45%以上。

　　改革开放以来，我国根据国际经验和国内经济社会发展的实际需要，打破在产业划分上的传统观念和方法，引进了国民生产总值和第三产业的概念与统计方法。在指导思想、方针政策和实际工作中也越来越重视第三产业。这对我国经济结构的改善和经济社会的发展都起了重大的推动作用。第三产业的发展明显加快，1979—1991年平均每年递增9.9%，超过了同期国民生产总值递增8.6%的速度。1991年，第三产业增加值占国民生产总值的27.2%，从业人员1015万人，占当年社会劳动者人数的18.8%。1992年，第三产业增长9.1%，占国民生产总值的27.7%，比上年提高0.5个百分点。但是，现在我国三次产业的结构仍然不合理，与经济发展水平差不多的国家相比，我国第一产业从业人数的比重和第二产业产值的比重都过大，第三产业的比重则过低。而且，经济发展的加速，往往主要是工业发展的加速，第三产业发展速度仍然比较缓慢，不能适应经济社会发展的需要。据世界银行对120个国家的统计分析，我国第三产业占国民生产总值的比重居第113位，在40个低收入国家中也排在后列。

　　今后五年和90年代是加快发展第三产业的黄金时期。加快改革开放和现代化建设步伐，建立社会主义市场经济体制，国民经济上新台阶，人民生活向小康水平过渡，都要求加快发展第三产业，同时也为其加快发展提供了条件。要充分认识加快第三产业发展的重大战略意义。

推进社会主义市场经济体制的建立，迫切要求第三产业加快发展。第三产业中的许多行业如交通通信、商业流通、金融保险、信息、法律、会计咨询等，都与市场体系的形成和发展密切相关。国际和国内的实践都证明，没有发达的流通部门和便捷可靠的交通运输、邮电通信以及金融保险等事业的保障，就难以形成完善的市场体系，市场机制的作用也难以得到进一步发挥。同时，转换国有企业经营机制，深化金融、流通、分配体制以及社会保障制度的改革，转变政府职能，加强和改善宏观经济调控等，也都要求第三产业全面兴起和快速发展。为了巩固提高对外开放的成果与效益，进一步改善吸引外商投资的硬环境和软环境，并使国内经济运行适应国际惯例，也需要国内第三产业有一个更大的发展。总之，没有第三产业的加快发展，社会主义市场经济体制的建立就会遇到很大的困难，就不可能按照十四大要求的时间实现经济体制的转轨。

加快发展第三产业，是国民经济更好更快地登上新台阶，提前实现翻两番战略目标的客观要求和必要条件。（1）第三产业中交通运输、邮电通信等部门正是现在制约我国经济发展的瓶颈。例如 1992 年国内生产总值增长 12.8%，铁路货运量只增长 3%，铁路运输全面紧张，十几条铁路干线的 24 个限制口运力只能满足需要的 40% 至 60%。沿海主要港口压船压港十分严重；许多公路等级低、路况差，运输能力不足；民航基础设施落后，供求矛盾十分突出。加快交通通信等瓶颈部门的发展，才能使经济的高速增长继续保持下去。（2）第三产业大部分行业能耗较低，投入产出率较高，加快它们的发展可以降低能源、运力等的弹性系数，以更少的投入得到更多的产出。（3）加快金融、商业、外贸、物资、流通、仓储等第三产业部门的发展，有利于加快资金、物资的流通，加快经济循环，减少物资库存和产成品资金的占用，从而提高企业的经济效益以及整个国民经济的运行效率和整体效益。（4）提高经济效益和整个国民经济运行的质量，归根到底在于发展科技、教育。我国经济增长中科技的贡献系数只有30%左右，而发达国家一般在60%左右。加快科技、教育的发展，加快技术进步和科技成果向生产的转化，提高全体劳动者的素质，这是促进国民经济上新台阶的最重要的环节。总之，要实现较高速度与较好效益的统一，在提高质量、优化结构、增进效益的基础上保持较高的速度，要把数量速度型的增长方式转变为结构效益型的增长方式，就必须把加快发展第三产业放在重要的战略位置上来。

加快发展第三产业，也是人民生活向小康水平过渡的重要条件。从温饱到小康、从低收入到中等收入，居民消费水平将出现阶段性变化。消费水平的提高，不仅表现在消费的量的增加，而且表现在消费质量、档次的提高，消费结构的变化，以及消费领域的拓宽，既包括物质生活的改善，也包括精神生活的充实、提高；既包括个人消费水平的提高，也包括劳动环境、生活环境、社会环境的改善，以及社会保障制度的完善等。消费水平、生活质量提高的突出表现是：商品消费的比重将下降，服务性消费比重将上升。在发达国家的居民消费结构中，服务性支出已占个人消费支出的40%左右。我国城乡居民在解决温饱之后，消费需求正在从单一化、低层次向多样化、较高层次发展，在吃穿住行等方面都要求尽可能方便、卫生、安全、舒适。这就要求第三产业中为居民生活服务的部门，如交通通信业、商业饮食业、生活服务业、旅游业、金融保险业、咨询服务业，以及城市交通、供水、供电、供气、园林绿化等公用事业有一个大发展。同时也要求为提高居民科学文化水平和素质服务的部门，如科学教育、文化艺术、广播影视、卫生体育、社会福利事业等有一个大发展。既要求增加设施，也要求提高服务的质量和水平。我国人口众多，每年城镇有几百万新增劳动力要就业，农村有大量剩余劳动力要向非农产业转移，扩大劳动就业是经济社会发展面临的重大任务，也是保持社会政治稳定的重要方面。第三产业具有门类多、容量大的特点，不少行业属于劳动密集型，同量投资可以比投入第二产业吸纳更多的人就业。因此，加快发展第三产业对于物质文明和精神文明建设，对于提高人民生活水平，保持社会稳定，都有重大的积极作用。

根据中央的部署，加快发展第三产业的目标是，争取用10年左右或更长一些时间，逐步建立起适合我国国情的统一、开放的市场体系、城乡社会化综合服务体系和社会保障体系。要争取第三产业增长速度高于第一、第二产业；争取第三产业增加值占国民生产总值的比重和就业人数占社会劳动者总人数的比重达到或接近发展中国家的平均水平。今后五年加快发展第三产业的重点是：（1）对国民经济发展具有全局性、先导性影响的交通运输、邮电通信、科技、教育等基础行业；（2）投资少、效益好、就业容量大、与经济发展及人民生活关系密切的商业、物资、外贸、金融、保险、旅游、饮食、服务以及文化卫生事业等；（3）与科技进步相关的新兴行业，主要是咨询业（包括科技、法律、会计、审计等咨询业）、信息业和各类技术服务业；（4）农村为农业产前、产中、产后服务的行业，以及为提高农民素质和生活质量服务的行业。

加快发展第三产业，最根本的要深化改革、扩大开放。首先要进一步解放思想，更新观念。要按照社会主义市场经济的要求，破除妨碍第三产业发展的旧观念。例如，我们过去长期重生产、轻流通、轻服务、重视工业，忽视第三产业的发展，导致第一、第二产业与第三产业的比例严重失调。究其原因，一是把第三产业的多数行业看作只消耗物质产品而不创造价值的非物质生产部门；二是从产品经济的观点出发，排斥市场和竞争，使与市场经济有关的一些行业发展不起来；三是把第三产业中的许多行业，当作单纯的福利、公益事业，使其价格和收费严重背离价值和供求关系，无力求得发展。在以上观念支配下，国有企事业单位、机关团体的一些第三产业，在体制上自成体系，自我封闭，效率低，效益差。第三产业的许多领域直到1992年以前还是对外开放的禁区。因此要加快第三产业发展，必须继续破除传统观念的束缚，加快改革开放的步伐，排除观念和体制上的障碍。

加快发展第三产业，更重要的措施是要充分调动各方面的积极性，充分发挥各种经济成分的作用，国家、集体、个人一起上。对铁路、公路干线、重要港口、机场、邮电通信、科研、教育、城市公用设施等，主要由国家建设和动员社会力量投资，但也要引入市场竞争机制。在统一规划、统一管理下，动员地方、部门、企业和集体经济共同兴办。对其余大多数行业，主要依靠社会各方面的力量兴办。实行谁投资、谁所有、谁受益的原则，鼓励国营企事业单位、城乡集体经济、私营企业和个人，以资金、房产、设备、技术、信息、劳务等形式投入第三产业。最近几年国民收入分配格局发生了重大变化，国家财政收入比重下降，城乡居民收入大幅度增加，吸收社会资金发展第三产业的潜力很大。发展第三产业除了国家适当增加投入外，更重要的是要依靠社会力量。包括引导和支持那些需要关停并转的工业企业转向经营第三产业；同时鼓励第三产业企业跨部门、跨行业、跨地区兼并那些需要关停并转的工业企业，在资产转让、债务清理、信贷和税收等方面给予优惠和支持，以此作为加快工业结构调整的一项重要措施。配合政府机构改革，积极鼓励一部分行政人员与原有机关脱钩，分离出来从事为生产和生活服务的第三产业。

发展第三产业要以产业化、社会化为方向。大多数第三产业单位,应办成经济实体或实行企业化经营,做到自主经营、自负盈亏。现有福利型、公益型、事业型的第三产业单位,凡有条件的都应当逐步向经营型转变,实行企业化管理。机关、企事业单位的内部服务设施、交通运输工具以及信息、咨询机构,在不影响保密和安全的前提下,要向社会开放,开展有偿服务,并创造条件使其与原单位脱钩,自主经营,独立核算,逐步实现社会化,打破封闭式的自我服务体系。

加快发展第三产业,需要因地制宜,搞好发展规划和行业管理、要把发展第三产业的投资、信贷、就业、用地等列入整体发展规划,统筹安排。

（本文原载《前线》杂志 1993 年第 7 期）

市场经济体制与政府宏观调控

（1993 年 8 月 6 日）

（一）

现代市场经济是市场经济由低级阶段向高级阶段发展的历史与逻辑的产物。在市场经济中，资源配置和经济调节的基本方式和主要手段是市场，也就是说，市场是联结主要经济关系和各种交易行为的纽带。英国《现代经济学词典》给市场经济下的定义是："一种经济制度，在这种制度下，有关资源配置和生产的决策，是以价格为基础的，而价格则是生产者、消费者、工人和生产要素所有者之间自愿交换产生的"。这就是说，市场经济表现为各经济主体通过自由交换而形成价格，同时又按照价格信号进行自主决策，从而完成资源配置。市场经济就是以市场为基础进行资源配置的经济，这是最基本的特征，无论是传统市场经济还是现代市场经济，概莫能外。

现代市场经济中的市场，经过充分的发展，已经形成了一个结构复杂，功能完备的体系。在市场体系中不仅有商品市场，而且有包括资本、劳动力、技术等在内的生产要素市场；不仅有现货和有形商品的交易，而且也有期货和无形商品的交易。由于市场体系的充分发展，市场的空间结构也进一步拓展，在一国范围内由区域市场逐步形成统一大市场，并在此基础上进一步延伸到国外，构成世界市场体系。这种市场空间结构的扩张性，实际上也就是市场体系开放性特征的客观反映。正是这样一个复杂的市场结构体系以及由此而形成的竞争机制、价格机制、激励机制和风险机制等功能，刺激并约束着每一个参与市场交易活动者的行为，引导他们在追求利益最大化的过程中实现资源的合理配置。

市场体系的作用是通过市场运行发挥出来的，而承担市场运行的主体主要是企业（当然也包括消费者）。现代企业制度随着市场经济的发展而发展，随着市场制度的完善而完善。没有健全的制度保证企业成为规范的市场运行主体，就不可能有真正意义上的市场经济。在现代市场经济条件下，企业的市场运行主体地位是由现代企业制度的一整套法律规范加以保证的，其本质在于使企业脱离自然人而成为具有独立人格、独立财产、独立组织的经济主体和民事主体。各种形式的公司企业依照法定条件和程序设立，并以营利为目的，自主经营，自负盈亏，实行责权利的高度统一。企业在进入市场之后便成为独立的市场运行主体，各市场运行主体之间的交易活动引起商品、服务和生产要素等市场客体的流动，从而推动着整个市场体系的运行。

市场与企业的统一构成了市场经济主体与客体之间的自发的运行条件，在这一个系统中，市场机制发挥着自发组织的作用，因而可以使经济运行具有一定的秩序。但是，这同人类对社会经济发展之有序性的要求相比，还远远不够，由自发组织形成经济秩序是通过市场运行的涨落来实现的，有时往往要付出昂贵的代价，特别是市场经济内在的短期性、外部性以及自发的垄断倾向，都有可能反过来阻碍市场机制正常发挥作用，并可能超过经济范畴，进而损害社会秩序和人类的价值目标。这就需要有一种力量来代替市场所不能代表的利益，引导市场体系的运行去实现自身不能实现的目标。在市场经济的发展过程中，这一责任自然地、历史地交给了政府。现代市场经济都是由政府调节的市场经济，完全自由的市场经济是不存在的。政府在市场经济中发挥作用经历了由外部保障到内部调控的发展过程。政府调控之所以必要，是因为市场经济有其局限性，单纯的市场调节并不能实现资源的合理配置，这主要表现在：

（1）市场运行所达成的经济平衡是通过事后调节和分散决策实现的，因而具有自发性和盲目性，这就不可避免地会由于社会总供求失衡引起经济衰退和通货膨胀，带来经济的频繁波动以及资源的浪费。

（2）市场主体的行为受利润最大化的驱动，微观的经济成本同宏观的社会成本经常是不一致的，这会导致市场主体为获得自身的利益而牺牲社会利益。而且市场机制反映的是现有的供给结构和需求结构，不能有效地反映国民经济与社会发展的长远目标与结构。

（3）市场不能有效地解决某些社会公共产品与服务的供给问题。社会资源的配置不可能全部都通过市场机制进行，例如国防军工、公共设施、文化教育、环境保护、生态平衡等领域或部门，不仅具有非竞争性的特点，而且所需投资量巨大，回收期很长，这些产品及服务的营利性较低或根本不盈利，私人资本无力或是不愿进入。在生产社会化和经济商品化高度发展条件下，这些领域和部门又是社会经济发展和市场有效运行所不可缺少的组成部分和必要条件。同时，市场不能解决收入分配的公平化问题。从理论上讲，在市场经济中各种生产要素应按其提供的经济效益获得相应的报酬，公平和效率似乎是统一的。但是，由于社会成员之间对各种要素的作用和影响不同，如果完全由市场机制自发地进行分配，就会导致社会成员之间收入差距过大，从而可能引起社会的不稳定，最终破坏经济发展的效率。

（4）自发的市场竞争会导致垄断，从而扭曲市场行为，妨碍市场机制的正常作用，降低市场配置资源的效率。

针对市场存在的缺陷，政府应通过各种干预手段，主动地介入经济活动，以补充市场力量之不足，保证市场的健康运行，克服市场失效所造成的消极影响。在现代市场经济中，政府干预与市场作用的衔接有三种途径，即经济途径、法律途径和行政途径，三种途径的相互配合和交叉呼应，对于政府干预市场具有普遍意义，但在处理不同时期的不同问题时，往往又表现出各有侧重。

通过经济途径干预市场运行，往往现有短期性和弹性，其主要特点是通过政府对经济政策的调整，改变市场运行的参数，以减少经济波动的频率和减轻经济波动的幅度。通过法律途径干预市场运行主要是着眼于维护市场公平竞争的秩序，提供判别市场主体行为合理与否的规则，因此具有较强的刚性和约束力。通过行政途径干预市场运行，一般具有辅助性的特点，常用于特殊的行业（如公共部门）和特殊的问题（如处理经济生活中的急迫问题），因此不是普遍的、长期的。

政府通过综合运用上述三种手段调控市场经济，直接目标在于纠正市场失灵，主要包括以下几个方面：

制定适当的宏观经济政策和提供有关信息，对企业和个人的微观行为的决策予以指导和诱导，矫正市场机制的缺陷。

根据市场一致的原则，承担公共产业和公共部门的资源分配，克服市场失灵。

调节收入分配，提供社会保障，创造稳定的社会条件，避免消极作用结果的偏差。

调整经济发展与社会发展、微观短期利益与宏观长期利益的关系，平衡企业成本与社会成本的偏差。

反对垄断和不公平竞争，维护市场功能。

在现代市场经济中，无论运用什么手段选择何种目标干预及调节经济运行，都应坚持以市场机制的作用为基础。市场是经济运行和资源配置的基础，为维护市场经济有效运行的政府干预，其中心内容是政府与市场的有机结合，就是政府干预机制（看得见的手）和市场机制（看不见的手）内在的合乎逻辑的统一。因此，政府调控的作用绝不是要弱化市场作用，更不是取代市场的作用，而是为市场的有效运行创造良好的内外部秩序。

政府调控能否维护和促进市场机制的有序运行，取决于调控的范围、方式和力度，也就是政府调控机制与市场机制相结合的具体化。对这种操作的把握，直接影响到政府调控行为的效果。

实践证明，政府的过度干预，即超出了所需要的范围和力度，不仅不能弥补市场功能之不足，相反会形成对市场机制正常发挥作用的限制，引起经济关系的扭曲，降低资源配置的效率。同样，政府干预的范围和力度不够，或干预的方式与目标选择不合理，从而不足以弥补市场失效和维护市场机制正常运行的合理需要，也不能使市场的功能正常地发挥作用。在现代市场经济中，政府调控要注意合理性、适度性和有效性。为此，必须注意全面、准确地把握市场信息，克服政府部门的低效率，防止决策的随意性。

（二）

在现代市场经济中，政府的宏观调控已经成为市场体系及其运行的有机组成部分。事实上不存在没有政府宏观调控的市场经济。同样，有效的宏观调控又都是建立在市场运行基础之上的。政府作用与市场作用的结合构成现代市场经济发展的依托和保证。

纵观市场经济的发展，迄今为止世界上存在三类不同的市场经济宏观调控模式，即发达型市场经济的宏观调控、发展型市场经济的宏观调控和转轨型市场经济的宏观调控。由于三类宏观调控模式各自服务于发展水平不同的市场经济，因而在宏观调控的目标设定、形式选择和运行特点等方面也不一样。如发达型市场经济的宏观调控，由于面对的是成熟的市场经济，因而在调控中更加侧重于保持短期经济的稳定增长，主要的调控形式是间接的总需求管理。发展型市场运行的宏观调控，由于面对的是不成熟的市场经济，市场运行的基础作用也不完善，因而宏观调控的目标和内容也比较多。既要保持经济总量的基本平衡，又要促进经济的快速增长，同时还要把长期的结构调控放在重要的位置。为此，供给和需求的调节必须兼顾，除了间接调控之外，在必要时带有某些强制性的直接调控也是不可缺少的。转轨型市场经济的宏观调控比较特殊。由于是由高度集中的计划经济向市场经济过渡，因此宏观调控本身也成为转轨的重要内容。实践证明，无论是哪一种类型的宏观调控，都是市场经济健康运行和发展的重要保证。任何否定宏观调控作用的自由放任式的市场经济，都会使经济走向无政府状态，引起经济生活的混乱，妨碍经济发展长远目标的实现。

市场经济的宏观调控，在不同发展水平的国家中具有共同的需要，同时也各具有特点。即使在相同发展水平的国家中，由于发展的历史联系和不同的社会经济背景，其模式的选择也不尽相同。以发达国家为例，英美两国的宏观调控体制主要是根据凯恩斯主义以及后来的新古典主义的宏观经济理论建立起来的，是主要运用财政和金融政策进行总需求管理的间接调控体制。德国在战后受弗莱堡学派经济思想的影响，选择了一种所谓介乎于经济自由主义和社会主义之间的第三条道路，实行一种以强调竞争和国家参与为特点的社会市场经济。其政府的宏观调控旨在促进平等竞争，协调利益关系，保障社会公平，调控的手段则是多样化的。日本的宏观调控在发达国家中是比较有特点的，其中最突出的是带有后发展和东方化的属性。诸如运用产业政策干预经济结构的长期变动，政府与企业之间建立密切的合作关系以消除宏观与微观的对立，社会团体的参与和协调等，都是其宏观调控的独到之处。此外，还有法国比较注重经济计划和国有部门的作用，瑞典强调福利国家的作用等宏观调控模式。

　　发展中国家的宏观调控体制目前尚处在调整和发展的过程之中，以比较成功的实例进行分析，其特点也是不同的。人们常常引用的韩国模式总体上比较接近日本，但宏观调控主要手段的配置和运用上也有自己的侧重点。例如，韩国更加强调计划和金融手段，强调大型企业集团对宏观调控的参与等。政府与大企业，大企业与中小企业之间通过信贷关系建立起风险共同体，形成一定程度的内部化市场，从而可以更好地落实政府宏观调控的意图。这些都是韩国经济高速发展的重要条件。新加坡与韩国相比有所不同，宏观调控的主要形式和内容在于投资和社会服务，一方面，政府投资对某些关键产业部门的进入和退出，可以引导经济发展。另一方面，又为私人企业和居民提供良好的基础设施和社会公益事业服务，保证市场经济的健康运行。拉美新兴工业国家在发展主义理论的影响下，建立起了政府干预很强的宏观调控体系，在价格、税收、信贷和外贸方面实行了一整套旨在保护和促进民族经济发展的直接干预措施，也取得了一定的成效。但是由于其宏观调控过于强调直接控制，甚至取代市场的作用，加上80年代国际经济环境的变化，因而出现了许多问题，目前仍处于调整的过程之中。

　　区分现代市场经济不同模式的一个重要标志，就是宏观调控体系的差别，也就是说，各国针对自身经济发展的需要而选择的宏观调控模式，实际上就是关于宏观调控的机构设置、调控目标、手段配置、操作方法一个系统的平衡。任何市场经济的发展过程同时也是市场经济体制发展的过程。各国对宏观调控模式的选择不仅要考虑到自身经济的特点，还要兼顾到其他非经济因素以及价值判断标准等。对此需要强调三点：

（1）市场经济体制的宏观调控属于经济体制的范畴，它在本质上应服从和服务于经济发展战略的要求，这是由生产力与生产关系、经济基础与上层建筑之间的辩证关系决定的。在现实经济中，成功的宏观调控体制往往就是成功的经济发展战略的组成部分，有些体制上的成功或失败往往同战略的成功或失败联系在一起。以韩国为例，其经济的高速增长时期，宏观调控对经济运行的影响是非常强烈的，甚至被称为"政府统制经济"，但是并没有造成经济发展的僵化和低效，关键的原因在于韩国实施的经济发展战略是正确的。相反，拉美的某些国家则是完全不同的例证。

（2）市场经济体制的宏观调控总是同经济发展的阶段性相适应，超越经济发展的阶段，宏观调控也就无所依从。这里有一个看似矛盾的问题，即从市场经济成长的历史过程看，宏观调控的出现是市场经济发展到一定阶段的产物，而且随着经济的发展，宏观调控的作用也越来越重要。而从后发展国家的历程看，宏观调控在后发展时期极为重要，甚至承担着资源配置的主要任务。但随着经济起飞，市场自身的调节地位明显上升，原来宏观调控的许多职能也就为市场机制所取代。但是从市场经济发展的始迄点看，上述矛盾实际上是不存在的，因为初始条件不同而最终的目标相同，所以发展的途径只能是一种变异。这给人们的启示是，后发展对于宏观调控体制的要求更加严格，而且这种体制及其运行还必须根据现实经济的变化不断地进行调整和完善。就是说体制改革本身也是一种发展。

（3）市场经济体制宏观调控的特征，不仅仅决定于经济本身，大量的非经济因素也发挥着重要的作用。宏观调控体系凌驾于市场微观基础上，而在宏观经济和微观经济这两个层次之上，社会结构、政治制度、文化传统、行为习惯等，都对经济运行状况产生影响。作为市场经济模式的外部变量，宏观调控体系的建立必然要与之相适应，否则其作用的有效性将会大受影响。市场经济模式特别是宏观调控模式的多样化，既是经济多元化的必然，也是社会文化多元化的具体表现。

（三）

我国要建立的社会主义市场经济体制，同样是政府宏观调控下的市场经济体制，这不仅反映了现代市场经济的一般规律，而且反映了我国经济发展的特殊要求。

我国是一个发展中国家，正处于经济发展的"追赶阶段"，不可能只靠市场自发作用完成资本积累，去建设能促进经济发展的基础工业和基础设施。从另一方面看，我们又可以发挥社会主义制度的优势，集中资源举办一些市场手段难以办到的大事。

我国现阶段经济发展的基本目标，是推进国民经济的现代化，把传统落后的经济结构改造成为现代化的经济结构，因此不应当只局限于满足当前的市场需求，而应当更重视政府宏观调控和计划调节在经济发展中的作用，立足于经济发展全局和长远目标，促进资源合理配置。

我国市场发育程度很低，建立完善的市场体系需要一个相当长的过程。在这一过程中，政府要发挥引导作用，一方面促进市场发育，另一方面克服市场不完善带来的消极作用。

我国还是一个地区和城乡间经济发展水平差距很大的国家，单纯依靠市场调节将会导致收入分配的严重两极分化。政府宏观调控和计划调节也应当在这一领域发挥重要作用。

总之，由我国的基本国情、经济发展目标和社会主义制度所决定，政府对经济的宏观调控和管理职能，其中包括国家计划的功能，显然要比其他市场经济国家更大一些。我们应当在研究借鉴发达国家市场经济丰富经验的基础上，通过政府有意识的引导与培育，建立适应中国国情的宏观调控体系，避免市场发育中的自发性、盲目性和波动性，争取在较短时间内，以最低的社会成本，建立起与现代社会化大生产和现代经营方式相适应的、高起点、高层次的市场体系和市场运行规则。

建立和重塑与社会主义市场经济相适应的新型宏观调控体系，是我国经济体制改革的最重要、最迫切的任务之一。新的宏观调控应以国家综合计划为指导，综合运用投资、财政、金融等宏观经济政策和经济手段，引导和调控市场运行，以求达到总量平衡，结构优化、效益提高的目的，其主要特征是：

（1）政府经济决策的主要目标，不仅仅是为了维护总供求的平衡，而且要选择正确的经济发展战略，引导和调节经济发展方向，促进国民经济持续、快速、健康地发展。

（2）宏观调控的内容也不仅在于总量平衡，而且要重视资金、劳动力和自然资源的有效利用，产业结构的高度化，城乡关系和国际经济关系的协调等。

（3）宏观调节的主要手段不仅包括间接的需求管理，即财政货币政策，而且包括直接的供给管理，即产业政策和投资政策等。从更广义上说，还要运用法律的、政治的、行政的、道义的力量，从各方面为促进经济发展创造有利的条件。

在社会主义市场经济体制中，计划、财政、金融是国家宏观调控的三大手段。这三大手段在功能上应紧密配合，共同搞好总量平衡、结构优化、周期熨平，又要各有侧重。财政、金融手段主要着眼于近期发展的总量平衡问题，调控着力点侧重在需求管理方面；而计划手段主要着眼于中长期经济增长和结构优化问题，调控的重点侧重在供给管理方面。

党的十四大报告明确指出："国家计划是宏观调控的重要手段之一"。国家计划应当成为宏观调控的基本依据。国民经济和社会发展计划，应当既包括发展目标、发展重点、战略方针，又包括实现发展目标的保证手段，即各种经济调控手段的运用。在宏观经济决策和宏观调控中，计划部门应当发挥综合协调的作用。

计划部门在制定规划、计划时，应统一协调财政预算、税收、金融计划与政策，做好社会总需求和总供给以及全社会资金等经济总量的综合平衡和重大比例关系的协调。

在国民经济发生全局性的重大波动时，计划部门应协调财政、金融部门，制定反周期政策，以避免国民经济的宏观失衡和通货膨胀。

在制定重大决策时，计划部门作为宏观经济的综合协调部门，应发挥自身优势，综合协调部门之间的关系，使各类经济杠杆作用的方向、力点与国家计划的要求保持协调，避免各种经济杠杆发生互逆调节，保证宏观调控的统一有效性。

计划调控应当进行相应的改革，从主要调控全民所有制经济，转向调控全社会宏观经济活动；从主要分投资、批项目、定指标，转向注重研究制定经济社会发展战略规划，以及重大方针政策；从主要侧重生产、投资计划管理，转向重视对经济运行全过程的宏观调控；从直接管理企业微观经济活动，转向间接调控市场；从注重实物形态管理，转向注重价值形态的总量调控；从注重指令性计划的直接管理，转向运用经济手段进行间接调控。

为此，计委职能应当相应地转变。党的十四大已经明确，今后时期我国经济改革的目标是建立社会主义市场经济体制，经济发展的目标是实现经济结构升级，再上新台阶。计委的职能转换，要根据这一中心任务，从协调好宏观调控的角度，去努力实现这两大基本目标。在实现第一个目标方面，计委应当积极主动地推进向社会主义市场经济体制的转变，进一步解放思想，继续破除传统计划体制的观念束缚，把主要精力转到国民经济发展战略和宏观调控全局问题的研究上，转到各种经济调控手段的协调运用上，为顺利向市场经济体制过渡创造条件。

在实现第二个目标方面，计委应当发挥高层次综合经济部门的优势，为国民经济的中长期协调发展制定战略、规划和政策。这主要包括以下内容。

制定和实施国民经济与社会发展战略、规划。通过改革，充实和加强国家计划的战略指导能力，把研究制定和组织实施国民经济与社会发展战略作为计划工作的主要内容，使国家计划继续发挥其在中央政府宏观调控中的重要作用。

研究制定、协调以产业政策为重点，各项经济政策配套的政策体系。就是说要将一定时期国家的战略意图、发展目标转化为强有力的政策体系，用可操作的政策体系引导社会经济活动。这就要求，把研究、制定国家主要社会经济政策作为计委的基本任务之一。通过对制定政策、执行政策的综合协调，使各主要社会经济部门的职能作用，更好地服从和服务于国家综合发展战略的需要。产业政策是计委制定政策的重点，但主要作用领域应是市场机制尚不成熟或作用力有限的领域。在考虑国内产业发展时，应当重视国际市场背景和国外资本技术作用于国内的可能程度。

调节国民收入分配。现在收入分配中比较突出的问题是，个人和地区间收入差距迅速扩大，要探索这方面的有效调节措施。计委应当在税收调节，发展和完善待业、养老、医疗等社会保险制度方面，进一步发挥作用；在协调地区经济发展，促进发达地区带动落后地区发展方面，以及地区间横向经济联合方面，也应当更积极地介入，探索计委工作的着力点。

保证和维护国家的投资能力。在今后一个时期内，中央政府仍将是重要的投资主体，需要保持适当的投资规模，以实现国民经济与社会发展的长期目标。应当研究开辟新的国家长期建设资金的来源渠道，除了预算内基本建设基金外，要挖掘社会资金潜力，建立基础设施和基础工业专项基金，建立比较固定的随经济发展而增长的投资贷款。

（本文是作者在国家计委举办的全国计委
　干部培训班的讲稿）

深化投资体制改革的关键

（1993 年 10 月 14 日）

《中共中央关于建立社会主义市场经济体制若干问题的决定（征求意见稿）》，全面总结了我国十多年来经济体制改革的经验，深刻分析了改革面临的新形势、新任务，根据党的十四大确定的改革目标，构筑了社会主义市场经济体制的基本框架，是指导我国全面推进经济体制改革的纲领性文件。决定（征求意见稿）的框架合理，逻辑严密，观点鲜明，论证有力，方案精练准确，是一个成熟的好文件。下面我就投资体制改革问题，谈一点认识和建议。

改革开放以来，我国投资体制发生了很大变化，已形成中央政府、地方政府、国有企业、集体企业、私营个体企业、外资企业等多元投资主体。与此同时，投资渠道也由传统体制下国家财政拨款单一渠道转变为预内资金（含"拨改贷"约占9%），国内银行贷款（约占 23%），地方和企业自筹资金（约占 65%），发行债券、股票等形式的集资，以及利用外资等多种渠道。当前投资体制存在的主要问题是：政府与企业的投资领域分工不清，政企职责不分，企业法人还没有成为自主决策、自担风险的投资主体，政府投资缺乏风险责任和严格监督。因此，按照建立社会主义市场经济体制的要求，深化投资体制改革，关键是明确界定政府（中央政府、地方政府）和企业的投资范围，确立政府和企业的投资主体地位，并建立相应的投融资机制及管理制度。

《决定》（征求意见稿）指出：要逐步建立法人投资和银行信贷的风险责任，并将投资建设项目划分为竞争性项目、基础性项目和社会公益性项目，规定了不同的投资渠道：竞争性项目投资由企业自主决策、自担风险，所需贷款由商业银行自主决定，自负盈亏。基础性项目建设鼓励和吸引各方投资参与。社会公益性项目建设，要广泛吸收社会各界资金，根据中央与地方事权划分，由政府通过财政统筹安排。这些规定无疑将推进投资体制改革。但是我以为，划分三类建设项目似仍未抓住现行投资体制的要害，对政府与企业投资领域的分工也还不是界定得很清楚，根据三类项目划分提出的原则，在执行中仍会存在实际操作和管理上的困难。因为三类项目互相交叉，实际上分不清，不能作为划分政府投资与企业投资的分界线。例如，竞争性相对应的是垄断性，而不是基础性；基础性项目并非都有垄断性。在经济发展的不同阶段，这两类项目可能有不同的交叉，而且交叉的情况是不断变化的。有些基础性项目如公路、电力、电信等，也可以引入竞争机制，成为竞争性项目。这说明，基础性项目包括的范围很宽，还需要分别不同情况（有些全部由政府投资承担；有些以政府投资为主、吸引社会资金参与；有些以社会资金为主、政府投资参与，或者完全由社会资金投资建设），采取不同的管理方式。另一方面，作为改革的方向，今后政府投资应集中在"市场失灵"的领域，以及企业不愿进入或难以进入的领域，原则上不再投入竞争性项目。但是，从我国现实情况出发，政府投资还不可能全部退出竞争性项目，而只能逐步退出大部分竞争性项目。因为由于历史原因，在钢铁、石化、汽车等竞争性领域，国有资产存量的比重很大，今后也仍会有增量国有投资进入，而政府作为国有资产所有者的代表，对此也还不能撒手不管。为此，我有以下三点建议：

（一）推进投资体制改革，最重要的问题是按照社会主义市场经济体制的要求，确立企业法人作为投资主体的地位，建立政府投资的风险责任和监督机制。因此，应按照投资主体划分为政府投资和企业投资，明确界定两者的分工，并分别建立各自的投融资机制。这比按项目的性质划分为三类投资，更能抓住主要矛盾，从而更有利于推进投资体制改革。

（二）当前政府投资的范围很宽，同国家财力不足、"两个比重"下降形成尖锐的矛盾。为缓解这个矛盾，一方面应根据实际情况逐步调整、适当缩小政府投资的范围；另一方面可以借鉴国际经验，在基础设施建设领域，吸引更多的外资和国内社会资金进入。前年我到法国考察，参观过英吉利海底隧道的建设工程。据介绍，这项大工程是英法两国政府共同决定兴建的，开工时由法国总统和英国首相共同剪彩。但是工程建设资金并不是由英法两国政府投入，而是由国际银团向全世界筹集的，建成后也由该银团通过招标确定经营者。据说，日本建设濑户大桥的 100 亿美元投资，也是通过国际银团筹集的。基础设施建设工程一般是搬不走的，即使由外国投资者管理收费，毕竟在我国国内，仍然要受我国法律约束和政府管理。何况如果收费太高，脱离我国消费者支付能力，它也赚不了钱。因此，思路可以更放开一些。

（三）深化投资体制改革同推进国有企业改革有十分密切的关系。这除了两者互相制约或相互促进的关系之外，我认为还有一点很重要：如果投资体制不改革或改革不到位，那么将会不断复制出国有企业改革的对象来。1984 年党的十二届三中全会通过的经济体制改革决定，已经明确指出：国有企业改革是经济体制改革的中心环节。但近年来，通过国有投资又建立了数以万计的国有企业，而这些新建国有企业，又都是按照原有的体制模式复制出来的。于是形成了一种矛盾的局面；一方面不断在探索对国有企业进行改革，以克服其弊端；另一方面又不断按照原有的体制模式新建国有企业，使之加入到改革对象的行列中来。这势必使国有企业的任务更趋繁重。因此，应当通过推进投资体制改革，使今后所有的新建国有企业，从开始就必须按照这次三中全会通过的决定所要求的，即按照现代企业制度规范的要求来建立。这一点，也应当成为深化投资体制改革的目标之一。

（本文是作者在中共中央政治局常委、国务院常务副总理朱镕基同志主持的征求对《中共中央关于建立社会主义市场经济体制若干问题的决定（征求意见稿）》意见的经济理论界专家座谈会的发言稿）

建立健全新的宏观调控体系

（1993 年 12 月 8 日）

党的十四届三中全会通过的《决定》，提出了构筑社会主义市场经济体制的基本框架，主要环节包括坚持以公有制为主体、多种经济成分共同发展的方针，建立适应市场经济要求的现代企业制度；建立全国统一开放的市场体系；建立以间接手段为主的宏观调控体系；建立以按劳分配为主体，效率优先、兼顾公平的收入分配制度；建立多层次的社会保障制度。这些主要环节既相互联系又相互制约，都是不可缺少的。

适应建立社会主义市场经济体制的要求，政府管理经济的职能和宏观调控的手段、部门，需要重新定位，并相应改革政府机构，建立健全新的宏观调控体系。

一、现代市场经济需要政府宏观调控

现代市场经济都是有政府宏观调控的市场经济，完全自由的市场经济体制是不存在的。政府宏观调控之所以必要，是因为市场经济有其局限性，单纯的市场调节并不能实现资源的合理配置。这主要表现在：

（一）单纯的市场调节只能解决市场微观平衡问题，而不能解决宏观平衡问题，如由社会总供求失衡引起的经济衰退和通货膨胀，必须由政府宏观调控加以解决。

　　（二）市场机制只能反映现有的生产结构和需求结构，而不能有效反映国民经济发展的长远目标和结构，国民经济发展的长期问题需要政府根据经济发展的全局进行如下安排。

　　1. 有些部门的生产具有较强的外部性（即一个企业的生产活动对其他企业生产产生的正效应或负效应），社会效益和私人效益之间存在差异，因而单纯的市场调节不能解决资源的合理配置问题。

　　2. 有许多公共消费品难以通过市场机制来加以分配。

　　3. 市场机制以优胜劣汰为准则，势必导致收入分配出现严重的两极分化，难以实现社会公平分配。

　　4. 自由竞争会导致垄断，垄断不利于市场机制的正常作用，影响市场调节的效果。

　　以上这些问题只有通过政府的宏观调控和计划指导才能得到有效地克服和解决。政府实施宏观调控和计划指导的作用，在于纠正市场失误、弥补市场不足，维护市场秩序，保证市场机制正常发挥作用。

　　事实上，自本世纪30年代西方国家出现经济大萧条之后，各市场经济国家都认识到了政府干预、调节经济的必要性，不同程度地实施了宏观调控措施。凯恩斯主义的诞生则为政府干预提供了理论基础。当然，由于各国政府干预的范围、形式、程度不一样，市场经济模式也有所差别。主要的有三种。第一种以美国、英国为代表，是比较自由的市场经济，强调企业和个人开展完全自由竞争，政府从法制政策等各个方面保证自由竞争，政府对企业经济活动干预较少，但是政府对宏观经济总量和个别产业部门也实施强有力的干预。第二种以日本、韩国为代表，是政府主导型市场经济，政府制订中长期经济发展计划，根据不同时期的经济发展任务，制定产业政策，并运用财政、金融政策给予扶持。第三种以德国为代表，是社会市场经济，不编制计划，但政府通过多种方式有力地干预市场，重点是维持市场竞争环境和社会公平。各种市场经济模式在不同阶段，差别也是很大的。以日本为例，二次战后以来的各个阶段就有很大差别。最为突出的领域是金融、国际贸易和投资。

我国要建立的社会主义市场经济体制，同样是政府宏观调控下的市场经济体制，这不仅反映了现代市场经济的一般规律，而且反映了我国经济发展的特殊要求。

我国是一个发展中国家，正处于经济发展的"追赶阶段"，不可能只靠市场自发作用完成资本积累，迅速建设能促进经济发展的基础工业和基础设施。我们应当发挥社会主义制度能够集中力量办大事的优势，集中资源举办一些市场手段难以办到的大事。

我国现阶段经济发展的基本目标，是推进国民经济的现代化，把传统落后的经济结构改造成为现代化的经济结构。因此不应当只局限于满足当前的市场需求，而更应当重视政府宏观调控和计划指导在经济发展中的作用，立足于经济发展全局和长远目标，促进资源合理配置。

我国市场发育程度较低，建立完善的市场体系需要一个相当长的过程。在这一过程中，政府要发挥引导作用，一方面促进市场发育；另一方面克服市场不完善带来的消极作用。

我国还是一个地区间和城乡间经济发展水平差距很大的国家，单纯依靠市场调节将会导致收入分配中严重的两极分化。政府宏观调控和计划指导也应当在这一领域发挥重要作用。

我国的基本国情，经济发展目标和社会主义制度决定的政府对经济的宏观调控和管理职能，显然要比其他市场经济国家更大一些。我们应当在研究借鉴发达国家市场经济丰富经验的基础上，通过政府有意识的引导与培育，建立适应中国国情的宏观调控体系，避免市场发育中的自发性、盲目性和滞后性，争取在较短时间内，以最低的社会成本，建立起与现代社会化大生产和现代经营方式相适应的、高起点、高层次的市场体系和市场运行规则。

二、宏观经济调控的目标、任务和手段

（一）宏观调控的任务，简单地说，就是保持社会总供给和社会总需求的相对平衡，保持国民经济持续快速健康发展，保证人民物质文化生活不断得到改善。

（二）宏观调控的目标，从短期来说，就是反经济周期，即保持经济稳定增长，防止通货膨胀，保障充分就业，保持国际收支平衡。对发展中国家来说，保持社会分配公平以及满足人民生活的基本需求，也是重要的目标。从长期来看，发展中国家的宏观调控目标，还有实现工业化或现代化的任务。而在实现工业化、现代化过程中，不同阶段的重点目标又有所不同，有时可能是促进高新技术、新兴产业的发展，以及产业结构的升级换代；有时可能是强调区域经济平衡发展，以及经济发展与社会发展的协调等。

（三）宏观调控的主要手段是，经济手段、法律手段、行政手段和其他社会手段。经济手段在西方市场经济国家，主要是财政政策和货币政策。财政政策主要通过税收和财政支出政策起作用。货币政策，主要通过货币供给量和利率控制来调节短期经济活动，实际操作主要手段是：法定存款准备金，通过它调节货币存量和货币乘数、贴现率和公开市场业务、各种存贷款利率。

计划手段在西方主要市场经济国家应用并不普遍，但在日本、韩国、法国却很有影响。其主要特点是：1. 计划以中长期计划为主。2. 每个中长期计划重点突出，重点在解决一两

个重大社会、经济问题，不是面面俱到。3. 计划一般不具有约束力，而是指导性的。

除经济手段外，政府调节经济活动的另一个重要手段是行政手段。行政手段即使在发达的市场经济国家也没有放弃使用。主要是必要时实行价格—工资冻结；信贷最高限额控制等。

法律手段是市场经济运行最基本的调节手段。没有一个逐步完善的与市场经济运行相适应的法律制度，市场经济不可能正常运行。社会主义市场经济体制下，政府管理经济的职能，主要是制订并执行宏观调控政策，搞好基础设施建设，创造良好的经济发展环境。同时，要培育市场体系、监督市场运行和维护平等竞争，调节社会分配和组织社会保障，控制人口增长，保护自然资源和生态环境，管理国有资产和监督国有资产经营，实现国家的经济和社会发展目标。

建立和重塑与社会主义市场经济相适应的新型宏观调控体系，是我国经济体制改革的最重要、最迫切的任务之一。新的宏观调控应当以国家综合计划为指导，综合运用投资、财政、金融等宏观经济政策和经济手段，引导和调控市场运行，以求达到保持经济总量基本平衡，促进经济结构优比，引导经济又快又好发展的目的，其主要特征是：

——政府经济决策的主要目际不但是为了维护总供求的平衡，而且要选择正确的经济发展战略，引导和调节国民经济的发展方向，促进国民经济的持续快速健康地发展。

——宏观调控的内容也不仅是总量平衡，而且要重视资金、劳动和自然资源的有效利用，产业结构的高度化，城乡关系和国际经济关系的协调等。

——宏观调控的主要手段不仅包括间接的需求管理，即运用财政货币政策，而且包括直接的供给管理，即产业政策和投资政策等。政府在主要运用经济手段的同时，还要运用法律手段和必要的行政手段，从各方面为促进经济发展创造有利的条件。但不直接干预企业的生产经营活动。

三、进一步转变政府职能，是建立社会主义市场经济体制的迫切要求

党的十一届三中全会以来，我国经济体制改革的总方向是不断扩大市场机制的作用，并相应改革政府对经济的管理方式。同改革开放以前相比，我国的经济结构、经济体制和经济运行机制，都已发生了重大的变化。目前，在国民生产总值中，国有经济占40%左右，集体经济和个体、私营、外商投资等经济占60%左右。所有制结构和利益主体的多元化，为市场经济的发展创造了微观基础。商品市场得到了很大的发展，金融市场、劳动力市场、房地产市场、信息市场和技术市场等生产要素市场开始发育。由于对外开放不断扩大，国内市场已在相当大程度上同国际市场发生直接联系，进出口总额占国民生产总值三分之一以上。在市场机制作用不断扩大的同时。政府管理经济的方式也发生了很大变化，指令性计划管理的范围大大缩小，目前国家计委下达的指令性计划产品产值只占工业总产值4%，国家统配物资和政府直接定价的范围大幅度减少，在社会商品零售总额和生产资料销售总额中，市场调节部分已分别占90%以上和80%以上。市场机制在投融资领域的调节作用也得到了明显加强，形成了投资多主体、资金多渠道、决策多层次的分散化投资格局。总之，政府对国民经济和国有企业实行高度集中的、直接管理的方式，已经在向主要运用经济手段的间接调控方式转变。

但是从总体上看，政府职能的转变，滞后于我国经济的微

观基础和经济运行机制已经发生的变化，同建立社会主义市场经济新体制的要求更有很大的距离。主要表现在：政府对经济的管理仍没有从根本上摆脱传统计划经济体制的模式，不少已被证明是不适应新形势、从而不能有效发挥作用的管理方式方法仍在沿用，导致政府管理与市场运行的摩擦增大；而适应市场经济要求的间接管理方式方法又还很不完备。从中央政府到各级地方政府，对经济的管理，仍然侧重于定指标，批项目，分钱分物。一方面，政府仍然管了许多不该管、管不了、管不好的事务，即仍然管了不少应当由企业和市场主管的事务。企业作为法人实体和市场主体应当拥有的自主权，有些还在政府部门之间转移，有些则被政府机构的中间层次截留，各级政府直接管理企业的职能并没有完全转变。这种状况直接妨碍国有企业经营机制的转换。政府还包揽了许多本应通过市场解决的事务，如政府过多地直接运用行政手段调节和配置资源，而没有充分发挥市场对资源配置的基础性作用。此外，政府还包揽了许多应当由市场中介组织承担的事务，如信息咨询、资信评估、会计服务等。另一方面，政府对那些本应由政府承担的事务，又往往没有管好。例如，在推动国有企业经营机制的转换方面；在调控社会资金更多的投向"瓶颈"部门方面；在培育和发展市场体系方面；在反对垄断和过度竞争，维护市场竞争秩序方面；在建立健全社会保障体系方面；在建立健全新的宏观调控体系，加强和改善宏观调控等方面，政府又还没有很好地履行自己的职能。与此同时，各级政府机构的设置仍很不合理，普遍存在机构臃肿，层次重叠，人浮于事，效率低下的问题，严重障碍企业经营机制的转换和新体制的建立进程。而服务于市场的政府机构又过于薄弱，难以发挥有效地引导竞争、维护市场秩序的作用。

进一步转变政府职能，改革政府机构，不仅是建立社会主义市场经济体制的迫切要求，而且是建立健全新的宏观调控体系，保证国民经济持续快速健康发展的客观需要。政府职能转换滞后，是导致经济发展中诸多矛盾的重要原因。目前国有企业经济效益差、国有资产流失严重，产业结构、企业组织结构不合理，加工工业低水平重复建设和过度竞争等等，都同政府管理经济的职能缺乏明确界定，政府职能转变缓慢、以及中央政府宏观调控能力弱化有直接的关系。因此，进一步加快政府职能的转换，并相应改革政府机构，势在必行，十分迫切。

四、改革政府机构，建立健全新的宏观调控体系

政府管理经济的方式一般有两种：一是通过制定经济总体发展战略，运用财政政策、货币政策、收入分配政策和外贸政策等手段，引导和调节国民经济；二是依据政权力量，通过法律和条例等形式，制定各种经济活动的规则，并进行必要的监督、检查，以维护经济运行秩序，保护公平竞争。

改革政府机构，应当根据建立社会主义市场经济体制的要求，按照政企分开，精简、统一、效能的原则，加快进行。各级政府经济管理部门要进一步转变职能，专业经济部门应当逐步减少，综合经济部门要做好综合协调工作，同时加强政府的社会管理职能。

在新的经济体制中，计划、财政、金融是国家宏观调控的三个重要支柱。这三个重要工具在功能上应紧密配合，共同搞好总量平衡、结构优化、周期熨平，又要各有侧重。财政、金融手段主要着眼于近期发展的总量平衡问题，调控的着力点侧重于需求管理方面；而计划手段主要着眼于中长期增长和结构优化问题，调控的重点偏向于供给管理方面。国家计划应成为宏观调控的重要依据。计划部门的主要职能，是提出国民经济

和社会发展的总体目标、任务以及需要配套实施的经济政策，包括制定产业政策和区域经济政策，管理重大建设项目等。对市场机制作用不到的非经营性的公益事业部门，还要保留一些必要的直接计划。财政政策和货币政策是国家宏观管理和国家计划实施的主要手段。财政部门的主要职能，是运用预算和税收手段，着重调节经济结构和社会分配。中央银行以稳定币值为首要目标，调节货币供应总量，并保持国际收支平衡。国家通过运用货币政策与财政政策，调节社会总需求与总供给的基本平衡，并运用产业政策相配合，以促进国民经济与社会的协调发展。

专业部门的职能，主要是对生产和流通进行短期协调和行业管理。这种管理主要是制定微观经济活动的行为规则和管理政策，而不应当直接干预企业的微观经济活动。适应专业部门职能转换的要求、应当较大幅度地精简各专业部门。改革的目标是将现有的专业部门分为两大部分：一部分机构和人员转为经济实体公司，不承担行政管理职能，也不再具有行政管理权力；一部分机构和人员经过合并、重组，成为精干的、职责明确的政府宏观管理部门。

（本文是《加快建立社会主义市场经济体制的改革步伐》的一部分，全文原载《时事报告》1994 年第 1 期、第 2 期）

妥善处理改革、发展、稳定的关系

（1994 年 3 月 15 日）

党中央强调指出，抓住机遇、深化改革，扩大开放、促进发展，保持稳定，是全党和全国工作的大局。各项工作要做到服从和服务于这个大局，最重要的是必须处理好改革、发展、稳定的关系。发展生产力，实现现代化，是我们的根本目的，改革是推动经济与社会发展的基本动力，发展与改革是社会稳定和国家长治久安的基础，而保持社会稳定则是发展和改革必不可少的条件。发展、改革、稳定，是建设有中国特色社会主义的三件法宝。正确处理三者之间的关系，把发展生产力作为制定路线、方针、政策和各项工作的根本出发点，紧紧抓住经济建设这个中心；把改革作为解放生产力、发展生产力的基本手段和必由之路，坚持以改革促发展；把保持政治、社会稳定作为改革和发展的前提条件，在稳定中推进改革和发展，在改革和发展中实现社会的长期稳定。这是党的十一届三中全会以来，我们在建设有中国特色社会主义进程中积累的成功经验。1994 年是我国向社会主义市场经济体制转变、全面推进改革的关键一年，也是保持国民经济持续、快速、健康发展良好势头的重要一年，妥善处理改革、发展、稳定三者之间的关系，是摆在我们面前的一个至关重要的问题，具有特别重要的意义。

先从 1994 年改革的形势和任务看。1993 年党的十四届三中全会制定了建立社会主义市场经济体制的总体蓝图。1994年是实施这个总体蓝图的第一年，也是改革措施出台最多、最集中的一年，其特点是改革的全面推进和重点突破相结合。改革的广度、深度、难度都是前所未有的。通过1994年实施的财税、金融、外贸、投资、企业等方面的体制改革，要向建立社会主义市场经济体制迈出实质性的步伐。因此，1994年打的是一场改革的攻坚战。

我们要看到，现在是进行这场改革攻坚战最有利的时机。因为经过10多年改革，建设有中国特色社会主义的理论已经深入人心，特别是1992年邓小平同志的重要谈话和党的十四大确定了社会主义市场经济体制的改革目标，使我们摆脱了姓"资"姓"社"的观念束缚，思想进一步获得解放。党的十四届三中全会通过的决定构筑了社会主义市场经济体制的基本框架，为1994年打好改革攻坚战奠定了思想基础。党中央、国务院在10多年的改革中积累了丰富的经验。这些都使得我们有可能按照市场经济的一般规律，借鉴发达国家的成功经验，从中国国情出发，针对当前经济生活中的突出问题，制定出积极稳妥的改革攻坚战的方案。尤其重要的是，邓小平同志发表重要谈话以来，我国经济连续两年高速增长，发展势头很好，农业连年丰收，市场繁荣，人民生活进一步改善，前进中出现的一些问题也正在逐步解决。这就为1994年大步、全力推进改革，打好攻坚战，创造了良好的经济与社会环境。因此，我们必须珍惜并紧紧抓住当前这个难得的历史机遇，坚决推进1994年确定的各项改革。

打好1994年的改革攻坚战，对于建立社会主义市场经济体制，保持国民经济持续、快速、健康发展，实现现代化建设的第二步战略目标，都具有十分重要的意义。15年来，我国改革开放取得了重大进展，经济体制和经济运行机制已经发生重大变化，但是有几个关键性的环节至今没有突破。主要是国有企业经营机制的转换，生产资料、资本、劳动力等生产要素市场的培育，财税、金融、投资、外汇等管理体制的改革，以及适应市场经济要求的宏观调控体系的建立等进展缓慢。如果我们不能攻下这几个难关，我们就不能从目前许多方面还存在的双轨体制，过渡到市场经济单轨制。这几根大柱立不起来，社会主义市场经济体制的基本框架也就难以建立。1992年我国进入了现代化建设的新阶段，经济发展的势头很好，但是我们也常常为经济发展中一些"老大难"问题所困扰，如相当多国有企业陷于困境，亏损面和亏损额居高不下；投资饥渴、建设规模膨胀等顽症不断发作，时时有引发严重通胀的危险；某些重要生产资料、外汇等方面存在的双轨制，导致各种利益主体行为失控，市场混乱，并诱发权钱交易；财政包干体制造成中央财税严重流失，中央财政收入的比重不断下降，赤字越来越多；财政包干和现行金融体制下形成的倒逼机制，不仅影响经济总量的平衡，而且导致不经济的重复建设，加剧结构的不合理。要解决当前经济生活中的这些深层次矛盾，唯一的出路在于深化改革。以改革促发展，在今天具有新的更加紧迫的意义。1993年实践再次证明了这一点。中央采取的宏观调控，虽然使经济高速发展中出现的一些突出矛盾和问题，得到了一定程度的缓解，但是深层次的问题并没有根本解决，要治本还要靠深化改革。

怎样才能打好1994年这场改革的攻坚战呢？现在最重要的是要为改革创造一个比较宽松和更为有利的经济环境。目前推进改革的主要风险并不在改革本身。因为1994年的各项改革方案是党中央、国务院在深入调查研究、广泛征求各方意见基础上制定的，是积极可行的。改革措施出台两个多月来，宏观经济情况很好；财政收入大幅度增长；货币投放得到有效控制，达到了宏观调控的预定目标；汇率并轨进展顺利，汇价稳定，国家外汇储备有较多增加；市场商品供应十分丰富，绝大多数消费品供过于求。这证明，1994 年出台的改革方案是切实可行、收效很快的。当前主要风险在于固定资产投资规模过大，超过了国力能够承受的范围；农业仍是个薄弱环节。这种状况如不改变，势必使经济环境趋紧，通货膨胀压力进一步加大。这同 1994 年的改革力度大，攻坚任务重，要求经济环境不能绷得太紧是一个很大的矛盾。克服这个矛盾，当然不能放慢改革步伐，必须高扬改革主旋律，上下一心务求一举攻克改革的难关。为此要下决心控制固定资产投资规模，努力保持经济总量的基本平衡，并使结构趋向合理，抑制通货膨胀和物价的大幅度上涨。这既是打好改革攻坚仗的迫切要求，也是保持经济发展的良好势头，促进社会稳定的关键。

我国经济已经连续两年高速增长，1994 年能否继续保持较高的增长速度？总的看来，我国现在正处在高速增长的时期，国内、国际的有利条件较多，包括国内市场和国内资金积累的潜力都很大，经过 40 多年建设尤其是最近 15 年的迅速发展和改革开放，使我国进入了加速实现工业化的新阶段。根据国际经验，进入这一阶段以后，只要国际和平、国内稳定，一般都可以保持一段较长时期的经济高速增长。当然，不同国家的具体条件不同，所谓高速的具体速率并不一样；一个国家在不同阶段、不同年度之间的速度也有差别。小的波动是正常的。从我国来看，1994 年继续保持高速增长，除了人的环境和由此产生的有利条件外，还有当前的一些有利因素。一是 1993 年固定资产投资和基础建设的快速增长，有相当部分将在 1994 年发挥作用。二是 1993 年城乡居民储蓄大幅度增长，外商投资进入新的高峰期，使 1994 年经济继续快速增长成为可能。三是 1993 年下半年开始的宏观调控，虽然尚未从体制上根本解决问题，但对抑制投资过热和通货膨胀起到了一定作用，有利于1994年继续保持经济的快速增长。四是国际经济有可能从不景气的状态中走出，据国际货币基金组织和世界银行预测，1994年发达国家的进出口会以5%以上的速度增长，这将有利于带动我国进出口贸易的增长。

邓小平同志说："发展才是硬道理"，"问题的最终解决还是靠经济的发展"。我们应当抓住难得的历史机遇，争取在一个比较长的时间内保持比较高的增长速度。同时，我们要树立适应新的发展阶段、市场经济体制和国际竞争环境要求的新的发展观。正如江泽民同志所说，发展也要有新思路。经济快速增长要建立在结构优化、效益提高的基础上，不应只是产值、数量的扩张，而应当包括经济增长质量的提高，这主要是指结构的优化和升级，以及产品质量、技术水平和经济效益的提高。数量的增长和质量的提高是密切联系的。结构的优化和升级，质量、技术、效益的提高，不仅本身具有重大意义，而且也是数量增长的必要条件。没有结构的优化和效益的提高，数量的增长不可能持久，整个国民经济也不能保持持续、快速、健康发展。

1994年的发展速度和投资规模，一定要考虑到改革和稳定的要求，要以不引起严重通货膨胀和物价大幅度上涨为度。在连续两年高速增长之后，国内经济增长的一些条件趋紧，特别是由于1993年以来投资规模过大，货币供应量增加较多，通货膨胀压力加大，1994年经济增长速度比前两年适当降低，计划国内生产总值增长9%，是适宜的。这样的速度有利于缓解交通、能源等"瓶颈"制约，有利于抑制通货膨胀和物价的大幅攀升，有利于为改革攻坚战和调整经济结构创造较为宽松的经济环境。要按照新的发展观和新的发展思路，真正把经济增长转到以提高经济效益为中心的轨道上来，不能继续走盲目追求产值和扩大投资规模的粗放经营的老路。要坚持以改革促发展，使经济增长从主要靠投资带动转到更多地依靠改革推动。

保持政治、社会稳定，在 1994 年具有重要的现实意义。我们所讲的保持稳定，是积极的稳定，是为打好改革攻坚战和保持经济良好发展势头所需要的稳定，也是通过改革和发展来达到的稳定。没有稳定的政治、社会环境，改革开放、经济社会发展都搞不成。这一点已经为实践所证明，是不应当存在疑义的。但在具体处理改革、发展和稳定的关系上，从认识到实际工作，还可能会产生这样那样的问题。这是因为扩大投资，多上项目，提高速度等都是比较具体的，同一个地区、一个部门、一个单位的工作及利益的关系，是容易看得见的；而全社会投资规模是否过大，货币供应是否过多，是否会引起严重通货膨胀，并造成经济与社会不稳定，等等，在问题严重爆发之前，则必须从宏观上、全局上才能看得清楚。现在我国政治、社会是稳定的，但并不是不存在某些不稳定的因素。当前突出的问题是，物价的涨幅过大，涨势不止。1993 年全社会零售物价总水平比 1992 年上涨 13％；居民生活费用指数上升 14.7％，其中 35 个大中城市职工生活费用价格指数上升 19.5％。党中央、国务院虽然采取有力措施抑制物价上涨，但问题并没有从根本上解决。1994 年以来，物价在 1993 年较高水平之上又逐月上涨。这已成为广大群众普遍关心、直接影响社会稳定的大问题。当前市场物价涨势不止的主要原因是投资规模过大，许多部门、地区、企业对发展速度、投资规模的心理预期过高；同时也由于对市场经济存在误解，以为搞市场经济，政府对物价可以放手不管，企业可以随意涨价。因此，为了抑制通货膨胀和物价大幅度上涨，最重要的是必须控制固定资产投资的过快增长，控制消费基金的过度膨胀。要下决心宁可少搞几个建设项目，也要把群众生活安排好。这一方面有赖于投资体制改革和企业改革的深化，另一方面要继续加强和改善国家对经济的宏观调控。各个部门、地区、单位应当从维护改革、发展、稳定辩证统一关系的大局出发，自觉地服从这个大局，服从中央的宏观调控。抑制通货膨胀和物价大幅度上涨，不仅要控制过大的需求，还必须努力增加有效供给，特别要认真抓好农业和"菜篮子"工程。要稳定种粮面积，稳定粮食产量，稳定粮食库存，确保居民的粮食和副食品供应。还要加强政府对市场物价的宏观调控和检查，反对以税负增加为借口的乱涨价，反对垄断价格，反对暴利。

保持政治、社会稳定是一个复杂的系统工程。在精心组织好各项改革、保持经济持续快速健康发展、抑制通货膨胀和物价大幅度上涨的同时，必须坚持两手抓、两手都要硬的方针，切实加强社会主义精神文明建设，搞好民主法制建设和社会治安综合治理，特别要坚决推进反腐败斗争，这些都是改革、发展、稳定的重要保证。

党中央提出的 1994 年全党和全国工作的基本方针以及 20 个字的大局，李鹏总理在《政府工作报告》中提出的各项任务，充分体现了改革、发展、稳定的辩证关系。只要坚决贯彻党中央提出的基本方针，服从 20 个字的大局，努力完成八届全国人大二次会议确定的各项任务，我们就一定能够使改革、发展、稳定三者紧密结合，互相促进，在 1994 年取得改革开放和现代化建设的新胜利。

（本文原载《前线》杂志 1994 年第 7 期、
《经济世界》杂志 1994 年第 8 期）

关于提高经济增长的质量

（1995 年 2 月 25 日）

（一）1992 年以来我国进入了改革开放和现代化建设的新阶段。最近三年 GNP 年均增长 12.8%，超过 80 年代的年均增长速度，居于世界各国增长速度之首。由于 1993 年以来在经济高速增长的同时，通货膨胀加剧，物价大幅度上涨，今年经济增长速度的宏观调控目标定为 8%—9%，比去年的实际增长（11.8%）低一些。这不仅是为了抑制正在发展的通货膨胀，而且是为了把经济增长的重心转到提高经济增长的质量和效益上来，以逐步把经济增长方式从数量扩张型转向质量提高型，从粗放的速度型转向集约的效益型。

（二）经济增长是社会物质财富的增长，既包括商品和劳务生产能力的扩大，也包括商品和劳务生产总量的实际增加。经济增长过程是劳动与资源不断投入从而不断生产出社会物质财富的过程。经济增长不仅包括数量的增加，而且包括质量的提高。如果我们考察的是一个国家或一个地区的经济增长，那么提高经济增长质量，就不仅是指提高具体产品的质量，而且包括更广泛、更深刻的内容。要引入时间的因素，考察如何实现持久的、可持续的经济增长；要引入劳动与资本及其他要素投入的因素，考察生产能力的扩大和商品与劳务的实际增加，是用多大投入、花多大代价取得的；要引入结构的因素，考察经济增长是不是在结构优化、升级，经济规模合理的条件下实现的；要引入增长机制的因素，考察经济增长是不是在经济主体具有活力的体制环境和运行机制中实现的；要引入目的因素，考察经济增长是不是能给社会成员（居民、消费者）带来更优质的商品与服务，带来生活质量的提高和生活环境的改善。考察经济增长的质量，实际上是对经济增长进行综合的经济评价和社会评价。

（三）从宏观上看，提高经济增长质量应当包括以下六个方面：

（1）低通货膨胀的经济增长。即在保持社会总需求与社会总供给基本平衡条件下实现经济增长，既充分发挥资源和生产潜力，又不造成需求过度扩张，引发严重通货膨胀。只有实现低通货膨胀的经济增长，才能避免经济增长的大起大落，实现持续的快速增长。

（2）投入减少、产出增加的经济增长。包括在经济增长中，生产同量产品（国民生产总值）的资源（劳动、资本和各种物质）消耗不断减少；也包括投入结构的优化，即生产同量产品（国民生产总值）的总投入中，劳动、资本等要素投入的贡献率缩小，技术进步等综合要素的贡献率提高。科学技术是第一生产力。科学技术是作为"乘数"作用到劳动力、生产工具、劳动对象等要素上面去的，科学技术越发展，它的"乘数效应"即对经济增长的促进作用也越大。因此，在经济增长中，要加快科技现代化步伐，在各个部门、领域采用先进技术，发展高新技术产业，不断提高国民经济的技术装备水平，提高科学技术进步对经济增长的贡献率。只有这样，在经济增长中才能不断降低成本，提高企业和整个社会的经济效益。

（3）结构趋向合理、优化和升级的经济增长。世界工业化、现代化的历史，就是产业结构随着技术革命不断优化、升级的历史。随着科技进步，必然不断推出新产品、新行业、新产业。

这是经济增长的强大推动力。产业结构调整、升级必然带来整体经济效益的提高。我国正处在实现工业化、现代化的重要历史阶段，调整产业结构面临繁重的任务：既要在现有技术基础上使产业结构趋向合理，又要适应世界上新的技术革命和发达国家产业重组、结构升级的趋势，使我国产业结构朝着现代化、高级化的方向发展。只有使结构趋向合理、优化的经济增长，才能加快工业化、现代化的步伐，才能适应国内消费结构变化的需要，也才能在国际市场激烈竞争中占有更大的份额。

（4）商品和服务质量不断提高的经济增长。经济增长最终目的是为了满足社会成员（居民、消费者）不断增长的物质和文化生活的需要。发展社会主义市场经济的目的尤其应当更鲜明地体现在这一点上。经济增长不仅要求生产经营适应市场需求，即适销对路，而且应当引导消费，提供更新、更好的商品和服务，不断开辟新的消费领域，改善、丰富人民生活。这样的经济增长，不仅是有经济效益的增长，而且是合乎目的的、有社会效益的增长。

（5）保持经济主体活力、创造性和制度效率的经济增长。经济增长的体制环境、动力机制、运行效率同经济增长的数量特别是质量有密切的关系。国外有的经济学家认为，经济增长的关键在于制度因素，即源于制度创新的制度效率。通过培育企业家，优化企业家群体，激励率先技术创新的机制，促成高质量的经济增长。我国已确立社会主义市场经济体制的改革目标。在体制转轨时期，改革是经济增长的基本动力，经济增长一方面要靠改革开放激发经济主体的活力、创造性和效率；另一方面也要为改革创造比较宽松的宏观经济环境。

（6）保护资源与环境的经济增长。许多资源不能再生，自然环境一旦破坏很难恢复。破坏资源和环境的经济增长，不仅破坏了经济增长的可持续性，使经济增长不可能持久，而且也违背了经济增长本身的目的。高质量的经济增长，应当是使资源得到合理利用，并使环境得到保护的经济增长，是坚持可持续发展战略的经济增长。

（四）上述提高经济增长质量的六个方面是相互联系的。改革开放以来在经济高速增长中，经济总量失衡和通货膨胀仍然周期性地出现，除了体制原因（体制转轨时期旧体制仍在许多方面起作用），经济结构不合理、经济增长方式落后也是重要原因。在深化改革、加快建立社会主义市场经济体制的前提下，必须大力推进经济增长方式从主要依靠增加投入的速度型，向更多地依靠科技进步、结构优化、生产经营者素质提高的效益型转变。这样才能提高投入产出率，降低成本，减少成本上升对价格的推动，减轻通货膨胀的压力。而大力推进技术进步，积极促进结构优化和升级，实行规模经营等，既是转变经济增长方式的重要内容，也是提高经济效益、提高商品与服务质量、合理利用资源、保护环境等的重要条件。因此，为了解决当前经济发展中存在的一些突出矛盾，包括通货膨胀、农业发展滞后，部分国有企业缺乏活力，以及财政困难等，促进国民经济持续、快速、健康发展，必须紧紧抓住深化改革、调整结构和转换经济增长方式三个关键。这也是提高经济增长质量和效益的主要途径。

（五）建国46年来特别是改革开放16年来，我国生产力有很大发展，经济总量在世界生产总值中的比重逐步提高，但是我国人均GNP和人均重要产品产量在世界的排列还相当落后，仍属于低收入国家。经济增长方式还是主要靠劳动、资本大量投入的外延粗放型；产业结构不合理，第三产业比重低，科技、教育、社会服务和基础设施薄弱。综合经济实力、经济增长质量与效益，同发达国家有很大差距。这表现在许多方面：

（1）经济高速增长往往伴随着高通货膨胀。1983—1994

年，我国 GNP 年均增长率为 10.22%，零售物价上涨率年均为
8.2%，两者之比为 1：0.8；12 年中零售物价上涨率在 6% 以
上的有 7 年，其中超过 13% 的有 4 年。日本 1957—1970 年，
GNP 增长率年均 9.9%，消费物价上涨率仅为 4.6%，两者之
比为 1：0.46。日本在经济高速增长时期之所以能保持较低的
通胀率，主要是由于它的增长方式已转为集约的效益型。而我
国经济高速增长主要依靠高投入，必然在拉动需求扩大的同
时，推动物耗成本上升，从而引起物价大幅度上涨。

（2）据分析，我国改革开放以来资本要素投入增加对经
济增长的贡献率为 61.6%，虽然比改革以前的 86.9% 明显降
低，但仍比发达国家高得多。如日本（1953—1971 年）为
23.8%；美国（1948—1969 年）为 19.7%；西德（1950—
1962 年）为 22.5%。而反映科技进步对经济增长贡献的综合
性指标——综合要素生产率提高对经济增长的贡献率，据有关
专家测算，我国改革开放以来为 28.7%，虽然比改革前有很
大提高，但比发达国家低得多。如日本为 55%，美国为
47.7%，西德为 55.6%，韩国为 38.8%。

（3）单位产品物耗和工资含量上升，是经济效益差的重
要原因。据农业、工业、建筑业、运输业、商业五个行业统
计，1991 年同 1978 年相比，除建筑业外，其他行业的物耗率
都是上升的，利税率都是下降的。目前我国单位产品能耗水平
比发达国家 70 年代末 80 年代初的水平高出 30%—90%；单位
国民生产总值的能耗比日本高 3 倍，比印度也高出 1 倍。我国
工资在总成本中占的比重虽然不算太高，但由于劳动生产率增
长缓慢，不少工业产品的实物劳动生产率甚至呈下降趋势，单
位产品的工资含量正在上升。此外，部分产品不适销对路，质
量差，造成积压和损失也很大。据统计，我国企业生产中不良
产品损失率约占产值的 10%—15%，仅此一项全国每年经济

损失就超过 1000 亿元。

（4）一个国家产业结构在世界产业结构进化的等级系列中所处的阶段及其调整、升级的步伐，是其经济增长质量高低的重要标志。我国以传统技术为基础的劳动密集型产业仍占很大比重，产业结构升级速度缓慢，以先进技术为基础的重化工产业和高新技术产业比重较低。在三次产业中，第三产业还占不到30%，而发达国家一般占 50%—60%。此外，我国企业组织结构不合理，许多企业没有达到合理的经济规模，没有规模经济效益。如全国汽车厂 600 多家，1994 年产量只有 140.2 万辆，平均每个厂产量只有几千辆，远远没有达到汽车工业的经济规模。发达国家汽车厂年产量一般都是几十万辆，甚至几百万辆。

（5）主要依靠增加大量投入的增长方式，导致经济高速增长同保护资源、环境的矛盾趋于尖锐。我国人均耕地、森林和一些重要矿产资源比世界平均水平低，而资源的浪费、破坏却很严重。水土流失、植被破坏、土地退化、耕地减少的趋势还在发展。对自然资源的过度开发和不合理利用造成了生态环境的恶化。我国一次能源中煤炭占 70% 以上，随着工业的高速发展，煤炭消耗大量增加，对大气的污染严重，特别是飘尘和酸雨（二氧化硫）的污染危害最大。有机物对水环境的污染、城市噪声和固体废弃物的污染、农村环境污染等也亟待解决。

（六）以上表明，我国经济发展现已到了一个新的转折点：一方面经济发展的内在矛盾和客观规律迫切要求转变经济增长方式，把经济增长的重点转到提高增长的质量和效益上来；另一方面转变经济增长方式的条件也已初步形成并正在成熟。一是经过 40 多年的建设，特别是改革开放 16 年来的高速增长，我国已进入了工业化的中期。按国际上有关的衡量标准：制造业增加值占总商品生产增加值的比重在 40%—60% 的，为半工业化国家；60% 以上的为工业国。1993 年我国这一比重为 51%，应当也有条件在工业化的中、后期，实现经济增长从粗放的数量型向集约的效益型转变。二是经济改革已经向建立社会主义市场经济体制迈出了决定性步伐，并已形成了全方位的对外开放格局，正在逐步同国际市场接轨。这为经济增长方式的转换创造了必要的体制环境和外部条件。三是我国科技队伍同经济发展水平相比并不算小。据有关资料，我国科技论文被列入美国四套国际科技论文索引的总篇数在世界各国居 17 位，其中工程技术论文居第 10 位。而我国科技成果的商品化转换率比较低，据认为只有 15% 左右。这说明依靠科技进步促进经济增长质量提高的潜力还很大。

（七）转换经济增长方式、提高经济增长质量，既是一个目标，又是一个过程。从目标来讲，它是整整一个历史时期才能完成的任务；从过程来讲，它又是积小变到大变，从量变到质变的工作。因此，决不能因为是长期的任务，就不从眼前抓起。必须把阶段性的目标分解为年度任务，抓落实、抓措施。当前最重要的是要转变经济增长的观念，发展要有新思路，形成新的经济增长机制。在充分发挥市场对资源配置的基础性作用的前提下，要扩大社会资本，增加设备投资。政府投资要集中力量加强基础产业、基础设施和先导、带头产业的重点建设。要增加高新技术产业和现有企业技术改造的投资，把国有企业的改革、改组、改造结合起来。要制定鼓励国内技术进步的产业政策以及配套的外贸政策，积极有效地利用对外开放的条件，促进国内的科技进步和产业结构的调整、升级。

（本文原载国家计委经济研究中心主编的《调查·研究·建议》1995 年第 5 期，并提交中央关于"九五"计划建议起草组参阅）

努力保持固定资产投资的合理规模

（1995 年 4 月 10 日）

固定资产投资是推动经济增长的重要因素，但是固定资产投资规模过大又会导致通货膨胀，造成经济不稳定。因此，保持固定资产投资的合理规模，是抑制通货膨胀、实现国民经济持续快速健康发展的重要条件，是今年宏观调控的一项重要任务。

一、固定资产投资规模与经济增长速度、物价上涨幅度有密切关系

为了说明保持固定资产投资合理规模的重要性，我们可以简要回顾 80 年代以来经济发展中几次较大的波动过程。第一次是 1984、1985 年。由于银行贷款、财政支出松动，全社会固定资产投资分别比上年增长 25.6% 和 38.8%，在带动了经济高速增长的同时（1984、1985 年国民生产总值分别比上年增长 14.7% 和 12.8%），也造成社会总需求明显超过社会总供给，导致 1985—1986 年零售物价指数分别上升 8.8% 和 6%。第二次是 1987、1988 年。1985 年 9 月党的全国代表会议强调一定要控制固定资产的投资规模，促使 1986 年固定资产投资规模有所控制，比上年增长 18.7%。但 1987、1988 年再度膨胀，全社会固定资产投资分别比上年增长 20.5% 和 23.5%。

投资规模的膨胀，虽然带动这两年国民生产总值分别增长10.9%和11.3%，但是再次造成社会总需求大大超过社会总供给，导致1987、1988年物价上涨7.3%和18.5%，不得不从1988年第四季度开始进行治理整顿。第三次是1989—1991年。由于实行财政、货币双紧政策，大幅度压缩投资，全社会固定资产投资1989、1990年分别比1988年下降8%和下降1.1%。1991年虽然名义投资比1988年增长22.5%，但扣除1989—1991年的物价上涨因素，实际投资规模尚未恢复到1988年的水平。其结果，一方面物价指数大幅度回落，1990—1992年分别为2.1%、2.9%和5.4%（1989年物价指数仍高达17.8%，主要是由于上半年紧缩措施尚未完全到位，以及1988年高投资、高增长、高物价的滞后影响）。但是另一方面，经济增长速度也大幅度下降，1989—1991年分别为4.4%、4.1%和8.2%。第四次是1992—1994年。全社会固定资产投资再次高速增长，增长率分别为42.6%、58.6%和27.8%。固定资产投资高增长，一方面推动了经济快速增长，国民生产总值分别增长13.4%、13.2%和11.8%，三年平均为12.8%。另一方面也推动了通货膨胀，全国零售物价总指数1993、1994年分别上升了13.2%和21.7%。

　　历史经验清楚地告诉我们，固定资产投资同经济增长速度、物价上涨幅度确有密切的关系：一方面投资扩张和经济增长加速，投资紧缩和经济增长减速有密切关系；另一方面投资过度扩张是通货膨胀的重要原因，而紧缩投资则是抑制通货膨胀的重要措施。固定资产投资是一把双刃剑，把握运用得当，则大有益于经济增长，运用不当对经济增长和社会稳定都会产生很大的负面影响。关键在于保持适度规模，既要充分利用潜在资源促进经济增长，又不能造成需求过分扩张、导致严重通货膨胀。宏观调控的重要任务之一，就是通过财政、货币政策和其他政策手段，对全社会投资规模进行适时适度的调节，使之同国力相适应。

二、固定资产投资规模必须与国力相适应

现在国际环境对我有利，国内条件也具备，我们应当抓住难得的历史机遇，充分利用国内外有利条件，加快改革开放和经济发展。国际经验表明，处在经济高速增长阶段的国家或地区，一般都保持较高的投资率（固定资产投资占国民生产总值的比重）。日本在六七十年代经济高速增长时期，投资率都在34%左右，最高年份（1973年）曾达到38.6%；平均比一般年份的投资率高出5个百分点左右。韩国在经济起飞时期的投资率也比一般年份高出6—7个百分点。我国现阶段保持较高的投资率既有必要，也有可能。主要因素是：（1）我国交通、通信等基础设施和农业、能源、重要原材料等基础产业长期发展滞后，对国民经济发展形成很强的"瓶颈"制约。加快经济发展，需要对基础设施和基础产业进行大量投资。（2）设备投资是提高整个工业技术水平的必要条件，也是带动设备制造工业及与之密切关联的钢铁、石化等重工业发展的动因。在经济快速增长时期，发展钢铁、石化、机械、电子、汽车制造、建筑等工业，也需要大量投资。（3）目前我国城乡居民消费正处于相对平稳增长阶段，住房、汽车、新一代家电等新的消费热点尚未形成，经济增长更多地要靠投资带动。投资扩大或紧缩对经济增长的带动或抑制作用尤其明显。据测算，近几年，我国投资增长对经济增长的带动作用在六成左右。（4）经济快速增长一方面需要更多地投入资金，即要有较高投资率；另一方面它本身也具有融资的功能，即经济增长快，储蓄也会随之增长。我国最近几年城乡居民储蓄大幅度增加，1992

年为 2435 亿元，1993 年为 3658 亿元，1994 年为 6315 亿元。这是保持较高投资率的重要条件。以上各点说明，我国当前保持较高的投资率具有其客观的要求和条件。但是，这绝不是说，投资率越高越好，投资规模越大越好。

历史经验证明，固定资产投资规模过大，会给经济生活带来一系列矛盾，是造成经济发展不稳定的重要原因。首先，固定资产投资主要来自财政支出和银行贷款，规模过大，超过财政、银行的承受能力，就必然扩大财政赤字和信贷差额，导致货币超量发行，引起通货膨胀和物价上涨。其次，投资规模过大，超过生产资料的供给能力，必然造成物资供求不平衡，推动生产资料价格上涨，并引起连锁反应，牵动物价全面上升。第三，固定资产投资约有 40% 转化为消费基金。投资规模过大，将会带动消费基金增长过快和劳动力成本过快上升，从而推动消费品和服务价格的上升。第四，在正常情况下，国民收入分配要扣除消费基金和流动资金的积累之后，才能用于固定资产投资，如果投资规模过大，特别是自筹投资的规模过大，就很可能挤占流动资金的积累，影响当年生产，并加剧结构性矛盾。马克思早就指出："有一些事业在较长时间内取走劳动力和生产资料，而在这个时间内不提供任何有效用的产品；而另一些生产部门不仅在一年内不断地或多次地取走劳动力和生产资料，而且也提供生活资料和生产资料。在社会公有的生产的基础上，必须确定前者按什么规模进行才不至于有损于后者。"总之，固定资产投资规模与国力相适应，才能保证国民经济持续快速健康发展。

三、今年仍要严格控制新开工项目，防止投资过热

1994 年全社会投资 15926 亿元，比上年增长 27.8%，增

长幅度比 1993 年回落 30.8 个百分点，其中国有单位投资增长 36.6%，增幅比上年回落 21 个百分点，新开工项目比上年减少 1768 个。由于投资高速增长的势头得到抑制，投资品的供需矛盾比上年大大缓和，价格稳中有降。如钢材价格比 1993 年下跌 14%，水泥价格上涨 1.6%，木材价格上涨 2.5%，也大大低于消费品价格的涨幅。但是，由于前两年新开工项目过多，目前固定资产投资在建总规模仍然偏大，据测算已达到 47000 亿元，其中国有单位在建投资总规模达到 40000 亿元，仅基本建设大中型项目结转到今年的投资规模就有 6900 亿元，1995 年的投资需求 2660 亿元。加之国有单位投资主体的约束机制和风险机制尚未完全建立，各地区、各部门上新项目和扩大投资的欲望仍很强烈。前两年过热的房地产投资去年增长 41%，增幅虽然回落 110 个百分点，但是在建总规模仍然很大。全国 500 万元以上房地产开发项目有 5761 个，在建总规模为 5200 亿元，剩余工作量尚需投资 3500 多亿元，今年仍有投资过热的可能。以上说明，今年固定资产投资的形势，总的看仍然是防止投资过热、规模过大的问题。这是保持合理规模的主导方面。

　　李鹏总理在八届全国人大三次会议上的《政府工作报告》中指出："固定资产投资要量力而行，严格控制基本建设规模，加大投资结构调整的力度"，"由于目前在建规模偏大，结转的工作量较多，今年必须严格控制新开工项目"。这是从正确处理改革、发展、稳定三者关系的大局，从经济发展的全局着眼提出的。1994 年全社会固定资产投资增长速度虽然比上年大幅度回落，但是投资率仍然高达 36.4%。今年为了抑制通货膨胀，把物价上涨幅度降到 15% 左右，需要从各方面采取切实措施，其中包括必须控制固定资产投资增长过快，防止在建总规模和年度投资规模膨胀。从投资的宏观调控目标来看，把固定资产投资率从 1994 年的 36.4%，降到 33% 左右，年度投资总规模比上年增长 7% 左右，体现了控制投资、保持合理规模的要求。

今年防止投资总规模过大，必须继续严格控制基本建设规模。据《经济日报》报道，在珠江三角洲 4 万平方公里的区域内，在建和将建的机场有 9 个，平均间隔不到 30 公里。这说明，即使是需要加强的基础设施建设，也要量力而行，统筹规划，合理布局。城市规划和城市建设的规模也应从实际出发，不能把摊子铺得过大。要继续防止房地产投资过热，今年重点是配合房改进行商品房住宅建设。今年国家安居工程正式启动，总建设规模确定为 1250 万平方米，总投资约需 125 亿元。今年不再批准新建高档宾馆、写字楼、别墅、度假村，跑马场、高尔夫球场等项目的建设。

今年在严格控制年度投资总规模的同时，还必须对在建总规模进行控制。由于国有单位投资主体的自我约束机制尚未建立，除了要及时灵活运用利率、税率等经济手段外，必要的行政手段也不能放弃。在项目安排上，要下决心按照保重点、保收尾、保投产的原则，首先保证国家重点工程，特别是今年年内能竣工投产项目的投资需要。要继续严格控制新开工项目，特别是从严控制一般加工工业和市场前景不明的高消费项目。凡新上项目都必须有一定比例的注册资本金，并要打足铺底流动资金。

四、控制资金源头和加大结构调整力度是投资宏观调控的两个重要方面

控制固定资产投资规模膨胀，最重要的是对资金的源头进行调控。目前银行贷款已成为投资的重要资金来源。据 1994

年对部分企业和地方政府的问卷调查分析，在诸多影响地方和企业进一步扩大投资规模的因素中，自有资金不足被列为第一位原因，国家对银行贷款的控制被列为第二位原因。可见对资金的源头控制十分重要。各类银行要严格按照国家下达的固定资产贷款限额进行贷款；严禁用金融机构的信贷资金充抵建设项目的自有资金；要继续贯彻执行国家关于规范资金市场的有关规定，查处各种违章拆借、非法集资、高利吸存用于固定资产投资等行为。同时要加强对利用外资投资的引导，要严格控制借用国际商业贷款的总量，并引导外商直接投资更多地投向技术含量高的项目、基础产业和基础设施项目，以及高附加值的出口创汇企业。对非国有经济的投资也要通过运用土地政策、规划政策等措施加以间接引导。

　　加大投资结构调整的力度，是今年投资宏观调控的另一项重要任务。在投资主体多元化和投资资金多渠道的新格局下，国家必须加强对各类投资的使用方向进行指导、引导、规范和监督，否则，对投资总量的调控就很难走出膨胀、紧缩、再膨胀、再紧缩的恶性循环。加大投资结构的调整力度，最重要的是国家必须集中必要的财力，包括财政和金融两个方面的资金，主要用于结构调整。同时，对各类投资主体的投资范围进行必要的分工，采取各种有效措施，引导社会资金，更多地用于农业、基础工业、基础设施和支柱产业的重点建设。要鼓励和引导现有企业的投资，更多地用于技术改造，以加快企业技术进步的步伐。

（本文原载《经济改革与发展》杂志 1995 年第 5 期）

中国调整产业结构的进程

（1995 年 9 月 14 日）

一、改革以前产业结构的状况

（一）新中国成立时，我国是个典型的农业国，工业基础薄弱。在工农业总产值中，农业占 70%，工业仅占 30%；在社会总产值中，农业占 58.5%，工业占 25.2%，工业又是以工场手工业为主，现代工业极为落后。

经过三年的恢复和发展，到 1952 年，在工农业总产值中，农业占 56.9%，工业占 43.1%；在社会总产值中，农业占 45.4%，工业占 24.4%。

（二）从 1953 年到 1978 年，经济增长和结构变化的基本特征，是通过计划经济体制下集中配置资源的机制与高积累，优先发展重工业。

到 1978 年基本建立了独立的、比较完整的工业体系，为实现工业化奠定了基础。1978 年，在工农业总产值中，工业占 72.2%，超过了农业；在社会总产值中，工业占 61.9%。在工业中，不仅传统的产业部门比较齐全，而且航天、航空、核工业、计算机等新兴产业也有了一定的基础。

由于这个时期强调重工业优先增长，特别是强调"以钢为纲"和国防工业的建设，产业结构变化主要有以下几个特征：

第一，在工农业关系上，工业超前发展，而农业发展滞后。1978 年人均粮食占有量，只略高于 1957 年，棉花、花生、油料的人均占有量还低于 1957 年。

第二，在工业内部，重工业比重过高，轻工业比重过低。从 1958 年到 1978 年在基本建设投资中，重工业投资基本上一直接近或超过 50%，重工业占工业总产值的比重，1978 年为 56.9%。重工业的构成以机械工业、化工和钢铁为主，1978 年机械工业占工业总产值比重达到 27.3%；化工为 12.4%；钢铁为 8.7%。重工业的服务对象也主要是这三个行业，形成了重工业内部的自我循环。

第三，第三产业严重滞后。由于片面强调生产、忽视生活，强调工业、忽视农业和第三产业，在基本建设投资中，第三产业仅占 33%，非生产性投资仅占 17.5%。在社会总产值中，运输业所占比重由 1952 年的 3.5%，下降到 1978 年的 3.0%，商业所占比重由 1952 年的 11.1%，下降到 1978 年的 6.4%。1978 年，在整个国内生产总值构成中，第一产业占 28.4%，第二产业占 48.6%，第三产业仅占 23%。

（三）改革开放开始时的起点是：整个经济仍然十分落后，特别是经济效益低下，结构矛盾十分突出。

由于过去经济基础薄弱、人口过快增长和劳动生产率低下等原因，虽然经过近 30 年的发展，但到 1978 年时，人均国民收入仅达到 312.7 元。虽然经济发展速度并不算慢，但是总的来说，发展水平和经济效益仍然很低。

二、改革开放以来产业结构的调整与变动

党的十一届三中全会以后，总结了过去 30 年经济建设的经验教训，确定以经济建设为中心，实行改革开放，对经济结

构进行重大调整。

（一）在 70 年代末到 80 年代初，进行了一次产业结构调整。

从 70 年代末到 80 年代初，由于在农村进行了改革，实行家庭联产承包责任制，农业得到了空前的发展。1979—1984 年农业年均增长 14.5%。与此相适应，第一产业在国民生产总值中的比重，由 1978 年的 28.4%，提高到 1984 年的 33.1%。

在那一次调整中还采取有力措施加快发展轻工业。重工业自我服务的状况得到了纠正，生活消费品空前丰富。1980—1986 年轻工业年均增长 16.3%，同期重工业年均增长 12.3%，轻工业比重工业快 4 个百分点；轻重工业的比例由 1978 年的 43.1 比 56.9，1988 年调整为 49.3 比 50.7。轻工业的高速发展可以分为以传统轻纺工业为主和以家用电器为主的两个时期。80 年代中期，纺织品、服装、自行车、手表的产量增长达到了历史最高水平。1978—1985 年，服装产量年均增长 18.1%，自行车年均增长 20.9%，手表年均增长 22.0%。1984 年以后，电视机、录音机、电冰箱、洗衣机等新型耐用消费品发展迅速，产量在几年内就名列世界前茅。1989 年电视机产量达到 2767 万台，比 1983 年增加 3 倍。

在这个时期农村乡镇工业异军突起，对轻工业高速增长起了很大作用。

（二）80 年代末进行了又一次产业结构调整，重点是加强基础设施和能源、原材料工业。

由于轻工纺织等加工工业的持续高速增长，到 80 年代末出现了能源、原材料供不应求，交通、通信严重制约经济发展等问题。加工工业与基础工业、基础设施之间的矛盾已发展到相当突出的程度。1980—1988 年，包括轻纺、机电工业在内的加工工业平均每年增长 16.1%，而原材料工业为 13.9%，能源仅为 5.2%。同一时期，对铁路投资占总投资的比重呈下降趋势，1981—1985 年的"六五"时期，铁路投资平均比重为 7.9%，"七五"时期这一比重下降至 6.6%。80 年代十年新建的铁路仅为 817 公里。

1989 年以后特别是"八五"期间，加大了对能源、原材料等基础工业和交通、通信等基础设施的投资力度。1990—1994 年对交通、通信的建设投资年均增长 56.1%，占总投资比重由 1990 年的 11.4%，增加到 1994 年的 20.7%。基础工业，特别是铁路、公路、通信、港口、机场在"八五"期间发展很快。"八五"期间，预计新建铁路干线 5800 公里，复线 3400 公里，电气化 2600 公里；公路新增 10.5 万公里，其中高速公路 1616 公里，一、二级汽车专用路 6884 公里；港口吞吐能力增加了 1.38 亿吨；新建机场 12 个；新铺设通信光缆干线 4.57 万公里。到 1994 年年底，程控交换机容量达到 5952 万门；电力新增装机 7200 万千瓦，新投产电力年均增长 9.8%，都超过了"六五"的水平。基础设施和基础工业的"瓶颈"制约已大为缓解。当然，我国的基础设施和基础工业还是相当薄弱的，还不能适应经济快速增长的需要。

三、我国今后优化产业结构的方向

我国目前产业结构存在的主要问题：

（一）农业基础薄弱。由于农业比较效益低、农民收入增长缓慢、对农业投入不足、耕地大量减少等原因，农业生产发展趋缓，缺乏后劲。粮、棉生产最近几年出现了新徘徊；工业与农业的增长速度之比已扩大为 5∶1。这个比例应为 3∶1 比较合适。

（二）在工业内部，除了基础工业"瓶颈"制约尚未消除之外，主要问题是高技术含量、高附加值的行业发展缓慢，技术装备陈旧落后，产品开发能力不高，产品不能适应需求结构的变化，工业部门的总体效益不高。1988—1994年能源、原材料工业年均增长27.0%，在工业中的比重达到32.1%，而机电工业年均增长23.4%，比重仅为27%。机电产品对进口的依赖度越来越大，1993、1994年机电产品净进口额已达到300亿美元。

（三）第三产业发展滞后。1994年第三产业在国内生产总值中仅占32.7%，不但低于发达国家，也低于许多发展中国家。生活服务和生产服务行业的规模小，不利于整体经济效益和人民生活质量的提高。

今后我国产业结构调整和优化方向是：大力加强第一产业即农业；调整、提高第二产业；积极发展第三产业。

（一）大力加强农业。我国农业在国民经济中具有特殊重要的地位。一是我国人口已达12亿，今后每年还将净增1400万人，必须立足于国内发展农业，以满足十几亿人口对粮食等基本农产品的需要。二是随着人民生活从温饱型向小康型过渡，将不断增加对肉、蛋、奶、水产品、蔬菜、水果等农产品的需求。三是我国70%的人口居住在农村。发展农业，增加农民收入，才能为工业提供广阔的市场，也才能为实现农业现代化和农村工业化提供积累。现在我国农业、水利基础设施落后，抗御自然灾害的能力不强。为了保证粮食等基本农产品的稳定增产，必须逐步增加财政资金、国家基本建设投资、银行贷款用于农业的比重，同时调动各方面积极性，扩大劳动积累，多渠道地增加对农业的投入；要加强大江大河大湖治理和农田水利等基础建设；深化农村改革，稳定农村基本政策，加大科技、教育兴农的力度，推广增产效果明显的先进适用技术。继续积极发展乡镇企业，推广适度规模经营，逐步转移农村剩余劳动力。（二）调整、提高第二产业。主要方向是继续加强能源、重要原材料等基础工业建设，逐步使基础工业与整个国民经济发展的需要相适应。同时大力发展机械电子、石油化工、汽车制造和建筑业等支柱产业，培育高新技术产业，形成新的经济增长点和增长链，以促进产业结构的优化升级，并带动整个经济全面发展。

（三）积极发展第三产业。第三产业的发展对增加就业、积累资金、提高国民经济的运行效率和整体经济效益，都有重要作用。今后第三产业发展的重点，除大力发展交通、通信、科技、教育等之外，主要是发展商业，生活服务业，旅游业，金融业，保险业，信息、技术、法律、会计等服务业，以及资产评估、业务代理等中介服务业。要继续调动各方面积极性，发展多种经济成分，以促进第三产业的更快发展。

（本文是作者为到法国进行学术交流撰写的讲稿）

实现经济与社会的长期可持续发展

（1995 年 10 月 5 日）

我国从"一五"到"五五"，五个五年计划都称为国民经济发展计划；从"六五"开始改称为国民经济和社会发展计划。社会发展作为五年计划的独立组成部分，表明我国政府更加重视社会发展。《中共中央关于制定"九五"计划和 2010 年远景目标的建议》（以下简称《建议》），把实现经济与社会协调和可持续发展作为重要的方针，提出要坚持把社会全面发展放在重要战略地位．并明确规定了社会发展的总体要求、主要任务和基本政策。这是在深刻分析我国基本国情、发展阶段和世界发展趋势的基础上作出的正确战略决策。

一、实行长期可持续发展战略是必然的选择

经济发展是社会发展的前提和基础，社会发展是经济发展的结果和目的。经济发展和社会发展是相互依存、相互促进的。我国是发展中的大国，人口多，人均资源少，经济和科技发展水平远落后于发达国家，国内地区之间经济发展很不平衡。这是我国经济发展和社会发展所面临的基本国情和条件。为满足 12 亿人口的基本需要和日益增长的需求，必须坚定不移地把发展经济放在第一位，保持较快的经济增长速度，并逐步提高经济增长的质量。这样，才能消除贫困，使全国人民的

生活水平不断提高，也才能为解决各种社会问题、发展各项社会事业，推动社会全面进步提供所需资金，并创造必要的物质技术条件。人类的历史就是在生产力发展的基础上不断推动社会发展的历史。没有经济的发展，社会发展就没有根基。另一方面，经济发展本身并不是目的，它的根本目的在于不断满足全国人民日益增长的物质、文化生活需要，实现社会全面进步。同时，社会发展又是经济发展的重要条件。社会发展促进国民素质包括道德修养、身体健康、文化知识、科学技术等方面水平的提高，促进公平、安全、稳定、有序的良好社会环境的形成，从而有利于推动经济进一步发展。

从经济发展和社会发展的客观内在联系来看，它们是相互依存的，但是要使它们在发展进程中相互协调和相互促进，则必须通过制定正确的发展战略和方针政策，并用以指导经济和社会发展的实践才能实现。大量事实证明，经济发展不会自动带来社会发展，许多社会问题不会随着经济发展自动地消失。例如，资源与生态环境的破坏、自然灾害的频繁发生、人口的过快增长、贫富差距悬殊、伴随工业化出现的城市病，以及新的疾病对人类的威胁等等，都不是经济发展所能直接解决的。有些社会问题的产生甚至是由经济增长的不合理方式带来的。西方发达国家和有些发展中国家，在工业化过程中就曾经造成资源破坏、环境污染、大量失业、贫富差距悬殊以及社会风气败坏、城市病等严重问题，并为此付出了沉重的代价。我国是社会主义国家，有辩证唯物主义和历史唯物主义的世界观作指导，能够正确认识人口、资源、环境的辩证关系。我国又是发展中的国家，有前车之鉴，可以也应当避免走别人走过的弯路，做到经济发展和社会发展相互协调、相互促进。

可持续发展战略，不只是谋求国民经济的持续发展，即短期和中期保持社会总供求基本平衡和宏观经济稳定，以实现经济持续发展，而且是谋求经济发展与人口、资源、环境的协调，以实现经济和社会的长期可持续发展。走可持续发展的道路，是我国现代化建设的必然要求，也是唯一正确的战略选择。

第一，新中国成立40多年来特别是改革开放17年来，我国经济和社会发展都取得了举世瞩目的成就，显示了经济发展与社会发展相互促进的关系。但由于我国人口众多，满足人口增长和人民基本需要的压力很大，而我国经济、科技发展水平低，经济管理体制不合理，经济增长的模式以粗放型的外延扩张为主，因而人口增长、经济发展同保护资源、生态、环境的矛盾很大。今后随着人口和经济的规模越来越大，这种矛盾将越来越尖锐。以往那种经济增长方式在今后已难以为继。今后15年我们要全面实现第二步战略目标，并向第三步战略目标迈进，使全国人民生活实现小康，并进一步达到更加宽裕的水平。实现这样的奋斗目标，要求我们不能只注重经济规模的扩大和数量的增加，而必须更注重质量和效益的提高，注重资源的节约和生态环境的保护，从而保持经济和社会的长期可持续发展。

第二，社会主义市场经济体制的建立和实施，必然会更快地推动经济发展和社会进步，但同时也会产生一些新的社会问题，诸如在关注经济效益的同时会对社会发展的一些目标及合理的价值观念发生冲击，出现社会财富分配的不公平，不能够保证充分就业，出现贫困人口等等。解决这些问题，除了要在社会主义市场经济体制中，坚持以公有制为主体、以共同富裕为目标外，还必须在经济和社会发展中，实施正确的战略和方针政策，发展社会主义民主和法制，维护社会稳定，调节社会分配，形成安全、公平、文明的社会环境，以实现经济和社会的长期可持续发展。

第三，当今国际环境和世界潮流也要求我们实施长期可持续的发展战略。冷战结束以后，和平和发展成为当今世界的主题。经济、科技的作用更加重要，各国对社会发展更加重视。为了推动各国重视和解决日益突出的社会问题，联合国和其他国际组织召开了一系列重要的国际会议，并在世界范围开展各种社会活动。如1992年召开了世界环境与发展大会，1994年召开了世界人口与发展大会，1995年召开了社会发展问题世界首脑会议和世界妇女大会，从不同的角度提出了促进全球社会发展的要求。这些表明社会发展越来越成为全球发展战略中的重要课题。我国政府积极参与国际的各项社会发展活动，并对人口、经济、社会、环境、资源的相互协调作出了庄严的承诺。我国人口占世界人口的五分之一，保护我们的资源、生态环境，使经济和社会协调发展，就能为人类的共同利益和全球的社会繁荣、进步与文明，作出很大的贡献。

二、我国社会发展的成就和面临的问题

我国人民经过长期奋斗，取得了民主革命的胜利，摆脱了帝国主义势力的奴役和封建主义的压迫，国家获得了独立，占人口绝大多数的劳动者在政治上翻了身。这为解决历史遗留下来的众多社会问题扫清了道路。社会主义制度的建立，经济的迅速发展，又为社会发展创造了有利的条件和基础。无论是进行历史的比较，还是同经济发展阶段、水平差不多的国家相比，我国在社会发展方面取得的成就，都是值得称道的。主要表现在以下一些方面。

——基本解决了占世界五分之一人口的温饱问题，全国人民生活水平不断提高。经过长期努力，我国在只占世界7%的耕地上基本上解决了占世界22%人口的吃饭穿衣问题。全国

绝大多数人民的基本需要得到满足，生活水平和生活质量不断提高。1993 年与 1952 年相比，城乡居民消费水平增长了 3.9 倍，平均每年递增 3.5%；1991—1994 年年均递增 9%。目前，我国居民消费结构正在由温饱型向小康型过渡，营养状况和居住条件都有了较大改善。全国平均每人每日摄取的热量为 2328 千卡，蛋白质为 68 克，已达到和接近世界平均水平。城镇居民食品支出占消费支出的比重（恩格尔系数）已降到 50% 左右。城镇居民人均居住面积由 1978 年的 3.6 平方米增加到 1994 年的 7.8 平方米；农村人均住房面积由 1978 年的 8.1 平方米增加到 1994 年的 20.3 平方米，住房质量和居住环境也有较大改善。

——人口过快增长得到控制，出生率、死亡率明显下降。1995 年我国人口已达 12 亿，是世界上人口最多的国家。人口过快增长，对经济发展、资源与生态环境的保护，都带来很大压力，也不利于诸多社会问题的解决。我国政府从 70 年代初开始把计划生育作为一项基本国策。经过 20 多年来的努力，我国生育水平明显下降，人口自然增长率已从 1970 年的 25.83‰，降至 1994 年的 11.21‰，妇女总和生育率为 2.0，已略低于人口更替水平，基本上遏制住了人口过快增长的势头。由于生活水平的提高和医疗卫生条件的改善，我国人口死亡率自 70 年代末以来一直稳定在 6‰—7‰，平均预期寿命从解放前的 35 岁、70 年代中期的 65 岁，增加到目前的 70 岁。

——不断扩大就业，大幅度缩减贫困。建国初期在经济受到长期战争破坏极为困难的情况下，我国政府就采取了有效措施，迅速解决了旧中国遗留下来的大量失业问题。1978 年以后，又实行了国家、集体、个人三结合的就业方针，成功地解决了城镇新成长的大量劳动力和回城知识青年的就业问题。我国城镇失业率 1952 年为 13.2%，1978 年降为 5.3%，1994 年已降至 2.9%。这个期间，还有 1.25 亿农村剩余劳动力，通过发展多种经济成分特别是乡镇企业转向非农产业。由于农业和农村经济的发展，我国农村的贫困人口已由 1978 年的 2.5 亿人减少到目前的 7000 万人。

——发展教育事业取得重大成绩。我国从 1986 年开始，有步骤地实施九年义务教育。1994 年，学龄儿童入学率已达 98.4%，初等教育已基本普及；大城市和部分经济发达地区基本普及了初中教育。全国各级学校在校生已达 1.88 亿人；各级成人学校在校学生数达 6078 万人。青壮年文盲率已下降到 7%。普通高校在校学生已达 279 万人，毕业生 63.7 万人，为现代化建设输送了大批人才。

——控制环境污染、防止生态破坏的工作取得进展。我国把保护环境作为一项基本国策，努力控制和治理工业污染，推行无公害生产，对城市环境进行综合整治，对乡镇企业实施环境管理。十多年来，在经济总量成倍增长的同时，生态环境恶化的趋势得到一定程度的遏制，并使局部环境有一定的改善。1993 年全国森林覆盖率达到 13.9%，治理水土流失面积累计 60 万平方公里，已建立各种类型自然保护区 766 个，总面积约 66 万平方公里，保护了自然植被和濒危物种。

——卫生、体育事业发展迅速。医疗卫生机构遍布城乡，1994 年全国平均每千人口拥有医院床位 2.41 张；平均每千人口拥有医生 1.6 人。24 种国家法定报告的传染病得到控制，发病率持续下降。地方病防治工作取得显著成效。全国农村饮用卫生水的人口已占农村总人口的 80%。我国发展体育事业的成绩显著，全民体育运动蓬勃开展，竞技和人民健康的水平不断提高。我国卫生和健康的主要指标，在同等经济发展水平的国家中处于先进行列。

——社会保障体制逐步建立和完善。改革开放以前，由于历史的原因，保障制度范围小，也很不完善。80 年代中期开始，对原有的社会保障制度进行了改革，并逐步扩大了实施范围。目前全国已有 50 多万户各类企业，8500 多万职工，以及 1700 多万离退休人员，参加了退休费用社会统筹；已有 80% 以上的企业进行了不同程度的医疗保险制度改革；初步形成兼有社会保障和转化、吸收待业职工功能的失业保障服务体系；在 1000 多个县开始试行农村养老保险制度。

　　——妇女、未成年人、老年人和残疾人等群体的合法权益得到保护。我国在教育、就业、劳动报酬、社会参与等方面，实行男女平等的政策，使妇女享有与男子同等的权利。目前妇女的从业人数已占社会总就业人数的 44%。我国妇女和儿童占全国人口的 66%，由于重视并积极开展妇幼保健、母婴保健，目前婴儿死亡率已下降到 35‰。其中城市已降为 14.5‰，在同等经济发展水平国家中居于最低水平。我国积极发展老年福利、医疗、文化、教育、体育事业，一亿多老年人中约有 45% 仍在社会公益事业和经济建设中发挥着不同的作用，有 3000 多万老年人参加了各种有组织的健身体育锻炼。国家为保障残疾人的合法权益并提供必要的社会扶助，颁布实施了残疾人保障法，以及有关残疾人事业的各项工作条例。目前，我国残疾人就业率已达 60% 以上。国家还在医疗康复、特殊教育、无障碍设施建设等方面采取一系列措施，帮助残疾人矫治、康复和学习文化知识，为他们在社会参与和社会活动方面提供方便条件。

　　我国社会发展虽然取得了重大成就，但同时也存在许多矛盾和问题。主要是：（1）在认识上和实际工作中，仍然不同程度地存在着重视经济发展和物质文明建设、轻视社会发展和精神文明建设的现象。这不仅表现在对社会发展的一些重要领域物质投入不足，基础设施落后，而且表现在两个文明建设不同步，经济发展很快，而腐败、丑恶现象却有所滋长蔓延，有些地方社会风气和社会治安状况较差。（2）社会发展领域的改革虽然在探索中取得了不少进展，但是从总体上看滞后于经济体制改革。社会发展领域一方面投入不足，不能适应发展的需要；另一方面财力、物力、人力又存在严重浪费，不必要的重复建设、布局不合理、现有设施利用率不高、效益差等现象相当普遍。其重要原因就是社会发展领域的管理体制和运行机制不合理，国家包揽过多，规章制度不能适应新的形势，加之管理不严，因而漏洞很多。（3）由于人口增长、就业等方面的压力很大、经济增长方式以粗放型的数量扩张为主，加上经济体制改革还没有到位等原因，在生产、建设、流通等各个领域，对资源的浪费破坏和环境的污染相当严重，人口增长、经济发展同保护资源、环境的矛盾越来越尖锐。因此，从"九五"到2010年，社会发展方面要解决的问题很多，任务相当繁重和艰巨。

三、今后15年社会发展的主要任务和基本政策

从严格意义上讲，社会发展包括经济发展，经济发展是社会发展最重要的组成部分。同经济发展并列的社会发展，是指经济发展之外的社会事业的发展。主要包括控制人口、减缩贫困、发展文化和教育、保护环境、卫生保健、劳动就业、社会保障、公共安全、社会稳定、民族团结、民主与法制建设，以及保护妇女、未成年人、老年人、残疾人等群体的权益等。

实现今后15年社会发展的目标、任务，必须以邓小平同志建设有中国特色社会主义理论和党的基本路线为指导，贯彻"抓住机遇、深化改革、扩大开放、促进发展、保持稳定"的基本方针，正确处理改革、发展和稳定的关系。以经济建设为

中心，发展各项社会事业，促进社会进步，是建设有中国特色社会主义的重要内容。社会制度、经济发展水平和历史文化传统，对社会问题的解决和社会事业的发展，有决定性影响。不同国家的基本国情和社会制度不同，社会发展的任务、重点和政策措施有很大差别。我国社会发展之所以能取得重大成就，其重要原因是实行了社会主义制度。邓小平同志指出："社会主义财富属于人民，社会主义的致富是全民共同致富"。由于坚持了社会主义制度和原则，努力保障人民大众的切身利益，实现比较公平的社会分配，从而能够在人口众多、经济落后的条件下，较好地解决了不少国家难以解决的许多社会问题。这是我们的重要历史经验。因此，今后15年社会发展一定要坚持从我国基本国情出发，走有中国特色社会主义的社会事业发展道路。

《建议》对"九五"和到2010年国民经济和社会发展的主要奋斗目标作了全面、明确的概括，提出"九五"要实现或提前实现人均国民生产总值比1980年翻两番；基本消除贫困现象，人民生活达到小康水平；加快现代企业制度建设；初步建立社会主义市场经济体制。2010年实现国民生产总值比2000年翻一番，使人民的小康生活更加宽裕，形成比较完善的社会主义市场经济体制。《建议》确定的奋斗目标，既是经济发展的目标，也是社会发展的目标。"九五"和2010年社会发展主要任务的确定，是以总的奋斗目标为依据的。

坚定不移地贯彻执行计划生育的基本国策。人口问题是全球关注的焦点之一，人口众多也是我国的基本国情。1994年年末我国人口已达11.98亿，比1978年的9.62亿增加了2.36亿人，平均每年净增近1500万人。1994年人口自然增长率虽然已降到11.21‰，但由于人口总量现已超过12亿，今后每年净增人口仍将在1400万左右。庞大的人口，给满足人民衣、食、住、行等基本需要以及就业、教育、医疗、福利和生活水平的提高都造成很大压力。为缓解这种压力而加快经济发展又同保护资源、生态环境形成尖锐矛盾。因此，控制人口过快增长，使人口增长与经济、资源、环境相协调，是实现经济与社会长期可持续发展的重要条件。目标是：2000 年人口控制在13 亿以内，2010 年控制在14 亿以内。为了实现控制人口的目标，必须继续执行现行的计划生育政策，重点做好广大农村和流动人口的计划生育工作。要深入持久地开展宣传教育，增强国民的人口意识；制定相应的政策措施，把计划生育同发展经济、扶贫开发、普及教育、妇幼保健、提高妇女的文化素质与社会地位、建设文明幸福家庭等结合起来；增加必要的经费投入；积极做好计划生育和优生优育的技术服务工作。

不断提高人民生活水平和质量。这是社会主义制度下发展经济的根本目的，今后 15 年居民生活将出现阶段性变化：2000 年实现小康；2010 年达到更加宽裕的小康。这意味着我国将从低收入阶段进入中等收入阶段。这个时期，随着居民收入的较快增加，消费结构将发生重大变化，恩格尔系数进一步降低，住房和交通会有比较明显的改善，服务性消费进一步扩大，生活质量将有较大提高。为实现上述目标，最重要的要继续坚持以经济建设为中心，保持经济持续、快速、健康发展。同时大力发展教育、文化、卫生、体育和社会福利事业，以保证人民物质生活和文化、精神生活都得到丰富和提高。要继续把教育放在优先发展的战略地位，2000 年实现基本普及九年义务教育，同时积极发展职业教育和成人教育，适度发展高等教育。要加强图书馆、博物馆、文化馆、美术馆、剧场、图书发行网点等公共文化设施的建设，提高广播电视收听收视的覆盖率。应当充分调动社会各方面积极性，加快各项文化事业的建设步伐，最大限度地满足人民大众不同层次的文化精神生活的需求。积极发展卫生保健事业，加强卫生服务网络建设。2000 年建立起包括医疗卫生服务、预防保健和卫生监督执法在内的卫生体系，特别要改善农村医疗卫生条件，使全体人民都能获得基本的医疗卫生保健服务。继续大力发展人民体育运动，推行全民健身计划，不断增强全体人民的体质。

基本消除贫困现象。贫穷不是社会主义，社会主义要消灭贫穷。目前我国尚有 7000 万人处于贫困状态，温饱问题还没有解决。这些贫困人口大多分布在自然条件恶劣、交通不便、经济文化很落后的深山区、石山区、高寒区、黄土高原区以及地方病高发区。基本解决 7000 万贫困人口的温饱问题，是"九五"社会发展方面的一项重大、艰巨的任务。要继续实施《八七扶贫攻坚计划》，逐步增加对贫困地区的专项扶贫资金、贷款额度和建设投资，并继续实行以工代赈；对贫困地区新办企业在一定年限内减免所得税；动员全社会特别是发达地区支援、帮助贫困地区开发建设，扶持贫困地区加快发展教育、文化事业。现在城镇一部分低收入居民生活比较困难，各地区也应当切实采取措施，帮助他们解决基本生活的困难。

扩大劳动就业。这是事关保障劳动者基本权利、提高生活水平、维护社会稳定的重大问题。"九五"期间和下世纪头 10 年，城镇劳动力就业和农村剩余劳动力转移的压力很大。据测算，"九五"期间净增劳动年龄人口约 4000 万人；随着改革的深化，企业富余人员和破产企业人员等约还有 2000 万人；农村约有 1.2 亿剩余劳动力需要向非农产业转移。要千方百计开辟各种途径包括引导和组织农村劳动力向农业生产的深度和广度进军，大力发展乡镇企业特别是发展劳动密集型的非农产业和第三产业，增加劳动积累型工程和城乡基础设施建设，以更多地吸纳农村剩余劳动力。要积极推进劳动制度改革，加快培育劳动力市场，发展各类市场中介组织，引导劳动力合理有序流动。实行就业前培训制度，增加在职人员的培训时间，增强新增劳动力就业和职工转岗的适应能力。

合理调节收入分配。改革开放以来，由于实行以公有制为主体，多种经济成分共同发展、允许和鼓励一部分地区一部分人先富起来等政策，并对分配制度、分配政策进行了改革和调整，因而收入分配格局发生了重大变化。一方面极大地调动了企业和个人的积极性，促进了经济发展；另一方面也造成国民收入分配过分向个人倾斜，不同社会群体之间收入差距过于扩大。今后要坚持按劳分配为主体、多种分配形式并存的制度和效率优先、兼顾公平的原则，并通过分配政策和税收等手段，解决社会分配不公问题。主要政策措施包括：建立法人对支付个人收入的申报制、个人收入申报制和储蓄存款实名制；改进和加强对个人所得税的征管，规范和完善国民收入的初次分配和再分配机制。

建立健全社会保障体系。这对于保障人民生活、维护社会安定，都有重要作用。"九五"期间，要以深化养老、失业、医疗保险改革为重点，初步形成社会保险、社会救济、社会福利、优抚安置和社会互助、个人储蓄积累保障相结合的多层次的社会保障体系。我国是发展中国家，社会保障的水平要从我国国情出发，从低标准做起，不能超越国家、企业的负担能力实行过高的保障、福利待遇。同时，要大力发展各类商业性的保险，作为社会保险的补充。加强对社会保障基金的管理，在确保安全性的前提下，努力使其保值增值。农民的养老要以家庭保障为主，与社区扶持相结合。还要积极发展和完善农村合作医疗制度。

加强环境、生态、资源保护。我国经济快速发展已造成资源大量消耗，环境污染严重，今后如果不协调好经济发展同合理使用资源、保护生态环境的关系，经济社会发展就难以持续，也不可能为子孙后代创造可持续发展的条件。我们一定要坚持环境保护的基本国策。到本世纪末力争使环境污染和生态破坏的趋势得到基本控制，部分污染严重的城市和地区环境质量有所改善；2010 年基本改变生态环境恶化的状况，城乡环境有比较明显改善。实现上述目标，必须坚持经济建设、城乡建设和环境建设同步规划、同步实施、同步发展的方针。加强环境保护立法，严格执行有利于环境保护和减轻自然灾害的产业政策、经济政策、技术政策。要加强对工业污染的控制治理，所有建设项目都要有环境保护规划和要求，大力发展生态农业，加快水土流失地区的综合治理和防护林建设。城乡建设都要合理规划，严格控制用地。要依法保护和合理开发利用土地、水、森林、草原、矿产和其他自然资源。

改革是加快社会事业发展的强大动力，要认真搞好社会发展领域的改革，进一步调动各方面积极性，建立国家、集体和个人一起办、社会各界广泛参与的社会发展机制；建立以社会效益为主，兼顾经济效益的运营机制，以促进社会事业全面发展。社会发展的许多领域具有社会公益性质，不能完全依靠市场机制，需要更多地依靠政府来组织、管理、协调和支持。随着改革的深化和政府职能的转变，各级政府应当把更多的精力放在社会发展的工作上。

（本文原载《跨世纪的宏伟蓝图》，王维澄、王梦奎主编，中国言实出版社 1995年 10 月出版）

转变经济增长方式的战略意义

（1995 年 10 月 5 日）

今后 15 年是我国推进现代化事业的重要时期，我们要继续坚持以经济建设为中心，逐步实现经济增长方式由粗放型向集约型的转变，显著提高国民经济整体素质和效益，使社会生产力有一个大的发展。这是中共中央《关于制定"九五"计划和 2010 年远景目标建议》（以下简称《建议》）在深刻分析我国经济发展现状与趋势基础上提出的经济建设的总要求。

发展社会生产力是社会主义阶段的根本任务。党的十一届三中全会以来，我们紧紧抓住经济建设这个中心，实行改革开放，使我国社会生产力、综合国力和人民生活都跃上了一个大台阶。今后 15 年，国际环境和国内条件有利于我们继续集中力量搞好国内建设。为了抓住难得的历史机遇，积极促进经济发展，必须根据经济发展阶段和条件的变化，把经济发展的重点转到提高国民经济整体素质和效益上，逐步实现经济增长方式的转变，走集约型发展经济的新路子。《建议》突出强调，实现"九五"和 2010 年的奋斗目标，关键是实行两个具有全局战略意义的根本性转变，一是经济体制从传统的计划经济体制向社会主义市场经济体制转变；二是经济增长方式从粗放型向集约型转变。这两个转变是互相依存、相互促进的。

经济增长方式是生产要素组合和利用的方式。粗放型增长方式，是指主要依靠增加生产要素数量的投入而实现经济增长，集约型增长方式是指主要依靠生产要素的合理组合和效率提高而实现经济增长。长期以来我国经济增长的方式基本上是粗放型的，其特征是：主要依靠上新项目、铺新摊子，靠大量增加物质投入和资源消耗求得经济增长。这种增长方式今后不能再继续下去了。主要是因为：

（1）我国人均资源不足，依靠大量消耗资源，难以维持经济快速增长。我国45种主要矿产资源的人均拥有量，只有苏联的五分之一，美国的八分之一。但是，我国单位国民生产总值的能耗为日本的6倍，美国的3倍，韩国的4.5倍。钢材、木材、水泥的消耗强度，分别为发达国家的5—8倍、4—10倍和10—30倍，比印度也高出2.5倍、2.8倍和3.3倍。今后经济规模越来越大，靠大量消耗资源实现经济增长难以为继。据测算，"九五"期间要保持8%左右的经济增长率，按目前的能源消费弹性系数测算，能源供需差率约在20%左右；2010年一次能源需求量将超过19亿吨，钢需求量在1.7亿吨。这么大的资源需求量是难以承受的。能源、重要原材料供需矛盾将趋于尖锐，而且资源的过量开采和大量消耗，将会加剧环境污染，破坏生态平衡。解决经济快速增长和保护资源、环境的矛盾，出路在于转变经济增长方式，减少投入，提高加工深度，提高投入产出率。一些工业化国家的经验表明，随着结构优化、技术进步和管理水平的提高，单位GNP的能耗、物耗呈明显下降趋势。我国在这个方面的潜力很大。目前我国能源利用效率仅为30%，而一般工业化国家为50%以上，我国如能提高到35%，每年就可节约3亿多吨标准煤。调整、优化结构，走集约型发展道路，就能缓解资源供给和经济发展的矛盾。

（2）经济快速增长需要大量资金投入，转变经济增长方式才能缓解资金供求矛盾，避免严重通货膨胀。据测算，每增加 1 亿元固定资产投资当年创造的国民生产总值（GNP），"六五"期间为 3.2 亿元，"七五"期间下降到 2.2 亿元。"八五"前四年与"七五"期间大体相同。按照这种增长方式，"九五"到 2010 年要继续保持经济的较快发展，就必须大量增加投入。据测算，1982—1993 年，全社会固定资产投资增长率与按现价计算的 GNP 增长率之比为 1.4∶1。按照这个弹性系数，如果"九五"期间按年均经济增长 8% 左右测算，全社会固定资产投资总额均需 12 万—13 万亿元，年均投资率 35% 左右。这么大的投资需求将超过财政、金融的承受能力，势必导致通货膨胀。1983—1994 年，我国 GNP 年均增长 10.22%，年均零售物价上涨率为 8.2%，两者之比为 1∶0.8，而日本高速增长时期两者之比为 1∶0.46。我国经济快速增长伴随高物价上涨率的重要原因在于，经济增长主要依靠大量增加投入，从而推动需求膨胀和成本上升。因此，今后要在经济快速增长的同时，避免高通货膨胀，保持宏观经济稳定，就必须切实转变经济增长方式，合理使用资金，提高投资效益，以较低的投资率支持较高的经济增长速度。

（3）现代化建设进入新阶段以后，对国民经济整体素质包括生产技术水平、产品品种、质量，都提出了更高的要求。今后 15 年我国将进入中等收入阶段，城乡居民生活达到小康水平，并继续提高，消费结构将发生重大变化，也要求产品更新、更好、品种更多。这些都要求我国工业结构必须进入高加工度产业的发展阶段。根据各国经济发展的经验，当工业结构进入到以资金技术集约为主的高加工度产业发展阶段以后，产业结构优化、升级的步伐将加快，经济活动对规模经济和经济效益的要求更高，经济增长中科技、管理的贡献率，也必须大大提高。但是，我国现在技术水平低、结构不合理、产品附加值不高等问题很突出。一些主要行业的先进技术和关键设备主要靠进口，消化、吸收和创新能力比较差，"一代又一代"重复引进的现象相当严重。例如，我国企业现有设备达到或接近同期国际水平的仅占15%，国内先进水平的占25%，60%是属于国内一般或落后水平的。机床工业整体状况相当于国外70年代水平，国内生产的主要是低档的普通机床，1992年我国生产的数控机床在全部机床台数中仅占1.4%，产值比重为10%，而日本1990年数控机床的台数比重为31.6%，产值比重为75.6%。我国数控机床拥有量占全部机床的5%，而发达国家一般为80%。技术、性能先进和技术含量高的技术装备绝大部分依靠进口。1994年机械和运输设备进口达515亿美元，占当年进口总额的44%。同时，一些行业的生产集中度很低，汽车、乙烯、纺织等行业的多数企业达不到合理的经济规模，地区产业结构在低水平上趋同，产品质量差的问题也很突出。解决所有这些问题都要求必须转变经济增长方式。

（4）今后在国际关系中，政治斗争仍然是一个重要的方面，也还很复杂，但更重要的将是以经济、科技为基础的综合国力的较量。我国不仅面临霸权主义和强权政治的压力，而且面临发达国家在经济与科技上占优势的压力。要在国际经济合作与竞争中取得主动，就必须大力提高我国经济的竞争能力，大幅度提高技术水平和产品质量，显著降低生产成本，增加产品附加值。要在资金技术密集的产业中，形成我国特有的优势产品。这个方面也要求我们必须从注重数量的粗放型经济增长，转变为注重质量、效益的集约型经济增长。

总之，今后15年要使社会生产力有一个大发展，综合国力和人民生活有一个大提高，最重要是以提高国民经济的整体素质和效益为中心，切实转变经济增长方式，走集约型的发展经济的道路。粗放型经济增长方式的重要根源在于配置资源的计划经济体制。逐步建立社会主义市场经济体制，充分发挥市场在资源配置中的基础性作用，通过市场需求变化和有效的市场竞争引导产业结构升级和产业素质提高，才能实现经济增长方式的转变。另一方面，经济体制改革的根本目的是解放和发展生产力，通过转变经济增长方式，促进国民经济持续、快速、健康发展，才能使改革的成果得以巩固，并为继续深化改革创造条件。抓住转变增长方式这个重要环节，把发展和改革有机地结合起来，这将是今后正确处理改革与发展关系的一个重要特点。

（本文是《关于经济建设的主要任务和战略布局》一文的一部分，全文原载《经济改革与发展》杂志 1995 年第 11 期）

正确处理经济建设和
人口、资源、环境的关系

（1995 年 10 月 8 日）

一、提出并实施可持续发展战略的重大意义

在我国即将提前实现国民生产总值翻两番的战略目标、圆满完成"八五"计划主要任务的时候，《中共中央关于制定国民经济和社会发展"九五"计划和 2010 年远景目标的建议》和江泽民同志在党的十四届五中全会闭幕时的讲话，适时地提出并实施可持续发展战略，强调正确处理经济建设和人口、资源、环境的关系，这对于我国现代化建设是一个重大贡献，具有十分重要和深远的意义。

可持续发展战略，是经济建设与人口、社会、环境和资源相互协调的，既能满足当代人的需求而又不对满足后代人需求的能力构成危害的发展战略。基于人口多，人均资源相对不足，经济和社会发展不平衡，又处于经济快速发展和经济体制转轨的历史时期等特殊国情，中国的可持续发展战略从全局、长远的观点，正确认识和处理经济、社会、人口、资源、环境相互间的关系，把控制人口、节约资源，保护环境放到重要位置，使人口增长与社会生产力的发展相适应，使经济建设与资源、环境相协调，实现良性循环，以保证经济和社会的长期可持续发展。

　　实行长期可持续发展战略，是我国"九五"时期和下一世纪现代化建设的必然要求，也是唯一正确的战略选择。

　　自然资源是经济发展的重要物质基础。然而，人类所面临的现实是，无论就一个国家而言还是全球而言，可用于经济建设的自然资源都是有限的，因此，为了人类的可持续发展，经济建设中必须珍惜资源、保护资源，有效地开发利用资源。劳动力资源同样是经济发展不可缺少的基本要素。人口增加是劳动力增加的源泉，但人口增加过多过快却会造成就业压力，使人均资源占有量降低，不利于人口质量的提高，给经济和社会的可持续发展带来困难，而且人口过多将相对地减少每个人所能分享到的经济发展的成果，不利于人民生活水平的提高。因此，人口的规模和增长要与经济建设相适应。经济建设活动必然对环境产生影响。经济发展是手段，满足人民的物质和文化生活需要，使人民的生活质量不断改善才是根本目的。清洁、优美的环境是生活质量的一个方面，如果环境在经济发展过程中遭到破坏，污染加剧，那么这种经济发展就背离了提高人民生活水平的根本目的，而且环境污染和资源破坏反过来会制约经济发展。因此，经济建设必须与环境相协调。

　　历史的经验值得借鉴。西方发达国家和有些发展中国家在工业化过程中曾经造成资源破坏、环境污染、大量失业、贫富差距悬殊以及社会风气败坏、城市病等严重问题，并为此付出了沉重的代价。特别是在工业化加速发展时期，上述问题往往呈急剧恶化态势，社会后果极为严重。从总的发展过程来看，许多发达国家走的是一条"先污染后治理"的道路，付出了高昂的代价：一是，既然先有一个污染的过程，那么污染的过程也就成了人民生活质量受到损害的过程；二是，事后治理污染所需要的费用远比预防费用要高；三是，污染已经发生、资源已遭破坏后，往往很难从根本上得到治理，很难彻底恢复原来的环境和资源面貌。二十世纪六七十年代以来，随着经济的发展，西方发达国家开始普遍重视对环境污染的预防和治理，环境质量从总体上讲有所改善，但仍有许多尚待解决的问题。据世界银行《1992年世界发展报告》，1970年以来，经合组织国家（不包括日本）中的氧化氮含量增加了12%，1975—1990年城市垃圾增加了26%。过去十年中二氧化碳排放量增加了15%。由于盐碱化、化肥的施用与杀虫剂的泄漏以及来自城市和工业区的污染，地下水的污染愈来愈严重。在某些地区，土壤退化还在继续，若干动植物物种依然处于危险之中。

　　由于面临着与发达国家不断拉大的经济发展水平差距，许多发展中国家往往片面强调工业化，注重加快经济发展，赶超发达国家，忽视经济与社会、人口、资源、环境协调发展，导致严重的经济和社会问题，同样应当引以为鉴。目前世界人口每年以近1亿人的绝对数量增长。据预测，1990—2030年期间世界人口很可能增加37亿，其中有90%以上将出生在发展中国家。在一些发展中国家，贫困、人口增长和环境破坏之间形成了一种恶性循环，撒哈拉以南非洲农业的停滞不前便是典型的例证。人口的急剧增长导致土地和其他资源的过度开发利用，在布隆迪、肯尼亚等国家，土地的休耕期已短到不足以恢复土壤肥力的程度，土地退化和森林砍伐反过来又降低了生产率。目前发展中国家有10亿人无法获得清洁的饮用水，17亿人缺少卫生设施。在曼谷、墨西哥城和雅加达等城市，过度抽取地下水已造成了城市下沉、结构性危害和洪水。尽管发展中国家在兼顾经济发展与资源环境保护方面有一些成功的经验，如在矿业开发上巴西的卡累加斯项目，布基纳法索实施的参与型土地管理制度等，但从总体上看，发展中国家在实现经济与社会的持续发展方面正面临着巨大的挑战。

　　我国的现状和发展趋势要求我们在"九五"时期乃至下

个世纪，必须正确处理经济与社会、人口、资源、环境的关系，把实施可持续发展战略提到重要位置上来。

第一，建国 40 多年来特别是改革开放 17 年来，我国经济和社会发展取得了举世瞩目的成就，显示了经济发展、政治稳定、民族团结与社会进步的良好态势。但由于我国人口众多，满足人口增长和人民基本需要的压力很大，而我国经济、科技发展水平低，经济管理体制不合理，经济增长的模式以粗放型的外延扩张为主，因而经济发展同人口增长、保护资源、生态、环境的矛盾很大。今后随着人口和经济的规模越来越大，这种矛盾将越来越尖锐。粗放型的经济增长方式在今后将难以为继。未来 15 年我们要全面实现第二步战略目标，并向第三步战略目标迈进，使全国人民生活实现小康，并进一步达到更加宽裕的水平。实现这样的奋斗目标，要求我们不能只注重经济规模的扩大和数量的增加，而必须更注重质量和效益的提高，注重资源的节约和生态环境的保护，从而保持经济和社会的长期可持续发展。

第二，社会主义市场经济体制的建立，必然会更快地推动经济发展和社会进步，市场机制在资源配置中将起到基础性调节作用，但也会出现市场失效的情况。在人口控制、资源和环境的保护、解决收入分配不公平和贫困人口问题、保证充分就业等方面，单纯依靠市场机制不能圆满地解决问题，必须制定和实施正确的战略和方针政策，加强和改善政府的宏观调控，以实现经济和社会的长期可持续发展。

第三，当今国际环境和世界潮流也要求我们实施长期可持续的发展战略。冷战结束以后，和平与发展成为当今世界的主题，经济、科技的作用更加重要，各国对社会发展、人口控制、资源的合理开发和环境保护等更加重视，都在积极采取措施解决人类社会发展所面临的共同课题。为了推动各国重视和解决日益突出的各种社会问题，联合国和其他国际组织召开了一系列重要的国际会议，并在世界范围开展各种社会活动，如1992年召开了世界环境与发展大会，1994年召开了世界人口与发展大会，1995年召开了社会发展问题世界首脑会议和世界妇女大会，从不同的角度提出了促进全球社会发展的要求。这表明社会发展越来越成为全球发展战略中的重要课题。我国政府积极参与国际的各项社会发展活动，1994年制定、公布了《中国21世纪议程》，对人口、经济、社会、环境、资源的相互协调发展向国际社会作出了庄严的承诺。我国人口占世界人口的1/5，保护我们的资源、生态环境，使经济和社会协调发展，不仅有利于我国的长远利益，而且能为人类的共同利益和全球的社会繁荣、进步与文明，作出很大的贡献。

可持续发展的实质，是经济与社会的协调发展，是当代人不应以牺牲子孙后代的幸福来满足其需要，而应为后代人留下必要的发展环境和条件。因此，人口的适度增长，对自然资源的节约和有效利用，对生态环境的保护，是可持续发展战略的基本要求或一般原则。从国情出发，我国可持续发展战略的基本要求是：

——以经济建设为中心，实现经济持续、快速、健康发展。我国是发展中国家，可持续发展的前提是发展，为满足12亿多人口的基本需要和日益增长的需求，必须坚定不移地把发展经济放在第一位，保持较快的经济增长速度，并逐步提高经济增长的质量。只有这样，才能消除贫困，使全国人民的生活水平不断提高，并且提供必要的能力和条件，解决各种社会问题，推动社会全面进步，支持可持续发展。

——实行计划生育的基本国策。庞大的人口，给满足人民衣、食、住、行等基本需要以及就业、教育、医疗、福利和生活水平的提高都造成很大压力，为缓解这种压力而加快经济发展往往又同保护资源和生态环境形成尖锐矛盾。因此，必须坚持把计划生育作为一项基本国策，努力使人口与生态环境、人口与经济建设、人口与社会发展相协调。

——实施正确的经济发展战略，转变经济增长方式，使经济发展和保护资源、环境相统一。我国正处于经济快速发展的历史时期，由于经济基础差，技术水平低，经济增长方式是传统的粗放型增长方式，资源消耗量大，污染严重，生态基础薄弱，各种矛盾相互交织和激化。如果不转变经济增长方式，不把合理使用资源、保护生态环境纳入经济和社会发展之中加以统筹考虑，经济增长就难以持续，也难以为后代创造可持续发展的条件。

——建立健全与可持续发展相适应的经济体制、运行机制和政策法规体系。要建立有利于节约资源、降低消耗、提高投入产出效率，有利于保护环境和资源的社会主义市场经济体制，健全法制，强化管理，充分运用经济手段和必要的行政手段，通过法规约束、政策引导和调控，推进经济与社会、资源、环境的协调发展。

二、坚定不移地贯彻执行计划生育的基本国策

我国是一个人口众多的发展中国家，人均资源少，经济和科技水平比较落后，而且发展不平衡。这是我国经济和社会发展、实现现代化所面临的基本国情和条件。由于人口规模庞大、人口素质较低、人口结构不尽合理，在目前和今后相当长一个时期的发展过程中，我国面临着控制人口增长、提高人口素质与资源开发、环境保护及经济增长同步协调发展的问题。

我国从 70 年代初开始把计划生育作为一项基本政策，经过 20 多年来的努力，计划生育工作取得了显著的成就。我国

生育水平明显下降，人们的婚育观念正向晚婚晚育和少生优生转变；人口出生率已从 1970 年的 33.43‰ 降至 1994 年的 17.7‰，人口自然增长率从 1970 年的 25.83‰ 降至 1994 年的 11.21‰。目前妇女总和生育率为 2.0，已略低于人口更替水平，基本上遏制住了人口过快增长的势头。由于生活水平的提高和医疗卫生条件的改善，我国人口死亡率由 1970 年的 7.6‰ 降至 1994 年的 6.49‰，平均预期寿命从解放前的 35 岁、70 年代中期的 65 岁，增加到目前的 70 岁，在发展中国家居于前列。与此同时，我国教育事业不断发展，人口素质稳步提高。从 1986 年开始，我国有计划、有步骤地实施九年义务教育，1994 年学龄儿童入学率已达 98.4%，初等教育已基本普及；大城市和部分经济发达地区基本普及了初级中等教育。全国各级学校在校生已达 1.88 亿人，各级成人学校在校学生数达 6078 万人。青壮年文盲率已下降到 7%。高等教育初具规模，形成了多层次、多形式、学科门类较为齐全的体系，每年为经济建设输送各类高等专门人才 100 多万人。

然而，由于建国以后的相当长一段时间里忽视或放松了对人口增长的控制，加之我国人口基数大，结果造成人口规模的不断扩大，给经济发展、人民生活水平提高和资源环境保护带来了沉重的压力。据统计，1949—1994 年，我国大陆总人口由 5.42 亿增加到约 12 亿，翻了一番还多，平均每年净增人口 1460 万。特别是在 70 年代把计划生育作为一项基本国策以前，我国人口曾出现急剧增长的趋势。以每增长 1 亿人口经过的时间为例：1954 年 10 月我国人口为 6 亿，到 1964 年 8 月达到 7 亿，历时 9 年 10 个月；1969 年 9 月人口再增加 1 亿，达到 8 亿，历时 5 年 1 个月；1974 年 6 月人口达到 9 亿，历时 4 年 9 个月；1981 年 12 月人口达到 10 亿，历时 7 年 6 个月，比上一个 1 亿人口增加所经历的时间拉长了 2 年多，表明计划生育政策已开始发生作用；到 1988 年 5 月，人口达到 11 亿，历时 6 年 5 个月；1995 年 2 月，人口达到 12 亿，历时 6 年 9 个月。尽管我国在计划生育、控制人口增长方面进行了坚持不懈的努力，但由于人口基数庞大，一波又一波的生育高峰出现，整个 80 年代我国每年净增人口数达 1500 多万，进入 90 年代后每年净增人口仍达 1400 万人左右。

庞大的人口规模和增长量，对于我国这样一个发展中国家来说，是一个沉重的负担。人口增长过快，给人民的就业、教育、住房、交通、医疗保健和社会福利等方面的进一步改善造成很大压力。在国民收入中每年要拿出相当大的一部分用于满足新增人口的需要，因而就相对地减少了国民收入中可用于改善现有人口生活和经济建设的份额。改革开放 17 年来我国国民经济实现了平均每年 9% 以上的高速增长，但我国的人均 GNP 和人均消费水平的增长却明显慢于整个国民经济的增长速度，人口增加过多过快是其中的重要原因。由于人口总数不断增加，劳动力数量也持续增长，只有保持较高速度的经济增长，才能创造更多的就业机会，以满足劳动力增长对就业的需求，这在一定程度上为经济增长方式由粗放型向集约型转变造成了困难。人口的过快增长也给自然资源和生态环境带来压力。我国人均耕地面积已由建国之初的 2.7 亩持续下降到目前的 1.2 亩，粮食和其他农产品的生产面临人多地少的尖锐矛盾。水资源短缺使 300 多个城市的居民生活和工业生产受到不同程度的影响，农村约有 5000 万人口饮水有困难。人口老龄化使老年人的社会赡养问题日益突出。

进入 90 年代，我国正面临建国以来第三次人口出生高峰。据估计，到 2000 年时我国人口将接近 13 亿；到下世纪中叶，人口总数可能达到 15—16 亿。人口的不断增长，将为"九五"时期和下一世纪的经济和社会发展、人民生活水平提高和环境保护造成持续增加的压力。因此，控制人口数量的增长必须常抓不懈。我国的人口结构正在发生变化，人口老龄化趋势日益明显。1991年末全国60岁及60岁以上的老年人已达1亿人，预计本世纪末将达到1.3亿人，约占总人口的10%。此外，我国人口的素质不高，教育和科技的普及程度低，对于转变经济增长方式，实现可持续发展是一大制约因素。1990年我国文盲半文盲人数达1.8亿以上，农村就业人员中文盲半文盲占近36%。我国70%以上的人口居住在农村，新增人口的绝大部分也分布在农村特别是经济落后地区。这种人口结构特点和空间分布状态，对于我国工业化、现代化事业的加速发展形成了巨大的压力。要在本世纪末解决7000万农村贫困人口的温饱问题，使广大农村走上富裕和可持续发展的道路，提高人口的文化素质是一条根本途径。提高全民族的文化素质，也是我国保持经济的持续、快速、健康发展，逐步缩小与发达国家差距的必然要求。随着改革开放、城镇化和乡镇企业的发展，以及城乡交流的扩大，我国人口的流动和迁移明显加快，流动人口不断增加，也给控制人口增长提出了新的课题。上述情况表明，今后我国在控制人口增长、提高人口素质、改善人口结构等方面的任务仍然十分艰巨，贯彻执行计划生育的基本国策丝毫不能放松。

我国控制人口增长的目标是：90年代力争把人口年平均自然增长率控制在12.5‰以内，到2000年全国总人口控制在13亿以内，妇女总和生育率降到2.0以下，基本上实现人口再生产向低出生、低死亡、低增长的现代类型转变。到本世纪末基本扫除青壮年文盲，实现九年义务教育，提高全民族的文化素质。

我国控制人口增长的基本政策与措施是：

第一，继续认真贯彻执行计划生育政策，实现控制人口规模的既定目标。要根据我国的人口现状和经济发展水平，把控制人口规模、提高人口素质、优化人口结构问题通盘加以考虑，制定一个综合的人口发展方案，并将其纳入国民经济和社会发展总体规划之中。

第二，深入持久地开展人口与计划生育的宣传教育工作。要充分利用大众传播媒介，传播人口和计划生育信息，增强公众的人口意识，向育龄夫妇普及避孕节育和优生优育知识，使计划生育成为全民的自觉行动。

第三，加强政府的人口管理职能，明确职责，密切部门之间的合作，建立协调管理机制。

第四，做好妇幼保健和计划生育技术服务工作。为育龄夫妇提供安全、有效、方便的计划生育药具和良好的技术服务。要积极做好妇幼保健工作，实行婚前检查和孕产期保健，加强婴幼儿保健，实行优生优育。

第五，提高人口素质，特别是提高妇女的文化素质。要大力发展教育事业，努力提高教育质量，逐步实施九年义务教育，积极发展职业技术教育和成人教育，提高全民族的文化素质。要为妇女提供更多的受教育机会，提高妇女的生产技能，增加妇女的就业机会，增强妇女实行计划生育的意识。

第六，加强相关政策的协调，把人口和计划生育工作与其他有关工作有机结合起来。要把计划生育同发展经济、扶贫开发、环境保护、普及教育、家庭福利、妇幼保健、完善社会保障体系、提高妇女社会地位等工作结合起来，采取综合措施解决人口问题。

第七，加强对流动人口和人口迁移的管理和政策引导，积极发展乡镇企业和小城镇，大力发展第三产业，加强农业综合开发，广开就业门路，以引导农业剩余劳动力有序流动，吸引农村人口和农业剩余劳动力逐步向小城镇转移，提高我国的人口城镇化水平。

第八，继续增加计划生育经费投入，保证计划生育各项事业发展和工作的需要。

三、努力实现经济快速发展与保护资源、环境的协调统一

随着工业化和人口的发展，人类对自然资源的巨大需求和大规模开采消耗已导致资源基础的削弱、退化、枯竭。如何以最低的环境成本确保自然资源可持续利用，是目前各国在经济和社会发展中面临的一大难题。我国的国情是人口多、底子薄、人均资源少、经济技术水平比较落后。在今后的工业化、现代化进程中，如果继续沿用传统的发展模式，以资源的高消耗和环境污染为代价来追求经济数量增长，那么自然资源的可持续利用必然受到威胁，可持续发展的实现就没有保证。因此，以较低的资源和环境代价来获得经济的持续、快速增长，是有中国特色的可持续发展的战略选择。

我国在一些重要自然资源的可持续利用和保护上面临着严峻的挑战。首先，我国自然资源从总量上讲虽然比较丰富，但人均资源占有量与其他许多国家比相对较少。1989 年我国人均淡水、耕地、森林和草地资源分别只相当于世界平均水平的 28.11%、32.3%、14.3% 和 32.3%，而且，人均数量和生态质量仍处于继续下降或恶化状态。其次，随着人口的增加和经济规模的扩大，自然资源的短缺日益成为我国经济和社会持续、快速、健康发展的制约因素。特别是北方地区的水资源短缺和全国耕地资源不足、退化问题更为严重、迫切。据统计，全国缺水城市达 300 多个，日缺水量 1600 万吨以上，农业每年因灌溉不足减产粮食 250 多万吨，经济发展和居民生活都受

到严重影响。

改革开放以来，我国在控制环境污染、防止生态破坏工作方面取得了进展。我国把环境保护作为一项基本国策，努力控制和治理工业污染，推行无公害生产，对城市环境进行综合整治，对乡镇企业实施环境管理。十多年来，在经济总量成倍增长的同时，生态环境恶化的趋势得到一定程度的遏制，并使局部环境有一定的改善。1993 年森林覆盖率达到 13.9%，治理水土流失面积累计 60 万平方公里，已建立各种类型自然保护区 766 个，总面积约 66 万平方公里，保护了自然植被和濒危物种。

然而，由于我国正处于社会主义初级阶段和工业化快速发展时期，经济增长方式仍以粗放型为主，在人口和经济的迅速增长过程中，自然资源的开发强度不断加大，造成局部地区资源破坏、浪费和环境恶化。加之我国科学技术水平低，管理落后，资金紧张，使污染的治理相对滞后。目前我国能源平均利用率只有 30% 左右，而工业发达国家均在 40% 以上；我国单位产值能耗是发达国家的 3—4 倍，主要工业产品能量单耗比国外平均高 40%，能源短缺与浪费并存。我国的能源结构以煤为主，煤炭约占能源消费构成的 75%，清洁能源所占比例低，燃煤和煤炭工业加工与开采产生大量污染物，导致严重的大气污染。此外，我国产业结构也不合理，能耗低的服务业比例小，而能耗大的工业所占比例较大，经济增长越快、经济规模越大，能源需求和环境污染的压力就越大。目前全国 80% 左右的污水未经处理直接排入水域，造成全国 1/3 以上河段受到污染，大部分城市和地区的淡水资源供给受到水质恶化和水生态系统破坏的威胁。森林资源供求矛盾十分突出，近海海域生态环境趋于恶化，海洋生物资源丰度锐减，陆源污染物和海上污染物的直接排放，使沿岸海域受到不同程度的污染。

　　"九五"时期和进入下世纪以后，我国的人口将继续增加，我们要全面完成现代化建设的第二步战略部署，实施并实现第三步战略目标，国民经济将继续保持持续、快速发展，因而对资源的需求量将进一步增加，保护生态环境的压力也将进一步加大。据预测，如果不采取有效的对策措施，那么在未来15年内，我国北方地区和沿海城市缺水问题将进一步恶化，经济发展和人民生活水平提高将受到水资源不足的严重制约；耕地资源将继续减少，人均耕地下降幅度更快，粮食供给压力进一步增大；国内主要矿产资源对国民经济发展的保证程度将下降，除煤以外，其他主要矿产都很难充分保证需要；工业产生的污染负荷将继续增加，酸雨危害日趋严重；农业生态环境将进一步恶化，水土流失和沙漠化呈继续发展趋势。

　　解决经济发展与资源、环境之间的矛盾，出路在于实行可持续发展战略。我国的可持续发展必须建立在资源的可持续利用和良好的生态环境基础上。为此，国家要保护生态系统的完整性，保护生物多样性；解决水土流失和荒漠化等重大生态环境问题；要保护自然资源，保持资源的可持续供给能力；要发展森林，改善城乡生态环境；要预防和控制环境破坏和环境污染，积极治理环境污染；积极参与保护全球环境、生态方面的国际合作活动。

　　我国政府所确定的 2000 年环境保护目标是：使环境污染加剧的趋势得到控制，力争重点城市的环境质量有所改善，使自然生态恶化的趋势有所减缓，逐步使环境与经济、社会的发展相协调。具体目标是：工业废水处理率达到 84%，废气处理率达到 90%，固体废物综合利用率达到 45%—50%，城市污水集中处理率达 20% 左右，城市燃气化率达到 60%，城市环境噪声达标率比 1990 年提高 15—20 个百分点。今后每年治理水土流失面积 2—4 万平方公里，到 2000 年耕地保有面积不少于 1.22 亿公顷，1991—2000 年新增耕地面积 330 万公顷。各类自然保护区面积达到 1 亿公顷，占国土面积的 7%；全国森林覆盖率达到 15%—16%。

为了确保有限的自然资源能够满足可持续发展的需要，我国必须坚持"保护资源、节约和合理利用资源"的方针和"谁开发谁保护、谁破坏谁恢复、谁利用谁补偿"的政策，依靠科技进步，挖掘资源潜力，同时充分运用市场机制和经济手段来有效地配置资源，坚持走提高资源利用效率和资源节约型经济发展的道路。

具体来说，为使资源的开发利用、资源和环境保护与经济建设同步发展，相互协调，要采取一系列政策措施：

第一，以经济建设为中心，深化改革，扩大开放，加速建立社会主义市场经济体制，充分发挥市场机制在资源配置中的作用，同时加强和改善政府的宏观调控，弥补市场在资源和环境保护方面的缺陷。

第二，努力实现经济增长方式由粗放型向集约型的转变，由主要依靠资金和资源的投入转移到主要依靠科技进步和提高劳动者素质上来，提高投入产出效率，增大科技对经济增长的贡献，减少资源的消耗、损失和浪费，减轻资源供给和环境保护的压力。

第三，进一步调整和优化产业结构，积极发展第三产业，合理布局工业生产力，运用先进的科学技术改造传统产业，大力推广清洁生产工艺技术，控制和治理工业污染，扶持和发展环保产业。

第四，改善能源结构和布局，开发与节约并重，提高能源生产和利用效率。要以煤炭为基础，以电力为中心发展能源工业，积极开发石油和天然气，大力发展水电和核电。要注重开发利用新能源和可再生能源，把开发可再生资源放到能源发展战略的优先位置，提高可再生能源在能源结构中的比例。

第五，实行"三同时"制度。所有新建、改建、扩建项目，其防治污染设施必须与主体工程同时设计、同时施工、同时投产。

第六，因地制宜，有步骤地推广可持续农业技术，发展生态农业和绿色食品。

第七，改革资源价格体系，按照资源有偿使用原则，研究制定自然资源开发利用补偿收费政策和环境税收政策，合理利用自然资源，对非再生资源的开发要加强规划、管理。

第八，研究并试行把自然资源和环境因素纳入国民经济核算体系，使有关统计指标和市场价格较为准确地反映经济活动所造成的资源和环境的变化。

第九，制定不同行业污染物排放的限定标准，逐步提高排污收费标准，促使企业重视对环境的保护和污染的治理。

第十，继续倡导义务植树活动，提高人民的环保意识。

第十一，严格控制大城市规模，合理发展中等城市，积极发展小城镇，加强基础设施建设，搞好城市环境综合整治，改善城市环境状况。

（本文原载《学习江泽民同志〈正确处理
社会主义现代化建设中的若干重大关
系〉》专辑，曾培炎主编，人民出版社
1996年2月出版）

努力保持宏观经济稳定

（1996 年 3 月 20 日）

保持宏观经济稳定，是指保持宏观经济总量的基本平衡，抑制通货膨胀，防止经济发展出现大的波动。这是促进国民经济持续、快速、健康发展和保持社会稳定的重要条件。八届全国人大四次会议通过的《国民经济和社会发展"九五"计划和 2010 年远景目标纲要》中关于宏观调控目标、政策和有关措施的规定，体现了保持宏观经济稳定的要求。李鹏总理1995 年在五中全会关于《建议》的说明和最近在八届人大四次会议的报告中，也都强调了保持宏观经济稳定对未来发展、改革、稳定的重要性。

一、保持宏观经济稳定的重要意义

保持宏观经济稳定，最重要的是实行稳健的宏观经济政策，使经济增长的潜力尽可能得到利用，又不导致通货膨胀率上升。在市场经济条件下，当需求不足造成经济不景气甚至出现大的萧条时，政府实行扩张的财政、货币政策，可以扩大需求，刺激经济增长，增加就业。但是，如果扩张的力度过大，或者在经济增长的潜在能力已经利用、需求已经过大时，仍然通过扩张的财政、货币政策刺激需求，就会引发严重的通货膨胀，造成经济剧烈波动，从而损害经济增长。

　　二战以后，一些西方市场经济国家吸取历史的教训，把保持宏观经济稳定，抑制通货膨胀，作为宏观经济政策的重要目标，力图通过反周期的宏观经济政策，保持适度的经济增长率和较低的通货膨胀率，避免出现 30 年代那种大危机、大萧条。这些国家在处理经济增长和通货膨胀关系上的经验教训值得借鉴。例如，联邦德国二战后从战时统制经济转向市场经济时，就注重保持宏观经济稳定，采取从紧的货币政策。在当时政府总理路·艾哈德领导下，实行社会市场经济，政府最重要的职能，一是反对垄断，保护竞争；二是紧缩通货，实行"管住货币，放开价格"的政策。结果经济迅速得到了恢复和增长，通货长久保持了稳定。1967 年 5 月，联邦德国议会通过了《经济稳定和增长促进法》，规定国家宏观经济政策的目标是"保持整个经济的平衡"，具体说来，就是"在市场经济规则范围内力求达到经常的和适度的增长，并在这一前提下同时保持稳定的价格水平、高就业水平和对外经济平衡"。其中，经常的和适度的增长，是指经济增长不应出现剧烈起伏，增长率有助于实现其他三项目标，既能将失业率降到最低限度，又不影响币值稳定。

　　日本在战后初期也采取了紧缩性的货币政策。1949 年实施的道奇计划，主要内容是减少财政支出，限制政府的物价补贴金额，将财政预算由赤字变成黑字（盈余），同时中止复兴金融公库对产业的长期资金贷款。道奇计划的实施，使日本经济迅速恢复了稳定，并为日本以后的高速增长奠定了基础。在高速增长时期，日本也很注意保持价格稳定。在 1957 年至 1970 年高速增长时期，日本消费物价年均上涨率为 4.6%，与经济增长率之比为 0.46∶1。

　　美国在六七十年代曾执行了膨胀性的货币政策，1973—1975 年的经济衰退宣告了这一政策的破产。新自由主义逐渐替代凯恩斯主义而占了上风。著名的凯恩斯主义者、诺贝尔经济学奖得主詹姆斯·托宾曾在 1977 年撰文提出：长期的通货膨胀并不会刺激经济增长，反而会使企业的投资意愿降低。最近几年，美国权威人士认为，美国年经济增长率在 2.5% 左右，通货膨胀率在 1%—2%，失业率在 5%—5.5%，是比较适当的。如果经济增长率超过 2.5%，由于担心出现经济过热和通货膨胀率上升，掌管联邦货币政策的联邦储备局就会通过提高银行隔夜拆借利率和公开市场业务等手段，收紧银根，抑制需求，适当降低经济增长率。例如，1993 年第四季度美国经济回升，1994 年年初开始出现经济过热的迹象，联邦储备局在 1994 年曾连续七次调高利率，以减轻通货膨胀的压力。

以上说明，发达市场经济国家对保持宏观经济稳定，是相当重视的，并力求通过宏观调控手段，保持低的通货膨胀率。对此，亚洲一些新兴工业化国家和地区，在经济高速增长过程中也有经验教训。例如，韩国在 1972—1979 年推行进口替代和着重发展重化工业的政策，国家投资规模庞大，并提供负利率的优惠贷款，结果很快造成经济结构失衡，出现严重的通货膨胀，市场关系受到严重扭曲。1979 年当局看到经济形势不稳定，准备采取抑制通货膨胀的政策，但为时已晚，结果酿成 1979 年年底到 1980 年的社会政治危机。1980 年新政府上台后，采取了"不惜一切代价保持价格稳定"的方针，严格控制货币供应量增长速度，调整产业结构。经过两三年的努力，通货膨胀率从 1980 年的 40% 下降到 5% 以内，除 1980 年经济增长速度下降到负 5.2% 以外，以后年份一直保持了经济和出口的高速增长。韩国的一些经济学家认为，保持经济稳定，主要内容就是保持经济有效率的适度的增长和物价的基本稳定。只有经济稳定发展，物价基本稳定，才能有利于宏观经济比例协调，使相对价格变动能够比较准确地反映资源的稀缺程度，从而有助于在市场导向条件下资源配置的优化。韩国学者认为，韩国 GNP 年增长率 8% 是适度的，物价上涨率应控制在 2%。如果经济增长率超过 8%，就容易导致经济比例失调和通货膨胀。

我国的历史经验也充分证明了保持宏观经济稳定的重要性。1979 年实行改革开放以来，我国发生了三次经济过热和较为严重的通货膨胀。第一次是在 1984—1985 年，国民生产总值分别比上年增长 14.7% 和 12.8%，其重要原因是银行贷款和财政支出都比较松，全社会固定资产投资分别比上年增长 25.6% 和 38.8%，造成社会需求过大，导致 1985—1986 年全国零售物价指数分别上升 8.8% 和 6%。第二次是在 1987—1988 年，全社会固定资产投资再度膨胀，分别比上年增长 20.5% 和 23.5%，虽然带动国民生产总值分别增长 10.9% 和 11.3%，但也造成了社会总需求膨胀，导致 1987、1988 年物价总水平上升 7.3% 和 18.5%，不得不从 1988 年第四季度开始紧缩，造成经济大幅度波动，1989、1990 年国民生产总值增长率下降为 4.4% 和 4.1%。第三次是在 1992—1994 年，固定资产投资再次高增长，分别比上年增长 42.6%、58.6% 和 27.8%。这一方面带动了经济快速增长，国民生产总值分别增长 14%、13.3% 和 11.6%，三年平均为 12.96%；但是另一方面也推动了通货膨胀，全国零售物价总指数 1993—1995 年分别为 13.2%、21.7% 和 14.8%。三次较为严重的通货膨胀都使物价大幅度上涨，尤其是后两次达到了两位数，其共同的特点都是投资规模过大，经济增长速度过高，导致货币供应量大幅度增长。

经验证明，实行扩张性货币政策，即使在短期内有可能使经济增长速度上去，但从长期看，必然导致严重通货膨胀和经济的大起大落，最终是不利于经济发展的。世界银行对 31 个发展中国家（它们代表除中国以外的发展中国家的 75% 以上的人口）的实证分析也表明，通货膨胀常常导致价格扭曲，带来低效益，从而无助于经济增长，甚至会破坏国民经济。对严重通货膨胀的后果进行综合分析，可以看出其主要危害在于：（1）加剧经济结构的恶化。在经济过热、工业超高速增长时，农业和基础工业的发展相对缓慢，产品结构向下游产品倾斜，结果是长线更长，短线更短，导致资源配置状况恶化，结构更加失衡。（2）通货膨胀造成价格信号失真，加剧分配领域和流通领域的秩序混乱，助长囤积居奇和分配不公。结果是从事工业不如经营商业，经营正常的商业活动不如投机倒把，囤积居奇。这必然挫伤人们从事正常投资和生产经营的积极性。（3）用通货膨胀刺激经济增长，即使短期内会使经济出现较快发展，但这种短期的高增长必然带来比例失调，并使生产超出了资源供应能力，最终造成经济衰退，使经济增长出现剧烈波动。因此，从长远看是不利于经济增长的。（4）通货膨胀将影响经济增长的质量，城乡居民的实际生活水平和生活质量会因价格上涨而使收入被"吃掉"一部分，等于缴了"通货膨胀税"。而且，严重的通货膨胀还会使人们的涨价心理预期增强，从而形成不正常的消费行为。（5）危及社会稳定。国际经验表明，通货膨胀，经济不稳定，将加剧分配不公，使社会腐败现象蔓延，引起公众不满，破坏了社会稳定的基础。

二、"九五"时期保持宏观经济稳定的任务相当艰巨

《纲要》提出了"九五"期间宏观调控的目标：国民生产总值年增长 8% 左右；明显降低物价上涨幅度，首先要使物价上涨率低于经济增长率；固定资产投资率 30%；实行适度从

紧的财政政策，逐步减少财政赤字，实现财政收支基本平衡；实行适度从紧的货币政策，保持人民币币值稳定；保持国际收支基本平衡；人口自然增长率控制在年均 10.83‰；五年新增城镇就业 4000 万人，城镇失业率力争控制在 4% 左右，向非农产业转移 4000 万农业劳动力。这些宏观调控目标，是在全面分析各方面条件和综合平衡的基础上提出的，既反映了促进国民经济持续、快速、健康发展的要求，也反映了抑制通货膨胀、保持宏观经济稳定、避免经济大起大落的要求。

现在国际、国内条件对我国经济发展都比较有利，国内社会安定，储蓄率很高，外汇储备较多，市场有很大潜力，基础设施和基础产业正在加强，体制条件和投资环境不断改善；国际上看好中国经济发展的前景，中国市场对外资有很大吸引力。因此"九五"期间我国经济继续保持较高的增长速度是可能的。同时，我们也要看到，"八五"期间在经济高速增长（GNP 年均增长 12%）的同时，也带来了严重的通货膨胀（年均物价上涨率 11.4%）。"九五"期间既要保持国民经济的持续快速增长，又要把"八五"末期过高的物价上涨率降下来，并防止再次出现严重通货膨胀，保持宏观经济稳定。如何同时实现这两个方面的目标，这是难题所在。中共中央《建议》和八届人大四次会议通过的《纲要》都强调，"九五"期间要把抑制通货膨胀作为宏观调控的首要任务，要实行适度从紧的财政政策和货币政策。这反映了对抑制通货膨胀问题的重视，以及对其难度的充分估计。

第一，"九五"的物价起点比"八五"高得多。1990 年零售物价总指数只有 2.1%，而 1995 年为 14.8%。如果"九五"前两年不能消化前几年积累起来的通货膨胀因素，使物价指数回落到比较低的水平，相反又积累起新的通货膨胀因素（就是说旧账未还清又欠新账），那么整个"九五"的通胀形势将很严峻。

第二，经过多年的价格改革，我国农业、能源等基础产业价格偏低的不合理状况虽然有所改变，但目前仍存在一些问题。"九五"期间，需要进一步调整粮、棉等农产品价格，缩小工农产品"剪刀差"，并使农业内部产品比价关系基本合理；需要逐步提高煤、电、油、运等基础产品和服务的价格，使比价趋向合理，以促进基础产业的发展。这些价格的结构性调整，最终都将通过成本推动，影响全国的物价总水平。据测算，在1978—1994年，我国物价上涨幅度平均在7.5%左右，其中，在"七五"、"八五"期间，中央出台的价格结构性调整措施对零售物价总水平的影响，平均每年约有2%—3%。"九五"期间，随着体制改革的深化、对外开放的扩大，某些商品还需同国际价格逐步接轨，因此价格的结构性调整引起物价总水平的上升难以避免。

第三，投资需求膨胀的压力仍然存在。固定资产投资是推动经济增长的重要因素。投资一方面形成当期的需求，投资规模越大，对资金以及投资品的需求就越多；另一方面投资又形成未来的供给。但这有一个时间差和投资结构及效益的问题：投资扩大所形成的需求扩张在前，所形成的供给增加在后；结构合理、效益好的投资，在扩大需求之后，很快会增加有效供给而结构不合理、投入多产出少的投资，则在扩大需求之后，不能相应增加有效供给。经验证明，固定资产投资同经济增长和通货膨胀都有密切关系：一方面投资扩张与经济增长加速、投资紧缩与经济增长减速直接相关；另一方面投资过度扩张是通货膨胀的重要原因，而投资紧缩则是抑制通货膨胀的重要措施。因此它是一把双刃剑，把握运用得当，则会有力地推动经济增长；运用不当，就会导致通货膨胀，对宏观经济稳定和经济持续快速增长产生很大的负面影响。所谓得当，既包括投资总量是否适当，也包括投资结构是否合理，投资效益是高还是低。从"九五"的情况看，由于"八五"的在建规模偏大，结构又不尽合理，结转到"九五"时期的在建项目很多。特别是由于投资主体的自我约束机制和投资风险约束机制还没有形成，新的金融体制和宏观调控体系也尚未完全建立，在投资决策分散化和本位利益驱动下，盲目投资的扩张冲动仍然相当强烈，各方面要求多上新项目的呼声很高。各地区由于需求的压力、就业的压力和互相攀比的压力，都希望加快发展。发达地区认为应当尽快追赶亚洲"四小龙"，落后地区强调过去发展慢了，现在应当加快发展。表现在投资安排上，往往是层层加码，层层安排重点。结果很可能造成投资规模过大，战线太长，重点太多。另一方面，当前地方和企业投资的主要来源，是银行贷款和利用外资，包括自筹资金有很大部分也是银行贷款。在银行贷款和利用外资中，银行贷款的比重又占绝大部分。一旦在"倒逼"机制的作用下放松银行和信贷的闸门，投资扩张将重新加剧。因此，《建议》和《纲要》都提出要实行适度从紧的货币政策，这是从体制和发展的实际情况出发提出的正确决策。

第四，国有企业改革和发展将要求更多的财政和金融资源的支撑。"九五"期间国有企业改革正处在攻坚阶段。由于历史的原因，国有企业的债务包袱和社会负担很重，近年来国有企业的亏损额和亏损面都有所上升，生产经营困难加剧。这除了体制的原因之外，还由于结构不合理，增长方式是速度型的，主要依靠增加投入。尽管在"九五"时期企业改革的步伐会加快，但完全解决这些问题显然需要一个较长过程。由于国有企业效益差，消化煤、电、油、运等基础产品价格上升的能力有限，加之企业工资等支出刚性很强，因此，"九五"期间企业成本推动物价上升的压力也不容忽视。另一方面，为了支持国有企业的改革和发展，国家需要付出一定的财政资源和金融资源。近年来，银行不良贷款不断增加，其中一个主要原因，就是对国有企业难以回收的贷款增加。"九五"时期仍可能出现这种问题。由于历史欠账较多，国有企业技术设备差，需要加大技改力度，这也要求在"九五"期间增加资金投入。

综上所述，"九五"期间要保持经济较快增长，又要继续理顺价格关系，对需求拉动和成本推进导致物价上涨的压力，要有足够的估计；对保持宏观经济稳定，必须充分加以重视。

三、努力增加有效供给，适度抑制需求扩张

我们在"九五"时期要继续抓住机遇，深化改革，扩大开放，推动经济持续快速发展，同时要继续抑制通货膨胀，保持宏观经济稳定。为此，必须从各方面采取有力的措施。

首先，要大力加强农业，加快农业发展。我国人多地少，自然灾害频繁，抗灾能力又比较弱，如何保证粮、棉、油、糖等重要农产品的稳定增长，同保持物价稳定和社会稳定密切相关。由于历史的原因，我国农产品与工业品的比价偏低，农业劳动生产率的提高又比工业慢；另一方面，我国居民消费支出中，食品消费的比重较大，刚性较强，随着城乡居民生活水平的提高，对农产品需求还将不断增加。因此，今后农产品价格的上升仍将是推动物价上升的重要因素。据统计，在1994年的价格上涨中，农产品价格上涨的推动作用约占60%。大力加强农业，千方百计促进粮食等基本农产品的稳定增长，才能缓解物价上涨的压力。经验证明，农业的稳定和发展是宏观经济稳定的基础。

其次，加快经济增长方式转变的进程，把提高经济效益作为经济工作的中心。"八五"期间投资率平均为33.2%，比

"六五"的投资率（25%）高8.2个百分点，比"七五"的投资率（29.3%）也高3.9个百分点。"八五"的高投资率一方面促进经济高速增长；另一方面也推动了通货膨胀。"九五"期间要把抑制通货膨胀作为宏观调控的首要任务，实行适度从紧的财政、货币政策，就要适当降低投资率。在这样的前提下，要实现国民经济的快速增长，关键在于提高投资效率和经济效益。在投资率适当降低时，如果投资效率相应提高了，同样可以保证达到较高的增长速度。

第三，积极推进国有企业改革和发展。国有企业改革滞后和经济效益低下已成为我国改革与发展过程中的障碍，也是诸多社会经济问题的重要根源。搞好国有企业改革，要按照党的十四届五中全会和八届全国人大四次会议的精神，着眼于搞好整个国有经济，突出重点，分类指导。要通过存量资产的流动和重组，对国有企业进行战略性改组，搞好大的，放活小的。把企业改革、改组、改造和加强管理结合起来。同时搞好配套改革，特别是完善国有资产管理体制和投融资体制的改革，为国有企业改革创造良好的外部条件。

第四，注重调整投资结构，强化对"瓶颈"性的基础设施和基础产业的投资。改革开放以来，我国对基础设施和基础产业的投资总体上逐步加强，有利于缓解"瓶颈"制约的矛盾，但与国民经济的迅速发展相比，仍显比较落后。煤炭和石油工业由于资源布局不均衡，受运输能力制约，加上老矿、老油田资源衰减，后劲不足，在部分地区供求矛盾比较突出。而且，有些地区在基础设施建设中缺乏统筹规划、合理布局，出现了一些重复建设和盲目建设现象。地区投资增长也不平衡，东西部差距扩大。"九五"时期要按照合理布局、规模经济和专业化协作的原则，加强能源、交通、通信、重要原材料等基础产业、基础设施的投资，同时加强对机械电子、汽车、石化等支柱产业的重点投资。对于不同地区的投资，可采取不同方式。例如，在东部沿海地区，基础设施滞后于经济发展的制约作用比较明显，对基础设施的需求较大，投资收益预期比较高，民间和外资都有投资积极性，应当更多地发挥它们的作用。而在中西部地区，对基础设施和基础产业的投资，其作用是先导的，是带动整个地区经济发展和吸引外部投资的前提条件，但其投资收益预期不如东部，投资的回收期较长，因此，更需要依靠政府的投资。

第五，加强市场法规体系建设，建立和完善适合社会主义市场经济的市场秩序。改革开放以来，我国相继放开了绝大多数商品和服务的经营及价格，这对于市场体系的建立和市场机制的完善具有积极的推动意义。但由于规范市场交易和价格的法律法规和管理措施相对滞后，市场竞争不充分、流通秩序混乱、生产商的定价行为不规范，乱涨价、乱收费现象相当普遍。市场经济是一种法制经济，"九五"时期要进一步制定和完善市场规则，加强市场管理和物价监督，反对垄断，打破地区封锁和部门分割局面，制止不正当竞争。这是控制物价上涨幅度，保持宏观经济稳定的重要环节。

第六，继续实行适度从紧的财政政策和货币政策，进一步完善宏观调控体系。要努力振兴国家财政，完善和深化税制改革，强化税收征管，开辟、扩大税源，逐步取消税收减免，同时要调整财政支出结构，严格支出管理，逐年减少财政赤字，实现财政收支基本平衡。要适当控制货币供应总量，保持币值稳定；积极调整贷款结构，提高资金使用效率。在任何一个现代市场经济国家中，都需要宏观调控。"九五"时期，要逐步建立计划、金融、财政之间相互配合、相互制约、综合协调的宏观调控体系，加强和改善宏观调控。这对于抑制通货膨胀，保持宏观经济稳定，是至关重要的。

总之，"九五"期间，随着我国社会主义市场经济体制的逐步建立，随着改革的深化和市场体系的完善，随着宏观调控水平的逐步提高，是能够做到保持宏观经济稳定，促进国民经济持续、快速、健康发展的。

（本文原载《宏观经济管理》杂志 1996 年第 4 期）

积极推进经济结构调整

（1997 年 3 月 9 日）

一、加快结构调整，是解决当前经济运行中深层次矛盾的迫切要求

前几年，我国经济在快速增长的同时出现了比较严重的通货膨胀。党中央、国务院及时采取了深化改革和加强、改善宏观调控的措施，到 1996 年，宏观经济形势明显好转，通货膨胀得到有效抑制，国民经济保持较高的增长速度，成功地实现了"软着陆"。在经济总量矛盾缓解的同时，经济结构的矛盾突出起来了。当前部分国有企业效益滑坡，亏损增加，下岗位人员多等，其深层次原因，主要在于企业改革和结构调整滞后于市场环境的变化。1996 年国内生产总值增长 9.7%，比 1995 年 10.5% 增长率仅降低了 0.8 个百分点，而全国独立核算工业企业利润额却比 1995 年下降了 35%，下降幅度比 1995 年上升 25 个百分点。这表明，部分国有企业的困难加剧，并不是经济总量的调控力度过大导致经济增长率明显下降造成的，而主要是由于企业生产结构不适应市场需求结构的变化，又没有及时进行调整。进入九十年代以来，我国经济发展出现了阶段性变化，绝大多数工业产品的生产能力明显超过市场需求，经济发展由从前主要受资源、资金的约束转变为主要受市场需求的约束。特别是一些加工工业由于盲目重复建设导致生产能力严重过剩；乡镇企业、三资企业的迅速发展，使国内市场竞争更加激烈，而相当一部分国有企业由于历史包袱和社会负担沉重，技术改造欠账很多，设备工艺落后，对新产品开发和新技术的消化创新能力都比较差，从而在市场竞争中处于不利的地位。这些问题是多年来积累下来的，在经济过热、通货膨胀成为主要问题时，经济结构的矛盾暂时被掩盖了，而当通货膨胀得到抑制、经济增长率回落到适当的高水平时，结构性矛盾就水落而石出了。而且，结构性矛盾和体制的矛盾交织在一起，国有企业改革滞后使结构矛盾更为突出。如果不从加快国有企业改革步伐和加大结构调整力度入手，而还是像过去那样总是在宏观总量政策的"松"与"紧"之间作调整，已越来越难以缓解这些困难。不仅如此，如果不注意调整结构，而仅仅在总量上采取放松的政策，还可能引起新的经济过热和新的失衡。在宏观经济形势较好的条件下，应当不失时机的加大结构调整力度，这是解决经济运行中深层次矛盾，促进国民经济持续快速健康发展的迫切要求和重大任务。

二、结构调整、升级是推动经济增长的重要因素

发展经济学认为，经济发展过程，特别是工业化阶段的经济发展过程，是经济结构不断调整升级的过程。由居民消费、国内最终需求、中间需求以及出口需求的结构变化，引起产业结构的变化，带动制造业的发展，从而引起产值结构、城乡结构、贸易结构等一系列的变化。经济发展不仅是经济规模和总量的扩大，而且是经济结构的调整升级。国民生产总值增长不仅是资本积累、劳动力增加和技术进步长期作用的结果，也是经济结构调整、资源更有效地再配置的结果。国际经验表明，结构转变是加速经济增长的重要因素，特别是发展中国家调整

经济结构的余地更大、速度更快，资源转移和再配置较之发达国家是更重要的增长因素。这包括通过推进工业化，扩大中间需求，带动制造业发展，并使劳动和资本从生产率较低的农业向生产率较高的工业转移；通过贸易形式的转变，扩大出口实现资源转移，获得较高利益；通过资源再分配，加快瓶颈部门的发展，以加速经济增长；通过引进国际先进技术，改造传统产业，发展高新技术产业和第三产业，提高国民经济的整体运行效率和效益；通过新产品开发和产品的升级换代，适应需求变化，创造新的需求；通过调整地区经济结构，更好发挥资源比较优势；通过调整企业组织结构，发挥规模效益和专业化利益，等等。所有这些都是推动经济增长的因素。

改革开放以来，我国经济结构发生了很大变化，结构转变成为经济快速增长的强大动力。1978—1984 年间，由于成功地进行了农村经济体制改革，极大地激发了农民的生产积极性，农业生产连续六年高速增长，产值年均增长 7.6%，粮食产量年均增长 5%。随后，城市经济体制改革全面开始，分配关系的调整使城镇居民收入迅速增长。由于农业和消费品工业快速发展带动了八十年代国民经济的高速发展。进入九十年代之后，随着城乡居民收入的增长，消费结构开始发生重大变化。城市居民生活改善的重点开始从吃、穿、用方面逐步转到住和行方面。消费的内容更加丰富，消费的选择明显增强，对产品档次和质量的要求进一步提高，新一代消费热点开始形成；农村居民由于收入水平提高较为缓慢，则还停留在较低的消费层次上，农村市场对一般消费品的需求增长并不快。城乡市场的这种现状，使国内市场总体表现出需求水平提高，一般消费品的需求趋于饱和的特点。一般消费品供不应求的情况被供求平衡或供大于求的情况所代替，新一代的消费需求，由于国内生产技术还有差距，主要通过进口满足。在这样形势下，经济增长开始从主要受资源和短线产品的"瓶颈"制约转向主要受市场需求的约束。这在客观上形成了为提高市场竞争力、扩大市场份额而必须加快，产业结构调整升级的迫切要求。

从世界各国工业化的一般经验看，与经济发展相伴随的产业结构变化有一定的规律性。其中工业结构的变化大体经历以下几个阶段：1. 以一般工业消费品为主的轻工业发展阶段；2. 以原材料工业为中心的重工业发展阶段；3. 以高加工度产业为主的发展阶段；4. 技术集约化的发展阶段。同时，产业结构发展的阶段越高，生产的资金技术密集程度、产业的集中和专业化程度和规模经济要求就越高，科技进步对经济增长的贡献率也越高，经济增长的集约型特征越突出。与上述结构变化的阶段相对照，我国80年代的经济发展大致处于上述的第一到第二阶段。各国工业化的一般经验表明，这时的经济增长一般以外延扩大和总量扩张为主，带有明显的粗放型特点。进入九十年代以后，随着消费结构的变化和生产结构的调整，我国经济发展已开始进入上述的第三个发展阶段。伴随发展阶段的变化，客观上要求提高生产的资金技术集约化程度，扩大经济规模，增长方式也必须由粗放型逐步转向集约型。从这个意义上说，转变经济增长方式是经济发展到一定阶段的客观要求，也是经济结构优化升级的必然结果。而经济结构调整则是推进增长方式转变的重要方面。

市场竞争是我国经济结构调整的强大动力。面对市场需求的变化，乡镇企业、个体私营企业和三资企业为了生存和发展，在竞争的压力下，都在不同程度地进行结构调整。主要的问题是国有企业结构调整进展比较缓慢。由于国有企业仍是我国生产力的核心和主体部分，因此国有企业的结构问题对整个国民经济的结构调整有重大影响。这是当前结构问题突出的主要原因。

我国目前市场机制在配置资金和资源方面的作用还不完

善，依靠市场进行的结构调整仅限于那些投资回收快，市场预期好，投资风险小的领域。而结构优化升级急需发展的支柱产业和高新技术产业，由于项目投资额大，未来市场前景不明朗，投资回收期较长，投资风险较大等原因，市场还不能有效促进其发展。而国家投资由于支持基础产业和基础设施的需求很大，也难以对这些产业的发展给予大力支持。这是经济结构问题日益突出的另一个重要原因。

由于一国的经济发展总是在与国际经济的联系中进行的，因此经济结构的调整必然要影响到该国在国际产业分工中的地位，影响到该国的国际市场份额。所以，经济结构调整面对着激烈的国际竞争。在对外开放的格局下，结构调整涉及有效保护国内产业发展，涉及提高对引进技术的吸收消化能力和国产化水平，涉及到提高外贸和利用外资的水平，促进外贸产品结构的优化升级等重大问题。因此，经济结构的调整优化，与发展民族经济和保护民族产业是紧密联系在一起的；与优化外贸结构和利用外资结构，提高对外开放水平，也是紧密联系在一起的。

总之，经济结构调整是涉及改革开放和经济发展的一项全局性的战略任务，是实现两个根本性转变的重要方面，是解决改革开放和经济发展中深层次矛盾的一场攻坚战，也是保持当前宏观经济好形势的迫切需要。经济结构矛盾突出，同经济体制改革没有到位有密切关系。根据经济结构调整的要求深化改革，特别是加快国有企业改革的步伐，发挥市场在资源配置中的基础性作用，是推进结构调整的重要保证。

三、采取切实有效措施，积极推进产业结构调整

推进产业结构调整应主要做好以下三个方面做好工作。

1. 正确确定产业政策，明确各产业发展方向和经济发展的战略重点。2. 深化改革，使经济体制适应产业新的发展要求，形成适合增长内容变化的新的增长机制。3. 在扩大对外开放中正确制定有关的外贸、外资政策，使之符合产业结构升级和促进国内产业技术进步的要求。

关于产业政策和产业发展方向，主要任务有两个：一是对现有生产结构进行调整，对现有生产能力进行改造；二是提出新的产业发展方向。关于第一方面的任务，现有产业结构的问题有两个，一是传统工业行业技术更新缓慢，装备落后。许多老企业甚至有40—50年代的设备还在使用；二是80年代引进的产业尚未形成完整体系，缺少自主开发能力。针对这些问题，对现有生产结构的调整应着重抓好两个方面：一是对传统工业行业进行更新改造，在此过程中对需要振兴的行业在全面改造的基础上大力促进其发展，对需要维持现有规模的行业要通过设备更新提高其技术水平和产品质量、档次，对需要压缩的行业要关停一批企业；二是对引进产业进一步做好国产化工作，要通过发展与引进产业相关联产业的途径，完成引进产业的国产化任务，并由此形成自主开发创新能力。关于第二方面的任务，要结合国内消费需求变化的预测和国内市场结构变化的预测，参照发达工业化国家产业发展的进程提出发展规划。既要注意产业结构变化的连续性，又要充分发挥我国的后发优势和重演效应，力争用较短时间完成工业结构升级的历史任务。从目前形势看，作为今后发展方向的主要应是关系一国工业技术水平的高新技术电子工业、机电一体化的装备工业、基础材料工业和基础机械、元器件工业等。这些工业在现有生产结构的调整改造中有着巨大的市场需求。同时还有与居民住房、出行需求相关的建筑、建材业，汽车，特别是家用轿车工业，以及新一代家电产品等耐用消费品工业。以上这些工业，都具有资金技术密集度高，生产的集中和专业化程度高，对规模经济的要求高等特点，是一批高加工度的工业行业。这些行业的发展，标志着我国产业将逐步进入高加工度化的发展阶段。

要通过深化改革，加强经济的内在制约和提高集中配置资金和资源的能力。在对外开放方面，重点要提高对国内产业的实际保护能力，包括依据产业政策的要求灵活调整产业保护重点和提高保护水平的能力等。当前突出的是取消对外资企业的超国民待遇，统一外贸、外资政策。另一方面应加强对利用外资的集中管理，这与集中配置资源的要求是一致的。主要由中央政府及其直属机构、直属大型企业与国外具备相应资金和技术力量的大公司进行合作，提高引进技术的水平，有力地促进国内产业结构的优化升级。

我国产业结构调整升级是在二元经济背景下进行的，即在70%的居民仍居住在农村的条件下进行的。因此在推进城市工业结构升级的同时，还应特别注意到农村工业化的问题。应采取多种措施，加强农业，发展农村的非农产业，使农业发展、农村工业化与城市工业化在不同层面上相互协调、相互促进。通过城市工业结构升级为农村一般加工工业让出市场，并以新的工业技术支持农业和农村工业的发展，通过农村工业化进一步促进城市工业的结构升级。

（本文是作者在《求是》杂志召开的"加大经济结构调整力度"座谈会的发言稿，摘要原载《求是》杂志1997年第9期）

努力提高对外开放水平

（1997 年 9 月 15 日）

面向 21 世纪，我国经济仍将处于国际化快速发展的重要时期。以经济建设为中心，对外开放和经济体制、经济增长方式的转变一起，构成我国社会主义现代化建设跨世纪发展的主要内容。面对新的形势和任务，需要从全局和长远的高度进一步扩大对外开放，不断提高对外开放水平，积极发展开放型经济，稳步地推进我国经济国际化的进程。

一、坚持对外开放基本国策，积极发展开放型经济

（一）对外开放取得巨大成就，国民经济国际化水平明显提高。

对外贸易保持快速发展。1978—1996 年，我国外贸进出口总额年均增长 15% 以上，明显高于同期国内经济增长速度和世界贸易增长速度。1996 年我国进出口总额达到 2899 亿美元，是 1978 年的 4 倍多，占世界贸易总额的比重由 0.75% 上升到 3%，成为世界第 11 大出口贸易国。在进出口贸易总量增长的同时，我国的贸易结构也发生了历史性的变化，初级产品和制成品在进出口贸易中的比例改变为 1 比 4。这表明我国已经从一个主要依赖于农矿初级产品出口的国家，发展成为以制造业发展为基础的、主要出口工业制成品的国家，从而为未

来对外贸易的健康发展奠定了基础。

利用外资成倍增长。在 80 年代利用外资发展的基础上，1991—1996 年间，我国实际利用外资年均增长 32.1%，其中实际利用外商直接投资年均增长 57.1%。到 1996 年年底累计利用外资 3522 亿美元，其中实际利用外商直接投资达到 1772 亿美元，使用外国各类贷款 1750 亿美元。1996 年当年利用外商直接投资规模达到 417 亿美元，居世界第二位。外资投向也发生了积极的变化，总的趋势是，农业比重保持平稳，工业比重有所下降，服务业比重上升。工业中基础产业和资本技术密集型产业、服务业中基础设施和公共服务部门的外商投资增加。这些变化有利于我国调整结构，提高利用外资效益。

对外开放的区域布局趋向均衡化，全方位开放的格局基本形成。经济特区、开放区的建设和发展，形成了一批区域性经济增长中心和开放型经济发展中心，有力地带动了全国对外开放的发展。80 年代初我国华南地区率先开放，对外贸易和利用外资异军突起，带动了整个东部沿海地区对外开放的发展，形成了对外开放的第一次浪潮。进入 90 年代以后，随着上海浦东地区和沿江、沿边和沿主要交通干线对外开放的展开，内陆地区的开放程度明显提高。多元化、全方位的对外开放格局的形成，不仅有力地促进了区域经济的发展，而且对整个国民经济和对外经济的增长与素质的提高，也发挥了不可替代的作用。

（二）对外开放是推进改革和经济发展的重要力量。

对外开放促进了国内的经济发展，国外资源和市场对我国经济增长的贡献率不断提高。"八五"时期出口每增加 1 个百分点，带动 GDP 增长约 0.2 个百分点。对外贸易的发展不仅扩大了国内市场的需求，对经济增长起到了重要的拉动作用，而且对平衡国内供需关系、调节经济增长速度也发挥着日益重要的作用。在全社会总投资中，国外资本成为各部门和各地区筹措资金、实现投资扩大的一条重要途径。利用外资占国内固定资产投资的比重1996年达到19.2%，外资企业的工业产值占全国工业产值的比重达到15%，外资企业出口占全部出口的比重达到21.2%，这表明，外商投资企业的发展，对国内经济特别是工业的高速增长，同样起到了重要的推动作用。

对外开放促进了技术进步和结构调整。通过技术引进和直接利用外资，使我国企业技术设备的更新改造和产业技术的发展进一步加快。在日益开放和竞争的市场环境中，国内企业有了提高技术、改善产品质量、提高经济效益的压力和动力，带动了企业整体素质的提高，从而推动了产业结构升级。我国制造业成为经济发展和对外贸易的主导部门，制造业本身已经基本完成了以最终消费品为主的一级进口替代过程，正在向以投入品为主的二级进口替代水平升级，这一重大的结构变化是在对外开放和外资的积极参与下实现的。我国基础设施和基础产业的快速发展，以及某些新兴产业和新技术产业的成长，也都与对外开放的积极促进作用密不可分。

对外开放促进了劳动力就业和人民消费的改善。我国对外贸易和利用外资的快速发展，最初采取的是劳动力密集型为主的结构特点和发展方式，单位投资和产出吸收劳动力的水平很高，特别是在对外开放程度较高的东部沿海地区，大大缓解了就业压力。仅外商直接投资一项，到1996年年末就创造了约700多万个就业岗位。对外开放在增加劳动就业的同时，极大地改善了我国的消费市场供求状况。一方面通过增加生产能力和改善供给结构，为市场提供更多的更加丰富的消费品；另一方面通过提高居民的收入水平，引起消费结构的变化，带动消费的发展。居民消费能力的提高和消费选择余地的扩大，表明我国人民从对外开放中获得了很大的实惠。

对外开放促进了经济体制改革和经营管理水平的提高。开放是改革的重要动力之一，同时也是改革内容和目标的有机组成部分，同我国的市场化进程一起构成我国经济快速发展的重要条件。在对外开放的推动下，我国从中央到地方、从政府到企业，结合实际，形成了中国历史上从未有过的学习和借鉴国外先进管理经验的高潮，适应市场经济发展需要的体制手段、政策措施和经营管理方法被大量地引进和嫁接过来，有力地推动了我国以市场化为取向的经济体制改革，从总体上提高了我国企业的经营管理水平。

所有这些都是公认的，也是必须充分肯定的。实践证明，继续坚持对外开放的基本国策，积极利用国际资源和国际市场，是我国加快经济发展、实现现代化战略目标的客观需要。

（三）坚持对外开放基本国策就是积极面向 21 世纪的国际竞争。

坚持对外开放基本国策符合时代潮流和世界经济发展趋势。目前，世界正处在科技进步突飞猛进、经济全球化迅速发展、国际经济竞争更加激烈的重要时期，产业结构调整和市场重组的步伐加快，各国经济实力的消长与联合使世界经济格局逐步走向多极化。在这种国际大趋势下，各国要发展，就必须坚持发展开放型经济，谋求更广泛的国际合作和支持。我国的经济发展只有主动地和这一进程结合起来，善于抓住机遇，敢于迎接挑战，面向经济、科技国际化趋势，积极地走向世界，才能够不断得到发展和壮大，在竞争中迎头赶上。

坚持对外开放的基本国策，是促进国内经济发展和结构调整的需要。我国的基本国情要求我们积极开发和利用国际资源和国际市场，多层次、多样化地开展对外交流与合作，推进经济国际化发展。我国人均资源占有水平低，又是后发展的国家，发展任务重，需要解决的问题艰巨而复杂。国内外的历史经验表明，充分利用国际条件是突破各种内部制约、实现跳跃式发展的重要途径。从我国经济发展转型的需要和对外开放已经达到的水平看，对外开放进程已经进入了一个新的时期，未来将表现出发展与调整并存的特征。主要表现在，扩大利用国际市场和国际资源必须依靠结构优化升级和提高质量效益；参与国际分工必须提高层次、扩大领域和实现多元化；继续谋求国际多边和区域经济合作必须深化体制改革、相应调整政策等。也就是说，要在对外开放、推进经济国际化发展中对开放的部署作出必要调整，以适应国际经济环境变化的需要，适应国内经济快速发展和结构进一步升级的需要，使对外开放健康进行，建立起国内经济发展和对外经济发展的良性循环，不断巩固和提高我国经济在国际经济中的地位。

坚持对外开放的基本国策，必须善于在国际竞争的环境中谋求发展。未来国际竞争的核心内容是以经济和科技实力竞争为基础的综合国力的较量，大国关系和相互间力量的消长将决定国际经济环境。我国坚持对外开放的基本国策，积极参与国际化分工与合作，不可避免地要遭遇到来自于发达国家经济技术优势的压力，某些经济发展较快的发展中国家也将对我国形成竞争压力，这是无法回避的。为此，必须提高对外开放水平，立足于优化环境，完善机制，提高效益，增强国际竞争力。要充分利用我国的大国地位和大国优势，发挥市场潜力大、劳动等投入要素成本低和结构多样化等有利条件，把提高对外经济发展的素质和国际竞争能力作为扩大和深化对外开放的中心，以便在复杂多变的国际经济环境中争取主动，获得更多的经济利益。

坚持对外开放基本国策，要善于防范外部风险，增强自我发展能力。我国是发展中国家，经济技术实力不强，随着对外开放的不断发展，国内经济与国际经济的联系将会更加紧密，容易受到国际市场环境变化的影响,甚至带来严重的冲击。因此,对外开放必须坚持独立自主原则,开放的步伐必须循序渐进,要与我国经济的承受能力相适应,避免盲目性。随着对外开放规模的不断扩大,要注意进行必要的阶段性调整,集中力量解决对外经济发展效益不高、贸易条件下降和利用外资中存在的利益流失现象;注意针对外部经济风险,采取必要的措施,防止国外商品和投资对国内市场和重要行业的冲击;注意增强对外开放政策的协调性,在建立社会主义市场经济体制的过程中,使宏观调控同对外开放、贸易政策与外资政策、和对外开放密切相关的产业政策和区域政策相互配套,保持整体性和连续性。也就是说,要从实现两个根本转变的要求出发,深化外贸体制改革,转变对外经济增长方式,使对外开放由主要依靠优惠政策和数量扩张,转向主要依靠科技进步和改善管理,提高经济效益,增强国际竞争能力,最终落实到提高我国经济的自主发展能力上来。

二、以提高效益为中心扩大商品和服务的对外贸易

对外贸易的快速发展使我国经济对国际市场的依赖程度明显提高。1996 年我国进出口贸易额占国内生产总值的比重达到 35.5%,在世界上处于比较高的水平。从国际市场竞争的发展趋势看,由于我国贸易增长在结构上主要依靠劳动力密集型产品出口和价格竞争,在贸易方式上加工贸易和外资企业贸易比重上升较快,国内生产企业和专业外贸公司缺乏资金、技术、管理和服务等方面的综合竞争优势,因此外贸特别是出口发展的后劲明显不足,大宗商品的贸易条件下降比较严重,资本技术密集型产业和国有大中型企业的竞争优势和出口潜力没有充分发挥出来。为了适应国际市场的变化和国内经济发展的

需要，未来促进对外贸易发展首先要从战略上正确处理贸易增长与优化贸易结构、改善贸易条件之间的关系，保持合理的进出口贸易规模和增长速度，切实把优化结构、改善贸易条件和提高整体效益放在首要地位。

以提高经济效益为中心发展对外贸易，必须坚持以质取胜战略，不断提高我国在国际分工中的地位。首先，应把提高制成品出口结构，增加结构效益和附加价值作为外贸发展的战略重点。通过实施国际名牌战略，不断提高劳动密集型制成品的质量和国际竞争能力。通过大力引进技术、加强自主开发和国家相对集中的政策扶持，尽快形成资本技术密集型制成品的系列化出口能力，不断扩大进入国际市场的规模和范围。其次，要全面实施"大产业、大经贸"发展战略，把国内产业结构调整和升级提到参与国际分工和专业化生产的高度来抓，加快培植一批有相对竞争优势的出口产业和企业，在国家鼓励政策的支持下，重点发展大宗产品和机电产品、成套设备以及高新技术产品等高附加值产品，把以大取胜、以质取胜的战略落到实处。再次，要从长远发展的角度对我国的贸易结构做出总体安排。我国制成品出口在国际市场上的竞争优势是由我国资源贮存的特点决定的，具有长期的战略意义。对丰富的人力资源的开发利用是我国优化资源配置、制定长远发展战略的基本出发点，反映在对外贸易发展的进程中，就是要发挥这一优势进军国际市场。国际制成品市场规模巨大，结构复杂，我国目前已经在劳动密集型产品方面占有了很大份额，但要提高附加价值，长期保持，不应急于收缩；同时要加大提高人力资源素质的力度，促进人力资源与先进资本技术的结合；扩大高档次制成品出口，争取用更长一些时间，最终把我国建设成为世界制造业生产和贸易的中心。最后，要在发展商品贸易的同时积极发展服务贸易，这是扩大制成品贸易和增强贸易竞争力的需要，因此，应作为改善贸易结构的重要内容予以高度重视。

发展对外贸易必须坚持推进市场多元化战略，积极开拓国际市场。90年代以来，我国对外贸易的海外市场结构比80年代发生了很大的变化，对发达国家贸易比重下降，对亚洲国家贸易比重上升，反映出我国对外贸易对发达国家市场的依赖有所减轻，而对周边国家（地区）的市场联系加深。但从总体上看，目前发达国家和东亚市场占我国对外贸易的90%以上，市场集中程度仍然很高。因此，要坚持实施市场多元化战略，稳定发展传统市场，积极拓展新兴市场，优化海外市场结构，分散外贸风险。结合我国进出口贸易结构调整，积极发展对广大发展中国家市场的机电类等高附加价值产品出口，相应地扩大资源类产品进口，进一步开发独联体和东欧、中亚、南亚、拉美、非洲市场。要组织有关行业和大型外贸企业，制定培育外贸市场的统一规划，开发并形成具有国际竞争优势的系列贸易产品，采取国际市场的细分化和多元化战略，针对不同市场制定相应的进入对策，在扩大国际市场占有份额的同时降低市场风险。

深化外贸体制改革，加强管理，建立起和社会主义市场经济体制相适应、和国际规范相一致的对外经济管理体制。全面参与国际多边贸易体制和亚太地区多边经济合作，达到与我国经济发展水平相统一的市场准入标准，并能在影响国际"游戏规则"方面发挥更大的作用。在进一步推进对外开放的过程中，要逐步使我国对外经济体制、政策调节手段与国际惯例接轨，形成规范的经济国际化发展环境。最近国家已决定，从1997年10月1日起降低进出口商品关税税率，平均关税水平由23%降低到17%。按照加入WTO和促进亚太贸易投资自由化的安排，到本世纪末我国的平均关税水平将进一步降低到15%，达到发展中国家的平均水平，非关税措施也将有较大幅度削减，从而使我国的市场准入条件与国际标准和我国的经济发展水平统一起来。在下个世纪头十年，随着社会主义市场经济新体制的建立和我国产业竞争能力的逐步提高，我国目前支柱产业的产品进口关税和某些服务业领域的投资限制将会显著降低，人民币也将逐步成为可兑换货币，国内市场将基本上成为一个在国家宏观调控下有序运行的、开放统一的市场。

从提高国际竞争力的角度看，深化外贸体制改革应把发展大型企业集团，开展国际化经营作为重点。按照建立现代企业制度的要求，继续深化外贸企业改革，逐步推行登记制、代理制和股份制，通过资产重组、转换机制、加强管理等措施，推动外贸企业向集团化、实业化和国际化的方向发展。规模经济和技术进步是参与国际市场竞争的法宝。随着我国国内市场的进一步开放和对外经济的发展，必须逐步扭转目前小规模、低水平和分散化的经营状况，把发展外向型企业集团提到议事日程上来，通过深化外贸企业改革，理顺企业组织关系和经营关系，形成生产和贸易相结合的、具有科技和金融支持的、联结国内外市场并实现多元化经营的综合型企业集团，以便在国内市场上有效地抵御来自于国外的激烈竞争，在国际市场上更好地把握机会，统筹应对，进而明显提高我国企业国际化经营的水平，增强国际竞争能力。

三、积极合理有效地利用外资，提高利用外资质量

我国利用外资发展很快，规模迅速扩大，但仍有进一步发展的空间和余地。目前，外商投资企业工业产值占我国工业产值15%左右，如果只计算外方股权对应的部分，这一比例大约只有6%，占我国第三产业增加值的比重约为3%。因此，必须坚持积极合理有效地利用外资的方针，使之和推进我国经

济的两个根本转变更好地结合起来。

从实际效果出发，我国应该实施总体的资金运筹战略，根据国民经济发展的实际需要将国内资金与利用外资统一起来考虑，在提高资金使用效率的基础上，开辟投资渠道。首先用好国内资金。对于国外资金流入应注重质量，有所选择，合理引导，加强管理。争取每年利用外资的规模基本适度，与国内生产总值同步增长。要着重加强对引进技术的消化、吸收和创新，将利用外资的重点放在引进有一定技术含量的跨国公司的产业资本上，并将这一重点同国有大中型企业的改造和改组结合起来，提高利用外资的结构水平和技术档次。针对我国目前外债水平不高和外汇储备比较丰富的实际情况，合理安排债权和股权等不同的利用外资方式，在规避债务风险的前提下，对于高盈利行业和支柱产业可多利用国外贷款进行技术引进，以补充外债使用过分集中于低盈利行业和低创汇行业之不足，同时缓解外商直接投资对高盈利行业带来的冲击。在逐步扩大开放外商投资领域的同时，加强引导和管理，切实落实各项政策和法规，将优化结构和提高效益，贯彻到利用外商投资工作的全过程，并做到系统化和规范化。

利用外资要在继续扩大开放投资领域的同时，注重引导投资结构。要继续鼓励外商投资农业、基础产业、面向出口的制造业和代表未来发展方向的新兴产业。一般加工业利用外资应把工作重点放在调整结构、提高技术引进水平、培植我国自己的著名品牌和自主技术开发能力上。服务贸易领域要通过试点，稳妥、有序地逐步对外商投资开放，对外商投资于房地产业和金融证券业应有所控制，适度发展，避免出现过度投机风险。

利用外资必须贯彻以市场换技术的方针，强化管理，不断提高技术含量和整体效益。目前，利用外资已不单纯是规模或速度问题，更重要的是质量和效益问题。无论是采取债权还是股权的方式，在国内储蓄率明显高于投资率的情况下，利用外资的成本都会提高。从长期的利益关系看，利用外商直接投资的利益外流和经济风险更大，在这种情况下，如果外资流入能够真正带来技术、管理和市场，便可以达到一种利益的平衡。也就是说，我们让出部分市场和利益的出发点必须是获得高质量的外资。为此，要遵循以市场换技术的思路，按照发展社会主义市场经济和逐步落实外商投资国民待遇的要求，统一利用外资政策，加强依法管理，促进市场公平竞争。要强化各级政府和各类企业在利用外资方面的质量和效益观念，增强利益约束机制和风险约束机制，把利用外资与实现两个根本转变结合起来。

利用外资不仅要引进来，也要走出去，到国际市场上进行投资，直接利用国际资本、技术和资源。在国民经济和对外贸易与资本流动快速发展的过程中，对外开放将不可避免地会发生阶段性变化，资本和生产的国际化程度将会不断提高。为了适应这一发展趋势，我国必须主动地、有意识地发展对外投资和跨国经营。虽然我国国内经济发展对资本的需求会在相当大的程度上继续制约对外投资的发展，世界各国对国际资本的竞争也将更加激烈，因而我国也还不具备开展大规模跨国生产的条件，但是我国对外投资仍需要有较大的发展。因为不这样，就很难适应国际竞争和外贸持续发展的需要，保持国际收支平衡和结构改善。

我国对外投资已进入稳定成长期，形成一批具有一定国际竞争实力的跨国公司和跨国经营企业，在国际上主要的区域市场和我国稀缺资源的产地初步建立起销售网络和生产供应体系。从扩大利用国际市场和国际资源的角度看，应把扩大利用国内稀缺的战略性自然资源、获取先进技术和占领国际市场作为对外投资的重点。我国的资源短缺状况将随着人口的增加和工业化的发展逐步加重，要解决这一矛盾，只有依靠科技进步和进口部分资源。在扩大对外开放、推动各类生产要素跨国流动的过程中，必须对国际资源和技术的需求优先安排好，这既是增强国内经济发展后劲的需要，也关系到国家的安全利益。

四、进一步优化对外开放的区域布局，办好经济特区和上海浦东新区

在相当长一段时期内，优化对外开放布局仍然是一项重要的战略任务。应继续发挥经济特区和上海浦东新区的龙头作用，在沿海地区开放和发展调结构、上档次、上水平的基础上，加大中西部地区的开发开放力度，逐步向统一区域对外开放政策和实现均衡开放布局的方向发展。目前对外开放和经济国际化进程在地区之间发展是不平衡的，东部沿海地区和内陆地区在一定程度上已经形成了发展中国家开放过程中经常出现的二元结构，这对于整个国民经济的协调发展是不利的。但是，我国地域辽阔，差异大，向均衡开放的目标调整需要有一个历史过程。现阶段，应从各地经济发展的实际出发，充分发挥自身独特的优势，在对外开放深入发展的过程中，按照全国生产力合理布局的要求，形成地区之间的相互关联和有效配置，避免对外开放在内容、结构和模式上过于重复和过度竞争，实现区域间相对的专业化、多元化和相对均衡化。

经济特区、上海浦东新区和其他沿海开放区在体制创新、产业升级、扩大开放等方面应走在全国的前列。这些外向型经济区的开发和建设，是建立在原有经济技术基础、特定的区位优势和国家优惠政策的基础之上的，同特殊的历史环境和使命需要联系在一起。根据国际经验，在新的形势下，经济特区和

开放区的发展有赖于在结构、体制、管理和功能方面形成新的特色，从而发挥已有基础的作用，实现新的飞跃。新特色的基本点是专业化发展，即在结构上突出产业分工，有所侧重，互为补充，避免趋同化；在功能上强化专业属性，围绕不同类型区域在功能特色和联系范围上所应有的区别，进行专业化配套和完善，形成不同的优势，各得其所。

按照建立社会主义市场经济体制和与国际经济互接互补的要求，经济特区和上海浦东新区应在体制创新上率先垂范，加快转变政府经济职能和建立现代企业制度的步伐，规范和完善市场体系和市场调控与管理机制。加快产业结构调整、优化和升级的步伐，改造和转移一般加工工业；积极发展高新技术产业和新兴制造业，建立具有强大服务功能和辐射能力的第三产业，带动区域和全国经济的发展。通过转换机制、强化管理和优化结构，进一步提高对外开放的水平，继续发挥窗口和实验区的作用，在市场开放方面创造新经验。整个沿海地区的对外开放要继续发挥两个扇面的辐射和带动作用，即通过提高结构水平和自身的经济素质，进一步开发国际市场；通过资金、技术和产业的转移，以及加强与内陆地区的横向经济联合与协作，带动国内经济发展。

从区域开放合理布局和统一市场体系的需要出发，统一对外开放的地区政策，转向实施规范的产业倾斜政策，逐步实施国民待遇原则，是大势所趋。在逐步走向均衡开放的过程中，广大内陆地区应从现有的资源优势、区位特点和产业基础出发，进一步转变观念，深化经济体制改革，加快结构调整步伐，大力培植本地区的主导产业和新的经济增长点。要把优化投资环境和开发人力资源作为开发开放的战略举措，强化内引外联，为吸引更多的国内外投资创造条件。要主动地把区域开发开放融入到全国整体开放的布局中去，充分利用长江黄金水道的有利条件和三峡工程建设的契机，扩大长江流域地区对外开放；充分利用横贯东西南北的欧亚大陆桥和京九铁路，加快沿线地区开发开放的力度；充分利用东北亚和澜湄次区域合作的机遇，推动我国东北地区和西南地区进一步融入国际市场。国家和全社会都应支持内陆地区的开发开放，中央政府的投资和重点项目的建设应按产业政策的优先原则，注意向内陆地区倾斜；关系到内陆地区投资环境改善和主导产业成长的项目应享有必要的政策优惠；国内外资源向内陆地区流动或与内陆地区合作进行资源开发应得到政策的鼓励。主要通过内陆地区自身的努力，加上国家必要的支持和沿海地区以及全国各地的大力协作，把内陆地区对外开放和经济发展提高到一个新的水平。

（本文原载《把建设有中国特色社会主义事业全面推向 21 世纪——学习党的十五大报告》，王梦奎、林兆木主编，言实出版社 1997 年 9 月出版）

亚洲金融危机对我国经济的
影响和对策建议

（1998 年 1 月 8 日）

1997 年 7 月以来，亚洲发生严重金融危机，泰国、马来西亚、印度尼西亚和菲律宾等国货币大幅度贬值。此后，危机迅速波及到韩国、日本等国，特别是韩国经济陷入前所未有的困境。从目前的情况看，这一场危机还没有结束，元旦刚过，泰国、马来西亚、印度尼西亚的货币又开始新的大贬值。国际货币基金组织等国际经济组织认为，这场危机何时结束，下一步如何发展，还需要进一步观察。

一、亚洲金融危机对我国的影响

这场危机已经开始影响世界经济的走势，我国到目前为止还没有受到大的、直接的冲击。但是，从形势的发展看，这场危机对我国 1998 年的经济形势将会产生一定程度的影响，尤其是对出口增长和沿海地区经济发展的影响将会更大一些。

首先，全球经济和贸易增长速度将明显放慢，我国出口将面临总体上趋于收缩的国际经济环境。

其次，我国一些主要贸易伙伴国，经济和进口增长将明显放慢，对我国产品的进口需求减少。

第三，金融危机涉及的相关国家和地区将出现市场需求紧缩，进口总量减少的局面，影响我国对这些国家的出口。

第四，东南亚国家产业层次和出口的商品结构、地区结构与我国大体相同，存在直接的竞争关系。1997 年 7 月以来，泰国、印尼等国货币贬值幅度都在 50% 以上。我国政府已对国际社会作出承诺，保持人民币币值稳定。因此，我国面临东南亚国家在出口商品价格方面的巨大竞争压力。

我国是出口依存度较高的国家，出口对带动经济增长发挥着重要作用。根据对国际经济环境变化趋势的分析，受亚洲金融危机的影响，我国 1998 年出口增长比 1997 年将明显放慢。我院研究人员估计，1998 年我国出口增长率将比上年下降 15 个百分点以上，金额将高达 300 亿美元左右。国外有关机构也预测，1998 年我国出口将出现零增长，从而使经济增长率比上年降低 2 个百分点。从地区经济看，广东、福建、上海、江苏、山东等东部省市是外向型经济，出口依存度比较高，这些地区出口占全国出口比重很大，因此将受到比较大的直接影响。特别是广东省，出口占全国出口总额 40% 左右，多数出口商品与东南亚各国有直接的竞争关系，面临的冲击会更大。其中劳动密集型产业将面临严重的困难。

此外，亚洲金融危机也将影响到我国利用外资的国际环境。全球资本流动的规模明显趋缩小，我国利用外资的难度增加。

二、我国对外经济发展的环境和面临的问题

目前，我国对外经济发展的内外部环境正在发生一些新的变化，从而对外贸发展和利用外资提出了许多新的课题。

1. 中国国内市场总体上已经成为买方市场，开发国际市场的需要进一步上升。虽然通过深化改革和调整产业结构，

国内在技术产品、汽车和住房等耐用消费品和农村等市场方面仍有巨大的潜力，但是，从潜在需求转化为现实需求的制度条件和收入水平条件看，还需要有一段时间。而从供给能力特别是现阶段竞争素质比较强的一般制造业的供给能力看，国内大部分市场是饱和的。通过调整，压缩或减少部分过时和过剩的供给能力是必要的，如果考虑到经济增长和解决就业的实际需要，恐怕大部分应该通过改组改造上水平，继续扩大出口。

2. 国际经济结构调整加快，竞争进一步加剧。各国已经普遍地认识到了结构调整的重要性，并把它作为主动适应经济全球化趋势和信息高科技竞争的战略基础。结构调整首先是产业结构的优化升级，同样重要的是保证产业发展的体制和管理结构的高效率，作为各国结构调整的结果必然是世界市场结构的重组。应该说，中国面临的结构调整任务比其他国家更为复杂和繁重，必须预先谋划，及早实施，加大力度，常抓不懈，这直接关系到未来中国经济在国际上的竞争地位。

3. 我国宏观经济稳定，物价水平低，有利于扩大出口，但汇率相对升值又增大了出口的压力，相比之下，短期内抑制出口的因素增强。1997 年，中国消费价格指数已接近发达国家 2.3% 的平均水平，明显低于发展中国家 8.9% 的平均水平。自 1994 年人民币汇率并轨以来，一直呈升值趋势，前两年通货膨胀率很高，实际汇率升值很快。1997 年通货膨胀因素带来的升值因素基本消失，但人民银行公布的人民币兑美元汇率仍有小幅上升。综观亚洲地区主要货币 1997 年对美元汇率的表现，贬值是普遍的，贬值幅度也是很大的。上述价格和汇率的变化，无疑将在短期内对我国外贸的发展构成一定的制约。

4. 我国出口在发达国家市场和亚洲市场上均面临新的挑战，面临着稳定传统市场和开发新兴市场的双重任务。我国对发达国家市场的出口主要面临政治因素的干扰、贸易保护主义的阻碍、贸易不平衡性扩大和反倾销措施的限制等制约；在亚洲市场上，主要贸易对象因为应对金融危机实施经济紧缩政策，进口将会减少，而汇率贬值将使其出口竞争力提高。只有加大综合性的外贸促进措施，才能够稳定我国在这些传统市场上的份额，同时积极开发除此之外的其他新兴市场，保证整个外贸的持续稳定增长。

5. 我国国际收支连年顺差，外汇储备迅速增加，急需结合国内经济发展的需要调整国际收支结构。与前两年不同，1997 年我国经常项目特别是贸易项目的顺差进一步扩大，资本项目的顺差将会有所下降，从而引起外汇储备规模继续攀升。值得注意的是，相对于国内经济发展和结构调整的需要，进口特别是技术、关键设备、重要原材料的进口规模偏小，增长偏慢；相对于国内储蓄率较高、投资率下降和资金过剩的情况，资本项目的连年顺差也有排挤内资之嫌。因此，在优化结构和提高效益的基础上调整国际收支结构，适当增加国内需要的进口，适当平衡内资、外资与对外投资的配置，将是十分必要的。

6. 经济国际化和外部经济风险增大已经成为一对现实的矛盾，处理好这一对矛盾不仅是短期政策需要考虑的问题，更重要的是对长期战略和制度创新提出了新的更高的要求。

三、1998 年中国对外经济发展目标和政策建议

1. 按照国内生产总值增长 8% 的目标，合理确定对外贸易和利用外资规模，保持适度增长。预计实现外贸进出口总值达到 3400 亿—3500 亿美元和利用外资规模 620 亿—640 亿美元的发展目标是可能的和适宜的，符合各方面平衡的需要。1997

年外贸特别是出口的增长是在上一年较低速度的基础上、主要依靠兑现出口退税和降低利率等缓解资金紧张的措施取得的，1998年由于国际环境的变化，外贸面临的形势将会更加严峻，难有较大幅度的增长。从利用外资的情况看，在国内投资意愿并不十分强烈、国际资本市场不稳定的形势下，1998年保持与上一年基本相同的规模或略有增加是比较合理的。应首先激活和用好国内资金，保持外资和内资的动态平衡，提高资金的综合运筹能力和效率，对于结构调整时期外资流入速度放慢也应视为正常现象。

2. 以促进和改善出口为目的，增加必要的进口，减少贸易顺差。外贸发展的经验表明，只要我国经济的增长速度回落，贸易的收支状况就会改善。在现阶段仍然实行适度从紧的财政金融政策和结构调整力度加大的条件下，适当增加进口是必要的。从国际市场环境看，贸易项目长期顺差过大，不符合我国作为发展中国家需要扩大利用国际资源的现实，逐步改善与主要贸易伙伴国的贸易平衡关系有利于优化对外经济发展的环境。只要合理地把握进口结构，使进口有利于国内产业发展和素质提高，反而可以促进出口能力的增长。

3. 采取深化进口结构调整政策，鼓励有较高技术含量、国民经济装备产业急需、符合国内需求结构变化的产品进口。运用减免进口关税和进口环节税、提供优惠进口信贷、将进口鼓励政策与竞争政策挂钩等措施，引导企业积极引进和消化吸收国际先进技术、设备，促进技术改造和技术进步，提高企业国际竞争能力。可以将这种进口鼓励政策与国有企业的改革和改造结合起来，与国有资产的重组和发展大型企业集团结合起来，特别应支持那些赢利的、出口潜力大的和市场销售高成长性的企业。

4. 采取提高出口竞争力的鼓励政策，把重点放在新产品、高附加值产品和出口到新开辟市场的产品上。这些政策包括支持性出口信贷、加强国际商情服务、高效产品出口零税率等，同时配合实施出口产品的系列化战略和市场细分化战略，积极地有针对性地拓宽国际市场，逐步提升出口结构，实现多层次和多样化。

5. 继续保持和维护人民币汇率的稳定，巩固宏观调控的成果，促进产业和贸易结构的调整。我国经济发展需要宏观经济环境的稳定，以便集中力量进行经济结构调整，在这种形势下降低人民币汇率是不适宜的。从 1994 年汇率并轨到目前逐步升值的变化过程看，我国对外贸易一直保持顺差，利用外资也逐年扩大，没有依靠汇率贬值促进对外经济发展的现实需要。这些年来，对外经济发展中存在的主要问题是结构水平低和管理不规范带来的效率不高的问题，这显然不是通过汇率贬值能够解决的。即使应对目前许多国家和地区货币对美元贬值的冲击，我国也应把主要的措施放在依靠产业政策和贸易转移支付政策等着重于结构调整的政策上，而不应该仅仅依赖于结构效应比较差的汇率贬值政策。与东南亚国家相比，我国的出口产品更加多元化，利用外资以直接投资和长期贷款为主，人民币还没有实现自由兑换，出现与这些国家相同形式金融危机的可能性不大。提高出口的竞争力，可以充分利用国内市场潜力较大的回旋余地，通过调整产业结构、促进沿海和内地之间的产业转移和改善管理等内部挖潜的办法，逐步加以解决。

6. 适当调整利用外资方式，扩大贷款引进技术的比重。为了促进我国的经济结构调整，需要加大技术引进的力度。以利用外商直接投资的方式引进技术是有效的，但也存在一定的局限性，也就是说，以市场换技术能换来多少技术，换来什么样的技术，让出的市场有多大，成本有多高，这些都是应该考虑的。外商直接投资有强化投资地比较优势、阻碍结构调整的倾向，有导致过多利益外流和形成技术控制之嫌，而这些恰恰是利用国外贷款对借款国有利的地方，国外的经验和我国80年代与90年代利用外资方式的比较也都证明了这一点。就目前我国的利用国外贷款与直接投资的比例关系、债务负担和贷款结构与投向的情况看，完全有条件在高新技术领域、支柱产业等结构调整急需、市场利润较高和出口能力较强的行业，适当多利用一些国外贷款，加强技术引进，减少对国外的依赖。这样做，不仅可以减少市场损失和利益外流，减轻外部对国内市场的冲击和压力，而且也有利于优化利用国外贷款的使用，增加赢利和创汇，提高还款能力，从长远看，更有利于促进技术进步，调整产业和贸易结构，提高国际竞争能力。

7. 强化外资来源的监控，引导外资投向。墨西哥和亚洲金融危机给我们的直接启示是，监控外资来源非常重要，不同的外资对国内经济的作用和带来的风险是不同的。我国现阶段应鼓励产业资本投入，控制金融资本和商业资本投入；鼓励技术含量高的大资本投入，主要运用市场公平竞争手段控制小资本投入；鼓励着重于发展的长期资本投入，控制投机性很强的短期资本投入。应抓紧围绕"三鼓励、三控制"的引资原则，制定相应的外资来源筛选机制和统一的调控政策，从源头上保证利用外资投向的合理性。在此基础上配合实施已经出台的相关产业政策和外商投资产业指导目录，切实把利用外资在结构和质量上的鼓励、限制和禁止措施落到实处。

8. 适当扩大对外投资规模，带动外贸发展，促进利用外资水平提高。对外投资应着眼于获得技术、市场和资源，增强我国对外经济发展的双向综合运筹能力。可抓紧考虑加大对俄罗斯和中亚国家石油与天然气资源开发的投资，开辟能源长期安全供给的新渠道；扩大对东南亚土地、森林和矿产资源开发的投资，利用其货币贬值，提高对外投资的比较利益，加快大西南开发开放和进军东南亚、南亚新兴市场的步伐，创建稳定、可靠的周边市场环境。

（本文是作者参加对外经济贸易部部长吴仪同志主持的关于外贸形势与对策的专家座谈会的发言稿）

中国跨世纪经济发展和改革开放

（1998 年 1 月 21 日）

一、中国面向 21 世纪的经济发展战略

中国从 1979 年实行改革开放政策以来，国民经济快速发展，经济体制发生了深刻变化。19 年间 GDP 年均增长速度为 9.9%，其中 1991—1996 年达到 11.6%，是中国历史上经济增长最快的时期。1997 年中国 GDP 达到 74772 亿元，按可比价格计算为 1980 年的 5.1 倍。经济结构的变化显著：农业得到加强，粮食产量由 3048 亿公斤增加到 4925 亿公斤；基础设施和基础产业对经济发展的"瓶颈"制约得到很大缓解；主要生产资料和消费品已初步形成买方市场，服务业发展较快。1997 年中国三次产业的比重初步计算为 19.5∶49.9∶30.6，非农产业劳动力就业比重达到 50% 以上，整个经济结构正在朝着工业化和现代化方向转变。

中国经济社会发展取得的成就证明，邓小平先生创立的建设有中国特色社会主义理论和改革开放路线，是完全正确的，它使中国经济发展走上了一条适应本国国情、符合人民意愿、顺乎时代潮流的道路。目前，中国经济继续保持着良好的发展态势，"九五"计划实施的前两年初步呈现出"高增长、低通胀"的良好势头。1996 年的经济增长率是 9.6%，商品零售物价指数为 6.1%。1997 年经济增长率预计 8.8%，商品零售物

价指数1%左右。同时，我们也清醒地看到，发展中还存在许多需要认真解决的问题，如加快科技进步和产业结构调整、工业化和体制转轨过程中劳动力的转移及就业、经济快速增长与可持续发展的关系等。我们必须在较长时期内作出不懈努力，逐步解决这些问题。

1997年9月，中国共产党召开了第十五次全国代表大会，进一步明确了中国跨世纪发展的纲领、路线和方针、政策。到本世纪末，中国将全面实现第二步战略目标，人均国民生产总值比1980年翻两番，基本消除贫困，人民生活达到小康水平，初步建立社会主义市场经济体制。下个世纪头十年，预计中国经济将保持年均7%左右的增长速度，在经济体制改革、优化经济结构、发展科学技术和提高对外开放水平等方面，将取得新的重大进展，使国民经济整体素质有较大提高，为下个世纪中叶实现第三步战略目标，即基本实现现代化打好基础。

中国实现跨世纪发展目标的基本思路是：

1. 保持国民经济持续快速健康发展。中国经济发展所处的阶段和资源状况决定了中国必须也有可能在较长时期内保持较快的经济增长速度。中国目前仍有70%的人口居住在农村，有近50%的劳动力从事农业生产，整个经济仍处在工业化和城市化的进程之中，蕴涵着快速发展的潜力和要求。中国的居民储蓄率仍然保持在40%左右的高水平上，有条件支持8%左右的经济增长率。从发展的实际需要和可能出发，中国将继续实行稳中求进、适度增长的宏观经济政策，坚持适度从紧的财政政策和货币政策，将通货膨胀率控制在5%以下，为改革开放和经济发展创造稳定的宏观经济环境。

2. 调整、优化产业结构，提高国民经济整体素质。中国已经建立起了比较完整的工业体系和国民经济体系，但是，农业的基础不够稳固，工业的整体技术水平不高，第三产业的比重较低，产业结构、企业结构不合理的矛盾突出。必须适应科技进步和国内外市场需求变化的趋势，大力调整、优化产业结构。继续加强农业，立足于国内生产满足对农产品的基本需要；加大对传统工业调整和改造的力度，积极发展新兴产业和高技术产业，推进国民经济信息化；加快发展第三产业，使其在带动经济增长和提高经济素质方面发挥更大作用。

3. 实施科教兴国战略，大力发展科技教育事业。世界科学技术迅速发展和中国科技水平落后的反差，要求我们必须把加快科技进步和发展教育放在关键地位，通过深化科技、教育体制改革，进一步加强科技开发和人才培养，着重解决经济发展的重大和关键的技术问题。中国具有人力资源的巨大优势，主要的问题是要提高劳动者的素质。我们正在大力普及九年制义务教育，积极发展各种形式的职业教育、成人教育和高等教育，将普遍提高劳动者素质和培养高水平的专门人才更好地结合起来。

4. 实行可持续发展战略。中国人口已达 12.3 亿，每年还将增加 1300 万人左右，对发展经济和保护资源、环境的压力都很大，必须坚定不移地实行可持续发展战略，正确处理人口增长、经济发展同保护资源、环境的关系。中国把计划生育和保护环境作为基本国策，坚持资源开发和节约并举、把节约放在首位的资源利用方针。中国正在积极地实施以可持续发展为目标的 21 世纪议程，到 2010 年，人口将控制在 14 亿以内，资源利用效率明显提高，环境恶化状况得到基本控制。

二、以建立社会主义市场经济体制为目标的改革

过去 19 年的改革已使中国的经济体制和经济运行机制发生了深刻变化，企业活力增强，市场机制在资源配置中发挥越

来越重要的作用，符合市场经济发展要求的宏观调控体系框架基本形成。我们改革的目标是建立社会主义市场经济体制，使市场在宏观调控下对资源配置发挥基础性作用。也就是要建立规范、统一和开放的市场体系，使企业成为产权明晰、政企分开、权责统一、管理科学的市场主体，政府主要通过经济和法律的手段对经济运行进行间接调控。

目前中国经济体制改革进入了攻坚阶段。按照中共十五大确定的方针，今后将在调整所有制结构、推进以国有企业改革为中心的各项改革方面，取得新的重大进展。

关于调整所有制结构的基本思路和政策取向：

一是提出公有制为主体、多种所有制经济共同发展，是中国社会主义初级阶段的基本经济制度。强调这是必须长期坚持的基本制度，重申公有制仍是中国经济制度的基础，同时提出私营经济、个体经济和外资经济等非公有制经济，是中国基本经济制度的重要组成部分。我们的根本出发点，是坚持以经济建设为中心，促进生产力更快地发展。因此，一切有利于发展生产力，有利于增强综合国力，有利于提高人民生活水平的所有制形式，都可以而且应该用来为发展经济服务。

二是提出全面认识公有制经济的含义。公有制经济，不仅包括国有经济和集体经济，而且包括混合所有制经济中的国有成分和集体成分。坚持公有制为主体，并不意味着以国有经济为主体，也不意味着公有制经济在国民经济中的比重越大越好。公有制的主体地位主要体现在：公有资产在社会总资产中占优势；国有经济控制国民经济命脉，对经济发展起主导作用。这是就全国而言，有的地方，有的产业可以有差别。公有制经济占主体，既要保持量的优势，更要注重质的提高。

三是提出公有制实现形式可以而且应当多样化。一切反映社会化生产规律的经营方式和组织形式都可以大胆利用。要努力探索能够促进生产力发展的公有制实现形式，包括从实际出发发展股份制企业和股份合作制企业。

关于推进国有企业改革的基本思路和政策取向：

一是对国有经济布局进行战略性调整。在关系国民经济命脉的重要行业和关键领域，国有经济要继续占支配地位。在其他一般性的领域，要通过资产重组和结构调整，着力加强重点，提高国有资产的整体质量，或采取放开和退出的办法，使非国有企业在这些领域发挥更大作用。

二是对国有企业进行资产重组。按照建立现代企业制度即股份公司或有限责任公司的要求，通过联合、兼并、破产、收购等形式，实行资产联合，集中力量发展一批大型的跨地区、跨行业、跨所有制的企业集团。对于量大面广的国有中小企业，要通过多种方式进一步放开搞活。目前股份制和股份合作制已成为中国企业的重要组织形式。现有一万多家股份公司，其中700多家上市公司，总产值达2300多亿元，总市值达16000多亿元。中国农村实行股份合作制的企业有300多万个，主要是原来集体所有的资产或企业折股到劳，实行股份合作制。城市实行股份合作制的企业有16万个，国有小企业改革比较多地采取这种企业组织形式。

三是对国有企业的债务负担和多余人员实行综合治理。目前正在一些城市进行综合改革的试点，已经取得了许多成功的经验。具体做法包括：建立不良贷款准备金用于破产企业的债务重组；实行多兼并、少破产的鼓励政策，千方百计拓宽就业门路，加强职业培训，帮助下岗职工再就业；加快建立社会保障制度等。

四是把国有企业改革同资产重组、技术改造、加强管理结合起来。包括鼓励、引导企业和社会的资金投向设备更新改造，形成面向市场的新产品开发和技术创新能力；探索符合市

场经济要求和中国国情的企业领导体制和组织管理制度；建设
高素质的企业经营者队伍，形成有效的激励和制约机制等。

三、对外开放和中国经济的国际化进程

中国经济的快速增长，是同实行对外开放、发展开放型经
济分不开的。19 年来，中国进出口贸易年均增长 15% 以上，
明显高于同期国内经济增长速度和世界贸易增长速度。1997
年中国商品进出口总额初步统计达到 3200 亿美元，约为 1978
年的 15.5 倍，占国内生产总值的比重由 9.8% 上升到 35% 左
右；占世界贸易总额的比重由 0.75% 上升到 3%。1997 年年
底国家外汇储备达到 1400 亿美元。贸易结构发生了重大变化，
初级产品和制成品在进出口贸易中的比例约为 1 比 4。

1997 年年底中国累计利用外资近 3500 亿美元，批准外商投
资企业近 30 万家，当年利用外资 620 亿美元，利用外资占国内
固定资产投资总额的比重为 18%，其中利用外商直接投资 430
亿美元。中外合资企业等混合经济，已占国内生产总值的 20%。
外资投向也发生了积极的变化，基础设施、基础产业和资本技
术密集型产业以及服务业的外商投资正在稳步增加。

全方位对外开放的格局基本形成，不仅有力地促进了区域
经济的发展，而且对整个经济增长和素质提高，发挥了不可替
代的作用。国际经济技术合作已经成为中国经济的一个重要组
成部分。国外资源和国际市场对中国经济增长的贡献率不断提
高。外资企业的工业产值占全国工业产值的比重达到 15%，
外资企业出口占全部出口的比重达到 21%。

为了适应国际市场的变化和国内经济发展的需要，中国将
继续推进全方位、多层次、宽领域的对外开放。在对外贸易方
面，将保持进出口贸易合理的规模和增长速度，把优化贸易结

构、改善贸易条件和提高整体效益放在首要地位。预计到2000年，贸易额达到4000亿美元，增长速度仍将略高于经济增长速度。轻纺类劳动密集型产品出口主要是提高质量和档次，增加加工深度和附加价值，同时进一步提高机电类资本技术密集型产品出口的比重。要重点增加国内紧缺商品、关键技术设备和高新技术设备进口，逐步缩小贸易顺差。

中国将继续扩大利用外资规模，提高利用外资水平。根据国民经济发展的实际需要将国内资金与利用外资统一起来考虑，开辟更加广泛的筹资和投资渠道。我们坚持以市场换技术的战略，将利用外资的重点放在引进有一定技术含量的产业资本上，并同国有大中型企业的技术改造和资产改组结合起来，提高利用外资的结构水平和技术档次。同时，进一步加强引导和管理，落实各项政策，严格执行有关法规。继续鼓励外商投资农业、基础工业、面向出口的制造业和新兴产业。中国利用外资不仅要"引进来"，也将"走出去"，到国际市场上开展投资合作，发展跨国经营。

目前中国对外开放和经济国际化进程在地区之间的发展是不平衡的，东部沿海地区和内陆地区在一定程度上已经形成了发展中国家开放过程中经常出现的二元结构，这对于整个国民经济的协调发展是不利的。中国将从各地经济发展的实际出发，充分发挥各地区的比较优势，按照全国生产力合理布局的要求，形成产业相互关联、功能有效配置的区域经济开发开放格局，实现区域间相对的专业化、多元化和均衡化发展。从区域开放合理布局和统一市场体系的需要出发，统一对外开放的地区政策，转向实施规范的产业倾斜政策，逐步实施国民待遇原则。

中国经济的快速发展和国际化程度的不断提高，使中国市场成为世界市场的一个最具吸引力的组成部分，成为推动亚洲和世界稳定与发展的重要力量。世界各国开展对华投资和经贸合作具有广阔前景，各国企业特别是跨国公司在中国可以找到广泛的合作机会。本世纪的最后五年，中国将新增电力装机8000万千瓦，新建铁路8000公里，高速公路4000公里，光纤通讯线路10万公里，新增电话交换机8000万门。在"九五"计划的后三年（1998—2000年）进出口总额预计约1.1万亿美元，固定资产投资总额预计将达到1.2万亿美元。在大规模的经济建设中，有相当数量的资金、技术、设备要从国外引进，进行合资、合作，这将成为加强中国和世界各国经贸合作的良好机遇，也是中国对世界经济发展可以作出的贡献。

面向21世纪，中国将以更加积极的姿态走向世界，承担起应有的责任，为开展国家、地区间的经贸合作创造更好的市场条件和政策环境。我们将继续深化外贸体制改革，全面参与国际多边贸易体制和亚太地区多边经济合作。在进一步推进对外开放的过程中，逐步使中国对外经济体制、政策调节手段同国际惯例接轨。我国将按照对世界贸易组织作出的承诺，有计划有步骤地降低关税。到本世纪末，关税税率降到发展中国家的平均水平。从今年起对国家鼓励发展的外商投资项目进口设备，在规定的范围内免征关税和进口环节增值税。同时，将加快能源、交通、重要原材料以及电子、汽车、石化等基础设施和基础产业的对外开放步伐，有步骤地开放金融贸易等服务领域，健全涉外法规体系，提高贸易体制透明度，保护知识产权，实行国民待遇。这些举措，将进一步改善中国的贸易和投资环境，提高中国市场的吸引力和竞争力，从而也会有利于各国企业家来华投资和开展经贸合作，共同促进经济发展。

（本文是作者在日本东京召开的面向21世纪中、日、美三国关系国际研讨会的演讲稿）

正确实施发展企业集团战略

（1998 年 3 月 15 日）

以资本为纽带，通过市场形成有较强竞争力的大型企业集团，对推进国有企业战略性重组和促进国民经济发展都具有重要的意义。发展大型企业集团，要从我国国情和现阶段经济发展的实际出发，并注意借鉴国际经验，正确加以引导，避免走弯路。首先，发展大型企业集团要立足于市场配置资源的原则。发展企业集团必须以企业为主体，按照市场规律办事，不能搞行政性的"拉郎配"，依靠行政力量扶持。国有企业的战略性改组，实质上是国有产权、国有资源的重新配置，而市场配置的主体应当是企业。调整结构、重组企业现有的生产能力，应体现企业自愿原则。要不要并购，并购什么样的资产或企业，应由并购方企业根据成本效益原则自行决定。政府直接决定企业的合并，往往不能详细计算合并的成本和收益，甚至还会把一些非经济因素考虑在内。而且，由政府作为企业改组的主体，也不利于企业的机制转换。因为，既然是政府把企业组合在一起，那么，重组过程中出现问题，首先就要找政府解决，从而使得企业改组的后期成本较高。

我国在 60 年代组建过一些托拉斯，改革开放以来，靠行政力量也组建了不少企业集团，总的看来，都不太成功。目前，有的部门或地区在改组国有资产、组建企业集团时，没有认真考虑和听取企业的意见，这样组建起来的企业集团很难有生命力。国际上有的国家靠行政力量扶持起来的企业集团，出了很多的问题，我们应当引以为戒。

其次，发展大型企业集团，要选择正确的发展道路，不能盲目求大求快。企业集团的发展有两个路子：一是凭借自己的技术优势、资金优势和管理优势，巩固现有产业，同时向相关产品、相关产业发展；一是通过资产购并、重组，利用社会资源，向外扩张。目前，有的企业集团、政府部门和地方政府，过分强调企业规模的扩大，认为靠第一个路子发展太慢，短期内无法进入世界 500 强，因而强调第二个发展路子。为此，一些企业集团在行业内外大规模扩张，把一些没有什么优势的企业也兼并过来，政府则实行"拉郎配"，或者把整个行业成建制地变成一个大公司、大集团，而忽视了企业集团的内涵。这样做的结果很可能不仅救不活现有的危困企业，反而把核心企业、好企业拖垮了。国际上已经有这样的教训。

第三，发展大企业集团，要确立恰当的发展战略，巩固主业，切忌盲目扩张。目前，国内外市场竞争非常激烈，任何一个企业都无法指望一项产品长期占领市场，长久发展，多元化经营则可以产生互补效应，分散企业风险。因此，国际上很多跨国公司都实行了多元化经营战略。例如美国，本世纪特别是 60 年代以来，多元化经营战略逐渐普及，促进了企业集团的发展壮大。但是也应当看到，多元化经营不一定会减少企业的经营风险。因为多元化经营涉及的领域较多，企业的分支机构也会很多，需要集团总部进行大量的协调活动，从而拉长了决策链条。总部的管理人员可能没有时间熟悉所有产品的专门知识，无法运用既有知识恰当评价所有经营单位提出的建议与业绩。特别是如果一个企业不熟悉所进入的行业，对购并对象不甚了解，往往难以做出明智的决策，这样反而会加大风险。一般说来，与在同行业的兼并相比，对其他行业、特别是对无关行业进行兼并，成功率很低。因此，企业集团必须选择恰当的发展战略，实行适度的多元化，特别是应首先确立主要产品、产业在市场上的优势，形成自己的特色。否则，很可能因投资过分分散，在哪一个行业都不占优势，从而导致经营失败。

（本文是作者在《求是》杂志召开的"加快国有企业改革"座谈会上的发言，原载《求是》杂志1998年第8期）

亚洲金融危机的成因及其对我国的启示

（1998 年 4 月 20 日）

一、1997 年亚洲金融危机的原因概括起来主要有以下四个方面：

第一，发生危机的有关国家和地区在危机爆发之前的一段时间都有过投资过热，产业结构存在严重缺陷，而调整又比较缓慢。这次亚洲金融危机的爆发与全球性的制造业产品过剩、需求不足，导致金融资产价格下跌有密切的关系。发达国家最近二三十年产业结构发生了很大的变化。它们致力于发展信息产业、高新技术产业和服务业。现在有人称之为发展知识经济，就是以知识为基础、以知识为资源的经济。同时把传统的制造业向正处于工业化阶段的发展中国家，包括东亚国家和地区转移。这种产业的转移，一方面给正处在工业化阶段的东亚一些国家和地区，带来了发展出口导向型产业和实现工业化的良好机遇；另一方面也带来了一些问题。这是两方面的结果。发达国家近 30 年产业结构的变化，可以从以下统计数字看出来：如果把发达国家作为一个整体，制造业的就业比重从1970 年的 28% 降到了 1994 年的 18% 左右，也就是说 24 年下降了 10 个百分点。其中美国调整的步伐最大，美国制造业的就业比重从 1965 年的 28% 下降到 1994 年的 16%，下降了 12个百分点，美国服务业的就业比重已经达到 73%。欧盟各国制造业的就业比重从 1970 年的 30% 下降到 1994 年的 20%。日本结构调整比较缓慢，日本制造业的就业比重，从 1973 年的 27% 下降到 1994 年的 23%；服务业就业比重占 60%，也低于美国。

由于发达国家进行产业结构调整，大力发展信息产业，发展知识经济，发展服务业，而把一部分制造业转移到正在实现工业化的国家和地区。这些国家和地区利用这个机遇发展出口导向型产业，发展制造业，推进工业化，以此提高国内生产总值，保持较长时间的高速发展。但是，与此同时也产生了同步效应，大家都发展同样一些产业，导致产业结构雷同；国内的资金和引进的外资过分集中地投入到加工工业和房地产，这就加剧了供给的过剩。1990 年以来世界固定资本投资率基本保持在 25% 的水平上，而亚洲发展中国家和地区从 30% 提高到 36%，并且相当大一部分投到了房地产和加工工业。例如，泰国 700 亿美元的私人部门外债的大部分和外国直接投资的三分之一投在房地产；泰国的银行贷款有四分之一是消费性贷款，四分之一是房地产贷款。现在，全世界除房地产过剩外，也出现了汽车、钢铁、化工产品和电子产品的全球性过剩。这种过剩在发达国家并没有引起经济总供给和总需求的不平衡，是因为这些国家制造业比重已经下降到比较小了，而信息产业、服务业比重相当大，所以制造业产品的过剩还不至于引起发达国家经济的严重不平衡。而新兴的工业化国家就不一样。它们投资过度和产业结构偏差相结合，许多外资集中地投到了房地产和制造业，一旦发生过剩和出口下降，就会带来资金周转和外债偿还严重困难等问题。由于东亚国家产业结构雷同，结构调整滞后，信息产业、知识经济所占比重小，房地产和制造业的产品过剩，就会在这些国家导致整个总供给和总需求的严重失衡。

第二，这次发生金融危机的国家，都存在盲目吸引外资，外债过多，外债结构不合理的问题；一旦出口增长下降，外资撤出，国际收支状况恶化，就会直接引发金融危机。有一组贸易赤字的数字可以说明这一点：1996年，泰国的贸易赤字是151亿美元，菲律宾是128亿美元，韩国是237亿美元。外债过多，从下面这组数字可以看出，1997年6月底，泰国的外债是890亿美元，占国内生产总值的40%，而它当时的外汇储备只有377亿美元；马来西亚的外债是270亿美元，占国内生产总值的39%，而其外汇储备只有280亿美元；印尼的外债是900亿美元，占国内生产总值的47%，外汇储备只有184亿美元；菲律宾的外债是390亿美元，占国内生产总值的54%，外汇储备只有97亿美元；韩国在危机爆发前的外债是1034亿美元，占国内生产总值比重21%，它的外汇储备是298亿美元。可以看出这些国家的一个共同点：不仅存在贸易赤字，而且外债总量大，结构又不合理。外债结构不合理，是指短期贷款的比重大，短期贷款又投到了中长期项目。据专家估计，1997年10月底韩国外债总额达1100亿美元，其中60%在一年内到期，仅12月份就有200亿美元短期外债需偿还，到12月2日，韩国外汇储备只剩60亿美元。这是难以想象的，因为短期贷款一旦到期没有外汇偿还，就必然爆发危机。

第三，金融监管制度存在严重缺陷。这在不同国家表现形式有所不同。如泰国表现为金融领域开放速度过快，金融监管跟不上。泰国为了吸引外资，采取了一些措施，包括放松外汇管制，允许外资自由进出；开放证券市场，允许外资进入国内证券市场；不断提高利率，以吸引国外游资。但是，金融监管制度的建设和监管能力跟不上。这就导致大量外资涌入，助长房地产的过度投资和股市的上扬，形成"泡沫经济"。在韩国，表现为政府、金融机构和企业的关系不正常；有人概括为：政府发指令，银行给贷款，企业进行扩张。这种银行和金融制度透明度低，是造成金融危机的一个重要原因。例如，韩国去年四家最大的企业相继宣告破产，引发一大批企业破产，后来对这四家公司的调查发现，这四家公司都存在大量的账外债，以及互相欠债、互相担保这样一些问题。就是说，一个企业集团下的几个公司在借外债的时候互相担保，就连政府或中央银行都不知道某个企业集团究竟总共借了多少外债。也就是说，这里面的很多问题，现行的会计制度和信贷制度反映不出来。日本也存在这样的问题。日本山一证券公司倒闭的直接原因，就是它账外的债务达到了 21 亿美元。所谓账外债务，就是在公司的任何报表当中都没有记载的债务。在一个法制的社会里发生这样重大的错误，被揭露之后，连日本大藏省的官员也震惊得无言以对。由于金融监管制度存在严重缺陷，不透明，很多账外债，很多问题在报表上反映不出来，使金融统计数字也存在着很大的水分，这就使问题无法及时发现，以致越积累越多，最后严重到无法收拾的地步。这也说明，政府、银行、企业关系不正常，政府对银行、对企业过度保护，不仅使竞争力下降，也导致很多问题。说到报表的水分，据外国报刊报道，韩国中央银行统计外汇储备时，竟然把已经借给韩国公司去偿还外债的外汇也统计在国家的外汇储备中，这就反映了它公布的外汇储备的数额不实。

第四，国际金融资本流动性增强造成的冲击。现在国际机构投资和国际金融市场上的游资，数量很大，流动性很强。由于经济全球化和信息化的发展，使国际上资金的流动性大大加强。有一个比较数字：全球外汇市场平均每天的交易量，1986年时不到 2000 亿美元，1996 年增加到 13000 亿—15000 亿美元。世界银行有位副行长曾形象地比喻说：国际上 7 天金融交易额可以买下一个美国，也就是说，7 天的交易额就相当于美国一年的国内生产总值。国际金融资本流动性的增强，其作用是两面的：对经济发展有促进作用，同时也潜伏着危险。它可以很快地进入一个国家，也可以很快地退出，大进大出，造成很大的冲击。联合国秘书长安南也说："私人资本的国际流动，在经济发展中所起的作用已经得到普遍承认，但是最近亚洲金融危机显示，资本流动也包含着巨大的风险，而且一些短期行为往往会损坏长期的发展前景。"

这次亚洲金融危机发生后，国际上也有一种观点认为，主要是国际投机资本对这些国家外汇市场和股市的冲击，他们为了赚钱兴风作浪，导致这次危机。比如有名的索罗斯的基金会拥有很大的实力，可以同时从各国调动大量的资金在某个外汇市场或股市上进行大规模的炒作。另一种意见认为，金融危机的主要原因不在于国际资本的流动，而在于上面讲到的一些方面：经济结构怎样，宏观政策怎样，国际收支状况怎样，金融监管制度怎样。如果说这些方面是比较健全的，国际投机资本就没有空子钻进去；正因为本身有空子，人家才有机可乘。同是东亚的国家和地区，比如新加坡和台湾，虽然也受到了冲击，但它们的股市和外汇市场受冲击下跌的幅度就小一点，究其原因，应当说主要是由于新、台在金融监管制度和产业结构调整这两方面，比这次损失最大的韩国和印尼都要强一些。可见，内部原因是主要的。

近一个时期，日本经济在国际上受到不少批评。因为日本从 90 年代初泡沫经济破灭后，日本的股票价格下跌了三分之二，地产价格下跌 70%，泡沫经济造成的严重损失，到现在已经七年还没有恢复元气。1997 年亚洲金融危机爆发后，它的地产和股票价格还在继续下跌。像日本这样的世界经济大国，一旦发生危机，也是多年缓不过劲来，说明教训是很深刻的。

二、亚洲金融危机对我国的启示

一是要十分注意产业结构的调整。我国经济正处在体制转轨和结构转换的重要时期。我国产业结构原来就存在一些问题，现在又面临着国内外需求结构的巨大变化，国际上科技进步日新月异，产业结构重组进程加快，因此，我国产业结构在发展过程中又出现了新的问题。在这种情况下如果我们结构调整缓慢的话，就可能潜伏着很多不稳定的因素。目前我国产业结构调整面临着三个方面的任务：

（1）要解决历史上遗留下来和发展过程中新产生的产业结构不合理问题。90年代以来我们在结构调整方面是取得很大成绩的，基础设施、基础产业对整个经济发展的"瓶颈"制约已经明显缓解。但是另一方面，我们在90年代以来的加快发展中，也产生了新的问题，比如，现在全国房地产积压了6000多万平方米。前些年重复建设遗留下来的问题，包括生产不适应需求变化所造成的积压，现在还没有消化。1997年年底工业产成品库存累计5931亿元。像重复建设、房地产积压、加工工业产品过剩等等，都是我们今后在结构调整中必须解决的问题。

（2）要适应需求结构的新变化不断调整生产结构。国内市场的需求是不断变化的，我们已经告别了短缺经济，很多产品已经是买方市场，现在制约经济发展的因素主要不是资金和资源，而是市场需求。过去在短缺经济时代，只要有钱投资，建了工厂，生产出产品，就能卖出去，就有效益。现在生产出产品，就不一定能卖出去。国内市场出现了消费结构的阶段性变化，从温饱到小康，有的地区正在小康基础上进一步发展。

从居民消费需求看，不仅要满足吃、穿、用的需要，还要满足住和行的需要；不仅要满足数量的需要，而且要满足质量、品种的需要。如果生产结构不能适应这种变化，生产出来的产品只好积压在仓库里。许多国家在工业化过程中，除了面临全球性的制造业过剩以外，就是在一个国家内部也可能产生结构性的过剩。还有一点，现在我们的国内市场已经是国际市场的一部分，很多外商独资企业、合资企业的产品也在国内销售，国内市场还有很多商品从国外进口。特别是将来加入世界贸易组织以后，还要开放很多领域，许多外国商品还要进来。在这种情况下，如果我们国内产品不能适应国际市场的需要，包括国内这一部分市场的需要，那么我们的产品不仅出口出不去，而且在国内市场也保不住市场份额。

（3）要适应国际科技进步和产业结构重组的大趋势调整产业结构。国际经验表明，凡是产业结构调整走在前面的国家，现在日子就好过，否则日子就难过。比如美国这些年注重发展知识经济，连西欧国家都觉得美国的结构调整比它们早动了十年。从日本连续七年经济低迷的情况来看，问题主要也是出在产业结构上。亚洲金融危机再次证明结构调整、升级的重要性。所以，结构调整、重组是一个国际性的问题；而对我们正在实现工业化、现代化的国家来说，由于原来产业结构就存在不少问题，因而推进结构调整尤其迫切。

二是要坚持实行稳健的宏观经济政策。发达市场经济国家宏观经济政策的主要目标，是保持经济的稳定增长。所以，它们的宏观经济政策一般是四个目标：充分就业，经济增长，价格稳定，国际收支平衡。它们宏观调控的主要任务也是在于处理增长与稳定的关系。在资本主义发展过程中发生过许多次经济危机，尤其是1929年的经济危机使世界资本主义经济受到很大损失。30年代大萧条以后，凯恩斯提出市场经济不能完全由"看不见的手"来指挥，解决充分就业问题要求国家通过财政、货币政策来进行宏观调控：当就业不足时，应扩大财政支出，放松银根，刺激经济增长，使就业率上升；一旦需求过大，价格持续上涨，通货膨胀严重时，政府应该控制财政支出，收紧银根来抑制通货膨胀。美国连续七年经济状况良好，除了它基础好、产业结构调整领先，信息产业发展快以外，这几年克林顿政府财政、货币政策比较成功，在宏观调控上做得比较好，也是重要的原因。从微观上来说，美国很多企业利用互联网系统，使生产和销售建立直接联系，随时根据市场需求变化来调节生产、调节库存，既使存货减到最低水平，也减少了经济总量的不平衡。

三是要建立比较健全的金融监管制度。我国在亚洲金融危机中没有受到直接冲击，有几个方面的原因：一是 1993 年以来实施宏观调控和深化改革的一系列政策措施，使我国经济成功地实现了"软着陆"；二是我国的国际收支状况比较好，经常项目连年顺差，资本项目净流入，外汇储备不断增加；三是我国的外债规模和外债结构比较合理，外债余额 1200 多亿美元，85% 以上是中长期贷款；四是我国金融市场的对外开放是有步骤的。现在经常项目的外汇可以自由兑换，资本项目的外汇还不能自由兑换，外国资本也不能进入我国 A 股的股票市场。这相当于在我国金融市场和流动性很强的国际资本之间筑起了一道防洪的堤坝。但是这绝不是说，我们可以高枕无忧。我国金融体制仍不适应改革和发展新形势的要求，金融法制不健全，监管薄弱，乱设金融机构和金融单位违法违规经营的问题还相当严重，呆账、坏账等潜在的金融风险不容忽视。我国在产业结构、利用外资的质量等方面，也还存在不少问题。同时，对外开放是我国的基本国策，按照我们对加入世界贸易组织所作的承诺，开放资本、金融市场是迟早要做的事。因此，

加快金融体制改革，建立健全的金融监管制度，提高金融监管
能力，是迫在眉睫的任务。

　　　　　（本文是作者在广州举行的学术报告会演
　　　　　　讲稿的一部分）

经济形势和汇率问题

（1998 年 7 月 11 日）

（一）近二十年我国 GDP 年均增长接近 10%，现在供求关系、经济增长格局、经济总量、国际环境发生了很大变化，今后年均经济增长速度有可能逐步下降。中长期经济增长率的中位点由 10% 左右降到 8% 左右，是符合经济规律的。近几年我国经济增长速度连续回落，1998 年上半年跌到 7%，亚洲金融危机的影响是外因，国内经济发展周期性下降和结构、体制的矛盾是内因。我国国内需求潜力很大，为确保必要的经济增长速度，近期主要是增加投资、扩大内需，中长期必须依靠深化改革，调整、优化结构。近期扩大投资也必须和调整、优化结构相结合。仅仅增加基础设施投入，并不能提高工业企业的技术装备水平和工业产品的竞争力，因此，投资结构要有利于中长期经济发展，应把扩大基础设施投资同提高竞争力的设备投资结合起来。

（二）当前国际环境虽有许多不确定因素，但从中长期来看，世界经济仍处在发展阶段，国际大环境近期差，中长期还是可以的。美国经济变动对国际经济发展趋势影响很大，要关注美国经济近期变化。美国经济一季度增长 5.5%，二季度降到 1.6%。美国股市经过 100 年，道琼斯指数才达到 4000 点，而从 1995 年 2 月到 1998 年 7 月初已达到 9000 点，3 年半时间上升了 5000 点，确实有泡沫。出现调整可能是好事，比突然爆发股市危机，对实体经济的影响要小。由于前几年股市的繁荣，美国人的家庭资产增加了5万亿美元，相应增加了消费支出，仅此一项使美国近几年 GDP 每年多增长一个百分点。如果美国股市出现熊市（连续下跌20%，并持续一段时间），则会使消费减少，这将会影响美国 GDP 增长率下降0.6个百分点。国际环境恶化可能使净出口对我国经济增长的贡献率降到零。

（三）人民币汇率问题，国际国内都十分关注，需要认真研究，谨慎对待。

1. 人民币贬值将会引发新一轮的"贬值竞争"

这次亚洲金融危机对我国周边经济体形成了程度不同的冲击，受冲击最大的是东南亚五国，出口曾带动这些国家的经济快速增长，但在外部冲击下也暴露出这些国家内部经济结构的脆弱性和体制问题。受危机影响，我国周边国家和地区经济体的货币程度不同地发生了贬值。据统计，1998 年 7 月 2 日与 1997 年 7 月 1 日相比，印尼盾的跌幅达 83.4%，泰铢 38.48%，韩元 35.0%，菲律宾比索 36.15%，马来西亚林吉特 39.24%，新台币和新加坡元跌幅分别为 19.01% 和 15.17%，日元 17.44%。亚洲地区发生如此广泛和大幅度的货币贬值是从未有过的。当周边经济陷入危机时，如果仅考虑我国自身利益。减缓外部冲击的最好反应是贬值，但这会加大危机国家和地区的调整负担并形成新一轮的贬值竞争。我国公开承诺人民币不贬值，在危机冲击面前虽然付出代价，但是为地区货币和经济稳定作了贡献。

2. 从基本因素分析，人民币汇率并不是定值过高

首先，人民币缓慢升值的趋势是由资本净流入增加决定的。我国的市场潜力、低成本优势和高成长经济等因素，都决定外资持续进入我国是一个不可逆转的长期趋势，形成了我外

汇供给的主要增加源。1998 年上半年我实际利用外资额 205
亿美元，比上年同期下降 1.3%，这是因东南亚华人资本和
日、韩资本受危机的影响，减少了资本流入和外汇供给（我
国 70%—80% 的直接投资来自香港和周边地区），但不会改变
外资净流入的趋势。

伴随着外资流入的一个反向因素是投资收益的净汇出逐年
增大，形成了外汇流出的主要项目，1994—1996 三年的投资
收支差额分别为 -10.37 亿美元、-117.74 亿美元、-124.38 亿
美元。如果我宏观经济相对稳定、投资前景看好，其中相当一
部分将转为再投资沉淀在我国。如对我未来预期不乐观，资本
流出无疑会增加，形成货币的贬值预期。

其次，对汇率有影响的主要是可贸易品。作为后进国，我
国可贸易品的结构升级、技术进步和增长速度快于美、日、欧
等发达国家。这将提高我出口购买力，对人民币实际汇率形成
升值压力。而且除 1993 年以外的整个 90 年代，我国进出口贸
易差额始终保持着盈余，1998 年上半年进出口贸易盈余达 226
亿美元，也形成升值压力。

最后，我国 1997 年 GDP 增长率 8.8%，1998 年上半年增
长 7%，实际经济增长率和实际利率高于美、日、欧等国，相
对通胀率低于这些国家，也不会形成人民币贬值压力。

3. 在短期，人民币汇率面对着很大的贬值压力

人民币汇率的短期波动是由影响外汇市场供求关系的短期
因素决定的，如短期资本流动、人们对未来的预期、投机、其
他国家和地区汇率波动等因素的影响。尤其是外汇市场对突发
事件的总是反应过度，更使汇率短期波动不可测。

贬值的最大压力是市场悲观预期。1998 年多数东南亚经
济体陷入负增长。如一季度印尼的经济增长率为 -6.2%，马
来西亚 -1.8%。香港 -2%，泰国连续两季度负增长。韩国上

半年约-4%。我国周边国家和地区相继陷入衰退，直接影响到市场对人民币币值稳定的信心。

其他国家货币贬值降低了进口商品价格，廉价的进口品涌入，形成对我国国内市场和产业的冲击。受冲击较大的国家和地区的货币贬值幅度在35%—85%之间，受危机影响较小的货币，如新台币、新加坡元的贬值幅度也在15%—20%之间。尤其1998年4月份以来日元的大幅度贬值，使这些国家和地区的产品进口比以前更便宜，加剧国内企业的困难，尤其是与我国产品形成直接竞争的进口商品。因此，国内企业承受的是内需不振和进口品冲击的两重压力。

从基础因素分析，美元强势和日元弱势符合两国目前的竞争力状况。如果日本扩大内需的政策措施仍不得力，无法建立人们对日元的信心，可以预见年内日元对美元汇率将突破150关口，跌至160左右。据估算，日元突破150大关，将降低亚洲国家经济增长率1%—2%，降低出口4%。截至1998年3月底的1997年财政年度里，日本经济增长率为-0.7%，预计1998年日本的经济增长率为-0.5%。1992年以来日本政府已陆续追加了5000多亿美元的财政支出，使财政赤字占GDP的比率上升到5.9%。1998年6月失业率达4.3%，创二战后最高纪录。为刺激经济，1998年4月放松金融管制，部分开放市场。当月资本外流250亿美元，创1980年以来的最高纪录。因此，出口已成为日本唯一的增长动力和出路。日元贬值使人民币承受着前所未有的压力。

4. 人民币贬值很难实现促进出口的目的

目前，存在着很普遍的人民币贬值预期。但是，在周边经济体内需和进口需求萎缩不振的情况下，采取人民币贬值很难实现促进出口的目的，反而会加剧周边经济体货币的波动。我们在亚洲金融危机第一轮冲击时挺住了，在日元贬值风潮冲击下也挺住了；现在当亚洲各国经济开始缓慢复苏的时候，在我国国际收支状况并没有出现恶化迹象的时候，人民币贬值不仅缺少支持的基础，而且弊大于利。一位韩国学者说，一旦人民币贬值，在一个时期内，亚洲经济是不可能复苏了。

在国内经济不景气的条件下，真正影响人民币汇率的因素可能不是我国的国际收支状况，而是国内企业的竞争力。比如日元、韩元贬值后降低了日、韩家用电器的销售价格，使我国具有较强竞争力的家用电器行业不再具有价格竞争优势，直接威胁到我国家用电器的生存。

（本文是作者参加全国政协主席李瑞环同志主持的经济界政协委员小型座谈会的发言稿）

我国跨世纪经济发展的有关问题

（1998 年 7 月 29 日）

一、世纪之交国际经济环境的总体态势

对未来国际经济走势和格局的总体判断与分析，是研究与制定中长期经济社会发展规划的重要依据。

苏联解体，冷战结束，世界走向多极化格局；经济全球化趋势加强；信息化和知识经济蓬勃发展；日本经济陷入困境、美国经济优势增强、亚洲爆发金融危机、欧元即将启动，未来国际经济走势与格局的不确定因素增加；各大国纷纷制定面向新世纪的发展战略，全球经济调整的步伐加快。以上因素使研究世纪之交的国际经济环境，具有特殊的重要意义。

展望未来，世纪之交世界经济的总体趋势，是正在进入一个新的发展时期，其突出的标志有以下几个方面：

1. 经济全球化趋势进一步加强

经济全球化的核心是资源配置的全球化和市场的一体化。这一发展趋势在宏观层面上表现为：世贸组织推动的国际多边贸易体制在深度和广度上都进入了一个新的发展阶段。在微观层面上表现为：由跨国公司推进的全球贸易、投资和生产的国际化程度有了高度发展。经济全球化是国际分工造就的一种客观趋势，任何国家都不可能避开。它为各国经济的发展带来更大的活动空间，提供更多的发展机会，同时也将带来相应的风

险，提出新的挑战。

经济全球化的基础是市场经济的发展。任何一个国家要参与全球化，就必须按照市场经济规则办事，使本国市场与世界市场连接，促进各国经济的相互开放和融合。经济全球化对处在不同发展水平的国家所带来的利益和风险是不平衡的。发达国家起着主导作用，但发展中国家也完全能够在积极参与中利用后发优势取得利益。总的看来，全球化对发展中国家的影响还是利大于弊。

虽然我国尚未加入全球多边贸易体系，对外投资和生产国际化水平还比较低，但是，随着我国对外开放不断扩大和国际经济地位日益提高，经济全球化已经成为我国开展对外经贸合作必须面对的现实问题。在经济全球化条件下，跨国公司将进一步实行其全球生产布点的发展战略，在国际贸易和投资方面的地位和作用将会进一步加强，任何国家要发展对外经贸合作，都不可避免地要同跨国公司打交道，在跨国公司的全球布点中找到本国参与国际分工的位置。当然，作为发展中国家，在参与经济全球化的过程中，必须充分考虑开放本国经济的实际承受能力，积极地防范可能出现的风险。如何面对经济全球化给我国经济发展带来的机遇和挑战，江泽民同志曾经提出了具有重要指导意义的三句话：经济全球化的趋势不可避免，对我国的影响有利有弊，我们的对策应该是趋利避害。

2. 科技革命特别是信息化、知识经济迅速发展

当前人们普遍关注知识经济的发展，知识经济跨世纪发展思路日渐清晰，科技和管理对经济发展的作用越来越重要。据估计，经合发组织（OECD）主要成员国的国内生产总值中一半以上是以知识为基础的。知识特别是利用知识的能力，已经成为经济增长的决定性因素。目前国内外许多专家学者把知识经济的悄然兴起形容为一场无声的革命，认为它对我们现有的

生产方式、生活方式、思维方式，包括科教发展、经营管理乃至领导决策等活动，都将产生重大影响。世界银行副行长瑞斯查德和华盛顿大学教授哈拉尔认为，知识是比原材料、资本、劳动力、汇率等更重要的经济因素，知识创新和由此引发的经济革命，是重塑全球经济的决定性力量。当然，现在要准确地估计这场革命对经济社会诸方面的影响，可能还为时尚早。但是，只要看一下信息技术和信息产业发展已经取得的丰硕成果，只要分析一下80年代中期以来美国围绕发展信息和知识经济而进行的一系列结构调整及其给美国经济带来的变化，只要展望一下目前已经和正在取得突破的那些科技先导领域的发展前景，那么，就可以想象到，知识经济对人类社会发展产生的巨大冲击波，其威力将是前所未有的。

知识经济的兴起为各国经济发展开辟了新的领域和空间。对发展中国家来说，知识经济的发展意味着新的机遇和挑战。一方面，它们可以利用知识经济带来的结构调整机会，充分发挥自身特点和后发优势，加快本国经济发展的步伐；另一方面，知识经济使竞争的优势进一步向拥有先进技术创新能力的国家倾斜，技术差距的扩大必然导致经济差距的扩大，从而使一部分发展中国家更加落后。我国经济规模大、结构多元化，在发展高新技术产业和利用世界经济调整之机发展制造业方面，都具有相对优势。我们要充分利用知识经济所带来的机遇，避免与发达国家差距的进一步扩大。为此，必须从对内和对外两个方面做出相应的战略安排。对内要练好内功，保持良好的宏观经济环境，加快结构的优化升级，增强企业的技术创新和市场竞争能力。对外要根据经济全球化和知识经济发展的大趋势，全面拓展对外贸易、投资和经济技术合作，把获得国际技术和知识的支持，作为发展对外经济的战略重点之一。

3. 世界经济仍处在周期发展的上升阶段

受到上述两大基本趋势的影响，跨世纪的世界经济发展将有以下特点：

一是世界经济将会继续保持增长态势。经济全球化和知识经济的兴起，将从扩大需求和增加供给两个方面支持世界经济的发展。虽然世界经济发展的波动是不可避免的，各国经济发展的情况也各不相同，但是由于许多国家的经济改革和结构调整最近几年已经取得一定成效，同 90 年代上半期世界经济的低迷状态相比，现在促进世界经济增长的因素在增强，下世纪初世界经济总的发展趋势，是处于长周期的上升阶段。据统计分析和预测，1997 年和 1998 年世界经济增长受到亚洲金融危机的影响，由原来预测的 4% 以上，下降到 3% 左右。1999 年以后有可能开始恢复，预计到 2002 年仍会保持在 4% 左右的年均增长水平。

世界经济增长动力依然强劲，增长面进一步拓宽。美欧经济走强，对世界经济的"龙头"作用凸显。调整中的亚洲经济虽然因金融危机而暂时受挫，但其已经积累起来的经济和产业基础仍然有着巨大的潜力，在结构调整和经济改革取得进展后，有望恢复持续增长。俄罗斯和中东欧转轨国家经济混乱和滑坡的状况已基本得到扭转，今后几年将是其恢复增长的时期。上述因素对跨世纪的世界经济增长将起巨大的支撑作用。同时必须看到，世界经济的发展仍然存在着不平衡和不稳定的一面，包括结构性失业、贸易失衡、金融动荡和南北经济差距扩大等因素在内，都可能对下世纪初的世界经济发展产生负面影响，使世界经济增长速度受到制约。

二是国际贸易和资本流动仍将趋于活跃。在世界经济增长和市场更加开放的背景下，国际贸易规模的增长仍呈加快趋势，将会继续保持快于世界经济发展的速度。1997 年世界贸易量增长 8% 强，其中发达国家出口约增长 6.4%，发展中国家出口增长达 13.8%。根据目前的预测，受亚洲金融危机的影响，1998 年世界贸易增长与上一年基本持平或略有下降，但中长期发展趋势依然看好。

目前国际资本市场的规模仍在迅速扩大，各种金融工具的交易总量每年达到 2 万亿美元。90 年代以来，国际直接投资每年以快于国际贸易增长的速度向前发展，近几年的年均规模超过 3000 亿美元，正在向 4000 亿美元逼近。全球外汇市场每天成交额高达 1.5 万亿美元以上。

三是经济结构和市场环境将发生重大变化。近年来，各国的贸易政策正在发生变化。美国推行所谓新互惠主义政策，力求保住美元的霸主地位，追求服务贸易的优势，突出在科技竞争方面的强势。多数国家则在全球多边、区域多边和双边等不同层面上拓展对外经贸合作，这在欧洲国家中表现得最为突出。

在市场开放方面，全球服务贸易谈判取得进展，贸易自由化进入新阶段。在世贸组织主持下，先后达成《全球基础电信协议》、《信息技术协议》和《金融服务协议》，将市场开放的范围拓宽到服务贸易的三大领域。

对于各国经济来说，经济全球化和知识经济时代的到来，意味着将经历从宏观到微观的一种新的经济形态的组合和国际经济关系的适应性调整过程。这是发展的机遇，也是严峻的挑战，各个国家必须做出相应的选择。这包括：要在贸易自由化和扩大利用外资方面做出优先次序上的选择；要在利用外资的不同方式上做出孰重孰轻的选择；要在贸易和投资的结构上做出发展重点的选择；要结合国际经济发展的趋势和本国的特点、承受能力以及竞争优势等，在上述选择中做出某种政策权衡。各国选择的差异和实力的消长，将极大地影响国际经济结构和市场环境，从这种意义上讲，跨世纪的国际经济关系仍将处在一个重要的调整时期。

4. 全球范围的经济调整将进一步深化

经济全球化和知识经济发展的必然趋势，是全球经济的重大调整，其基本的内容包括发展战略、经济结构、经济体制和国际协调等多个层面。

目前，经济调整的核心是结构调整。这已成为世界各国普遍重视的战略和政策问题。虽然各国实施结构调整的侧重点、要解决的问题和进展情况各有不同，但总的背景和要达到的目标并没有太大差别。总体说来，结构调整一般都是针对经济环境的长期变化趋势和解决经济发展中的长期制约因素而采取的战略性对策，而结构调整的直接导因则可能源于国内或国际经济形势的剧烈变动对经济发展带来的冲击。

现阶段，科技迅速发展和经济全球化是世界范围内结构调整的两个根本原因。从科技发展的角度看，作为二战结束后科技革命浪潮的积累和延续，迅速兴起的信息革命，极大地改变了人类社会经济面貌，正在进入一个全新的信息时代。从经济全球化的角度看，冷战结束为早已开始的经济国际化趋势注入了新的融合剂，各国经济之间的相互渗透、相互依存在更广泛的范围内多层次、多领域地展开，市场逐渐联为一体，国际经济竞争与合作同时加强。可以说，上述两大趋势来势之猛、发展之快、影响之广，超出了人们的想象，正在使各国生存与发展的环境发生前所未有的变化，能否适应这一环境的变化，是摆在各国面前的历史性机遇和重大挑战。90年代以来世界经济发展格局的变化表明，有的国家经过结构调整适应了这种变化，经济发展势头上升，竞争能力增强；而另一些国家则由于结构调整滞后，不能适应这种变化，导致经济发展缓慢，竞争能力减弱，甚至陷入危机和衰退。

此次结构调整的内容是极其广泛的，包括战略和体制两大方面，目标是增强在信息技术发展和经济全球化条件下本国经济的适应能力和竞争能力。为此，在战略上，着眼于未来的、全球范围内的竞争，将发展经济的重点转移到具有竞争优势的科技先导产业部门，同时加快运用先进技术改造现有产业部门，全面提高产业的技术水平。在体制上，多层面地向更加灵活高效的市场经济管理模式调整，加强和改善政府的经济调控职能，减少直接干预；调整企业组织结构和管理方式，实行兼并和联合，减少管理层次，强化市场运作，优化经营管理程序和工艺流程；改革社会管理体制，减轻财政和企业的负担，改善经济发展的社会环境。

结构调整所带来的影响也将是极其广泛和深远的。从世界经济发展来看，首先，结构调整同科技发展和经济全球化是互动的关系，它将进一步促进科技成果的产业化应用，导致经济全球化的深入发展，使世界经济进入一个相对较快的增长时期。其次，将会加剧世界经济发展的不平衡性，给各国经济增长、经济周期的形态、经济实力的消长、经济合作与竞争关系等带来一系列变化，引导世界经济向多极化、多层化和多样化的方向发展。再次，将会促进国际经济协调的加强，无论是从经济联系更加紧密、面临的共同问题增多的一致的方面看，还是从结构调整的不同需要以及所带来利益差距的矛盾的方面看，国际经济协调都是必要的和呈强化的趋势，特别是在国际贸易和金融领域，将会在国际和国别两个层面上导致一系列制度创新和政策调整。最后，也是最本质的影响，将会促进世界经济增长方式的转变和经济微观基础构造的变化，使科技和知识对经济发展的贡献进一步提高，使发展经济的目的更加注重提高人的素质和为人的全面发展服务，使企业的组织结构由"金字塔型"向"网络型"转变，使可持续发展逐步成为各国发展经济的必然选择。

总之，在经济全球化、知识化浪潮中，各国的经济力量和地位将发生消长，下世纪初世界经济格局将发生新的变化。不平衡发展和多极化趋势更加明显。美国得益于高科技和竞争优势，经济将会持续走强，"一超"的经济优势得到巩固。欧洲经济的强势将可能出现在其经济货币联盟和欧元的过渡期结束之后。日本经济将不再具备以往那种咄咄逼人的发展态势。发展中大国正在崛起，以中国、印度、巴西和印度尼西亚为代表的发展中国家，正在形成新的经济力量群体，在世界经济和国际关系中的影响力明显增强。

在新的国际竞争格局下，我国的国际经济地位和作用将进一步增强。在亚洲金融危机中，我国发挥了独特的作用。到下世纪初，我国仍将是世界上最大的、最有吸引力的市场之一。同时必须看到，随着经济全球化和知识化的趋势日益加强，我国将不可避免地面临着更大的国际竞争压力和各种风险。更加开放的国际经济环境与我国的国际竞争能力不强，是一对矛盾。我国具有多元化的结构和庞大的市场，与随着国内外经济环境的变化，各种发展要素和条件的约束进一步增强，因而将更加依赖于经济的国际化发展，这也是一对矛盾。世界经济的发展趋势是逼人的，我们不能等到自身的条件已经完全具备之后才融入世界的潮流。在跨世纪的经济发展中，我国具有一定的优势，但总体上仍处于劣势，如何解决上述这样一些矛盾，需要我们从战略和策略上进行统筹考虑。

二、世界主要国家跨世纪的经济发展战略（略）

三、21世纪初国内经济社会环境和面临的问题

"十五"计划，是我国进入21世纪、开始向第三步战略目标迈进的首个五年计划。新世纪，新开局，更具新意义。

经过半个世纪的奋斗，特别是八十年代、九十年代的发展，我国已经建立起工业化的基础，进入了工业化的中期阶段；以建立社会主义市场经济体制为目标的改革取得了决定性进展，为跨世纪发展创造了良好的体制环境；经济持续快速增长和人民生活进入小康，使国内市场具有广阔的潜力；高储蓄率和众多劳动力为经济发展提供了资金和人力资源；邓小平理论和在实践中不断完善的建设有中国特色社会主义的路线、方针和政策，为发展、改革、稳定提供了保证。这些是我们从20世纪带入21世纪的基础和有利条件。当然，带入21世纪的也有诸多的矛盾和困难。"九五"计划执行的2年多来，我国经济出现了一些新的问题：经济发展和社会总供求关系出现了阶段性变化，由供不应求转向供过于求；结构性矛盾更加突出，经济增长率降低，企业破产、职工下岗等现象比较普遍，社会不稳定因素增加。从长期发展来看，突出的矛盾有：人均拥有的耕地、水和石油等资源相对不足；人口和劳动力总量持续增加，就业问题日趋突出；产业结构不合理，参与国际竞争的能力不强；治理环境污染和保护生态的任务艰巨；面临发达国家在经济与科技方面较大的竞争压力。

对21世纪初国内经济社会环境的初步分析如下：

1. 人口和资源条件

"十五"期间我国人口和资源条件与70、80年代相比更为严峻，人口增长与农业资源不足的矛盾更加尖锐，劳动力就业压力加大，水资源紧缺将进一步制约工农业的发展，一些矿产资源，特别是石油等对进口的依赖程度提高。1997年年末我国人口总数为12.36亿，按照每年增加1200万人口计算，到2000年我国人口总数为12.72亿人，2005年将达到13.32亿。即使现有耕地资源不减少，到2005年，人均耕地面积也将比1997年年底的水平降低8%。我国人均矿产资源占有量不到世界平均水平的一半，"十五"期间主要矿产资源对国民经济发展的保证程度将进一步降低。据对主要矿产资源保证程度的分析，到 2005 年，缺口较大的是石油、天然气、铁矿石、铜矿、锰矿、铬铁矿等。我国人均水资源占有量约为世界平均水平的 1/4，预计到 2000 年全国需水量约为 6700 亿立方米，到 2005 年约为 7300 亿立方米。而目前我国各类水利设施总供水能力不足 6000 亿立方米，差距很大。全国有三分之一的城市缺水，北方地区工业与农业争水，能源基地水源不足，水资源供需矛盾更为突出。

2. 需求和市场条件

"十五"期间，我国居民消费需求变化的主导趋势，是继续从温饱型向小康型过渡，结构层次提升，消费内容多样化。据测算，按 1990 年不变价格，我国城镇居民人均消费水平 2000 年预计为 2650 元，2005 年约为 3447 元。住和行的消费比重将明显提高，对优质农产品、轻纺产品及各种服务的需求也将增加。在农村居民收入大体保持"九五"期间平均增长率的前提下，农民消费也将发生阶段性变化，基本上将沿着城镇居民在八九十年代消费水平提高的轨迹发展。

"十五"期间我国投资需求的结构特点是：交通、通信、能源等基础产业和基础设施投资，机电工业等装备工业、高技术产业投资，城市基础设施投资、商品房投资，都将保持高增长态势。投资在最终需求中的主导作用，将有可能比"九五"期间进一步增强。

由于亚洲金融危机的影响和国际市场竞争趋向激烈，"十五"期间我国对外贸易环境可能更加严峻，对外贸易必须由量的扩大更多地转向质的提高，转向以提高效益为主的阶段。

综合起来看，"十五"期间我国市场需求与"九五"期间相比，结构将进一步提高，层次更加丰富，市场规模和容量继续扩大，房地产、汽车、石油化工、机电工业等产业发展的市场条件基本形成。产品和产业市场竞争将更多地集中在技术方面，知识和智力的因素在竞争中的作用增强。

3. 国内外资金条件

"十五"时期，我国城镇居民消费结构升级，开始进入住房、汽车等领域，城镇居民消费倾向将有所提高，但增幅不会大；农村居民的收入受乡镇企业集约发展，以及农业生产物质消耗上升较快的影响，难以较大幅度增长，因此农民消费倾向预计不会发生大的变化。与此相联系，我国居民的储蓄倾向仍将可能保持较高水平。预计国内储蓄率在 34% 左右，与 1978—1994 年间的平均水平相当。

"十五"期间国际资金的流入速度预计将减缓。主要是因为东亚地区产业重建对国际资金的需求量将大大增加；欧元的启动也将增加国际资金向欧元区的流入量。

综合以上分析，"十五"期间我国资金供给条件与"八五"、"九五"期间相比将略为降低，但与产业发展的要求比较，仍然是比较充裕的，对这一时期的经济发展不会形成明显的制约。

4. 体制和社会条件

"十五"期间是我国经济体制改革的攻坚时期。国有企业改革、就业制度改革、福利制度改革、户籍制度改革等高风险改革将进入实质性阶段。要素市场也将全面发展，社会主义市场经济体制将进一步建立和完善。调整结构和推进改革是解决经济社会发展中深层次矛盾的根本措施，但在近期也会引起或激化某些经济社会矛盾。部分国有企业破产和职工下岗、失业，农村劳动力流动过程出现的无序现象，市场化过程中的两极分化，以及腐败现象的滋长蔓延等，依然是困扰经济社会稳定的主要问题。根据以上对"十五"期间经济社会环境主要特点的初步分析，在研究、制定"十五"计划中，需要着重研究的主要问题有：

1. 经济增长速度问题。1978—1997 年，我国经济的年均增长率为 9.81%（按国内生产总值可比价计算），预计到 2000 年，我国经济的年均增长率将降低 8% 左右，2001—2005 年期间，年均经济增长率预计在 7%—8%。同八九十年代的年均经济增长率相比，大约降低 2—3 个百分点。对"十五"经济增长率的研究，要考虑两个方面的因素：一方面，我国正处在工业化中期阶段，国内消费、投资需求仍较旺盛，产业发展仍有较大空间，国内储蓄率和引进外资仍可能保持较高水平，国际经济环境也较有利，因而保持较高经济增长速度是可能的。另一方面，经过 20 年的高速增长，我国经济规模已经今非昔比，一般说来，基数越大，每个百分点增长所包含的绝对量越多，经济增长率就会相对降低一些。更重要的是，我国经济发展正在发生阶段性变化：经济增长开始由数量型转向质量效益型，经济发展的主线由规模扩张转向结构升级。伴随这一变化，如何合理确定经济增长速度，以及正确处理与此相关的居民收入增长、财政收入增长、企业发展环境、经济增长波动等问题，都是"十五"计划需要研究的问题。

2. 产业结构调整升级问题。从经济发展阶段看，"十五"时期我国工业正在从以重化工业、原材料工业为重心的阶段，转向高技术、高加工度工业为重心的阶段。在劳动密集产业为主的发展阶段上，我国充足的劳动力资源和低廉的劳动力成本，为工业发展提供了强有力的支持。因此在这一发展阶段上，我国工业具有较强的竞争力。进入以能源、原材料工业为主的重化工业发展阶段以后，由于一般加工工业为之提供了大量的需求，而居民的高储蓄也为之提供了充足的资金，因此工业仍能够较快发展。但是，进入高技术和高加工度工业为主的发展时期以后，由于缺少工业高新技术的广泛支持，我国工业的市场竞争力明显下降了。开拓和进入新的市场和产业空间的活动受到了严重阻滞。与此同时，曾经被市场快速扩大和经济快速增长所掩盖的、我国企业制度和管理方面的诸多问题，也随之充分暴露出来。企业缺少长远发展动机、国有资产管理不善、企业内部收入分配过分向个人倾斜、盲目建设和盲目生产等问题，越来越严重地削弱了企业的竞争力。另一方面，我国产品又面临国外产品的激烈竞争。预计"十五"期间我国市场的对外开放程度将进一步提高，国内市场与国际市场将基本接轨，特别是随着产业结构的升级，我国企业的产品将更多地在高新技术领域遇到竞争对手，在国内和国际市场上面临更大的竞争压力。因此，进入新世纪如何推进产业结构升级，提高我国企业的竞争力，是"十五"计划要认真研究的问题。

3. 城乡二元结构和地区经济发展差距问题。"十五"期间由于产业结构升级、工业资本有机构成提高等原因，可能使农村劳动力向工业的转移受到限制，并使城乡二元经济的格局，以及城乡间的差距有所强化。在地区经济发展差距方面，由于东部地区在产业结构升级和发展知识经济的优势，其快速发展的势头可能继续保持，中西部地区由于加大基础设施投资、其重工业、军工产业的技术优势得到发挥，经济发展速度有可能加快，但是同东部地区的差距仍有可能扩大。"十五"期间如何减缓城乡二元结构和地区经济发展差距扩大的趋势，是需要着力研究的问题。

4. 就业和社会稳定问题。预计到 2000 年，我国的适龄劳动人口约为 8.6 亿，2005 年将增加到 9.1 亿左右。由于年均经济增长率有所降低，经济发展所能够提供的就业机会将相应减少。特别是随着产业的资金技术密集度提高，单位投资提供的就业机会将会相对减少；而加快国有企业改革，推进产业结构和企业结构调整，又会把一部分富余劳动力从现有企业中分流出来；

与此同时，预计到 2005 年我国农业剩余劳动力将达到 2.3 亿人左右。这些都使"十五"期间我国的就业形势更加严峻。与此相联系的是企业破产、职工下岗增加，一部分居民的收入水平会有所下降，低收入人群将有所增加。因此"十五"期间，要求有更好、更有效的收入分配调节、利益补偿、社会保障和社会管理，以提高整个社会抗冲击的能力。为保持社会稳定，还必须切实解决某些政府管理部门素质和效率不高，行政纪律松懈，法律观念淡薄，腐败现象蔓延，以及财政收入占国内生产总值的比重不高等问题，以提高政府对经济社会的实际管理与调控能力。这些都是"十五"计划需要研究解决的问题。

5. 宏观调控目标和侧重点的选择问题。我国经济告别短缺之后，对经济发展的主要制约来自市场需求的约束。当前为了保证今年 8% 的经济增长速度，正在采取财政、货币政策手段，以扩大内需，增加投资。在国内外市场竞争日趋激烈的条件下，预计供大于求仍将是"十五"期间经济供求总量的基本格局。另一方面，在市场经济的银行、信用制度以及货币供应和汇率机制下，通货膨胀是随时可能出现的危险。尤其是在我国，金融体制改革、投融资体制改革、国有企业改革均没有到位，潜在的金融风险正在加大。因此，"十五"期间如何确定宏观调控政策的目标非常重要。是以抑制需求扩张为主还是以刺激需求为主，如何处理抑制通货膨胀和保持经济适度快速增长的关系，宏观调控以金融手段为主还是更多地运用财政手段等等，都是需要认真研究的问题。

四、"十五"期间我国经济社会发展的基本思路和政策取向

21 世纪初期将是我国实现工业化中期阶段目标的关键时

期。我们既要加快工业化进程，保持经济持续快速增长，实现到 2010 年的既定目标，又要面对全球经济一体化和信息化的挑战，面对国际竞争加剧和国内人口与资源、环境压力的挑战。

21 世纪初期，我国面临的主要矛盾，将由经济增长与国民对物质、文化的需求在数量上的矛盾，转化为经济发展水平与国民日益提高的对生活质量的需求之间的矛盾，以及较低的经济技术水平与快速提高国际竞争力的要求之间的矛盾。因此，未来我国经济发展的主要任务应当是：合理配置资源，加速科学技术进步，全面提高产品质量，加快高技术和新兴产业的发展，迅速提升国际竞争力；提高城乡居民的实际购买力，拓展商品和服务市场，满足社会不断扩大对高质量和不同层次的需求；治理环境污染，保护资源和生态，实现可持续发展；调整社会利益分配机制，实现社会公平，保持社会稳定。

面向新世纪，我国经济发展必须以科技—质量—素质—竞争力为主线，立足于经济适度快速增长，实现结构转换，技术升级，质量提高，竞争力增强和可持续发展。在发展思路上，要从追求经济快速增长向保持适度增长转变，从追求经济总量扩张向以提高质量效益为主转变，从追求产业规模向依靠产业技术升级转变，从重点发展基础产业和基础设施向重点发展机电工业、高技术产业和科技教育转变，从向东部沿海地区倾斜向加快中西部发展转变。

在 21 世纪初期，我们一定要将"科教兴国"真正放在重要的战略地位，抓住科技革命正在引起产业革命的历史机遇，全面提高我国的科技、教育和产业的发展水平。没有科技和教育的快速发展，转变经济增长方式，提高经济增长质量，将是一句空话。如果我们的经济增长不从主要依靠劳动力、资本等传统的生产要素，转向主要依靠竞争力的增强（如通过技术升级、加强研究开发、增加教育投资等），在未来的新世纪，就难以继续保持旺盛的增长势头。"科教兴国"战略能否真正得到贯彻实施，将决定 21 世纪初期的我国经济发展的成败。也只有在产业结构升级、发展科学技术、提高国民经济整体素质和效益等方面，不断取得新的突破，提高综合国力和国际竞争力，才能使我国的社会生产力、综合国力和人民生活水平，再上一个新的大台阶，才能为我国在下世纪中叶基本实现现代化，实现第三步战略目标奠定基础。

围绕上述经济社会发展的基本思路，"十五"的主要政策取向应当是：

1. 保持经济适度增长，努力提高经济增长的质量

近两年，尤其是 1997 年我国经济运行情况表明，我国经济高速增长已告一段落，今后两年增长速度将比"八五"和"九五"前期有所降低。21 世纪初期，我国保持 7%—8% 的增长速度，将是适度的。出现这种趋势的主要原因：一是体制动因的消失。原来在计划经济体制下被束缚的生产力，经过改革的不断深化，基本上已得到比较充分的释放；二是市场缺口的消失，短缺经济下存在的庞大的市场缺口已初步填平补齐，经济增长由资源约束为主转向市场需求约束为主，粗放型的外延扩张已难以为继；三是消费热点的消失，消费品市场上过去那种排浪式的消费热点短期内难以形成，消费需求呈现平稳增长的态势；四是投资需求的市场约束趋向强化，地方和企业投资行为越来越受到市场需求导向的左右；五是国际竞争的加剧，外贸出口对经济增长的拉动作用，以及主要依靠优惠政策和廉价劳动力吸引外资的优势正在减弱。

在新的发展阶段，我国经济发展将由 10% 或更高的增长速度转向 7%—8% 左右的适度增长，在新的条件下继续盲目追求高速度，是不现实的。事实上，经济增长速度并不是越快

越好，增长速度必须是有效益的，高质量的。速度适当降低一点，有利于提高经济增长的质量，有利于保持经济总量的平衡，形成相对宽松的宏观经济环境。"十五"时期保持7%—8%的速度，同其他发展中大国相比，仍然是较高的。

2. 加大经济结构调整力度，加快技术升级进程

下世纪初叶，我国社会经济发展的中心目标是实现国民经济的工业化。实现国民经济工业化的主要标志之一，就是科技水平和主要工业部门的技术水平达到中等发达国家的水准。完成这样一个目标，需要保持经济适度快速增长，但更重要的是，要实现产业和产品结构的升级，关键是要实现产业的技术升级。

改革开放以来，我国经济年均增长近10%，既有总量扩张的作用，也有产业结构调整的贡献。80年代初期轻工业的优先发展，80年代中期以家用电器为代表的耐用消费品工业的大发展，80年代后期以来基础产业、基础设施的大规模兴建，都是为适应需求结构变化而调整产业结构，从而促使经济保持较快的增长速度。如果我们依然停留在80年代初期的产业结构，就难以保持近20年的快速增长。同样，进入21世纪，如果继续依靠现有的经济结构，显然是难以支撑较高经济增长的。在市场竞争日益激烈的情况下，仍然沿用传统技术、传统设备、传统工艺，生产传统产品，既没有销路，也没有竞争力。不进行结构调整，经济增长就没有继续上升的空间，就支撑不了较快的经济增长。

结构升级是产业结构战略性调整的本质要求；同样，产业结构战略性调整要以结构升级为目标。结构调整不以升级为目标，经济增长就缺乏足够的支撑。随着重化工业在经济增长中的地位和作用日益增强，迫切需要加快以机械电子工业为代表的装备工业的发展。可以预言，在我国经济的未来发展时期，

支持经济增长的结构基础将从能源、原材料为主的资源性产业转变为高加工度、高附加值为主的机电工业。可以说，机电工业是推进经济适度快速增长、充满活力的产业，只有将它作为战略性主导产业加快发展，才能适应高科技竞争和提高综合国力的需要；只有通过机电工业的发展带动装备工业和其他产业技术水平的提高，才能大大增强我国产业的国际竞争力，使一些较先进的工业领域赶超国际先进水平，才能实现真正意义上的技术升级，促进中国经济的持续增长。在加快工业化的同时，我们要加强信息基础设施的投资，加速信息产业的发展，促进国民经济的信息化。

3. 加大科技、教育的投入，将发展科技和教育置于更重要的战略地位

随着世界科技的迅猛发展，一个以知识经济占主导地位的世纪将要到来。知识经济的兴起源自以信息技术等高技术及其产业的迅猛发展为标志的科技革命。对于处在工业化进程中的我国而言，既是新的调整，也是新的机遇。在知识经济蓬勃兴起的时代，世界科技的发展速度将加快，知识更新的速度将加快，从技术革命到产业革命的周期将缩短，技术产品的市场生命周期将缩短，"后发优势"的作用将减弱。教育和科技水平落后的国家，将在国际竞争中处于越来越不利的地位。近年来，世界各国都不断调整科技发展战略，以期在知识经济时代的激烈竞争中占据战略制高点。我国也提出了建设国家知识创新体系，提高科技创新能力的战略。

知识经济的核心是科技，关键是人才，基础是教育。我们迫切需要做的，一是加强对科技工作的宏观管理，在加快宏观管理体制改革的基础上，建设国家的知识创新体系。目前，我国科技发展与经济建设"两张皮"的现象依然存在，体制上的分割隔断了科技发展的链条，在诸如运用最新技术成果，引

进技术的消化、吸收，以及高新技术产业发展方面，科技与经济脱节的矛盾表现得比较突出。譬如，我国一些重大项目的引进主要由经济部门操作，由于管理体制的分割，科技部门没有或很少参与；由国家科委抓科技、搞"863"计划，国家计委和经贸委抓经济，搞科技攻关。这种各自为战的格局由于缺乏经济和技术的目标衔接，缺乏技术创新的动力机制，造成引进与消化、吸收、创新脱节。

二是加大对科技和教育的投入。我国用于研究和开发以及对产业的技术投入的资金不足，1996年我国用于研究和开发（R&D）的经费为332亿元，占GDP的比重为0.5%，发达国家为2%—3%；我国企业用于研究和开发的费用占全部研究和开发经费的36.8%，发达国家一般为60%—70%以上。我国教育投入占GDP的比重也维持在2%—2.5%之间。这两项比重在90年代后都有所下降，其根本原因在于财政收入占GDP的比重不断下降。我们必须从现在起就下大决心，在不断增加国家财政收入，并压缩其他开支的基础上，较大幅度地增加科技和教育的投入。到下世纪初，使研究和开发投入、教育投入占GDP的比重分别达到1.5%和4.5%左右。

三是推动产业技术进步的模式由"政府主导型"向"企业主导型"转换。我国企业没有成为自主经营，自负盈亏的独立经济主体，缺乏新产品开发和技术创新的动力机制。在市场经济条件下，企业应具备强烈的依靠科技进步的市场竞争意识，企业科技投入应成为整个科技投入的主要部分。为了使企业成为产业技术进步的直接受益者，政府应将直接管理的大多数科研机构发展成为科技企业，或以各种方式与企业结合；在大中型企业建立研究开发中心；在大中城市建立技术服务中介机构，为小企业服务。政府则通过有限的资金，灵活运用经济手段，对产业的技术进步进行积极的引导，使之符合国家的产业技术政策。

4. 加快中西部地区的开发建设，促进区域经济协调发展

改革开放以来，我国地区经济进入了一个非常活跃的时期。但是由于各地区间经济发展不平衡，地区发展水平的差距不断扩大，特别是东部沿海地区与中西部内陆地区差距扩大较为迅速，引起了各方面的广泛关注。针对地区发展水平差距不断扩大的现状，中央提出从"九五"开始，要更加重视支持内地的发展，实施有利于缓解差距扩大趋势的政策，并逐步加大工作力度，积极朝着缩小差距的方向努力。从近两年的发展趋势看，要控制地区差距扩大的势头，难度还相当大。这个问题处理不好，不仅会制约我国的经济发展，而且还会影响到社会稳定和民族团结。

进入 21 世纪后，我国东中西部地区的经济发展水平和生活水平的差距，其绝对量将会先扩大，其后才能逐步缩小，但这个进程将是缓慢的。这是因为东部地区的经济将不会因为工业化比中西部地区先行实现而放慢增长，相反，由于其经济实力强，竞争能力高，先期发展起来的新兴产业技术水平和附加值高，将保证这些地区经济在今后相当长的时期里继续高速增长，因此仍然会继续扩大东部和中西部在经济发展与生活水平上的差距。估计这一进程将会持续一段较长时间，东部地区达到发达水平后，经济增长随即放慢，而中西部地区随着产业结构逐步升级，自然资源大量开发利用，加上交通、通信等基础设施大大加强，投资环境显著改善，经济增长将会保持较高的速度。此后，东中西部的经济发展水平和生活水平的差距会逐步缩小。

下世纪初开始，我国应实行"区域协调发展，效率与公平兼顾"的区域发展战略，在政策上，一是要加快政府职能的转变，强化中央财政，增强转移支付能力，充分发挥政府在

区域协调发展中的作用；二是加快制定地区发展的法律法规，以法制手段明确政府在促进地区发展方面的责任、权利与义务，协调中央和地方政府在处理区域发展问题时的利益关系；三是注重在中西部地区培植新的经济增长点，加大对这些地区基础设施的投入力度，改善投资环境，在科技、教育与人力资源培训等方面给予重点支持；四是建立健全地区开发金融体系，引导和促进资金适度向欠发达地区流动；五是促进各地区以经济利益共享为前提的经济协作和联合，逐步形成各有特色的经济区和经济带。

5. 严格控制人口增长，解决好就业和再就业问题

我国人口基数大，尽管实行严格的计划生育政策，总人口仍将呈上升趋势。人口过多使人均资源拥有量下降。尽管科技进步可以提高资源利用率，开发利用新的资源，但由于技术进步仍然不可能完全解决资源替代问题，因此我们面临的资源短缺将日益严重。我国人口过多已经成为制约经济发展的一个基本因素，将对经济发展与社会进步形成持久的巨大压力，因此，21 世纪初期必须继续严格控制人口增长。

受巨大的人口基数、长期的人口过快增长，以及经济结构调整和国有企业改革等多方面因素的制约，我国的就业形势越来越严峻，预计在 21 世纪初期，就业压力仍将继续加大。就业压力主要包括新增劳动力的供给压力，农村剩余劳动力向城镇转移的压力，现有的社会失业人员的压力和国有企业下岗职工再就业的压力。进入 21 世纪后，由于人口规模和城乡结构的影响，新增劳动力总量仍将处在较高的平台上；随着社会主义市场经济体制的建立和经济国际化程度的进一步提高，企业为了降低成本，提高劳动生产率，增强市场竞争力，对劳动力的需求不会随着生产规模的扩大而同步增长，增强经济竞争力与解决就业的矛盾将越来越突出。

　　下世纪初，解决就业问题，除了继续保持较高的经济增长速度，充分利用我国丰富廉价的劳动力资源，继续发展劳动密集型产业外，还要大力调整产业结构，提高第三产业从业人员比重。目前我国第三产业从业人员仅占就业总数的26.8%，而发展中国家目前的平均水平在40%左右。据测算，我国第三产业从业人员比重每提高一个百分点，就可以增加700万个就业岗位，如能达到发展中国家的平均水平，就可以再创造9000万个就业岗位。我们还可以通过就学替代，延迟一批新增劳动力就业。"十五"时期，可考虑将9年制义务教育延长为10—12年，同时可逐步增办100所职业技术大学，这样既能提高人力资源素质，又能减缓就业压力。我们还可通过积极发展中小企业和多种所有制经济，不断增大就业空间。

　　6. 全面贯彻可持续发展战略，促进经济、社会、环境协调发展

　　21世纪初期，我国经济发展和环境保护的矛盾将更加突出。我国现有的产业结构和能源利用结构所支撑的经济增长，必然要增加资源需求，增加污染物的排放，恶化环境。尽管中国许多自然资源储量巨大，但人均水平大都很低，许多指标大大低于世界平均值。特别是水、耕地、森林以及部分矿产资源呈现短缺，许多矿产资源储量由于自然条件恶劣和技术要求高，还难以开发利用，这些都日益成为经济社会发展的"瓶颈"制约。

　　我国环境污染、生态破坏已相当严重。以城市为中心的环境污染在发展，并急剧向农村蔓延；生态环境破坏的范围在扩大，程度在加剧。21世纪初期，我国生态环境由于工业化的继续发展有可能进一步恶化。尽管按人均排放量在世界各国中是比较低的，但总量过高仍是很严重的问题。因此，必须进一步实施资源节约型战略，实现资源有偿使用制度；增加环保投

入，发展环保产业；贯彻可持续发展战略，采取积极措施，治理环境，植树造林，绿化荒山，保持水土，治理沙化，实现经济、社会、环境协调发展。

7. 适应全球经济一体化趋势，不断提高国际竞争力

21世纪初期，全球经济一体化将继续发展。我国的国际合作将日益广泛，在国际经济分工中的地位上升，从与发达国家完全的垂直分工逐步转向更多的水平分工。同时，我国与发达国家争夺市场份额的直接竞争也将随之加剧，贸易摩擦不可避免地会日渐增多。我们要在国际竞争中取得主动，关键是要提高国际竞争力。21世纪初期，科技水平将越来越成为支撑国际竞争力的主导因素。据研究判断，21世纪初期，科技进步的趋势将是光电子技术、材料技术和生物技术三大技术相互结合和渗透，形成新的组合技术，其结果是产业的知识密集度日益提高，新兴产业不断涌现，传统产业不断改组改造，生产力日益集约化，高新技术化，产品质量不断提高，生产率不断上升。高新技术及其产业化的突出特点，将是商业化周期继续缩短，技术水平上的差距很快转为商业竞争力的差距，进而放大为经济上的差距。

下世纪初，我们要充分利用后发优势和劳动力成本低的比较优势，实现"赶超"目标。一方面，作为后起国家，要通过学习、引进和利用先进国家的技术和管理经验，以较低的代价获得先进国家经过探索而获得的知识、技术和管理经验，大大缩短发展的进程，大力发展高技术产业和新兴产业，追赶发达国家；另一方面，作为发展中国家，要充分利用劳动力便宜、土地价格较低等优势，使之与先进适用技术相结合，发展有较高技术含量的劳动密集型产业。只有这样，我们才能不断提高国际竞争力，保持较快的增长速度。

8. 探索需求管理的有效途径，完善政府的宏观调控

在向市场经济转轨的进程中，宏观经济管理应当由计划经济时期以供给管理为主向以需求管理为主转变，以适应发展社会主义市场经济的要求。下世纪初期，我国经济增长的市场需求约束有可能进一步强化，决定生产规模和投资规模的主要因素将是市场需求规模。要通过各种宏观政策的条件，使市场需求保持必要的均衡增长，从而对经济增长保持相应的拉动力。

在我国社会总需求中，消费需求一般占到60%以上，是三大需求中份额最大的部分。特别是目前我国的人均收入水平和消费水平都比较低，消费的潜在需求很大。下世纪初期，人均国内生产总值和人均收入水平将有较大幅度的增长，消费结构将发生明显变化，由"吃、穿、用"为主向"住、行"为主转变。在进入以"住、行"为主的消费阶段后，居民的消费模式将发生重大变化，逐步由自我积累型滞后消费，变为信用支持型提前消费，因此发展信用消费将是变居民的潜在需求为现实需求的重要途径，需求管理中对居民消费倾向的引导将变得更为重要。

宏观调控的总目标是保持经济稳定，使总供给与总需求基本平衡，并促进经济结构的优化，引导国民经济持续、快速、健康发展，推动社会进步。随着经济发展的阶段性变化，宏观调控的重点也要作相应的调整，抑制通货膨胀仍应是宏观调控的长期目标，绝不能忽视与放松。同时，要看到目前经济生活中存在许多矛盾与困难，根本原因在于结构不合理，宏观调控的重点应放到优化结构上。为此，从货币政策和财政政策上看，在保持适度偏紧的前提下，应着重支持国民经济的薄弱环节，如农业、交通、通信等产业，加快支柱产业、高新技术产业的发展，支持有市场需求、经济效益好的企业的改造与发展。

五、新时期制定中长期计划需要注意的问题

改革开放以来，特别是党的十四大确定社会主义市场经济体制的改革目标之后，计划体制改革取得很大的进展，各级计划部门适应市场经济发展的要求，发挥计划的宏观性、战略性和政策性功能，在积极引导和调控经济运行，促进国民经济持续、快速、健康发展方面发挥了重要作用。

进入 21 世纪，随着社会主义市场经济体制的建立和完善，计划功能、计划手段和计划方式还将不断调整和变化，中长期计划将成为计划工作的主体，其内容和方法也需要作相应的调整。

1. 中长期计划要体现战略性、全局性、预见性、政策性和协调性的特点

长期计划是战略性计划，主要是提出国民经济和社会发展的战略构想，包括战略目标、战略方针、战略重点和战略步骤；中期计划是长期计划的阶段性计划，主要是对计划期经济、科技和社会发展目标以及对实现目标的客观条件进行预测，提出重大资源分配方案。中长期计划要建立在市场预测的基础上，通过分析经济态势，指明经济走势，提出发展目标和要求，并制定与之相应的政策和措施。经济政策是指导性计划的重要组成部分，计划的实施，主要运用经济政策和经济杠杆调节经济参数，通过利益关系调整引导市场主体行为。要把制定和实施计划的过程成为协调经济政策和综合运用经济杠杆的过程。

2. 进一步改革和完善中长期计划的方法制度

偏重于定指标、分解指标的传统计划方法，应当进一步改革。中长期计划要突出战略重点，明确计划的主攻方向和目

标，明确准备解决和能够解决的重大问题。要反映大趋势，提出大思路，明确大政策。中长期计划应当是粗线条的，框架式的，主要的重要指标应当是预测性、指导性的，这些指标应当能够反映一个时期国家宏观调控的主导方向和目标。除了经济增长速度、固定资产投资、货币供应、财政收支、进出口和国际收支、人口和就业等方面的重要指标外，"十五"计划应该增加科技进步和环境保护方面的指标。如科技进步可以考虑用研究与开发投入、教育投入占 GDP 的比重，科技进步对经济增长的贡献率等指标。环境保护可以考虑用环保投入占 GDP 的比重，以及污染物控制排放量等指标。

3. 提高中长期计划工作的透明度和社会参与度

实行开门定计划，提高计划透明度和社会参与度，使计划的制定过程成为政府和社会各方面达成共识、协调行动的过程。这是国外市场经济国家制定计划的普遍经验。经济主体多元化的发展趋势，要求我们在制定计划的过程中，必须听取包括专家、学者、金融界、经济界、企业界等社会各方面的意见。这样做，一是给社会各界表达自己意见的机会，也使计划的制定能反映各类经济主体的意向；二是使政府的决策能够被社会各界接受，使国家计划的执行能够成为大家的行动；三是集中社会各方面智慧，使计划更加切实可行；四是可以较好地协调社会各方面的利益，使计划部门摆脱不必要的矛盾。

建立由行政系统、市场中介组织系统、学术研究系统和民间组织系统组成的新的计划依托体系。除了继续发挥现有的行政、计划组织系统的作用外，要加强与大中城市和大型企业的联系和政策指导；加强与市场中介组织的联系，以及加强计划系统内部和外部的研究机构的联系。对计划制定中的一些重大课题，可以通过招标的方式，委托有关研究咨询机构提出初步方案。

4. 处理好国家中长期计划和地方中长期计划的关系

这是保持国民经济的整体协调和发展各具特色的地区经济的需要。国家中长期计划是战略性、全局性的，是各地区制定中长期计划的依据；同时各地区要在国家中长期计划的指导下，根据本地区的条件和特点，按照发挥优势的原则，立足于发展特色经济的目标，制定本地区的中长期计划。国家和地方的计划部门在中长期计划的制定、实施、调整、评估等环节中，应建立联系制度，保持国家中长期计划与地方中长期计划在战略目标、战略重点、战略对策和资源配置等方面的协调。

（本文是作者在全国计委系统研究所所长会议上的讲话稿）

国内经济发展的几个热点问题

（1998 年 9 月 28 日）

一、关于争取实现 8% 的经济增长速度问题

由于亚洲金融危机不断蔓延、加深，国际上普遍关注中国经济的动向，主要是人民币会不会贬值；中国经济能不能继续保持快速增长。我国政府已经多次宣布，人民币不贬值；1998年要努力实现 8% 的经济增长速度。

我国的历史经验一再证明，经济增长速度过高或者过低，都不好。速度过高，经济过热，就会诱发通货膨胀和价格持续上涨，造成经济不稳定、社会不稳定；速度过低，不利于充分发挥资源的潜力，并且会带来一系列经济社会问题。

1998 年争取实现 8% 经济增长的意义：

一是为了满足经济社会发展的需要。国内现在每年新增人口 1200 多万，满足每年新增人口的需要，在现阶段平均要有 2 个百分点的经济增长率；而要使 12 亿 3 千万现有人口的生活水平每年有一定的提高，平均又需要有 4 个百分点的经济增长率；我国目前的经济总量虽然已经不小，但是人均水平还很低，我们要提高经济社会发展水平，逐步实现工业化、现代化，平均每年还要有 2 个百分点左右的经济增长率。

二是为了缓解就业的压力。国内城镇新增加的劳动力每年约有 700 万，现在国有企业下岗职工还有 700 万。据测算，90

年代我国国内生产总值每增长一个百分点，可以增加就业 125 万人。为解决就业和再就业问题，需要争取 8% 的增长速度。

三是为了防止经济过分下滑。我国经济增长速度的上升或下降存在一种惯性的作用，如果在 8% 左右的水平上继续下滑，就可能出现较大的波动，重新启动的代价也会增大。

四是为了扩大内需和增加财政收入。经济增长率下降会扩大低收入人群，使居民收入增长减缓，也会使居民消费欲望减弱。我国经济增长率同企业经济效益、国家财政收入，都有直接关系。经济增长率过分下降，会直接影响企业收益和财政收入的增长。

总之，争取实现 8% 经济增长，是为使国内经济生活中的许多问题得到较好的解决。由于受亚洲金融危机的影响，世界各国特别是亚洲国家的经济速度普遍放慢，我国争取 8% 的增长速度，并保持人民币汇率稳定，将有利于增强国际社会对中国经济发展和投资环境的信心，也有利于亚洲有关国家早日走出危机的困境。正如国外评论所说，中国经济的稳定增长，对亚洲乃至世界经济的稳定，起着至关重要的作用。

争取实现 8% 经济增长的困难：

1998 年实现 8% 比 1997 年实现 8.8%、1996 年实现 9.6% 的难度都大得多。从国内环境来看，经过改革开放 20 年来的经济高速增长，供给不断增加，供求关系发生了根本性变化，大多数消费品和投资品由供不应求，转变为供过于求。经济增长以前主要受资源、资金等生产要素的制约，现在转变为主要受市场需求的制约。

1998 年国内消费需求增长幅度比 1997 年明显降低。主要原因是：由于农产品价格连续下降，农村居民收入增长幅度 1997 年比 1996 年下降 5 个百分点，1998 年上半年又比 1997 年同期略有减少。城镇居民收入增长幅度，1997 年也低于

1996 年，1998 年上半年虽然比 1997 年同期增加，但是由于下岗、失业人员增加，居民对收入的预期下降，加上推进住房、医疗、教育等方面改革，增强了城镇居民的储蓄倾向，抑制了即期消费需求的增长。

与此同时，由于前些年投资过热，造成许多产品的生产能力过剩，近年来投资热点少，企业投资欲望下降；随着金融体制改革，商业银行的风险意识也增强了，企业和银行的借贷行为都谨慎了，使得投资需求不旺。1997 年固定资产投资仅比前年增长 8.3%，1998 年一季度投资增长幅度继续回落。

从国外环境来看，亚洲金融危机对亚洲和全球经济与贸易都产生了不利影响。对我国最直接的影响，就是 1998 年我国外贸出口和利用外资的增长速度明显下降。

1998 年上半年，我国对日本出口下降 4.7%，对韩国出口下降 30.2%，对东盟出口下降 12.9%。1997 年，我国对亚洲地区的出口占出口总额的 57%，其中日本占 17.4%，韩国占 5%，东盟占 6%，香港占 24%。1998 年以来尽管我国对美国、欧盟和世界其他地区出口增长较快，但由于对亚洲地区出口下降，使得 1—8 月出口比 1997 年同期仅增长 5.5%。1997 年出口比前年增长 20.9%，对国内生产总值增长的贡献约占 30%，1998 年出口的贡献率将大大下降，增加了实现 8% 增长的难度。

我国外商直接投资 70% 以上来自亚洲地区。受东亚金融危机影响，1998 年 1—8 月外商实际投资比 1997 年同期减少了 1.45%，由于来自欧盟和美国的投资继续保持较快增长，因而外商投资的合同金额比 1997 年同期增长 6%。

以上说明，1998 年是在国内和国际都面临特殊经济环境的情况下争取实现 8% 增长，因而难度很大。

争取实现 8% 经济增长的措施：

　　为了应对亚洲金融危机对我国经济的影响，1998年年初，中央政府作出了立足于扩大内需、促进经济增长的决策，并相继采取了一系列政策措施。

　　上半年偏重于运用货币政策，主要措施有：中央银行取消了对商业银行贷款规模的限制，鼓励商业银行增加对固定资产投资项目、盈利企业流动资金的贷款，并向购买住房的个人提供贷款；降低了商业银行的准备金率，增加了商业银行的贷款能力；两次降低存款和贷款利率（目前国内存款和贷款的名义利率水平，是亚洲地区除日本以外最低的）；进一步扩大资本市场，中央银行恢复了公开市场债券回购业务；上海、深圳两市新发行股票78家。

　　下半年主要采取财政扩张政策，直接刺激内需。已决定增加发行1000亿元的长期国债，定向用于增加对基础设施建设的投入，主要投向大江大河防洪水利工程、交通通信、城市基础设施、城乡电网、国家直属储备粮库和经济适用住房等六个方面建设。此外，1998年为支持出口，提高了对纺织品、煤炭、水泥、机械、船舶等行业出口商品的退税率，加快了退税进度。为吸引外商投资，国家采取措施改善投资环境，并对国家鼓励、支持发展的外商投资企业进口的设备，免征关税和进口环节增值税。争取实现8%经济增长的前景：

　　1998年采取的多方面、力度相当大的政策措施，由于政策作用有一个滞后期，上半年效果还不明显，但是进入第三季度以来，效应正在逐步显现。5—8月国有单位投资增长速度逐月上升，分别比1997年同期增长13.8%、16.1%和22.8%，预计1998年后几个月会继续有明显增长。投资需求增长是争取实现8%的主要拉动力。投资增长速度的回升，将扩大投资品需求，并带动消费品市场趋旺，扭转价格指数持续下降、通货紧缩的状况，进而拉动工业生产增长速度回升。这是争取实现 8% 的重要条件。

还要看到，国内基本经济条件，对争取实现 8% 也是有利的：

——我国现在人均收入只有 720 多美元，农业基础薄弱，基础设施落后，城市化和第三产业发展水平还很低，地区经济发展不平衡，国内市场的潜力很大，经济发展还有很大空间。

——国内储蓄率一直保持在 40% 左右的高水平。同周边国家相比，我国投资环境比较稳定，利用外资有希望继续增长。1998 年固定资产投资增长 15% 以上，是有资金保证的。

——现在钢铁、煤炭等重要生产资料库存充裕，粮食、外汇储备达到历史最高水平；1997 年第四季度以来价格指数一直处于负增长，为采取扩张的财政、货币政策提供了余地。

因此，1998 年争取实现 8% 的难度不小，希望也很大，争取实现 8% 的预定目标是可以实现的。

二、关于保持人民币汇率稳定问题

大家很关心国内对港元联系汇率的支持问题。我认为，这种支持主要表现在：国内努力实现经济的持续快速增长，并且保持人民币对美元汇率的稳定。20 年来的实践证明，香港经济和国内经济是紧密相连的。没有国内的改革开放和经济高速增长，不可能有香港今天的繁荣；而没有香港经济的繁荣和它对国内改革开放与经济发展所发挥的特殊作用，也不可能有国内今天这样的发展。香港回归以后，香港经济和国内经济的这种相互依存、互相促进的关系，正在得到巩固和发展。中国内地仍然是香港转口贸易的最大贸易伙伴，据香港有关方面统计，1998 年上半年经香港转口的 5661 亿港元货值中的 90%，即 5107 亿港元，都与内地有关。处在持续增长中的国内经济和潜力巨大的国内市场，是香港经济保持繁荣稳定的腹地和后盾。

自亚洲金融危机爆发到现在已经 15 个月，在周边国家和地区货币大幅度贬值的情况下，人民币对美元的汇率一直保持稳定。在这个期间，我国领导人多次讲过，人民币不会贬值。但是，国际上经常出现人民币贬值的猜测。事实证明，这种猜测是没有根据的。人民币是否会贬值，归根到底是由基本经济因素和市场供求状况决定的。保持人民币汇率稳定，是有坚实的经济基础的。

第一，我国的国际收支状况良好。自 1994 年以来，一直保持外贸顺差，1998 年 1—8 月虽然出口增长速度放慢，但仍有 313.8 亿美元的贸易顺差。近年来，资本项目下也有较大顺差，1998 年一季度是 55 亿美元。同时，人民币在资本项目下不能自由兑换，使资本的外逃受到限制。

第二，我国利用外资以外商直接投资为主，外债以中长期外债为主。到 1997 年年底，我国外债总额 1300 亿美元，其中短期外债仅占 14%。因此不会像有些国家那样发生外债偿付危机。

第三，我国有充足的外汇储备。1998 年 8 月底外汇储备达到 1407 亿美元，相当于 13 个月的进口所需，大大高于国际上相当于 3 个月进口所需的一般标准。我国完全有能力维护人民币汇率的稳定。

第四，国际经验证明，汇率并不是影响出口的唯一重要因素，贬值也不一定会增加出口。1997 年以来，亚洲一些国家货币大幅度贬值，出口并没有大幅度增加。1998 年以来，我国对日本、韩国、东盟出口下降，主要原因是相关国家经济衰退，需求缩减。提高出口商品竞争力，可以采取贬值之外的其他措施。

第五，加工贸易在我国进出口总额中占很大比重，1997年为 54.5%，1998 年上半年为 54.9%。如果人民币贬值，进口原料价格相应上涨，出口商品成本上升，进出两相抵消，贬值得不到在价格竞争上的好处。同时，外商投资企业在我国出口总额中占 40% 以上，保持汇率稳定可以增强国外长期资本的投资信心。这是保持我国出口稳定增长的重要因素，可以说，比通过贬值刺激短期出口增加还要重要。

特别要强调的是，人民币不贬值，是对香港维护联系汇率的支持，也是中国对国际社会尽到自己的责任。正如法国总统希拉克 1998 年 5 月在英国伯明翰八国集团领导人会议上所说："如果不是中国决定维持其货币的汇率，主动承担这样做给社会和经济带来的严重制约，亚洲危机将对整个世界造成灾难性打击。"

可见，人民币不贬值，既是中国的自身利益所在，也是中国的国际责任所在。人民币不应当贬值，也完全能够做到不贬值。

三、关于积极吸引外资和加入世界贸易组织问题

利用外资是中国对外开放政策的重要组成部分。1979—1997 年实际吸收外商直接投资 2220 亿美元，已开业的外商和港澳台投资企业 14.5 万家，直接从业人员 1750 万人，约占城市有劳动能力人口的 10%。1997 年，外商直接投资在全国固定资产投资中约占 15%。利用外资，对引进先进技术、增加就业、促进经济发展发挥了重要作用。面对国际经济环境的新变化，国内将坚持积极、合理、有效地利用外资的方针，坚持以吸收外商直接投资为主的战略，进一步采取措施，在改善投资环境上下大功夫。优化外商投资的产业结构：重点鼓励外资

投向农业、高新技术产业、基础工业、基础设施、环保产业和出口创汇型产业。继续扩大外商投资领域：进一步开放竞争性产业；有区别、有重点地吸收外资开发利用矿产资源；有步骤地推进服务贸易的对外开放。努力改善外商投资的地区布局：继续发挥东部地区利用外资的优势；积极引导和鼓励外资投向中西部地区。多渠道、多方式吸收外商投资，实施利用外资多元化战略。大胆引进和积极引导跨国公司投资。继续实行以市场换技术的方针，进一步开放国内市场。香港许多朋友很关心中国何时能够加入世界贸易组织，希望了解目前中国加入世界贸易组织谈判的主要困难是什么？

中国政府积极加入世界贸易组织的立场没有改变。目前一些西方舆论散布的所谓"中国的谈判态度已发生变化"的消极评论，是没有依据的。参与多边贸易体制是中国自身改革开放的需要，12 年来中国做出了一系列重大的努力，中国市场开放的步伐和成就有目共睹。认为中国在谈判中缺乏诚意的看法是不公正的。谈判久拖未决的真正原因，是有些国家向中国提出了过高的要求。

江泽民主席多次阐明了中国加入世界贸易组织的三项原则，即：第一，加入世界贸易组织符合中国的利益，对各贸易伙伴都是有利的。如果没有中国参加，世界贸易组织作为全球多边贸易机构是不完整的。第二，中国是一个公认的发展中国家，只能作为发展中国家加入世界贸易组织。按照中国的国情，中国在开放市场方面，只能分步走。第三，中国如果成为世界贸易组织成员，自然将履行有关的义务，但是权利和义务一定要平衡。

世界贸易组织总干事鲁杰罗最近指出："世界贸易组织的大门是向所有申请国敞开的"，他强调应该加快正在进行的与中国等国家的谈判步伐。这也是中国的希望。我国将根据江泽民主席提出的三项原则，一如既往地本着灵活务实的态度与有关国家进行谈判。我国也希望有关国家采取同样的态度，推动谈判早日完成。

（本文是作者应邀在香港高等院校教职员
联会举行的庆祝国庆晚会上的演讲稿）

论坚持发展、改革、稳定
并正确处理三者关系

(1998 年 12 月 8 日)

党的十一届三中全会作出了把党和国家工作重点转移到社会主义现代化建设上来的伟大战略决策。20 年来，我们党在邓小平理论指引下，领导全国人民大胆而卓有成效地推进市场取向的经济体制改革，促进国民经济高速增长，使经济社会面貌发生了巨大的历史性变化。20 年来我们之所以能够取得举世瞩目的辉煌成就，重要的一条就是坚持了改革、发展、稳定并正确处理三者之间的关系。今后我们要沿着建设有中国特色的社会主义道路继续前进，仍然必须坚持这一条重要经验。

一、坚持改革、发展、稳定并正确处理三者关系，是邓小平理论的一个根本战略思想，是贯穿新时期邓小平全部论著的一条主线

以经济建设为中心，把发展放在首位，这是邓小平在对改革开放之前二十多年的实践进行深刻反思的基础上提出来的。在建国前夕，我们党曾经宣布：中国革命的胜利，只是万里长征走完了第一步，今后将大规模地开展经济建设和其他建设。建国之后，最初几年也是按照这个思路工作的。1956 年在生产资料所有制的社会主义改造基本完成以后，党的八大决议明确指出，"我国的无产阶级同资产阶级之间的矛盾已经基本解决"，"我们国内的主要矛盾，已经是人民对于建立先进的工业国的要求同落后的农业国的现实之间的矛盾，已经是人民对于经济文化迅速发展的需要同当前经济文化不能满足人民需要的状况之间的矛盾。这一矛盾的实质，在我国社会主义制度已经建立的情况下，也就是先进的社会主义制度同落后的社会生产力之间的矛盾。"① 但是，在此后的 20 多年的时间里，在"左"的思想指导下，一直"以阶级斗争为纲"，始终没有把党和国家的工作重点转到以经济建设为中心的轨道上来，以致社会主义优越性发挥得太少，社会生产力的发展不快、不稳、不协调，人民的生活没有得到多大的改善。十年的"文化大革命"，更使我们吃了很大的苦头，造成很大的灾难，邓小平深刻总结了历史的经验教训，指出根本的问题在于没有抓住经济建设这个中心。因此，必须"集中力量发展社会生产力。这是最根本的拨乱反正"。②

邓小平把发展社会生产力提到发挥社会主义制度的优越性和体现社会主义本质的理论高度来认识。他在 1978 年就指出："社会主义制度优越性的根本表现，就是能够允许社会生产力以旧社会所没有的速度迅速发展，使人民不断增长的物质文化生活需要能够逐步得到满足。"③ 他由此得出一个深刻的结论："甚至于包括什么叫社会主义这个问题也要解放思想。经济长期处于停滞状态总不能叫社会主义。人民生活长期停止在很低的水平总不能叫社会主义。""讲社会主义，首先就要使生产

---

① 《建国以来重要文献选编》（第九册），中央文献出版社 2011 年版，第 292、293 页。

② 《邓小平文选》第 3 卷，人民出版社 1993 年版，第 141 页。

③ 《邓小平文选》第 2 卷，人民出版社 1994 年版，第 128 页。

力发展，这是主要的。"① 正是基于这种理性思考，邓小平把解放生产力和发展生产力同社会主义本质联系起来，指出："社会主义的本质，是解放生产力，发展生产力，消灭剥削，消除两极分化，最终达到共同富裕。"②

邓小平强调以经济建设为中心，把发展放在首位，也是从世界发展的大趋势来观察问题的。他以恢宏的气概指出："现在世界上真正大的问题，带全球性的战略问题，一个是和平问题，一个是经济问题或者说发展问题。"③ 邓小平要求我们"应当把发展问题提到全人类的高度来认识，要从这个高度去观察问题和解决问题。"④

正是在深刻总结历史的经验教训、深刻认识社会主义的本质、深刻把握当代世界发展大趋势的基础上，邓小平精辟地指出："中国解决所有问题的关键是要靠自己的发展"，⑤ "必须一天也不耽误，专心致志地、聚精会神地搞四个现代化建设"。⑥ "任何时候都不要受干扰，必须坚定不移地、一心一意地干下去"。⑦ 这正是十一届三中全会以来我们党的基本理论和基本实践的核心内容。

要发展就必须改革。在党的十一届三中全会以前的20多年中，我国社会生产力的发展不快、不稳、不协调，除了以阶级斗争为纲和"左"的路线、政策造成的破坏之外，僵化、不合理的经济体制和其他方面体制对生产力发展的束缚，也是

---

① 《邓小平文选》第2卷，人民出版社1994年版，第312、314页。
② 《邓小平文选》第3卷，人民出版社1993年版，第373页。
③ 《邓小平文选》第3卷，人民出版社1993年版，第105页。
④ 《邓小平文选》第3卷，人民出版社1993年版，第282页。
⑤ 《邓小平文选》第3卷，人民出版社1993年版，第265页。
⑥ 《邓小平文选》第2卷，人民出版社1994年版，第241页。
⑦ 《邓小平文选》第2卷，人民出版社1994年版，第276页。

非常重要的原因。面对政治、经济和其他领域成堆的问题和严峻的形势，怎么办？唯有在紧紧抓住经济建设这个中心的同时推进改革，才能救中国，才能救社会主义。正如邓小平所说："这种情况，迫使我们在一九七八年十二月召开的党的十一届三中全会上决定进行改革。"① "如果现在再不实行改革，我们的现代化事业和社会主义事业就会被葬送。"②

改革与发展是紧密联系在一起的。邓小平深刻阐述了改革与发展之间的内在联系，指出："我们所有的改革都是为了一个目的，就是扫除发展社会生产力的障碍。"③ "改革的意义，是为下一个十年和下世纪的前五十年奠定良好的持续发展的基础。没有改革就没有今后的持续发展"。④ 改革是发展的直接动力和坚实基础，只有改革才能解放生产力；而发展则是改革的目的，离开发展，改革就失去了意义。

要改革和发展，就必须保持政治稳定和社会稳定。历史经验反复证明，没有政治和社会稳定，改革开放和经济社会发展都无从谈起。邓小平强调指出："没有稳定的环境，什么都搞不成，已经取得的成果也会失掉。"⑤ 从国际经验看，对处在经济体制和经济结构转型的国家来说，保持社会稳定尤为重要。因为，无论是体制转型，还是结构转型，都是对原有利益格局的调整，都要打破旧的格局和旧的平衡。一方面，原有体制运行的常态秩序势必要改变；另一方面，新因素的渗入势必会引发乃至加剧新旧两种力量的矛盾。这两个方面都有可能导

① 《邓小平文选》第 3 卷，人民出版社 1993 年版，第 134 页。
② 《邓小平文选》第 2 卷，人民出版社 1994 年版，第 150 页。
③ 《邓小平文选》第 3 卷，人民出版社 1993 年版，第 134 页。
④ 《邓小平文选》第 3 卷，人民出版社 1993 年版，第 131 页。
⑤ 《邓小平文选》第 3 卷，人民出版社 1993 年版，第 284 页。

致社会动荡。苏联和东欧国家在体制转型中，由于忽视经济发展和社会稳定，搞"休克疗法"的激进式改革，因而在很长一段时间里，造成经济大幅度滑坡，失业率猛升，社会秩序混乱，时至今日某些国家依然动荡不已。这些教训是特别值得注意的。

总之，坚持改革、发展、稳定，并正确处理三者关系，是邓小平理论的一个根本战略思想，其中涉及到邓小平关于当代中国主要矛盾和根本任务的学说，关于当代中国发展动力的学说，关于当代中国政治保证的学说等等。可以说，它关系到如何建设有中国特色社会主义的一系列基本问题。处理好这个关键问题，具有十分重要的理论意义和实践意义。

1992 年以来，我国改革开放和现代化建设进入新的阶段，经济体制转轨和国民经济快速发展，产业结构、企业结构、城乡结构、分配结构等的变动加快，由于利益调整引起的矛盾较为突出，正确处理改革、发展、稳定的相互关系，更加重要。以江泽民同志为核心的第三代中央领导集体，坚持并创造性地运用邓小平理论，根据改革开放和现代化建设新阶段面临的新情况、新问题，提出并牢牢把握"抓住机遇、深化改革、扩大开放、促进发展、保持稳定"的基本方针，坚持以发展为目的、改革为动力、稳定为保证，把改革的力度、发展的速度和社会可以承受的程度统一起来，在政治、社会稳定中推进改革、发展，在改革、发展中实现社会稳定。从 1993 年开始，针对经济高速发展中出现的通货膨胀加剧和经济秩序混乱的状况，采取加强宏观调控和深化改革的一系列措施，使我国经济成功地实现了"软着陆"。1997 年以来，亚洲金融危机冲击全球，由于我国在前几年采取正确决策，保持宏观经济稳定和国际收支平衡，谨慎地、有步骤地开放资本市场；在金融危机发生后，又及时采取扩大内需、保持人民币汇率稳定等措施，使我国能够保持经济持续发展和改革深化、社会稳定的好局面。实践证明，正确处理好改革、发展、稳定三者的关系，就能总揽全局，保证经济社会的顺利发展；处理不好，就会吃苦头，付出代价。

二、20 年来坚持改革、发展、稳定并正确处理三者关系的基本经验

20 年来，我们党在邓小平理论指导下，坚持改革、发展、稳定并正确处理三者关系的经验，是极其丰富和宝贵的。概括起来有如下诸点：

（一）始终坚持以经济建设为中心，把发展生产力作为党和国家的根本任务。

20 年来，我们党始终不渝、毫不动摇地坚持以经济建设为中心，并在理论上和实践上解决了中国发展的道路、阶段、动力、战略和基本条件等一系列重大问题。

一是关于发展道路。邓小平反复强调："我们的现代化建设，必须从中国的实际出发。""把马克思主义的普遍真理同我国的具体实际结合起来，走自己的道路，建设有中国特色的社会主义，这就是我们总结长期历史经验得出的基本结论。"[1] 20 年来，我们的现代化建设取得了巨大成就，最基本的经验，就是从中国的实际出发，走自己的道路。西方国家搞工业化、市场经济已经有几百年历史，经验比我们丰富得多，我们应当十分注意学习和借鉴外国的经验，但是对于别国的经验（即使是别国的实践证明是成功的经验）决不能照抄照搬。从中

---

[1] 《邓小平文选》第 3 卷，人民出版社 1993 年版，第 2—3 页。

国的实际出发，走自己的道路，核心是走有中国特色的社会主义道路。我们摒弃了苏联重工业畸形发展、农业轻工业严重滞后的工业化道路和排斥市场的僵化经济体制模式，也拒绝了西方国家资本主义的工业化道路和体制模式。20 年来的经验进一步证明，我们所走的有中国特色社会主义道路，是完全正确的。只有社会主义才能发展中国；只有从中国实际出发，走自己的道路，才能真正坚持社会主义。

二是关于发展的阶段。十一届三中全会以来，我们党对我国所处的社会发展阶段作出了正确的判断，反复指出：我国正处在社会主义初级阶段，这个阶段至少要 100 年。这是最基本的实际。20 年来正因为我们党的路线、方针、政策坚持从这个最大的实际出发，因而能够不断取得胜利。

三是坚持以改革作为推进发展的基本动力，同时把发展科学技术作为推进发展的第一要素。邓小平精辟地指出："要发展生产力，经济体制改革是必由之路。"[1] "科学技术是第一生产力"。[2] 这是从变革生产关系以解放生产力和发展生产力第一要素以带动整个生产力发展这样两个最基本的方面，解决了当代中国发展生产力的根本动力问题。它在实践中已经发生和将要长久发生的威力是不可估量的。

四是关于发展战略，提出并实施符合中国国情和世界潮流的战略部署。早在 80 年代初，邓小平就在全面分析我国国情和各种主客观因素的基础上，明确提出了著名的"三步走"战略目标和部署：本世纪走两步，实现国民生产总值翻两番，人民生活达到温饱和小康；下个世纪用 30 年到 50 年时间再走一步，达到中等发达国家的水平，人民生活比较富裕，基本实

---

① 《邓小平文选》第 3 卷，人民出版社 1993 年版，第 138 页。
② 《邓小平文选》第 3 卷，人民出版社 1993 年版，第 274 页。

现现代化。"三步走"的战略目标和部署是在总结以往经济发展战略急于求成的教训，并深刻分析全球经济发展大趋势及我国基本国情基础上提出的，体现了邓小平高瞻远瞩的宏伟气概和实事求是、循序渐进的科学态度相结合，把提高人民生活水平的阶段性目标和发展生产力的阶段性目标紧密结合在一起，并作为战略目标的重要内容提出，体现了我们党为人民谋利益的根本宗旨和发展社会主义经济的根本目的。20 年来的实践已经证明，这个战略目标既是宏伟的，又是切合实际的，已经成为动员全党、全国人民为之奋斗的行动纲领。

五是关于发展的基本条件。邓小平指出，我国要实现经济发展战略目标，"需要两个条件，一个是国际上的和平环境，另一个是国内安定团结的政治局面。"[1] 20 年来我们党从内政外交等各个方面为争取这两个基本条件作了不懈的努力。20 年来国际环境是有利的，同周边国家的关系是历史上最好的时期；国内政治稳定、社会稳定，为实现两步战略目标创造了基本的条件。

总之，发展是我们这个时代的主题，是关系中国前途命运的根本问题。正因为 20 年来我们党始终抓住发展不放松，并且处理好发展本身的一系列重大问题，才使我国经济发展取得了举世称赞的巨大成绩。1995 年年底已经提前五年实现了国民生产总值比 1980 年翻两番的目标。1997 年年底又在全国人口比 1980 年增加 2 亿多的情况下，比"九五"计划目标提前 3 年实现了人均国民生产总值翻两番。

（二）坚定不移地推进改革，通过改革解放生产力、发展生产力，使改革和发展互相促进。

---

[1]　《邓小平文选》第 3 卷，人民出版社 1993 年版，第 210 页。

20 年来，在邓小平理论指引下，我们党领导了在中国历史上空前广泛和深刻的改革，并在理论上和实践上解决了改革的性质、改革的目标、改革的方式以及改革与发展的关系等一系列关系改革成败的重大问题，积累了极其丰富的经验。

第一，正确把握改革的性质。邓小平明确指出："改革的性质同过去的革命一样，也是为了扫除发展社会生产力的障碍，使中国摆脱贫穷落后的状态。从这个意义上说，改革也可以叫革命性的变革"。"改革是中国的第二次革命"①。十一届三中全会以来的改革，其实质就是要从根本上改革沿袭苏联经济体制模式、并在"左"的思想指导下形成发展的、已严重束缚生产力发展的计划经济体制。经济是基础，经济体制的根本性变革，必然要求其他方面的体制进行相应的改革，以适应社会主义现代化建设的需要。20 年来，我们党紧紧抓住了改革是第二次革命这一根本性质，在经济、科技、教育、文化和政治等诸多领域推进改革，通过改革解放生产力，因而能够使经济社会发展势如破竹。

改革就其解放被旧体制束缚的生产力这一根本性质和作用来说，它是中国的第二次革命，但是它又不同于推翻旧政权和旧的社会制度的第一次革命。我们正在进行的改革，是在坚持社会主义道路的前提下进行的，是社会主义制度的自我完善和发展。这表现在：（1）改革的领导力量是执政党——中国共产党，而不是别的政党或政治组织；（2）改革的主体是工人阶级和广大人民群众，而不是别的阶级和社会力量；（3）改革的对象是我国现存生产关系和上层建筑中不适应生产力发展的环节和方面，而不是根本社会制度；（4）改革的目的是解

---

① 《邓小平文选》第 3 卷，人民出版社 1993 年版，第 113、135 页。

放生产力、发展生产力，而不是推翻现行政权；（5）改革的功能是通过改革传统的体制，调动人的积极性，使社会主义经济和各个方面更加充满生机和活力，而不是根本改变我国的社会形态。20年来，我们紧紧把握住了"第二次革命"和"社会主义制度的自我完善"相统一的正确改革方向，使改革不断深入，生产力不断发展，整个国家蒸蒸日上。

第二，确立正确的改革目标。我国究竟应当建立一种什么样的经济体制模式，是经济体制改革带战略性和全局性的问题。核心问题是如何处理计划和市场关系。改革进程中，对改革的目标模式先后提出过五种构想：（1）"计划经济为主，市场调节为辅"（1980年）；（2）"有计划的商品经济"（1984年）；（3）"计划与市场内在统一的体制"（1987年）；（4）"计划经济和市场调节相结合"（1989年）；（5）"社会主义市场经济体制"（1992年）。实践和认识是相互促进的。随着改革实践的发展，随着逐步摆脱计划经济传统观念的束缚，对我国体制改革目标模式的探索也在逐步深化和成熟。经过实践—认识—再实践—再认识的循环往复的上升过程，党的十四大明确提出：我国改革的目标是建立社会主义市场经济体制。根据这一目标，我国经济体制改革，不只是一般地要求更多地发挥价值规律和市场机制的调节作用，而是要使市场机制对于资源配置和经济运行发挥基础性作用。20年来，尽管在计划与市场关系的认识上经历了曲折的过程，但总的说来我国经济体制改革是以"市场取向"为特征的。即使在国内发生政治风波、国际发生苏东剧变的复杂形势下，我国市场取向的改革也未发生过转向。

第三，在改革方式上，采取渐进式的改革方略。综观世界，原计划经济国家向市场经济体制过渡，有明显不同的两种方式，一是采取休克疗法的"大震动"模式；二是"渐进"

式的改革模式。我国从 80 年代起采取渐进式改革方略。主要表现在：（1）先从计划经济体制比较薄弱的农村启动，取得突破，建立可靠的改革"支撑点"，然后逐步向城市推进；（2）先在东南沿海一带率先开放，建立特区、开发区，取得区域突破，然后沿海、沿江、沿边境和沿铁路干线，向其他地区推进；（3）发展乡镇企业、个体私营经济和外资经济，形成以公有制经济为主体、多种经济成分共同发展的局面；（4）逐步推进国有企业改革，先采取放权让利、扩大企业自主权等政策和利益调整型的改革，然后转到以企业制度创新和整个国有经济战略性调整为重点的改革；（5）先在一段时期内实行"双轨制"，然后在条件成熟时并轨，实行单一的市场经济体制；（6）先进行经济体制改革，保持经济发展和社会稳定，让人民通过改革和发展得到比较多的实惠，然后再适时推进政治体制改革和其他方面的改革。采取这种渐进式的改革方式，虽然两种体制相持的时间相对长一些，而且也会产生一些新的矛盾，但总的说来比较稳妥，既有力促进了经济快速增长，也得到了社会普遍的理解与支持，保持了社会稳定。这是一条符合中国国情的改革之路。

第四，改革紧紧围绕经济发展进行，使改革和发展互相促进。改革的目的是解放生产力。20 年来，我们党紧紧围绕发展社会生产力这个根本任务，把推进改革作为解放和发展生产力的必由之路，并且提出了一切以是否有利于发展社会主义社会的生产力，有利于增强社会主义国家的综合国力，有利于提高人民的生活水平，作为根本标准。同时，在改革的具体步骤上，注重把经济发展过程中出现的问题和遇到的障碍作为改革的内容，注意防止那种脱离发展、"为改革而改革"的片面做法，以改革促发展，以发展带改革。这样做，不仅为生产力的发展开辟了广阔的空间，而且也使改革具有源源不断的物质支撑力量。

（三）坚持对外开放，促进改革、发展。

我国的改革、发展与对外开放是紧密结合进行的。邓小平明确指出："任何一个国家要发展，孤立起来，闭关自守是不可能的，不加强国际交往，不引进发达国家的先进经验、先进科学技术和资金，是不可能的。[①]　"中国要谋求发展，摆脱贫穷和落后，就必须开放"。[②]

开放的过程是改革的过程。市场经济体制是当代人类共同的文明成果。我国在对外开放过程中，从本国的实际出发，注重学习发达国家的经验，包括在市场经济条件下企业制度创新、资本市场和金融运行以及宏观调控等方面的管理体制和先进经验，从而促进了我国的经济体制改革。

开放的过程也是发展的过程。20 年来，我国积极进入资本市场，参与国际竞争，通过多种形式利用外资，发展对外贸易，引进先进技术，发展劳务合作等，使对外开放成为我国经济高速增长的重要推动力量。本世纪以来，还没有一个发展中的大国通过对外开放使本国经济在 20 年间连续保持高速增长的。我国做到了这一点，其中对外开放的贡献是十分重要的。

在我国对外开放扩大的条件下，如何妥善处理对外开放和保障国家经济安全的关系，是一个重要问题。实践表明，增强国民经济持续发展能力，提高国际竞争力，是保障国家经济安全的关键。20 年来，我们在实践中不是"关起门来保安全"，而是通过对外开放，发挥比较优势，积极参与国际分工与交换，充分利用国际国内两个市场、两种资源，来保障国家经济安全。这样做，就使我们能够从全球战略的高度来考虑我国的

---

①　《邓小平文选》第 3 卷，人民出版社 1993 年版，第 117 页。
②　《邓小平文选》第 3 卷，人民出版社 1993 年版，第 2 页。

生存和发展问题，并统筹考虑发展问题、竞争问题和安全问题。

（四）保持政治、社会稳定，为改革、发展创造良好的社会环境。

无论是改革还是发展，都需要有一个稳定的社会环境。20年来，我们为缔造和保持良好的社会环境，从各个方面进行了不懈努力并取得了显著效果。

第一，保持政治稳定。在所有稳定中，最关键的是政治稳定。20年来，我国在政治上是稳定的。之所以能做到这一点，主要有三条：（1）保持基本路线稳定。不断克服来自"左"和右的干扰，特别是"左"的干扰，坚持党的基本路线不动摇。（2）保持领导核心稳定。特别是顺利实现了以邓小平为核心的第二代中央领导集体向以江泽民同志为核心的第三代中央领导集体的平稳过渡；同时，妥善处理了国内和对外关系中的一系列重大问题。（3）保持基本方针政策的连续性和稳定。尤其是保持家庭联产承包责任制，鼓励一部分地区和一部分人先富起来等大的政策的稳定。所有这些对稳定党心，稳定军心，稳定民心都起了很大的作用。

第二，保持经济稳定。根据这些年的实践，能否保持经济稳定，主要是防止出现以下三种局面：（1）严重的经济衰退和伴随而来的高失业率；（2）恶性通货膨胀；（3）金融秩序混乱甚至发生金融危机。20年来，为了避免出现以上三种局面，从各个方面做了大量工作，及时抑制通货膨胀，防止经济发展大起大落，主动化解金融风险，维护金融安全，从而保持了经济稳定和持续快速发展。

第三，除保持政治稳定、经济稳定外，还在维护、增强民族团结，惩治腐败，打击犯罪，搞好社会治安等方面采取了一系列措施，巩固和发展了政治、社会稳定的局面。

保持社会稳定的局面同推进改革、发展是紧密联系的。正是由于改革，较好地理顺了各方面关系，从而增强了社会的凝聚力和向心力；正是由于发展，使人民生活水平不断提高，从而为社会稳定提供了坚实的物质基础。单纯讲稳定是稳不住的。正如邓小平所说："稳定和协调也是相对的，不是绝对的。发展才是硬道理。"①

三、改革、发展、稳定面临的新形势和政策取向的思考

列宁曾经说过："庆祝伟大革命的纪念日，最好的办法是把注意力集中在还没有完成的革命任务上"。② 我们现在纪念党的十一届三中全会 20 周年，最好的办法就是高举邓小平理论伟大旗帜，为全面实现党的十五大提出的战略目标和各项任务而努力奋斗。总的说来就是：把建设有中国特色社会主义事业全面推向 21 纪，围绕经济建设这个中心，经济体制改革要有新的突破，政治体制改革要继续深入，精神文明建设要切实加强，各个方面相互配合，实现经济发展和社会全面进步。

在新的世纪即将到来之际，展望未来，我国改革、发展、稳定正面临着国际国内的新形势和新挑战。

其一，世界范围内科技革命突飞猛进，知识经济初见端倪。科学技术的显著进步在 20 世纪一直是推动经济发展和改变人类生活的主要动力。展望 21 世纪，以信息技术和生物技术为代表的科技革命对经济社会发展的作用将更为显著。现在信息技术及其产业正以异乎寻常的速度迅猛发展，成为当代最

---

① 《邓小平文选》第 3 卷，人民出版社 1993 年版，第 377 页。
② 《列宁选集》第 4 卷，人民出版社 1995 年版，第 610 页。

具潜力的生产力和最重要的经济资源。同时，信息、生物技术等的革命性变革也给经济社会发展带来巨大的挑战。面对汹涌澎湃的信息、生物技术革命的浪潮，许多国家都在积极采取对策。这种态势对我国未来发展既是良好机遇，也是严峻挑战。

其二，世界多极化和全球经济一体化的趋势日益明显。国际经济竞争日趋激烈，我国面对着发达国家在科技、经济上占优势的巨大压力。各大国力图在国际竞争中保持领先地位，争夺世界经济、科技与政治的主导权。我国在扩大开放的条件下，如何积极地防范可能出现的国际经济、金融风浪的冲击，是一个尖锐的问题。

其三，我国经济体制改革和结构转型进入艰难的攻坚阶段。国有企业改革、就业制度改革、社会保障制度改革、户籍制度改革等高难度改革，将进入实质性阶段，要素市场也将全面发展，建立完善社会主义市场经济体制的任务还很艰巨。推进改革和调整结构是解决经济社会发展中深层次矛盾的根本措施，但在进行过程中也不可避免会引起或激化某些经济社会矛盾。部分国有企业破产和职工下岗、失业，农村劳动力流动出现的无序现象，市场化进程中的两极分化，以及腐败现象的滋长蔓延等等，依然是困扰经济社会稳定的重要问题。在我国经济体制转轨和经济结构调整升级的过程中，不仅过去长期积累的深层次矛盾会显现出来，而且还会出现新的矛盾和不稳定因素。因此，既要加大推进改革和结构调整的力度，促进经济发展，又要充分考虑社会各方面对改革的承受能力，以保证经济和社会的稳定。

在跨世纪的国际国内的新形势下，坚持改革、发展、稳定，并正确处理三者关系，面临许多新的任务，需要有解决新矛盾、新问题的新思路。

（一）在发展方面。从现在到2010年前后是我国实现工业化中期阶段目标的关键时期。我们一方面要加快工业化进程，保持经济持续快速健康发展，实现到 2010 年的既定目标；另一方面，又要迎接全球经济一体化和信息化的挑战，迎接国际竞争的加剧和国内人口与资源、环境压力的挑战。因此，经济发展必须以科技—质量—素质—竞争力为主线，立足于经济适度快速增长，注重结构转换、技术升级、质量提高、竞争力增强和可持续发展。根据中央关于实现经济体制和经济增长方式两个根本性转变的总要求，在发展思路方面，要体现在以下四个具体转变上。

1. 从追求经济高速增长向保持适度快速增长转变，注重提高经济增长的质量和效益。根据国际国内新的形势和条件，我国经济增长速度将从过去 20 年年均 10% 左右转向年均 7%—8%。速度适当降低一点，有利于提高经济增长的质量和效益，也有利于为推进改革和保持社会稳定创造较为宽松的宏观经济环境。

2. 从追求产业规模扩张向加快产业技术升级转变，注重发展机电工业、高技术产业和科技教育。改革开放以来，我国经济年均增长近 10%，既有总量扩张的作用，也有产业结构调整的贡献。进入 21 世纪，如果继续依靠现有的经济结构，显然既难以支撑较快的经济增长，也难以大幅度地提高经济效益和竞争力。产业结构的战略性调整要以结构升级为目标。随着重化工业在经济增长中的地位和作用日益增强，迫切需要加快以机械电子工业为代表的装备工业的发展。在我国未来的经济发展时期、支持经济增长的结构基础将从能源、原材料为主的资源性产业，转变为以机电工业为主的高加工度、高技术、高附加值的产业。在加快工业化的同时，我们还要加快信息产业的发展，并促进整个国民经济的信息化。

3. 从向东部沿海地区倾斜转向加快中西部地区经济发展。

进入 21 世纪后，我国东中西部地区的经济发展水平和生活水平的差距，仍可能经历一个先扩大、而后逐步缩小的较长过程。因此在政策和工作上，应当注重在中西部地区培植新的经济增长点，加大对这些地区基础设施的投入力度，并在此基础上促进各地区以经济利益共享为前提的经济协作和联合，以减缓地区差距的扩大。

4. 从主要考虑即期经济增长转向更加注重可持续发展。21 世纪初期，我国经济发展和资源、环境保护的矛盾将更加突出。因此，必须进一步实施资源节约型的发展战略，实施资源有偿使用制度；增加环保投入，大力发展环保产业；采取积极措施治理环境污染，大力植树造林，搞好水土保持和沙化治理，实现经济、社会、环境协调发展。

（二）在改革方面。当前经济体制改革已进入攻坚阶段，今后深化改革将触及并解决历史积淀和原有经济体制遗留的诸多"老、大、难"问题，必须有更大的决心、更周密的规划、更坚实的步骤和更有力的措施。

第一，继续调整和完善所有制结构，加快国有企业改革进程。努力探索能够极大促进生产力发展的公有制实现形式；按照发展生产力的要求，对国有经济进行战略性改组，着眼于搞好整个国有经济，抓好大的，放活小的；推进企业制度创新，逐步建立现代企业制度。同时，积极发展集体经济和非公有制经济。

第二，按照发挥市场对资源配置起基础性作用的要求，继续发展各类市场，特别是发展资本市场。经过近 20 年的改革，我国的商品市场发展较快，而要素市场特别是资本市场则发展比较缓慢。据研究，我国要素市场化程度 1997 年为 36.57%，其中资本市场化程度为 17.2%。因此，要把发展资本市场（包括证券市场、产权交易市场等）作为下一步改革的重要一环。通过发展资本市场，带动国有资产重组，推动市场体系建立，并促进分配方式改革和对外开放扩大。现在我国资本市场的容量还很小，发展空间很大；加快发展资本市场，可以带动诸多方面的改革。因此，应把它作为战略性问题来抓。同时，要进一步完善和发展土地市场、劳动力市场以及技术、信息市场。

在确立社会主义市场经济体制的改革目标之后，要求我们根据改革的目标审时度势，抓住时机，坚决推进。在推进过程中，更加注意深入实际调查研究，认真总结改革的实践经验，讲究指导改革的方式、方法。在"攻坚战"相持不下时，防止急躁情绪；在改革的配套性和系统性加大时，防止"四面出击"；在制定每一战役目标时，实事求是，防止提出不切实际的口号；在推广改革经验和纠正改革中出现的局部偏差时，对具体问题作具体分析，防止刮风和"一刀切"。

第三，随着经济体制改革的深化，相应推进政治体制改革。1980年8月18日邓小平在《党和国家领导制度的改革》的重要讲话中，系统阐述了我国政治体制改革的指导思想和基本思路。邓小平明确指出："进行政治体制改革的目的，总的来讲是要消除官僚主义，发展社会主义民主，调动人民和基层单位的积极性"。[①] 10多年来，随着经济体制改革的深化，相应推进政治体制改革的客观要求日渐迫切起来。实践证明，邓小平关于"只搞经济体制改革，不搞政治体制改革，经济体制改革也搞不通"的论断，是十分英明的。政治体制改革有不同于经济体制改革的复杂性，因而推进政治体制改革，既要坚决又要慎重，要根据我国的实际情况进行改革，不能照搬西

---

① 《邓小平文选》第3卷，人民出版社1993年版，第177页。

方模式，特别是要在党的领导下有秩序地进行改革。

（三）在稳定方面。在推进发展、改革过程中，局部的、个别的不稳定现象，是难免要发生的，是正常的。对于这些现象，不必过于敏感。关键是要注意影响全局性稳定的因素，及时消除不稳定的制度原因和结构原因，保障国家的长治久安。经济稳定是社会稳定的重要方面，也是保持政治、社会稳定的基础。当前从经济方面来分析，涉及全局性稳定的问题主要是以下几个方面。

第一，化解金融风险，保障金融稳定。金融是现代经济的核心和经济运行的中枢。保证银行体系的安全、证券市场的健康发展和保险业的规范运作，对于改革、发展、稳定都有密切关系和重要意义。当前，国有商业银行和非银行金融机构不良贷款的数额和比重仍呈上升趋势，孕育着支付危机和金融风波；银行和其他金融机构存在利润下降、亏损增加的趋势，将加剧中央财政收支矛盾和加大通货膨胀压力；国际资本流动特别是投机性资本流动冲击我国国内金融市场和金融体系的危险依然存在。在这种情况下，必须高度重视和维护我国金融安全。当前，要保持人民币的币值稳定和汇率稳定；积极推进银行的商业化改革和发展，严格信贷资产的管理；进一步推进商业银行建立存款保险制度，保障储户利益和银行体系的安全；努力增加经常项目顺差，保持足够的国家外汇储备，加强外债全口径计划管理，合理控制外债规模和结构；审慎实施金融对外开放，依法监管外国资本的流动；提高银行资产质量，增加银行资本金，减少不良资产，积极培育并严格监管资本市场，防止过度投机。

第二，缓解就业压力，化解失业风险。目前我国就业问题相当突出，潜伏较大的风险。一方面，城镇历年积累的失业人口和每年新增的适龄劳动力需要就业，下岗职工的再就业和农村剩余劳动力向非农业产业转移的压力，也随着产业结构调整力度的加大而增大。另一方面，社会保障制度还不健全，增加了就业再就业问题的风险。从发展趋势看，由于我国对外开放的扩大和国际市场的变化，也会给国内就业问题带来风险。因此，要把解决就业和再就业问题放在重要的位置上，保持必要的经济增长速度；在产业结构升级的同时，注意发展劳动密集型产业，特别要重视支持就业容量大的中小企业、非国有经济和第三产业的发展；全面发展农村经济，积极发展乡镇企业，引导农村剩余劳动力多渠道转移和有序流动，避免跨地区劳动力流动规模突然加大；在国有企业改革中，积极稳妥地分流富余人员，搞好再就业工程；建立健全社会保障制度；大力加强教育和职业培训体系的建设、提高劳动力素质，为扩大就业创造条件。

第三，正确贯彻"效率优先、兼顾公平"的分配原则，防止收入差距过大。当前我国在社会成员收入分配方面，存在着差距不适当扩大的趋势；灰色收入、非法收入数量大、透明度低、处于管理失控状态。这是滋生腐败和社会不安定成分的土壤。如果不采取积极有效的措施，隐蔽性收入比例将会扩大，社会收入分配会进一步失控。国家要通过收入分配政策和税收政策等，调节过高收入，保护合法收入，并采取措施保障低收入居民的基本生活，防止由于收入差距过分扩大而导致贫富悬殊和两极分化，保证现阶段共同富裕目标的实现。

（本文与常修泽同志合作，系全国"纪念党的十一届三中全会二十周年理论研讨会"入选论文，原载《宏观经济研究》杂志 1999 年第 1 期。《求是》杂志 1999 年第 1 期摘要发表了本文部分内容）

经济增长既要重速度也要重效益

（1999 年 2 月 28 日）

1998 年中国经济实现 7.8% 的增长，社会商品零售价格比上年下降 2.6%，总体经济形势是好的。改革开放 20 年来，虽然 1981、1990 年曾有过很低的通胀率，但价格指数负增长还未有过。尤其是经济增长仍维持较高速度，汇率稳定，因而速度、物价水平、汇率三项指标结合，处于较好的状态，实属不易。中国经济在国内外经济环境不佳的条件下，取得这样的成绩，得益于改革开放 20 年来积累的雄厚物质基础，得益于 1993 年以来以降低通胀、去除经济泡沫为目的的宏观调控，得益于市场化改革带来的体制环境的优化，得益于宏观决策层审时度势、及时采取了一系列旨在刺激经济增长的财政货币政策。至于 7.8% 的经济增长率与预期目标的些微差异，这是正常的。与计划经济的指令性增长目标不同，市场经济条件下对增长速度的预期目标是指导性的，可以也应当根据情况的变化而作适当调整，没有哪个市场经济国家能精准无误地实现预测目标。我们应当把注意力更多地放在提高经济增长质量上。多年重复建设造成的大多数工业行业生产能力过剩，经济结构矛盾更加突出，经济运行质量和效益不高的问题，必须引起高度关注。

要努力实现经济增长速度与效益的有机结合。没有一定的速度，就不会有效益，但二者有时并不一致，过分注重速度，就有可能忽视效益。中国目前仍处在工业化中期阶段，与发达国家相比，经济效益水平较低，经济增长质量不高，从单个产品、企业到行业乃至整个国家，都存在这个问题。现阶段，经济增长质量的提高，必须建立在结构不断优化的基础上。从企业来说，要形成规模经营、技术进步，靠质量优异、品种丰富，最大限度地降低成本，提高效益。从国家来说，更要避免粗放型低水平增长的再现，加大推进经济结构调整升级和与之相关的各项改革的力度。美国之所以连续几年保持高增长，就在于其结构调整动手早、力度大。而我国长期以来的粗放式增长，不仅能源消耗惊人，而且产品档次低、结构不合理，缺乏市场竞争力。解决这一问题，要靠体制改革建立良好市场秩序、激发经济活力，要靠科技进步提高企业经济效益、提高产品技术含量。总之，要通过深化体制改革和实施积极有效的宏观政策，启动全社会投资、尤其是民间投资增长，使扩大内需与经济结构调整升级结合起来，与科技进步结合起来，把我国经济尽快推入质量效益型的增长轨道。

1999年经济增长的预期目标是7%左右，虽然略低于去年，但实现这一目标并不容易，关键在于扩大国内需求。我国是一个发展中的大国，扩大内需、开拓国内市场，是发展经济的基本立足点和长期战略方针，在今年的国际环境下，更有特殊重要的意义。扩大内需首先还是要扩大投资需求，包括增加国有单位投资和鼓励引导集体、个体和社会其他方面增加投资。投资重点仍然是基础设施建设。实现7%左右的经济增长，预测全社会固定资产投资必须保持12%以上的增长。

1999年扩大内需，还必须采取多项措施扩大消费需求，形成投资和消费对经济增长的双重拉动。其中包括：增加农民收入，提高农村居民购买力，疏通流通渠道，改善农村消费环境，大力开拓农村市场；提高城镇低收入人群的收入，加快发展消费信贷，扩大贷款范围，放宽条件，鼓励居民购买住房、汽车和其他耐用消费品；引导城乡居民增加服务性消费，积极拓宽旅游、文化娱乐、社会服务等消费领域，培育和扩大新的消费热点。

扩大内需，需要继续实施积极的财政政策。扩大投资需求，加强基础设施建设，最直接有效的手段仍然是增加财政资金的投入。由于财政收入增长幅度有限，收支相抵，今年财政赤字可能进一步扩大，要继续由财政向商业银行发行长期国债用于投资。1998 年采取这个办法，效果很好，没有引起通货膨胀。1999 年财政赤字和累计国债余额占当年国内生产总值的比重，仍比世界公认的警戒线低得多。因此，扩大财政赤字仍不会引起通货膨胀。

（本文是接受《瞭望》周刊记者王晓光采访的谈话记录，原载《瞭望》周刊 1999 年第 10 期）

加大刺激内需政策力度

（1999 年 6 月 2 日）

（一）遏止通货紧缩趋势，必须全方位、多渠道扩大内需。

今年头 5 个月经济运行大体上保持了去年下半年的增长势头，同时也出现了一些必须关注并解决的问题。主要是：固定资产投资增幅开始回落，消费需求增长趋缓，出口持续负增长，工业品和农产品普遍供过于求。特别需要注意的是，通货紧缩的趋势正在发展。如果说通货膨胀表现为商品价格普遍的持续上涨，那么通货紧缩则表现为商品价格普遍的持续下降。我国商品零售价格指数月同比从 1997 年 10 月份开始下降，到今年 4 月已持续 19 个月，累计下降 5.5% 左右，大体回落到 1995 年年末的价格水平。消费价格指数月同比从 1998 年 4 月开始下降，到今年 4 月也已持续 13 个月，累计下降 2.5% 左右，大体回落到 1996 年 2—3 月的价格水平。预计下半年物价下降的势头还将继续。

通货紧缩的另一表现是，国内储蓄率增长高于投资率增长，资金出现剩余，银行存差不断扩大。1998 年年底，金融机构存差累计为 9173 亿元，比 1997 年年底增加 1695 亿元；而今年 1—4 月存差就增加了 3000 亿元，比去年同期多增加 2000 亿元。通货紧缩表明，由于需求不足导致商品、资金和生产能力相对过剩。

全社会必须更加重视通货紧缩问题。通货紧缩和通货膨胀一样，对社会经济生活都是有害的。长期以来，困扰我们的主要是通货膨胀。在计划经济体制下实行价格管制和商品配给，表现为隐蔽性的通货膨胀。改革开放以来，价格逐步放开，从1979—1998年，商品零售价格指数平均每年上涨7%，其中年增长幅度在13%以上的有5年。因此，我们对通货膨胀的危害感受比较深，对治理通货膨胀也积累了丰富的经验。而通货紧缩则是近年来出现的新问题，对它的危害认识可能还不深，也缺乏对付它的经验。既然通货紧缩是没有足够的需求来消化过剩的商品和利用闲置的生产能力，那么解决的途径：一方面应当淘汰那些技术落后、质量低劣、浪费资源、污染环境的生产企业；另一方面应当努力扩大投资、消费、出口需求。在国际经济环境严峻的形势下，重点是全方位、多渠道地扩大内需。

（二）继续增发国债并调整投向，鼓励民间投资以放大投资效应。

我国是发展中的大国，内需的规模大，潜力也大。目前人均国内生产总值只有700多美元，在世界上排列还很落后，现在过早地出现需求不足，无论如何不能说是正常的。这主要是由于多年积累下来的结构性、体制性的矛盾使得经济循环出现了障碍。去年实行一系列扩大内需的政策，就是促使经济得以正常循环之举，效果是好的。今年为了防止通货紧缩、需求不足继续发展，防止下半年经济增长速度出现下滑，需要适当加大刺激内需政策的力度。

首先，在原定的国债规模基础上，再增发一部分国债，是必要的，也是可行的。这样做有利于把沉淀在银行的储蓄转化为投资，缓解通货紧缩，推动经济增长。在银行存差不断扩大的情况下，不会引起通货膨胀。从未来财政的偿债负担分析，也还在可以承受的范围之内。由于今年国债还本付息额少于去年，如果在 1503 亿元赤字基础上，再增发一部分国债，使今年的国债发行总额大体和去年持平。这样，当年赤字占国内生产总值的比重为 2.8%，债务余额占国内生产总值的比重为 11.9%，均低于国际公认的警戒线。此外，还可以允许有条件的省市发行一部分地方专项建设债券。

去年下半年增发 1000 亿元国债，重点用于增加基础设施投资，对拉动经济增长，增强发展后劲，避免重复建设，发挥了很大的作用。但是，由于基础设施投资所能带动的产业链条比较短，因而不能明显带动民间投资和居民消费的增长。去年国有单位投资增长 19.1%，而非国有部门投资仅增长 8%，其中集体经济投资甚至下降 3.5%。今年增发国债筹集的资金，除继续用于基础设施的在建项目之外，还可以适当调整投向，将一部分资金用于重大技术改造项目和高科技产业的投入。技术改造、设备更新，对于企业提高经济效益和市场竞争能力是至关重要的，也是产业结构升级的重要途径。大规模的设备更新，还可以带动全社会投资的扩张和整个经济循环的加快。现在用于企业技术改造贷款贴息的财政资金只有 9 亿元。今年增发国债筹集的资金，可以增加一些用于对产品有市场、有效益、符合国家产业政策的重点技术改造项目提供贷款贴息。为了鼓励企业和民间投资，对将资产收益再投资于国家鼓励项目的企业，可以实行所得税税前按一定比例抵扣的鼓励政策。为鼓励社会资金进入基础设施建设，还可以对特定的基础设施项目提供优惠的土地使用政策，包括减免土地使用费和允许投资者在投资项目周围的一定地域进行多元化经营等。还可以放宽对非国有经济投资进入领域的限制，鼓励发展多元化的投资主体和多种所有制混合的企业。

其次，要在融资方面积极支持民间投资。据统计，1998

年，在全部工业增加值中，非国有经济占 66%，在全社会固定资产投资中，非国有经济占 45%，在金融机构贷款余额中，非国有经济占 41.8%，其中短期贷款占 44.4%，中长期贷款占 24.8%。如果考虑非国有经济贷款的周转速度快，以及它们直接、间接地从国有单位获得资金支持等因素，非国有经济获得的贷款资金实际比重可能在 50% 以上，但其中用于投资的中长期贷款比例偏低。以上数字说明，扩大非国有经济的投资需求对整个投资水平的扩张，扩大投资的乘数效应，是很重要的。

为此，应当通过推进金融改革，进一步加强金融机构的服务功能，尤其是健全商业银行的中小企业信贷部门，规范和发展地方金融机构，以加强对中小企业和非国有经济的信贷服务。同时，进一步发展资本市场，扩大企业直接融资渠道。今年可考虑适当增加企业债券规模，允许效益好、具有偿债能力的大型企业在国家批准的额度内发行企业债券，将筹集的资金用于企业技术改造和结构升级。还应加快建立产业投资基金和创业投资基金，推动中小企业和高技术企业的创立和发展。

（三）扩大消费需求潜力最大，采取战略措施可望持续拉动增长。

投资、消费、出口三大需求，是推动经济增长的三驾马车。从九十年代以来我国经济运行的情况看，消费需求的作用比较稳定，出口需求的波动比较大，投资需求在经济增长波动中起着主要作用。1996—1998 年我国出口总额占国内生产总值的比重三年平均约为 19%，今后继续扩大出口虽然还有余地，但在复杂多变的国际经济环境中提高出口比重的难度也很大。增加投资需求从短期看是扩大内需的重头戏，但是我国投资率已经很高，今后继续提高投资率的余地不大。

在三驾马车中，扩大消费需求的潜力最大。据统计分析，1981—1997 年在国内生产总值中，最终消费的比重由 67.5%下降到 58.7%，居民消费的比重由 53.1%下降到 47.5%。国际上的平均水平前者为 70%左右，后者为 60%左右。在今后若干年内，如果上述两个比率，每年分别提高一个百分点，直到接近国际平均水平，那么，扩大消费需求对经济增长的更大拉动作用就可以持续 10 年以上。

由于消费需求变化有其自身的规律，消费观念、习惯和消费结构的变化都有一个过程，加之政府对消费需求的影响往往是间接的，因而扩大消费需求必须作为一项战略，采取短期与中长期结合的综合政策措施。

当前居民消费需求增长趋缓、储蓄倾向上升的一个重要原因，是居民对未来收入与支出的预期出现了反差。一方面，近年来由于种种原因城镇和农村居民的收入增长速度有所减缓，同时由于宏观经济环境变化大，企业改革和结构调整步伐加快，下岗职工增加，低收入人群有所扩大，居民对未来收入增长的预期普遍下降；另一方面，住房、医疗、教育等项改革的推进，又使居民对未来支出的预期普遍上升。

据中国社会调查事务所最近的问卷调查，60.5%的居民认为未来预期支出看涨是储蓄最主要的原因。因此，要促进居民即期消费需求的增长，一方面要稳定、提高居民特别是中低收入人群的收入，包括完善下岗职工基本生活保障、失业保险和城镇居民最低生活保障的制度，可考虑适当提高三条保障线的标准，增加的部分也可以采取发消费品购物券的办法，以鼓励即期的商品消费。还应当提高公务人员的工资。我国长期实行低工资制度，工资中未包括住房、医疗、子女教育等方面的支出。现在适当提高公务人员的工资，正当其时，既有利于理顺分配关系，又可以促进即期消费。另一方面，推进住房、医疗等方面改革，要着眼于转换机制，历史的欠账应由政府和社会承担。体制、机制转换后需要个人负担的部分，也可以分步骤到位，通过收入的增加，由增量部分逐步消化。这样，尽量少改变存量分配，保护既得的利益，有利于稳定居民的消费心理，增加即期的消费需求。

我国近 10 多年来最终消费和居民消费在国内生产总值中比重持续下降，并且过早地出现需求不足、生产过剩，有其深层次的结构性原因。其一是产业结构调整滞后。在三次产业中，投资长期向第二产业过多的倾斜，并主要用于数量扩张，第二产业比重居高不下而结构又不合理，与消费需求的变化不相适应，导致工业产品普遍过剩，而第三产业和服务性消费在产业结构和消费结构中的比重又都偏低。因此，要促进消费需求增长，必须从产业结构和消费结构两个方面进行双向调整。

其二是城乡二元结构的矛盾。我国农村人口占全国人口的70%，而农村绝大多数居民的收入和消费水平都比较低，加上城市化的进程滞后于工业化进程，使得城市工业和乡镇工业发展到一定阶段，必然遇到农村居民消费基础相对狭窄而出现产品过剩的情况。因此，不断提高农村居民的收入和消费水平，同时加快城市化进程，逐步消除城乡二元结构，才能大大拓宽我国消费需求增长的基础。

其三是居民收入分配差距的扩大，加剧了生产和消费的矛盾。据调查统计，居民储蓄的大部分为占总数 15% 的高收入户拥有。一般说来，收入水平越高，边际消费倾向越低。因此，扩大消费需求的主要对象是占人口大多数的中低收入阶层。但是中低收入者的消费需求增长又受到收入水平及其增长幅度的限制。所以，调整收入分配结构，是扩大消费需求的治本措施。国家应当通过税收等再分配的调节手段，逐步缩小收

入分配的过大差距，以消除因收入分配不合理对经济循环造成
的障碍。

（本文是作者参加国务院总理朱镕基同志
主持的征求对经济形势和宏观经济政策
意见的经济理论界专家座谈会的发言
稿。原载《瞭望》周刊 1999 年第 25
期）

关于扩大内需的研究

（1999 年 7 月 30 日）

　　在人类历史长河中，50 年只是短暂瞬间，而新中国成立以来的半个世纪，我国经济社会面貌却发生了历史上多少个世纪也不可能有的巨大而深刻的变化。其中改革开放以来 20 年的成就和变化最大。我国国内生产总值按不变价格计算，1952—1998 年增长 29 倍，年均增长 7.7%，其中 1979—1998 年增长 5.38 倍，年均增长 9.7%。80 年代初，邓小平提出了著名的"三步走"发展战略，经过全国人民 10 多年的努力，已在 1995 年提前 5 年实现了 GDP 比 1980 年翻两番，又在 1997 年达到了人均 GDP 比 1980 年翻两番，基本实现了第二步战略目标。1981—1997 年，我国人口增加了 2 亿 5 千万，只用 17 年的时间，在人口增加这么多的情况下实现人均 GDP 翻两番，可以说是一个奇迹。生产力大发展使我国告别了生活必需品凭票证定量供应的短缺经济，全国绝大多数人解决了温饱，正在实现小康。这是我们多少年来梦寐以求的。世界银行的专家曾评论说："中国只用了一代人的时间，取得了其他国家用了几个世纪才能取得的成就。"当然，我国的经济、科技发展水平同发达国家还有很大的差距。1998 年我国国内生产总值近 8 万亿元，总量虽然已居世界第七位，但由于我国有 12.5 亿人口，按现行汇率计算，人均只有 770 美元，在世界上还属于低收入国家。我国工业化还处在中期阶段，结构、效益水平也还相当低。这是我们讨论扩大内需问题的基本出发点。

一、内需是我国经济增长的基本动力

我国是发展中大国。大国经济的基本特点就是内需规模大，而处在工业化、市场化、现代化进程中的我国，扩大内需的潜力更大。改革开放以来，国外需求对我国经济增长发挥了重大作用，但从总体上看，内需仍是我国经济增长的基本动力。

80 年代中期以来，国外需求对我国经济增长作用的强弱是变动的。这种变动又同国内经济形势有密切关系。当国内经济发展势头强劲、内需旺盛时，出口趋向减弱、进口趋向增强，净出口对经济增长的作用就减弱，甚至为负值。如 1988 年 GDP 增长 11.3% 中，国内需求 GDP 的贡献为 12.1%，国外需求对经济增长率的贡献为负 0.8%（进口大于出口，国外净需求为负值）；1992 年 GDP 增长 14.2%，其中国内需求推动的增长率为 15.3% 中，国外需求的贡献为负 1.1%；1993 年 GDP 增长 13.5%，其中国内需求推动的增长率为 16.4%，而国外需求的贡献率为负 2.9%。相反的情况是：当国内经济发展速度缓慢、内需减弱时，刺激出口增长的因素增加，国外需求对经济增长的作用增强。如 1986 年 GDP 增长 8.8% 中，国内需求贡献的份额为 4.1%，国外需求贡献的份额为 4.7%；1990 年 GDP 增长 3.8% 中，因国内需求疲软，贡献份额仅占 0.3%，国外需求贡献的份额为 3.5%；1997 年 GDP 增长 8.8%，国内需求贡献的份额为 6.2%，因出口总额比上年增长 20.9%，国外需求贡献的份额为 2.6%，比 1996 年明显上升。以上说明，虽然个别年份由于国内需求不强，国外需求对经济增长的贡献份额达到 50% 以上，但从大多数年份和整体上看，我国经济增长主要依赖于内需拉动。

1997 年国外需求增长的有利形势在 1998 年发生了逆转。1997 年 7 月发生的亚洲金融危机，引发了 30 年来全球最严重的金融动荡和经济衰退。1998 年下半年开始，我国出口出现大幅度下滑，虽然采取提高出口退税率等措施，全年出口仅增长 0.5%；由于进口下降 1.5%，贸易顺差仍达 436 亿美元，比 1997 年增加 31.7 亿美元；净出口在 GDP 增长 7.8% 中的贡献份额约为 0.4%。1999 年的国际经济环境对我国出口和利用外资仍然很不利。上半年出口比去年同期下降 4.6%，进口增长 16.6%，贸易顺差比去年同期减少 145 亿美元，预计下半年这种形势还难以扭转。1996—1998 年，我国出口总额占 GDP 的比重三年平均约为 19%，今后继续扩大出口虽然还有余地，但由于国际市场竞争十分激烈，提高出口对经济增长贡献率的难度也很大。因此，立足于扩大内需推动经济增长是必须长期坚持的方针。当前由于国际经济形势严峻，强调扩大内需更具有特殊的重要意义。

二、经济增长周期性波动和内需的关系

分析影响内需的因素，在作近距离的观察之前，有必要先进行一下远距离观察。改革开放以来，我国经济在高速增长的同时，也出现了几次周期性波动。第一次是 1978—1984 年。70 年代末为解决当时国民经济重大比例严重失调问题进行了一次经济调整。经济增长率由 1978 年的 11.7%，回落到 1979 年的 7.6%、1980 年的 7.8%、1981 年的 5.2%（谷底）；之后回升，1982 年为 9.1%，1983 年为 10.9%、1984 年达到 15.2%（峰顶）。第二次周期性波动是 1984—1992 年。继 1984 年高速增长之后，1985 年经济增长率仍达 13.5%。1985

年为了抑制经济过热采取了控制投资、消费需求的措施，1986年经济增长率回落到8.8%，但是1987年、1988年又升到11.6%和11.3%，与此同时也引发了通货膨胀，社会商品零售价格指数上升到18.5%（1988年）和17.8%（1989年），出现了"高增长、高通胀"的情况。因而不得不在1988年第四季度开始进行治理整顿，压缩投资、控制需求。1990年和1991年物价指数分别降为2.1%和2.9%，与此同时，经济增长率也降到1989年的4.1%和1990年的3.8%（谷底），出现"低通胀、低增长"的情况。之后经济增长率开始回升，1991年为9.2%；1992年在改革开放推动下经济增长速度明显加快，上升到14.2%（峰顶）。第三次周期性波动是1992年以来，继1992年高增长之后，1993年经济增长率仍达到13.5%，与此同时通货膨胀再次出现，物价指数由5.6%（1992年）上升到13.2%（1993年）、21.7%（1994年）。从1993年下半年开始，党中央、国务院针对房地产和开发区过热、金融秩序混乱、固定资产投资增长过快，并引发严重通货膨胀等问题，采取了加强宏观调控和深化宏观经济领域多项改革等一系列措施，使通货膨胀得到抑制，物价涨幅逐年回落，1995年由上年21.7%降到14.8%，1996年降到6.1%，1997年进一步降到0.8%。与此同时，经济增长率逐年减速，1994年为12.6%，1995年为10.5%，1996年为9.6%，1997年为8.8%，没有出现大起之后的大落，成功地实现了"软着陆"。

如果说实现"软着陆"是在1996年下半年的话，那么，1997年上半年可以说仍维持了"高增长、低通胀"的较好状况（1997年上半年经济增长率为9.5%，零售价格指数为1.8%）。明显出现需求不足始于1997年下半年。1997年第三季度GDP增长率降到8%。与此同时，商品零售价格指数从1997年10月份开始出现月同比负增长。

　　经济增长率和通货膨胀率的上升或回落，都有一定的惯性作用。这是由需求与生产的关联效应和产业部门之间的关联效应引起的。根据我国现阶段的实际情况，经济增长率保持在8%左右，物价指数涨幅在3%左右，应当说是比较适度的。如果在"软着陆"之后，经济增长率和物价涨幅由于外需和内需不振加上惯性的作用，持续下降到适度的界限之下，那么就会出现和经济过热、通货膨胀相反的情况。经济跷跷板，就会从翘起这一头，变为翘起另一头。1997年下半年以来我国经济生活中正是出现了这种情况。

　　1998年年初，党中央、国务院针对亚洲金融危机对我国经济的影响以及国内需求不足等问题，决定采取一系列对策。上半年偏重于运用货币政策，主要措施有：中央银行取消了对商业银行贷款规模的限制，鼓励商业银行增加对固定资产投资项目、盈利企业流动资金的贷款，并向购买住房的个人提供贷款；降低了商业银行的准备金率，增加了商业银行的贷款能力；两次降低存款和贷款利率；进一步扩大资本市场，中央银行恢复了公开市场债券回购业务；上海、深圳两市新发行股票78家。由于货币政策的作用有一个滞后期，上半年虽然采取多项放松银根的政策，但投资和工业生产回升不明显。上半年经济增长速度出现下降趋势，第一季度GDP同比增长7.2%，第二季度为6.8%。针对这种情况，中央政府及时决定采取对启动经济更为直接有效的积极财政政策。经全国人大常委会批准，由财政部向商业银行发行1000亿元长期债券，并由银行配套增加1000亿元贷款，定向用于增加基础设施建设投资。主要投向大江大河防洪水利工程、交通通信、城市基础设施、城乡电网、国家直属储备粮食仓库和经济适用住房等六个方面建设。这项政策效果明显，下半年投资增长显著加快。全社会固定资产投资全年增长14.1%，其中国有单位投资增长

19.6%。据测算，1998 年投资对经济增长的贡献率达到 63.1%（比 1997 年提高 30 个百分点），在 7.8% 当中占 4.7 个百分点。从第三季度开始，扭转了经济增长速度下降的局面，开始稳步上升。第三季度 GDP 增长 7.6%，第四季度增长 9%。由于实行上述一系列得力措施，全年经济增长才能达到 7.8%。

三、需求不足、通货紧缩的趋势还在发展

尽管 1998 年采取了力度很大的诸多政策措施，对去年扩大需求、促进经济增长发挥了明显作用，对今年也仍有后续影响，但是需求不足的问题并没有从根本上缓解。今年上半年 GDP 比去年同期增长 7.6%，经济运行大体上保持了去年下半年的增长势头，但是也出现了一些必须关注并解决的问题。主要是：固定资产投资增幅逐月回落，消费需求增长趋缓，出口持续负增长。工业品和农产品普遍供过于求。特别需要注意的是通货紧缩的趋势正在发展。一般说来，通货紧缩是指一国商品和服务的货币价格普遍的持续下降、通货膨胀率接近于零这样一种现象。我国商品零售价格指数月同比从 1997 年 10 月份开始下降，到今年 6 月已持续 21 个月，累计下降 5.5% 以上，大体回落到 1995 年年末的价格水平。消费价格指数月同比从 1998 年 4 月开始下降，到今年 6 月也已持续 15 个月，累计下降 2.5% 以上，大体回落到 1996 年年初的价格水平。预计今年后几个月物价下降的势头还将继续。通货紧缩的另一表现是，国内储蓄率增长高于投资率增长，资金出现剩余，银行存差不断扩大。1998 年年底，金融机构存差累计为 9173 亿元，比 1997 年年底增加 1695 亿元；而今年 1—4 月国家银行存差就增加了 3000 亿元，比去年同期多增加 2000 亿元。国外通货

紧缩常常伴随着经济衰退或萧条。目前我国投资、消费、货币供应量和国内生产总值均保持增长，同典型的通货紧缩有所不同，但是从物价持续下降，以及需求不足导致商品、资金和生产能力相对过剩等情况看，应当说已经出现通货紧缩的趋势。

通货紧缩、物价持续下降和通货膨胀、物价持续上涨一样，对社会经济生活都是有害的。长期以来，困扰我们的主要是通货膨胀、物价大幅度上涨。在计划经济体制下，实行的是价格管制和商品配给，因而表现为隐蔽性的通货膨胀。改革开放以来，价格逐步放开，从 1979—1998 年，商品零售价格指数平均每年上涨 7%，其中有 5 年的商品零售价格指数上涨幅度在 13% 以上。因此，我们对通货膨胀的危害感受比较深，对治理通货膨胀也积累了丰富的经验。而通货紧缩的趋势则是近年来出现的新问题，对它的危害认识可能还不深，也缺乏对付它的经验。因此，需要深入分析通货紧缩的危害和成因，并采取有力措施，标本兼治，防止需求不足和通货紧缩趋势继续发展。

四、通货紧缩的危害和成因

通货紧缩、价格总水平持续下降，对国民经济产生了多方面的不利影响：

一是造成企业效益和农民收入下降。1998 年工业企业销售收入增长 4.1%，而实现利润却下降 17%，亏损企业亏损额增长 22%。去年农业大丰收，但由于农产品收购价格下降 8%，使农民增产不增收或少增收。1991—1997 年农村居民人均纯收入年均增长 17.2%，而 1998 年仅增长 3.4%。

二是抑制消费需求增长。除农村消费需求受到农民收入增长幅度减缓的影响之外，企业经济效益下降既使职工收入减少又使下岗职工增多，从收入和心理预期两个方面直接影响消费需求的扩大。

三是抑制了投资需求。价格持续下跌，缩小了企业获利的空间，使投资预期收益下降。工农产品普遍过剩，又使投资风险增大。企业和银行难以找到好项目，投资意愿减弱。

四是加剧了生产经营者之间在价格上的恶性竞争，而且增强消费者"买涨不买落"的心理，不利于企业正常经营和消费者正常消费。

我国近年来出现需求不足、通货紧缩的原因很复杂，既有需求方面的原因，也有供给方面的原因；既有总量的原因，也有结构性原因；既有国内原因，也有国外原因。

（1）投资需求由扩张转向收缩的影响。1992—1994年高增长并引起高通胀，主要是由于固定资产投资的超高速增长。这三年全社会固定资产投资增长率分别达到44.4%、61.8%、30.4%。而1995—1997年投资增长率分别降为17.5%、14.8%、8.8%。固定资产投资增长率的大幅度下降对社会总需求的收缩（扩张速度下降）起了决定性作用。1996年"软着陆"之后，投资和经济增长率由于惯性作用仍在下降，从而引起总需求不足。

（2）多年来盲目重复建设造成加工工业生产能力大量过剩，产品普遍供大于求。据第三次工业普查，在900多种主要工业品中，半数产品的生产能力利用率在60%以下。前些年因为出口和贸易顺差大幅度增长，掩盖了国内生产能力过剩问题，1998年以来受亚洲金融危机的冲击，我国出口大幅度下降，重复建设的后遗症就充分暴露出来了。

（3）由于科技进步、体制改革等原因，90年代以来我国生产力迅速发展，也是造成加工制造业产品产量增长大大超过市场有效需求增长的重要原因。同时，供给结构与消费结构错位，供给结构调整慢于消费结构的调整，国内许多产品的供给过剩；另一方面有些需求又得不到满足，不少产品需要大量进口。

（4）1995年以来，农业连续四年丰收，粮食和其他农产品供过于求，库存爆满，农产品价格持续下降，既带动了价格总水平下降（1998年食品类价格下降3.2%，对当年商品零售价格水平下降的影响约占60%），又使农民收入增长幅度下降，影响农村居民需求的增长。乡镇企业进入结构调整期，增长速度下降，农村劳动力向非农产业转移的速度减缓，也是影响农村居民收入和消费需求增长的重要因素。

（5）经济增长速度放慢，居民收入增长幅度相应降低。同时，由于改革深化、结构调整加快，下岗职工增多，多数人对收入增长的预期降低，而对支出增长的预期又因为住房、医疗等项改革的出台而上升，从而造成居民储蓄倾向增强，消费欲望减弱，消费行为谨慎。消费结构的调整不仅受收入增长的制约，也受消费心理、消费环境等因素影响，这也是消费需求增长慢于供给增长的一个原因。

（6）国内需求不足同国外需求减少重叠在一起。1998年以来，当国内需求因经济总量和结构等原因而增长缓慢时，国外需求又因亚洲金融危机的影响而增长乏力，这种情况加剧了需求不足和通货紧缩。

（7）以上各方面因素综合表现为货币供应量增长幅度、货币流动性比率和货币流通速度下降，对经济增长的支持力度减弱。"八五"时期 M_0、M_1、M_2 年均增长分别为24.3%、28%、31.3%；而1998年 M_0、M_1、M_2 分别增长10.1%、14.8%、15.7%；1999年上半年为11.9%、14.9%、17.7%，增幅均下降10多个百分点。货币流动性比率（M_1/M_2）则从"八五"时期的43.3%下降到1998年的37.2%和1999年上半年的 34.8%。出现这种情况的原因是多方面的，包括由于商业银行不良贷款压力沉重，收息率不断降低，银行对贷款投放趋于谨慎；商业银行内部层层分解存贷挂钩比例，限制了某些商业银行的贷款能力；整顿地方金融机构，使资金进一步向国有商业银行集中，非国有企业从银行获得贷款的难度加大等等，从而造成银行存差增加并出现通货紧缩的趋势。

五、保持固定资产投资较快增长

我国目前人均国内生产总值在世界上排列还很落后，现在过早地出现需求不足，无论如何不能说是正常的。这主要是由于多年积累下来的结构性、体制性的矛盾使得经济循环出现了障碍。1998 年实行一系列扩大内需的政策，就是促使经济得以正常循环之举，效果是好的。今年为了防止通货紧缩、需求不足继续发展，防止下半年经济增长速度出现下滑，需要适当加大刺激内需的政策力度。

首先，在原定的国债规模基础上，再增发一部分国债，是必要的，也是可行的。这样做有利于把沉淀在银行的储蓄转化为投资，缓解通货紧缩，推动经济增长。在银行存差不断扩大的情况下，这样做不会引起通货膨胀。从未来财政的偿债负担分析，也还在可以承受的范围之内。由于今年国债还本付息额少于去年，再增发 600 亿元国债，今年的国债发行额达到4015 亿元。中央财政赤字为 1803 亿元，占国内生产总值的比重约为 2.1%，债务余额占国内生产总值的比重为 13% 左右，都低于国际公认的警戒线。

去年下半年增发 1000 亿元国债，重点用于增加基础设施投资，对拉动经济增长，增强发展后劲，避免重复建设，发挥了很大的作用。但是，由于基础设施投资所能带动的产业链条比较短，因而不能明显带动民间投资和居民消费的增长。今年增发国债筹集的资金，将适当调整投向，除继续用于基础设施的在建项目之外，将有一部分资金用于重点行业的技术改造和高技术产业化、环保与生态建设及科技教育基础设施等的投入。技术改造、设备更新，对于企业提高经济效益和市场竞争能力是至关重要的，也是产业结构升级的重要途径。大规模的设备更新，还可以带动全社会投资的扩张和整个经济循环的加快。马克思曾经指出："虽然资本投下的时期是极不相同和极不一致的，但危机总是大规模新投资的起点。因此，就整个社会考察，危机又或多或少地是下一个周转周期的新的物质基础。"① 我国现在当然和资本主义经济危机的情况不同，但是，需求不足、资金剩余、生产相对过剩总是推进结构调整、技术进步的好时机，因而也是大规模进行技术改造、设备更新的良机。近些年用于企业技术改造贷款贴息的中央财政资金只有 9 亿元。今年增发国债筹集的资金，将大幅度增加对企业产品有市场、有效益、符合国家产业政策的技术改造项目提供贷款贴息。今后企业应当更多地从资本市场获得进行技术改造、设备更新的资金。

近几年非国有部门投资增幅连续下降，1991—1995 年集体经济投资平均每年增长 49.8%；1996、1997 年降为 11.3% 和 5.5%，1998 年为负 3.5%。个体经济投资 1991—1995 年平均每年增长 17.8%；1997、1998 年仅增长 6.8% 和 6.1%。为了鼓励企业和民间投资，国家最近规定，对国有企业、集体企业、外商投资企业和私营企业，凡以自有资金或银行贷款，用于国家鼓励的技改项目的国产设备投资，可以按 40% 的比例

---

① 《马克思恩格斯全集》第 24 卷，人民出版社 1972 年版，第 207 页。

抵免企业所得税。为鼓励社会资金进入基础设施建设，还将放宽非国有投资进入的领域，并鼓励发展多元化的投资主体和多种所有制混合经济。

其次，要在融资方面积极支持民间投资。据统计，1998年，在全部工业增加值中，非国有经济占66%，在全社会固定资产投资中，非国有经济占45%，在金融机构贷款余额中，非国有经济占41.8%，其中短期贷款占44.4%，中长期贷款占24.8%。如果考虑非国有经济单位的贷款周转速度快，以及它们直接、间接地从国有单位获得资金支持等因素，非国有经济获得的贷款资金实际比重可能在50%左右，但其中用于投资的中长期贷款比例偏低。以上数字说明，扩大非国有经济单位的投资需求对全社会投资水平的扩张，放大投资的乘数效应，是很重要的。为此，应当通过推进金融改革，进一步加强金融机构的服务功能，尤其是健全商业银行的中小企业信贷部门，规范和发展地方金融机构，以加强对中小企业和非国有经济的信贷服务。同时，应进一步发展资本市场，扩大企业直接融资渠道。今年可考虑适当增加企业债券规模，允许效益好、具有偿债能力的大型企业在国家批准的额度内发行企业债券，将筹集的资金用于企业技术改造和结构调整。还应加快建立产业投资基金和创业投资基金，推动中小企业和高技术企业的创立和发展。

六、消费需求的增长有很大潜力

投资、消费、出口三大需求，是推动经济增长的三驾马车。从90年代以来我国经济运行的情况看，消费需求的作用比较稳定，出口需求的波动比较大，投资需求在经济增长波动中起着主要作用。今后，在复杂多变的国际经济环境中，提高出口对经济增长贡献比重的难度很大。增加投资需求从短期看虽然是扩大内需的重头戏，但是我国投资率已经很高，今后继续提高投资率的余地也不大。在三驾马车中，扩大消费需求的潜力最大。1981—1998 年，在国内生产总值中，最终消费率由 68.1% 下降到 59.2%，居民消费率由 53.1% 下降到 47.4%。国际上的平均水平前者为 70% 左右，后者为 60% 左右。在今后若干年内，如果上述两个比率，每年分别提高一个百分点，直到接近国际平均水平，那么，扩大消费需求对经济增长的更大拉动作用就可以持续 10 年以上。

由于消费需求变化有其自身的规律，消费观念、习惯和消费结构的变化都有一个过程，加之政府对消费需求的影响往往是间接的，因而扩大消费需求必须作为一项战略，采取短期与中长期结合的综合政策措施。

当前居民消费需求增长趋缓、储蓄倾向上升的一个重要原因，是居民对未来收入与支出的预期出现了反差。一方面，近年来由于种种原因城镇和农村居民的收入增长速度有所减缓，同时由于宏观经济环境变化大，企业改革和结构调整步伐加快，下岗职工增加，低收入人群有所扩大，居民对未来收入增长的预期普遍下降。另一方面，住房、医疗、教育等项改革的推进，又使居民对未来支出的预期普遍上升。据中国社会调查事务所最近的问卷调查，60.5% 的居民认为未来预期支出看涨是储蓄最主要的原因。因此，要促进居民即期消费需求的增长，在城镇：一方面要稳定、提高居民特别是中低收入人群的收入，包括完善下岗职工基本生活保障、失业保险和城镇居民最低生活保障的制度，并随着经济发展，逐步提高三条保障线的标准。同时，较大幅度地提高公务人员的工资。我国长期实行低工资制度，工资中未包括住房、医疗、子女教育等方面的支出。现在提高公务人员的工资，正当其时，既有利于理顺分配关系，又可以促进即期消费。另一方面，推进住房、医疗等方面改革，要着眼于转换机制，历史的欠账应由政府和社会承担。体制、机制转换后需要个人负担的部分，也可以分步骤到位，通过收入的增加，由增量部分逐步消化。这样，尽量少改变存量分配，保护既得的利益，有利于稳定居民的消费心理，增加即期的消费需求。在农村：要千方百计使农民收入能够稳定增加，引导农民调整和优化生产结构，通过增产质优价高的农产品来增加收入；继续加快农村电网改造，大幅度降低农村电价，并改善农村消费环境；切实减轻农民负担，并加大扶贫攻坚力度，等等。

我国近 10 多年来最终消费率和居民消费率持续下降，并过早地出现需求不足、生产过剩，有其深层次的结构性原因。其一是产业结构调整滞后，在三次产业中，投资长期向第二产业过多的倾斜，并主要用于数量扩张，第二产业比重居高不下而结构又不合理，与消费需求的变化不相适应，导致工业产品普遍过剩，而第三产业和服务性消费在产业结构和消费结构中的比重又都偏低。因此，要促进消费需求增长，必须从产业结构和消费结构两个方面进行双向调整。

其二是城乡二元结构的矛盾。1998 年年底我国农村人口仍占全国人口的 69.6%，城市化水平虽然比 1980 年提高了 11 个百分点，但是比世界平均城市化水平低 16 个百分点，比世界下中等收入国家的城市化水平也低 12 个百分点。我国城市化的进程明显滞后于工业化进程（城镇人口比重比非农产业的就业比重低近 20 个百分点）。由于农村绝大多数居民的收入和消费水平都比较低，使得城市工业和乡镇工业发展到一定阶段，必然遇到农村居民消费基础相对狭窄而出现产品过剩的情况。因此，不断提高农村居民的收入和消费水平，同时加快城市化进程，逐步消除城乡二元结构，才能大大拓宽我国消费需求增长的基础。

其三是居民收入分配差距的扩大，加剧了生产和消费的矛盾。据调查统计，居民储蓄的相当大部分为占总数 15%—20% 的高收入户拥有。一般说来，收入水平越高，边际消费倾向越低。因此，扩大消费需求的主要对象应是占人口大多数的中低收入阶层。但是中低收入者的消费需求增长又受到收入水平及其增长幅度的限制。所以，调整收入分配结构，是扩大消费需求的治本措施。国家应当通过税收等再分配的调节手段，逐步缩小收入分配的过大差距，以消除因收入分配不合理对经济循环造成的障碍。

　　　　　（本文原载《北京大学学报》（哲学社会
　　　　　科学版）1999 年第 5 期。文中所引数字
　　　　　除另有注明的外，均引自中国统计摘要
　　　　　（1999）和国家统计局公布的数字；其
　　　　　中部分数字是本文作者根据国家统计局
　　　　　数字计算出的）

从战略上调整国有经济布局

（1999 年 9 月 15 日）

（一）党的十四大确定了建立社会主义市场经济体制的目标之后，国有企业改革开始进入"柳暗花明"的新阶段。其标志，一是在企业层次上，改革从扩权让利、承包经营转入了制度创新，即以建立现代企业制度为目标；二是在宏观层次上，提出要着眼于搞好整个国有经济，通过存量资产的流动和重组，对国有企业实施战略性改组。党的十五大进一步明确提出：要从战略上调整国有经济布局。对关系国民经济命脉的重要行业和关键领域，国有经济必须占支配地位。在其他领域，可以通过资产重组和结构调整，以加强重点，提高国有资产的整体质量。党的十五届四中全会通过的决定，把从战略上调整国有经济布局和改组国有企业，作为国有企业改革和发展的一项重要指导方针，并对其内容、意义、实现形式和政策措施，作了明确的阐述。认真贯彻落实这个指导方针和战略部署，对推进国有企业改革和发展，建立并完善社会主义市场经济体制，进一步解放和发展我国的生产力，具有重大意义。

（二）我国国有经济布局，即国有经济在国民经济各个行业、领域和各个地区的分布，以及国有企业的规模（大、中、小）构成，是国有经济在历史发展过程中逐渐形成的。国有企业的来源包括：

——建国前各革命根据地建立的少量公营企业；建国后没

收官僚资本为国家所有的企业（解放前夕，官僚资本在大陆约占全部工业资本的三分之二，占全部工矿、交通运输业固定资本的80%）。

——50年代中期对民族资本主义工商业进行社会主义改造而转制的企业。由于当时采取了全行业公私合营的方式，几乎把民族资本经营的工业、交通运输业、商业、服务业的所有大小企业都改制为国营企业，行业和企业的改制面都过宽、过多。这是形成国有经济覆盖面过宽、企业数量过多格局的开始。

——"一五"、"二五"计划时期，国家集中建设的一大批工业企业。如"一五"时期以苏联援助的156项工程为骨干建成了595个大中型项目。"二五"时期又继续建成了一批工业企业，形成了包括飞机、汽车、重型和精密机器、发电和冶金及矿山设备等制造业，石油、电力等能源工业，钢铁和有色金属等原材料工业，化学工业以及纺织、食品等轻工业等在内的比较完整的工业体系。1965年前后还在"三线"建设了一批国防工业及相关的国有企业，形成了门类比较齐全、具有一定规模的国防工业部门。老工业基地和"三线"的国有企业，为我国建立工业化基础和社会主义建设作出了重大贡献，同时也由于历史形成的设备陈旧、人员过多、债务及社会负担沉重、结构和布局不合理、一部分矿山资源枯竭等原因而面临生存和发展的严重困难。

——1958年"大跃进"和10年"文革"期间，在"一大二公"、"国营经济比重越大越好"等"左"的思想指导下，将一批集体企业"升级"转制为国营企业；同时兴办了一批小钢铁、小化肥、小机械、小农机、小水泥等"五小"企业。连同80年代财政"分灶吃饭"以后各地新办的一批小棉纺、小造纸、小炼油、小玻璃、小煤矿、小火电以及小酒厂、小烟厂等等，成为现在国有小企业面宽、量大的重要原因。

——从 1972 年起从国外引进 12 套大化肥、4 套大化纤等建成 26 个大项目。特别是改革开放以来在能源、钢铁、交通、通信、石化、汽车、机械电子等行业新建或改建了一大批项目。这批大中型国有企业技术、装备比较先进，同时也普遍存在资本金不足、负债率过高等问题，一部分企业更由于重复建设、投资决策失误、市场需求和宏观经济环境发生变化等原因而陷入严重亏损的困境，也必须进行资产重组和结构调整。

（三）在计划经济体制下形成的国有经济布局存在着诸多问题和弊端。改革开放以来，历史遗留的不合理布局虽然有所调整，但是并未根本改变，在发展过程中又产生了一些新的问题。随着改革深化、开放扩大和社会主义市场经济的发展，越来越迫切要求解决国有经济布局存在的以下问题。

（1）分布过宽。国有经济几乎覆盖国民经济的所有行业和领域。除在关系国民经济命脉的重要行业和关键领域占支配地位外，还分布在一般加工业、采掘业、商业、服务业等领域的众多行业。许多小行业的国有企业，其企业数量和从业人员在全部国有工业中的比重明显高于其资产比重，技术水平低、规模小、劳动密集型等特点突出，而且不少行业已连续亏损三年以上。

（2）数量过多。少数大型企业和众多中小型企业并存。据统计，截至 1998 年年底，国有企业（不含国有金融企业）共 23.8 万户，其中，大型企业 9357 户，约占 4%，中型企业 3.3 万户，约占 14%，小型企业 19.5 万户，约占 82%。

（3）力量分散。分布过宽、企业数量过多导致国有资产过于分散。1998 年，23.8 万户国有企业拥有资产总额为 134780 亿元。其中国民经济基础性行业国有企业的资产总额为 56722.4 亿元，占 42.1%；一般生产加工业、商贸和服务业等行业国有企业的资产总额为78057.6亿元，占57.9%。从企业类型看，国有大型企业在国有企业资产总额中占56.4%。因国家财力分散、投入少，许多大型企业普遍存在资本金不足、负债率过高，活力和竞争力不强。大型企业中资产总额和年销售收入均超过5亿元的有1288户；资产总额和年销售收入均超过50亿元的有113户。虽然一部分国有大企业和特大型企业的实力在增强，但和国际上大跨国公司的实力、竞争力相比，差距仍然很大。

（4）形式单一。国有经济的实现形式比较单一，存量资产的流动性差，整体素质不高。在23.8万户国有企业中，国有独资企业为21.4万户，占89.9%；以股份有限公司、有限责任公司及股份合作企业为主要形式的多元投资主体的企业为2.4万户，只占10.1%。由于种种原因，近些年来国有企业的亏损面一直在三分之一以上，从整体上看，国有经济布局不合理是国有资产整体质量差的重要原因。

此外，国有企业在地区分布上，低水平重复建设十分严重，导致大多数工业产品生产能力过剩，从而造成过度竞争或借助政府行为封锁、分割市场，加剧了企业生产经营的困难。企业之间专业化分工水平低，普遍存在"大而全"、"小而全"现象，主业、辅业不分；企业包揽了许多本应由政府或社会承担的事务，导致企业机构臃肿，人员庞杂，劳动生产率低下。

以上这些问题，必须在推进国有企业改革的同时，通过调整国有经济布局和改组国有企业，才能逐步得到解决。

（四）过去国有经济分布过宽，在经济社会发展中承担了过重的担子，其原因很复杂，主要是对怎样建设社会主义、如何实现工业化，在认识上和实践上都存在历史局限性，建立国有企业更多的是从当时的政治经济形势的需要出发，较少考虑国有企业的经济效益、竞争力和长远的可持续发展问题。因此，国有企业特别是老工业基地的国有企业普遍有几笔历史欠账：

（1）过去解决城镇就业的重担主要由国有企业承担，久而久之造成了国有企业人员过多的问题。据典型调查，国有工业企业富余人员约占职工总数的三分之一以上。另一方面，国家和企业又长期没有为职工建立失业、养老保险基金，这一笔本应扣除留出来的钱也上缴或花掉了。现在老企业的退休职工越来越多，社会保险的历史欠账，不仅数额巨大，而且已经到了偿还期。（2）国有企业设备折旧率长期很低，直到80年代中期平均不到5%，而且折旧基金也都上缴用于建设新项目，造成老企业设备陈旧、工艺落后。设备更新、技术改造方面的欠账，也需要很大数额的资金投入。（3）煤矿、金属矿山、油田、森林等资源采掘型的国有企业，本应在自身资源枯竭之前逐年提取一笔资金，作为发展替代产业和矿山关闭时之用，但是过去没有这样做。现在一些国有煤矿、金属矿山经过几十年开采，资源已经枯竭或接近枯竭，关闭、退出也需要一笔可观的资金。（4）负债率过高。1983年以前国家拨款补充资本金约占财政支出2%—4%。1983年以后，实行"拨改贷"政策，先是把国有企业流动资金由国家拨款改为银行贷款，1985年又把固定资产投资拨款改为贷款。因此，"七五"、"八五"期间建设的许多大中型项目，基本上没有投入资本金，几乎全靠银行贷款建成的。加上人员及社会负担重、企业自我积累能力低，以及通货膨胀、外债汇率变化等原因，国有工业企业负债率不断升高：1980年为30%，1985年为40%，1990年为60%，1998年为65%左右。

以上几笔历史欠账说明，国有经济铺这么大摊子，实际上已大大超过国有企业自身积累能力和国家财力的可能。尽管过去这样做有其客观的需要和理由，也发挥了历史的作用，但是现在这种局面已经不能再继续下去了。偿还历史的欠账，主要还需靠调整国有经济布局，通过存量资产的流动和盘活，吸收社会资金，逐步加以消化，并走出一条国有经济良性循环、可持续发展的新路来。

（五）改革开放 20 年来，我国所有制结构、市场供求关系、劳动就业和资金积累机制都发生了重大变化，为国有经济的战略性调整创造了以前所没有的条件。

一是集体经济和个体、私营、外资等非公有制经济有了很大发展，在不是关系国民经济命脉的许多行业、领域，已经能够替代或部分替代国有经济的作用。1998 年，在全国工业总产值中，国有及国有控股工业占 28.5%，集体工业占 38.3%，城乡个体工业占 18.9%，其他经济类型工业占 19.9%（由于国有控股工业产值与相关的其他经济类型工业产值存在重复计算，所以比重相加大于 100%）。非国有经济从业人员在城镇就业人员中的比重越来越大，特别是新增就业主要分布在非国有经济单位。据调查统计，1998 年城镇集体单位从业人员为 1963.2 万人，城镇私营和个体从业人员为 3231.9 万人，其他单位从业人员为 1674.5 万人。与此同时，近几年国家建立了国有企业下岗职工基本生活保障、失业保险和城市居民最低生活保障的三条保障线制度。以上两个方面大大增强了加快国有经济布局、结构调整的社会承受能力。

二是现在我国大多数商品出现了供过于求，生产能力过剩。据 1995 年第三次工业普查，在 900 多种主要产品中，半数以上的生产能力利用率在 60% 以下，最近两年由于需求不足，商品相对过剩、企业开工不足的现象更为严重。在这种情况下，国有经济收缩战线，从一些次要的行业、企业退出，基本上不会影响商品和服务的供给。压缩过剩生产能力，对产品没有市场、长期亏损、扭亏无望和资源枯竭的企业，以及浪费资源、技术落后、质量低劣、污染严重的小煤炭、小炼油、小水泥、小玻璃、小火电等，实行破产、关闭，不仅不会影响市场供给，而且有利于保护资源，并为好的企业创造良好的市场环境。

三是过去主要由财政集中积累的投资机制，已经为主要由金融机构和资本市场融资、投资主体多元化的投融资机制所代替。1998年，在基本建设投资到位资金11205.8亿元中，国家预算内资金占8.8%；国内贷款占24.6%；债券占1.2%；利用外资占11.7%；部门、地方、企业自筹资金占42.9%；其他资金占10.8%。现在一方面是国家财力和国有企业积累能力不足。1999年财政赤字为1803亿元，发行国债4015亿元。今年以来国有企业经济效益状况比去年明显好转，即使这样，1999年上半年国有及国有控股工业企业实现利润只有243亿元。另一方面，社会资金增长很快。1993年年底城乡居民储蓄存款余额只有1.52万亿元，到1998年6月底已增至5.91万亿元，此外居民还有约3万亿元的手持现金和股票、国库券、债券等金融资产。在国家财力和国有企业积累难以支撑面宽量大的国有经济发展的情况下，正确的选择就是通过资产流动、重组，把国有资本集中到最重要的行业、领域和重点企业，而在一般行业、领域充分发挥非国有经济的作用。

（六）从战略上调整国有经济布局，是一个积极的方针，其基本出发点是根据我国社会主义初级阶段的国情，根据发展社会主义市场经济、不断解放和发展生产力的要求，正确地确定国有经济在国民经济中的地位和作用。其根本目的是为了从整体上更有成效地推进国有企业改革和发展，更好地发挥国有经济对经济发展的主导作用，从而更有利于改革、发展、稳定的大局。在国有经济分布过宽、力量分散的现实条件下，提出从战略上调整国有经济布局，以及"有所为有所不为"、"有退有进"的原则，是完全正确的。这里，有所不为和有所为，退和进，是辩证的关系。有所不为和退，是有所为和进的重要条件。为了有所为就要有所不为，有退才能有进。从那些不重要的行业、领域和企业退出，正是为了加强国有经济在关系国民经济命脉的重要行业、关键领域和重点企业的力量，从而更好地有所作为，更好地前进。部分的退和企业数量的减少，是为了达到分布的优化和整体素质的提高。集中力量办大事，是社会主义优越性的重要表现。把伸开的十个指头收拢来，攥成拳头，才能更有力量。

全面理解和正确把握公有制为主体和国有经济主导作用的含义，是对国有经济布局进行战略性调整的前提。以公有制为主体、多种所有制共同发展是我国社会主义初级阶段的基本经济制度。这一基本经济制度是由我国的社会主义性质和初级阶段的基本国情决定的。坚持这个基本经济制度，要求既要坚持以公有制为主体，又要坚持多种所有制共同发展，两个方面不可偏废。坚持公有制为主体，必须全面认识公有制经济的含义。公有制经济不仅包括国有经济和集体经济，还包括混合所有制中的国有成分和集体成分。公有制的主体地位主要体现在：公有资产在社会总资产中占优势；国有经济控制国民经济命脉，对经济发展起主导作用。因此，公有制为主体，并不是以国有经济为主体，也不需要国有经济进入或控制国民经济的所有行业和领域。国有经济是公有制经济的核心、骨干，只要国有经济在关系国民经济命脉的重要行业和关键领域占支配地位，就能对经济发展起主导作用，公有制的主体地位也就有了主心骨和保证。

（七）在我国社会主义市场经济条件下，国有经济的地位和作用，既不同于过去计划经济体制下国有经济的地位和作用，也不同于西方市场经济国家国有经济的地位和作用。由于历史、经济发展阶段等的差别，不同的西方市场经济国家，国有经济的分布领域和在国民经济中的比重，也各不相同。即使同一国家，国有经济的分布和比重也随着政治经济环境的变化而不断变动。就一般说来，国有经济进入或控制的领域主要是：（1）必须由国家垄断经营的特殊企业，如印钞造币、特殊矿产开采和某些军工企业。（2）具有自然垄断特点的行业，如邮电、通讯、铁路、航空、电力等。国家通过国有企业控制这些行业，是为避免私人资本控制而损害国家和公众利益。（3）提供公共产品和服务的基础设施和公共设施，如港口、机场、水利设施和城市供水、煤气、公共交通等。（4）需要巨额资本投入、投资风险很高、私人资本不愿进入或无力进入的某些高技术产业，国有资本率先进入。（5）有些国家为实现社会公共目标或政府宏观调控目标，如扩大就业、缩小地区差距等，国有资本也进入某些对促进经济发展起重要作用的支柱产业。

在我国社会主义市场经济条件下，国有经济的地位和作用，既要根据市场经济的一般要求，又要根据我国社会主义制度和现阶段经济发展的要求。

第一，我国社会主义市场经济体制是市场经济和社会主义基本制度的结合。以公有制为主体、国有经济对经济发展起主导作用，是社会主义市场经济的一个基本特征。而西方市场经济是以私有制为基础的，也不要求国有经济对经济发展起主导作用。因此，我国国有经济的功能定位，要从我国社会主义初级阶段的基本国情出发，不能完全照搬西方市场经济国家国有经济的功能定位作为标准。

第二，我国作为发展中国家，在当今经济全球化、信息化和世界范围经济结构调整迅猛发展的国际环境中，面临着发达国家在科技、经济上占优势的巨大压力，面对着国际市场越来越激烈的竞争，作为我国许多重要行业排头兵的国有大型企业和企业集团，在我国发挥后发优势，实行赶超战略，逐步缩小同发达国家差距的征途中，肩负着重要使命，特别是在掌握重要行业关键技术和重要品牌，研究开发具有我国自主知识产权的主导产品方面，国有企业必须发挥骨干作用。

第三，当前和今后一个时期，我国正处在经济体制和经济结构双重转型的特殊关键时期，经济发展面对着既要有较快速度，增加就业，加快城市化步伐，又要促进结构升级，提高产业竞争力，还要保持经济总量基本平衡，并且保护环境与生态平衡等一系列矛盾；由于解决历史遗留的体制、结构问题，调整利益关系的范围和力度比较大，也使社会矛盾比较集中和突出，正确处理改革、发展和稳定的关系，十分重要。在这种背景下，国有经济作为国家实现宏观调控目标、调节经济社会矛盾的政策工具，具有不可替代的重要作用。这也是现阶段考虑国有经济功能定位必须重视的。

第四，我国幅员广阔，地区经济发展很不平衡，改革开放以来地区经济发展的差距还有所扩大。这在前一阶段是难以避免的，而且积极作用是主要的。现在，逐步缩小落后地区和发达地区的差距，加快中西部地区发展的任务已经提上日程。在这个方面，特别是加快西部地区基础设施建设和某些大的开发项目，需要国有经济发挥先导作用。

综上所述，在我国社会主义市场经济条件下，国有经济需要控制的行业和领域主要包括：涉及国家安全的行业，自然垄断的行业，提供公共产品和服务的行业，以及支柱产业和高新技术产业中的重要骨干企业。国有经济在这些行业和领域具有控制力，才能引导、带动和支撑社会经济发展，在实现国家宏观调控目标中发挥重要作用。党的十五届四中全会的决定明确指出："在社会主义市场经济条件下，国有经济在国民经济中的主导作用主要体现在控制力上"。这个论断是在全面总结我国国有经济发展的经验教训，深刻认识国有经济现状和改革、发展的客观要求的基础上得出的。有了这个结论，就可以促使我们进一步解放思想，从而在国有经济布局的战略性调整中，坚持正确方向，掌握主动权。

（八）发展股份制，是推进国有经济战略性调整的重要途径。党的十五届四中全会通过的决定明确指出："国有经济的作用既要通过国有独资企业来实现，更要大力发展股份制，探索通过国有控股和参股企业来实现"，并且把这一点作为理解、掌握国有经济控制力含义的第一点提出来。这对于探索国有制的多种有效实现形式，推进国有经济布局的战略性调整，具有十分重要的意义。

股份制是19世纪适应铁路等投资大项目的筹资需要而产生的。马克思曾经指出："假如必须等待积累去使某些单个资本增长到能够修建铁路的程度，那么恐怕直到今天世界上还没有铁路。但是，集中通过股份公司转瞬之间就把这件事完成了。"① 对于股份制所体现的资本社会化功能，马克思还曾说过：股份制是"通向一种新的生产形式的单纯过渡点"。② 股份制作为与社会化大生产相适应的企业组织和资本运营的方式，并不是资本主义的专利，资本主义可用，社会主义也可以用。国有资本通过股份制可以吸引和组织更多的社会资本，从而放大国有资本的功能，提高国有经济的控制力、影响力和带动力。

第一，股份制可以放大国有资本的功能。在股份制企业中，国有控股可以有三种形式：（1）绝对控股。指国有股在

---

① 《马克思恩格斯全集》第23卷，人民出版社1972年版，第688页。
② 《马克思恩格斯全集》第25卷，人民出版社1974年版，第496页。

股份公司中占四分之三以上的股份，达到"绝对多数"；（2）优势控股。国有股在股份公司中占51%以上的股份，即占相对优势；（3）有效控股。国有股所占股份虽低于51%，但却取得了对该股份公司的有效控制权。在股权高度分散的情况下，有时国有股占20%—30%也能有效控股。由此可见，通过股份制，少量的国有资本，可以控制、带动比它自身价值量大得多的总资本。据统计，到1998年年底，国有控股企业吸纳非国有经济成分的资本为3930亿元。截至1999年8月底，在深沪两交易所上市的900家公司中，股本总规模为2934.66亿元。其中国有股本为1091.4亿元，只占总股本的37.19%。这说明股份制可以放大国有资本的功能，起到"四两拨千斤"的作用。由于多元投资主体的企业目前只占国有企业的10.1%，因此国有企业通过产权多元化改革，吸纳社会资本的潜力还很大。

第二，股份制提供了一种灵活简便的财产组织形式，它把公司的财产从价值形态上划分为许许多多小额化的等份，从而便于产权在资本市场流动。通过国有股权的转让，国有资本可以灵活地从一些企业部分或全部退出；也可以根据需要进入另一些企业。这样，有利于国有资本的优化配置，克服原来国有独资公司那种凝滞、僵化的产权结构。

第三，实行股份制可以把单一的产权关系，变成为多元化的产权关系。即使同是国有资本，其持股主体也可以多元化，即由多家国有企业共同控股；国有企业可以互相参股。这样可以形成有效的制衡机制，有利于对国有资产的监管和它的保值、增值。1998年，2.4万户多元投资主体的国有控股企业实现利润844亿元，平均净资产利润率为8.7%；而21.4万户国有独资企业当年实现利润为-630亿元，平均净资产利润率为-1.7%。

　　第四，股份制有利于建立公司法人治理结构。实行股份制，就要按照现代公司制的要求，在企业内部建立股东会、董事会、监事会，并由董事会聘任经理人员，这样就在企业内部建立起所有者和经营者之间的委托代理和制衡关系。具有这种制衡关系的公司治理结构是现代公司制度的核心。根据市场经济国家的普遍经验，只有建立有效的法人治理结构，公司才有可能经营好。

　　现在，我国90％的国有企业是国有独资企业，大多数现代企业制度试点企业建立的仍是国有独资公司。因此，强调发展股份制是十分必要的。国有大中型企业尤其是优势企业，适宜搞股份制的，应通过规范上市、中外合资和企业互相参股等形式，改为股份制企业，发展混合所有制经济，重要的企业由国家控股，一般的企业，国有资本可以参股或退出。

　　（九）国有经济布局的战略性调整，要同产业结构升级、地区布局优化和所有制结构的调整完善结合起来，并通过对国有企业实施战略性改组来实现。要继续贯彻"抓大放小"的方针。一方面对国有大中型企业实行规范的公司制改革，着力培育实力雄厚、竞争力强的大型企业和企业集团，发挥这些企业在资本营运、技术创新、市场开拓等方面的优势，使它们成为国民经济的支柱和参与国际竞争的主要力量。另一方面，继续采取改组、联合、兼并、租赁、承包经营和股份合作制、出售等形式，加快放活国有小企业的步伐。放活国有小企业，有利于国有资本增量投入和存量资产向重要行业和优势企业集中，也有利于集中精力抓好对经济发展全局有举足轻重的大企业、大集团。前两年上海市提出，国有资产要实现三个集中：从一般竞争性领域向战略性领域集中；从低质的劣势企业向高质的优势企业集中；从分散的中小企业向有内在集聚力的大型企业集中。实践证明，国有资本的流动和优化配置，不仅有利于增强国有经济的竞争力、控制力，而且有利于促进产业升级和所有制结构的调整、完善。

加快老工业基地和中西部地区国有经济布局的调整，是国有经济布局战略性调整中的一个重大问题，必须统筹规划，采取有效的政策措施。国家要在技术改造、资产重组、结构调整以及国有企业下岗职工安置和社会保障资金等方面，加大对困难较大的老工业基地的支持力度。同时，国家要通过优先安排基础设施建设、财政转移支付和有关的政策措施，支持中西部地区特别是西部地区和少数民族地区加快经济发展。东部地区在加快改革和发展的同时，也应当通过产业转移、技术转让、对口支援、联合开发等方式，进一步支持和促进中西部地区加快经济发展。

国有经济掌握控制力，应保持必要的数量，更重要的是要有分布的优化和质的提高。国有经济在重要行业和关键领域占支配地位，当然要有一定的数量和掌握控制力所必需的比重，否则就谈不上掌握控制力。对于数量和比重，还应当动态的理解和把握。在经济发展的不同阶段，国有经济在不同产业和地区的比重可以有所差别，而且布局也应当相应调整。没有国有经济在分布上的优化和国有经济整体质量的提高，仅仅靠数量、比重的优势，其支配地位和控制力，是不可靠的。苏联国有经济的数量不谓不多，比重不谓不高，但是由于布局、结构严重失衡，经济效益和整体素质差，加上政治方面的原因，终于导致国家解体和经济倒退。我国改革开放以前国有经济的比重也很高，但是生产力发展却长期不快、不稳、不协调。党的十一届三中全会以来，实行以公有制为主体多种经济成分共同发展的方针，使经济活力大大增强，国民经济持续快速增长。国有经济为主的基础设施、基础工业，价格放开最晚，为此承担了支持非国有经济发展和改革整体推进的巨大成本；国有经济在比重不断下降的情况下仍然有很大发展。从 1978 年到 1998 年的 20 年间,国有及国有控股工业总产值年均增长 8.7%,资产总额年均增长 16.8%,上缴税金年均增长 12.3%。事实说明,国有经济比重的降低,并没有影响国有经济在重要行业和关键领域占支配地位和它的控制力。今后,随着国民经济的不断发展,随着国有经济布局调整、结构优化和素质提高,国有经济仍有广阔的发展空间。国有企业的数量和在国民经济中的比重虽然还会有所减少,但是国有经济整体实力和控制力、竞争力将会更强。在坚持公有制为主体和国家控制国民经济命脉的条件下,这种数量和比重的减少不会影响我国的社会主义性质。

(本文原载《〈中共中央关于国有企业改革和发展若干重大问题的决定〉学习辅导讲座》,中央财经领导小组办公室主编,人民出版社、经济科学出版社 1999 年 9 月出版)

当前经济形势和宏观政策分析

（1999 年 11 月 20 日）

一、今年以来经济形势的主要特点

（1）三大需求增幅有升有降，起伏变化组合。投资需求增幅先高后低，增幅低于去年。固定资产投资（不含城乡集体、个体投资），一季度受去年下半年和年初增发国债用于投资的带动，同比增长 22.7%，但 4 月份以后增幅逐月下降，二、三季度同比分别增长 12.1% 和 0.1%，1 至 10 月累计增长 7%，预计全社会投资全年增长 8% 左右，比年初预计低 4 个百分点。消费需求平稳增长，下半年略有回升。社会消费品零售总额 1 至 10 月同比增长 6.5%，其中 9、10 月分别增长 6.6% 和 8.2%，预计全年增长 6.5% 以上，实际增长 9.5% 左右。出口需求下半年转降为升，7 至 10 月同比分别增长 7.5%、17.8%、20.2% 和 23.8%，预计全年增长 5% 以上，明显高于年初的预计。国际收支状况良好。虽然因为 1 至 10 月进口增长 19.2%，外贸顺差比去年同期减少 146 亿美元，但是由于改进了外汇管理，结汇情况好于去年，10 月底国家外汇储备达到 1528 亿美元，比去年末增加 78.8 亿美元，同比多增加 40.7 亿美元。人民币汇率继续保持稳定。

在上述三大需求起伏变化组合的带动下，工业生产保持较快增长。1 至 10 月全国工业增加值同比增长 9.1%。农业生产在连续四年丰收之后，今年继续稳定增长，没有出现大的波动。国内生产总值增长速度一季度为 8.3%，二季度为 7.1%，三季度为 7%，预计全年增长将达到 7% 或略高一点。

（2）库存下降，经济效益回升。1—10 月工业产品销售率为 96.56%，同比提高 0.64 个百分点。其中 8、9、10 月份分别达到 98.45%、98.24% 和 97.27%，均高于去年同期，是近几年最好的水平。1998 年按支出法统计的国内生产总值中的存货增加额比 1997 年少 1088 亿元，占 GDP 的比重从 4.41%降为 2.77%。预计今年存货增加的比重也将是下降趋势。从工业库存来看，1—9 月工业企业产成品资金占用同比增长 3.7%，增幅同比下降 3.6 个百分点。库存下降具有重要意义。存货比重上升反映原来速度中有一部分并没有真正实现；存货比重下降则说明去年和今年有一部分需求所实现的是前些年的库存，经济增长质量较好。消化了过大的库存也将为明年经济增长打下较好的基础。工业经济效益回升是今年经济形势好转的重要标志，其意义并不亚于保持 7% 的增长速度。1—9 月工业企业实现利润 1290 亿元，比去年同期增长 71%，亏损企业亏损额下降 13.4%。多数行业经济效益明显好转，石油化工、机械、轻工等行业大幅度增利。纺织、铁路可望在今年比原计划提前一年实现全行业扭亏为盈。预计国有和国有控股工业企业全年可实现利润 700 亿元。

（3）扩大内需政策的内容比去年更加丰富，对经济增长发挥了重要作用。年初决定增发长期国债 500 亿元，用于农林水利和基础设施建设投资。第二季度出现投资增幅下降、消费增长减缓、出口持续下降、物价降幅扩大等新情况之后，又决定增发 600 亿元长期国债，既进一步加强基础设施建设，又将其中的 90 亿元用于重点行业的技术改造贷款贴息。同时采取了增加居民收入、引导和鼓励消费的措施：从下半年开始将国有企业下岗职工基本生活费、失业救济金和城镇居民最低生活费分别提高30%；较大幅度地增加公职人员工资，提高离退休人员待遇；补发拖欠的离退休金。这些措施国家财政共支出540亿元，使全国8400多万人受益。在促进出口方面，进一步提高了纺织、服装、煤炭等商品的出口退税率，出口商品综合退税率从12.56%提高到15%，并增加出口信贷、扩大生产企业的自营出口权。还注意发挥货币政策的作用，再次降低利率，开征利息税；进一步规范证券市场，扩大直接融资。这些政策措施对于下半年出口转降为升、消费需求增长加快、物价降幅缩小、经济效益好转，从而促进全年经济增长目标的实现发挥了重要作用。由于国债投资到位有一定的时滞，追加的600亿元国债投资在今后几个月将会促进投资增幅回升。1998年国债投资同银行贷款及地方配套资金的比率为1比2.62。这说明，如果今年下半年不增发600亿元国债，那么今年投资还会减少2000亿元，投资下降程度将会更加严重。历史经验说明，投资的扩张或收缩，对经济增长、就业和总需求的扩张或收缩存在一种乘数效应。1989年投资仅比1988年减少343.4亿元，但由于连锁反应却使总需求减少1000亿元以上，导致国内生产总值比上年下跌了7.2个百分点。因此，不能因为积极的财政政策需要连续实行几年，或者因为下半年追加的国债投资到目前还未明显带动投资回升，就认为此举不灵。且不说两年来国债投资及配套资金在水利、交通、通信、环保以及城市公共设施等方面建设一大批项目，对提高整体经济效益、改善城乡环境所起的重大作用；仅从促进经济增长的作用来看，也是功不可没的。如果去年以来不增发2100亿元国债用于投资，去年和今年的经济状况将会困难得多，也不可能有现在这样的好形势。

（4）通货紧缩趋势近几个月稍有缓解，但要根本扭转仍需继续努力。今年以来市场价格水平持续回落。1—10 月全国商品零售价格指数同比下降 3%，其中 3、4、5 月份同比分别下降 3.2%、3.5%、3.5%，降幅呈扩大趋势。下半年以来降幅有所缩小，7、8 月同比下降 2.6%，9、10 月同比下降 2.8% 和 2.6%。居民消费价格指数，1—10 月同比下降 1.6%，其中 8、9、10 月同比分别下降 1.3%、0.8%、0.6%。尽管我国近年来出现的通货紧缩是比较轻度的，物价持续下降的幅度比通货膨胀时物价上涨的幅度要小得多，但是到今年 10 月，商品零售价格指数月同比已连续 25 个月下降；居民消费价格指数月同比连续 19 个月下降；生产资料价格指数连续 43 个月下降。预计短期内还难以完全扭转。物价总水平持续下降、通货紧缩趋势的出现，对经济生活产生了多方面的不利影响：促使企业效益和农民收入下降；从收入和心理预期两个方面抑制了消费需求的扩大；降低投资收益的预期，并使投资风险增大，从而抑制了投资的扩张；加剧生产经营者在价格上的恶性竞争，不利于企业的正常生产经营。因此应当全面分析通货紧缩趋势的成因，进一步采取措施，以求根本扭转通货紧缩趋势。

二、通货紧缩趋势的成因分析

从国际上看，物价总水平持续下降和通货紧缩有良性与恶性之分。前者的成因是技术进步、劳动生产率提高而导致价格下跌，后者则是经济循环障碍所致，常与投资、消费需求不足相伴随。我国近年来出现有效需求不足和通货紧缩趋势的成因很复杂，既有良性的因素，也有不良的因素；既有供给方面的原因，也有需求方面的原因；既有总量的原因，也有结构的原因；既有国内的原因，也有国外的原因。

从供给方面看。良性的原因是：经济体制改革解放了被旧体制束缚的生产力，由于资本、劳动力等投入大量增加，也由于大批引进先进技术及装备，80年代特别是90年代以来，我国工业生产能力和工业产品产量几倍甚至成十倍的增长。同时由于加强农业、增加对农业的投入以及先进科技的应用推广，我国粮食综合生产能力从90年代初的8000亿斤左右，提高到近几年的1万亿斤左右。加上气候条件有利，1995年以来农业连续五年丰收，粮食和其他农产品出现了阶段性的相对过剩，库存爆满，导致农产品价格持续下降，并带动了物价总水平下降（1998年食品类价格下降3.2%，对当年商品零售价格总水平下降的影响约占60%）。

供给方面的不良因素主要是：工业生产能力高速扩张中有相当一部分是多年来严重的低水平重复建设所致。这是工业生产能力大量过剩、工业产品结构性供大于求的重要原因。据1995年第三次工业普查，在900多种工业产品中，半数产品的生产能力利用率在60%以下。近两年过剩的情况更为严重。前些年由于出口和贸易顺差大幅度增长，掩盖了国内生产能力过剩问题。1998年以来由于亚洲金融危机的影响，我国出口增幅下降，重复建设的后遗症就充分暴露出来了。低水平重复建设突出表现在供给结构与消费结构的错位上。随着全国居民生活水平整体上从温饱到小康的阶段性转变，消费结构发生了重大变化，低水平重复建设的产品已经没有市场。但是由于企业改革滞后，工业结构调整因动力、资金投入、技术储备等不足而进展缓慢，造成一方面国内许多工业产品供给过剩；另一方面不少投资品和消费品的需求又得不到满足，需要大量进口。因此，工业生产能力和产品过剩，虽有总量过剩问题，但更主要的是结构性过剩。

从需求方面看。其主要原因有：（1）投资需求由扩张转向收缩。1992—1994 年高速增长并引起高通货膨胀，主要是由于固定资产投资的超高速增长。这三年全社会固定资产投资增长率分别达到 44.4%、61.8%、30.4%。而 1995—1997 年投资增长率分别降为 17.5%、14.8%、8.8%。固定资产投资增长率的大幅度下降对社会总需求的收缩（扩张速度下降）起了决定性作用。1996 年"软着陆"之后，投资和经济增长率由于惯性作用仍在下降，从而引起总需求不足。

（2）消费需求受多种因素影响增长放慢。一是居民收入增长幅度降低。从通货膨胀到"软着陆"，居民实际上是双重受益的：1993 年年底城乡储蓄存款余额只有 1.52 万亿元，1998 年年底猛增到 5.34 万亿元，5 年净增 3.82 万亿元，其中一个重要原因是前些年的储蓄存款利率很高，增值很快；而物价水平下降，又使居民手中金融资产的购买力和实际价值提高，更值钱了。因此从总量上看，即期居民收入增幅减缓可能不是消费需求增长放慢的主要原因。问题主要也在于结构，即收入增长是很不平衡的。城镇中低收入家庭和农村居民的收入增长速度近几年确实下降了。其原因包括：经济增长速度放慢，城镇居民收入增长幅度相应降低；农产品供过于求，价格下降，乡镇企业进入结构调整期，增长速度放慢，农村劳动力向非农产业转移的速度减缓，使农村居民收入增长速度下降。二是由于改革深化、结构调整加快，下岗职工增多，多数人对收入增长的预期降低，而对支出增长的预期又因为住房、医疗等项改革的出台而上升，从而造成居民储蓄倾向增强，消费欲望减弱，消费行为谨慎。三是消费结构的调整不仅受收入增长的制约，也受体制性因素以及消费心理、消费环境等的制约，这也是消费需求增长慢于供给增长的一个原因。

（3）国内需求不足同国外需求减少重叠在一起。1998 年以来，当国内需求因经济总量和结构等原因而增长缓慢时，国外需求又因亚洲金融危机的影响而增长乏力，这种情况促使了有效需求不足和通货紧缩趋势的出现。

从价格和货币方面看。价格是供求关系的表现，而通货紧缩和通货膨胀一样，可归结为货币现象。因此价格和货币是实体经济上述各方面因素的综合表现。1993—1995 年商品零售价格指数分别上升 13.2%、21.7% 和 14.8%，三年累计上升 58.15%。其中相当一部分是投资高速增长和农产品价格大幅度上升所带动的。1996 年"软着陆"以后，大多数工农业产品出现供大于求，商品价格回落到比较正常的价位，是必然的，也有合理的因素。问题出在下降幅度过大和时间过长上。从货币供应量增长率变动来看，也要分析正常和不正常两种情况。"八五"时期 M_0、M_1、M_2 年均增长分别为 24.3%、28%、31.3%，显然是过高的，其中有通货膨胀的因素。但去年以来降幅又过大。1998 年 M_0、M_1、M_2 分别增长为 10.1%、14.8%、15.7%；1999 年上半年分别增长为 11.9%、14.9%、17.7%，增幅均下降 10 多个百分点。"八五"时期的货币流动性比率（M_1/M_2）为 43.3%，1998 年下降为 37.2%，1999 年上半年下降为 34.8%。出现上述这些情况的原因是多方面的。其中一个重要原因是：基础货币投放的重要渠道——外汇占款发生了变化。1994—1997 年国家外汇储备增加 1186.9 亿美元。就是说中央银行通过用人民币购买外汇，投放了近一万亿元的基础货币，平均每年投放近 2500 亿元。1998 年到今年 10 月底，外汇储备增加 131 亿美元，近两年通过外汇占款才投放 1100 亿元基础货币，和前几年相比大为减少。从商业银行方面看，由于不良贷款压力沉重，收息率不断降低，银行对贷款投放趋于谨慎；商业银行内部层层分解存贷挂钩比例，限制了某些商业银行的贷款能力；整顿地方金融机构，使资金进一步向国有商业银行集中，非国有企业从银行获得贷款的难度加大等等，也是造成银行存差增加以及出现通货紧缩趋势的原因。正因为当前有效需求不足、通货紧缩趋势的成因相当复杂，所以必须采取综合治理的措施，既要扩大需求，又要调整结构、控制总量，还必须深化改革，并推进技术进步，以解决扩大需求、调整结构的体制障碍和动力问题。

三、扩大内需和调整结构、控制总量相结合

明年是"九五"计划的最后一年，也是世纪交替之年。进一步解决当前经济社会发展中面临的主要问题，保持良好的发展势头，具有承上启下的重大意义。总的看来，明年国际经济环境可能趋好，预计世界经济和贸易将进一步回升；同时也存在不少隐患和不确定因素。国内既有许多有利条件，也有不少制约因素。我国加入世贸组织的前景，有利于扩大进出口和利用外资。中央关于扩大内需和推进国有企业改革与发展的一系列政策措施，将在明年进一步发挥效应。目前生产能力过剩、银行资金剩余、重要物资库存充裕，既有困难的一面，又是经济持续发展和深化改革、调整结构的重要条件。商品零售价格指数从今年的负3%左右上升到社会可承受的3%—5%，还有很大的空间，这既是要解决的问题，也是充分发挥经济增长潜力可以利用的余地。从理论上讲，可承受的通货膨胀率是经济增长率的上限。当然这是讲在竞争充分和信息完全的条件下，以生产符合市场需求、有效益为前提。发展是硬道理，坚持用发展的办法解决前进中的问题，是改革开放以来的基本经验，也是中央指导经济工作的基本指导思想。从我国当前的情况看，如果经济增长不能保持7%左右的速度，从企业生产经营到社会就业、财政收入，从国有企业改革与脱困到结构调整等等，都会遇到很大困难。而制约经济增长的主要因素是需

求。决不能追求那种增加库存、没有效益的速度，否则会更加困难。因此，发展是解决面临的所有矛盾和问题的关键，而当前促进发展的核心又在于扩大需求和调整结构。

最近召开的中央经济工作会议已经决定：明年要继续实施促进发展的一系列政策措施，坚持扩大内需的方针，加大实施积极财政政策的力度，进一步发挥货币政策的作用，并综合配套地运用各种宏观调控手段。这是完全正确的，必将促进明年国民经济持续快速健康发展。

从今年投资逐月下降，特别是第三季度仅增长 0.1% 的情况来看，明年必须采取有力措施，才能保持拉动 7% 经济增长所必要的投资增长率。一是国债投资至少保持今年的规模，扩大一些更好，而且应尽早落实到项目。如果年度中间追加规模，也是越早越好。国际经验表明，通过扩张性的财政政策拉动经济增长，必须保持足够的力度，并持续实行到需求和景气明显回升。如果力度不够或者过早放弃，将会前功尽弃。那么，连续三年扩大财政赤字、发行几千亿元的国债，会不会引发通货膨胀和债务危机呢？过去财政赤字是通过向银行透支或借款弥补，而银行则通过货币的超经济发行来填补窟窿，因此巨额财政赤字必然招来通货膨胀。现在发行长期国债则是居民把钱借给银行，银行转手借给财政，由财政还本付息，所以银行并没有多发货币，不会导致通货膨胀。把银行沉淀的资金及时转化为投资，既有利于拉动经济增长，也有利于提高银行资金的使用效益，减少金融风险。财政的基础是经济。从短期看，现在财政背的债务包袱是重了，但只要经济能够持续快速增长，财政收入来源就可以不断扩大，10 年后是有能力偿还债务的。二是积极有效地利用外资。今年 1 至 9 月外商直接投资 292.33 亿美元，比去年同期减少 66.74 亿美元，全年可能减少近 100 亿美元，相当于减少 800 多亿元人民币投资，超过追加的 600 亿元国债投资。因此明年积极扩大利用外资具有重要意义。要进一步改善投资环境，在商业、金融、保险、电信、旅游等领域有步骤地扩大开放地域和经营范围，并拓展利用外资的渠道和方式，积极吸引外资以多种形式参与国有企业的改组、改造。三是大力支持城乡集体和私营、个体经济增加投资，扭转民间投资增长乏力的状况。应放宽对民间投资进入领域的限制，并在税收、融资等政策上对各种所有制经济的投资一视同仁，该支持、鼓励的，都应给予支持、鼓励。

财政政策和货币政策紧密配合，双管齐下，将是明年宏观经济政策的重要特点。最近人民银行已经宣布将法定存款准备金率下调 2 个百分点，使商业银行增加了 2000 亿元的可用资金，还将根据需要增加基础货币投放，有效运用再贷款等手段。商业银行也要在坚持稳健经营的原则下，采取多种形式适当扩大信贷规模，支持和促进经济持续发展。这包括：积极配合国债资金建设项目，及时投放贷款；保证企业有效益的生产对流动资金贷款的需要；增加对中小企业的贷款；大力发展住房、教育等消费信贷。

继续保持投资和消费的双拉动，也将是明年宏观经济政策的一个重点。今年较大幅度地提高城镇中低收入家庭的收入，对扩大消费需求的效果已开始显现，明年要努力保持这个势头。在市场经济条件下，居民对经济发展前景的信心和对未来收入与支出的预期，同消费心理、消费行为有密切关系。在增加居民收入的同时，还应提高改革措施的透明度，改善居民对支出的心理预期。加快开放住房二级市场，积极培育住房、旅游、电信等消费热点，拓展服务性消费领域。农村是潜力巨大的消费市场，目前远没有开拓。提高农村购买力的基础在于农村经济的发展，在于积极调整农村产业结构，在于加快小城镇建设。农村正在为消费结构升级积蓄能量，工业结构的调整应当密切关注农村消费结构和消费市场的发展变化，不仅要适应它，而且应引导和促进它。在积极扩大内需的同时，还应充分利用明年国际经济好转和我国一旦加入世贸组织的有利时机，千方百计扩大出口，使内需和外需双扩大、双拉动。

加快结构调整是关系经济全局的大事，是明年经济工作的主要着力点。应当在发展中加快结构调整，在结构调整中促进发展。扩大内需必须和调整结构紧密结合，并体现在各项政策和各个方面的工作中。记得前几年有位外国经济专家讲过，中国要把过高的通胀率降下来虽然不易，但更难的是解决通货膨胀时期所扭曲的经济结构。这是有道理的。我们现在不仅为总体上不够发展所苦，也为某些方面的不合理发展所苦。控制总量是结构调整的题中应有之义。今年 10 月重轨、轻轨、螺纹钢、线材、冷轧薄板、镀锌板等每吨平均价格，比去年 12 月又下跌了 100 多元，这和总量供过于求有关。不少工业产品也有类似情况。压缩长线产品的生产能力，并控制生产总量，才能保持合理的价格水平，使企业减亏增利，也有利于合理配置资源，减少浪费和损失。控制总量要有壮士断腕的决心，坚决淘汰落后的生产工艺和技术，压缩长线产品的生产能力；认真落实对冶金、石化、化工、建材、烟草、制糖等行业关闭技术落后、浪费资源、质量低劣、污染严重的小厂小矿的措施。

（本文原载《瞭望》周刊 1999 年第 48 期）

建立现代企业制度：
公有制与市场经济相结合的有效途径

（2000 年 1 月 20 日）

我国经济体制改革的一个基本问题是，既要坚持以公有制为主体，又要使公有制企业尤其是国有企业真正成为法人实体和市场主体。这就需要从企业制度层面来探索公有制与市场经济相结合的有效形式。党的十五届四中全会通过的《中共中央关于国有企业改革和发展若干重大问题的决定》强调指出："建立现代企业制度，是发展社会化大生产和市场经济的必然要求，是公有制与市场经济相结合的有效途径，是国有企业改革的方向。"本文就这个问题谈一些认识。

一

现代企业制度是指在市场经济条件下，以规范的企业法人产权制度为主体，以企业承担有限责任为特征的新型企业制度。在西方国家，现代企业制度是相对于早期的或被称为"古典"的企业制度而言的。"古典"企业制度的基本特征是出资者（老板）占有并直接经营和管理企业。随着社会化大生产和市场经济的发展，企业的资本和规模越来越大，企业法人产权制度应运而生，出现了出资者所有权、法人财产权和企业经营权的分离。出资者所有权的行为主体（人格化代表）

是股东会；企业法人财产权的行为主体（人格化代表）是由股东会产生的董事会；企业经营权的行为主体（人格化代表）是由董事会选任的总经理（或经理层）。由此形成了产权关系明晰、权利与责任明确、并且互相制衡的法人实体和市场主体。实践表明，这种现代企业制度能够适应社会化大生产和市场经济发展的要求，因而逐步替代了早期的"古典"企业制度。

我国传统的国有企业制度是建立在计划经济体制基础上的。它具有以下显著特征：一是政企不分，企业实际上是政府机构的附属物，政府机构直接干预企业的生产经营活动，企业不是自主经营、自负盈亏的市场主体；二是政府集国有资产所有者职能与国有资产运营职能于一身，没有建立起与市场经济相适应的一套国有资产管理、监督、运营的体系和机制，企业不是独立的资产运营主体；三是国有企业资产不能流动，不能根据市场需求和效益原则优化资源配置，造成名义上的国有资产总量与实际发挥作用的国有资产总量之间存在着相当大的差距；四是国有企业缺乏与市场经济相适应的激励机制和约束机制，导致国有企业资产运营成本高昂，效率低下。

80年代以来，我国一直把国有企业改革作为经济体制改革的中心环节，但是在相当长的时间内，国有企业改革主要是围绕"扩权让利"进行的，并没有从体制上解决国有企业成为法人实体和市场主体这个基本问题。党的十四大确定建立社会主义市场经济体制的目标之后，随着经济体制改革的深化，传统的国有企业制度与市场经济的发展及市场经济体制的要求之间的矛盾日趋突出。这种矛盾主要表现在三个方面：（1）市场经济所要求的企业经营主体的独立性与国有企业政企不分、企业没有法人财产权从而难以成为法人实体之间的矛盾；（2）市场经济所要求的生产要素的高流动性与国有企业资产封闭性、难以流动的矛盾；（3）市场经济所要求的产权运营高效率与国有企业产权运营低效率之间的矛盾。要解决以上这些矛盾，必须突破传统的企业制度，建立能够适应市场经济要求的现代企业制度。

近几年来，我国市场供求格局发生了重大变化，大多数商品出现相对过剩，市场问题从来没有像今天这样尖锐。随着经济全球化的发展，特别是我国加入世贸组织之后，"国内竞争国际化"的趋势将日益明显，国有企业的兴衰存亡，不仅取决于它的国内竞争力强弱，而且取决于它的国际竞争力强弱。面对越来越激烈的国内和国际竞争的压力，加快推进国有企业改革，既要从战略上调整国有经济布局，又要在微观基础层面改革原有的企业制度，在国有企业中建立起能够实现公有制与市场经济有效结合的现代企业制度。

二

探索公有制与市场经济相结合的有效途径，重点、难点在于国有大中型企业。而现代企业制度恰恰蕴涵了能够使国有大中型企业与市场经济相结合的内在机制。

第一，现代企业制度能够实现投资者所有权与企业法人财产权的分离，使国有企业同其他类型的企业一样能够成为市场主体。

现代企业制度产生之前，在只有单一产权主体的情况下，财产所有者集全部产权（包括所有权、经营权、收益权等）于一身，产权关系比较简单。随着公司制的产生，产权关系及其实现形式发生了重大变化。这时，公司在法律上成为一个实体，作为法人财产所有者出现了。于是，原来单一的产权主体便"裂变"为两个产权主体：一个是"初始的出资者"拥有的"财产终极所有权",另一个是企业法人拥有的"法人财产权"。在法律上,这是两个各自享有民事权利、承担民事责任的平等的行为主体。出资者所有权表现为出资者拥有股权,即以股东的身份依法享有资产收益、选择管理者、参与重大决策以及转让股权等权利。实行现代企业制度后,一个明显的变化是,出资者不能对法人财产中属于自己的部分进行直接支配,如果需要的话,只能运用股东权利影响企业行为,而不能直接干预企业的经营活动,这就可以切断出资者对企业经营活动的操纵。法人财产权则表现为企业依法享有法人财产的占有和使用权,并对自己的经营活动负责。企业拥有法人财产权后,通过"资本金"制度和各种委托经营制度,使企业真正以一个市场主体的身份行其权,尽其责,获其益。这样就能够塑造出与市场经济体制内在要求相适应的微观经济制度。

第二,现代企业制度能够通过股份制来放大国有资本的功能,成为公有制在市场经济条件下的一种有效实现形式。

现代企业制度一般采取公司制的形式,而股份有限公司则是公司制的主要形式。股份制作为同社会化大生产相适应的企业组织和资本运营方式,具有很大的包容性。在资本主义条件下,股份制把个别资本聚集为社会资本,体现了资本社会化的要求。在当代,巨型的跨国公司也都采取股份制的形式。在社会主义市场经济条件下,国有制的实现形式,除了极少数企业采取国有独资的形式外,大多数企业要通过股份制包括国有控股和参股的形式来实现。国有资本本身已经是社会化资本,但它仍然需要寻找能够极大地促进生产力发展的实现形式,股份制正是这样一种有效的形式。国有资本通过股份制可以吸收和组织更多的社会资本,放大国有资本的效应。国有资本的这种作用通常是通过国有控股公司来实现的。一般说来,国有控股公司可以有三种形式:(1)绝对控股,国家股在公司中占

75%以上，即达到"绝对多数"；（2）优势控股，国家股在公司中占51%以上，即占"相对优势"；（3）有效控股，国家股在公司中的股份虽低于51%，但却取得了该公司的有效控制权。在股份高度分散的公司中，国家股即使低于50%，仍然能有效控股。这说明，通过建立股份公司形式的现代企业制度，少量的国有资本可以控制、带动比它自身价值量大得多的总资本，从而增强国有经济的控制力、影响力、带动力。

第三，现代企业制度提供了一种灵活的、具有流动性特征的财产组织形式，从而有利于在市场经济条件下建立国有资产的流动机制。

建立现代企业制度，无论是采用国有控股还是采用国有参股的股份公司形式，都要把公司的财产权利进行两种"划分"。一是企业财产诸种权利之间的"分离"，包括出资者所有权、企业法人财产权以及使用权、收益权等。二是企业财产在价值形态上的"分割"。在股份公司中，被分割的小额化等份称之为"股份"，股东以其所认购的股份对公司负有限责任，公司可以向社会公开发行股票；经批准，股票还可以上市流通。有限责任公司虽然不公开发行股票，但投资者的出资份额在公司其他投资者同意的条件下也可以按一定规则转让。因此，无论是企业财产诸种权利的"分离"，还是企业财产在价值形态上的"分割"，都提供了一种极为灵活的机制，便于产权在资本市场上流动，可以转让股权，也可以转让经营权。无论是转让股权，还是转让经营权，都有利于国有资本的优化配置，使国有企业的产权结构能够适应市场经济的要求。

第四，建立现代企业制度及其相应的企业法人治理结构，有利于形成与市场经济相适应的企业经营机制。

公司法人治理结构是公司制的核心。建立现代企业制度，必须明确股东会、董事会、监事会、经理层的职责，形成各负其责、协调运转、有效制衡的公司法人治理结构。公司法人治理结构的建立，为企业转换经营机制奠定了制度的基础，从而在企业内部形成与市场经济相适应的新的经营机制，包括企业决策机制（这是企业成为市场主体的基本要求）、激励机制（这是企业的动力来源）、约束机制（这是企业生存及发展的保证）、发展机制（这是企业充满活力的必要条件）。有了这四种机制，企业就可以成为自主经营、自负盈亏、自我约束、自我发展的市场主体和法人实体，就可以实现公有制与市场经济的有效结合。

总之，现代企业制度，是实现出资者所有权和法人财产权分离、使企业成为市场主体和法人实体的组织形式；是放大国有资本的功能、在市场经济条件下保持国有经济控制力的组织手段；是打破传统的国有企业凝滞、僵化的产权结构，建立国有资产流动机制的组织保障；是建立法人治理结构，形成与市场经济相适应的企业经营机制的组织基础。因此，建立现代企业制度，是公有制与市场经济相结合的有效途径，是国有企业改革的方向。

三

到 2000 年年底要如期实现大多数国有大中型骨干企业初步建立现代企业制度的目标，任务还很艰巨。加快建立现代企业制度的改革步伐，这是当前推进国有企业改革的工作重点。要总结建立现代企业制度试点的经验，按照党的十四届三中全会决定和十五大报告关于建立现代企业制度的论述，全面理解和把握"产权清晰、权责明确、政企分开、管理科学"的要求，突出抓好四个重要环节：继续推进政企分开；积极探索国有资产运营管理的有效形式；对国有企业进行规范的公司制改革；面向市场着力转换企业经营机制。

继续推进政企分开，首先应当结合政府机构改革，切实转变政府职能，使政府机构不再直接管理企业，不干预企业日常经营活动，使政府职能真正转到社会管理、宏观经济调控和公共服务上来。各级党政机关都要同所办的经济实体和直接管理的企业在人财物等方面彻底脱钩，并妥善解决脱钩中遗留的问题。同时，要尽快确立国家行使所有者职能的新方式。对国家出资兴办和拥有股份的企业，不再通过政府部门行使所有者职能，而是通过出资人代表（受政府委托的国有资本运营和管理机构）行使这种职能。国家作为所有者按出资额享有资产收益、重大决策和选择经营管理者等权利，对企业的债务承担有限责任；企业自主经营、自负盈亏，对所有者的净资产承担保值增值的责任。

政企不分的实质是政资不分。在社会主义市场经济条件下，如何实现政府行政管理系统与国有资本运营和管理系统的分离，是一个有待于在实践中探索解决的问题。在现阶段，要按照国家所有、分级管理、授权经营、分工监督的原则，逐步建立国有资产的管理、监督、运营体系和机制，建立与健全严格的责任制度。要建立健全公司法人治理结构，确保出资人到位，防范在国有企业中出现"内部人控制"的现象。试行稽察特派员制度以来的实践表明，有些问题单靠企业自身是查不出来的。要按照最近修订的《公司法》的要求，健全和规范监事会制度，充分发挥监事会对企业财务和董事、经理层行为的监督作用，以加强对国有企业的监督，使政企分开、企业成为独立的市场主体和法人实体之后，能够确保国有资产及其权益不受侵犯。

党的十五大报告指出，要对国有大中型企业进行规范的公司制改革。党的十五届四中全会进一步指出：国有大中型企业尤其是优势企业，宜于实行股份制的，要通过规范上市、中外合资和企业互相参股等形式改为股份制企业，发展混合所有制经济，重要的企业由国家控股。现在，国有企业产权关系多元化的问题尚未解决，近 90% 的国有企业仍然是国有独资企业。因此，要加快把国有企业改制为多元化产权关系的股份公司或有限责任公司。同时，推进已建立的股份制企业股权结构的调整。现在上市公司的国有股比重偏大，一些信誉好、发展潜力大的国有控股上市公司，在不影响国家控股的前提下，可适当减持部分国有股。国有股的持股主体也应多元化，防止股权只集中在某一机构手中。目前国有股和法人股仍处在不能流通的状态，很不适应市场经济的要求，应当积极探索建立国有股和法人股的流通机制。

当前已经完成改制的企业，应着力推进企业经营机制的转换，建立新型的企业经营机制。一是建立优胜劣汰的机制。对于那些不符合产业发展方向和经济效益低下的企业，要在竞争中通过兼并、破产、关闭等办法逐步予以淘汰，并使资源向优势企业集中，提高国有企业的运营效率。二是建立经营者的流动机制。要按照社会主义市场经济体制的要求，逐步把经营者推向市场，实现"经理资源"的市场化。三是建立企业的激励和约束机制。对经营者和职工的激励，包括收入激励（如对厂长经理实行"年薪制"）和精神激励（表彰模范和先进），有条件的企业也可试行产权激励（给经营者和职工以部分股权或"期权"）。四是建立企业的创新机制，形成以企业为中心的技术创新体系，促进企业的技术进步和产业升级。总之，要通过建立以上诸种机制，使国有企业从内在机制上提高自身的发展能力，以适应社会主义市场经济发展的要求。

（本文与常修泽同志合作，原载《求是》杂志 2000 年第 4 期）

大力促进投资需求回升

（2000 年 4 月 5 日）

1999 年我国经济在错综复杂的航道上奋力前进，取得了可喜的成绩。经济运行出现了积极的变化：工业经济效益明显改善，国有企业扭亏脱困有了重大转机，下半年出口转降为升，增长势头良好，消费需求稳步回升，财政收入增长幅度较大。经济形势继续朝着好的方向发展。但是，有效需求不足和经济结构不合理的问题仍然相当突出，价格总水平持续下降和通货紧缩趋势尚未完全扭转。特别是投资需求增长幅度明显下降问题，需要引起关注。

一、关于投资增幅下降的原因

尽管 1999 年年初决定增加国债投资 500 亿元，下半年又追加 600 亿元，但是 1999 年全社会固定资产投资仅增长 5.2%，比 1998 年 13.9% 的增幅下降 8.7 个百分点，其中国有单位及其他经济类型投资增长 6.1%，比 1998 年的增幅下降 13 个百分点。为什么 1998 年 1000 亿元国债投资对国有投资以及全社会投资的带动作用那样显著，而 1999 年 1100 亿元国债投资的带动作用却明显减弱呢？其原因需要作深入分析。除了追加的 600 亿元国债投资由于资金到位形成工作量需要一定的时间，约有 40% 将在 2000 年发挥效应外，主要是由于 1999 年地方配套资金、企业自有资金以及非国有经济投资的增幅下降。据统计，1999年在国有单位及其他经济类型投资的资金来源中，财政资金增长43%，银行贷款增长4.8%，而企事业单位自有资金仅增长1.2%，利用外资下降了26.7%。

国债投资以外的社会投资为何增长不上去？有的论者认为是国债投资产生"挤出效应"所致。所谓挤出效应，是指政府实行扩张性财政政策、增加政府开支导致市场利率上升，使民间投资由于融资成本上升而减少。而我国现在金融机构存在大量存差，增发国债是使银行一部分剩余资金转化为投资，并未由此引起利率和融资成本上升。从国债投资的领域和项目看，也不存在取代、排挤社会投资的问题。所以社会投资增长减慢，不是由于国债投资的挤出效应，而是另有原因。我认为主要原因在于市场、投资回报预期和融资渠道等方面。

1999年下半年以来，虽然消费、出口等最终需求增长加快，但是前些年严重重复建设以及农业连续5年丰收形成的绝大多数工农业产品相对过剩的状况仍未改变，市场价格总水平尚未转降为升。尽管银行利率不断调低，然而贷款实际利率并不低，如1—3年中长期贷款利率为5.94%，由于商品零售价格指数下降3%，实际利率在8%以上。与此同时，税费也较高。近两年取消了许多不合理的收费项目，企业、农民的负担有所减轻，但目前税费总计仍占国内生产总值的20%左右。前些年名义利率很高，但因价格不断上涨，实际利率反而不高，企业税费负担的大部分也通过价格转移出去了。现在市场供过于求，竞争激烈，价格总水平下降，实际利率高、税费负担重，意味着企业盈利的空间缩小。这是近几年企业资金利润率普遍下降的重要原因。一方面，投资回报率下降，投资收益高的项目不好找，企业投资欲望减弱。另一方面，受市场需求制约，资金周转速度显著减慢，企业间相互拖欠严重（据14

万多个规模以上工业企业统计，应收款合计达 1.3 万亿元），大大削弱了企业自有资金投资能力。农民收入增长减缓，乡镇企业不景气，使农村集体、个体投资的增幅下降。

从融资渠道方面看，1999 年资本市场发展步伐加快，通过境内外证券市场筹集资金 1243 亿元，直接融资比重有所上升。银行在支持扩大内需方面也作了很大努力。1999 年金融机构贷款余额虽然增加 10800 亿元，其中国家银行贷款余额增加 8700 亿元，但是比 1998 年分别少增加 700 亿元和 400 亿元。投资贷款增长减缓的主要原因，一是银行信贷管理办法不完善，固定资产投资贷款审批权过于集中，内部资金调度不够灵活，信贷活力不足；二是由于银行不良资产比重仍在上升，收贷收息难度加大，投资回报率高的好项目少等原因，银行发放中长期贷款更为谨慎；三是中小金融机构在前几年清理整顿之后尚未恢复发展，广大中小企业特别是私营个体企业难以得到必要的投资贷款。因此，这里也存在结构性矛盾：手中有资金或者能够得到投资贷款的企业，由于没有合适的投资项目不愿投资；而有投资意向的中小企业，却因市场准入障碍或得不到贷款，不能实现投资意愿。

二、促进投资需求回升的重要意义

针对当前投资需求增幅下降的原因，采取有力措施促使 2000 年投资增幅回升，对于 2000 年经济增长和结构调整具有重大意义。投资对于经济增长有着双重作用。其一，产出的增长取决于生产要素（资本和劳动力）投入的增加和生产要素效率的提高。在扩大再生产和技术进步条件下，生产规模扩大和劳动生产率提高总是伴随着更多资本的投入，因此国内生产总值增长率取决于储蓄率（投资率）和投资产出率（包括存量资本产出率）的高低。一般说来，一国的投资率和投资产出率越高，其国内生产总值增长就越快。80年代以来，我国固定资产投资的年均增长速度达到20%左右，比国内生产总值增长率高1倍左右，固定资产投资率从1980年的20%左右提高到近些年的35%以上。投资增长率和投资率的大幅度上升，对80年代以来我国经济快速增长起了关键性作用。其二，投资需求是总需求的重要组成部分。近几年来我国经济发展已进入需求制约为主的新阶段。经济增长率不仅取决于生产要素投入的增加和投资产出率的提高，而且取决于产出有没有市场需求，社会产品价值能不能实现。如果社会总需求明显小于社会总供给，生产能力和社会总产品就会有一部分过剩，不能成为现实的增长率。因此，消费需求、投资需求和净出口三大需求的增长，是经济快速增长的必要条件。1998年在7.8%的增长率中，投资需求的拉动为4.7个百分点，消费的拉动为2.7个百分点，净出口的拉动为0.4个百分点。1999年，出口总额增长6.1%，但由于进口增长18.2%，净出口比1999年减少144亿美元，因而对GDP的拉动为负0.4个百分点；投资需求对GDP增长的拉动约为2个百分点，比1998年减少2.7个百分点，消费的拉动则上升为5.5个百分点。

2000年GDP增长率预期目标为7%左右。实现这个目标是必要的。如果经济增长率下滑，从企业生产经营到社会就业、财政收入，从国企改革与脱困到推进结构调整等等，都会遇到很大困难。而当前制约经济增长的主要因素是需求。1999年下半年以来，出口需求大幅度回升，消费需求增长势头也很好，主要问题在于投资。从投资与经济增长的关系预测，2000年全社会固定资产投资需要增长10%左右，达到3.3万亿元，比1999年增加3000亿元左右。1999年增加国债投资1100亿元，而全社会固定资产投资仅比1998年增加1470亿元。因此，2000 年如果不采取比 1999 年更为有力的措施，全社会固定资产投资要增长 10% 左右，是相当困难的。但是换一个角度看，2000 年国际国内环境比 1999 年有利，如果认识一致，措施得力，促使固定资产投资增幅回升到 10% 以上，又是完全有可能的。

三、应当加大国债投资的力度

按照 2000 年的财政预算，中央财政赤字为 2299 亿元，比 1999 年 1797 亿元增加 502 亿元，但这主要是因为，2000 年预算把国债利息支出 749 亿元也列入中央经常性预算支出，体现为当年财政赤字。如果和 1999 年同口径相比，2000 年中央财政赤字为 1550 亿元，比 1999 年减少 247 亿元。从国债规模看，2000 年国债总规模为 4380 亿元，其中中央财政发行 3880 亿元，比 1999 年实际发行额增加 165 亿元，但如果扣除国债利息支出 749 亿元，和 1999 年同口径相比，2000 年中央财政发债用于投资的规模小于 1999 年。以上情况说明，2000 年国债投资力度比 1999 年并不是加大，而是缩小的。但是从促进投资需求增幅回升、支持西部开发、拉动 2000 年经济增长等方面看，2000 年加大国债投资力度，又是迫切需要的。

1999 年国债投资的地方配套资金之所以减少，主要是因为 1998 年启动国债投资项目时，一般都规定了地方配套资金的比例，各地为了多争取国债投资项目，也千方百计筹集配套资金，而 1999 年国家对一些国债投资项目已不再要求地方一定要有配套资金。同时，1999 年中央出台了一系列提高城镇居民收入的政策，除中央财政负担大头外，沿海 7 个经济发达省市也承担了一部分，这相应分流了地方财力。因此 1999 年国债投资的放大效应比 1998 年有所减弱。2000 年仍然会出现这种情况。正因为国债投资边际效应有所下降，为了带动全社会投资增幅回升，需要适当加大 2000 年国债投资的力度。

认为国债投资带动不了民间投资、不可能使整个经济好转的论点，并不符合事实。在我国现实条件下，国债投资不仅不排斥民间投资，而且是启动民间投资的必要条件。前两年国债投资，对于扩大投资需求，防止经济增长率下滑发挥了重大作用，这也是为启动民间投资创造有利的宏观经济环境和市场环境。投资的扩张或收缩，对于经济增长、就业和总需求的扩张或收缩存在一种乘数效应。例如，1989 年投资仅比 1988 年减少 343.4 亿元，但由于连锁反应却使总需求减少 1000 亿元以上，致使国内生产总值比 1998 年下跌了 7.2 个百分点。近两年来国债投资及配套资金的投入，对防止经济增长速度的大幅度下滑是功不可没的。据国家信息中心运用计量经济模型所作的政策仿真测算，如果这两年没有 2100 亿元国债投资及其所带动的 4200 多亿元银行贷款和自筹资金的投入，1998 年和 1999 年 GDP 增长率分别只有 6.3% 和 4.5% 左右。那样，有效需求不足、价格总水平下降、通货紧缩趋势将会严重得多，民间投资受经济景气和市场环境恶化的影响，不仅不可能启动，而且会进一步下降。换一个角度看问题，可以认为，如果 1999 年国债投资的力度更大一些，比如再增发 500 亿元国债，而且时间更早一些，投资增幅就不至于下降那么多；加上消费、出口回升，1999 年经济景气肯定会更好一些。因此，我认为 2000 年增发 1000 亿元国债是正确的，但是对于促进投资需求增幅回升，又是不够的。根据情况及早再增发 500 亿元国债，不仅是必要的，而且是代价较小，效果较大的举措。也可以考虑将增发国债的一部分收入用于补充社会保障资金。国际经验表明，通过扩张性的财政政策拉动经济增长，必须保持足够的力度，并持续实行到需求和景气明显回升。如果力度不够或者过早放弃，将会前功尽弃。

连续 3 年扩大财政赤字、发行几千亿元的国债，会不会引发通货膨胀和债务危机呢？过去财政赤字是通过向银行透支或借款来弥补，而银行则通过货币的超经济发行来填补窟窿，因此巨额财政赤字必然招来通货膨胀。现在发行长期国债则是居民把钱借给银行，银行转手借给财政，由财政还本付息，所以银行并没有多发货币，不会导致通货膨胀。把银行沉淀的资金及时转化为投资，既有利于拉动经济增长，也有利于提高银行资金的使用效益，减少金融风险。1999 年我国当年财政赤字、债务余额占国内生产总值的比重分别为 2.9%（含债务利息）和 12.5%，2000 年预计分别为 2.6% 和 14.3%，均低于国际公认的警戒线。美国 1999 年财政年度财政盈余虽然有 1227 亿美元，但联邦债务余额为 5.7 万亿美元，占国内生产总值64.7%。借新债还旧债是国际上通常的做法。更重要的是，财政的基础是经济。从短期看，现在我国财政背的债务包袱是重了，但只要经济能够持续快速增长，财政收入来源就可以不断扩大，10 年后是有能力偿还债务的。当然在扩大国债规模的同时，关键是用好国债投资。应当认真总结两年来国债投资的经验，改进投入的方式方法，尽可能吸引社会投资参与国债投资项目，以带动社会投资的扩大，并提高国债投资的效益。

四、采取有力措施扩大民间投资

现在常说的民间投资，从其含义看是相对于政府投资或国有经济投资而言的。如果把非国有经济投资视为民间投资，那么 1998 年民间投资在全社会固定资产投资中占 45%，主要包括：城乡集体投资、个体私营投资、外商投资等。近几年城乡集体经济投资和个体经济投资增长率明显下降。"八五"时期集体经济投资年均增长 49.8%，个体经济投资年均增长 17.8%，1997 年分别降为 5.5% 和 6.8%，1998 年分别为 8.8% 和 9.1%。1999 年，集体经济投资为 4190 亿元，与 1998 年持平；居民个人投资为 3967 亿元，比 1998 年增长 6%；分别占全社会投资的 14.0% 和 13.3%。逐步改变民间投资比重小、增长慢的状况，对于促进投资需求回升、拉动经济增长、扩大就业都将发挥重要作用。一般说来，同样的增加值，国有经济对税收的贡献大于民营经济，而民营经济对增加就业的贡献大于国有经济。1999 年在税收总收入中，国有经济税收占一半以上，集体经济税收占 13.8%，个体私营经济税收占 8.5%，股份制企业和联营企业税收占 11.4%，三资企业税收占 16.2%。从对就业的贡献看：1999 年城镇从业人员 21014 万人，比 1998 年增加 336 万人，其中城镇私营个体经济从业人员 3940 万人，比 1998 年增加 708 万人，比城镇新增从业人员还多 372 万人。1999 年国有企业下岗职工新增 564 万人，通过多种途径有 492 万人实现再就业，其中相当大部分包括在城镇私营个体经济新增从业人员之中。1999 年年末国有企业下岗职工还有 650 万人待业，据测算 2000 年国有企业新下岗的职工仍有 500 多万人。国有企业事业单位今后也还会新吸纳一部分从业人员，但从总体上看，国有企业在深化改革和结构调整中，新下岗职工人数将大大超过新增从业人数。因此今后城镇就业的主要渠道必然是靠发展民营经济。当前和今后相当长时期，增加就业、把失业率控制在社会可承受的范围内，将是我国经济发展要解决的突出矛盾。可见扩大民间投资、发展民营经济，不仅有利于经济发展，也有利于社会稳定。

　　党的十五大和新修订的宪法都把公有制为主体、多种所有制经济共同发展，确定为社会主义初级阶段的基本经济制度，并确认个体经济和私营经济等非公有制经济是社会主义市场经济的重要组成部分。要按照邓小平"三个有利于"的标准，纠正在旧体制下形成的歧视私营个体经济的错误观念。按照党的十五大和十五届四中全会决定的精神，在政策上放宽对民间投资进入领域的限制。除关系国家安全和必须由国家垄断的领域外，其他领域都应允许民间投资进入。我国即将加入世贸组织，加快对内开放，放开各种限制，鼓励民间投资和民营经济发展，有利于促进国有经济和国内产业提高竞争力，从而有利于迎接加入世贸组织以后将日趋激烈的国际竞争。扩大民间投资，发展民营经济，也有利于加快国有经济布局的战略性调整，有利于发展股份制等形式的混合经济。国有经济增量资本不再进入或存量资本将退出和部分退出的领域与行业，可以鼓励民营经济以各种形式进入发展。要为鼓励民间投资创造良好的政策环境，取消各种不利于民间投资和非国有经济发展的限制。在税收、融资、土地使用、企业开办、股票上市、进出口等方面，对各种所有制经济的投资一视同仁。政府有关部门和社会中介机构还要在信息咨询、人员培训等方面提供服务，引导和促进民间投资的扩大。

现在扩大民间投资，资金来源是有潜力的。据统计，1999年年底我国城乡居民的金融资产约有 81674 亿元。其中银行储蓄存款余额 59622 亿元，现金约 5717 亿元，债券约 8974 亿元，股票及其他股权约 4900 亿元，保险准备金约 1633 亿元。居民的外币存款还未计算在内。这说明扩大内需的潜力是很大的。当然，居民储蓄存款余额的绝大部分已经作为银行贷款进入经济运行过程，不可能一女二嫁。债券、股票等形式的金融资产也是如此。但是，存量是变动的，其中一部分可能被改变用途，况且增量的数额也是很可观的。1999 年上半年居民储蓄存款增长很快，到 6 月底已增加 5804.68 亿元，下半年再次降低利率后又采取征收利息税等措施，储蓄存款增幅才放慢下

来，全年增加 6253 亿元，比按 1998 年的增速少增加约 2000
亿元。这一部分资金，估计一部分进入股市，一部分成为社会
闲散资金。近几年资金周转速度和货币流通速度明显放慢，其
原因主要是价格持续下降、市场疲软，投资机会减少，许多资
金滞留在生产、流通过程之中，或沉淀在生产、流通过程之
外。这说明，在社会资金的存量、增量和流通速度等方面，扩
大投资的资金潜力是很大的。如果目前已决定出台的一系列措
施尽快到位，包括加快资本市场发展，扩大直接融资渠道，增
加对中小金融机构的再贷款，完善中小企业信贷担保体系，增
加对中小企业和农户的贷款，等等，那么扩大民间投资的资金
来源就更不会成为问题。

五、进一步扩大利用外资

利用国外贷款和外商直接投资，是全社会固定资产投资的
组成部分，对推动经济增长有着重要作用。特别是 90 年代以
来，随着我国对外开放的扩大，利用外资迅速增长。"八五"
期间实际利用外资总额为 1610.62 亿美元，其中外商直接投资
为 1141.76 亿美元。1996—1998 年实际利用外资合计为
1777.69 亿美元，其中外商直接投资为 1324.45 亿美元，约相
当于全社会投资的 18% 和 14%。1999 年实际利用外资 563 亿
美元，比 1998 年减少 3.9%，其中外商直接投资 404 亿美元，
比 1998 年减少 11.4%。这是 10 多年来首次出现下降。主要原
因一是受亚洲金融危机影响，1997 年以来利用外资和外商直
接投资的协议金额比 1993—1995 年明显减少，由于时滞的原
因实际利用外资减少到 1999 年才显露出来。二是我国国内有
效需求不足，国内资金剩余，投资回报率高的项目减少，对利
用外资和外商直接投资也有影响。

　　2000年扩大利用外资的有利条件较多。主要是：（1）世界经济形势趋好。国际货币基金组织、世界银行、经合组织等国际机构预测均认为，2000年全球经济增长率将高于1999年。国际贸易增长速度继续超过经济增长，跨国投资增长速度继续快于国际贸易增长。特别是受亚洲金融危机冲击的亚洲国家，如韩国、泰国、新加坡和我国香港地区的经济复苏加快，日本经济也正在恢复增长。亚洲股市和房地产价格上升，使资金明显增加。（2）我国加入世贸组织的进程加快，我国将进一步扩大对外开放领域的前景和潜力巨大的国内市场，对外商有很大的吸引力。包括跨国公司在内的许多外国公司正在准备扩大在华投资。（3）我国2000年开始实施西部大开发战略，对外商到中西部投资实行一系列优惠政策，为外商提供了良好的商机。不少外商十分关注，跃跃欲试。（4）我国实施积极财政政策，加大对基础设施建设的投入，同时正在对国有经济布局进行战略性调整，对国有企业进行战略性改组，也都为外商投资提供了新的机会。我们应当利用这些有利条件，努力做好工作，力争2000年包括外商直接投资在内的利用外资有一个新的发展。

　　外资进入最关心的是：有良好的投资环境和回报率高的投资项目。现在我国许多产业已处于生产能力相对过剩的状态，产品供过于求，扩大利用外资就必须拓展外资进入的领域、地域和利用外资的方式。我国政府已宣布，要逐步推进商业、外贸、金融、保险、证券、电信、旅游和中介服务等领域的对外开放。放宽外商投资在技术转让、内销比例和一些行业持股比例的限制。要抓紧制定并实施外商投资特许权项目和基础设施转让等有关管理办法。加大对跨国公司的招商引资力度。鼓励外商投资于农业、基础设施、环保产业、高新技术产业和中西部地区。积极吸引外资以多种形式参与国有企业的改组改造。现在外商对投资环境不满意的，主要在"软环境"方面，如政策措施操作不透明、竞争条件不平等、政府机构办事效率低、承诺不兑现等等。我国加入世贸组织之后，这些方面的矛盾可能会更为突出。应当下大力气进一步改善投资环境，改进对外商投资企业的管理和服务，切实保障外商的合法权益。

六、调整投资结构，提高投资产出率

进一步分析，扩大非国有经济投资有利于逐步解决我国投资结构不合理和投资产出率低这样两个深层次问题。改革开放以来特别是党的十四大确定建立社会主义市场经济体制的目标以后，我国所有制结构发生了很大变化，近几年国有经济在GDP中占近40%，在工业总产值中国有及国有控股工业占近30%。然而国有经济投资占全社会投资的比重却一直居高不下。"六五"、"七五"时期平均占66.7%和64.8%，"八五"时期略有下降，但仍占59%，1996、1997年降到52.5%，1998年又上升到55%。究其原因主要是国有经济分布过宽，政府投资和国有经济投资包揽过多。结果是负担过重，大大超过国家财力的可能，只能由国有银行贷款来支撑。于是，一方是国有企业负债率高，另一方是国有银行不良资产比重大，虽然也有双赢但不少是两伤。国有企业改革和投融资体制改革滞后，又使这种局面迟迟不能改变。应当适应所有制结构和经济结构的变化，适应社会主义市场经济体制的要求，加快投资结构的调整。政府投资的范围应当缩小，只承担必须由政府投资的基础设施和公共投资。国有企业应当和其他所有制的企业一样成为自主决策、自担风险的投资主体。政府只审查企业投资是否符合国家法律法规、发展规划和宏观政策，不直接干预企业的投融资活动。同时，积极促进资本市场发展，拓宽企业直接融资的渠道。竞争性行业的国有企业，其资本金和新增投资应主要从资本市场筹集，国有商业银行是否给予投资贷款，应由银行根据效益原则自主决定。按照社会主义市场经济体制的要求改革投融资体制，既可以减少投资决策失误，提高投资效益和资源配置效率，又可以降低银行金融风险。适当降低政府投资和国有经济投资比重，相应提高非国有经济投资的比重，是同一过程的两个方面。投资结构的这种调整既是合理的，也是不可避免的趋势。我们应当通过深化改革和采取有效政策措施来加快这种调整。

应当说，我国现在固定资产投资率已经不低，1998年为35.8%，1999年为36.4%。1950—1973年间是西方国家经济迅速发展的"黄金时期"，但其总资本形成占GNP或GDP的比重一般也在30%以下。如英国在16%—22%之间，德国在23%—28%之间，美国在18%—21%之间，日本是个例外，曾达到35%—38%。我国从近期看，为了保持投资需求对经济增长的必要拉动力，需要适当提高固定资产投资的增长率和投资率，但从中长期看，应把重点放在提高投资产出率上。我国能够长时期保持40%以上的总储蓄率和35%以上的固定资产投资率，一方面是我国经济持续快速增长的潜力所在；另一方面也掩盖了投资产出率一直比较低的问题。国有经济投资有不少投向基础设施和公共福利部门，这是影响投资产出率的重要因素，但投融资体制、投资结构不合理以及投资项目决策失误等也是重要原因。投资产出率低要求有更高的投资率，而更高的投资率又导致投资产出率的下降。应使这种恶性循环变成为良性循环。通过调整优化投资结构，加快投融资体制改革，把投资项目的决策失误减少到最低限度，提高投资产出率的潜力是很大的。而投资产出率和投资率是可以互相替代的。例如，通过提高投资产出率，34%的投资率就可以支持本来需要36%投资率支持的经济增长率。在经济高速增长达到一定阶段以后，由于市场竞争激烈，企业投资将受到投资效益的严格筛选，设备投资将集中到效益好的部门和企业，因此难以长期保持36%以上的固定资产投资率。所以，提高投资产出率具有十分重要的意义。为此，除了必须调整优化投资结构外，最重要是要加快投融资体制改革。

为促进投资需求回升，还需要研究并调整税收政策和贷款利率，以利于调动投资者的积极性。1993年进行税制改革时，通货膨胀正在加剧，为了抑制投资膨胀，当年设计的增值税是生产型的，投资环节不能扣除。1997年以来通货膨胀已为通货紧缩趋势所代替，特别是1999年在采取许多措施之后，固定资产投资增幅仍然明显下降。因此应当考虑调整税收政策。除了停止征收投资方向调节税之外，还应研究尽快将增值税由生产型改为消费型；投资环节可以退税，这有利于鼓励投资。增值税是我国的主体税种，增值税和消费税约占财政收入的一半，如果投资环节可以退税，据粗略估算，大约相当于增值税率下降2个百分点，可能影响税收减少500亿元，因此难度较大。但是从经济全局考虑，投资需求的增长可以带动经济增长率上升和经济效益提高，税收又会相应增加，因此从长计议还是得大于失。此外，银行存贷款的利差过大，也不利于降低投资成本。如1—3年中长期贷款利率比存款利率高3个多百分点，说明国有商业银行由于不良资产比重较大，收息率低，加上体制、管理等方面原因，运营成本过高，只能通过较高的利差来弥补。然而将这种高成本转嫁给所有贷款者共同承担，是不合理的。对信用好、按期还本付息的企业，贷款利率应当低一点。同时，银行应通过深化改革、加强管理，以期较大幅度地降低成本，并相应降低贷款利率。

（本文原载《宏观经济研究》杂志2000年第4期）

中国产业结构调整问题

（2000 年 4 月 15 日）

中国提出的对经济结构进行战略性调整，既包括产业结构调整，也包括所有制结构调整，国有经济布局调整，收入分配结构调整，城乡经济结构调整，地区经济结构调整等。本文侧重讨论产业结构调整问题。

一、中国产业结构存在的主要问题

1. 1998 年在三次产业中，第一产业增加值只占 GDP 的 18%，而从业人员却占全社会从业人员的 49.5%。第二产业增加值占 GDP 的 49.2%，比 1978 年还高 1 个百分点，比重居高不下。第三产业发展明显滞后，其增加值占 GDP 的比重比低收入国家平均水平还低 9 个百分点。尤其是金融、保险、咨询、技术服务等行业的比重过低，占第三产业的比重不到 20%。

2. 第二产业中资源密集和低技术劳动密集的部门比重高，而技术密集和高加工度的产业比重低。从 1988 年以来，以机电工业为主的重加工业增长速度低于基础工业增长速度。在全部工业固定资产中，基础工业约占 50%，而重加工业仅占 20% 左右。加工度和技术含量高的机电工业发展滞后，制约着各行业开发能力的提高，是供给结构不能适应需求结构升级的重要原因，也是国内产品竞争力不强、物质消耗水平居高不下的重要原因。

3. 工业技术水平较低，缺乏市场开拓能力。1995 年第三次工业普查数据显示：中国大中型企业的专业生产设备技术水平，按设备原值计算，达到国际先进水平的占 26.1%；属国内先进水平的占 27.7%，属国内一般水平的占 33.4%；属国内落后水平需淘汰的占 12.8%。1989 年以后，机电设备的进口比重超过了原材料的进口比重，约占中国设备投资的 60%。成套设备等重大装备的 2/3 依赖进口。

4. 生产集中度低，规模效益差。如汽车整车生产企业达 120 家，年产万辆以上的只有 12 家，年产 30 万辆左右的只有 3 家。汽车零部件厂多达 170 多家。

5. 由于产业结构存在以上缺陷，中国与发达国家之间垂直分工为主的格局一直未能改变。产业结构的粗放、低度化，资源和劳动密集型产业的急速扩张，还造成了资源的浪费和对环境的污染。

二、中国提出对经济结构进行战略性调整的背景

——经济全球化趋势进一步发展；以信息技术为先导的高技术产业迅猛发展；世界范围经济结构调整的进程加快。

——中国国内经济发展在 90 年代中后期出现了阶段性变化：人民生活进入小康阶段，消费水平和消费结构发生了显著变化；一般工业产品和多数农产品供过于求，传统产业部门生产能力大量过剩。

——以建立社会主义市场经济体制为目标的经济体制改革取得重大进展，市场对资源配置的基础性作用显著增强。中国加入 WTO 以后，将进一步扩大对外开放，有利于引进更多的

国外投资和先进技术，同时国内产业也将面临更为激烈的市场竞争。

三、正确处理产业结构调整中的几个关系

（一）正确处理引进技术与自主创新的关系。

中国加入 WTO，扩大对外开放，有可能利用全球产业结构调整的机遇，吸引更多的跨国公司来华投资，把具有更高技术含量的加工、组装等生产转移到中国，形成新的具有一定国际竞争力的高技术产业。但是从已有的经验来看，跨国公司向外扩散产品、向发展中国家直接投资的目的，主要是占领当地市场，伴随直接投资而来的"技术转移"带有很大的局限性。特别是创新性技术，即对于提高竞争力起着核心作用的产品开发技术，跨国公司是加以垄断的。因此，引进技术必须与自主创新结合起来。对引进国外技术的消化吸收和自主创新，应当统一规划，避免重复与分散，规划应把技术攻关、技术有偿转让、投资布局、技术改造、新产品扶持措施等结合起来考虑。在项目实施过程中，应打破行业界限，"官、企、学"结合，组织联合攻关。国家有关部门应从政策环境上创造条件，制定技术创新的鼓励政策，切实保护知识产权。

（二）正确处理促进传统产业升级和发展高技术产业的关系。

我国尚未实现工业化，又面临信息化的任务。信息技术的发展将使我国工业化内涵和进程发生深刻变化。要大力推进国民经济信息化，积极发展信息技术、生物工程等高技术产业，形成新的经济增长点。同时，要广泛应用高技术和先进适用技术，改造、提升传统产业。发展能够提高产品开发能力的装备工业、关键零部件工业及新型原材料工业。近期要把技术改造

投资作为扩大内需的重要组成部分，解决技术改造融资不畅的问题，建立风险投资机制。为了增强企业的技术开发能力，使企业有能力承担巨额技术开发费用，要坚定不移地实施大企业战略，促进大企业建立技术开发中心。

（三）正确处理农村工业化与现有工业结构升级的关系。

改革开放以来，乡镇工业的发展对我国工业发展和经济增长做出了很大贡献。乡镇工业在发展之初，其技术主要来自城市的国有工业，产品在技术层次和行业分布上与城市国有工业大致相同。由于城市国有工业技术进步缓慢，不能通过产品结构调整实现技术升级，从而形成新兴的乡镇工业与已有的国有工业在同层次技术和产品领域内过度竞争的局面。这已成为近几年农村工业发展速度降低，农民收入增速减缓的重要原因。今后农村还将有 1.6 亿劳动力转入非农产业，其中相当部分要进入制造业。为解决重复建设、供大于求的问题，城市、农村工业必须分层发展，通过有序竞争，发挥各自优势，进入不同产业领域，各自占据不同层次的市场，形成新的分工体系。城市工业为农村工业让出一定的发展空间，也是建设小城镇、促进城市化水平提高的必要条件。

从产业结构升级的要求来看，农村工业和城市工业各有千秋。从总体上说，农村工业以及其他集体、民营经济的优势在于经营机制灵活、贴近市场、技术进步动力较强；城市工业（主要是国有企业）的优势在于技术及装备水平高，技术力量雄厚，管理经验丰富。从现实情况来看，乡镇集体企业步入高新技术产业者为数不少，但除合资企业外，技术、资金密集的产业如电子、汽车、机械、石化，占主导地位的仍是城市国有企业。应当建立起一种机制，使城市工业企业能够不断通过技术进步、产品结构调整来实现产业升级，为农村工业让出一定的发展空间。

目前各类集体、民营企业，从生产经营的领域来看大致可分为三类：第一，为数不多的高技术产品生产企业；第二，相当数量的有一定规模的生产家电等成熟产品的企业；第三，生产轻纺等劳动密集型的企业。应该从政策上扶植第一类企业，推广它们建立创新机制的经验；对第二类企业，应鼓励它们发挥规模优势，走产、学、研结合的道路，形成自己的技术开发能力，变数量型增长为创新型增长；对第三类企业，应从政策环境上鼓励它们加强技术改造，引进技术和资金，增强适应市场变化、调整产品结构的能力。

（四）正确处理以市场为基础和政府作用的关系。

此次结构调整和 70 年代末、80 年代末那两次经济调整相比，由于所处的经济发展阶段、经济体制环境都发生了重大变化，因此不仅调整的内容不同，而且调整的手段和机制也不同。此次调整要以市场为导向，以企业为主体，发挥市场对调整资源配置的基础性作用。政府的作用主要体现在：实施正确的宏观经济政策，保持经济适度快速增长，为经济结构调整提供较好的宏观经济环境；制定有关法律法规和政策，创造公平竞争的体制环境和市场环境，消除不合理的市场准入壁垒和退出障碍；改革投融资体制，促进资本市场发展，使国有企业和其他所有制企业一样成为自主决策、自负盈亏的投资主体，政府只审查企业投资是否符合国家法律法规、发展规划和宏观政策，不直接干预企业的投融资活动；建立健全社会保障制度，创造有利于结构调整的社会环境；对涉及国家安全、自然垄断、提供重要公共产品和服务等领域的结构调整进行必要的直接干预。

（本文是作者在中日经济知识界交流年会
　的演讲稿）

向更加宽裕的小康生活迈进

（2000 年 9 月 15 日）

把改善人民生活放在"十五"计划的突出位置，是《中共中央关于制定国民经济和社会发展第十个五个计划的建议》（以下简称《建议》）的一个显著特点。《建议》鲜明地提出：制定十五计划，要把发展作为主题，把结构调整作为主线，把改革开放和科技进步作为动力，把提高人民生活水平作为根本出发点。并且把改善人民生活作为发展经济和调整经济结构的归宿，单列一部分集中论述了"十五"时期提高城乡居民物质文化生活水平的目标、内容和政策措施。这体现了我们党全心全意为人民谋利益的根本宗旨和发展社会主义经济的根本目的，体现了江泽民总书记提出了"三个代表"的重要思想。

一、战略目标的重要组成部分

根据邓小平关于我国分步骤实现现代化的战略构想，我们党在 80 年代提出了三步走的发展战略：第一步，从 1981 年至 1990 年，国民生产总值翻一番，解决人民的温饱问题；第二步，从 1991 年到本世纪末，国民生产总值再翻一番，人民生活达到小康水平；第三步，到下世纪中叶，人均国民生产总值达到中等发达国家水平，人民生活比较富裕，基本实现现代化。从邓小平在 70 年代末到 80 年代中期多次谈到关于我国发展目标的战略构想，到党中央概括为"三步走"发展战略，都是把发展生产力的阶段性目标（国民生产总值翻一番、再翻一番，人均国民生产总值达到中等发达国家水平、基本实现现代化）和提高人民生活水平的阶段性目标（解决人民温饱问题、人民生活达到小康、人民生活比较富裕）紧密结合在一起提出的。这充分说明，提高人民生活水平的目标是发展战略目标的重要组成部分。它是经济总量增长的最终目的，也是经济和社会发展的基本动力。因为只有以不断改善人民物质文化生活为目的的经济和社会发展，只有全国人民清楚地看到随着经济发展，生活将不断改善的美好前景，并在实际生活中共享改革和发展的丰硕成果，才能激发起巨大的工作热情和主动创造精神。改革开放以来，我国经济高速增长，生产力水平迅速提高，其深厚的根基就在这里。

到 1995 年年底，我国已经提前 5 年实现了国民生产总值比 1980 年翻两番的目标。在此基础上，"九五"计划提出的到 2000 年实现人均国民生产总值比 1980 年翻两番的目标，也已经在 1997 年年底提前 3 年实现。邓小平在 1984 年 10 月的一次谈话中指出："我们的目标是，到本世纪末人均达到八百美元"，"实现这个目标意味着我们进入小康社会，把贫困的中国变成小康的中国。那时国民生产总值超过一万亿美元。"1999 年，我国国民生产总值为 80730 亿元，按同年人民币与美元的平均汇价（100 美元兑 827.83 人民币），约折合 9752 亿美元。按 1999 年年底全国人口 125909 万人平均，人均为 775 美元。如果 2000 年国民生产总值增长 7.5%，人民币对美元的平均汇价保持上年水平，我国国民生产总值按美元计算将达到 10483 亿美元。按 2000 年全国人口自然增长率 8.8‰计算，年底人口约为 127017 万人，人均约为 825 美元。（由于外商在华投资的产值增长较快，1986 年以来我国国内生产总值持续超过国民生产总值。1999 年国内生产总值为 82054 亿元，2000 年按增长 7.5% 计算，预计达到 8.8 万亿元，折合 10655 亿美元，人均 839 美元。）尽管 80 年代以来我国的国际国内经济环境发生了很大的变化，人民币对美元的平均汇价也由 1985 年的 100 美元兑 293.67 元人民币，变为 1999 年的 100 美元兑 827.83 元人民币，但是由于我国经济增长速度超过原来的预计，2000 年我国国民生产总值和国内生产总值按现在汇率计算均超过一万亿美元，人均均超过八百美元。按照邓小平确定的战略目标，这"意味着我们进入小康社会，把贫困的中国变成小康的中国。"也就是说，进入小康社会是从全国总体上说的。20 年间，我国在人口增加 2.83 亿人的情况下，人均国民生产总值翻了两番多，人民生活总体上达到小康水平，贫困人口由 2.5 亿减少到 2000 多万，这是人类历史上的一个奇迹。正如党的十五大报告所指出的："在中国这样一个十多亿人口的国度里，进入和建设小康社会，是一件有伟大意义的事情。"

二、建设小康社会是一个长期的过程

所谓小康，按照我国传统的解释就是温饱有余，富裕不足。可以说，小康是从温饱有余到比较富裕之间的一个发展阶段。我国从解决温饱到进入小康，是一个比较短的阶段，大体上只用了 10 年的时间；而从进入小康到实现比较富裕则是比较长的阶段，大体上需要用 30 年到 50 年的时间。小康阶段的主要特点是：（1）这个阶段的经济总量、人均收入、生活水平的跨度相当大。按照邓小平的战略构想，从人均 800 美元到人均 4000 美元、人民生活比较富裕、基本实现现代化之间的几十年的发展过程，总的讲都是处在小康阶段。这是一个从总体上实现小康（进入小康水平的下限），逐步向更高水平的小康前进，最后达到比较富裕的发展过程。因此，建设小康社会是一个长期的过程。小康社会本身也可以再分为若干小的阶段，从进入小康到小康生活更加宽裕就是其中的一段。从国际比较看，小康阶段大体相当于中等收入国家所处的阶段。达到人均800美元，相当于从低收入国家进入下中等收入国家，然后逐步发展，再进入上中等收入国家。（2）小康社会或小康生活是一个经济社会范畴。经济总量和人均收入的标准是综合性的标志，此外，还包括与人均收入相联系的一系列指标。国外衡量生活水平的指标主要有：居民家庭人均收入、恩格尔系数（居民食物消费支出占消费总支出的比重）、第三产业增加值占国内生产总值的比重、人均蛋白日摄入量、人均纤维消费量、人均居住面积、城乡交通通信状况、成人识字率、人均预期寿命等。90年代初，党中央、国务院根据我国国情，对2000年人民生活达到小康的基本要求作了概括的描述，主要包括人均收入增加，生活资料更加丰富，消费结构趋于合理，居住条件明显改善，文化生活进一步丰富，健康水平进一步提高，社会服务设施进一步完善等。（3）进入小康社会和人民生活总体上达到小康，是根据全国整体水平作出判断的，但是由于我国地区之间、城乡之间的经济发展很不平衡，人民生活水平的差距也相当大，因此，各个地区达到小康水平的时间实际上是有先有后的。东部沿海经济发达地区在全国总体水平达到小康之前已先后进入小康，而中西部一些经济落后地区在全国总体水平达到小康之后还处在温饱阶段，有的甚至还未摆脱贫困。一般说来，判断经济发展和人民生活的阶段性变化，主要根据是经济总量即国民生产总值和人均国民生产总值，因此是就全国总体水平而言的。现在讲人民生活总体上达到小康水平，也已经考虑到全国经济发展不平衡、一部分地区人民生活尚未达到小康的状况。尚未摆脱贫困和尚未达到小康的部分地区，在全国大力支持下，通过改革开放和发展，是可以尽快解决温饱，并早日进入小康的。

三、人民生活显著改善和当前存在的问题

在改革开放的强有力推动下，80年代和90年代是我国历史上经济发展最快的时期，也是人民生活改善最显著的时期。以下从实现第二步战略目标的90年代情况来看。

1. 城乡居民人均收入大幅度增加。这是反映城乡居民实际收入水平的综合性指标，能够直接和准确地反映城乡居民生活水平的变化状况。城镇居民家庭人均可支配收入1990年为1510元，1999年增加到5854元，按可比价格计算增长1.82倍；农民家庭人均纯收入1990年为686元，1999年增加到2210元，按可比价格计算增长1.52倍。居民金融资产大量增加：城乡居民储蓄存款余额，1990年年底为7119.8亿元，1999年年底增加到59622亿元，增长8.37倍；平均每人储蓄存款余额由623元增加到4735元。居民的债券、股票等其他金融资产也有大幅度增长。农村贫困人口逐年减少，1978年约有2.5亿人，1993年降为8000万人左右，预计到今年末，可减少到2400万人左右，基本实现"八七"扶贫攻坚目标。国外舆论认为，20年间使2亿多人口摆脱贫困，这是人类历史上前所未有的成就。

2. 居民消费水平显著提高，消费结构和生活质量明显改善。随着城乡居民收入大幅度增加，城镇居民家庭人均消费性支出1990年为1279元，1999年增加到4616元，农村居民家庭人均消费性支出1990年为585元，1999年增加到1577元。在居民消费支出中，食品、衣着等基本生活的支出比重下降，

住房、交通通信、医疗保健、文教娱乐等项支出的比重迅速上升。1995年到1999年，城镇居民消费的恩格尔系数由49.9%降到41.9%；农村居民消费的恩格尔系数由58.6%降到52.6%。城乡居住条件明显改善。城市居民人均居住面积由1990年的6.7平方米、1995年的8.1平方米增加到1999年的9.8平方米。农村人均住房面积由1990年的17.8平方米、1995年的21平方米，增加到1999年的24.4平方米，住房质量提高，钢筋混凝土结构住房的比重已占26.2%。交通通信条件大为改善。1999年年底，全国固定电话和移动电话用户分别达到1.1亿户和4324万户，电话普及率达到13%，其中城市为28.4%。农村通电话的行政村已占79.8%。生活环境有所改善，城市人均公共绿地面积由1990年的3.9平方米，增加到1999年的6.5平方米。

3. 人口素质和居民文化生活、医疗卫生水平不断提高。1999年学龄儿童入学率达到99.1%；每万人口在校大学生数由1990年的18人增加到32.8人。居民文化生活明显改善：1999年广播和电视综合人口覆盖率分别达90.4%和91.6%。城镇每百户有彩色电视机111.6台，农村每百户有电视机100.6台。群众性文化娱乐和体育健身活动广泛开展。医疗卫生条件不断改善，主要健康指标居发展中国家前列。人均预期寿命达到71—72岁。

4. 社会保障制度逐步建立。预计2000年年末全国城镇从业人员参加基本养老保险的人数可达到10300万人；参加基本医疗保险的人数可达5000万人。到1999年年底，全国已有667个城市和1682个县建立了城市居民最低生活保障制度。

90年代我国人民生活在总体上实现了从温饱到小康的历史性跨越。同时，也存在一些需要注意解决的问题。

一是近几年居民特别是农民收入增长减缓，城乡居民收入差距扩大。城乡居民收入之比，由 1997 年的 2.47 比 1（以农民收入为 1）扩大到 1999 年的 2.65 比 1。地区差距也在继续拉大，东、中、西部地区人均国内生产总值之比由 1995 年的 2.30 比 1.25 比 1（以西部地区为 1），扩大到 1999 年的 2.40 比 1.30 比 1。居民收入的差距也呈扩大趋势。据国家统计局在 1999 年第三季度对 15 万户城镇居民的调查：20% 的高收入户占有全部调查户收入的 42%，而 20% 的低收入户仅占 6.5%，高低收入的差距为 8 比 1。

二是劳动就业压力加大，失业人数增加。近几年由于经济增长速度减慢，以及改革深化、结构调整力度加大等原因，下岗和失业人员增加较多。1999 年年底未就业的下岗职工和失业人员约有 1600 万人，成为我国经济发展中的一个突出矛盾。

三是社会保障制度尚不完善。社会保障事业发展相对滞后，保障覆盖面不广，统筹层次低，社会保险资金来源渠道较窄，不少地区征缴困难，收缴率低，社会保险基金支撑能力差，与实际需要相比有较大缺口。同时，又面临人口老龄化的严峻挑战，社会保障的任务十分繁重。

四是基本公共服务供给不足。目前，义务教育、基本医疗、城市基础设施、环境保护、公共文化和公共安全等基本公共服务，不能满足居民日益增长的需要，公共服务质量较低，价格偏高，影响居民生活质量的提高。

五是生态环境有所恶化。经济发展过程中造成的环境污染尚未得到有效控制，河流、水源的污染相当严重，粉尘、酸雨污染大面积发生，水资源短缺和生活水质下降的矛盾突出。一些地方大气污染加重，空气质量恶化，生态破坏的范围扩大。

以上这些问题都是"十五"期间应当着力加以解决的。

四、"十五"改善人民生活的目标和要求

党的十五大提出的 21 世纪头十年的奋斗目标是："实现国民生产总值比 2000 年翻一番，使人民的小康生活更加宽裕，形成比较完善的社会主义市场经济体制。"《建议》提出"十五"的目标是城乡居民收入持续增加，物质文化生活有较大改善，并提出了七个方面的具体要求：（1）进一步提高城乡居民吃穿用消费水平，优化消费结构，增加服务性消费；（2）增加城乡居民居住面积，提高住房和环境质量；（3）大力发展公共交通，鼓励计算机、轿车进入家庭，提高电话普及率；（4）加强城乡公共设施建设，改善居民消费环境；（5）丰富居民文化生活，提高医疗保健水平；（6）重视安全生产，加强劳动保护；（7）建立良好的社会秩序，保障人民安居乐业。

努力实现这些要求，将使人民生活在总体上达到小康水平的基础上继续前进，为 2010 年实现更加宽裕的小康生活打下基础。与 90 年代从温饱到小康的要求有所不同，"十五"改善人民生活的要求具有以下新的特点。

一是反映进入小康阶段居民消费结构变化的趋势。要求在进一步提高城乡居民吃穿用消费水平的同时，优化消费结构，重点是提高住与行的消费水平和质量，增加服务性消费。人民生活进入小康阶段，也是居民消费结构升级的巨变时期，突出表现在居住消费的比重将明显上升。从国际的一般经验看，当恩格尔系数由 59% 降到 50% 时，居住消费支出由 7%—8% 上升到 11%—12%，前者继续下降到 40% 时，后者则上升到 15%—20%。我国城镇居民居住消费占消费性支出的比重，1995 年为 7%，1999 年上升到 9.8%（当年恩格尔系数为41.86%），比国际平均水平偏低约 8 个百分点。随着城镇居民

收入水平进一步提高和住房体制改革的深化，增加城镇居民居住面积，提高住房和环境质量，是大势所趋。改革以来农村居住消费占生活消费支出的比重一直高于城镇，1995 年为 13.1%，1999 年为 15.8%。"十五"期间农村主要是提高住房和环境质量。

消费结构升级的另一个重点是，提高交通通讯消费水平。《建议》强调要大力发展公共交通。这是从我国人口众多、东部地区特别是大中城市人口密度很大的国情出发的。《建议》还提出鼓励轿车进入家庭。这是适应进入小康社会的新情况而提出的。从国际一般经验看，人均国内生产总值达到 1000 美元时，汽车特别是经济型轿车开始进入家庭。1999 年我国已有 8 个省市人均国内生产总值超过 1000 美元，一些大城市已超过 2000 美元，已具备轿车进入家庭的基本条件。1995 年到 1999 年，全国轿车销售量中个人购买的比重由 11% 提高到 35%。轿车进入家庭已经悄然发生，今后随着居民收入和生活水平进一步提高，这个趋势还会更加明显。据国家信息中心测算，2000 年我国城镇人均可支配收入超过 3 万元的家庭约有 520 万户，农村家庭约有 180 万户，基本具备购车能力。预计到 2005 年将增加到 4200 万户。其中有一部分家庭实现购车，数量也是很可观的。因此，应当因势利导，把购车的潜在需求转化为现实的购买力。

我国一方面第三产业发展滞后，其占国内生产总值的比重自 1993 年以来一直在 32% 左右徘徊；另一方面在消费结构中服务性消费比重一直偏低，两个方面互相制约，互为因果。增加各种服务性消费，才能为第三产业开拓新的增长点。在全社会固定资产投资中，房地产投资占 15% 左右，住房建设的发展能够带动 50 多个相关行业发展。汽车也是对相关产业带动性很强的产业。以改善住、行和增加服务性消费为重点的消费结构升级，将为"十五"期间扩大内需、促进经济发展和产业结构升级提供强大的动力，从而使供给结构升级和消费结构升级相辅相成，互相促进。

《建议》把丰富居民文化生活，提高医疗保健水平，作为改善人民生活的一个重点提出来，也是反映进入小康阶段之后消费水平提高和消费结构变化的大趋势。城镇居民人均文化娱乐教育的支出占消费总支出的比重，1995年为8.8%，1999年为12.3%；农村居民从7.8%增加到10.67%。城镇居民医疗保健消费的比重1995年为3.1%，1999年为5.3%；农村居民从3.2%增加到4.4%。数字说明这两个方面消费比重是上升的。但是和大体处于相同收入阶段的国家相比又是偏低的，因此进一步提高的潜力很大，也是向更加宽裕的小康生活迈进的重要方面。

二是反映信息技术革命迅速发展条件下新的消费特点。信息革命和知识经济的发展，不仅带来新的产业革命，形成众多新兴产业，使传统产业的面貌根本改观，而且对消费结构和社会生活的各个方面，都产生巨大的影响。1999年我国已有计算机互联网用户700多万户，计算机装机超过1500万台，居民固定电话、移动电话用户发展也很迅速。《建议》提出鼓励计算机进入家庭，提高电话普及率，将进一步推动计算机和网络技术的普及，拓展居民的生活空间和消费方式，提高生活质量。

三是反映居民生活水平提高对加强公共设施建设和改善消费坏境的需求。由于居民收入和消费水平的提高，消费领域的拓宽，旅游、社区服务等第三产业的发展，居民的消费活动将更多地从家庭转向社会。公共消费和居民消费社会化都要求加强城乡公共设施建设，包括公路、铁路、港口、机场、电网、城市公共交通和煤气、自来水，以及文化、卫生、体育、市场、社区等各类公共设施的建设。改善消费环境是扩大消费需求、改善居民生活质量的重要条件。除了改善硬环境之外，还包括健全法制，加强市场监管，打击制售假冒伪劣商品行为，维护市场秩序和消费者合法权益等消费软环境的改善。

提高人民生活水平还有一个重要方面，就是安全。如果治安状况不好，交通、生产事故频繁，居民不仅生命财产安全会受到威胁，而且心理、精神会经常处于紧张状态，也就谈不上改善生活和提高生活质量。《建议》针对这些方面存在的问题，提出要重视安全生产，加强劳动保护。这就要求加强各方面管理，搞好防灾减灾工作，预防和控制导致人身伤害的各种事故发生。同时要大力加强社会治安综合治理工作，依法打击各类刑事犯罪活动，建立良好的社会秩序，保障人民安居乐业。这既是改善人民生活的重要保证，也是它的题中应有之义，因此是不可或缺的。

五、积极扩大就业，努力增加居民收入

改善生活、扩大消费的基础是增加收入。为实现"十五"改善人民生活的目标，必须在经济发展和提高效益的基础上，逐步增加居民收入，特别是增加农民和城镇低收入者的收入。要努力使城镇居民人均可支配收入和农民人均纯收入持续较快增长。这是向更加宽裕的小康生活迈进的关键环节。要形成住房、旅游、教育以及轿车等新的消费热点，其基本条件是大幅度的增加城乡居民收入。当前农民收入增长幅度下降是必须高度重视的问题。1996—1999 年农村居民家庭人均纯收入按可比价格计算分别比上年增长 9%、4.6%、4.3%、3.8%，呈逐年下降趋势。今年粮食大幅度减产，农民增收的形势更是不容乐观。这种状况不仅严重影响农民生活的改善，而且使农村

市场难以扩大，从而制约工业和整个国民经济的发展。增加农民收入，最重要的是进一步发展农业和农村经济。要大力引导农民调整农业生产结构，对农产品实行优质优价政策，促进农产品加工转化和增值，发展农业产业化经营，提高农业和农村经济整体效益。积极推进小城镇建设，加快乡镇企业发展，促进农村剩余劳动力和农村人口向非农产业和城镇转移。同时要加强对农业的支持和保护，加快推进农村税费改革，切实减轻农民负担。

积极扩大就业是增加居民收入的重要途径。"十五"期间就业形势比较严峻。"九五"末期1000多万下岗职工和失业人员将转入"十五"；随着深化改革和结构调整步伐加快，"十五"期间下岗职工还会增加，城镇新增劳动力和农村剩余劳动力向城镇转移也要求增加就业岗位。《建议》高度重视就业问题，指出："扩大就业是促进经济发展和维护社会稳定的重要保证，也是宏观调控的一项重要内容。"扩大就业，最重要的是要保持经济快速增长。根据历史经验和"十五"的情况，经济增长率要保持7%以上。如果经济增长率低于这个水平，就业的矛盾就会更加尖锐。用高新技术改造传统产业，发展高新技术产业，是产业结构优化升级和提高经济效益、增强竞争力的必然要求和大趋势。但是，我国人口众多，就业任务十分繁重，因此推进结构调整和升级也不能只顾一头，在发展资金技术密集型产业的同时，要进一步发展劳动密集型产业。产业结构、所有制结构的多样性，不仅是生产力水平多层次性的客观要求，也是中国人多、就业任务繁重的国情之必需。现在非国有经济已经成为吸收就业的主要渠道，要积极发展集体企业和个体私营企业，以及混合所有制企业，支持中小企业发展。发达国家第三产业从业人员占全社会从业人员60%以上，而我国1999年这一比例仅为26.9%，增加就业的潜力很大。

要大力发展就业容量大的各类第三产业，通过多种途径，增加更多的就业岗位。同时努力开拓国际市场，扩大劳务输出规模。规范和发展劳务中介组织和劳动力市场，完善就业服务体系，促进城乡劳动力的合理有序流动。加强职业培训，推行劳动预备制度，增加劳动者学习和培训时间，缓解就业压力。引导下岗职工和失业人员转变就业观念，继续实行鼓励自谋职业的优惠政策，形成市场导向、多种形式的就业机制。

增加居民收入除扩大就业之外，必须千方百计提高经济效益。每个企业和整个社会的经济效益越好，可分配的部分才能越大。要继续发挥市场机制对初次分配的调节作用，形成在经济发展基础上逐步提高居民收入的机制。努力增加财政收入，较大幅度地提高国家公职人员的工资待遇。同时规范社会分配秩序，强化国家税收对收入分配的调节功能。进一步完善社会保障制度，健全城镇职工基本养老和基本医疗保险以及失业保险制度。坚持和完善城市居民最低生活保障制度，逐步提高城市贫困人口救济补助标准。继续抓好扶贫攻坚工作，增加对贫困地区的财政转移支付，重点做好中西部的少数民族地区、革命老区、边疆地区和特困地区的扶贫工作。加强贫困地区的基础设施建设，从根本上改善贫困地区基本的生产和生活条件。

六、调整消费政策，改善消费环境

改善城乡居民生活，拓宽消费领域，促进消费结构升级，既取决于居民收入的增长，也有赖于深化改革和调整消费政策，改善消费环境。

要继续推进城镇住房制度改革，加快住房分配货币化进程，完善住房公积金制度。继续实行建设经济适用房的优惠政策，严格界定购房对象；建立政府住房基金，为低收入者提供廉租住房。现在住房市场需求不旺，主要是因为商品房价格太高。据统计，目前全国商品住宅价格平均每平方米 1900 多元，而城镇居民家庭平均年可支配收入约为 1.8 万元。一套中等水平住宅的市场价格与中等水平的居民家庭年收入之比约为 8 比1。据世界银行研究，发达国家房价与收入比一般在 1.8 比 1 至 5.5 比 1 之间，发展中国家一般在 4 比 1 至 6 比 1 之间。一般说来，当房价为年收入的 3 至 6 倍时，居民才有支付能力实现购房。目前房价居高不下的一个重要原因是住房建设项目收费过多过滥。据调查，房地产开发企业承担的各种收费约占房价的 15% 左右，涉及收费项目多达几十项。要使住房成为新的消费热点，必须大力整顿房地产拆迁收费和城市基础设施配套收费，把过高的房价降下来。要进一步放开和健全住宅二级市场，规范和发展中介机构，完善市场体系，充分开展竞争，限制房地产开发商过高的利润。银行要扩大住房信贷规模，简化手续，改进服务。同时加快建立居民个人信用评估体系，开发住房抵押债券，降低银行住房贷款的风险。

轿车作为高档消费品，在我国历来主要是公款和集团消费，其消费虽然一直受到抑制，但是弊端仍然很多。要调整汽车消费政策，鼓励汽车私人消费。各地应当清理废除对私人购买和拥有汽车所采取的限制性规定，取消各种不合理收费，破除保护本地汽车生产厂家利益的市场封锁和竞争障碍；积极培育发展汽车市场，鼓励二手车流通，为鼓励汽车进入家庭创造良好的市场环境和消费环境。从我国人多、石油资源不足需大量进口等国情和现阶段人均收入还比较低的实际出发，应当鼓励积极发展油耗、污染、占地较少，车价较低的小型车和微型车，并且抓紧研制电动汽车。

改善城乡居民消费环境，还应提高公共服务供给能力。要调整财政支出结构，增加政府对基本医疗、卫生防疫、义务教育、公共文化、公共安全等基本公共服务，以及救助社会脆弱群体方面的支出，增强公共服务的供给能力，并提高服务质量。大力发展城市公共交通，特大城市要加快地铁和轻轨建设，逐步形成比较完善的交通网络。加大农村道路的改造力度，改善农村交通条件，增加生产适合农民生产生活需要的机动车辆。加强旅游基础设施建设，加快中西部地区旅游资源的开发，提高旅游服务质量，为居民增加旅游消费服务。加强环境保护和治理。加快城市环境基础设施建设，大力开展植树种草，增加城镇人均绿地面积，提高国土森林覆盖率；加大农村环境保护和生态建设的力度，为城乡居民创造良好的生活环境。

（本文原载《〈中共中央关于制定国民经济和社会发展第十个五年计划的建议〉学习辅导讲座》，中央财经领导小组办公室主编，人民出版社 2000 年 10 月出版）

为实现第三步战略目标开好局

（2000 年 10 月 8 日）

进入新世纪，我国将开始实施第三步战略部署，进入全面建设小康社会，加快推进现代化建设的新阶段。第三步战略目标是到 21 世纪中叶，人均国民生产总值达到中等发达国家水平，人民生活比较富裕，基本实现现代化。国民经济和社会发展第十个五年计划（2001—2005 年），是实施第三步战略部署的第一个五年计划，也是社会主义市场经济体制初步建立后的第一个五年计划。制定好"十五"计划，对于巩固 20 多年来改革开放和发展的成果，在新世纪、新阶段开好局，为实现宏伟的第三步战略目标奠好基，具有重大的意义。中共十五届五中全会通过的关于制定"十五"计划的建议，是指导我国在新世纪初经济和社会发展的纲领性文件。《建议》强调指出："制定'十五'计划，要把发展作为主题，把结构调整作为主线，把改革开放和科技进步作为动力，把提高人民生活水平作为根本出发点。"这是制定"十五"计划，从而也是"十五"期间经济和社会发展的指导思想。

一、把发展作为主题的五年计划

以经济建设为中心，是党的基本路线的核心内容，是 1978 年 12 月党的十一届三中全会以来的基本实践。牢牢把握以经济建设为中心不动摇，紧紧抓住发展这个主题不放松，是20多年来我国经济和社会发展取得巨大成就的基本经验。强调"十五"计划要以发展为主题，抓住机遇，加快发展，既是坚持这条宝贵经验，也是进入新世纪的新形势和新任务的客观要求。

从国际局势看，以信息技术、生物技术为代表的科技革命正在迅猛发展，经济全球化趋势不断增强，国际产业结构调整和重组的步伐加快，国际竞争日趋激烈。美国由于在新的科技革命中明显领先，使本来在科技上、经济上已经占有的优势更加强化。面对这种形势，欧盟、日本等发达国家正在奋力加快信息产业等高技术产业的发展；我国周边的新兴工业化国家和地区也在急起直追。新技术革命对于我国这样的发展中国家，既是严峻的挑战，也是难得的机遇。历史和现实一再告诉我们：处在科学技术发生突变的历史关头，落后一步就可能落后许多步，就可能同科技、经济大发展的机遇失之交臂。另一方面，严峻挑战本身就蕴含着机遇。当前新技术革命也为后来者提供了赶上领先者的机会。毕竟发达国家在这一次新技术革命中领先的时间还不长，而且信息、生物等领域的高技术又正处在急速发展的过程中，使得发展中国家有可能利用"后发优势"实现技术的跨越式发展。对于这种机遇和挑战，我们要增强紧迫感和忧患意识。要积极进取，抓住机遇，加快发展，决不能因循守旧，丧失发展机遇。否则就会进一步拉大同发达国家的差距。

从国内形势看，"十五"期间是深化改革、扩大开放和保持国民经济持续快速健康发展的重要时期。国有企业改革处在攻坚阶段，经济结构战略性调整进入关键时期，随着我国加入世贸组织将面临新的挑战，几个方面的繁重任务交织在一起，要求我们必须始终抓住发展这个解决前进中各种问题的关键。

推进改革开放和结构调整的目的，是为了更快更好的发展，而要解决改革开放和结构调整中遇到的种种矛盾和困难，也要靠发展。扩大就业，健全社会保障制度，改善人民物质文化生活，增强综合国力等等，归根到底都要靠发展。党的十五大提出的21世纪头十年的发展目标，是实现国民生产总值比2000年翻一番，即年均经济增长率达到7.2%。"十五"期间在结构优化、效益提高的基础上实现7%以上的年均增长速度，是必要的，也是可能的。经过建国51年来的建设特别是改革开放22年来的快速发展，我国已经具有比较雄厚的物质技术基础，人民生活总体上达到小康水平，综合国力显著增强，经济总量居于世界第七位。我国人力资源丰富，国内市场广阔，资金积累潜力巨大，经过长期实践和探索已经形成一整套符合中国国情的正确的路线、方针和政策，初步建立了能够促进生产力发展的社会主义市场经济体制和全方位对外开放的格局。只要充分利用这些有利条件，化解不利因素，我国就完全可能在"十五"期间乃至更长时期保持经济持续快速健康发展。总之，国际上的挑战和机遇，国内的形势和任务，都要求"十五"计划以发展为主题，成为抓住机遇，加快推进经济和社会发展的计划。

二、把结构调整作为主线的五年计划

把结构调整作为"十五"计划的主线，抓住了我国经济发展的主要矛盾，抓住了加快经济发展的关键。经济结构是随着科学技术、分工社会化、生产力水平以及社会需求等的发展变化而不断调整变化的。我国现在提出的对经济结构进行战略性调整，不仅具有优化资源配置的一般意义，而且具有特殊的背景和意义。

　　一是我国已经基本结束商品短缺状况，特别是前些年严重的低水平重复建设造成了一般工业产品大量过剩，生产能力三分之一以上未得到利用，而适应国内产业和消费结构升级需要的不少产品又生产不出来或供给不足。结构性矛盾是近几年我国市场供大于求并导致经济增长速度减缓的重要原因。我国经济已经到了不调整结构就难以继续快速发展的阶段。只有调整生产供给结构，才能扩大内需，拓展经济增长的空间。我国以往几次经济调整都是在短缺经济条件下，以控制需求和发展瓶颈部门作为调整的方向。当前这次结构调整则是在大多数商品供过于求的情况下，主要任务是结构优化和升级，以开拓市场、扩大需求，促进经济增长。因此，不是以往那种在经济过热之后减缓速度的调整，而是以促进发展、加快发展为目的的调整。要在发展中推进经济结构调整，在经济结构调整中保持快速发展。

　　二是国际上新的科技革命突飞猛进，信息技术和信息产业高速发展，正在引发一场新的产业革命，既形成众多的新兴产业，又使传统产业的面貌根本改观。这种大背景一方面使我国加快结构调整的任务更为紧迫；另一方面也赋予这一轮结构调整新的内涵。因此这次结构调整不是一般意义上的适应性调整，而是由新技术革命带动的、以提高国民经济整体素质和竞争力为目标的调整。既要大力发展电子信息、生物工程和新材料等高新技术产业，加快现代服务业发展，形成新的经济增长点，又要用高新技术加快改造传统产业，把工业化和信息化结合起来，以信息化带动工业化，推动工业结构、农业结构、服务业结构和整个经济结构优化升级，全面提高我国经济的效益和竞争力。

　　三是随着我国加入世贸组织将进一步开放国内市场，对外商实行国民待遇，这将使我国企业在国内市场也面临更为激烈的国际竞争。我国许多行业当前存在的企业组织结构不合理，"大而全"、"小而全"，分工专业化水平低，竞争力差等问题在新形势下将进一步暴露。如不加快结构调整，将难以生存，更谈不上发展。因此"十五"期间的结构调整，对于许多行业的企业，是背水一战、关系存亡的调整，是在加入世贸组织后过渡期内必须取得成效的调整。

四是对经济结构进行战略性调整，不是局部的调整，而是包括产业结构、地区结构、城乡结构和所有制结构在内的全面调整。我国经济结构存在的问题，除了表现在工业结构、农业结构、服务业结构的问题外，还突出表现在以下方面：（1）一、二、三产业的大结构不合理。第一产业1999年在国内生产总值中占17.3%，而从业人员占全社会从业人员的比重为50.1%；第二产业的产值比重居高不下，1999年占49.7%，其中工业占43.1%（1978年第二产业和其中的工业分别占48.2%和44.3%）；第三产业1999年产值比重为32.9%，就业比重为26.9%，而发达国家这两个比重一般在60%以上，发展中国家一般也在40%以上。（2）地区发展不协调。东、中、西部地区差距呈扩大趋势。人均国内生产总值之比由1995年的2.3比1.25比1（以西部地区为1），扩大到1999年的2.4比1.3比1。（3）城市化水平低。1999年年底城镇人口为38892万人，占总人口的30.9%，乡村人口87017万人，占总人口的69.1%。城市化水平比世界平均水平低12个百分点，比我国非农产业从业人员的比重也低近20个百分点。（4）在所有制结构方面，国有经济分布领域过宽，力量分散；多元投资主体的混合所有制企业比重不高；对非国有经济的准入限制太多。对以上几个方面的结构进行调整，是互相联系的。加快发展第三产业，提高第三产业的产值比重和就业比重，就有赖于西部大开发和城镇化两大战略的实施；而加快中西部地区发展，提高城镇化水平，才能进一步开拓国内市场，为产业结构调整、升级和全国经济的持续增长创造条件。调整优化产业结构、地区结构、城乡结构又都同进一步调整和完善所有制结构有密切关系。

总之，适应新世纪、新阶段、新形势的要求，对经济结构进行全面的战略性调整，是保持国民经济持续快速健康发展，提高经济整体素质和竞争力的关键，是关系经济全局和长远发展的大事，应当成为"十五"计划的主线，贯穿在五年计划的各个方面。

三、把改革开放和科技进步作为动力的五年计划

《建议》指出，制定"十五"计划，要把改革开放和科技进步作为动力。又指出，推动经济发展和结构调整必须依靠体制创新和科技创新。这两个提法的角度不同，精神是完全一致的："十五"计划要成为大力推进体制创新，深化改革，扩大开放的计划；要成为切实贯彻科教兴国战略，充分发挥科学技术作为第一生产力的作用，推进科技创新和科技、教育大发展的计划。

改革是我国 20 多年来经济高速增长的基本动力。现在社会主义市场经济体制虽然已经初步建立，但是还很不完善，影响生产力发展的体制性障碍仍然不少。推进经济结构的战略性调整，促进经济持续快速健康发展，归根到底还要靠深化改革。一是推进国有大中型企业的股份制改革，建立规范的现代企业制度，健全企业法人治理结构；加快国有经济布局的战略性调整；进一步放开搞活国有中小企业。二是继续调整和完善所有制结构。生产力水平的多层次性要求所有制结构的多样性。公有制为主体、多种所有制经济共同发展是我国的基本经

济制度。非公有制经济是社会主义市场经济的重要组成部分。应当进一步发展个体私营等非公有制经济和混合所有制经济。三是进一步开放市场，放开价格，打破部门、行业垄断和地区封锁。继续发展商品市场，重点发展资本市场等要素市场，充分发挥市场在资源配置和结构调整中的基础性作用。四是深化财税、金融、计划、投融资等体制改革，完善宏观调控体系，进一步发挥价格、税收、利率、汇率等经济杠杆的作用，引导和促进经济结构调整，保证经济稳定增长。

对外开放在过去 20 年经济发展中发挥了巨大作用。1999 年进出口总额占国内生产总值 36.3%，其中出口占 19.7%。1979—1999 年累计利用外资 4595.6 亿美元，其中外商直接投资 3059 亿美元。1999 年利用外资 526 亿美元，外商直接投资 403 亿美元，分别占全社会固定资产投资的 14.6% 和 11%。对外开放利用了国外的市场和资源，引进了先进技术、设备和管理经验，极大地促进了改革和发展。"十五"期间，随着我国加入世贸组织，对外开放将进入新的阶段。"入世"对我国有利有弊，总的讲是利大于弊。但是这还要取决于搞好改革、结构调整和各方面工作。如果坐等观望，工作搞得不好，就可能是弊大于利。因此一定要充分利用过渡期的有限时间，抓紧做好各方面工作，力争把不利的影响缩小到最低程度。要以"入世"为契机，进一步扩大对外贸易和利用外资。有步骤地推进银行、保险、电信、外贸、内贸、旅游等服务领域的开放，同时拓宽利用外资的形式，包括吸引外商通过收购、兼并、投资基金和证券投资等多种方式，参与国有企业的改组改造和进行中长期投资。在"引进来"的同时，还要实施"走出去"战略，鼓励支持有条件的国内企业到境外开展加工贸易或开发资源。

创新是一个民族进步的灵魂。当今开创生产力发展新纪元的信息革命就是创新的成果。科技创新与科技进步是推动经济和社会发展的强大动力，是增强综合国力的决定性因素。21世纪将是创新的世纪，科技创新和其他方面的创新将层出不穷。发达国家的优势不仅在于它的经济总量大、人均收入高，更在于科技创新领先，发展后劲强大。一切科技创新都是人干出来的，科技优势的基础在于人才的优势。现在的国际竞争，说到底是人才的竞争。当前，发达国家之间正在进行一场信息人才和其他高科技人才的争夺战。谁拥有科技创新的顶尖人才，谁就能占领科技的制高点，谁就能在激烈的竞争中超过别人。《建议》把发展科技教育和培养、吸引和用好人才放在特别突出的位置，并提出了相应的政策措施，正是反映了当今时代的特点和要求，反映了对科技、人才在经济和社会发展中决定性作用的高度重视。

发展科技、教育，最重要的是实施正确的战略和政策，改革体制，增加投入。要促进科技创新，实现技术的跨越式发展，必须按照有所为、有所不为的方针，集中力量在信息技术、生物技术、先进制造技术、航空航天技术等关键领域取得突破，促进高技术成果实现产业化；在传统产业的一些重点领域，加快开发能够推动结构升级的共性技术、关键技术和配套技术，提升产业技术水平；加强基础研究和应用基础研究，提高科技持续创新能力。发展教育，要面向现代化、面向世界、面向未来，走改革和创新之路；在普遍提高全社会劳动者素质的同时，建设一支宏大的、高素质的人才队伍。要进一步推进科技、教育体制改革，营造促进科技创新和用好人才、吸引人才的体制环境、政策环境和社会环境。在经济发展的基础上，国家和全社会要较大幅度地增加对科技、教育的投入，以加快科技教育的发展。

四、把提高人民生活水平作为根本出发点的五年计划

把不断提高城乡居民的物质和文化生活水平，作为发展经济的出发点和归宿，体现了发展社会主义经济的根本目的，体现了邓小平理论和江泽民总书记提出的"三个代表"的重要思想。80 年代邓小平和党中央提出我国现代化建设"三步走"的战略，每一走都是把发展生产力的阶段性目标和改善人民生活的阶段性目标紧密结合在一起提出的。第一步是解决人民的温饱问题，第二步是人民生活达到小康水平，第三步是人民生活比较富裕。邓小平在 1984 年 10 月曾经指出："我们的目标是，到本世纪末人均达到八百美元"，"实现这个目标意味着我们进入小康社会，把贫困的中国变成小康的中国。那时国民生产总值超过一万亿美元"。预计今年我国国民生产总值按现行汇率折算将超过一万亿美元，按年末约 12.7 亿人口平均，人均约 825 美元。人民生活总体上达到了小康水平，实现了第二步战略目标。党的十五大提出到 2010 年的奋斗目标是国民生产总值比 2000 年翻一番，使人民的小康生活更加宽裕。"十五"期间改善人民生活，要在总体上达到小康水平的基础上，进一步增加城乡居民收入，使物质文化生活有较大改善，优化消费结构，增加服务性消费，增加住房面积，改善交通通信条件和消费环境，为 2010 年实现更加宽裕的小康生活打下基础。

改善人民生活的主要措施，一是在经济发展和提高效益的基础上逐步增加居民收入特别是增加农民和城镇低收入者的收入。增加收入是改善生活的基础，是向更加宽裕的小康生活迈进的关键环节。要努力使城镇居民人均可支配收入和农民人均纯收入持续较快增长。二是积极扩大就业。这是增加居民收入

的基本途径。"十五"期间就业形势比较严峻,为了缓解就业矛盾,经济增长率要保持在7%以上。要重视发展劳动密集型产业和就业容量大的第三产业,进一步发展已经成为吸收就业主要渠道的非国有经济,支持中小企业发展,通过多种途径,增加更多的就业岗位。同时要引导人们转变就业观念,鼓励下岗职工和失业人员自谋职业,形成市场导向、多渠道、多形式的就业机制。三是深化分配制度改革,鼓励资本、技术等生产要素参与分配,健全收入分配的激励和约束机制,进一步发挥市场机制对收入分配的调节作用;同时规范分配秩序,强化国家税收对收入分配的调节功能,防止个人收入差距过分扩大。四是进一步完善社会保障制度,健全城镇职工基本养老保险和基本医疗保险制度,以及失业保险制度。加强和完善城市居民最低生活保障制度。继续做好农村扶贫工作,巩固扶贫成果,使至今尚未摆脱贫困的2000多万人尽快解决温饱。五是要调整消费政策,改善居民消费环境。继续推进城镇住房制度改革,大力整顿房地产拆迁收费和城市基础设施配套收费,把过高的房价降下来,使住房进一步成为新的消费热点。在大力发展公共交通的同时,鼓励轿车进入家庭。应当取消对私人购买和拥有汽车的限制性规定,以及各种不合理收费,破除市场封锁和竞争障碍,积极发展汽车市场,为汽车的私人消费创造良好的市场环境和消费环境。从我国人口众多、石油资源不足等国情出发,应当鼓励发展油耗、污染、占地较少,车价较低的小型轿车和微型轿车,并且抓紧研制电动汽车。与此同时,要调整财政支出结构,增加政府对基本医疗、卫生防疫、义务教育、公共文化、公共安全等基本公共服务,以及救助社会脆弱群体方面的支出,增强公共服务的供给能力,并提高服务质量。

　　实施可持续发展战略,正确处理人口、经济增长同保护资

源、环境、生态的关系，既是关系中华民族生存和发展的长远
大计，也是实现"十五"计划目标和任务的基本条件；既关
系经济持续增长，也关系人民生活不断改善。我国人口众多，
人均资源不足，在经济高速发展中，对资源的消耗又迅速增
加，水、石油等重要资源的供需矛盾日趋尖锐。现在多数城市
面临水资源短缺和水质下降的威胁。预计今年我国将进口
7000多万吨石油，今后还将继续增加。同时，环境和生态恶
化的趋势尚未得到有效控制。因此，"十五"期间要继续严格
控制人口增长，千方百计节约和保护资源，大力加强生态建
设，加大环境保护和治理的力度。"十五"计划也将是贯彻可
持续发展战略的计划，经济和社会协调发展的计划。

（本文原载《瞭望》周刊 2000 年第 42 期）

走向新世纪的中国经济

（2000 年 12 月 8 日）

问：经过二十年的改革开放，我国取得了举世瞩目的快速发展，综合国力得以极大增强，国民素质显著提高。在新世纪的起跑线上我国处于什么地位？有利和不利的因素是什么？

答：即将过去的 20 世纪，我国发生了两个历史性巨变：前 50 年从半殖民地半封建的旧中国变为独立的、人民当家做主的新中国；后 50 年从贫困的中国变为小康的中国。现在我国经济总量居于世界第七位，钢、煤、粮食、肉类、棉花等工农业重要产品产量位于世界前列，包括经济、科技、国防等实力和民族凝聚力在内的综合国力，已今非昔比，是世界多极化趋势中正在发展的重要力量。但是，我国还是一个发展中国家，经济总量按现行汇率计算仅占全世界的 3.4% 左右。全球人均国民生产总值为 4890 美元，中等收入国家人均为 2950 美元，我国仅为 800 多美元，位居世界后列。因此，发展任重道远。

进入新世纪，我国要继续保持经济快速增长，加快推进工业化、信息化、现代化。有利条件主要是：世界正在蓬勃发展的新科技革命、经济全球化趋势和产业结构重组浪潮，对我们既是严峻的挑战，也是难得的机遇，有利于我国扩大对外开放，进一步利用国外技术、资金和市场，加快传统产业改组改造，并发挥“后发”优势，实现技术的跨越式发展。从国内看，经过半个世纪的建设、特别是改革开放以来的快速发展，我国已具有比较雄厚的物质技术基础；人民生活总体上达到小康，国内市场的拓展潜力巨大；人力资源极为丰富，劳动力成本较低；居民储蓄率高，内部资金积累和引进外资的前景很好；经过长期实践和探索已形成一整套符合我国国情的正确路线、方针和政策；初步建立了能够促进生产力发展的社会主义市场经济体制和对外开放格局。不利的制约因素主要是：国际上威胁世界和平与稳定的霸权主义和强权政治仍然存在；国际经济发展存在着诸多不确定的因素；从国内看，我国经济、科技发展的整体水平还比较低；经济结构不合理的问题突出，国民经济整体素质和效益不高的状况，同我国加入 WTO 以及国际竞争日趋激烈的新形势之间存在着很大的矛盾；解决城镇就业和城乡二元结构、增加农民收入的任务十分艰巨；人口增长、经济发展对资源、环境、生态保护形成巨大压力；经济体制改革和其他方面体制改革还没有到位，束缚生产力发展的体制障碍仍然不少，等等。我们要顺利实施第三步战略部署，就要善于抓住机遇，勇于迎接挑战，充分利用有利条件，克服或缓解不利因素。

问：从国际背景看，和平与发展仍然是新世纪的主题。同时，经济全球化趋势会大大增强，发达国家在经济上科技上占优势的压力、霸权主义和强权政治的压力将长期存在。我们如何利用或者创造适合我国发展的国际环境？

答：国际环境取决于众多因素，创造并维护和平、稳定、繁荣、发展的良好国际环境，符合全世界人民和各个国家的根本利益，也是各国共同的义务。我国坚持奉行独立自主的和平外交政策，是维护世界和平和地区稳定的坚定力量。我国越发展，对维护世界和平与稳定的贡献和作用也越大。充分利用适合我国发展的国际环境，最重要是要抓住世纪之交的历史机遇，特别是新科技革命带来的难得机遇，加快我国的科技进步、结构调整和经济发展。要以我国加入 WTO 为契机，进一步扩大对外开放，使我国经济在更大范围内和更深程度上融入世界经济体系，更好地促进国内改革和发展。与此同时，也要十分注意防范国际范围可能发生的金融风波对我国的冲击，维护我国的经济安全。

问：如果说将要过去的世纪经济竞争是资源的竞争、资金的竞争的话，那么下世纪经济竞争的关键是什么？如何加强我国的科技工作？

答：科学技术是第一生产力，人才是最宝贵的资源，21世纪经济竞争胜负的关键在于科技和人才，这已越来越成为人们的共识。我国在这个方面同发达国家的差距还很大。从科技投入来看，1999 年我国研究与开发经费占 GDP 的比重虽然提高到 0.83%，但比美国的 2.5%，日本的 2.9%，德国、法国的 2.4%，英国的 2.2%（均为前些年的数字）都低得多。世界上大跨国公司 R&D 投入也大的惊人，一般占其年营业额的 5% 以上，我国企业更难以与之相比。加快发展我国科技、教育，最重要的是实施正确的战略和政策，进一步推进改革，创造有利于科技进步与创新和培养、吸引、用好人才的新体制、新机制，同时通过多种渠道，持续地较大幅度地增加对科技、教育的投入。

问：西部开发在我国新世纪经济发展战略中处于什么位置？是否可以说西部开发的成功与否一定程度上决定着下世纪我国经济的发展速度？

答：西部开发在我国新世纪经济发展战略中占有十分重要的位置，因为它是我国实施第三步战略部署的重要组成部分。西部地区如果把内蒙古和广西包括在内，面积占全国的71.3%，幅员广阔，自然资源丰富，但由于地理、历史等多种原因，经济发展水平较低。改革开放以来，西部地区经济也有很大发展，但同东部、中部地区发展水平的差距有所扩大。目前西部地区人均国内生产总值按现行汇率计算约为500美元，比全国平均水平低300多美元。共同富裕是社会主义的本质特征，是社会主义现代化的目的和题中应有之义。加快西部开发和发展，才能逐步缩小地区差距，最终实现共同富裕。西部开发不仅可以加快西部自身的发展，而且将为东部、中部发展提供新的空间和条件，从而促进全国的经济发展。但其意义远不止在于关系全国的发展速度，从更高层面看，西部开发成功与否，直接关系我国第三步战略目标能否如期实现。因为很难设想，西部地区仍处于落后状态，全国能实现现代化！西部开发还有重要的政治、社会意义。我国少数民族人口80%左右在西部地区，陆地边境线80%以上也在西部，加快西部开发和发展，有利于增强民族团结，巩固边防，提高整个中华民族的凝聚力。因此，从战略上看，从全局、长远利益上看，西部开发的意义怎么估计也不为过。

问：到2010年国内生产总值比2000年翻一番意味着什么？是否可以说我国进入小康社会的标志？

答：这要从什么是小康社会说起。邓小平在1984年10月的一次讲话中指出："我们的目标是，到本世纪末人均达到八百美元"，"实现这个目标意味着我们进入小康社会，把贫困的中国变为小康的中国。那时国民生产总值将超过一万亿美元"。到今年底，我国国民生产总值按现行汇率计算已经超过1万亿美元，人均超过800美元。因此，这意味着我们进入小康社会。按照我国传统的解释，小康是温饱有余，富裕不足。可以说，小康是从温饱有余到比较富裕之间的一个发展阶段。也就是说，小康阶段经济总量、人均收入、生活水平的跨度相当大。按照邓小平的战略构想，从人均800美元到人均4000

美元、人民生活比较富裕、基本实现现代化之间的几十年的发展过程，总的讲都是处在小康阶段。这是一个从总体上实现小康（进入小康水平的下限），逐步向更高水平的小康前进，最后达到比较富裕的发展过程。从国际比较看，小康阶段大体相当于中等收入国家所处的阶段。人均达到 800 美元，相当于从低收入国家进入下中等收入国家，然后逐步发展，进入上中等收入国家。因此，建设小康社会是一个长期的过程。小康社会本身也可以再分为若干小的阶段。到 2010 年，我国国民生产总值比 2000 年翻一番，约为 2.1 万亿美元（按 1999 年平均汇价计算），人均约为 1500 美元。那时，从全国总体上看，人民生活可以实现更加宽裕的小康。从进入小康到更加宽裕的小康，是建设小康社会的一个重要阶段。

问：实施可持续发展战略，是关系中华民族生存和发展的长远大计。新世纪我国在经济建设中如何保持可持续发展战略？

答：可持续发展，就是能长期延续的发展。国际社会提出这个理念，是因为经济的快速发展对自然资源和生态环境造成了严重破坏。据美国世界观察研究所莱斯特·布朗的研究，全世界制造业与服务业的产值，从 1950 年的 5 万亿美元增长到 1997 年的 29 万亿美元，增长了近 6 倍。而从 1950 年至 1997 年，全球木材使用量增加了 3 倍，纸张消耗量增加了 6 倍，鱼捕捞量增加了 5 倍，谷物消费量增加了 3 倍，石化原料燃烧量增加了 4 倍。至于空气、水的污染，更是不知道增加了多少倍。布朗指出："不幸的事实是，经济增长仍在全世界继续着，但是经济赖以增长的自然生态环境，不但不能增长，并且有自然的极限。"70 年代以来，国际社会为了缓解人口增长、经济发展同自然资源、生态环境之间的这种紧张关系，不断呼吁：今天的人类不应以牺牲今后几代人的幸福而满足其需要。

发展，应是在不损害未来世代满足其发展要求的资源基础的前提下的发展。

我国在 90 年代把可持续发展确定为国家发展战略，并不断加以强调，近几年结合实施积极财政政策和西部开发战略，显著加强了环境和生态建设，已取得初步成效。但是总的看来，这个方面存在的问题仍然相当严重，形势严峻，任务艰巨。进入新世纪，应将实施可持续发展战略贯穿在国家"十五"计划的各个方面，并综合运用法律、经济、行政等手段加大实施力度，切实转变经济增长方式。特别要强调的是，应当树立新的发展观。现在普遍用国内生产总值（GDP）作为衡量各个国家乃至一国内各个地区经济实力最重要的指标，但是往往忽略了这个指标的缺点。从 GDP 总量和增长率中既看不到它的构成，更看不出它的代价。日本政府在 70 年代曾作过测算：当时日本 GDP 年增长 8.5%，如果扣除水、空气、垃圾等超标准污染所需的治理经费，则只有 5.8%。印尼从 1971年至 1984 年 GDP 年均增长 7.1%，但如果将经济增长造成的石油、木材等自然资源的耗损，以及因伐木引起的土壤流失等作为成本加以扣除，经济增长率只有 4%。我国也有不少这样的事例：有些工厂对 GDP 增长的贡献甚至补偿不了后来治理污染、恢复被破坏的生态环境所需的费用。这样的经济增长，并不是真正的发展。新的发展观追求的是以人为本的全面发展，既包括经济发展，也包括社会发展，既发展物质文明，又发展精神文明和制度文明；经济增长主要依靠科技进步与创新和提高人的素质，不仅要满足当代人的物质、精神生活的需要，而且要保护自然资源和生态环境，保护后代人生存发展的基础。按照这样的发展观，才能切实贯彻可持续发展战略。

问：请从宏观上描绘一下新世纪我国经济要经历的几个发展时期。

答：党的十五大报告对 21 世纪前 50 年我国的发展目标和进程已作了描绘：（1）21 世纪头 10 年实现国民生产总值比 2000 年翻一番，使人民的小康生活更加宽裕，形成比较完善的社会主义市场经济体制。（2）第 2 个 10 年，使国民经济更加发展，各项制度更加完善。（3）到 21 世纪中叶，新中国成立 100 周年时，基本实现现代化，人民生活比较富裕，建成富强民主文明的社会主义国家。从过去 50 年特别是改革开放以来 22 年的历史看，未来 10 年、20 年、50 年，中国经济将有更大更好的发展，是肯定无疑的。

（本文是作者接受《中国改革报》记者姚小刚专访准备的谈话稿，部分内容原载《中国改革报》2000 年 12 月 13 日）

继续扩大内需，促进经济良性循环

（2001 年 1 月 28 日）

2000 年，我国经济运行出现了重要转机，在出口大幅度增长和投资、消费增幅回升的共同带动下，经济增长加快，效益明显改善，经济形势是近几年最好的。既然如此，为什么还要坚持扩大内需的方针，还要继续实施积极的财政政策呢？

我国是一个有 12 多亿人口的大国，国内市场极为广阔，不论从满足需要看，还是从拉动经济增长看，内需都是基本的、主要的；经济发展要立足于国内需求。这同要千方百计扩大出口并不矛盾。进出口贸易可以利用国际分工获得比较效益，从而更好地满足国内需要，并促进经济发展。何况在生产能力和产品相对过剩的情况下，开动内需和外需两个发动机，比只开动一个发动机对经济发展的拉动力大。还要看到，我国是一个发展中国家，经济、社会发展和人民生活的总体水平还很低，今后几十年经济、科技、教育以及其他各项事业都将有很大的发展，推进城市化，建设城乡各种基础设施，满足全国居民不断增长的物质、文化生活需要，都会创造出巨大的国内需求。从长期看，我国内需总是不断扩大的。因此，扩大内需是必须长期坚持的战略方针。坚持扩大内需，实质上就是坚持发展。当然，从社会总需求和总供给的关系看，从短期宏观调控看，如果出现经济过热和通货膨胀，那时也需要采取抑制需求的宏观经济政策，以扭转总需求膨胀的状况。这同把扩大内需作为长期战略方针，是从不同角度讲的，两者并不互相矛盾。

为了巩固和发展 2000 年以来经济发展的良好态势，促进经济进一步走向良性循环，2001 年应当继续实行近几年行之有效的扩大内需方针和积极的财政政策。1998 年以来，我国实施积极的财政政策，成效是显著的，不仅用国债资金及其带动的配套资金，建设了一大批重大基础设施项目，办成了加固长江堤防等一些多年想办而未办成的大事，而且带动了需求回升、经济增长和效益改善，财政收入也随之显著增长。全国税收 1999 年比 1998 年增收 1568 亿元，2000 年又比 1999 年增收 2348 亿元，其中三分之二是同经济增长和企业效益回升有关的增值税、企业所得税、海关代征关税等的增收。这再次证明，经济是财政的基础，经济发展了，财政收入才能充裕。在一定条件下，完全可以实现增发国债、扩大投资需求和经济增长财政收入增加的良性循环。

从经济发展的要求看，2001 年国债投资保持 2000 年的规模是必要的。主要是因为：（1）三年来国债投资项目总投资规模约 2.4 万亿元，到 2000 年年底累计完成投资约 1.51 万亿元，占项目总投资的 63%。目前大部分在建项目正处在竣工收尾阶段，需要国债资金后续投入，并带动地方、部门、企业配套资金和银行贷款的投入，才能保证如期竣工投产，尽快发挥效益。（2）实施西部大开发战略，建设西电东送、西气东输、青藏铁路等重大项目，也需要国债资金投入。过去的两年间财政收入虽然增幅较大，但财政支出刚性很强，2001 年要确保的重点支出也增加较多，新增财政收入需用于经常性支出的增长；新增的建设性支出还要依靠国债投资。（3）从 2001 年宏观经济形势看，国债投资力度也不宜减弱。撤了这把火，经济景气的正常温度还可能再次下降。从需求方面分析：2001

年世界经济和国际贸易增长前景依然看好，但增幅预计低于2000年。我国2000年出口强劲增长，基数显著上升，2001年出口增幅将会下降，净出口经济增长的贡献将比2000年减弱。国内消费需求在2000年增长基数较高的基础上，2001年受农民收入增长较为缓慢等因素的影响，也难有较大幅度增长。2000年全社会固定资产投资比1999年增长9.3%，增幅提高4.1个百分点，但这同2000年1500亿元国债投资的带动是分不开的。如果2001年为实现经济增长的预期目标，全社会固定资产投资预期增长10%左右，那么国债投资保持与2000年相同的规模，是完全必要的。

促进政府投资以外的社会投资的增长，是扩大全社会投资需求的重要方面。2000年社会投资虽然有所回升，但增幅不大。要逐步改变近几年政府投资主导推动投资增长的状况，形成今后国债投资停止后社会投资仍有力量带动经济增长的局面。为此必须切实采取多方面措施促进社会投资增长。应尽快落实放宽非国有经济投资准入领域的政策，降低一些行业的进入门槛；取消限制社会投资的不合理规定。同时，加强对中小企业的金融支持，解决中小企业融资难的问题。

扩大消费需求是扩大内需的重要方面。2000年消费需求明显回升，但是2001年制约消费需求增长的因素仍比较多，主要是：（1）城镇居民对医疗、养老、教育、住房等项改革形成的支出预期仍然较强，使即期消费欲望减弱，尤其是低收入群体的消费增长更受收入低和预期不好的限制。（2）农民收入已连续儿年增幅下降，2000年由于大旱粮食大幅度减产等原因，农民家庭人均纯收入估计全年增长2%左右，增幅是1992年以来最低的，一些地区尤其是粮食主产区农民收入比1999年还有所减少。（3）2000年消费恢复性增长，基数较高，也会影响2001年消费需求的增幅。根据上述情况，2001

年要从多方面进一步采取措施，以稳住消费需求回升的势头。消费是收入的函数，扩大居民消费需求，最重要是增加农民和城镇居民的收入，并改善居民对未来收入和支出的预期。城镇居民和农民的收入、消费是互动的：城镇居民收入的增加，可以增加对农产品的消费，促使农产品价格回升和农民收入增加；而农民收入增加，可以扩大投资和消费，促进城市经济发展，增加财政收入，从而有利于城镇居民增加收入，扩大消费。如此，可以形成城镇与农村、工业与农业、收入与消费互相促进的良性循环。2001 年应全面落实国家关于加强农业、增加农民收入的各项政策措施，包括促进农业和农村产业结构调整；深化粮食流通体制改革和农村金融改革；推进农村税费改革，切实减轻农民负担；加强农业和农村基础设施建设等，力求尽快扭转农民收入增幅下降而负担又过重的状况，促进农民消费较快增长。在城镇，要千方百计扩大就业，加快完善社会保障制度，确保国有企业下岗职工的基本生活费和企业离退休人员养老金的按时足额发放。同时，适当提高机关事业单位职工工资和离退休费。贯彻扩大内需的方针，还必须继续实行稳健的货币政策。进一步加强货币政策与财政政策的协调配合，灵活运用货币政策手段，调控经济运行。金融系统应全面落实扩大内需、调整结构、促进消费的各项金融信贷措施，支持经济发展对资金的合理要求。同时加强监管，严格法纪，积极防范金融风险。

　　　　　　　（本文原载《经济日报》2001 年 2 月 8
　　　　　　　日、《中国经济导报》2001 年 2 月 13
　　　　　　　日）

整顿经济秩序应当标本兼治

（2001 年 2 月 22 日）

当前许多方面经济秩序相当混乱，已经阻碍了经济发展和改革深化，甚至破坏我国投资环境和对外形象，不适应发展、改革新阶段和对外开放新形势的要求，是到了应当大力整顿的时候了。改革开放以来，我们已经多次整顿经济秩序，每次都收到了成效，但往往是好了一段时间之后又开始混乱起来。经济秩序混乱的原因很复杂，总的看可以认为是经济转型时期一定程度上难以避免的现象，是旧的经济秩序已经打破，新的经济秩序尚未完全建立和有效运转所造成的。这当然不是说可以任由其混乱下去，而是说应当尽快加快改革步伐，缩短转型时间。有些问题随着发展和改革，如物资供应充裕，价格并轨，政府机构与企业脱钩，军队武警不准办企业等，这些方面秩序混乱的根源就消失了，但仍有不少问题并没有解决，而且在新的形势下有所发展，所以人们普遍感到秩序混乱在加剧。从这个角度看，可以把经济秩序混乱的根源分为两大类：一是常说的游戏规则问题；二是深层体制原因。

就游戏规则问题而言，可以再分为两个方面，一个方面是缺乏游戏规则，或者游戏规则不完善，制度不健全。假冒伪劣商品屡禁不止，一个重要原因是我们在一些产业缺乏行业技术标准和有效的许可证管理制度。制度不健全、缺乏可操作性也是一个大问题。改革开放以来，我们立了很多法，几乎涉及各个方面，但有些法律条文太宽泛，难以操作。例如，我们尽管颁布实施了《反不正当竞争法》，但对于什么是倾销等不正当竞争行为，规定很粗，实践起来很难操作。还有不少是以领导讲话、"红头文件"为标准，大家领会精神，结果都朝有利于自己的方面去理解，空子很多，无法可依。譬如说，对于国有中小企业改革，中央文件多次讲到，但都是原则性的，中央政府没有制定指导全国国有中小型企业改革的具体办法，谁代表出资人、收益归谁等都没有界定清楚，结果各地都在试，都在闯，各有各的招数。在分配秩序、产权多元化实践方面也产生了很多问题。第二个方面是有了很好的规则，但执行起来走样，执法不严，甚至执法者与违法犯法者串通一气。腐败是秩序混乱的重要原因，也是现阶段秩序混乱的重要特征。这方面的实例很多，也很典型，我就不说了。

就体制原因而言，可以从三个方面来说。一是体制改革不到位。当前经济秩序混乱的主要表现之一是地方保护主义，究其根源，是财税体制和大量国有企业事实上归地方所有造成的，这种行政性分权体制强化了地方政府作为一级利益主体的身份，地方政府为了保证财政收入的稳定性，维持本地经济的持续发展，一方面进行大量投资，造成全国范围内的严重重复建设和地区间产业结构趋同；一方面对市场横加干预，实行地区封锁和经济割据，设置进入壁垒或流出壁垒，或采用不正当手段对外倾销，甚至保护、纵容假冒伪劣产品的生产销售。尽管我们在1994年实施了以分税制为核心的财政体制改革，但问题并没有得到彻底解决。各地为了培育和保护自己的财政来源，一方面进行一些正常的投资，另一方面在市场分割、封锁、给当地企业"吃偏饭"方面做文章，甚至保护假冒伪劣厂家。二是改革方式不完善。当前一些垄断性行业的员工收入过高、涨价很容易。对于垄断部门的改革，不能仅仅用推进市场化、明晰产权、公司制改造来解决。西方发达国家对垄断部门实行私有化时，也不是简单地将国有成分退出来，而是制定比较规范的监督程序，利用一些政府规制手段，监督企业运转。例如，设立价格认证委员会，设定一个利润率，不是利润越多越好，要把垄断的因素排除掉。三是对地方干部的评价标准。目前过于强调经济增长，各地把 GDP 增长率看得过重，互相比排位，比位置的变化，甚至成为考核地方官员业绩的最重要指标。现行的干部考核制度特别是对地方干部政绩的评价与考核，过分强调与所辖地区经济发展成就进行直接挂钩，并且这种经济发展成就又主要以上了多少项目、建了多少企业、经济增长速度多少等指标来进行简单量化和比较。地方选举制度的日益民主化，也使地方领导以发展当地经济和福利作为根本目标。这样，就必然导致各行政区首脑或部门干部强化资源配置本地化和保护本地市场。

总之，当前经济秩序混乱的原因很复杂，有一些可以在短期内解决，有一些则可能需要花几年时间甚至更长时间才能逐步解决。因此在考虑采取措施时，就应有一个标本兼治的总体考虑，分时段制定和完成有限目标，分步进行。

近期抓一些比较突出的问题。2000 年下半年以来，国务院重点抓骗出口退税和打假两项专项斗争，一项和国家财政收入及反腐败有关；一项和全国老百姓生活及企业正常经营息息相关，十分必要，得到普遍拥护。我认为 2001 年主要可以突出三个重点：一是整顿执法系统，对于工商、税务、公安、检察院等执法系统，下决心整顿执法行为；二是抓重点行业，如电信、电力、银行等行业，借鉴国外经验，完善监管方式；三是加快制定国有企业改革具体办法，如国有中小型企业国有资产出售具体指导办法，大型企业期权期股制度等。

中长期抓一些深层次的问题，如完善立法体系，加快完善以分税制为核心的财税体制改革。同时充分利用现代化手段，如电脑联网，这在打击骗退税中已经证明很有效。对于一些垄断行业，应建立比较完善的财务与统计信息系统，垄断企业的成本、利润、价格构成等财务指标应有较高的透明度。

最后想强调两点，一是需要建立规则、制度以指导当前的改革。我们在过去一直是"摸着石头过河"，目前改革到了攻坚阶段，应在尊重群众首创精神、及时总结实践中行之有效的办法基础上，制定通盘规划，有制度、有秩序地推进改革。处理好堵与疏的关系，在堵住偏门、歪门邪道的同时，开正门，建立规范的制度。二是处理好整顿与发展的关系。整顿是为了更好地发展，为以后的可持续发展奠定有利的制度环境，实现有秩序的发展。不能顾此失彼，搞成运动式的，损害经济发展；同时要用符合改革方向的方法来整顿，不能为以后的改革制造障碍。

（本文是作者参加中共中央政治局常委、国务院常务副总理李岚清同志主持的关于整顿经济秩序的专家座谈会的发言稿）

论虚拟经济及其对实体经济的影响

（2001 年 3 月 10 日）

一、当前虚拟经济发展的现状

自 20 世纪 80 年代以来，世界主要工业国家和一些新兴市场国家的虚拟经济飞速发展。据报道，20 世纪 80 年代以来的世界经济平均年增长率仅为 3% 左右，国际贸易平均年增长率为 5% 左右，而同期国际资本流动增长率高达 18% 左右。1997 年全世界虚拟经济总量已达到 140 万亿美元，约为世界各国 GDP 总和（约 29 万亿美元）的 4 倍多。目前全世界虚拟资本每天的平均流动量已高达 2 万亿美元以上，约为世界日平均实际贸易额的 50 倍。可以预计，随着电子商务和电子货币的发展，虚拟资本的流动会更快，虚拟经济的规模还会膨胀。

所谓虚拟经济，是指相对独立于实体经济的一种虚拟资本独立化运动和价格决定的经济形态。其本质内涵是虚拟资本以增殖为目的进行独立化运动的权益交易，主要是指信用制度膨胀下金融活动与实体经济偏离或完全独立的那一部分经济形态。虚拟经济与虚拟资本密不可分，虚拟经济在某种意义上是虚拟资本内涵的延伸和发展。

根据马克思关于虚拟资本的论述，可以将虚拟资本分为狭义和广义两种形式：狭义的虚拟资本是指债券和股票等有价证券。广义的虚拟资本是指银行的借贷信用（期票、汇票、存款货币等）、有价证券（股票和债券等）、名义存款准备金以及由投机票据等形成的资本的总称。马克思侧重于论述狭义的虚拟资本。

近 20 年来，虚拟资本呈现出越来越丰富的趋势，资本的虚拟化程度也越来越高，如证券化资产和金融衍生品层出不穷。美国经济学家德鲁克将虚拟经济称之为符号经济，并认为符号经济已取代实体经济成为世界经济发展的飞轮。为了研究虚拟经济与实体经济的关系，首先有必要按其虚拟化程度的大小进行分类，区分虚拟资本不断扩张的形式，以了解虚拟经济迅速发展的过程和内涵。

1. 第一类虚拟资本：信用化和资本化的货币。虚拟资本的形成是与货币的发展分不开的。在早期商品经济阶段，货币只是固定地充当一般等价物的特殊商品，其功能主要是价值尺度、流通手段和支付手段。在发达的商品经济社会中，货币经历了信用化和资本化的过程，使其功能和属性发生了质的变化，不仅在形式上表现为自身完全没有价值的货币符号（纸币或票据），取代了自身具有价值的金属货币，而且在功能上表现为具有资本的性质，资金需求者愿意向资金供给者支付利息，货币本身产生了"收益"。随着信用制度的发展，货币在经济生活中逐步脱离实体经济形成独立形态和运行方式，构成了虚拟经济的初始形态。从宽泛的意义上来说，它还包括本票、支票、汇票、大额可转让存单等被信用化和资本化了的各种票证。

2. 第二类虚拟资本：股票和债券等有价证券。股票和债券等有价证券，按其虚拟化程度大小又可分为两类：（1）股票和公司债券；（2）政府债券。后者比前者的虚拟程度更大，因为后者的资金被政府花掉后就不再存在了，但政府债券却依然存在，并仍保持着价值增殖的外衣。

3. 第三类虚拟资本：资产证券化。20 世纪 80 年代以来，世界金融业的一个最引人注目的变化是融资活动的资产证券化，包括各类抵押贷款的证券化和其他应收款的证券化。它始于上世纪 70 年代美国房屋抵押贷款的证券化，1985 年扩展到汽车贷款，1987 年扩展到信用卡贷款，随后是商业资产的证券化和公司贸易应收款的证券化。进入 90 年代，证券化不仅扩展到各式各样的实体资产和金融资产，而且还扩展到了各种有保障的收入流和现金流，甚至还扩展到统计上的差价。这些新发行的证券是在原有证券基础上发行的，它们是虚拟资本的虚拟资本。因为同样的一笔资产有了三重存在：实体资产，它可能是生产性的，也可能是非生产性的；被捆成一组的证券；以这组证券为抵押发行的新证券。

4. 第四类虚拟资本：各种金融衍生品。金融衍生品交易是一种通过预测利率、汇率、股价等趋势，以支付小额保证金来签订大额远期合同进行互换、掉期或买空卖空的金融商品派生交易形式，它有别于一般的金融现货交易，它的主要功能并不是交易而是保值或投机。目前金融衍生工具主要包括远期、期货、期权、互换四大类工具，涉及的产品有外汇、利率、股票、债券、指数以及金属、农产品、原材料、能源产品等等。自金融衍生品出现以后，虚拟资本发展到了一个更高的阶段。

金融衍生品主要表现为两种形式：一种是股票、债券、外汇等金融资产的期货、期权合同，这是一种初级衍生物，它们还保持着个别金融资产交易的形式。另一种是各类指数期货、期权合同。20 世纪 80 年代以后出现的利息率期货，股票指数期货和物价指数期货交易是衍生物的高级形式，也是虚拟资本的高级形式，它们根本割断了与任何个别实际资产的联系。指数期货实际上没有价格，也没有相对独立的价格决定过程。它的价格决定因素是决定价格指数的所有因素。指数期货和利息率期货，是彻底摆脱了实际资产而只与整个经济状况有关的虚拟资本。交易双方甚至抛弃了金融期货那种纯粹"幻想的交易"的外壳，就股票指数等的涨、落打赌。交易的东西本身是什么已经不重要，甚至有无东西交易都无关紧要。这种金融衍生品不仅是虚拟资本的虚拟资本，而且是"无中生有"的虚拟资本。

二、虚拟经济急剧增长的原因分析

20 世纪 80 年代以来，国际金融领域出现了虚拟资本数量急剧增长、虚拟资本表现形式增多、虚拟资本交易量扩大和经济虚拟化程度加强的态势，原因何在呢？

（一）货币与商品的脱离及独立运动是虚拟经济产生的本质起因。

马克思在《资本论》中曾详细论述了商品的内在矛盾怎样孕育并发展为庞大的资本主义经济。随着市场经济进一步发展，资本主义生产过程的内在矛盾又外化为实际生产过程和虚拟价值增值过程的对立，资本主义生产过程的社会属性也取得了独立化的表现形式——虚拟经济。因此，今天的虚拟经济正是商品内在矛盾继续发展的产物，是货币与商品相脱离与独立运动的产物。这种脱离与独立运动主要表现为：社会货币资本的规模已急剧扩大，资本运动形式也日益多样化，货币资本的运动逐渐具有自身的规律；新型金融商品和金融机构迅速发展，金融业成为一个庞大的、在国民经济中起重大作用的独立部门；货币金融资产的价值量及其增长速度远远高于商品市场的价值量及其增长速度；商品市场与金融市场的相互影响和关联程度趋于减弱，越来越多的货币资本从物质生产、流通领域脱离出来，成为只在金融市场上运营和牟利的虚拟资本。

（二）虚拟资本数量的急剧增长和经济虚拟化的发展，是经济高度发达和成熟的必然结果。

资本主义经济高度发达和市场经济日益成熟后，实体经济容纳不了过多的货币资本。这表现在：一方面，经济高度发达和成熟之后，经济增长率一般会降低，各行业竞争激烈，市场饱和，投资、生产和销售困难，产业资本利润回报率降低，一部分产业资本成为过剩资本，从各生产及贸易领域退出，从事短期金融投机活动；另一方面，发达市场经济中的居民长期积累的财富要进行投资活动，从整个社会来看，它的总额相当巨大。此外，还有一些民间组织如年金协会、基金会等机构也将其积累的货币资本投入金融市场增值，从而进一步刺激了虚拟经济的加速增长。可以说，这种金融市场中的资本过剩是虚拟经济得以大幅度增长的基础。

（三）金融深化、金融自由化和金融国际化理论推动了虚拟经济的急剧增长。

西方经济学家认为，金融活动对经济增长的贡献随着金融深化而不断增大。一方面，金融活动本身的产值占 GDP 的比例在增大；另一方面，由于金融深化给其他产业带来的更高的融资效率，促进了其他产业的发展，从而提高了经济质量，促进了经济增长。金融深化理论是美国经济学家麦金农和肖于20 世纪 70 年代提出的。他们反对凯恩斯关于货币的理论，认为金融管制限制了金融活动，对资本的形成是一种抑制，不利于经济增长，提出了金融自由化的主张。并认为发展中国家存在着金融压抑（如货币当局对利率、汇率的控制和对信贷配给的管制等），如果实行金融自由化，将有利于经济增长。

正是在金融深化和金融自由化理论的推动下，80 年代以来，虚拟经济在发达国家有了长足的发展。其突出表现为：一方面是投资主体如雨后春笋般地产生出来（大批的投资公司、证券公司、共同基金等各种经营虚拟资本的金融机构，甚至包括商业银行），特别是各类基金的崛起。例如，养老基金、互助基金、投资基金、对冲基金等，它们已成为股票、债券、期货等金融产品的主要投资者和交易者。另一方面是金融创新的发展。它始自 20 世纪 80 年代初，至今仍处于一个空前活跃的时期。金融工程师们围绕市场对金融产品的多种需求（如投资、融资、保值、投机），运用金融理论和信息技术所提供的手段，设计并向市场推出形形色色的金融产品和工具。其中主要有：各种投资组合、资产证券化融资工具以及金融衍生工具等。近年来随电子商务而诞生的各种网上金融产品，更使金融创新浪潮方兴未艾，为金融市场的发展注入了新的活力。

与此同时，20 世纪 80 年代以来，世界经济正在向全球化方向发展。在这一过程中，国际金融市场起着重要作用。当代国际金融市场的全球化发展主要沿着两条路径：一是无国籍金融资本或跨国资本的迅速膨胀，即国际资本流动的急速扩张；二是各国金融市场的国际化发展。这二者之间有着密切联系。应该说，金融市场国际化的发展由来已久，而国际资本大规模的形成和流动是从二战之后开始的。随着布雷顿森林协议于1973 年解体，国际货币体系进入了一个更加信用化、市场化和多元化的时期。进入 90 年代，一些发展中国家的金融市场也加大了对外开放的力度。如南美、亚洲和东欧的一些国家相继参与国际融资，其金融国际化的程度和国际融资的规模也在迅速发展壮大。

（四）规避风险是虚拟资本中金融衍生品产生和发展的最初动因。

金融衍生工具最初只是在外汇期货市场上广泛应用，主要用于规避汇率波动的风险和外汇投机。尔后，在所有金融期货市场迅速发展，包括债券市场、股票市场和外汇市场，并很快成为一种投资工具。金融衍生品用来规避风险，达到保值目的的基本功能，是虚拟资本中金融衍生品设计和产生的直接和最初的动因。当然，它也是适应甘冒风险的投资者的投机需要，适合投资银行为了盈利的动机，适合地方政府或交易所为了活跃当地市场和赚取更多税收等的需要。正因为金融衍生品能为他们带来现货交易市场所没有的种种好处，它才得以迅速发展。1986 年，只有美国和少数发达国家有期货和期权交易。到了 80 年代末 90 年代初，许多国家的金融当局都认识到，期货和期权市场是金融市场现代化的先决条件。在一些国家，衍生品的交易量往往大大超过现货的交易量。

（五）信息技术的发展为虚拟经济的急剧增长提供了可能和支撑的条件。

在虚拟资本大规模和迅速扩张的过程中，以现代化的通讯设备、计算机技术和网络技术为代表的信息技术的高速发展也起着十分重要的推动作用，甚至是提供了不可缺少的支撑条件。因为近年来的证券和期货等金融交易日益向着高度自动化和计算机化的方向发展。这不仅促进了金融交易的国际化，更重要的是，它正在改变着传统的证券交易方式和组织结构。由交易所集中进行的有形场地交易，正在被分散的以计算机为基础的交易网络所代替。通过这一网络，不但使交易所之间，各国主要市场之间的联系更密切，而且还组成了证券商的世界性网络。特别是自动交易系统的应用，不仅大大提高了市场的透明度和证券市场的效率，而且加强了国际间证券市场的相互联系，促进了国际证券市场的一体化。此外，借助计算机和现代通信技术，可以在全球证券市场和金融市场中实现资本的高速调动、清算和交易。如货币的完全电子数据化，可在瞬间内调动几十亿至上百亿美元的资金进入某地资本市场进行交易和清算。借助互联网，还可以使交易成本降低，并使一些较少量的交易在成本降低和计算机自动化带来的高效率的情况下得以进行。这些都大大促进了虚拟经济的发展。

三、虚拟经济发展对实体经济的影响

（一）虚拟经济对实体经济发展的积极作用。

1. 虚拟经济可以为实体经济动员储蓄，提供融资支持。虚拟经济以其高流动性和高获利性吸引着大量暂时闲置和零散的资本投入到股票、债券和金融衍生品等虚拟资本上。全社会的沉淀资本也就由此投入到了实体经济中，满足实体经济发展过程中的资金需要。如股票和债券的发行都是直接为企业融资服务的，证券二级市场的存在对一级市场发行起到支撑和保证其灵活性的作用。而虚拟资本的便利流动性，加速了货币资金的周转、转移和结算的速度，也提高了实体经济的运行效率。由于金融市场上融资渠道拓宽、融资技术提高、融资方式灵活、融资成本下降，可以在时间、数量、期限、成本等方面同时满足生产者的要求，因而储蓄转化为投资在数量和时间上都进了一大步，为实体经济的发展提供了坚实的融资支持。此外，虚拟资本在适度发展的情况下，它所具有的多样性和扩张力，还有助于实体经济超脱实物形态的约束，实现超常的规模扩张。

2. 虚拟经济有助于分散经营风险，降低交易成本。虚拟资本可以使很多有风险的实物资产转换为可更安全保有的金融资产；而虚拟资本的多样性、可转换性和高流动性，又使企业能以较低的风险成本实现实物资本存量的积累。虚拟经济通过各种金融工具，促使实体经济部门的运作风险分散，如期货期权等金融衍生工具产生的最初动机，就是为了套期保值和转移风险。这从宏观上看，是有利于减弱经济波动幅度的。如果没有多种多样的保值方式和避险手段，从事实体经济活动的人们就只能自己承担风险，从而使实体经济的发展受到抑制。与此同时，虚拟经济活动还可减缓经济生活中的种种摩擦，降低交易成本，使实体经济活动的障碍减少，从而产出更多的物质财富。股票市场等虚拟经济的发展还可以为当地政府增加税收，为交易所带来更多的收入，从而强化了其地区金融中心的地位。

3. 虚拟经济可以更好地揭示和传递实体经济的信息，提高实体经济运作的效率。虚拟经济的信息揭示功能体现在两个方面：一方面，虚拟经济中的金融商品价格信息能直接揭示出金融资源的稀缺程度，是金融资源有效配置的前提；同时，由于金融商品价格信息中包含有实体经济的信息，所以它也间接揭示出实体经济的运行状况，从而金融领域中的价格变动也影响到实际资源的配置。如国债等各种利率期货、期权，有助于发现未来市场利率水平，因而反映资本市场的供求状态，也为宏观经济的调控决策提供了依据。另一方面，经济生活中存在着大量的信息不对称，虚拟经济体系通过迅速有效的信息揭示及相应的金融创新，能够处理因信息不对称所产生的激励问题。此外，还可以通过资产价格的信息功能来判断企业经营的好坏，投资业绩的优劣，对所投资的企业或项目实行监督。

4. 虚拟经济有利于促进资源优化配置，提高实体经济效益。虚拟资本可以迅速从效益低的领域转向效益高的领域、从效益差的企业转向效益好的企业，并按照利润最大化的原则不断地对资源进行重新分配和重组。这样，通过虚拟经济活动可以对企业形成一种压力，促进企业不断采取措施增强本企业效益，从而提高了整个实体经济效益水平。

5. 虚拟经济通过财富效应刺激消费和投资需求，拉动实体经济的增长。所谓"财富效应"，是指资产价格的上升使资产持有者财富增加，并导致消费支出增长的现象。从国外的经验来看，股市上涨等造成的财富效应能够有效扩大消费需求和投资需求，推动经济增长。例如，美国前几年由于股市的繁荣，其家庭资产增加了 5 万亿美元，由此相应增加了消费支出，据估算仅此一项使美国前几年 GDP 每年多增长 1 个百分点。

（二）虚拟经济对实体经济发展的负面影响。

虚拟经济是一把"双刃剑"。它既是适应实体经济的需要而产生，可以促进实体经济的发展；也可能会对实体经济带来较大的负面影响甚至是破坏性的损害，主要是使国民经济发生动荡和危机的可能性增加。

1. 虚拟货币的过量发行和银行信贷呆坏账的大幅增多，会动摇实体经济正常运行的秩序和信用基础。自从纸币特别是后来的账面货币、电子货币产生后，人类便进入了虚拟货币时代。虚拟货币的出现虽然使货币的供应具有足够的适应实体经济发展需要的弹性，但也使货币的过量发行和通货膨胀成为可能。尤其是当具有信用创造功能的现代商业银行，脱离实体经济的实际需要，大量通过创造存款提供信用时，整个实体经济将不可避免地遭受通货膨胀之害。银行发放的大量贷款，如果难以收回并形成大幅度增多的呆坏账，则不仅会使银行的金融资产因实际价值大大低于账面价值而产生金融泡沫，而且会使正常信用关系遭受破坏，动摇实体经济稳定运行的信用基础。

2. 虚拟经济的发展增加了实体经济运行的不确定性和投机风险。虚拟货币一旦以膨胀的信用化形态进入生产或服务系统的循环，虚拟经济就进入了实体经济并形成了两者之间的互动。这一互动增加了实体经济运行的不确定性和风险。对于企业来说，汇率、利率、股票和期货价格的变动是一种"非系统风险"。它不仅来自宏观经济的变化，更多的是来自金融市场上与实体经济没有直接联系的各种交易和投机活动的变动及波动。特别是金融衍生品等形态的虚拟资本，具有以较少保证金垫付实现很大倍数交易额的"杠杆效应"，从而使虚拟资本的交易的利润与风险成倍增加，并在人们心理的预期收益与预期风险等影响下引发投机活动。这种投机活动可能造成金融市场的较大动荡或波动，甚至导致风险巨大的投机和金融危机。

3. 虚拟经济的过度膨胀减少了进入实体经济的资金，降低了金融资源的有效利用率。从总体上来说，虚拟经济的适度和正常发展，是有助于为实体经济动员储蓄和提供融资支持的。但是，当虚拟经济发展到过度膨胀时，在一定时期或在某些国家和地区，其作用就会走向反面。这是因为，在虚拟经济膨胀时，金融市场中存在着大量投机行为和炒作活动，其投机收益大大高于实体投资利润。巨大的收益反差导致社会资本游离实体经济，而追逐金融市场的炒作，使大量的资金滞留在股票二级市场或衍生工具市场进行循环炒作，而不能进入实体经济领域。例如，我国一些企业在股市高涨时，将富余资金大量停留在活期账户上，并不断进入股市以博取高额投机收益，而不是投资于我国亟待发展的高新技术产业和其他重要产业。这样，虚拟经济的过热或膨胀，就会减少进入实体经济的资金，大大降低金融资源的有效利用率。尤其在发展中国家，往往出现生产流通中资金短缺与金融市场上巨额游资并存的状况，对经济发展十分不利。

4. 虚拟经济的扩张可能出现经济泡沫过度，引发泡沫经济的产生，导致对实体经济的巨大破坏。由于虚拟经济具有相对独立性，并且不与实体经济同步发展，一旦虚拟经济脱离了实体经济的现实需要而单独大规模扩张时，就会使经济虚拟化而产生经济泡沫，严重时进而发展为泡沫经济，对实体经济的健康发展形成威胁和造成巨大打击。1929 年的世界经济危机就是由于股市泡沫的崩溃引发的，前几年亚洲金融危机的爆发也与虚拟经济超常发展所形成的泡沫经济有关。脱离实体经济而高度虚胀的泡沫经济不可能持续，必然要崩溃。泡沫经济的破灭首先打击的是金融体系。金融市场上各种资产价格大幅度下跌，货币贬值，金融机构资金周转困难，甚至破产关闭。然后迅速影响到整个经济：企业拥有的资产和个人拥有的财产价值减少，投资和消费需求萎缩；一些大型基础建设项目因缺乏资金而搁置；投资减少通过乘数效应使经济增长速度降低；本币贬值导致外债偿付危机，而此时国内金融机构由于资信下降，难以在国际金融市场上筹集资金。这些对实体经济的巨大打击和破坏，在亚洲金融危机中都出现了。20世纪90年代初以来日本经济的长期低迷，也是泡沫经济的巨大负面作用的一个例证。

5. 虚拟经济的跨国扩张严重危及世界经济安全，特别是对发展中国家的实体经济造成巨大冲击。金融市场的全球一体化和金融业务国际化、自由化，使国际资本流动急剧增长和快速扩张。特别是在金融创新的推动下，以各种对冲基金为主的国际投机资本也应运而生，并迅速增长。目前美国至少有4200家对冲基金，资本总额超过3000亿美元，其资金杠杆率高达1∶300之多。国际投机资本对某个地区或国家的巨大冲击往往会带来国际性的经济动荡，它将外部的金融风险和危机传导到一个国家的内部，引发一国的金融危机，并且迅速影响和波及其他国家，严重危及世界经济安全。特别是对广大的发展中国家，其冲击和影响就更大。

四、正确认识和处理虚拟经济问题及其与实体经济的关系

（一）充分认识虚拟经济对实体经济发展的积极作用，

适度发展虚拟经济。

首先，我们要正确认识和对待虚拟资本、虚拟经济，不能因为它们有可能导致泡沫经济或金融动荡而取消之。应该认识到，虚拟经济是市场经济与科学技术高度发展的必然结果，是现代经济发展的必然趋势，它意味着经济形态的多样性和高级化。随着市场一体化、金融自由化、资产证券化和经济全球化趋势的进一步发展，当今世界经济的最大特点就是虚拟性大大加强了。所以，我们对虚拟经济的迅速发展，决不能采取视而不见或全盘否定的态度，而要认真研究虚拟经济的运动形式和发展规律，最大限度地发挥其对实体经济的积极作用。

其次，要因势利导，根据实体经济的需要适度发展虚拟经济。这是因为，目前我国直接融资比重还比较小，企业的融资结构很不合理；资本市场还不成熟，规模小，品种少，运作不够规范；金融创新还刚开始，股票指数、利率等的期货、股权等金融衍生品交易以及资产证券化业务等都没有开展。这虽与我国市场经济发展不成熟和金融监管能力不足有关，但也与人们对虚拟经济发展缺乏正确认识有重要关系。因此应当借鉴西方国家金融创新的经验，积极探索虚拟资本的新形式以及虚拟资本交易的新技术。当前，要在加快资本市场规范化建设的同时，着力加快资本市场（包括创业板市场）的发展；在积极创造条件的基础上，促进实体经济的货币化和资产证券化；在增强防范和消除市场投机风险能力的同时，把开发具有避险和保值功能的各种金融衍生工具作为虚拟经济创新发展的重点。在这一过程中，应更多地学习先进国家或地区的发展经验。

（二）对金融深化、金融自由化和金融国际化等理论要深思和慎行，以迎接 WTO 的挑战。

美国经济学家麦金农、格利和肖曾反复论证了金融深化和金融自由化的好处，这一理论一度影响深广，而且在发展中国家盛行。但自从爆发墨西哥金融危机和亚洲金融危机之后，人们开始对其理论进行反思，提出了"三化"理论是否适合发展中国家的质疑，以及在何种程度和哪些阶段实行的建议。一般地说，从经验来看，贸易自由化是没有问题的，而资本自由化则是有很大风险的。目前我国尚未完全具备全面推进金融深化和自由化的条件，还存在着多种体制和机制问题。特别是在经济全球化的大趋势下，金融国际化势在必行。在每天有 1.5 万亿美元的游资进入国际资本市场的情况下，尤其是国际金融"大鳄"的炒作，国际投机资本的流动对脆弱的发展中国家金融市场的冲击是巨大的，甚至是破坏性的。我国在加入 WTO 之后，将逐步放开金融市场。在这一新的形势下，我们需要对"三化"理论进行深思和慎行。要有步骤、分阶段地推进虚拟经济各层次形式的发展，正确地把握资本市场的开放程度和汇率的自由兑换进程。

（三）正确处理实体经济、虚拟经济与泡沫经济的关系，把握好虚拟经济发展的"度"，使虚拟经济与实体经济的发展形成良性互动。

虚拟经济的发展并不一定导致泡沫经济。只有虚拟经济的过度膨胀才会出现泡沫经济。而泡沫经济产生的原因是多方面的。金融投机虽然是重要的原因和导火线，但实体经济的内在失衡才是导致泡沫经济的根本原因。也就是说，投机是泡沫破裂乃至引发金融危机的催化剂，是外在原因；而实体经济是虚拟经济和泡沫经济的基础，实体经济出现问题才是内在的原因。所以，我们一定要打牢实体经济的基础，把握好虚拟经济发展的"度"，使虚拟经济与实体经济的发展形成良性互动。值得关注的是，由于我国实体经济还不够成熟和发达，一定要引导金融资本与产业资本结合或为产业资本服务，而不能让企业把资金过多地用于股票等金融市场的循环炒作。

与此同时，还要不断提高金融市场风险意识，积极预防虚拟经济的膨胀而演变为泡沫经济，构筑虚拟经济与泡沫经济之间的"防火墙"。一般来说，泡沫经济从产生到破裂为期不超过几年。从短期来看，泡沫经济能推动和扩张经济，因为泡沫经济对景气有支持作用。只要泡沫不破灭，这种支持作用就一直存在。但是，泡沫并不可能永远持续下去，它总有一天要破裂，并造成实体经济的波动和虚拟经济大起大落。随着泡沫经济的破灭，虚拟经济的危机与实体经济的危机相复合，就会使经济迅速走向萧条。泡沫经济造成经济的巨大波动打乱了国民经济正常的比例平衡，对实体经济会产生极其不利的影响。因此，要高度警惕泡沫经济的发生，防止经济泡沫的膨胀。

（四）注意防范和控制我国经济的泡沫风险，抓紧化解已形成的过度经济泡沫。

我国实体经济运行的泡沫风险主要表现在三大方面：一是股市。客观地说，目前我国股票市场存在一定程度的虚拟过度问题。股市虚拟得过分了，亦即它的价值被高估了，其权益不值这么多钱。不仅股票二级市场上有泡沫过度，而且一级市场也存在着泡沫现象。在我国上市公司中，一种常见的现象是，"一年赚，二年平，三年亏"。二是房地产泡沫。一块地皮几经转手，价格上升好几倍。肆意炒作引起的房地产泡沫比起股市泡沫来，有过之而无不及。三是由于实体经济结构存在问题，国有企业较大面积亏损造成的泡沫。它集中反映在银行的巨额不良贷款上。

对已经形成的经济泡沫，要采取有力措施抓紧化解，如对银行的注资和国有企业的债转股等。当前，要按照现代银行制度对国有独资商业银行进行综合改革，具备条件的要改组为国家控股的股份制商业银行，建立风险防范机制，提高贷款质量；充分发挥资产管理公司的作用，最大限度地盘活不良贷款；加快国有企业改革步伐，千方百计搞活国有大中型企业。这是化解金融风险和经济泡沫的根本之举。与此同时，要完善上市公司产生机制，提高上市公司质量；采取有效措施，防止生产领域资金过度进入股票二级市场及房地产市场；严格控制银行资金直接进入股票二级市场；加强金融衍生品的管理，做好规模和风险控制。

（五）建立经济预警系统，增强金融交易的透明度，完善市场法规，加强金融监管。

为了使虚拟经济更好为实体经济发展服务，防止泡沫经济的产生，必须加强对虚拟经济运行的监督与管理，控制其与实体经济的偏离度，使虚拟经济形成的资产、交易量与实体经济的对应从发散变为收敛，促进与实体经济运行的良性互动。

1. 建立经济预警系统。经济预警系统应该成为经济决策系统的重要组成部分。它通过研究宏观经济的周期波动及其规律，从中找出先行指标、一致指标和滞后指标，从而对经济波动趋势作出判断性预测，特别是在经济出现问题时提前发出警报，以引起决策层关注，防止问题的扩大化。

2. 增强金融市场交易的透明度。金融市场中的交易者及其交易额和持仓量应予披露，使市场信息更为充分、对称，减少机构投机者等"大炒家"对市场进行的人为投机和操纵。

3. 加强对虚拟资本市场管理的立法和监督，按国际惯例严格规范市场行为。要建立金融资产信用评级制度，对发行证券的公司、金融机构以及其他金融资产交易主体的信用可靠性程度实行评级，为投资者提供决策参考，提高市场公开性，保护投资者合法权益。

4. 建立严密的监控体系，重点防范金融衍生品交易风险。在我国现阶段金融市场发展中，对金融创新活动予以正确引导和有效监管尤为重要。特别是，金融衍生品是虚拟资本的最高形式，具有"高杠杆"的风险放大作用，必须予以加倍重视和重点防范。要在制定和完善相关法律法规的同时，着重加紧建立健全金融衍生品交易主体的内部监控制度和监控方法。

5. 完善虚拟资产市场中介组织，充分发挥它们的服务、协调、公证和监督的职能。我国在市场中介组织建设方面起步较晚，发展相对滞后，机构不健全，专业人才缺乏，活动缺少必要的秩序和规范，不能适应虚拟资产市场迅速发展的要求。因此，必须下大力气建立和完善各类市场中介组织。同时，要严格市场中介组织的资格审查，建立自律机制。

6. 加强对国际资本流动的监控，严防国际投机资本的冲击。在经济全球化趋势增强和我国即将加入 WTO 的新形势下，在信息技术和网络经济飞速发展的今天，要充分吸取亚洲金融危机的教训，高度重视对国际资本流动的及时监控，密切注视国际投机机构的动向。特别是在我国正在推进利率市场化、资本市场扩大对外开放的情况下，必须大力提高对国际游资的监控能力以及对国内金融市场的监管能力，以防范国际投机资本的冲击和炒作。

参考文献：

1. 马克思：《资本论》第三卷，人民出版社 1975 年版。

2. 刘骏民：《从虚拟资本到虚拟经济》，山东人民出版社 1998 年版。

3. 秦晓：《金融业的"异化"和金融市场中的"虚拟经济"》，《中国经济时报》2000 年 1 月 5 日。

4. 张晓晶：《符号经济论》，博士论文稿，1998 年。

5. 陈淮：《关于虚拟经济的若干断想》，《经济研究参考》2000 年第 1 期。

6. 袁钢明：《虚拟经济与泡沫经济》，《经济研究》1999 年第 8 期。

7. 曾康霖：《虚拟企业、虚拟经济辨析》，《经济学动态》2000 年第 2 期。

8. 宋翰乙、陈阳:《虚拟经济与实体经济关系分析》,《理论前沿》2000 年第 16 期。

(本文与张昌彩同志合作,原载《宏观经
济研究》杂志 2001 年第 4 期)

美国经济减速的原因和
对我国的影响及启示

（2001 年 4 月 23 日）

美国经济由持续高增长到减速、濒临衰退，有多方面的原因。

第一，股市泡沫破灭之后，财富效应变为负效应，使过度消费骤然降到谷底。消费支出对美国经济增长的贡献率达 2/3，是支撑持续增长最重要的支柱。1995 年以后美国股市暴涨，使半数以上美国家庭的资产迅速膨胀。据纽约证券交易所统计，1989—1998 年间，直接或通过基金拥有股票的美国人由 5230 万增加到 8400 万，从占家庭总数的 32% 增加到 52%。另据统计，在 2000 年 3 月顶峰期，股票价值是年国内生产总值的 181%（90 年代初仅为 GDP 的 60%），约为 15 万多亿美元。据美国税收署估算，从 1995 年到 1999 年，实际资本收益的年均增长率达 34%，为居民增加了 1.7 万亿美元的收入。股市的财富效应促进了消费空前高涨，带动经济每年多增长约一个百分点。然而股市泡沫的财富效应所支撑的过度消费，是难以持久的。以技术股为主的纳斯达克指数自 2000 年 3 月 9 日达到 5048 点的顶峰以后，至今已下跌 60%，道琼斯指数和标准—普尔指数也大幅下跌。股市暴跌使金融资产大幅缩水，财富效应走向了反面。据测算，一年多来美国股市暴跌损失的账面财富已达 3.5 万亿美元，相当于美国内生产总值的 40%。

与此同时，美国经济增长率大幅度下降，由 1997—1999 年的 4% 以上、2000 年上半年的 6.1%，降到下半年的 1.6%，其中 3 季度为 2.2%，4 季度为 1.1%，2001 年一季度预计为 1%。许多大公司盈利下降，大批裁员。虚拟经济和实体经济两个领域同时出了问题，而且交错影响，消费者受到了双重打击。前几年过度消费使美国储蓄率由 1992 年的 8.9% 降到了 2000 年末的负 1%。这是 1933 年以来首次出现负储蓄率。从 1995 年到 1999 年，消费贷款增加了 34%，达到 6.2 万亿美元。现在居民为了偿还超前消费欠下的债务和今后生计，开始收紧腰包，增加储蓄。于是消费降温，2000 年第四季度消费者支出仅增长 2.9%，2001 年 2、3 月份的零售额下降了 0.2%。美国经济失去了消费这根大柱的有力支撑，不能不由盛走衰。

第二，信息、电信等高新技术领域的投资由过热转向冷却。新经济的支柱是美国公司对计算机、软件、通信网和因特网基础设施的大量投资。前几年信息技术的投资占所有企业设备投资的 45% 以上，信息产业成了美国经济的领导行业和主要驱动力。据美国商务部统计，1995—1999 年，信息技术及相关产业对美国 GDP 的贡献率达到近 1/3。然而任何事物都有两重性，发展都有阶段性，都有一个度，即便是前途无限的信息产业，过度投资也有负面作用，甚至也会走向反面。前几年美国信息产业的投资过热，主要是由低利率和投资收益不断增加的预期所推动的。同时美元的独特地位和持续坚挺，以及美国股市的不断攀升，从世界各地吸引了大量资金，支撑了 90 年代后期美国的投资过热。美国吸收外资多年来居世界第一位。1999 年外国在美国的直接投资和证券投资（不包括美国财政部的国债）为 6070 亿美元，2000 年为 7824 亿美元。但是由于信息不对称（不是每个投资人都能了解别人的投资情况），而且在投资高涨中谁都不想失去机会，争先恐后的群体效应，造成了投资需求的过度膨胀，出现了大量重复建设。现在经济增长率下降，技术投资造成一些领域供给过剩的问题露出水面。突出的表现是网络公司大批倒闭，据美国网络兼并公司调查，到2000年年底约有210家上市的网络公司停止营业，约占上市网络公司总数的60%左右。同时由于企业利润下降，信贷条件更加苛刻；国外资本流入下降；股市泡沫破灭造成某些信息股价低于自身价值、风险资本投资减少等原因，导致国内投资急剧下降。2000年美国内私人总投资（按年率折算），由第一、二季度增长5.1%和21.7%，降到第三、四季度的1.8%和-2.6%。风险资本投资第四季度比第三季度下降30.7%。IT业投资有一个不同于传统产业投资的特点，即进入快，退出也快。信息技术使投资者能较快地感觉到市场的变化，一旦觉察到危险，就会争先退出。这一点可以部分地解释为什么2000年年末设备投资突然下跌，并带动经济增长率猛烈下降的原因。

第三，投资者和民众对股市和经济增长的预期，由前几年"非理性亢奋"，转为2000年年末以来的"非理性消极"。在市场经济条件下，人们对未来经济走势的心理预期是影响经济行为的重要因素。但是这种心理预期对经济基本因素的反映，往往出现扭曲和夸大的情况。在经济繁荣时期，乐观派主导舆论，一切都越说越好；在衰退来临时，悲观派成为主流，一切都越说越糟。2000年四季度以来，美国报刊、电视、广播不断报道经济的负面情况。小布什上台后为了使1.6万亿美元的减税方案得以通过，也把经济往坏处说。这些对民众心理预期的影响很大，加剧了人们的恐慌情绪。到2001年2月，"消费者信心指数"已连续5个月下跌，降到近4年半来的最低水平，3月份虽曾回升，但4月份再次大幅下挫。尽管经济增长只是放慢而未进入衰退，但人们都感觉衰退要来了。于是从过度消费和过度投资，迅速转向过度节制消费和投资。这样，心理预期和经济走衰互相影响，形成恶性循环。正如美国评论所说，如此发展下去，倒真可能唱衰美国经济，真的把狼给喊来了。格林斯潘也认为，"目前的关键是消费者信心是否崩溃"。

第四，油价上涨对美国经济增长减速起了推波助澜的作用。1973年能源危机时，美国消费的石油的36%来自进口，而现在石油进口比例高达54%。国际油价从1998年底的一桶不到10美元，上升到2000年9月的一桶35美元以上，大幅度增加了相关企业生产经营成本和消费者在能源方面的开支，不利于经济增长。据美国制造商协会估计，1999年到2000年之间的油价上涨使美国经济损失了1150多亿美元，相当于国内生产总值的一个百分点。美国能源部长斯潘塞·亚伯拉罕认为，美国过去的三次经济衰退全都与油价上涨有关，对最近的危机已经产生了负面影响。

美国经济由持续高增长到减速，并有可能走向衰退，从总体上看是经济周期和结构性矛盾发展所决定的。"盛极必衰"，以前支撑持续高增长的那些因素，现在成了减速和走向衰退的原因。经济过热时期，未来的需求被大量提前用于拉动当前经济增长，只要经济的链条不断，供给与需求的矛盾就不会爆发，而会不断往后推移。但是如果超过了一定限度，链条断了，过度消费和投资不能持续，那么生产过剩问题就会暴露出来，从而必然会经历一个减速、衰退的过程。这就是经济周期的规律。战后美国已经历了9次周期性衰退。衰退对美国经济来说，既是病，也是药。经过了强制性调整，经济才能重新走上稳定增长的轨道。

（二）

美国经济的未来走势不大可能只经过短暂调整就很快恢复

正常增长。1996 年以前美国经济界认为，美国潜在 GDP 增长率为 2.5%，近几年由于新经济的作用调整为 3%。2000 年第四季度美国经济增长率降到 1.1%（潜在增长率以下），应当认为美国经济已进入了低速运行。这种状态可能持续一年到一年半。也有可能在 2001 年从低速走向衰退（产出连续两个季度下降）。如果出现衰退，那么从低速、衰退到复苏，前后可能会有一年半到两年，即到 2002 年可能恢复正常增长。这是因为美国股市连续 5 年的泡沫，持续时间之长、之大，是美国近 80 年来从未有过的。虽然美联储从 2001 年年初到 4 月 18 日不到 4 个月的时间里降息 2 个百分点，但由于货币政策（提高或降低利率）对经济充分发挥作用一般需要 6—9 个月，因此，对于稳定信心、促使经济回升来说，美联储的举措可能是晚了一点。预示今后 3 到 6 个月美国经济走势的先行经济指数已连续两个月下降。随着技术股持续低迷的影响逐渐扩大到美国多数经济部门，将对整个实体经济产生深刻影响。美国经济增长减速，除股市暴跌影响之外，其内在原因在于实体经济本身，即由过度消费和投资过热引起的结构性问题。解决这类问题，包括调整库存，调整设备投资周期和信贷周期等，难度更大，也更需时日。有分析认为，2001 年 3 季度美国信息技术支出的增长率将从 2000 年同期的 23% 降到 0%。美国全国风险资本协会预计，2001 年美国风险资本投资总额将从 2000 年的 1030 亿美元减到 500 亿美元左右，减少 5 成以上。因此，促使经济增长出现奇迹的新经济，也有可能成为一把双刃剑，即有可能促使经济减速和走向衰退。可以这样认为：信息时代、新经济并没有改变经济周期的规律，改变的只是它的具体形态，包括延长增长期，推迟和缩短衰退期。

但是，美国经济也不会重蹈日本经济泡沫破灭后持续萧条达 10 年之久的覆辙。因为美国股市泡沫和经济现状同 90 年代初的日本比较，虽然也有一些类似之处，但不同点更多。应当说，美联储和美国领导人拥有更多的经验、手段和更大的回旋空间来调整经济，使之经过一段低速或间有衰退之后，尽快恢复增长。这些因素包括：（1）美国新经济的一个重要特征，就是提高了劳动生产率，从70年代初到90年代中的约每年增长1.5%，提高到现在每年增长3%。这是美国连续4年增长率在4%以上而未引起通货膨胀率上升的重要原因，也是经济减速和出现衰退能较快复苏的基础。（2）虽然2001年年初以来已四次降息，但现在利率仍然比较高，联邦基金利率（银行间的隔夜贷款利率）为4.5%，贴现率为4%，进一步减息还有空间。上次经济衰退，从1989年到1991年底联邦基金利率从9%降到3%（实施实际零利率政策），才拉动经济回升。如果这次最终将联邦基金利率也降到3%，那么还有150个基点的降息空间。（3）1998年以来美国预算连年盈余，1998年为692亿美元，1999年为1244亿美元，2000年为1667亿美元，为减税和增加消费创造了条件。（4）美元对欧元、日元汇价持续上升，美国商品贸易又存在巨额逆差（2000年为4354亿美元），由于放宽信用政策有可能使美元适度贬值，从而为美国企业带来更多的销售额，也有利于带动经济回升。此外，现在国际油价已下降到每桶25美元上下，油价暴涨对美国经济的压力已经减轻。

（三）

要从20世纪90年代以来全球经济的新格局，来分析美国经济减速和走向衰退对世界经济的影响。近10多年来，美国领先发展IT等高新技术产业，启动了新一轮的技术革命和产业革命，不仅支持了战后美国持续时间最长的经济增长，而且一直支撑着世界经济的景气。东亚地区经济的迅速发展，包括能较快地走出亚洲金融危机，同美国经济90年代尤其是1997年以来的繁荣也有密切关系。美国经济成为世界经济发展的火车头，不仅因为美国经济总量占全球GDP总和的28.56%（1999年），而且因为美国国内需求大，进口能力强。2000年美国进出口总额占世界贸易总额的31.3%，其中进口占世界总进口的19.5%。特别是由于日本经济持续10年低迷，欧盟各国多年来因致力于降低通货膨胀率和财政赤字占GDP比重，以达到加入欧元区的条件，而不得不使经济增长速度减缓，这也使美国经济的作用更加突出。因此，美国经济减速和可能陷入衰退，对全球经济发展会产生巨大影响。据世界银行和联合国预测，2001年美国经济增长率将从2000年的5%降到1.2%—1.5%，受其影响，2001年全世界经济增长率将从2000年的4%跌到2.2%—2.4%。2001年世界贸易增速也将由2000年的11.9%降到6.1%。具体来看，2000年欧盟对美国的出口2203亿美元，进口1648亿美元。受美国经济减速的影响，据预测2001年欧元区的经济速度将从2000年的3.4%降到2.5%—2.7%。虽然欧洲经济仍具活力，对美国经济减速的应对能力相对较强，但是现在也还不可能接替美国成为世界经济的火车头。日本经济经历泡沫经济和亚洲金融危机冲击后至今还没有复苏；它与美国的经济关系又很紧密，2000年日本对美国出口1465亿美元，进口652亿美元。因此美国经济减速对它来说更是雪上加霜，据预测2001年日本经济增长率仅为0.6%—0.7%。日本经济总量占全球总量的13.95%（1999年），美、日相加占全球42.51%。美国经济减速和日本经济持续低迷，对世界经济特别是东亚经济的影响很大。直接的后果是，发展中国家对外出口特别是IT产品出口将大幅度下滑，外国资金的流入将减少，世界大宗商品价格会持续走软，将会导致经济增长率明显下降。

尽管美国经济减速对世界经济会有重大影响，但不会产生像引发亚洲金融危机那样的"多米诺骨牌效应"。本轮美国经济减速，已经给全球股市带来了相当大影响，日经225种股票指数已经降到16年来的最低点了，也对欧洲股市带来相当的影响，但是进一步引发全球性股灾的可能性不是很大。这是因为，美国股市震荡已经持续一年多了，对全球股市冲击的能量已经逐步得到释放。它不像亚洲金融危机突然爆发，来势很猛，一下出现多米诺骨牌效应，席卷东亚。现在，欧洲、东亚的经济基本面和预期都还看好，所以一般不会出现亚洲或全球金融危机的情况。

（四）

美国经济减速对我国经济特别是外贸出口会直接和间接产生相当大的影响，对此应当有充分的估计和应对准备。这是因为：

第一，2000年我国对美国的出口额521亿美元，占出口总额的20.9%，如果加上由香港转出口美国的部分，估计占近30%，约相当于2000年我国对东盟出口（占我国出口总额的6.9%）、对韩国出口（占4.5%）、对台湾省出口（占2%）、对日本出口（占16.7%）的总和。2000年我国出口增长27.8%，其中对美国出口增长24.2%，均属于超常增长。这与2000年全球贸易超常增长，特别是1999年第四季度和2000年上半年美国经济的高增长有很大关系。2000年8月我国对美出口额当月达到51.93亿美元的高点。随着美国经济减速，从2000年9月以后逐月下降，到2001年2月当月对美出口额已降到36.58亿美元，与美国经济呈现明显的正相关。

2001 年美国经济大幅下滑，必将对我国外贸出口产生很大
影响。

第二，亚洲金融危机爆发于 1997 年 7 月，而我国出口同
比下降始于 1998 年 5 月，滞后近一年，重要的原因是当时我
国对美国、欧盟出口保持较快增长，1998 年分别比上年增长
16% 和 18.1%，因而部分弥补了对东亚出口的下降。但这次
美国经济减速使全球经济都受到影响，也必然会阻碍亚洲经济
继续复苏的步伐。因此我国不可能从对东亚、欧盟出口的增长
来弥补对美国出口的下降。

第三，亚洲金融危机爆发后，我国在稳定人民币汇率的同
时，进一步实施出口多元化和以质取胜战略，并采取了提高出
口退税率、放开企业出口经营权、在出口配额管理中引入市场
机制等政策措施，对出口止降回升，起了很大作用。2001 年
和 2002 年出口面临的形势相当严峻，理所当然要继续执行这
些行之有效的政策措施，但是有些方面情况已发生了变化，如
出口退税率平均已从前几年 8.3% 提高到目前的 14.75% 左右，
进一步提高出口退税率的空间已经不大。这也是与前几年相比
2001 年出口面临的困难可能更大的一个原因。还要看到，我
国 2001 年一季度出口 593 亿美元，增长 14.7%，虽然增速并
不低，但比 2000 年同期增速大幅下降，而且由于执行已有合
同等原因，出口形势的变化可能滞后于国际经济形势的变化，
因此 2001 年后三个季度出口增幅如何还很难预料。

从利用外资看，我国由于政治稳定，经济增长率居亚洲、
世界前列，特别是加入 WTO 以后将进一步开放国内市场，而
且国际资本总体过剩，因此美国经济减速对我国利用外资可能
影响不大。但是对国际金融市场特别是美元汇价的动向，值得
密切关注。目前美国联邦基金利率比欧洲主导利率低 0.25 个
百分点；如果今后美联储为阻止经济衰退继续调低利率，而欧

洲央行坚持不降利率，加之目前欧洲经济状况较好，因此有一部分国外资金有可能从美国流向欧洲。同时美元由于持续坚挺，目前美元汇价约高估 25%，而美国商品贸易又存在巨额逆差，在美国经济减速、衰退的压力下，以上诸种因素共同影响，有可能导致美元适度贬值。我国人民币同美元保持固定汇率，美元的贬值虽有利于我国外贸出口，但同时也会给我国政府和居民持有的美元储备及美元资产带来损失。

美国经济增长明显放慢对我国带来的压力不可轻视，但是由于我国经济发展 2000 年出现了重要转机，2001 年以来继续步入良性循环的轨道，因此，2001 年经济增长 7%，对外贸易增长 8% 的预期目标是可以实现的。从拉动经济增长的"三驾马车"看，2000 年消费对我国经济增长的贡献率为 65.6%，拉动 GDP 增长 5.3 个百分点；资本形成的贡献率为 39.1%，拉动 GDP 增长 3.1 个百分点。虽然 2000 年我国出口超常增长，但由于进口增长高于出口增长，顺差比上年减少，净出口对 GDP 增长的拉动是负 0.4 个百分点。比较幸运的是，尽管对亚洲金融危机在它爆发前没有预见到，但由于中央在 1993 年下半年以后采取了抑制通货膨胀，并进行财税、金融、外贸、外汇等一系列改革，正好为我国应对亚洲金融危机做了准备。这次美国经济减速和可能陷入衰退，事先也不可能完全预见到，但由于中央从 1998 年以来实行了扩大内需、积极财政政策、抑制通货膨缩、调整经济结构等一系列正确决策，因此不仅克服了亚洲金融危机给我国带来的困难，而且可以说是事先为应对美国经济减速做了某些准备。

（五）

美国经济增长骤然放缓，给我们带来了许多有益的启示：

第一，坚持扩大内需，继续实施积极的财政政策。面对亚洲金融危机的冲击，如果当时不是果断地实施扩大内需的方针和积极的财政政策，同时采取稳定汇率和扩大出口的有效措施，我国经济就不可能走出前几年面临的困境，也不可能有今天的好局面；遇到美国经济减速、衰退这样国际经济环境的大变化，困难就会更大得多。我国是一个有近13亿人口的发展中大国，内需规模很大，无论是近期，还是长远，扩大内需的潜力都很大。现在我国经济、社会发展和人民生活的总体水平还很低，2000年经济总量只占全世界的3.5%，人民生活刚刚总体上实现小康，2000年人均GDP为850美元左右，在世界上还排在一百四十几位。今后推进工业化、信息化、城市化、现代化，建设城乡各种基础设施，不断提高居民生活水平，都会持续创造出巨大的消费需求和投资需求。这说明，我国经济发展还有很大的空间。另一方面，现在扩大内需也有很好的条件：加工工业和农业的生产能力和产品都出现阶段性相对过剩，粮食、钢铁、外汇等重要储备充足；人力资源丰富、成本较低；国内储蓄率高，利用外资持续增加；财政赤字和国债规模仍控制在风险可承受的范围之内。因此坚持扩大内需的方针，并在"十五"前期继续实施积极的财政政策，既十分必要，也有可能。现在看来，何时停止实施积极财政政策，一方面要考虑财政的风险，另一方面也要考虑宏观经济形势和国际经济环境的变化。当前要很好地总结最近几年扩大内需的经验，使之不断完善，更加有效。

第二，加快推进经济结构调整，千方百计扩大出口。出口与扩大内需不是相互排斥、此消彼长的关系，而是两个"发动机"的关系。在扩大内需的同时，要积极开拓外需，增加出口。提高出口退税率刺激出口的空间不大，并不是努力扩大出口的余地不大。在深化外贸体制改革，提高管理、营销水平，进一步实施出口多元化和以质取胜战略等方面，都还有许多文章可做。拿市场多元化来讲，美国人口只占全球人口的4.5%，其总消费已占全世界总产出的30%，尽管美国消费水平高，但其需求增长和市场容量总有限度。全世界都争着向它出口，各国经济增长过于依赖美国市场，并非长久之计。我国经济同许多国家都有互补性，现在出口商品的附加值总体上也比较低，通过市场多元化和提高质量来拓展出口市场空间的余地还很大。出口竞争力归根到底取决于国内产业的素质和水平。现在突出的问题是产业结构不合理，严重制约市场空间的扩大。我国经济已经到了不调整就难以发展的地步。加快结构调整，可以更好地开拓国内、国际两个市场。一方面我们离加入WTO越来越近，另一方面美国经济出现大幅下降，尽管我们不希望它出现大的问题，但工作立足点应当放在它可能出现衰退上，做好充分的准备，以减少损失。

第三，正确处理虚拟经济与实体经济的关系。虚拟经济的积极作用表现在多个方面，有助于动员储蓄，有助于分散金融风险，可以更好地传递实体经济的信息，提高实体经济运作的效率。它还可以通过财富效应，刺激消费，拉动内需。但另一方面，虚拟经济也有负面作用。无论是过去日本泡沫经济的破灭、亚洲金融危机的爆发，还是这次美国股市的剧烈波动，虽然说到底还是实体经济有问题，但与虚拟经济的过度膨胀有很大关系。最近十几年，虚拟经济的发展非常引人注目，特别是借助经济全球化，虚拟经济规模超常发展，大量的过剩资本在实体经济以外运行，加上信息技术的运用，使得资本的流动以光的速度在进行。在这种情况下，必须十分注意处理好虚拟经济与实体经济的关系，防止它的消极面扩大，否则就可能出大乱子。尽管美国的实体经济非常强，它的第一产业、第二产业、第三产业特别是信息产业，在全世界都居于前列，但虚拟经济出了问题，也对实体经济产生了很大冲击。长期以来美联储关注的是通货膨胀，但这次经济过热，通货膨胀率并不高，而是资产价格膨胀引发了经济减速。日本的制造业和经济实力也很强，同样是由于地产、股票等资产价格极度膨胀，在泡沫经济上栽了跟头。现在我国还是发展中国家，在经济规模、经济质量上，都与美、日等发达国家差一个数量级，我们一方面要适度发展虚拟经济，另一方面更要注意控制虚拟经济的泡沫和风险。在对待虚拟经济的政策选择上，应该采取支持与管理并重的原则，既要充分发挥其对实体经济的促进作用，又要最大限度地防范和消除其对实体经济运行可能带来的负面影响。贸易自由化是大趋势，但对资本和金融自由化一定要慎重。对于发展中国家来说，放开资本市场，监管体系一定要健全，监管能力一定要跟上。如果步子太快了，就可能会走向反面。"十五"期间一方面要积极发展证券市场、资本市场，另一方面也要注意虚拟经济对实体经济的负面影响。当然，对于虚拟经济也不要因噎废食。应当认真地研究日本、美国发展虚拟经济的经验教训，提高我们的防范能力和监管能力，有步骤地放开和规范发展资本市场。亚洲金融危机的时候，我们的股市、汇市有一道"防火墙"。现在我们面临加入WTO，在这个方面也要有紧迫感。

（本文原载《宏观经济研究》杂志 2001 年第 5 期）

积极促进非公有制经济发展

（2001 年 5 月 9 日）

党的十五届五中全会通过的制定"十五"计划的建议，九届人大四次会议审议批准的"十五"计划纲要，提出了"十五"计划的目标任务、发展战略、改革取向和方针政策，是全国经济和社会发展的行动纲领，也为非公有制经济发展提供了良好机遇和广阔空间。

从基本政策看，党中央关于"十五"计划的建议，重申了党的十五大报告和载入宪法的论断："公有制为主体、多种所有制经济共同发展是我国的基本经济制度，非公有制经济是社会主义市场经济的重要组成部分。"而且进一步从理论上作了论证，指出："社会生产力的多层次性和所有制结构的多样性，是我国社会主义初级阶段的重要特征"。发展非公有制经济是发展社会生产力的客观要求，是所有制结构多样性的重要体现，是整个社会主义初级阶段都要坚持的基本政策。

从改革取向看，今后五年到十年要完善社会主义市场经济体制，进一步发挥市场对资源配置的基础性作用；要扩大对外开放，进一步融入世界经济体系；要对国有经济布局进行"有进有退"的战略性调整，推进投资主体多元化的股份制改革，发展混合所有制经济等等，都要求进一步发展非公有制经济，同时也为非公有制经济发展开辟了更大的空间。

从发展目标看，"十五"期间经济增长速度的预期目标为年均7%左右；五年城镇新增就业和转移农业劳动力各达到4000万人；城镇居民人均可支配收入和农村人均纯收入年均增长5%左右。实现这些预期目标，关键取决于内需能否不断扩大，产业结构能否调整优化，经济活力和持续增长动力能否不断增强。而这些问题的解决，都离不开非公有制经济的进一步发展。拿扩大就业来讲，这是"十五"计划的一大难点，因为：（1）"九五"期间GDP年均增长8.3%，而城镇就业五年只净增3560万人；而"十五"计划GDP年均增长率预期目标为7%左右，要求城镇就业五年增加4000万人，任务是十分艰巨的。（2）"九五"末期城镇登记失业率为3.1%，约590万人，此外国有企业下岗职工未就业的有600多万人。就是说，约有1200万失业人员转入"十五"时期，加上城镇每年净增劳动力约800万人，五年4000万，"十五"期间城镇劳动力供给约有5200万人。这还未将因深化改革、结构调整新增的下岗失业人员包括在内。（3）"十五"期间还要转移农业劳动力4000万人，除一部分转入农村的非农产业外，主要途径是转入城镇就业。这更增加了城镇就业的压力。因此"十五"期间解决城镇就业这个大难题，必须有大思路、大政策。最重要的就是进一步发展非公有制经济。事实上"九五"时期，非公有制经济已经成为城镇新增就业和失业人员再就业的主要渠道，"十五"时期将更是如此。据国外投资公司的测算，最近五年中国非公营企业提供的就业年均增长率达到21%，是中国城市整个就业增长率2%的10倍。所以，"十五"期间城镇就业和农业劳动力转移问题解决得如何，关键在于非公有制经济能否有一个更大的发展。

从发展战略看，"十五"计划从多方面为非公有制经济的进一步发展，提供了机遇和空间，包括：

——"十五"计划把加强农业和增加农民收入，作为经济工作的首要任务，强调要加快农业和农村经济结构调整。其重要途径是促进农业产业化经营，扶持发展龙头企业。非公有制经济可以在这个方面大显身手。

——"十五"计划以经济结构调整为主线，重点是调整产业结构，这同国有经济布局和结构调整有密切关系。国有经济要有进有退，加强重点，从一些竞争性行业退出，要进行企业组织结构调整，发挥中小企业与大企业配套的分工专业化优势；要吸收非公有制经济成分参与国有资产重组，发展混合所有制经济等等，都为非公有制经济提供了新的发展空间。

——加快发展第三产业，提高服务业在 GDP 和就业中的比重，是"十五"计划的重要目标，是拓宽经济增长空间和就业渠道的重要途径。第三产业行业众多，新型业态不断涌现，非公有制经济可以成为第三产业多数行业的主力军，发展机会很多。

——"十五"计划把大力推进信息化，加速发展信息产业，放在十分突出的位置，体现了时代特征和世界发展的方向。新经济的核心是知识和创新，许多新技术、新观念转化为生产力的机遇稍纵即逝，而且充满风险，必须充分发挥个人的创新、创业精神，通过市场运作，这些特点决定了发展信息等高新技术产业，除若干重要项目由国家投资外，大多数应发挥非公有制经济的作用。这是前途极为广阔的发展空间。

——"十五"计划提出实施城镇化战略，加快城镇化步伐，为非公有制经济发展提供了新的机遇和市场空间。特别是发展小城镇，主要是通过市场机制，鼓励企业和居民投资。

——实施西部大开发战略，国家主要集中力量加强西部的基础设施和生态环境建设，发展科技、教育，同时实施一系列优惠政策吸引外资和东部资金到西部投资。特别是东部发展市场经济的新观念，改革开放的经验，非公有制经济的灵活机制等，都是西部开发十分需要的。从当前和长远看，西部大开发为东部非公有制经济提供了很大的发展空间。

——"十五"计划还提出了要实施"走出去"战略，鼓励能够发挥我国比较优势的对外投资，包括发展对外承包工程和劳务合作，以及国内企业到境外开展加工贸易和开发国外资源。国家将健全对境外投资的服务体系，并在金融、保险、外汇、财税、人才、法律、信息服务、出入境管理等方面，为到境外投资办厂创造条件。这也为非公有制经济发展开辟了途径和空间。

——此外，在基础设施建设、环境生态建设方面，在发展社区建设、民办教育和文化市场方面，也都拓宽了非公有制经济投资和发展的空间。

"十五"期间非公有制经济发展，既面临大好机遇，也面临严峻挑战。主要是：我国经济发展和人民生活在"九五"期间都发生阶段性变化，市场需求已成为制约经济发展的主要因素。"十五"期间国际经济环境有许多不确定的因素，有可能发生全球性需求不足和通货紧缩的趋势。从长期看，国内市场潜力很大，但从近期看，有效需求不足的矛盾尚未根本缓解。特别是我国加入WTO后，将进一步开放国内市场，我国企业在国内市场也将面临更为激烈的国际竞争。而私营、个体等非公有制企业，虽然具有机制活、贴近市场、劳动成本低等优势，但一般说来，经济规模、技术开发能力、管理水平相对较低，要在日趋激烈的市场竞争中站稳脚跟，扩大市场份额，就必须适应市场需求调整结构，持续增加研究与开发投入，不断提高竞争力。

因此，促进非公有制经济发展，仅有发展战略、宏观政策提供的机遇和空间还很不够，需要政府、社会和非公有制企业等各个方面共同努力，为进一步发展非公有制经济创造条件。

（1）按照"三个有利于"的标准，进一步提高对发展非公有制经济必要性和重要意义的认识。现在有些同志对发展非公有制经济仍然存在疑虑，观望等待，缩手缩脚，不敢积极支持、放手发展。因此，进一步解决思想，转变观念，仍是首先要解决的问题。公有制为主体和多种所有制共同发展，都是我国基本经济制度的组成部分，两个方面都不可或缺，都要坚持和贯彻。应把对非公有制经济的态度，提高到对社会主义基本经济制度的态度来对待，彻底转变将非公有制经济视为社会主义的对立物、对其发展要进行限制等错误观念，将认识统一到党的十五大和宪法对非公有制经济的定位和基本政策上来，创造有利于非公有制经济发展的体制、政策环境和社会舆论氛围。党的十五大报告还指出，公有制的主体地位是就全国而言的，主要体现公有资产在社会总资产中占优势，国有经济控制国民经济命脉，对经济发展起主导作用。因此，对于具体的地方、行业来讲，要从实际出发，不应拘泥于非公有制经济的比重。

（2）将国家有关支持、鼓励和引导私营、个体等非公有制经济发展的有关规定和政策真正落到实处。党的十五届五中全会关于"十五"计划的建议明确指出：要为各类企业发展创造平等竞争的环境。"十五"计划纲要进一步具体化，规定要"取消一切限制企业和社会投资的不合理规定，在市场准入、土地使用、信贷、税收、上市融资、进出口等方面，对不同所有制企业实行同等待遇。凡是对外资开放的领域，内资均可进入。依法保护各种所有制企业的合法权益"。现在的关键在于落实，应当对涉及非公有制经济的法律、法规、具体政策规定等进行清理，对不符合上述规定的应予废除或修订，同时制定落实对不同所有制实行同等待遇、促进非公有制经济发展的相关法规和规定。福建省委、省政府在 1998 年 9 月 4 日就向全省发文提出了加快发展非公有制经济的 14 条实施意见，体现了党的十五大的精神，对促进福建省非公有制经济的发展发挥了很好的作用。当然，适应新的形势，还需要进一步完善，特别是要继续在落实上下工夫。

（3）现在全国各地非公有制经济发展很不平衡，一个省范围内各地也有很大差别，其原因主要是思想观念、干部素质、政府行为，以及体制、政策具体环境的差异所决定的。因此，应当积极推广先进地区发展非公有制经济的经验，促进各级政府进一步转变职能，规范政府行为，增加执法和执行政策的透明度，减少行政审批，提高办事效率，搞好公共服务，帮助中小企业解决融资难等问题，切实保障非公有制企业的合法权益，创造良好的市场经济秩序和公平竞争的环境。

（4）非公有制企业经营者要从各方面提高自身和企业的素质。非公有制企业要做强做大，成为规模大、实力强、有影响的企业或企业集团，一定要有企业家或企业家群体来掌舵。非公有制企业是企业家的孵化器和摇篮，但是非公有制企业的老板，并不一定是企业家。现代市场经济条件下的企业家，必须是高素质的、具有战略眼光、善于经营管理的人才。企业文化对企业的长远发展至关重要。成功的企业都有扎根于实际又面向世界、面向未来的企业文化。而企业文化同企业家的素质、胆识、谋略有密切关系。因此，非公有制企业经营者应当在市场经济的实践中不断学习提高，进行自我教育，全面地提高自身的素质。

总的看来，我国现在非公有制企业的数量虽多，但平均规模还很小，今后的发展潜力很大。据国外投资公司预测，中国今后 5 年内，销售额超过 1 亿元的私营公司，将从现在的几千个增加到 10 万个（其中包括几万个高技术公司）；今后 10 年内，销售额超过 10 亿元的私营公司将从现在的几十个增加到几千个。可以肯定，今后非公有制经济的更大发展，必将成为全国经济持续快速增长的强大推动力。

> （本文是作者在福建省人民政府召开的
> "福建省非公有制经济发展论坛"的演
> 讲稿，原载《经济界》杂志 2001 年第 7
> 期）

中国经济发展良好势头不会逆转

（2001 年 9 月 24 日）

记者： 2001 年以来国际经济环境比 2000 年差得多，世界主要经济体增长率明显下降，这对我国的经济增长产生了哪些影响？我国当前经济运行形势如何？

林兆木： 我国经济没有因为国际经济环境变化出现大的回落，而是继续保持了 2000 年的良好发展势头，增长速度较快，经济效益较好，产业结构调整取得进展。总的看来，2001 年宏观经济形势有以下几个特点：

一是经济增长率前高后低。上半年国内生产总值同比增长 7.9%，略低于 2000 年同期的 8.2% 和全年的 8%。预测下半年增速将下降到 7.2%，全年增长率约为 7.5%，增速低于 2000 年。其主要原因是：出口增速由高走低，比 2000 年大幅度下滑。出口一季度同比增长 14.7%；二季度降为 4.6%，7、8 月同比分别增长 6.6% 和 0.9%，预测全年增长不到 5%。2000 年由于世界贸易高速增长，我国出口比上年增长 27.8%，属于超常增长。2000 年基数很高，2001 年出口增速下降是必然的，其中含有正常的部分。但出口增速大幅度下滑则主要是由于：美国经济减速，日本经济低迷，世界经济普遍不景气，国际市场竞争更为激烈，贸易保护主义加剧。我国加大对出口的支持力度，虽有助于缓解出口面临的困难，但不可能根本改变上述大的环境。另一方面，由于国内经济保持较快增长，外商直接投资增加，部分商品国内外价差较大等原因，2001 年以来我国进口增长较快，近几个月增速有所回落，但总的看来，进口增速明显快于出口。预测全年贸易顺差为 100 亿美元左右，比 2000 年约减少 140 亿美元。净出口对拉动经济增长的贡献将为负 1 个百分点以上。

二是内需对经济增长的拉动作用增强。特别是固定资产投资增速持续上升。2001 年 1—8 月固定资产投资（不含集体和个人投资）同比增长 18.9%，比 2000 年同期提高 6.2 个百分点。预测全年全社会固定资产投资增长 12%，比 2000 年高近 3 个百分点，对经济增长的贡献比上年提高 0.5 个百分点以上。2001 年投资增速上升的主要原因是：

（1）2001 年预算安排的国债投资 1500 亿元，加上 2000 年有 500 亿元国债资金结转到 2001 年使用，使可利用的国债资金达到 2000 亿元，高于前 3 年平均每年 1200 亿元的规模。其中用于西部开发项目的 500 亿元国债资金，上半年只安排 200 亿元，还有 300 亿元可在下半年投入。

（2）房地产开发投资高速增长，2001 年 1—8 月同比增长 32.1%，预计今后增长的势头不减。其主要原因是：住房制度改革进一步推进，经济适用房建设加快，银行对居民住房信贷扩大（1—5 月个人住房贷款同比多增 394 亿元），促进了居民住房消费，进而带动住宅投资快速增长。我国申奥成功和即将加入世贸组织，也使办公、商业、服务业等房地产开发项目预期看好。

（3）世界经济不景气，跨国并购减少，而我国经济增长和市场前景看好，政治、社会稳定，外商来华直接投资比前几年大幅增长。2001 年 1—8 月合同金额外资为 437.5 亿美元，同比增长 31.5%；实际使用外商直接投资 274.4 亿美元，增长 20.4%。

与此同时，居民消费需求稳定增长。2000年社会消费品零售额比上年增长9.7%，扣除价格下降因素实际增长10.1%。2001年1—8月在2000年基数较高的基础上增长10.1%，预测全年增长10%左右。消费需求增长对GDP增长的贡献，估计与2000年大体持平。消费需求稳定增长的因素主要是：

（1）2001年国家两次提高机关事业单位职工工资，基本工资平均增长30%，并相应提高离退休人员待遇，增加下岗职工、失业人员和城市最低生活等补贴。这对提高城市居民可支配收入、刺激消费需求发挥了良好作用。

（2）国家加大对农业、水利等基础设施建设的投入，银行增加对农业的贷款支持，促进农业结构调整，农民人均纯收入比2000年略有提高。

（3）居民对未来经济和收入增长的预期看好，信心增强；住房、旅游、汽车、教育等项消费正在升温，有利于消费需求的扩大。

三是经济增长质量和效益有所提高。企业经济效益继续回升，2001年1—8月工业增加值同比增长10.4%；到7月末，工业企业利润总额为2492.5亿元，同比增长20.4%。经济效益较好在宏观上表现为财政收入增长较快。1—8月全国财政收入10575亿元，同比增长24.7%。主要是由于经济稳定增长、企业效益改善，税收增幅较大，其中增值税、消费税、企业和个人所得税、海关代征增值税和消费税等都增长较多。

经济效益和经济增长质量有所改善的主要原因是：近几年来所有制结构调整和国有经济布局调整取得进展；国有企业改革、改组和改造不断推进；宏观管理和企业管理得到加强；特别是加大了结构调整的力度，压缩过剩生产能力和淘汰落后生产能力的工作取得显著成绩；打击制售假冒伪劣商品，整顿和规范经济秩序，为企业正常经营、公平竞争和提高效益创造了较好的市场环境。

四是通货紧缩趋势进一步得到抑制。2001年1—8月全国居民消费价格指数同比上升1.2%，扭转了前几年负增长的趋势。而生产资料价格指数1—8月同比下降1%，说明短期内居民消费价格指数不可能明显上升，通货膨胀不会成为当前宏观经济的主要问题。

综合来看，虽然2001年我国宏观经济发展面临的国际经济环境，与亚洲金融危机爆发后的1998年有些相似，但是国内经济和政策环境却有很大不同，2001年内需的增长可以大部分弥补出口减速的影响。因此，经过努力，实现7.5%左右的增长是可能的。

记者：从宏观经济层面上看，我国经济还存在一些什么问题？

林兆木：当前我国宏观经济存在的问题主要是：

（1）国际经济环境恶化对我国出口和经济增长产生了持续的不利影响。

（2）就业形势严峻。随着出口增速下滑，工业增长速度正在下降，由一季度同比增长11.2%，二季度10.6%，降为7月和8月的8.1%。2000年工业增加值比上年增长11.4%，预测2001年有可能比2000年下降1个百分点。这将直接导致失业率上升。预测年底失业人数将比2000年增加200万人（包括按协议退出企业再就业中心后未能再就业的下岗职工），登记失业率由2000年年底的3.1%上升到4%以上。

（3）农民收入增长缓慢。1996年以来，农民人均纯收入增幅持续下降，1998—2000年实际增长分别为4.4%、3.8%和2.1%。2001年一、二季度有所回升，分别为4.8%和4.2%，但是地区差异很大，近几年粮食主产区农民人均纯收入实际是下降的。2001年许多地区又遭受严重灾害，而农产品价格指数并未明显回升。同时，受工业结构调整、淘汰落后生产能力等的影响，农民的非农业收入增长幅度持续减缓。另一方面，农民税费负担比较重的状况仍未根本扭转。以上两个方面情况严重制约了农村消费需求的扩大。

（4）货币政策的传导渠道不畅，信贷资金分布不平衡。近几年来各商业银行调整、撤并了部分基层机构，上收了部分分支行贷款权限，导致商业银行分支机构存多贷少，资金过分向上级行集中，新增贷款向大企业、盈利行业、国家重点建设项目等优质客户和经济发达地区集中和倾斜。但是，大企业信贷资金充裕，其中相当一部分进入资本市场，并没有成为现实的投资需求。而本来融资渠道狭窄、资本金普遍不足的中小企业却贷款更加困难。与此同时，邮政储蓄存款增长迅速，其中相当大部分来自农村，但越来越多地流回中央银行，成为信贷紧缩的一个因素。

为保持经济发展的良好势头，必须高度重视并采取有效措施，切实解决以上这些问题。

记者：美国"9·11"恐怖袭击事件对我国经济可能会产生什么不利影响？

林兆木：我们可以先就"9·11"事件对美国经济的负面影响作个简略分析。从已经发生和可以预见的因素看，这种影响是多方面的，并将产生一系列连锁反应，包括事件造成生命财产的巨大损失；金融、经济活动多日停顿、半停顿的损失；保险、航空、旅游业受到重创的损失；股市暴跌（纽约股市9月17日已恢复交易至9月21日，道指共下跌14.3%，纳指共下跌16.1%）导致巨额金融财富蒸发的损失；以上这些因素以及失业率上升，又使消费者和投资者的信心与预期受到重大打击，因而至少在短期内会减少消费和投资。

"9·11"事件之前，美国经济自 2000 年第三季度以来已持续减速、濒临衰退，2000 年三、四季度和 2001 年一、二季度经济增长率经过调整分别为 1.3%、1.9% 和 1.3%、0.2%。2001 年以来美联储已连续 8 次降息，联邦基金利率从 6.5% 降到 3%，为刺激经济增长，今后虽然有可能继续降息，但空间已经不大，而且相对于导致美国经济陷入衰退的多种因素所形成的合力，进一步减息只是杯水车薪，作用有限。

总之，"9·11"事件使美国经济雪上加霜，很有可能导致 2001 年第三季度和第四季度出现经济衰退（国内生产总值连续两个季度负增长）。当然要看到另一方面，"9·11"事件以后，美国已决定拨款 400 亿美元用于恢复和重建，并注资稳定金融；军事报复行动也将启动军火工业，从而增加需求带动经济增长。但是综合分析各种因素，至少从短期看，负面影响是主要的，美国经济陷入一次衰退难以避免。考虑另一方面因素，只能是使衰退持续的时间短一些，复苏能早一点到来。

美国经济是世界经济的火车头，美国国内生产总值占全球经济总量近 30%，特别是美国国内需求大，进口能力强，2000 年美国进口额占世界总进口的 19.5%，因此美国经济减速、衰退对世界经济有重大影响。据预测，2001 年世界经济增长率将从 2000 年的 4% 下降到 2.2%。我国经济在 2001 年四季度和 2002 年将面临更加严峻的国际经济环境，不利的因素可能增加。我国经济增长虽然立足于内需为主，但是美国经济衰退对我国外贸出口和经济增长仍会直接和间接地产生相当大影响。2000 年我国对美国出口额 521 亿美元，占出口额的 20.9%，如果加上由香港转出口美国的部分，估计占近 30%。2001 年以来，我国对美国和其他国家、地区的出口增速持续下降。"9·11"事件以后，下降的幅度可能更大。特别是我国消费类商品出口将受美国消费减弱的影响而下降。出口减少将导致工业增速下降，失业增加，同时进出口顺差缩小，将使净出口对经济增长的贡献减少，相应增加扩大内需拉动经济增长的压力。这将是 2001 年四季度特别是 2002 年必须应对的问题。

记者：国际经济环境的变化会不会使我国经济增长回升的趋势发生逆转？

林兆木：我国经济在 1996 年实现了软着陆。1997 年以后由于受亚洲金融危机和国内有效需求不足的共同影响，经济增长率持续下降，从 1996 年的 9.8% 降到 1999 年的 7.1% 。2000 年在国内需求回升和出口大幅度增长的带动下，经济增长率在连续 7 年下滑以后首次回升，国内生产总值比上年增长 8% 。可以认为，2000 年是我国经济发展由周期下行进入上行的转折点。如上所述，2001 年经济增长率将比 2000 年下降 0.5 个百分点左右，那么 2002 年会不会由于惯性作用而进一步走低呢？我认为，虽然不能排斥有这种可能，因为世界经济仍然存在许多不确定的因素，对我国宏观经济发展的不利影响难以完全预料，但是我国是人口众多的大国，推动经济发展的主导因素在国内。综合分析国际、国内的有利与不利因素，我认为 2002 年我国经济增长仍有可能小步回升，预测经济增长率为 7.8% 。2003 年有可能继续保持回升的态势，预测经济增长率为 8% 。这就是说，中国经济在 2000 年开始出现的转折在今后几年可能不会发生逆转，虽然经济增长率回升的幅度不会像我国以前几个周期上升时那么大，而且年度之间也有可能发生小幅波动，但是总的看来，处在周期上行的基本态势不会改变。

这种预测的基本依据是：我国经济增长仍有较大的潜力，目前国内生产总值实际增长率还低于潜在增长水平。不仅许多行业生产能力未充分利用，而且社会资金出现大量剩余。资金是发展中国家的稀缺资源，但我国近几年却有相当一部分国民储蓄并未转化为投资，金融机构存差持续扩大，2001 年 8 月末已达 2.95 万亿人民币，商业银行在中央银行的超额储备增加；上市企业的股市融资大部分未投入实体经济；国内金融机构的巨额外汇存款和国家外汇储备在境外投资运作。中国劳动力资源极为丰富，成本较低，目前还不存在发达国家那种就业率上升导致工资提高进而推动通货膨胀的传导机制。何况近几年我国失业率呈上升趋势，而物价指数目前仍处于较低水平。这些情况说明，我国的经济资源和潜在增长能力尚未得到充分利用。其原因直接表现为市场需求制约，即市场商品相对过剩，因而限制了投资和经济发展的空间。但深入分析，商品和生产能力相对过剩的深层次原因，是多年积累下来的结构性和体制性矛盾使得经济循环不畅所致。通过进一步推进经济结构调整和经济体制改革，就有可能大大拓展市场和经济发展的空间。

我国是有近 13 亿人口的发展中国家，2000 年全国人均国内生产总值只有 850 美元，人民生活总体上刚达到小康水平，随着工业化、信息化、城市化和市场化的推进，无论是投资需求还是消费需求都有很大的拓展空间，国内市场的潜力巨大。中国商品在国际市场还有比较优势，我国加入世贸组织，不仅外资进入将会大幅度增长，而且有利于我国进一步扩大国外市场。因此，无论从供给还是从需求方面看，中国经济还有较大的增长潜力和发展空间。这包含两层含义：一是从近期看，我国经济增长率还有回升的空间。在今后两三年内有可能保持 8% 左右的经济增长率，同时不会出现通货膨胀，居民消费价格指数可以保持在 3% 以下。二是从中长期看，我国经济有可能持续较快增长，在新世纪的头 10 年，可以实现国内生产总值倍增的目标。

记者：为巩固和发展经济增长的良好趋势，你认为在宏观经济政策方面应采取哪些措施？

林兆木：党中央在"十五"计划建议中提出：今后五年经济社会发展，要以发展为主题，以结构调整为主线，以改革开放和科技进步为动力，以提高人民生活水平为根本出发点。这也是今后我国宏观经济政策的基本目标。为了充分利用我国经济增长的内在潜力，保持经济增长回升态势，宏观经济政策的基本取向应是：立足于扩大内需，并尽可能扩大国外需求，加快推进经济结构调整和经济体制改革。近期的政策措施包括：

——继续实行积极的财政政策，保持国债投资的必要力度。重点是投向在建项目和西部开发项目。同时抓紧列入"十五"计划纲要的重大项目（南水北调、西气东输等）的前期工作，争取尽早开工建设。

——积极促进政府投资以外的社会投资加快发展。尽快制定具体实施办法，放宽非国有投资的市场准入，取消对非国有投资和非国有经济发展的限制。在税收、融资、土地使用、企业开办、股票上市、进出口等方面，对各种所有制经济成分的投资一视同仁。政府有关部门和社会中介机构要在建立信用体系、信息咨询、人员培训等方面提供服务，引导和促进民间投资扩大。

——进一步发挥货币政策对经济增长的促进作用。在存款准备金率、存贷款利率和人民币汇率保持稳定的情况下，完善货币政策的传导机制，主要是疏通信贷渠道，调整信贷结构。重点是改进对中小企业的金融服务（包括完善为中小企业提供金融服务的组织体系，适当下放贷款审批权限，减少审批环节，规范和发展中小商业银行、增加新的融资工具等）；加大对农业和农村的信贷投入；继续积极开展消费信贷业务。

——深化金融改革。按照现代银行制度对国有独资商业银行进行综合改革。加快发展资本市场，逐步改变间接融资比例过高、直接融资比例过低的状况，以提高社会资金利用率，降低国有商业银行不良贷款比重和运行风险。防范国际金融剧烈波动的冲击，保持我国金融稳定。进一步规范和发展证券市场。积极发展各类投资基金，发展中外合资的证券公司、基金管理公司等中介机构。加快二板市场和债券市场的发展步伐。

——多渠道增加城镇就业。加快城市化步伐，大力发展已成为城镇就业主渠道的非国有经济、中小企业和第三产业。同时积极推进社会保障制度的改革和建设，以稳定居民的消费心理预期。

——在持续增加城镇中低收入者收入的同时，从多方面采取措施增加农民收入，减轻农民的税、费负担，以促进城乡居民消费稳定增长。

——依靠科技进步和创新，推进产业结构调整。充分利用当前国际产业重组和转移的有利时机，加强对先进技术的引进和消化吸收，努力提高自主开发和创新能力。积极发展高新技术产业；推进传统产业的调整、改造和结构优化升级，继续淘汰落后的生产能力。

——继续调整和完善所有制结构，推进国有经济布局和国有企业的战略性调整，发展股份制和混合所有制经济；引入竞争机制，加快垄断行业改革；进一步转变政府职能，减少政府对经济活动的审批和直接干预。

——进一步扩大对外开放。继续实行鼓励外贸出口的政策措施，积极实施出口市场多元化和以质取胜战略，深化外贸体制改革，努力保持出口的增长。充分利用我国加入 WTO 的有利时机，拓宽利用外资的渠道和形式，吸引外资特别是跨国公司投资高新技术产业，参与国有企业改组改造、西部开发和基础设施建设，进一步扩大利用外资规模，提高利用外资质量。

（本文原载《瞭望》周刊 2001 年第 41 期）

审慎乐观：中国经济走势

（2002 年 8 月 20 日）

一、2002 年以来经济运行的总体态势和亮点

2002 年以来，我国经济形势总体上朝着好的方向发展，国民经济保持良好的发展态势。上半年 GDP 同比增长 7.8%，其中一季度增长 7.6%，二季度增长 8%。扭转了 2001 年下半年经济增长率下降的趋势，呈现可喜的回升势头。2000 年我国 GDP 增长率从 1999 年 7.1% 的低点回升到 8%。人们本来期待这次回升能继续保持，谁料 2001 年国际经济形势发生了大的逆转。美国、日本、欧盟三大经济体同时陷入低谷，世界经济和贸易出现了近 10 年来最为缓慢的增长，对我国外贸出口和利用外资的增长产生了很不利的影响。2001 年我国 GDP 增长率再次发生波动，由上年 8% 降到 7.3%，而且趋势是由高走低：一至四季度增长率分别为 8.1%、7.8%、7%、6.6%。与此同时，国际经济环境趋紧，特别是发生了震惊世界的"9·11"恐怖袭击事件，不仅使美国股市和经济受到很大冲击，而且使全球经济变数增加，前景暗淡。在这种情况下，普遍估计 2002 年世界经济形势十分严峻；我国经济有可能遇到比亚洲金融危机时还要困难的外部环境，实现 7% 左右增长率的难度相当大。前后对比一下，不难看出 2002 年以来我国经济形势的发展，确实比预期的好得多。尤其是经济增长

扭转下降趋势，更具重要意义。

外贸出口增长明显加快，是 2002 年以来经济运行的一个亮点。1—7 月出口总额同比增长 16.2%，7 月当月增速同比达到 28.1%。进口增长 13.2%，同比大体持平。外贸顺差 156 亿美元，同比增长 55.6 亿美元。国家外汇储备大幅度增长，7 月末已达 2465 亿美元，比年初增加 343.7 亿美元。2002 年以来国际经济环境虽然略有好转，但总体严峻的形势并未改变。在这样情况下，我国外贸出口能取得上述好成绩，是来之不易的，主要得益于出口市场多元化战略、以质取胜战略，以及一系列鼓励出口政策措施的贯彻。90 年代中期以来，我国大多数商品出现了阶段性相对过剩。经济增长由主要受资源及"瓶颈"部门制约，转为主要受市场需求制约。2001 年我国进出口总额占 GDP 的 44%，其中出口占 23%，外需对我国经济增长有举足轻重的作用。因此，2002 年年初最担心的是：出口增长率大幅度下降和内需不足叠加在一起。如果出现这种情况，经济增长率不可避免会继续下滑。1998 和 1999 年就出现了这种情况。当时由于受亚洲金融危机的影响，我国出口增长率由 1997 年的 21% 降到 1998 年的 0.5% 和 1999 年的 6.1%，加上国内需求不足，虽然采取了扩大内需和鼓励出口等措施，但 GDP 增长率还是由 8.8% 降到 1998 年的 7.8% 和 1999 年的 7.1%。2002 年从国际经济环境看，有点类似 1998 年的情况。因此，出口增长率没有下降，反而明显回升，这是很大的成绩。

投资增速加快是 2002 年经济运行的另一个亮点。1—7 月固定资产投资（不包括城乡集体和个人投资），在 2001 年同期增长 18.4% 的较高基数上，同比增长 24.1%。这主要是由于 2002 年国债项目启动早，带动了银行贷款和其他配套资金投入，促进了投资较快增长。同时，我国加入 WTO 后，进一步扩大开放，降低关税，投资环境趋于完善，外商直接投资增速加快。1—7月外商直接投资实际使用额295亿美元，同比增长22%。城乡集体、个体投资增长速度也有所加快。

2002年经济运行还有一个亮点，就是工业增长速度加快。在出口和投资增速较快的带动下，前7个月累计工业增加值同比增长11.8%，同比加快1.1个百分点。其中，由于汽车高速增长、机械工业增长较快，机械工业增长对工业增长的拉动作用明显增强。

消费需求是国内需求的重要方面。由于2001年下半年提高工资和离退休金，增加社会保障金等措施对2002年的后续效应增强，2002年上半年城镇居民可支配收入同比增长17.5%。农民人均现金收入同比增长5.9%。但1—7月社会消费品零售总额同比增长8.6%，比2001年同期回落1.6个百分点。其主要原因，一是居民储蓄倾向继续增强。到7月末，城乡居民储蓄余额已达82528亿元，比2001年年末增加8850亿元，同比增长18.4%。二是物价下降。1—7月，居民消费价格指数同比下降0.8%。剔除价格因素，社会消费品零售总额实际增长在10%以上。需要注意的是，在价格下跌情况下，实际增长率反映的是居民实际消费量的增长，而从消费对经济增长的拉动作用考察，应主要看以现价计算的名义增长。因为物价持续下降引起消费额增长率的下降，会导致经济增长率下降，所以必须予以重视。

总体看来，在国际经济环境依然严峻、不少国家经济不景气的情况下，2002年以来中国经济的表现是相当好的。这种不错的表现，来自中央的正确决策和全国上下的共同努力。1998年以来党中央、国务院根据国际经济环境的变化和国内经济发展的新情况，作出了扩大内需等一系列正确决策，并在实践中不断充实和完善，从各个方面为应对2002年的困难作了充分准备。2001 年以来，各级政府、各个行业和众多企业，都为我国加入 WTO 后抓住机遇、迎接挑战作出了很大努力，也是 2002 年我国经济取得主动的重要原因。

二、对经济运行中几个突出问题的分析

经济形势总是有两个方面，好的方面与问题并存。就当前而言，经济发展中存在的问题仍然不少，而且错综交织。只有重视并逐步加以解决，才能使经济发展的良好势头继续保持下去。

从宏观经济看，当前有两个比较少见的组合：一是在经济增长速度回升的同时，物价持续下降，通货紧缩趋势反弹；二是在经济增长保持较高速度情况下，下岗失业率上升。在市场经济一般情况下，经济增长率与物价升降（通货膨胀率）同方向运动（即经济增长率上升往往伴随物价上涨、通货膨胀率上升，反之亦然）；而与失业率反向运动（即经济增长率上升，失业率下降，反之亦然）。我国当前出现的状况比较特殊，因此需要进一步分析。

（一）关于物价持续下降。这个问题已经持续一段时间。生产资料价格和工业品出厂价格从 2001 年 4 月出现负增长到 2002 年 7 月已连续 16 个月下降；商品零售价格和居民消费价格连续下降也有 14 个月和 11 个月。多种价格指数持续下降半年以上，应当认为反映了通货紧缩趋势再次抬头。这种情况不利于企业效益和农民收入的提高，不利于消费需求的增长，也不利于生产经营者的正常投资和经营。新一轮物价持续下降的原因相当复杂。大的背景是，全球技术进步提高了劳动生产率，商品生产成本和价格下降；2001 年以来世界经济陷入低谷，加剧了原已存在的全球性生产过剩，导致国际商品价格下

跌，并通过进口和市场竞争影响到国内价格。近几年我国大力进行结构调整，取得了很大成效，但长期重复建设造成的工业生产能力大量过剩，多数商品供大于求的情况并未根本改变。不少企业泻库存，进行价格战，也加剧了价格下跌趋势。

从需求方面看，也存在着一系列结构性矛盾：一是在投资与消费关系上，过分向投资倾斜，居民消费占 GDP 比重 2000 年为 48.1%，2001 年降为 47%，比国际平均水平低 13—14 个百分点。二是城乡消费水平差距扩大。2000 年农村人口占 64%，其消费只占全国的 45.2%，2001 年以来这一比重进一步下降。在城市居民中，高低收入差距拉大，低收入者增加，也不利于消费增长。三是服务性消费比重偏低，而商品性消费供大于求，价格下降。四是在投资需求方面，过分依赖国债项目和政府其他公共投资带动。近几年民间投资增长比较缓慢，或者有资金找不到投资机会，或者有投资项目，但除自有资金外，贷不到款、融不到资。这种状况同国有金融机构贷款结构不够合理，过分向大企业、大项目倾斜也有关系。上述结构性矛盾同总需求不足有密切关系，因而是通货紧缩趋势反弹的较深层原因。在采取总量方面政策时，应与调整各方面不合理的结构相结合，才能较好地解决物价持续下降问题，并防止再次反弹。

（二）关于下岗失业人员增加。这是当前的一个突出问题。1998 年以来，由于国际经济环境趋紧，我国经济增长速度趋缓，同时结构调整和国企改革加快，国有部门的就业人数大幅度减少，加上城镇每年新增的劳动力，以及随着城镇化水平提高，农村劳动力加快向城市转移，因而城市就业压力加大（包括下岗职工再就业）。新旧矛盾交织，问题逐年积累，以至于经济增长速度略有下降，结构调整稍有加快，下岗失业问题就更加突出。2002 年 3 月末，城镇失业人数为 700 万人，登记失业率为

3.7%，加上尚未就业的下岗职工，约有 1400 万人。下岗失业现象将长期存在。我国人口众多，农村目前约有 1.5 亿剩余劳动力有待于向非农产业转移；"十五"期间，城镇每年新成长劳动力人数将升到峰值，加上现有的下岗失业人员，城镇每年劳动力供给量在 2000 万人以上；而每年新增就业岗位在 800 万个左右，缺口很大。另一方面，我国现正处在深化改革和结构调整的关键时期，现有企业和今后新建企业，随着资本有机构成的提高，同量资本投入所需的劳动力将会减少。从总体来看，GDP 每增长 1 个百分点所吸纳的劳动力（就业弹性）也在下降。据分析，上世纪 90 年代 GDP 增长 1 个百分点可以增加就业岗位 120 万个，近几年已降到 80 万个。因此，缓解下岗失业压力，既要保持国民经济较快增长，又要从我国国情出发，在发展资金密集型产业的同时，重视发展劳动密集型产业。尤其应强调加快第三产业发展。因为第三产业既包括金融、保险、通信等资金、技术密集型行业，也包括商业、餐饮、生活服务等劳动密集型行业。总体来看，第三产业每增长 1 个百分点所增加的就业岗位多于第二产业。2001 年，在 GDP 中第二产业增加值占51.1%，其就业人员只占就业人员总计的 22.3%；第三产业增加值在 GDP 中占 33.6%，其就业人员占就业人员总计的27.7%。问题在于：近 10 年来我国第三产业虽然有很大发展，但发展速度低于第二产业。1991—2001 年，第二产业增长 2.87倍，年均增长 13.1%，在 GDP 中的比重由 42.1% 提高到51.1%，上升 9 个百分点；而第三产业增长 1.56 倍，年均增长8.9%，在 GDP 中的比重由 33.4% 提高到 33.6%，仅上升 0.2 个百分点。同国际比较，我国三产发展本来已经很落后，90 年代以来一直在强调加快第三产业发展，提高三产在 GDP 中的比重，但结果恰恰是第二产业比重一路上升，而第三产业比重徘徊不前。这种状况如不能尽快扭转，将越来越不利于缓解就业矛盾和保持国民经济持续快速增长。

（三）关于财政收入增速减缓。这是 2002 年出现的新问题。2002 年 1—7 月财政收入（不含债务收入）同比增长 10.6%，同比下降 14.8 个百分点。而财政支出同比增长 18.7%，快于收入增长。2002 年有一些政策性因素影响财政减少收入，包括：从 2002 年 1 月 1 日开始我国将进口关税平均水平从 15.3% 降低到 12%；2001 年 11 月证券交易印花税由 4‰ 降到 2‰；金融保险营业税分三年从 8% 降到 5%，2002 年继续降低 1 个百分点；西部地区实行税收优惠政策等，这些政策性因素都会带来一定的减收。还应当看到，1995—2001 年财政收入已连续 7 年每年增收 1000 亿元以上，2001 年比 1994 年增加 11153 亿元，增长 2.14 倍，年均增长 17.7%。同期 GDP 增长 76.4%，年均增长 8.5%，财政收入增速超过 GDP 增速一倍。特别是 2001 年财政收入比上年增加 2975.8 亿元，增长 22.2%。财政收入相当于 GDP 的比重，从 1995 年 10.7% 的最低点逐年上升到 2001 年的 17.1%。这些都是很大的成绩。近几年来，发行国债的收入用于建设，财政收入增收部分用于增加科技教育投入、提高工资，以及增加转移支付和社会保障支出，两个方面互相配合，对扩大内需、促进经济增长发挥了重大作用。同时也应看到，财政收入连续多年大幅度增长，不仅是经济增长、效益提高的结果，更同财税体制改革，打击走私、偷漏税，加强税收征管等有密切关系。其中某些体制性和工作因素不可能长期持续，因此不可能指望财政收入能长期以前几年的速度增长下去。但是问题在于：现在财政支出的盘子是建立在财政收入连年大幅度增长基础上的。财政支出 2001 年比 1994 年增加 13051 亿元，增长了 2.5 倍，年均增长 18.3%。而且财政支出的刚性强，不少开支增长上去就很难减下来。一旦财政收入增速减缓，支出增速降不下来，收支矛盾就会加剧。2002 年就出现了这种情况。因此，解决这个矛盾必须从两个方面着手，即增收节支并举。上面所说的，并不是认为继续保持财政收入较快增长已经没有余地。有分析认为，目前我国个人所得税占税收总额不到 7%，而国际上一般占 30%，如按 15% 计算，则还有增收 1000 亿元的余地。还要看到，偷税、逃税、骗取出口退税等违法现象仍然存在，而且会不断发生，应当继续加强税收征管，堵塞漏洞，惩治腐败，清缴欠税。另一方面，节约财政开支的任务更重、更难，但潜力也很大。当前许多方面存在的严重浪费现象触目惊心，同我国作为发展中国家的国情极不相称，同现在国家财力以及多数人民群众的收入与生活水平也极不相称。应当趁 2002 年财政收支矛盾扩大的时机，狠煞铺张浪费之风，控制财政开支的过快增长。绝不能把铺张浪费、乱花纳税人的钱，与贯彻扩大内需方针混为一谈。

除了以上问题，经济效益不稳定也值得注意。由于市场竞争激烈，物价持续下降等原因，2002 年以来国有大中型工业企业的亏损面和亏损额有所增加。外贸出口增长势头虽然良好，但由于国际经济形势发展仍有一些不确定因素，因此也不能掉以轻心。美国大公司假账丑闻接连不断，投资者、消费者信心受到很大打击，股市、汇率大幅度下跌；阿根廷、乌拉圭、巴西等拉美国家金融、经济动荡，对美国经济复苏前景也有影响。日本经济复苏、欧盟经济增长的基础也都比较脆弱。在世界经济前景不很明朗的情况下，我国要继续保持经济发展良好的势头，必须在扩大内需和开拓外需方面都作出更大的努力。

三、下半年及明年经济发展前景的展望

2002 年前 7 个月我国经济景气回升的势头，后几个月有

望继续保持。全年经济增长率有可能达到 7.6% 或略高一点。考虑到下半年投资增长速度可能略有回落，但由于 2001 年经济增长率是前高后低；因此 2002 年下半年 GDP 增长率即使比上半年略微低一点，也仍有可能保持在 7.5% 左右。从国际经济环境看，美国经济在下半年仍有可能走向复苏，因为战后美国经济衰退期平均为 11 个月，目前这次衰退从 2001 年 3 月算起，包括考虑 "9·11" 事件及公司假账丑闻冲击引起的反复，到 2002 年下半年仍有较大可能走出衰退。总体上看，2002 年世界经济和贸易增长率将会高于 2001 年。因此，我国外贸出口和利用外资，经过努力保持 2002 年上半年的良好势头，是完全有可能的。

　　2001 年 10 月 8 日我在《中国经济发展良好势头不会逆转》[①] 的访谈中，对 2002 年经济发展前景作了比较乐观的估计，认为 2002 年 "我国经济增长仍有可能小步回升，预测经济增长率为 7.8%。2003 年有可能继续保持回升的态势，预测经济增长率为 8%。这就是说，中国经济在 2000 年出现的增长回升趋势在今后几年可能不会发生逆转。" 现在看来，虽然不敢说这种预测比较准确，但现在我仍认为基本判断是不错的。我当时认为，"这种预测的基本依据是：我国经济增长仍有较大的潜力。目前国内生产总值实际增长率还低于潜在增长水平。不仅许多行业生产能力未充分利用，而且社会资金大量剩余。中国劳动力资源极为丰富，成本较低，目前还不存在发达国家那种就业率上升导致工资提高进而推动通货膨胀的传导机制。何况近几年我国失业率呈上升趋势，而物价指数目前仍处于较低水平。这些情况说明：我国的经济资源和潜在增长能

---

　　① 载于《瞭望》周刊 2001 年第 41 期。

力尚未得到充分利用。"同时我还认为，"我国是有近 13 亿人口的发展中国家，2000 年全国人均国内生产总值只有 850 美元，人民生活总体上刚达到小康水平，随着工业化、信息化、城市化和市场化的推进，无论是投资需求还是消费需求都有很大的拓展空间，国内市场的潜力巨大。中国商品在国际市场还有比较优势，我国加入世贸组织，不仅外资进入将会大幅度增长，而且有利于我国进一步扩大国外市场。因此，无论从供给还是从需求方面看，中国经济还有较大的增长潜力和发展空间。这包含两层含义：一是从近期看，我国经济增长率还有回升的空间。在今后两三年内有可能保持 8% 左右的经济增长率，同时不会出现通货膨胀，居民消费价格指数可以保持在 3% 以下。二是从中长期看，我国经济有可能持续较快增长，在新世纪的头 10 年，可以实现国内生产总值倍增的目标。"

除了上述中国经济的基本面好之外，支持中国经济近期和长期能够持续较快增长的重要因素还有：（1）经过 20 多年改革，我国已初步建立社会主义市场经济体制，市场化程度不断提高，市场已成为资源配置的主导因素。（2）扩大内需、鼓励出口等促进经济增长的政策体系，行之有效并不断完善。（3）我国正确的外交政策和外交工作，赢得了有利于国内改革发展稳定的国际环境和周边环境，得道多助，我国国际声誉和地位日益提高，为对外开放创造了很有利的条件。（4）经过 20 多年经济持续快速增长，我国经济实力和综合国力大为增强，物质技术基础对经济增长的积累效应正在涌现。国外有的学者把工业革命、信息革命发展到一定阶段，对经济增长的带动作用会由量变达到质变的现象，称之为"临界效应"。可以说，我国几十年来推进工业化和经济发展的"临界效应"，现在已开始出现。（5）从过去 20 多年的改革开放、经济发展和中国的巨大变化看现在和未来，国外投资者和国内老百姓对中国经济发展前景的信心日益增强，将转化为促进投资和消费的力量。

总之，内部和外部的诸多条件都有利于我国经济近期和长期的持续较快增长。国外一些人对中国经济发展前景散布的悲观论调，是没有事实根据的。

关于宏观经济政策取向，我认为以下几点应当考虑。

（一）继续推进经济结构战略性调整。在产业结构、城乡结构、地区结构、所有制结构等的调整中，应包括进行以下调整：

（1）调整积累与消费的关系，适当降低积累率（投资率），逐步提高居民消费率。为此，要继续努力增加居民收入特别是农民和城镇低收入者的收入，并加大税收对高收入的调节，用于转移支付和增加社会保障支出。同时积极促进消费热点的形成、发展。目前城镇住房消费热点正在形成，其潜力还很大。商品房积压和居民住房需求未得到满足并存的主要原因是：同城镇居民收入水平相比房价过高。应清理税费，控制房地产开发商的利润，降低房价；大力发展住房市场特别是二手房市场，让房地产市场进一步活起来；继续扩大住房消费信贷。汽车消费热点正在大中城市形成，潜力也还很大，未来5—10年会进一步扩大。目前供给方面的竞争已经展开，有关部门应在清理汽车消费障碍和改善消费环境方面采取措施。其他方面消费如旅游、信息、文化、教育、社区服务、家政服务等也都有很大潜力，应积极促进其发展。

（2）调整政府投资与民间投资的关系。减少经济增长对政府投资的过分依赖。目前国债投资带动的国有投资的增长已经不慢，关键是扩大国有投资以外的社会投资。应进一步转变观念，除少数特殊行业必须由国有经济专营外，对各类投资主体在市场准入方面应一视同仁。逐步放宽外贸、公用事业、金融、保险等行业对非国有经济的准入限制。在扩大对外开放、允许外资进入的同时，允许国内各类投资主体进入。

（3）调整工业发展与服务业发展的关系。随着服务业对外开放的扩大和对内资市场准入的放宽，随着居民的服务性消费需求和经济发展对金融、保险、物流等现代服务业需求的更快增长，我国未来5—10年将迎来一个服务业大发展的时期，在政策和工作上应为迎接这个大发展作好准备，加紧工作。

（4）调整城市和农村的关系。城市基础设施好，技术力量集中；市场容量大，同量资金投资于城市的经济效益一般比农村高得多；而政府投资用在城市，效果也明显。因此，无论市场导向或政府导向，投资一般都会集中在城市。但是，如果城市发展很快，而农村严重滞后，如果全国不能用更大力量支持农民增收和农业发展，帮助传统农业加快向现代农业转变，那么农民和农村的需求不足就会越来越成为工业和国民经济发展的严重制约，结果城市和整个国民经济也难以持续快速发展。因此政府投资和政策导向应逐步适当向农业、农村、农民倾斜。

（二）继续坚持积极的财政政策和稳健的货币政策。积极财政政策已执行五年，共发行长期建设国债6600亿元，成效显著。2002年赤字、债务余额占GDP比重约为3%和18%。国际经验表明，扩张性财政政策不可能长期实行。但考虑到2003年国际经济环境变数较多，2002年国内总需求不足、通缩趋势反弹，社会投资仍不活跃，因此如果2003年国债投资突然停止，很可能会造成经济增长下滑。可考虑采取逐步"淡出"的办法，比如2003年国债投资先减至1000亿元，2004年视情况再定。在货币政策方面，应适当扩大货币供给，特别是疏通货币政策的传导渠道，在调整信贷结构方面多做工作，增加对中小企业和农村经济的信贷支持。

　　（三）更加关注扩大就业问题。扩大就业，是充分利用我国人力资源优势、提高经济增长率的重要动力，也是增加居民收入，扩大消费需求，缓解通缩趋势的重要举措，在当前是发展和稳定的结合点。在市场经济国家中，一般将经济稳定增长、充分就业、物价稳定和国际收支平衡，作为宏观调控的目标。而充分就业和物价稳定往往处在难以兼顾的矛盾之中。目前我国物价持续下降，为解决上升为主要矛盾的就业问题提供了较大的余地。应当利用这个时机在扩大就业方面采取更有力的政策措施。鼓励灵活多样的就业形式，发展劳动力市场，积极支持已成为就业主渠道的中小企业发展，促进非国有经济加快发展。对吸纳下岗职工再就业和净增加就业岗位的企业，给予必要的政策支持和融资方便。

（本文原载《瞭望》周刊 2002 年第 35 期）

有关劳动价值理论的两则通信

（一）

（2001 年 11 月 9 日）

转来的文章已拜读。此文作为学习重要讲话的体会，出发点是好的，也提出了一些独到的见解，但其中涉及一个重要的理论观点值得讨论。此文认为：党的十五大"已经确定了生产要素参与分配的理论原则。资本是生产要素的组成部分，并在实践中已经参与了分配。因此，资本同活劳动一起是参与剩余价值的创造者"。此文认为，这是对劳动价值理论的深刻认识和突破。我认为这种观点是对十五大有关论述的一种误解。党的文件提出：按劳分配和按生产要素分配相结合，按劳分配为主、多种分配方式并存。这是同公有制为主体、多种所有制经济共同发展的基本经济制度相适应的，后者是前者的基础。资本作为生产要素在实践中参与分配，并不能得出"资本同活劳动一起是参与剩余价值的创造者"的结论。

按照马克思主义理论，剩余价值只是活劳动创造的，资本作为物化劳动，虽然参与价值形成和价值增值过程（没有资本的参与，仅有活劳动当然无法实现这个过程），但是资本在这个过程中只是转移其价值（即固定资本折旧和消耗掉的原材料价值），而没有创造新的价值，即没有创造出剩余价值。这就是马克思的剩余价值理论。它历来被认为是马克思经济理论的基石，并和唯物史观一起，被恩格斯称之为马克思的两大发现。

马克思认为，劳动具有二重性：具体劳动和抽象劳动；相对应是商品二重性：使用价值和价值。具体劳动创造使用价值，抽象劳动创造价值。因此从物质资料（社会财富的物质形态）生产的角度看，劳动资料、劳动对象和劳动力是缺一不可的。马克思赞成古典经济学家威廉·配第所说的：土地是财富之母，劳动是财富之父。也就是说，如果讲资本（劳动资料、劳动对象的价值形态）参与了使用价值的生产过程，因而同活劳动一起参与了物质财富的创造，在理论上就与劳动价值论和剩余价值理论不矛盾。不少人正是不了解劳动二重性和商品二重性，而把资本参与使用价值创造，误解为也是参与剩余价值创造。

应当明确，政策上允许、鼓励生产要素参与分配，重视资本及资本拥有者、经营者的作用，有利于更快更好地发展社会生产力，但是完全没有必要也不应当因此而去修改马克思剩余价值理论。如果那样做，在理论上容易引起混乱，在实践上则会帮倒忙。以上意见供参考。

（二）

（2002 年 11 月 23 日）

从来信看得出你对党的十六大报告的学习很认真。信中提到怎样深入理解十六大报告提出的一些重大理论问题，确实很重要。现就生产要素按贡献参与分配问题谈谈我的认识，供你研究有关问题时参考。

党的十五大报告已提出，允许和鼓励资本、技术等生产要素参与收益分配。十六大报告进一步提出，要"确立劳动、资本、技术和管理等生产要素按贡献参与分配的原则"。正如你所说，将劳动、资本、技术和管理都确认为生产要素，这不难理解，难点在于如何理解资本也按贡献参与分配。你认为这容易同资本也创造新价值相混淆，从而违背马克思的劳动价值论。对此我的理解是，十六大报告提出这个重要原则，是完全符合我们党十一届三中全会以来的基本理论和基本实践的。我们要使社会主义制度和市场经济有机结合起来，极大地解放和发展社会生产力，就必须一切从实际出发，而不能从本本出发。改革开放以来我国经济之所以能够以震惊世界的速度向前发展，难道不就是因为我们确立的基本经济制度和方针政策实际上是符合劳动、资本、技术和管理等按贡献参与分配的原则吗？至于说到资本，国有资本、集体资本对经济发展的贡献必须充分肯定，而境外资本、民间资本对扩大就业、增加税收、推动经济发展等方面的贡献也不容置疑。可见从现实出发，这是很容易理解的问题。从理论上看，这个原则同马克思劳动价值论也没有矛盾。因为这个原则讲的按贡献，可以理解为是对发展社会生产力、对创造社会物质财富的贡献，而不涉及资本是否也是新价值的源泉问题。马克思在《哥达纲领批判》一书中，曾经批评了"劳动是一切财富和一切文化的源泉"的说法，明确指出，"劳动不是一切财富的源泉。自然界同劳动一样也是使用价值的源泉，而物质财富就是由使用价值构成的"。马克思还指出，劳动是一切财富的源泉，这句话"在劳动具备相应的对象和资料的前提下才是正确的"。① 可见，马克思主义从来没有否认土地、资本等生产要素对创造使用价值、物质财富的贡献。

---

① 《马克思恩格斯选集》第 3 卷，人民出版社 1995 年版，第 298 页。

　　还要看到，马克思曾明确指出了使劳动时间成为财富的唯一尺度和源泉本身所包含的矛盾："随着大工业的发展，现实财富的创造较少地取决于劳动时间和已耗费的劳动量，较多地取决于在劳动时间内所运用的动因的力量，而这种动因自身——它们的巨大效率——又和生产它们所花费的直接劳动时间不成比例，相反地却取决于一般的科学水平和技术进步，或者说取决于科学在生产上的应用。"[①] 100 多年来特别是近几十年来科学技术的迅猛发展，及其对社会生产力发展和物质财富创造的巨大推动作用，充分证明了马克思上述论断的正确性，以及它对我们在新的历史条件下深化对劳动价值理论认识的重大意义。社会主义的根本任务是发展社会生产力，是创造日益丰富的社会财富以满足全体社会成员不断提高物质文化生活和健康水平，以及良好的生态、安全环境等需要。不仅肯定劳动，而且肯定技术、管理、资本、土地等生产要素对创造社会财富的贡献，确立劳动、资本、技术和管理等生产要素参与分配的原则，有利于充分发挥一切生产要素对发展社会生产力的作用，有利于让一切创造社会财富的源泉充分涌流，以造福于社会，造福于人民。因此，确立这一原则在理论是正确的，在实践上将对社会生产力的发展产生重大推动作用。

　　　（这两则通信是作者对一篇文章和一篇来信的回复）

---

　　① 《马克思恩格斯全集》第 46 卷（下册），人民出版社 1980 年版，第 217 页。

关于新型工业化道路问题

（2002 年 12 月 25 日）

党的十六大报告明确指出："全面建设小康社会，最根本的是坚持以经济建设为中心，不断解放和发展社会生产力。"报告提出本世纪头二十年经济建设和改革的主要任务是：完善社会主义市场经济体制，推动经济结构战略性调整，基本实现工业化，大力推进信息化，加快建设现代化，保持国民经济持续快速健康发展，不断提高人民生活水平。这个主要任务是以"三个代表"重要思想为指导，根据世界经济科技发展新趋势和我国经济发展新阶段的客观要求提出的。它高度概括了今后一个较长时期我国经济建设和经济体制改革的方向、目标和要求。本文仅就基本实现工业化和走新型工业化道路问题，谈几点学习体会。

一、关于我国工业化所处的阶段和目标

到 2020 年基本实现工业化，是党的十六大报告基于对我国工业化进程的客观分析和基本实现工业化目标的正确估量提出的任务。新中国成立后，从 20 世纪 50 年代到现在，我们已经为工业化奋斗了半个世纪，取得了重大进展。我国已从落后的农业大国，转变成为拥有独立的、比较完整的、并有一部分现代化水平的工业体系和国民经济体系的国家。但是，对照国

际经验和工业化国家的发展水平，我国工业化的任务尚未完成。突出表现在：我国目前人均国内生产总值才接近 1000 美元；城镇化水平比较低，农村人口占总人口 62%；三次产业生产结构和就业结构同工业化国家相比明显不合理：一产的从业人员占全社会劳动力 50%，而服务业的产值比重和就业比重明显偏低。因此继续完成工业化是我国现代化进程中艰巨的历史任务。国际上评价一个国家或地区工业化水平，大致有以下几项指标：

（1）人均国内生产总值。按照世界银行经济学家钱纳里等人提出的工业化阶段划分标准，按用汇率法换算为 1998 年美元计算，工业化初期人均 GDP 为 1200—2400 美元，中期为 2400—4800 美元，高级阶段为 4800—9000 美元。[①] 人均 GDP 是反映一个国家或地区国民富裕程度的综合指标，它和工业化水平有直接的关系。因为工业化水平越高，劳动生产率和人均 GDP 就越高，反之亦然。因此人均 GDP 作为划分工业化阶段的一个重要指标是合理的。当然，钱纳里提出的具体标准是否适合我国情况还可以研究。但有一点可以肯定，即我国目前人均 GDP 近 1000 美元，说明工业化水平还比较低。

（2）制造业增加值占总商品生产增值额的比重。联合国工业发展组织和世界银行联合主持完成的《发展中国家的工业发展政策》的研究报告，提出了划分工业化水平的一种方法：根据制造业增加值占总商品生产增值额的比重，把工业化水平分为非工业国（20% 以下）、正在工业化的国家（20%—40%）、半工业化国家（40%—60%）和工业国（60% 以上）等四类。制造业是工业的主体部分（工业还包括采掘、自来

① 转引自国务院发展研究中心课题组：《中国经济的阶段性变化、面临的问题和发展的前景》。

水、电力、蒸汽、热水、煤气等比重较小的行业），总商品生产增值额大体上相当于物质生产部门（第一产业、第二产业和交通、通信、商业等）的增加值。按照这一方法计算，我国2001年制造业增加值占总商品生产增加值的比重约为51.5%，属于半工业化国家。

（3）三次产业的生产结构和就业结构。根据钱纳里等经济学家对世界上100个国家20多年中经济发展水平与经济结构之间关系的研究，人均GDP1000美元以上（1964年美元），一、二、三产业生产结构为12.7%：37.8%：49.5%；一、二、三产业的就业结构为15.9%：36.8%：47.3%。2001年我国三次产业的生产结构为15.2%：51.1%：33.6%；三次产业的就业结构为50%：22.3%：27.7%。与上述研究提出的相应阶段的指标相比，我国现在三次产业的生产结构中一产比重略高，二产比重过高，三产比重明显偏低；就业结构中一产比重高出34个百分点，二产比重低14.5个百分点，三产比重低近20个百分点。

（4）城市化水平。钱纳里等经济学家根据对世界上100个国家20多年中经济发展水平与城市化水平之间关系的研究测算出，人均GDP800—1000美元以上（1964年美元），对应的城市化水平为60.1%—65.8%。因此，一般认为工业化国家的城市化水平应在60%以上。我国2001年城镇人口占总人口37.6%。从这一项指标看，我国也属于正在工业化的国家。

考虑到通货膨胀、美元贬值的因素，1964年1000美元大约相当于目前的3000美元。如果我们把上述国际上划分工业化水平的指标作为对照系，那么可以认为，从总体上看我国现在还处于工业化中期阶段。经过努力到2020年可以基本实现工业化。

按照上述几项指标分别对我国基本实现工业化的前景作粗

略分析：（1）人均国内生产总值。十六大报告指出，在优化结构和提高效益的基础上，国内生产总值到 2020 年力争比 2000 年翻两番。这是全面建设小康社会的一项重要目标。20 年翻两番，年均增长 7.2% 左右。只要我们紧紧抓住新世纪头 20 年的重要战略机遇期，实现这个速度是可能的。国内生产总值实现翻两番，意味着我国经济总量到 2020 年将超过 4 万亿美元（按 2000 年价格和汇率计算）。如果人口自然增长率继续保持目前的水平，那么 2020 年我国人均国内生产总值可以达到 3000 美元（按 2000 年价格和汇率计算）。（2）制造业增加值占总商品增值额的比重。我国 1995 年为 47.1%，到 2001 年上升到 51.5%，年均提高 0.74 个百分点，今后 18 年如按这个比率上升，到 2020 年可以提高到 64% 左右，达到工业化国家该项指标 60% 以上的要求。（3）城镇化水平。现在我国已进入了城镇化进程加快的时期，如果今后城镇化率平均每年提高一个百分点，到 2020 年我国城镇化水平有可能达到 55% 左右。从国际经验看，工业化中期阶段城市化进程将加快。日本在 1947—1975 年的工业化加速时期，城市化水平由 28% 提高到 75%，28 年提高了 47 个百分点，平均每年提高 1.67 个百分点。韩国 1960—1981 年城市化水平从 28% 提高到 56%，21 年提高了 28 个百分点，年均提高 1.33 个百分点。我国 1990 年城镇化率为 26.4%，到 2001 年为 37.6%，平均每年提高 1 个百分点。十六大报告明确指出，要"加快城镇化进程"，"逐步提高城镇化水平"。同时指出："坚持大中小城市和小城镇协调发展，走中国特色城镇化道路。发展小城镇要以现有的县城和有条件的建制镇为基础"。2001 年全国共有 2053 个县（含县级市），如果每个县平均有 2 个"有条件的建制镇"，加上县城，全国的小城镇约有 6000 多个。如果每个县城和"有条件的建制镇"到 2020 年各增加 3 万人，城镇人口就将增加 1.8 亿人。再加上大中小城市新增加的人口，到 2020年城镇化率平均每年提高 1 个百分点，是可以达到的。（4）一产从业人员在全社会劳动力中的比重。1980 年一产就业比重为 68.7%，2000 年降到 50%，20 年下降 18.7 个百分点。今后随着经济持续快速发展以及城镇化进程和第三产业发展的加快，到 2020 年这个比重有可能从现在的 50% 降到 35% 以下。可见，我国到 2020 年基本实现工业化的历史任务是可以完成的。

二、关于新型工业化道路的主要特征

十六大报告指出：我国在新世纪头 20 年基本实现工业化，必须走新型工业化道路。这是一个将载入史册、具有世界影响的重大决策。人类社会实行工业化自 18 世纪 30 年代开始至今已 270 多年，但据世界银行前几年的统计，全球实现工业化的国家和地区，包括 7 国集团的美国、日本、德国、法国、英国、意大利、加拿大，以及经合组织中的其他 16 个成员国，还有亚洲四小龙被称为新兴工业化国家和地区，以上共 27 个国家和地区，人口合计 9.265 亿人，占全球人口 15.3%。我国现在人口占世界人口 21%，到 2020 年基本实现工业化时人口约有 14 亿多，将超过上述已实现工业化的国家和地区的人口。因此，我国走新型工业化道路，基本实现工业化，是一件具有世界历史意义的大事。

探索符合我国国情的工业化道路问题，并不是现在才提出的。早在 1957 年，毛泽东在《关于正确处理人民内部矛盾的问题》一文中，就以"中国工业化的道路"作为第十二个问题的标题，指出："这里所讲的工业化道路的问题，主要是指重工业、轻工业和农业的发展关系问题。我国的经济建设是以重工业为中心，这一点必须肯定。但是同时必须充分注意发展农业和轻工业。"后来的实践证明，我国作为一个大农业国，如何处理农、轻、重的关系，确实是我国工业化道路的一个核心问题，在这个问题上我们曾经走过弯路，有过不少教训，同时也积累了丰富经验。今后推进工业化，仍然必须继续处理好发展重工业、轻工业和发展农业之间的相互关系。必须看到，从1957年到现在近半个世纪过去了，世界和中国都发生了巨大的变化。十六大报告提出走新型工业化道路，是从历史和时代的高度，既立足于我国基本国情，又面向世界，既从现实出发又面向未来发展提出的，是发展思路上的与时俱进和重大创新。

工业化是一个历史范畴，在不同的历史条件下，不同国家实现工业化的标准和道路，都有所不同。18世纪30年代到19世纪40年代，英国在世界上第一个基本完成工业革命，当时工业革命的动力来自蒸汽机的发明和应用，带动了纺织、冶金、机器制造、交通运输、采矿等行业的迅速发展，使社会生产进入机器大工业时代。随后，美、法、德、俄、日等国也于19世纪先后开始并基本完成了工业革命。这些国家工业化道路的基本特征是，依赖从世界广大殖民地掠夺能源、原材料，并倾销其产品，结果造成全球范围贫富两极分化、资源大量消耗和生态环境恶化。我国是在新的历史条件下继续完成工业化任务的，国际环境和基本国情决定了传统的工业化道路在我国已经走不通；而以信息技术为代表的新科技革命的迅猛发展，又使我国走新型工业化道路成为可能。

什么是新型工业化道路呢？十六大报告指出："坚持以信息化带动工业化，以工业化促进信息化，走出一条科技含量高、经济效益好、资源消耗低、环境污染少、人力资源优势得到充分发挥的新型工业化路子。"从这个论断中可以体会到，新型工业化道路，就是在新的历史条件下体现时代特点、符合我国国情的工业化道路。概括说来，它有以下主要特征。

（1）以信息化带动的工业化。进入信息时代，不仅工业化的内容与传统工业化有所不同，而且在技术上使发挥后发优势、实现跨越式发展成为现实可能。信息网络技术的迅猛发展，产生了信息及通信设备制造业、软件业、信息服务业等诸多新兴产业，同时以其极强的渗透力同传统产业广泛结合。不断进步的信息网络技术，不仅使传统产业迅速地提高劳动生产率和服务效率，增加品种，提高质量，降低成本，而且有效地改进微观经济管理和宏观经济管理，催生新的生产经营方式和新的业态。总而言之，信息化是带动工业化的强大动力，信息化与工业化相结合，可以迅速提高工业化水平，加快工业化进程。

（2）以科技进步为动力、以提高经济效益和竞争力为中心的工业化。工业革命以来，工业化之所以成为世界各国发展的大趋势，就是因为工业化可以大大提高劳动生产率，促进社会生产力加快发展。但是，我国现在实现工业化，和英、美、德、日等国实现工业化的历史条件、国际环境有很大不同。当代经济全球化不断发展，全球制造业生产能力和产品大量过剩，国际竞争日趋激烈。我国实现工业化，又不可能像发达国家当年那样依靠同广大殖民地的不平等交换，而必须依靠以科技进步和创新为动力，不断提高工业产品的科技含量，以产品质量好、价格低的竞争力在国内和国际市场上打开销路，争得更大的市场份额。因此，我国在新的历史条件下，在激烈的国际竞争中实现工业化，必须与实施科教兴国战略紧密结合，充分发挥科学技术作为第一生产力的重要作用，着重依靠科技进步和提高劳动者素质，不断提高经济效益和竞争力。也只有这样的工业化，才是符合当今时代要求的工业化。

（3）同实施可持续发展战略相结合的工业化。传统的工业化道路是以大量消耗资源和牺牲生态环境为代价的。虽然发达国家"先污染、后治理",在其本国范围内取得了一定的成效,但从全球范围看,发达国家自工业化以来对资源的大量消耗和生态环境的严重破坏,已经造成无法挽回的损失。我国是世界上人口最多的发展中国家,人口规模和经济规模越来越大,如果不改变主要依靠增加资源投入的粗放型经济增长方式,新世纪头 20 年要力争实现国内生产总值翻两番,资源和环境都难以承受,不仅实现经济持续快速增长会遇到前所未有的困难,而且全面建设小康社会、不断提高人民生活水平和质量的目标也难以实现。因此,必须把资源消耗低和环境污染少,实现可持续发展,作为走新型工业化道路的基本要求。

(4)充分发挥我国人力资源优势的工业化。工业化的进程,是发展工业并用先进的工业生产技术改造和装备农业等传统产业部门的过程。因此,工业化必然伴随大批农民转移到非农产业和城镇。同时,随着工业和国民经济各部门资本有机构成及劳动生产率的不断提高,同量资本将同更少的劳动力相结合。因此工业化和扩大就业在客观上存在一定的矛盾。特别是我国人力资源极为丰富,就业和再就业的压力比任何国家都大,而且在信息化时代,劳动生产率有可能比以往提高得更快,从而会加剧这一矛盾。这是一方面。另一方面,极为丰富的人力资源又是我国的宝贵财富和巨大优势。改革开放以来,我国经济之所以能够持续快速增长,外商直接投资之所以持续不断地大量进入我国,我国制造业产品之所以能够在国际市场上有竞争力,一个重要原因就是我国人力资源丰富,成本较低。因此,充分发挥我国人力资源优势,妥善处理好工业化提高劳动生产率与扩大就业的矛盾,不仅是扩大内需、保持社会稳定的必要条件,而且是发挥我国独特优势,保持和提高竞争力的重要方面。把这一点提高到新型工业化道路的内容来对待，也是极为重要和必要的。

以上四个方面主要特征，是互相联系和统一的。在认识上和实际工作中，不应当把它们割裂开来，而应当努力使几个方面相互结合，互相促进。

三、工业化进程中的农业、农民问题

农业、农民、农村问题，历来是我国经济工作的一个重点和难点。当前这个问题更加突出，而且情况、问题与过去有所不同。农业是国民经济的基础，工农联盟是我国人民民主专政的基础。在全面建设小康社会的新阶段，这两个基础都有新的内涵。人们常讲的农业是基础，其含义正如马克思所说："超过劳动者个人需要的农业劳动生产率，是一切社会的基础"。①"社会为生产小麦、牲畜等所需要的时间越少，它所赢得的从事其他生产，物质的或精神的生产的时间就越多。"② 农业的发展和农业劳动生产率的提高，是工业乃至整个社会物质的和精神的生产的基础，这个道理适用于人类社会的各个发展阶段和一切国家。当然，在有国际分工与贸易的条件下，农业作为国民经济的基础，除了本国农业也包括外国农业。马克思指出："农业的一定发展阶段，不管是本国的还是外国的，是资本发展的基础。"③ 在工业化的一定阶段，农业的基础作用常常表现为它对工业等现代经济部门发展的制约。这主要是因为

---

① 《马克思恩格斯全集》第 25 卷，人民出版社 1974 年版，第 885 页。

② 《马克思恩格斯全集》第 46 卷（上册），人民出版社 1979 年版，第 120 页。

③ 《马克思恩格斯全集》第 26 卷（第 1 册），人民出版社 1975 年版，第 23 页。

一旦开始工业化,粮食需求会不断增长,虽然由于扩大耕地面积,增加对农业投资、农业技术进步等原因,土地的产出率会提高,但因为耕地特别是优等耕地有限,土地报酬将会递减,农业劳动生产率和粮食等农产品的商品化率会出现停滞,导致粮食等农产品对工业品的相对价格上升,工业等现代部门工资费用增加、利润减少,从而延缓工业化进程。这就是古典的"李嘉图的增长陷阱模型"所描述的现象。类似现象在我国前几十年出现过四次:即 1958—1963 年、1969—1975 年、1978—1981 年和 1987—1989 年。除了前两次还有政治和政策方面的原因外,每次都是由于全社会固定资产投资增长过快、投资率过高和农业生产停滞,导致粮食供给缺口扩大、价格上升。而走出"陷阱"的途径,都是降低投资率、进口粮食和加强农业,增加对农业的投入。

到了 20 世纪 90 年代中后期,上述情况发生了很大变化,粮食等绝大多数农产品出现了阶段性相对过剩,价格回落,并一直延续到现在。农业对工业和整个国民经济发展的制约,已经不表现为粮食等农产品短缺和价格上升,而表现为农民和农村的需求增长缓慢,拖住了工业和国民经济发展的速度。我国粮食、棉花等农产品虽然总量已居世界前列,但人均水平仍然很低。当今出现的过剩,是一种低水平的相对过剩,其主要原因是占全国人口近 2/3 的农村人口及城镇低收入群体的收入和消费水平比较低。2001 年农村居民人均全年主要食品消费量为:粮食 238 公斤,食油 7 公斤,猪牛羊肉 14.5 公斤,家禽、蛋及制品 7.6 公斤,水产品 4.1 公斤,食糖 1.43 公斤。可见现在农产品的相对过剩是以农民的消费不足为条件的。它虽然抑制了农产品价格上升,为工业发展提供了较大空间,但却限制了农民和农村对农产品和工业品的消费,因此也从市场需求方面抑制了工业和整个经济的增长。这是同一现象(农民和农村消费水平低）产生的互相矛盾的两个结果。而农民和农村消费水平低，归根到底是由于我国城镇化进程滞后于工业化水平，农村劳动力大量过剩，农业劳动生产率低，致使农民收入水平低，并且增长缓慢。2001年，全国乡村的农、林、牧、渔业就业人员32451万人，占全国就业人员总数的44.4%，而同年第一产业增加值只占GDP的15.2%，只相当于就业人员比例的1/3。农村居民家庭人均纯收入2366元，也只相当于城镇居民家庭人均可支配收入6859元的1/3。因此，在新的发展阶段，走出农业阻滞工业化的"陷阱"，核心问题是大幅度提高农民收入和农村购买力，开拓农产品和工业品在农村的市场。而增加农民收入的根本出路在于加快城镇化和农业现代化步伐，从而大幅度提高农业劳动生产率。

从巩固工农联盟这个政权基础来看，也是这样。农民在我国革命、建设和改革的不同时期都做出了巨大贡献。现在工农联盟的经济基础，也必须从民主革命时期通过土地改革使农民获得土地、改革初期通过联产承包使农民获得土地经营自主权的基础上进一步发展。十六大报告指出："统筹城乡经济社会发展，建设现代农业，发展农村经济，增加农民收入，是全面建设小康社会的重大任务"。这指明了新阶段解决"三农"问题的内涵和重大意义。这就要求我们必须更好地统筹兼顾工业和农业、城市和农村的发展，兼顾城乡居民收入的增加，努力争取使两者协调发展，同步增长。这就要求全国用更大的力量支持农业发展和农民增收，支持农村富余劳动力向城镇转移，支持传统农业加快向现代农业转变。

四、正确处理顺利推进工业化的几个关系

十六大报告指出：要正确处理发展高新技术产业和传统产

业、资金技术密集型产业和劳动密集型产业、虚拟经济和实体经济的关系。这是从我国现阶段国情出发走新型工业化道路的客观要求，也是今后 20 年国民经济持续快速健康发展的重要保证。

（1）高新技术产业，是指以信息产业为代表的依托高新技术产业化发展起来的新兴产业。其特点是科技含量高，发展速度快，对国民经济和社会生活的渗透、带动作用强。信息产业等高技术产业是当今美国等发达国家经济增长的主要驱动力。上个世纪 90 年代中期以来，我国高新技术产业以很高的速度持续发展，也已成为带动出口和经济增长的新兴支柱产业。但同高技术及其产业化走在前头的美国等发达国家相比，我国高新技术产业仍然相当落后，尤其是缺乏拥有自主知识产权的核心技术。从世界范围看，高技术及其产业化方兴未艾，前途难以估量，是各国综合国力竞争和市场竞争的制高点。我国市场十分广阔，拥有素质较高、成本较低的丰富劳动力资源，基础设施日趋完善，北京、上海、深圳等地高新技术企业发展已有一定基础，因此发展高新技术产业的潜力巨大。我们应当充分利用以信息技术为代表的新技术革命的机遇，发挥后发优势，加快发展电子信息、生物工程和新材料等高新技术产业，努力实现技术和生产力的跨越式发展。在我国，发展高新技术产业必须同改造、提升传统产业紧密结合。传统产业包括农业和能源、原材料、轻工纺织、机械制造等工业，以及第三产业中的交通运输业、商业、餐饮业、生活服务业等等。传统产业在我国经济中的比重很大，是我国经济实力的重要支柱，不仅在满足国内投资、消费需求和创造就业岗位方面举足轻重，而且在发挥我国比较优势，扩大商品和服务出口方面具有重要作用。因此，认为传统产业是"夕阳产业"的观点是错误的。我国要实现工业化，推进信息化和现代化，必须依托于传统产业的改造和优化升级，使传统产业发展成为现代农业、现代工业和现代服务业；发挥高新技术产业和传统产业各自的优势，使二者相融合，相互促进，共同推动国民经济持续快速健康发展。

（2）资金技术密集和劳动密集是相对而言的。一般说来，重化工业的资金密集程度较高，占用和投入资金较多，吸纳劳动力较少；农业、轻纺工业、建筑业的劳动密集程度较高，占用和投入资金相对较少，吸纳劳动力较多。第三产业中零售商业、餐饮业、生活服务业等也属于劳动密集型行业。资金技术密集型产业，一般是国民经济的支柱产业和新兴产业，其科技含量、附加值和劳动生产率都比较高。从各国经济发展的历史过程看，所有产业的资金密集程度都在提高，因为随着工业化、现代化的发展，不仅资金技术密集型产业将会有大的发展，而且农业等劳动密集型产业的资本有机构成也会逐步提高。因此重视发展资金技术密集型产业是毫无疑问的。但这决不意味着我国劳动密集型产业无足轻重。我国人口众多的基本国情决定了必须十分重视劳动密集型产业的发展。2001年年底，全国人口（不包括港、澳、台）达127627万人，未来十几年平均每年还将增加1000万以上。据专家预测，从现在到2020年，是我国劳动力资源最为丰富的时期，劳动年龄人口占总人口比例一直在60%以上。根据比较优势理论，如一国劳动力资源丰富，在生产过程使用较多廉价劳动力，减少使用昂贵的资本，其产品成本相对较低从而具有竞争力，那么该国的比较优势就在于劳动密集型产业。我国改革开放以来正是由于调整了片面发展重工业的战略，重视发展轻工纺织等劳动密集型产业，充分发挥我国的比较优势，因而有力地推动了经济快速发展，也有利于扩大就业，增加居民收入，维护社会稳定。这是一条宝贵的经验。因此今后仍然要十分重视发展劳动密集型产业，包括人力资本附着较多的技术密集与劳动密集相结合的行业，并引导劳动密集型产业逐步提高科技含量和劳动生产率。

（3）虚拟经济，是指相对独立于实体经济的虚拟资本的经济活动。虚拟资本一般指以股票、债券等有价证券形式存在的未来预期收益的资本化。虚拟经济的发展，主要是由于随着市场经济的不断发展，越来越多的货币资本从物质生产、流通领域游离出来，采取虚拟资本的形态在金融市场上营利，而且形式日趋多样化。虚拟经济是以一定形式对实体经济的反映，对于实体经济发展总体上是有利的，但如果发展过度，也会产生负面作用。其积极作用是：它可以为实体经济动员储蓄，提供融资支持；可以分散实体经济经营风险，降低交易成本；可以更好地揭示和传递实体经济的信息，提高实体经济运营效率；可以促使资本迅速从效益低的领域、企业转向效益高的领域、企业，优化资源配置，提高实体经济效益；还可以通过财富效应刺激消费和投资需求，推动实体经济增长。但同时也要看到，虚拟经济过度发展也会对实体经济带来负面影响，甚至可能产生破坏性损害。例如，债券的过量发行和银行信贷呆坏账的大幅度增多，会动摇信用基础，扰乱实体经济正常运行的秩序；虚拟经济的过度膨胀，会减少进入实体经济的资金并增加实体经济运行的不确定性和风险。虚拟经济并不等于泡沫经济。但是，虚拟经济的过分扩张可能出现经济泡沫过度，引发泡沫经济的产生，导致对实体经济的破坏。20 世纪 90 年代初日本泡沫经济破灭至今已 10 年有余，实体经济始终陷于低迷状态，就是一个例证。美国经济曾经十年持续增长，从 2001 年起盛极而衰，陷入衰退，其中股市泡沫过度便是重要原因。据统计，20 世纪 80 年代以来，50 多个国家发生过 100 多次大大小小的金融危机，这与虚拟经济的负面作用不无关系。至于虚拟经济的跨国大举扩张，则可能对世界经济特别是发展中国家的实体经济造成巨大冲击，甚至酿成金融、经济危机。1997年亚洲金融危机和目前阿根廷、乌拉圭等拉美国家正在经历的金融危机，都同虚拟经济的过度膨胀有密切关系。当然，我们不能因噎废食。我国虚拟经济还不发达，随着金融的开放以及资本市场的发展，我国虚拟经济将会有大的发展。但是虚拟经济的健康发展应当以实体经济为基础，并为实体经济发展服务。无论到什么时候，无论虚拟经济如何发展，实体经济始终是人类社会生存和发展的基础。我国作为发展中国家，经济实力、金融实力远不能和发达国家相比，特别是现在我们的金融监管制度还不健全，监管能力比较弱，监管经验不足，更要注意处理好虚拟经济和实体经济的关系，既要充分发挥虚拟经济对实体经济的积极促进作用，又要防范其过度膨胀而产生消极、破坏作用。

综上所述，处理好以上三个关系，具有重要的现实意义，我们必须提高认识，并在实际工作中加以体现。

（本文原载《宏观经济研究》杂志 2002 年第 12 期）

中国能实现新的 20 年"翻两番"

（2003 年 1 月 15 日）

问：十六大报告提出新的"翻两番"的背景是什么？

答：经过上个世纪后 20 年的努力，我国胜利实现了现代化建设的第一步和第二步战略目标。到 1995 年年底提前 5 年实现了国内生产总值比 1980 年翻两番的目标。"九五"计划提出的到 2000 年实现人均国内生产总值比 1980 年翻两番的追加目标，也已在 1997 年年底提前 3 年实现。到上个世纪末，我国在总人口增加 2.8 亿人（相当于美国总人口）的情况下，人均国内生产总值翻了两番多，这是世界史上罕见的成就。同时，我国社会主义市场经济体制初步建立，全方位对外开放格局基本形成，人民生活总体上达到了小康水平，经济总量跃居世界第 6 位，综合国力显著增强。所有这些，都为进入新世纪开始实施第三步战略部署奠定了良好的基础。但是也要看到，2000 年我国人均国内生产总值仅 850 美元，世界排名在 140 位之后；工业化的任务尚未完成，信息化刚刚起步，城镇化水平比较低，科技、经济发展水平同发达国家还有相当大的差距；现在达到的小康还是低水平的、不全面的、发展很不平衡的小康，实现工业化和现代化还有很长的路要走。

我国现代化建设的第三步战略目标，是到本世纪中叶，人均国内生产总值达到中等发达国家水平，人民生活比较富裕，基本实现现代化。由于 50 年左右的时间跨度比较大，其间又可以划分若干个发展阶段。十六大报告提出新的 "翻两番" 就是第一个阶段目标：本世纪头 20 年实现新的 "翻两番"，20 年的年均经济增长率为 7.18%。按现在价格和汇率计算，到 2020 年我国经济总量将达到 4.3 万亿美元，人均国内生产总值超过 3000 美元。这将为全面建设小康社会奠定必要的物质基础，也将为顺利实现第三步战略目标打下坚实的基础。

问：在世界经济增长速度总体下降和中国经济已经持续快速增长 20 多年的现实情况下，中国还能否实现国内生产总值 20 年翻两番的目标？提出新的 "翻两番" 的依据是什么？我们的有利条件是什么？

答：经过努力实现国内生产总值 20 年翻两番的目标，是有把握的。因为提出新的 "翻两番" 有充分的现实依据。基本的依据包括必要性和可能性两个方面。就必要性来说，其一，发展是硬道理，保持国民经济持续快速健康发展，过去是、现在是、今后仍然是解决我国所有问题的关键。全面建设小康社会的任务，要求新世纪头 20 年必须继续保持国民经济持续快速增长。如果不能保持较快的增长速度（20 年年均 7.2% 左右），全面建设小康社会的其他目标，如社会保障体系比较健全，社会就业比较充分，家庭财产普遍增加，人民过上更加富足的生活，以及形成比较完善的现代国民教育体系、科技和文化创新体系、全民健身和医疗卫生体系等等，都难以实现。其二，实现新的 "翻两番"，也是基本实现工业化的必要条件。因为衡量工业化水平的最重要指标，也是人均国内生产总值。同时，人均国内生产总值达不到 3000 美元，工业化的其他指标如制造业的比重、城镇化水平、三次产业的产值和就业结构等，也难以达到实现工业化的基本要求。

关于可能性或者说各方面的有利因素和条件，可以综合为国际和国内两个方面：从当今国际格局和世界矛盾的全局来看，新世纪头 20 年我们面临的国际环境依然是机遇大于挑战。首先，和平与发展仍是当今时代的主题。世界多极化和经济全球化趋势在曲折中发展；新的世界大战在可预见的时期内打不起来，我们可以争取到较长时期的和平国际环境和良好周边环境。这是集中力量发展经济所必需的基本条件。其次，世界新科技革命方兴未艾。信息技术继续飞快发展，生物工程、新材料、新能源等领域酝酿着新的重大突破。我国有可能发挥后发优势，实现技术和生产力的跨越式发展。再次，经济全球化趋势进一步发展，资金、信息、商品、劳务的国际间流动加快，发达国家将一些产业向劳动力素质较好、成本较低的发展中国家转移，将带来相应的资本和技术。所以虽然目前世界经济增长速度整体下降，但只要我们因势利导，趋利避害，就可以抓住机遇，乘势而上，加快自己的发展。

从国内来看，我国经济在新世纪头 20 年仍可以持续较快增长，是因为我国经济保持长期快速增长的各种要素齐备，具有持续增长的潜力和不断拓展的增长空间：（1）随着工业化、信息化、城镇化和市场化的推进，无论是投资需求还是消费需求，国内市场都还有巨大的潜力；我们在国际市场也有比较优势，仍有进一步扩大的空间。（2）拥有支持经济长期快速增长的资金潜力：国内储蓄率很高，资金积累能力强；国际资金过剩，随着我国对外开放的不断扩大和投资环境逐步改善，外资大举进入可以长期持续。（3）中国劳动力资源极为丰富，成本较低，目前还不存在发达国家那种就业率上升导致工资提高进而推动通货膨胀的传导机制。（4）经过 20 多年经济持续快速发展，我国经济实力和综合国力大为增强。交通通信等基础设施对经济社会发展的"瓶颈"制约已基本消除。物质技术基础对经济增长的积累效应正在涌现。国外有的学者把工业革命、信息革命发展到一定阶段对经济增长的带动作用会由量变到质变，称之为"临界质量"，可以说，我国几十年来推进工业化和经济发展的"临界质量"，现在已开始出现。（5）随着我国城乡居民生活水平的不断提高，将会使住宅、汽车、旅游、信息、教育、医疗保健、文化娱乐等消费热点经久不衰，成为推动经济增长的持续动力。（6）以完善社会主义市场经济体制为目标，不断推进改革，将进一步使社会生产力获得解放，为经济持续快速增长提供体制保证，现代化进程中新产生的矛盾和问题，也将在改革和发展中逐步得到解决。（7）我国加入世贸组织后，随着对外开放的扩大和水平的提高，将使我们有可能更好地利用国内国际两种资源和两个市场，优化资源配置，促进经济发展。以上这些，都是可以长期起作用的因素，与国际的有利因素相结合，共同构成我们在新世纪头 20 年力争实现国内生产总值翻两番的基本依据和有利条件。

问：在实现新的"翻两番"目标过程中还会遇到哪些突出矛盾和问题？如何加以解决？

答：实现新的"翻两番"，虽然有利条件很多，但任务是相当艰巨的，必须克服许多困难才能实现。国有经济布局的战略性调整和深化国有企业改革的任务尚未完成，相当多国有企业仍然存在体制不顺、机制不活、冗员过多、效率低下等问题，国有经济同市场经济的结合问题还没有完全解决。同时，国有商业银行资产质量较差，历史遗留的包袱沉重，金融监管薄弱，金融领域的隐患仍比较多。由于国有经济在石油、石化、冶金、电力、铁路、煤炭、汽车、军工、航空与航天、金融等重要行业和领域居于支配地位，其总资产和销售收入在这些行业中均占相当大比重，因此，如何进一步推进国有企业改革，如何深化金融体制改革，加强金融监管，防范和化解金融风险，不仅关系国有经济的前途命运，而且关系社会主义市场经济体制能否完善，关系我国经济在新世纪头 20 年能否持续稳定较快增长，关系能否顺利实现新的"翻两番"。所以必须着力推进改革，逐步解决这些方面的问题。从发展的方面看，在实现新的"翻两番"过程中，还会遇到一些突出矛盾和问题：

第一，经济的持续快速增长要求加快农村劳动力向城镇转移速度，而加快农村劳动力转移又同城镇新增劳动力就业、下岗职工再就业形成"两碰头"的矛盾。

城乡二元结构仍是制约新的"翻两番"的重要因素。我国近几年出现的需求不足对经济增长的制约，其重要原因是占全国人口近2/3的农民收入增长缓慢，需求不足。农民收入增长缓慢归根到底是由于我国城镇化进程滞后于工业化水平，农村劳动力大量过剩，农业劳动生产率低，导致农民收入水平低，并且增长缓慢。而减少农村人口和农村劳动力，关键在于农村劳动力向城镇转移的速度必须快于农村劳动力新增的速度，这样才能使农村从事农林牧渔的劳动力的绝对数和比重都下降。但是加快转移速度又同城镇新增劳动力就业、下岗职工再就业形成"两碰头"的矛盾。不仅如此，随着经济总量越来越大，同过去20年相比今后经济增长速度将会逐步有所减缓，而且随着工业化、现代化的推进，经济增长每一个百分点所吸纳的新增就业岗位又是逐步减少的。因此加快农村劳动力向城镇转移并同时解决城镇就业问题，将是实现新的"翻两番"中需要解决的一个突出难题。解决这个两难的矛盾，必须从多方面采取措施。主要的是：一方面要加快城镇化进程。在发展大中小城市的同时，要以现有的县城和有条件的建制镇为基础，积极发展小城镇。同时推进户籍制度改革，消除不利于城镇化发展的体制和政策障碍，以加快农村人口向城镇转移的速度。另一方面要加快第三产业发展，以缓解城镇新增劳动力就业、下岗职工再就业的突出矛盾。总体来看，第三产业每增长 1 个百分点所增加的就业岗位多于第二产业。同国际比较，我国第三产业发展水平相当落后，近十年来虽然有很大发展，但发展速度低于第二产业。1991—2001 年，第二产业在国内生产总值中的比重由 42.1% 上升到 51.1%，上升 9 个百分点；而第三产业在国内生产总值中的比重由 33.4% 提高到 33.6%，仅上升 0.2 个百分点。第三产业发展滞后有多方面的原因：过去曾长期认为三产的许多行业不创造价值而不够重视；一些三产被作为企事业单位内部福利事业而没有社会化、市场化；三产不少领域没有对外资和国内民间资本开放；一些现代服务业起步晚、发展慢；此外，城镇化滞后，居民消费中服务性消费比重偏低等，也都影响三产的发展速度。今后城镇就业、再就业和吸纳农村转移的劳动力主要靠进入第三产业。因此，必须进一步推进三产的改革开放和体制创新，加快三产的社会化、市场化步伐，特别要重视发展现代服务业，以及能够增加就业岗位的劳动密集型服务业。

第二，经济的持续快速增长要求继续保持投资快速增长，而我国长期以来在投资与消费关系上过分向投资倾斜，在这样一种情况下，又必须调整投资和消费的关系，逐步提高消费在国内生产总值中的比重。

近 20 年来，我国最终消费率和居民消费率呈现下降趋势。1981—2001 年，最终消费率由 67.5% 降到 59.8%；居民消费率由 52.2% 降到 47%。这两个比重同国际比较明显偏低。同最终消费率相对应的是资本形成率，其中固定资本形成在"六五"时期平均占 82.3%，"七五"时期平均占 78.4%，"八五"时期平均占 85.5%，"九五"时期平均占 93.5%，2001 年占 100.9%（因为存货增加当年为负 0.9%）。可见，资本形成中主要是固定资本形成。资本形成率高，说明国内生产总值中较大的部分用于固定资本积累，这有利于经济发展和社会进步。但是，这也有一个界限，并不是资本积累（资本形成）率越高越好。最终消费率特别是居民消费率过低，也不利于经济持续快速增长。今后20年保持经济的持续快速增长，要求继续保持促进经济增长必要的投资力度的同时，适当地降低投资在国内生产总值中的比重。解决这个问题的关键，一方面是要调整投资结构，提高投资产出率。同国际比较，我国现在投资产出率比较低，提高投资产出率的潜力很大。因此，应当通过加快投融资体制改革，调整优化投资结构，显著提高投资产出率，从而达到以较低的投资率支持经济较快增长的目的。另一方面，要在不断增加城乡居民收入的同时，加大调整收入分配结构的力度，以有利于逐步提高消费在国内生产总值中的比重。

我国最终消费率和居民消费率持续下降，并且过早地出现需求不足、生产过剩，有其深层次的结构性原因。其一是投资长期向第二产业过多的倾斜，第二产业比重居高不下而且结构不合理，与消费需求的变化不相适应；其二是农村居民的收入和消费水平都比较低，使得工业发展到一定阶段，必然遇到因农村居民消费不足而出现需求不足的情况；其三是居民收入分配差距的扩大，加剧了生产和消费的矛盾。据调查统计，居民储蓄的相当大部分为占总数15%—20%的高收入户拥有。一般说来，收入水平越高，边际消费倾向越低。因此，占人口大多数的中低收入阶层是扩大消费需求的主要对象。但是中低收入者的消费需求增长又受到收入水平及其增长幅度的限制。十六大报告指出：要以共同富裕为目标，扩大中等收入者比重，提高低收入者收入水平。这是一个重要的论断和政策取向。其重大意义在于指出了我国今后的收入分配格局，是中间大两头小的收入分配和财富占有格局，即中等收入群体居多数并占有大部分收入和财富的格局。这样的格局符合共同富裕的目标，也有利于扩大内需和保持社会稳定。因此，在初次分配注重效率、发挥市场作用的同时，再分配要注重公平，加强政府对收入分配的调节职能，防止收入分配差距悬殊。

第三，经济快速增长持续的时间越长同保护自然资源和生态环境的矛盾越大的问题。

我国现在的经济规模比 20 年前大得多，而且将越来越大，实现 20 年年均 7.2% 的增长速度比前 20 年年均 9.7% 的难度要大得多。特别是要求在优化结构和提高效益的基础上达到这个速度，任务更加艰巨。因为从总体上看，以往我国经济增长主要是依靠增加物质资本和劳动投入（专家估计约占国内生产总值的 70%），加之我国生产技术与管理水平、产业结构层次都还比较低，地区间低水平重复建设较为严重，从而造成经济增长投入大、消耗高，对资源、环境的压力加大。据统计，我国单位国内生产总值综合能耗，为发达国家的 4 倍到 6 倍。我国制造业总体水平与发达国家存在阶段性差距，劳动生产率比发达国家低得多。因此，经济快速增长持续的时间越长，同保护自然资源和生态环境的矛盾也越大。解决的办法就是必须坚持走可持续发展的道路，也就是十六大报告所提出的走新型工业化道路。我国是世界上人口最多的发展中国家，人口规模和经济规模越来越大，如果不改变主要依靠增加资源投入的粗放型经济增长方式，新世纪头 20 年要力争实现国内生产总值翻两番，资源和环境都难以承受。不仅实现经济持续快速增长会遇到前所未有的困难，而且全面建设小康社会、不断提高人民生活水平和质量的目标也难以实现。因此，必须把资源消耗低和环境污染少，实现可持续发展，作为走新型工业化道路的基本要求。

问：实现新的"翻两番"目标的时间跨度是 20 年，在不回避以上矛盾和问题并努力加以克服和解决的同时，从更长远的角度看需要采取的最根本的举措和途径是什么？

答：最重要是要做到十六大报告所提出的："发展要有新思路，改革要有新突破，开放要有新局面，各项工作要有新举措。"这是对经济、政治、文化的建设和改革以及全国各个方面工作的总要求，也是实现新的"翻两番"最根本的举措和途径。

具体说来，第一，必须坚持对经济结构进行战略性调整。这是发展新思路的核心。以上所谈到的我国经济发展进入新阶段后出现的生产能力和商品相对过剩、通货紧缩趋势持续较长时间、农民收入增长减缓、失业率上升等问题，都同经济的结构性矛盾密切相关。产业结构不合理、地区发展不协调、城镇化水平低等结构问题，已成为制约国内需求和经济持续快速增长的突出矛盾。我国已经到了不推进经济结构战略性调整，经济就难以继续快速健康发展的阶段。因此必须坚持在发展中推进经济结构调整，在经济结构调整中保持经济快速发展。新阶段的结构调整不是一般意义的适应性调整，而是着重依靠科技进步和创新，着重依靠提高劳动者素质，以提高经济整体素质、竞争力和实现可持续发展为目标的结构调整，因此不是局部性的调整，而是包括产业结构、城乡结构和地区结构在内的全面调整。经济结构的战略性调整也是走新型工业化道路的基本内容，是到 2020 年基本实现工业化的重要保证。还要看到，加快经济结构调整，是推动经济增长的重要因素。国内生产总值的增长，不仅是经济规模和总量扩大的结果，而且是经济结构优化升级，资源更有效配置的结果。这包括通过推进工业化，扩大中间需求，带动制造业发展，并使劳动和资本从生产效率较低的农业向生产效率较高的工业部门转移；通过扩大对外贸易，获得比较效益，推动经济增长；通过加快"瓶颈"部门发展，加快经济发展；通过加快发展高新技术产业和第三产业，形成新的经济增长点，提高国民经济的整体运行效率和效益；通过加快传统产业改造和技术、产业升级，带动产品的升级换代和新产品开发，扩大市场空间，带动经济增长等等。因此，到2020年实现新的"翻两番"，必须更新发展思路，要从过去主要依靠增加投入拉动经济增长，转到主要依靠经济结构优化升级推动经济增长。

第二，要以完善社会主义市场经济体制为目标，继续推进市场取向改革，不断消除束缚生产力发展的体制性障碍。经济体制改革的任务远没有完成。坚持和完善公有制为主体、多种所有制经济共同发展的基本经济制度，还需要深化认识，完善政策；以建立现代企业制度为方向的国有企业改革仍处在攻坚阶段；发展产权、土地、劳动力和技术等市场，健全全国统一、开放、竞争、有序的现代市场体系，整顿和规范市场经济秩序等方面的任务还很繁重；理顺分配关系，深化收入分配制度改革，初次分配建立激励机制、发挥市场作用，再分配加强政府的调节职能和作用等，还有待于进一步解决；适应深化改革和加入世贸组织的要求，还必须进一步转变和规范政府职能，完善宏观调控体系；健全社会保障体系更有大量的工作要做。因此，必须继续推进市场取向改革，在深化企业改革、健全市场体系、完善宏观调控、理顺分配关系和健全社会保障体系等方面取得新的突破，才能使社会主义市场经济体制逐步走向完善、成熟；也才能进一步消除束缚生产力发展的体制性障碍，像过去20多年那样，发挥改革对经济发展的巨大推动作用，促进经济持续快速健康发展。

第三，要适应经济全球化和我国加入世贸组织的新形势，全面提高对外开放水平。20多年来我国对外开放取得了巨大成就，已基本形成全方位对外开放格局，开放有力地促进了改革和经济发展。我国加入世贸组织，标志着对外开放进入了新阶段。在世界新科技革命和经济全球化深入发展的新形势下，我国一方面有通过扩大开放，发挥比较优势和后发优势，加速经济发展的历史机遇；另一方面由于国际间科技经济竞争日趋激烈，我们不仅在国际市场而且在国内市场都面临前所未有的竞争和挑战。因此，必须适应这种新形势，实行"引进来"和"走出去"双向开放战略，积极主动地参与经济全球化，在更大范围、更广领域、更高层次上参与国际经济技术合作和竞争，开创对外开放的新局面，才能进一步拓展我国的经济发展空间，继续以开放促改革、促发展，顺利实现新的"翻两番"的目标。

第四，要坚持解放思想，实事求是，与时俱进，各方面工作都要有新举措。新中国成立以来特别是改革开放以来，各个领域各方面的工作都积累了极为丰富的经验，有许多行之有效办法、措施。这些办法、措施今后仍然必须坚持并不断加以完善。与此同时，新世纪新阶段、新形势新任务，都要求我们必须与时俱进，不断研究新情况，采取新举措，去解决新问题。这是实现新的"翻两番"的重要保证。

20年前当邓小平同志提出20年实现经济总量翻两番、人民生活达到小康的时候，许多人都想不到，20年后我国的变化会这么大，更想不到后10年尤其是近5年的变化越来越大。这是由于经济增长的基数越来越大，经济增长每一个百分点所包含的绝对量越来越多，同时社会财富、家庭财富都在积累的缘故。十六大提出到2020年实现新的"翻两番"，这个目标比上个世纪后20年的翻两番，更加宏伟，任务也更加艰巨。2000年我国国内生产总值比1980年增长5.36倍，在这个基础上再翻两番，到2020年国内生产总值将比1980年增长24.4倍。就是说，后20年比前20年将多增长19倍。因此可以十分肯定：到2020年，我国经济实力、综合国力和人民生活将连续跨上几个大台阶。将要发生的巨大变化，可能也是我们在今天想象不到的。我们应当为实现这样的宏伟目标而努力奋斗。

　　　　（本文是作者接受《前线》杂志记者杜梅
　　　萍采访的记录稿，原载《前线》杂志
　　　2003 年第 2 期）

透过"非典"冲击看中国经济

（2003 年 6 月 2 日）

一、全面分析"非典"对经济的影响

问：2003 年以来"非典"疫情在广东、北京等地蔓延，国内外都十分关注"非典"对我国经济会产生怎样的影响，请林教授谈谈对这个问题的看法。

答："非典"疫病流行是一场突发性的重大灾害。由于它的传染性强，死亡率较高，目前还没有预防疫苗和特效药物，因而对人们心理的影响比较大，扰乱了正常的经济和社会活动。"非典"对我国经济的冲击，可以从几个层面来分析。一是旅游、航空、客运、旅馆、餐饮、娱乐、会展等服务业受到较大冲击，有关行业的营业额、企业和员工收入以及国家税收减少，消费增幅下降。4 月份全社会消费品零售总额同比增长 7.7%，增幅同比回落 0.5 个百分点。其中城市零售额增长 8.1%，回落 1.3 个百分点。餐饮业仅增长 2.1%，回落 12.5 个百分点。5 月份因暂停"五一"旅游黄金周，消费下降幅度会更大，今后几个月仍会持续受到影响。消费增幅下降，不仅会直接影响第三产业增长率，而且会通过产业之间的关联效应波及第一和第二产业。二是对涉外经济的影响。我国香港、台湾地区以及有些亚洲国家受"非典"疫情冲击，经济不景气，收入和消费减少。香港第三产业在 GDP 中占 80% 以上，受到的影响更大。亚洲开发银行 5 月 9 日指出：如果"非典"流行持续到第三季度，东亚（除日本）的国内生产总值增长率比 4 月时 4.7% 的预测，将下降 0.9 个百分点；东南亚将下降1.5 个百分点。亚洲区内贸易、投资联系紧密，特别是我国加工贸易出口占出口总额 55% 左右，其中相当大部分同香港、台湾有许多关联，如果"非典"疫情持续，有可能引发一系列连锁反应，从而对我国进出口和涉外经济产生较大的不利影响。三是滞后的影响。近一段时间境内外人员往来、投资贸易洽谈、国际会议等停止或推迟，会对签订贸易合同和利用外资协议产生一定的影响。一些境外投资者为分散风险，也有可能暂缓在我国投资或将部分投资转移出境。此外，"非典"疫情还有可能发生反复，对经济的影响存在某些不确定性，对此应当有充分的估计。

当然，从总体上看，"非典"对我国经济的冲击，是短期的、局部的。这主要是因为在党中央、国务院领导下，各地党委、政府对"非典"疫病的防治高度重视，采取了一系列有力措施，尽最大努力和可能收治病人、防止疫情扩散，全国上下万众一心，形成了战胜"非典"的强大力量，到目前已取得控制疫情的初步胜利。最早发生"非典"的广东，疫情已经得到有效控制，世界卫生组织 5 月 23 日解除了对广东的旅游警告。"非典"临床诊断病例较多的北京、山西、内蒙古、天津、河北五省市，疫情也基本得到控制。从现在的情况看，"非典"对经济直接的不利影响，主要是在第二季度，随着疫情得到有效控制，第三季度虽然还会有后续影响，但不利影响将会逐步减弱。从"非典"冲击的范围看，我国广大农村迄今没有出现大面积疫情，虽然一部分进城务工经商的农民近一段时间收入受到了一定影响，但全国农业和农村经济的发展基本正常。从地区看，上述 6 个省市累计报告"非典"诊断病例占全国累计病例97%，而6省市人口只占全国总人口的18.5%；占全国总人口81.5%的大多数省、区、市的累计报告病例只占全国累计病例3%。包括沿海发达地区在内的全国大多数地区的经济，受"非典"冲击相对较轻。因此，只要各地区、各部门按照党中央、国务院的部署，坚持一手抓防治"非典"，一手抓经济建设这个中心，再接再厉，就一定可以把"非典"对经济的负面影响控制在一定时间和范围内，把损失减少到最低限度。

二、2003年经济增长7%的预期目标能够实现

问：中国经济发展的良好态势会不会因为"非典"冲击而急转直下，2003年经济增长7%的预期目标是否有把握实现？

答：我们可以先回顾一下近几年尤其是2002年以来我国经济总的发展态势。2000年我国经济增长率从1999年比上年增长7.1%的低点回升到比上年增长8%，但是2001年由于美国、日本、欧盟三大经济体同时陷入低迷，世界经济和贸易出现了近10年来最为缓慢的增长，对我国外贸出口和利用外资的增长产生了相当大的不利影响，致使我国2001年经济增长率再次发生波动，由上年8%降到7.3%，而且趋势是由高走低：一至四季度增长率分别为8.1%、7.8%、7%、6.6%。2002年世界经济虽然仍不景气，然而我国由于坚持扩大内需方针，继续实行积极财政政策和稳健货币政策，同时积极推进改革开放，经济增长率不仅扭转了下降趋势，而且逐季走高：一至四季度增长率分别为7.6%、8%、8.1%、8.1%，全年增长8%。我国经济被世界舆论誉为"一枝独秀"。2003年以来经济增长率继续回升，一季度同比增长9.9%，为1997年

以来最高点。4月份有所回落，但同比仍增长8.9%。

支持我国经济强劲增长的基础是外需和内需同时走旺。2002年我国进出口总额同比增长21.8%。其中出口总额同比增长22.3%。2003年1—4月对外贸易继续保持高速增长，出口同比增长33.5%，进口同比增长46.8%。与此同时，国内投资增速加快，2002年全社会固定资产投资比上年增长16.1%，为1996年以来最高水平。2003年1—4月固定资产投资（不包括城乡集体和个人的基建和更新改造投资）同比增长30.5%。在出口和投资增速加快的带动下，2002年规模以上工业企业增加值同比增长12.6%，2003年1—4月同比增长16.4%。2002年以来经济增长速度回升的基础还在于，工业产品结构调整取得了新进展：出口导向型产品、高技术产品和适应消费结构升级的消费品、投资类产品的产量快速增长。最近几个月适应抗击"非典"的形势，电信、汽车、医药以及与公共卫生、医疗、健身有关的需求剧增，相应刺激了有关行业的发展。而结构调整加快的动力在于：各类企业作为市场主体的活力不断增强，开拓市场的能力明显提高。

从以上情况和分析可以得出一个重要结论，就是中国经济发展所具有的优势和基本条件并没有因为发生"非典"疫情而改变。这包括：（1）巨大的市场潜力没有缩小。"非典"冲击只是推迟了某些方面的消费或者调整了部分消费取向，整体消费能力和投资能力没有削弱。2003年1—4月城乡居民储蓄存款增加8208亿元，比2002年同期多增加2158亿元，同比增长19.4%。（2）人力资源丰富、成本较低的优势没有减弱。接受"非典"冲击的教训，我国政府更加重视公共卫生、医疗保健等方面的建设，进一步提高政策和信息的透明度，投资环境将更趋完善。现在外商仍然看好中国市场和经济发展前景，在华投资的热情和信心没有受到大的影响。2003年1—4

月，外商直接投资合同金额增长 50.1%，其中 4 月份增长
27.2%；外商直接投资实际使用金额增长 51%，其中 4 月份
增长 37.2%，今后几个月即使有所回落，预测全年仍可比
2002 年增长 10% 以上，达到 600 亿美元左右。（3）经济发展
的物质技术基础，包括基础设施和生产供给能力都没有因
"非典"冲击受到削弱。(4) 中国经济正处在周期上行区间的
基本格局没有变化。在市场经济条件下，由于总需求与总供给
不平衡和供给结构与需求结构矛盾的发展，以及国内国际市场
和经济环境的变化等原因，各国经济发展都存在周期性变化，
我国也不例外。我国经济在 1996 年实现"软着陆"以后，从
1997 年到 1999 年受国内国际一系列因素的影响，处在经济周
期的下行区间。而从 2000 年开始则处在周期上行区间，虽然
2001 年受世界三大经济体同时陷入低迷的影响，经济增长率
有所回落，但到 2002 年很快又回升到 8%。2003 年如果没有
"非典"冲击，按照一季度的发展势头，预测全年经济增长率
将达到 8.8%。从现在情况看，受"非典"冲击全年经济增长
率将损失 1 个百分点左右，经济增长率将呈现一季度最高、二
季度较低、三季度回升、四季度较高的格局。预测全年增长率
仍可达到 7.8%，年初提出的增长 7% 的预期目标可以实现并
超过。

三、认真落实两手抓的政策措施

　　问：为了在战胜"非典"的同时，更好地实现 2003 年经
济发展的目标，你认为在宏观经济层面应当采取哪些政策
措施？

　　答：要全面落实中央关于一手抓防治"非典"、一手抓经
济发展的各项政策措施。在宏观经济方面主要是：（一）坚持

扩大内需的方针，继续实行积极的财政政策和稳健的货币政策。十届人大一次会议批准 2003 年发行 1400 亿元长期建设国债。最近国家有关部门决定加快国债投资进度，启动总投资 750 亿元的农村公路建设项目，并适时调整国债资金投向，如增加 23 亿多专项投资加快公共卫生设施建设。2003 年消费对经济增长的拉动作用比 2002 年会有所减弱，需要投资需求的带动作用更强一些。除了抓紧国债项目建设，更重要的是，尽快排除体制和政策障碍，进一步鼓励和引导民间资本扩大在各个领域的投资。同时，继续千方百计增加农民收入，减轻农民负担；做好两个确保、三条保障线等社会保障工作；培育新的消费热点，尽快推出汽车产业的消费政策，扩大普通住房和经济适用房供给，促进消费较快增长。（二）做好出口退税等方面工作，保持外贸出口快速增长，努力改善投资环境，促进利用外资持续扩大。（三）2003 年第三产业发展面临较大困难。为了减少"非典"冲击的损失，国家有关部门已决定对餐饮、旅店、娱乐、民航、旅游、公路客运、水路客运、出租汽车等行业减免行政事业性收费，实行适当税收优惠政策；对受"非典"影响较大的行业和地区适当增加信贷支持。应当抓紧落实这些政策措施。（四）千方百计稳定和扩大就业。在"非典"冲击下，就业形势更加严峻，因此要抓紧落实中央关于支持扩大就业的有关政策措施。（五）改革是战胜"非典"、发展经济的强大动力。应当按照中央部署，积极推进国有企业和国有资产管理体制改革、农村经济改革、金融改革和行政管理体制改革。

四、更加重视经济和社会协调发展

问："非典"威胁人类生命和健康，扰乱经济社会生活，无疑是一件坏事，但是如果我们认真总结经验教训，那么坏事也就变成了好事。你认为从长远的经济和社会发展角度看，可以从这次"非典"突发事件中吸取什么教训？

答：这是一个很有意义的问题。人类社会从古至今都是在同各种各样自然灾害的斗争中发展过来的。这次在同"非典"的斗争中，我们开始不认识它，因而吃了点亏，付出了一些代价，但是吃一堑长一智，现在"非典"已经引出了不少有益的话题：从革除不卫生的陋习、保护野生动物、改进楼房建筑设计，到加强公共卫生建设、提高政府有关信息的透明度和危机应急处理能力，等等。在"非典"突然袭击面前，我们的国家、社会又一次经受住了严峻考验，表现出许多积极的好的方面，同时也暴露出我们某些方面体制的缺陷和管理工作的薄弱环节，亟待改革和加强。比如医疗防疫控制体系不健全、医疗设施严重不足，难以应对突发的重大疫病，其背后是财政投入不足，反映了财政支出结构不合理和公共财政体制不完善等问题。因此，从大的方面说，一个重要的启示是，应当更加重视经济和社会的协调发展。社会生产力的发展是人类社会进步最基本的动力，因此经济发展是人类社会发展的基础。然而社会发展不仅包括物质文明的发展，而且包括精神文明和政治文明的发展。物质文明的发展不仅是物质生产部门的发展，而且包括科技、教育、文化、卫生以及各种服务部门的发展。因此有一个经济发展和社会发展的协调问题。1979年改革开放以前，我国曾长期以阶级斗争为纲而吃够了苦头，党的十一届三中全会决定把全党、全国工作重心转到经济建设上来，这是完全正确的。过去长期物资短缺、温饱问题没有解决，因而特别重视经济发展，也是理所当然的。现在我国发展阶段有了变化，我们已经实现了现代化建设的第一步和第二步战略目标，进入全面建设小康社会、加快推进社会主义现代化的新的发展阶段。在新阶段仍然必须坚持以经济建设为中心，仍然要重视经济发展，这是毫无疑问的，但是同时有必要也有条件把社会发展提到更重要的位置上，包括逐步增加对社会发展的财力、人力、物力的投入，加快社会发展的步伐，防止出现经济发展和社会发展"一头重一头轻"、"一脚快一脚慢"的状况。

这里有一个全面认识发展的目的问题。我们过去常说，发展经济的目的是为了满足人民日益增长的物质、文化生活的需要，这是对的，但实际上还应包括满足人民生命健康、安全的需要，全面发展的需要。党的十六大报告提出的全面建设小康社会的目标，不仅包括使人民的物质生活更加殷实、富足，而且包括使人民的政治、经济、文化权益得到切实尊重和保障，使人民的思想道德素质、科学文化素质和健康素质明显提高，促进人的全面发展，促进人与自然的和谐。因此提出要形成比较完善的现代国民教育体系、科技和文化创新体系、全民健身和医疗卫生体系。这些方面都是社会发展的重要内容。由于过去 20 多年经济高速发展，我国在满足人民物质生活的需要方面有了长足进步，但在满足人民接受良好教育特别是医疗卫生、全民健身和良好的生态环境等需要方面，还有较大差距。我们要按照十六大精神，全面认识发展的目的和内容，在加快经济发展的同时，更加重视社会发展，使经济发展和社会发展相互协调、互相促进。

五、注重可持续发展和社会全面发展

问：现在国内外普遍用国内生产总值（GDP）作为衡量经济实力和综合国力的最重要指标，用这个指标能不能综合反映经济和社会协调发展的状况？

答：国内生产总值（GDP），是指一个国家（或地区）所有常住单位在一定时期内生产活动的最终成果。从价值形态看，它是包括第一产业、第二产业、第三产业的所有常住单位在一定时期内生产的全部货物和服务价值超过同期中间投入的全部非固定资产货物和服务价值的差额，即增加值之和。GDP 总量、人均 GDP、GDP 增长率，是反映一个国家（或地区）经济实力及其动态变化的综合指标，并用以进行国家（地区）间的横向比较，或一个国家（地区）不同时期的纵向比较。但是，从经济和社会可持续发展的角度看，GDP 也存在不少缺点。对此，上个世纪 70 年代以来国际上已有不少研究。研究者指出：GDP 将好的产出和坏的产出，都一视同仁算在其中；GDP 没有将污染、环境恶化作为成本加以扣除，甚至将其作为对经济增长的贡献，例如污染产生人体疾病，医疗费用因此增加，也算入 GDP 增长之中；GDP 只记录看得见、可以价格化的劳务，其他对社会有贡献的劳务却摒除在外，例如家庭主妇或社会义务劳动的贡献都不计算在内；它并不把休闲视为一项价值，较低收入者并不因为有较多空闲时间而提高其价值，高收入者没有休闲时间并没有将这些时间算进去当成扣除所得的一项成本；GDP 不能反映经济的公平性，它只计算总产出，但不计算这些产出与财富重新分配的关系，等等。

　　针对 GDP 的缺点，国际上也出现了不少突破其局限性的尝试。1972 年，美国学者詹姆斯·托宾和威廉·诺德豪斯共同提出净经济福利指标，主张把城市中的污染、交通堵塞等经济行为产生的社会成本从 GDP 中扣除。1973 年，日本政府提出净国民福利指标，其突破是主张，列出水、空气、垃圾等方面污染可允许标准，超过污染标准的，必须将其改善经费作为成本从 GDP 中扣除。按照这样的计算方法，当时日本 GDP 年增长率8.5%，扣掉污染改善成本后只有5.8%。1989 年，美国罗伯特·卢佩托等一群学者提出净国内生产毛额指标，主张将经济增长中引起的自然资源的损耗作为成本加以扣除。按照他们的计算，印尼从 1971 年至 1984 年 GDP 年均增长 7.1%，但如果将石油、木材大量开采出口以及伐木引起的土壤流失作为成本加以扣除，GDP 年均增长率只有 4%。这项指标如何涵盖不能用市场价值（金钱）衡量的自然资源，如野生动物的保护，生物多样性等的价值，还有待于研究。1989 年，美国经济学家戴利和科布共同提出一套衡量国家进步的指标，包括一些新的尝试，如计算财富分配的状况，如果财富分配在公平的标准之外，必须被扣分；它还计算社会成本，如失业率、犯罪率等；它更严谨地区分经济活动中的成本与效益，例如医疗支出、超时工作是社会成本，不能算成对经济有贡献。1990 年，联合国开发计划署提出人类发展指标，最重要的突破是认为，国民所得在达到一定程度以后，对人类带来的福祉、效益会逐渐递减，打破了传统认为所得越高就一定越幸福的观念。这项人类发展指标还加上三项变数：人口平均寿命，成人文盲比例，学龄儿童就学率，强调人力开发是一项重要的人类发展指标。1995 年，联合国环境署提出可持续发展指标，包括社会（目标是消除贫穷）、经济、环境、政府组织及民间组织等方面的指标，每一项指标包括人类行为中足以影响可持续发展的活动，这些行为活动在可持续发展标准下的现状，目前有没有政策规范可以改善现状等。

可以看出，上述尝试围绕一个中心，就是在经济发展中要重视保护自然资源与生态环境，重视可持续发展和社会全面发展。这些命题在我国也很有现实针对性。我国人口众多，人均资源不足，特别是水、石油、耕地等资源，人均占有水平更比世界平均占有水平低得多。我国现在人均 GDP 不到 1000 美元，还处在工业化中期阶段，城镇化水平不高，但是由于长期偏重于粗放型经济增长方式，自然资源损耗和生态环境恶化的问题已经相当突出，可持续发展的形势严峻；地区之间、城乡之间、群体之间的收入分配差距呈扩大趋势，更加关注社会公平问题已经提上日程；社会发展方面的投入不够，与经济发展不平衡，等等。因此也有必要强调，应当全面认识 GDP，包括它的积极意义和它的缺点。我们要继续坚持以经济建设为中心，把促进经济增长作为政府宏观调控的重要目标，同时也要强调，绝不能以牺牲环境和浪费资源为代价求得一时的经济发展。重视用 GDP 表示的经济增长率，但要拒绝"一切为了GDP，GDP 就是一切"的片面性。

党的十六大报告指出："贯彻'三个代表'重要思想，必须把发展作为党执政兴国的第一要务，不断开创现代化建设的新局面。"应当明确，作为执政兴国第一要务的发展，不仅是经济发展，而且包括社会发展；现代化建设不仅是经济建设，而且包括政治、文化等各方面的建设。还应看到，增长并不等于发展，增长指的是物质上、数量上的增长；发展既包括经济增长，也包括一个社会在生活质量、财富分配、精神文明、政治文明等方面的进步。曾听到有人说，我们这里的政府是 GDP 政府，成天直接抓建设项目，搞招商引资。如果政府把应当由企业、市场做的事情抓在手里，那么必须由政府做好的社会管理和公共服务，就会因为精力分散而不可能抓好。在社会主义市场经济条件下，经济发展事务主要由市场主体承担，政府的职能主要是宏观调控、经济调节、市场监管，为经济发展创造良好的环境，同时应当把更多的精力放在社会管理和公共服务上。只有这样，才能真正抓好作为执政兴国第一要务的发展。

> （本文是作者接受《瞭望》周刊记者的书面采访稿，原载《瞭望》周刊 2003 年第 23 期）

建立健全现代产权制度

（2003 年 9 月 18 日）

改革开放以来，我国关于产权问题的理论研究和实践探索不断深化，取得了丰硕成果。我们党在重要文献中，对产权问题也有一系列论述。在这个基础上，根据新形势的客观要求，党的十六届三中全会通过的《中共中央关于完善社会主义市场经济体制若干问题的决定》明确提出了建立健全现代产权制度的任务，并从理论和政策上做了阐述。这是我们党对社会主义市场经济理论的又一重要发展，必将对完善社会主义市场经济体制产生深刻的影响。

一、产权和现代产权制度

产权是适应现代市场经济发展要求而出现的经济范畴。《新帕尔格雷夫经济学大辞典》认为，"产权是一种通过社会强制而实现的对某种经济物品的多种用途进行选择的权利"。国内外学者对产权从不同角度有多种定义和解释。一般认为，产权主要是指财产权或财产权利，是以财产所有权为主体的一系列财产权利的总和，包括所有权及其衍生的占有权、使用权、经营权、收益权、处置权、让渡权等权利。随着经济社会的不断发展进步，财产本身的内涵也在不断丰富和发展。现代意义上的财产，既包括土地、房屋、设备及存款、现金等不动产和动产,也包括股票、债券等证券资产,还包括专利、商标、名誉、商业秘密等无形资产。因此,现代意义上的产权,是指自然人、法人对各类财产的所有权及占有权、使用权、收益权和处置权等权利,包括物权(对物的所有权及相关权利)、债权(要求债务人履行债务的权利)、股权(对股份、股票等财产的所有权及相关权利)和知识产权及其他无形财产权等。

产权具有以下基本特征:一是独立性,产权主体拥有自主运用产权的权利;二是排他性,产权受到法律保护不可侵犯;三是流动性,产权主体可以通过产权流动、重组,谋取产权收益最大化;四是可分性,产权所包含的一组权利可分割组合使用。近代股份制产生之后,就形成了财产所有权与财产实际占有、使用权相分离的状况,并衍生出"法人财产权",即非财产所有者由于实际上经营属于财产所有者的财产而对其享有的占有、使用及在一定限度内依法享有的收益和处置的权利。因此,在现代产权的基本内涵中,不仅包括法律上的财产所有权,实际上还包括企业"法人财产权"。

产权制度是关于产权界定、运营、保护等的一系列体制安排和法律规定的总称。而现代产权制度则是与社会化大生产和现代市场经济相适应的产权制度。其主要特征,一是归属清晰,各类财产所有权的具体所有者为法律法规所清晰界定;二是权责明确,产权具体实现过程中各相关主体权利到位,责任落实;三是保护严格,保护产权的法律制度完备,各种经济类型、各种形式的产权一律受到法律的严格保护;四是流转顺畅,各类产权可以通过产权交易市场自由流动,以实现产权的最大收益。

产权和所有制有密切关系又不完全相同。所有制是指生产资料等归个人、阶级、集团或社会所有的制度。人类社会一定的所有制形式，决定该社会进行生产和分配的形式，也就是说，所有制关系决定生产关系和分配关系。马克思说，私有制不是一种简单的关系，也不是什么抽象概念或原理，而是资产阶级生产关系的总和。他还说，给资产阶级所有权下定义不外是把资产阶级生产的全部社会关系描述一番。在所有制中，最重要的是财产关系或财产关系的法律形式——财产所有权。因此可以说，产权是所有制的核心和主要内容。产权制度和所有制的区别在于：同一所有制可以有不同的产权制度。不同的所有制，也可以采用同样的产权制度。例如，股份制作为一种产权形式，资本主义可以用，社会主义也可以用。因此，产权制度涉及的是所有制的实现形式。在坚持和完善社会主义初级阶段基本经济制度的前提下，推进公有制的产权制度改革，不会改变公有制的性质和主体地位。

二、建立健全现代产权制度的重要意义

建立健全现代产权制度，是在总结历史经验特别是20多年来改革实践经验基础上，根据新阶段社会主义市场经济发展的客观要求提出的。改革开放以前，我们在所有制变革中走过弯路，付出了很大代价。主要是从消灭私有制的理论原则出发，脱离我国生产力水平和社会化程度低、结构多层次的基本国情，陷入了公有制比重越大就越好、公有化程度越高就越是社会主义的迷误，不允许个体、私营等非公有制经济存在和发展。同时，公有制没有找到有效的实现形式。按照苏联模式建立的全民所有制企业，名义上都属于国家，实际上产权归属不清、权责不明，企业只是政府的附属物，没有生产经营自主权，对盈亏也不负责任，企业和职工都吃国家的"大锅饭"，国有资本固化在一定的使用价值形态和企业中，不能通过合理

流动进行有效配置。集体所有制也存在同全民所有制类似的问题。上述弊端导致整个经济缺乏发展动力和活力，造成在长达22年（1957—1978年）的时间里，社会生产力发展不稳、不快、不协调，人民生活改善不多。

　　党的十一届三中全会以后，实行改革开放，开始了社会主义和市场经济相结合的伟大探索与实践。改革高度集中的计划经济体制，实际上是围绕所有制和产权这一条主线展开的。一方面，对公有制一统天下的所有制结构进行改革，实行公有制为主体、多种所有制共同发展的方针。到了党的十五大，进一步把这一方针确立为社会主义初级阶段的基本经济制度，确认个体、私营等非公有制经济是社会主义市场经济的重要组成部分。同时实行对外开放，积极引入境外资金、技术、人才和先进管理经验。另一方面，对公有制本身进行改革，探索公有制和市场经济相结合的多种有效实现形式。1978年12月，邓小平在实际成为十一届三中全会主题报告的讲话中指出："现在我国的经济管理体制权力过于集中，应该有计划地大胆下放，否则不利于充分发挥国家、地方、企业和劳动者个人四个方面的积极性"，"应该让地方和企业、生产队有更多的经营管理的自主权"。给经济主体放权，明确权利和责任，调动各个方面积极性，其实质就是探索解决公有制中的产权问题。随后，改革首先在农村取得突破，农民创造的家庭联产承包责任制，创造了在土地集体所有条件下农民拥有土地使用和经营自主权、收益与个人利益紧密挂钩的成功经验，极大地推动了农业和农村经济的发展。1984年改革重点转到城市，邓小平指出，用多种形式把所有权和经营权分开，以调动企业积极性，这是改革的一个很重要的方面。1993年党的十四届三中全会的决定，根据建立社会主义市场经济体制的改革目标，明确提出国有企业改革的方向是建立产权关系明晰的现代企业制度，并第一次提出了企业拥有"法人财产权"的概念。上述两大方面改革的深化，即调整完善所有制结构、坚持和完善基本经济制度、推进国有企业改革、建立和完善现代企业制度，都提出了建立健全现代产权制度的迫切要求。十六届三中全会《决定》明确指出，建立归属清晰、权责明确、保护严格、流转顺畅的现代产权制度，是完善基本经济制度的内在要求，是构建现代企业制度的重要基础。这对完善社会主义市场经济体制，促进经济社会的全面、协调、可持续发展，都具有重要意义。

第一，建立健全现代产权制度，有利于推行公有制的多种有效实现形式。党的十六大提出，必须毫不动摇地巩固和发展公有制经济。十六届三中全会《决定》强调，"要适应经济市场化不断发展的趋势，进一步增强公有制经济的活力，大力发展国有资本、集体资本和非公有资本等参股的混合所有制经济，实现投资主体多元化，使股份制成为公有制的主要实现形式"。经过20多年改革开放，以公有制为主体、多种所有制经济共同发展的基本经济制度已经确立。现在除国有资本和集体资本外，个体、私营、外资等非公有资本和城乡居民私有财产迅速增加，单一的公有产权已经为包括国有产权、集体产权、个体私营外资等私有产权、混合所有制产权等在内的多元化的产权所取代。建立涵盖各类产权在内的归属清晰、权责明确、保护严格、流转顺畅的产权制度，才能促进各类资本的流动重组、交叉持股，推动股份制和混合所有制经济发展；才能在使股份制成为公有制主要实现形式的同时，维护公有财产权，巩固公有制经济的主体地位。

第二，建立健全现代产权制度，有利于改善国有企业资本结构和组织形式、建立规范的现代企业制度。产权清晰是建立规范的现代企业制度的首要条件，只有产权归属清晰，才能在维护包括国家在内的出资人权益的同时，使企业拥有法人财产权，成为享有民事权利、承担民事责任的法人实体；也才能使企业以其全部法人财产，依法自主经营、自负盈亏，对出资者承担资产保值增值的责任。而产权的自由顺畅流动，不仅有利于企业依据自身实际和市场需要灵活开展资本运营，提高企业效益，而且有利于推进各种性质的资本间的收购、兼并、相互参股，实现投资主体多元化，形成良好的企业财产组织形式和规范的法人治理结构，真正建立起适应社会主义市场经济发展要求的管理体制和运行机制。实践已充分证明，建立健全现代产权制度，是建立现代企业制度的基础。没有这个基础，现代企业制度的建设就会流于形式，走形变样。

第三，建立健全现代产权制度，有利于增强企业、经营者和劳动者创业、创新和创造性劳动的积极性，促进社会生产力更大发展。追求产权，以其产权获得更多的经济收益进而拥有更多的产权，是市场经济条件下包括企业、经营者和劳动者在内的各类市场主体创造性地开展生产经营活动的动力所在。清晰界定产权、明确权责关系和依法严格保护产权，为追求产权、实现尽可能多的经济收益提供了制度保证。特别要看到，建立健全现代产权制度的一个重要方面，是完善保护私有财产的制度。这一点在我国具有重要现实意义。党的十六大提出，要毫不动摇地鼓励、支持和引导非公有制经济发展。2002 年，我国个体工商户已发展到 2377 万户，从业人员 4743 万人，比1992 年分别增长 59% 和 92%；私营经济发展尤其迅速，2002年已发展到 243 万户，从业人员 3409 万人，分别比 1992 年增长 16.5 倍和 13.7 倍，平均每年增长 33% 和 31%。目前，个体、私营经济增加值占国内生产总值 20% 以上，并且已成为扩大就业的主渠道。今后非公有制经济还会有更大的发展。党的十六大还明确提出，要实现民富国强，要使强国富民的要求不断得到实现，要使人民过上更加富足的生活，家庭财产普遍增加。据国家统计局 2002 年对东、中、西部一万户城镇居民家庭的抽样调查，平均每户财产为 22.8 万元。预计今后在全面建设小康社会过程中，城镇居民家庭财产积累的速度，有可能超过经济增长的速度，农村居民家庭财产也将大幅度增长。与此同时，随着信息等新科技革命的发展，技术、管理、创新对经济社会发展发挥着越来越重要的作用，保护知识产权的意义更加突出。因此，建立健全包括保护私有财产权、知识产权在内的现代产权制度，才能充分调动全社会各个方面的积极性，让一切劳动、知识、技术、管理和资本的活力竞相迸发，让一切创造社会财富的源泉充分涌流，以推动经济持续快速健康发展和社会全面进步。

第四，建立健全现代产权制度，有利于提高资本的运行效率，实现社会资本的优化配置。在健全的法制环境下，产权的获得和扩展只能在市场交易中实现，因此，产权的流动、重组和融合是市场经济发展的必然现象。从微观角度看，产权的自由流动是企业和创业者实现经济效益、扩展产权的重要手段。从宏观角度看，产权的自由流动有利于资本在全社会的优化配置。改革开放以来，随着国有经济布局的战略性调整、国有企业的战略性重组，个体、私营等非公有制经济的发展，以及建立现代企业制度改革的深化，各种形式的产权流动蓬勃展开，产权交易市场化的程度不断提高，但是也仍然存在着许多体制障碍和制度缺陷，建立健全现代产权制度，将大大提高产权交易的市场化进程，从而有效提高企业效益和大幅增加社会财富。

第五，建立健全现代产权制度，有利于规范生产经营行为，形成良好的信用基础和市场秩序。产权是社会信用和市场秩序的基础。为追求产权，就必须诚实履行信用并遵守市场秩序，从而形成了诚实守信的动力；有了产权，不守信用和违背市场秩序，就会受到惩罚甚至导致破产而丧失产权，这也就形成了履行信用和遵守秩序的压力。因此，产权的清晰界定、自由流动和严格保护，是增强生产经营动力，稳定投资预期，规范投资行为和其他经营行为的基础和条件。我国现实生活中存在的制假售假盛行、逃避债务和违约等失信行为严重，私人投资不够活跃甚至外流等问题，都与没有形成健全和规范的产权制度有密切关系。因此，树立诚信为本、操守为重的观念意识，形成完善的现代社会信用体系，建立良好的市场秩序尤其是形成各市场主体在市场运作中的自律机制，都必须加快建立健全现代产权制度。

三、建立健全现代产权制度要推进一系列改革

建立归属清晰、权责明确、保护严格、流转顺畅的现代产权制度，是一个系统工程，需要推进一系列改革。主要方面有：

第一，要根据谁投资、谁所有的原则，依法依规、合情合理地认真清产核资，理清产权属性。各类财产权归属清楚，是建立现代产权制度的基础环节，要采取有力措施，积极解决目前转制过程中集中反映出来的产权关系不清问题。在产权界定中，要充分考虑出资者权益，尽量追溯原始投资者并确认其出资性质；要充分考虑历史因素，具体情况具体分析，实事求是，讲情讲理；要严格遵循法律规章，有法可依有章可循的，一律依法按章行事；要依法维护国家、集体和个人三方权益，平等对待各方资产，既要防止国有资产和集体资产流失，又不可把属于私人的资产随意上收为国有或集体所有。对实在难以清晰界定的资产，应立足于企业的长远发展来明确归属或采取其他适当方式处置。

第二，要结合国有资产管理体制改革和现代企业制度建设，保障国有资本出资人权益，落实企业作为市场主体和法人实体应享有的各项权利。长期以来，国有资产缺乏明确而具体的出资人代表和直接的责任主体，国家统一所有或全民所有名义之下的国有资产或"全民资产"，产权主体实际上处于虚缺状态，导致国有资产运营效率低下，流失严重。按照党的十六大关于深化国有资产管理体制改革的部署，首要的是解决国有资本出资人真正到位并切实负起责任的问题。《决定》强调，国有资产管理机构对授权监管的国有资本依法履行出资人职责。国有资产管理机构要建立明确有效的责任制度，把国有资产产权主体和责任主体落到实处，切实维护所有者权益，督促企业实现国有资产保值增值。企业是生产经营活动的主体，国有经济的发展壮大，国有资产的保值增值，从根本上说都要通过国有企业创造性的经营活动来实现。因此，在强化监管的同时，必须坚持把政府公共管理职能和国有资产出资人职能分开，把所有者职能和经营者职能分开，确保企业应享有的各项权利，使之真正成为自主经营、自负盈亏的法人实体和市场主体。规范的现代企业制度是实现国有企业权责利统一，推动企业经营者创造性开展生产经营活动的基本制度保障。对国有企业实行规范的公司制改革，要抓住两个关键环节，即形成多元化的财产组织形式；建立股东会、董事会、监事会和经营管理者各负其责、协调运转、有效制衡的公司法人治理结构。通过深化国有资产管理体制改革和建立现代企业制度，把维护出资者权益和维护法人财产权益有机结合起来，在国有资产管理机构督促和国有企业自身努力的互动中，实现国有资产保值增值和企业可持续发展的目的。

第三，规范发展产权交易市场，健全产权交易规则和监管制度，推动产权有序流转。产权流动是市场经济发展的必然要求；产权在健全的法律、规章和制度环境下自由流动，是现代产权制度的重要内容。通过拍卖、收购、兼并、租赁、投资参股、债权转股权等多种形式进行产权交易和流转，有利于优化企业和社会的资产结构，实现资源的优化配置；有利于提高资产或资本的运营效率，增进企业效益和社会财富。当前，产权流动在不断展开的同时也存在一些问题：一是受思想观念、体制环境、技术手段、产权清晰状态等主客观因素的制约，产权还不能完全实现自由顺畅地流动。例如，个体、私营资本在产业准入上还面临诸多限制，还不能无障碍地从事投资或收购活动；上市国有企业的相当一部分资本无法在市场上流通；股份合作制企业的产权因其资本与劳动联合的特点而难以有效流转，等等。二是产权市场发育不规范，产权交易缺乏健全的规则和有效的监管。近些年，随着国有经济布局战略性调整和国有企业战略性改组的加快，产权交易的形式日益多样，规模不断扩大，相应带动了产权交易市场的发展。许多地方成立了产权交易机构，但其中有一些系应时赶急而生，缺乏必要的人才与技术基础，操作很不规范。在面上，又缺乏统一、严密、规范的法律法规约束和强有力的监管，严重制约了交易的公正性，在一些地方甚至造成了国有资产的大量流失。因此，要着眼于克服薄弱环节，立足于增强公开性、公正性、市场性和统一性，推进产权的健康有序流动。当前要抓紧做好以下两个方面的工作：一是进一步清除产权流动中由思想观念、政企关系、所有制性质、地域位置等诸多因素形成的体制和政策障碍，促进各类产权在更广领域，以更高的效率流动；同时努力革新技术手段，形成交易机构之间联通、开放和统一的交易市场和竞争性交易系统。二是清理交易机构、规范交易机构行为，建立健全涉及交易主体资格确认、交易过程操作规范、交易结果合理处置等交易全过程的一整套法律与规则，加强交易监管，促进产权市场的健康发展，保证产权交易的公正性和有序性，防止交易中的资产特别是公有资产的流失。

第四，长期稳定并不断完善以家庭承包经营为基础、统分结合的双层经营体制，依法保障农民对土地承包经营的各项权利。实践已经证明，实行家庭承包经营，农户获得充分的经营自主权，有利于调动农民积极性，解放和发展生产力，具有广泛的适应性和很强的生命力，必须长期坚持。关键是要稳定完善土地承包关系，切实保障农户的土地承包权、生产自主权和经营收益权。当前有些地方以各种名义强制农民转让土地承包权，甚至强行征用农民承包的土地，又不给合理补偿，严重侵犯农民合法权益，必须坚决纠正。土地承包经营权的合理流转，要坚持依法、自愿、有偿的原则进行。要按照保障农民权益、控制征地规模的原则，改革征地制度，完善征地程序。征地时必须符合土地利用总体规划和用途管制，及时给予农民合理补偿。

第五，建立健全产权保护法律法规，确保各类产权不受侵犯，维护产权主体的合法权益和平等发展的权利。保护产权的法律法规系统完备和实施有力，是现代产权制度的一个重要特征。依法严格保护各类产权的安全和平等权利，有利于维护公有财产权，巩固公有制经济的主体地位；有利于保护私有财产权，促进非公有制经济的发展；有利于规范投资行为，稳定投资预期，增强企业和公众创业创新的动力，形成良好的社会信用基础和市场秩序。从我国目前的实际情况看，产权保护是一个薄弱环节。公有资产的保护虽然受到了重视，但是由于国有产权制度上的缺陷，以及保护的法律法规不够具体或执法不力，国有资产、集体资产受侵犯、被掠夺的现象仍然不少。对私有财产保护的意识还比较薄弱，尤其在政府有的部门尚未引起足够的重视，保护的法律法规还不完备，执法也不够有力，个体、私营经济的应有权利还得不到有效保障，在有的地方，私有产权屡屡受到侵犯。因此，要进一步增强对公有资产、私有财产等各类产权的保护意识。抓紧健全保护产权的法律法规，完善产权法律制度，规范和理顺产权关系，提高执法的公正性，依法严厉打击各种侵犯正当产权权益的犯罪活动。

（本文与范恒山同志合作，原载《〈中共中央关于完善社会主义市场经济体制若干问题的决定〉辅导读本》，人民出版社 2003 年 10 月出版）

深化改革　促进发展

（2003 年 11 月 5 日）

　　建成完善的社会主义市场经济体制和更具活力、更加开放的经济体系，是党的十六大提出的全面建设小康社会目标中的重要内容，也是实现其他目标的必要保证。党的十六届三中全会通过的《中共中央关于完善社会主义市场经济体制若干问题的决定》（以下简称《决定》），贯彻党的十六大精神，对深化改革作了全面部署，是完善社会主义市场经济体制的纲领性文件。《决定》贯穿的一条主线是，坚持社会主义市场经济的改革方向，依靠深化改革进一步解放和发展生产力，实现经济全面、协调、可持续发展。以下围绕这一主线谈几点学习体会。

一、必由之路和强大动力

　　改革开放是富民强国的必由之路，是经济社会发展的强大动力，这已被实践充分证明。自党的十一届三中全会决定全党全国工作转到以经济建设为中心的轨道并实行改革开放以来，我国经济社会发生了巨大的历史性变化。1957—1978 年期间，由于以阶级斗争为纲、在所有制变革中犯了"左"的错误，实行高度集中的计划经济体制等原因，我国经济发展不快不稳不协调，22 年间国内生产总值按可比价格计算增长 2.19 倍，年均增长 5.4%；由于人口增长很快，人均国内生产总值仅增长 1.06 倍，年均增长 3.3%，城乡居民生活很少改善。而从 1979—2002 年，国内生产总值按可比价格计算增长 7.58 倍，年均 9.4%；人均国内生产总值增长 5.4 倍，年均增长 8%，我国经济实力、综合国力大大增强，人民生活显著改善，总体上达到小康水平，全国各个领域各个方面都呈现出蒸蒸日上的发展景象。毫无疑问，这种在世界发展史上也很少见的发展生机和活力，来自 20 多年来持续不断地推进改革开放，来自改革开放冲破原来束缚生产力发展的种种障碍，从而充分调动了各方面的积极性、主动性和创造性。

回顾历史，我们可以清楚地看到改革促进发展的生动过程。从最近 10 年的实践来看，党的十四大以后，改革开放在 20 世纪 80 年代奠定的基础上迈出了更快和更大的步伐。这首先体现在经济体制改革的理论创新不断推进。它包括：确定社会主义市场经济体制的改革目标、基本内涵和框架；确立公有制为主体、多种所有制经济共同发展的基本经济制度；提出公有制实现形式可以而且应当多样化，我国国有企业改革的方向，是建立产权清晰、权责明确、政企分开、管理科学的现代企业制度；国有经济起主导作用主要体现在控制力上，要从战略上调整国有经济布局；明确非公有制经济是社会主义市场经济的重要组成部分，个体户、私营企业主等社会阶层是中国特色社会主义事业的建设者；提出把按劳分配和按生产要素分配结合起来，确立劳动、资本、技术和管理等生产要素按贡献参与分配的原则；提出要发展资本、劳动力等要素市场，等等。"事非经过不知难"。现在看来这些理论原则似乎没有什么新奇，但是如果对照我们长期形成的理论和观念，并联系提出上述论断时的具体背景来看，就可以了解这些突破是很不容易的。

　　实践和理论是互相促进的。上述来自实践的理论突破，反转过来又极大地推动了改革实践的发展。近10多年来，我国经济体制改革取得了重大进展。公有制为主体、多种所有制经济共同发展的基本经济制度已经确立；社会主义市场经济体制初步建立，市场的微观基础、市场形成价格和市场竞争的机制基本形成，宏观经济管理体制改革全面推进，适应市场经济发展要求的宏观调控体系、分配制度和社会保障体系逐步建立；全方位、多层次、宽领域的对外开放格局基本形成。我国初步实现由计划经济体制向社会主义市场经济体制的成功转变，开创了我国经济社会发展的崭新局面。十四大以来是我国经济社会发展成效最显著的时期。1993—2002年间，国内生产总值增长2.44倍，年均增长9.3%。反映国家经济实力的财政收入和外汇储备大幅度增长。国家财政收入由3483亿元增加到18903亿元，2003年预计可以超过2万亿元。国家外汇储备1992年年末仅有194亿美元，2002年年末达到2864亿美元，2003年9月末已达3839亿美元。近10年也是我国对外贸易和利用外资发展最快的时期。2002年我国进出口贸易总额达6207.7亿美元，比1992年增长2.7倍，2003年预计超过8000亿美元。实际利用外商直接投资1992年仅有110亿美元，2002年达527.4亿美元，增长3.8倍。

　　10多年来我国经济发展取得的非凡成就来之不易，完全可以说，正是依靠持续地推进改革，我们才能克服前进道路上的重重艰难险阻。1992年加快改革和扩大开放，使我们冲破了80年代末西方国家的经济贸易制裁，并克服连续几年经济低速增长带来的困难，推动经济发展重新进入快车道。1993年下半年的宏观调控政策和1994年税制改革、汇率并轨，以及财政、金融、计划、投资、外贸等方面改革，使我们较快地抑制了伴随经济高速增长出现的严重通货膨胀，成功实现了

"软着陆"。1997年以后在扩大内需的同时，还是依靠深化国有企业、财税、金融、外贸、社会保障制度等方面的改革，积极发展非公有制经济，进一步扩大对外开放，才使我们先后战胜了亚洲金融危机、1998年和1999年特大洪涝灾害、2001年美日欧三大经济体同时陷入低迷、2003年"非典"疫情等国际经济金融动荡和国内严重自然灾害的冲击，保持了经济持续快速增长和社会稳定，受到世界的普遍赞誉。

二、现实选择和可靠保证

我国社会主义市场经济体制在初步建立之后为什么还要用20年时间进行完善？从历史的观点看，一个新的社会制度、经济制度，从产生建立到巩固完善，一般都要经过相当长的时间。我国建立社会主义市场经济体制的改革，如果从十一届三中全会算起到现在是25年，从十四大算起才11年，因此新体制还需要经历一个相当长时间的逐步完善过程。这除了符合一般规律之外，还有以下一些特殊原因：第一，我国改革的性质，从经济体制根本性转变的角度讲，是中国的第二次革命，但又不是社会主义制度的根本改变，而是它的自身完善和发展。把社会主义制度和市场经济结合起来，这是前无古人的创举，没有现成的经验可以借鉴，必须经过反复探索和实践，不可能一蹴而就。改革的这个根本特点，决定了社会主义市场经济体制从初步建立到完善定型，需要较长的时间。第二，我国经济体制改革采取渐进方式，总体上是先易后难，由浅入深，重点突破和整体推进相结合。实践已经证明，渐进式改革是成功的，但同时也带来各方面改革进展的不平衡。完善新体制，包括改革的"填平补齐"，更包括解决深层次矛盾的改革攻坚，还包括把改革的成果法制化，建立健全相应的法律法规和制度，这些方面都需要比较长的时间。第三，完善的社会主义市场经济体制，从根本上说，需要有发达的社会生产力和经济社会化、市场化作为基础，需要有健全的法制环境、信用制度和大批高素质人才，以及全社会的市场意识、法制意识、信用意识。这些方面更不是一二十年间可以完备的。可见，社会主义市场经济体制，从初步建立到完善定型，还必须经过较长时期艰苦的努力。

20 多年来改革开放极大地促进了经济社会发展，在新阶段只有深化改革才能进一步解放和发展社会生产力。这里需要阐明改革的两层含义，一是一般意义上的改革，即改革不适应生产力发展要求的经济基础和上层建筑。由于生产力是经济社会中最活跃的因素，处在不断发展变化之中，因此经济基础和上层建筑中的某些环节和方面不适应生产力发展要求的情况是经常会发生的。这个意义上的改革，是任何社会或任何社会发展阶段都需要进行的，区别仅在于是人们自觉认识到这种不适应产生的矛盾，主动进行改革呢，还是使之不断积累，以至于严重阻碍生产力发展，最终爆发社会革命，通过破坏强制性地解决矛盾。二是我国特殊意义上的改革，主要是改革 20 世纪 50 年代以后形成的高度集中的计划经济体制，其中包括实行对外开放以改革封闭半封闭体制，也包括改革在"左"的指导思想下形成的脱离国情的阻碍生产力发展的观念、体制和政策。我国自 20 世纪 70 年代末开始的改革，是以特殊含义的改革为主，也包括一般意义的改革。现在特殊意义的改革还没有完成，而且进入了解决深层次矛盾的攻坚阶段；一般意义上的改革更是没有止境。从总体上看，我国初步建立的社会主义市场经济体制还存在着两个不相适应，一是同我国加入世贸组织和面临更加激烈的国际竞争的形势不相适应；二是同全面建设小康社会的任务不相适应。

我国社会主义市场经济体制还不完善，表现在诸多方面：（1）从市场经济的微观基础看，不少国有企业包括国有金融企业还未真正建立起现代企业制度，企业法人治理结构不健全，机制不活，效率不高，社会负担和历史包袱沉重等问题仍然阻碍着企业竞争力的提高，国有经济布局战略性调整尚未完成，新型国有资产监督管理体制还有待于在实践中完善；（2）市场体系还不健全，地区分割、行业垄断仍阻碍着全国统一市场的形成和发展，社会信用体系尚未建立，市场秩序比较混乱，资本市场发展相对滞后，股票、债券等直接融资比重低，金融风险过分集中于国有商业银行；（3）政府职能转变还有较大差距，对微观经济活动的直接干预仍很普遍，而社会管理和公共服务职能比较薄弱，政府行政管理体制、宏观调控方式和手段仍不能适应市场经济发展的要求；（4）收入分配关系尚未理顺，国有单位激励机制不够健全，社会再分配缺乏有力调节，部分社会成员收入差距过分扩大；（5）社会保障体系还不健全，覆盖面较窄，统筹层次低，保障能力明显不足；（6）农村土地制度还不完善，农产品市场体系、农业社会化服务体系和国家对农业支持保护体系不健全，统筹城乡发展的体制和机制尚未形成；（7）覆盖全社会各类产权的现代产权制度尚未建立，妨碍产权的明晰、流动和保护，不利于基本经济制度的完善；（8）科技、教育、文化、卫生等体制改革仍不适应社会主义市场经济条件下社会发展的要求。必须坚定不移地推进改革，才能逐步消除上述体制性障碍，进一步解放和发展社会生产力。

进入新世纪，国际经济、科技、人才竞争更加激烈。世界多极化和经济全球化在矛盾和曲折中发展，信息、生物、新材料、新能源等领域的新科技革命，推动人类社会生产向着前所未有的广度和深度发展。新一轮全球性产业结构调整和国际分工重组的步伐加快，经济增长方式、生产交易方式、经济组织和市场结构正在发生深刻的变化。尤其是我国加入世贸组织后，与国际经济联系更加紧密，参与国际竞争的范围和规则都发生了变化。在这种新形势下，只有把握住新的历史机遇，顺应当代先进生产力发展的要求，才能在激烈的国际竞争中求得生存和发展。这就要求我们，在参与经济全球化过程中，必须进一步深化改革，努力建立一套既符合社会主义市场经济发展要求，又与国际通行规则相衔接，既能更好地利用国外各种资源，又能有效地维护国家权益和经济安全的管理体制和运行机制。这样才能最大限度地趋利避害，不断增强我国的科技创新能力、市场竞争能力和抵御风险能力，加快经济社会发展。

十六大报告提出的全面建设小康社会目标中的一项重要内容是："在优化结构和提高效益的基础上，国内生产总值到2020年力争比2000年翻两番，综合国力和国际竞争力明显增强"。经济是基础，实现新的20年国内生产总值翻两番的任务，虽然有利条件很多，但任务也相当艰巨。由于现在的经济规模比20年前大得多，而且将越来越大，实现新的20年翻两番所要求的年均7.2%的增长速度，比前20年年均9.7%的难度还要大。特别是要求在优化结构和提高效益的基础上达到这个速度，任务更加艰巨。过去20多年我国经济社会发展取得了巨大成就，但是一些长期存在的深层次矛盾仍然没有根本解决，经济和社会领域又积累了不少新的矛盾和问题。突出的是，经济结构不合理，城乡、地区发展差距扩大，农民收入增长缓慢，下岗人员增多，就业矛盾突出，资源和环境压力加大，经济整体竞争力不强等。造成这些问题的原因很复杂，从根本上说是由于我国处于社会主义初级阶段，生产力水平还不高，但也都同经济体制不完善密切相关。我国经济增长主要还是依靠增加物质资本和劳动投入，单位国内生产总值综合能耗比发达国家高得多，经济快速增长持续的时间越长，同保护自然资源和生态环境的矛盾也就越大。必须从主要依靠增加投入转到主要依靠科技进步和提高劳动者素质，依靠深化改革消除发展的体制性障碍，依靠经济结构调整和升级等来推动经济增长。而转变经济增长方式和调整优化经济结构，归根到底也都必须以深化改革作为基本动力。因此，以完善社会主义市场经济体制为目标，加快推进各方面改革，是解决当前经济社会发展中突出矛盾的现实选择，也是实现全面建设小康社会目标的可靠保证。

三、协调发展和统筹兼顾

十六大报告指出，必须把发展作为党执政兴国的第一要务。十六届三中全会《决定》根据全面建设小康社会的目标，针对我国当前经济社会发展存在的突出问题，进一步明确了发展的内涵和要求，指出要"坚持以人为本，树立全面、协调、可持续的发展观，促进经济社会和人的全面发展"。这是对马克思主义的经济社会发展观在新的历史条件下的丰富和发展，对于指导我国实现现代化建设第三步战略目标具有重大意义。按照新的发展观，今后的发展不能仅是经济增长，而是社会主义物质文明、政治文明和精神文明的全面、协调发展，包括在经济社会发展基础上促进人的全面发展，也包括人与自然和谐的可持续发展。树立全面、协调、可持续的发展观，是坚持以人为本的体现。坚持以人为本，就是坚持以满足人的全面需求、促进人的全面发展，作为发展的根本目的和根本动力。提出以人为本，是同我们党全心全意为人民服务的根本宗旨和代表中国最广大人民根本利益的要求一脉相承的；同实现以提高人民生活水平作为根本出发点的现代化建设第三步战略目标也是完全一致的。坚持以人为本，实现全面、协调、可持续的发展，是我国到本世纪中叶基本实现现代化的基本内涵和重要保证。

2003年抗击"非典"的斗争给我们一个重要的启示是，应当更加重视经济社会的全面发展和协调发展。社会生产力的发展是人类社会进步最基本的动力，经济发展是人类社会发展的基础。但是，社会发展不仅包括物质文明的发展，而且包括政治文明和精神文明的发展。物质文明的发展，不仅要有物质生产部门的发展，而且要有科技、教育、文化、卫生以及各种服务部门的发展。我们过去常说，发展经济的目的是为了满足人民日益增长的物质、文化生活的需要。这一提法是对的，但并不全面，实际上还应包括满足人民生命健康和安全的需要，人的全面发展的需要。党的十六大报告提出的全面建设小康社会的目标，不仅包括使人民的物质生活更加殷实、富足，而且包括使人民的政治、经济、文化权益得到切实尊重和保障，使人民的思想道德素质、科学文化素质和健康素质明显提高，促进人的全面发展，促进人与自然的和谐。因此十六大报告同时提出要形成比较完善的现代国民教育体系、科技和文化创新体系、全民健身和医疗卫生体系。这些方面都是社会发展的重要内容。我们要按照十六大精神，全面认识发展的目的和内容，在加快经济发展的同时，更加重视经济和社会的全面、协调发展。

改革开放以来，我国经济高速发展，在满足人民物质生活需要方面有了长足进步，但在满足人民接受良好教育特别是医疗卫生、全民健身和良好的生态环境等需要方面，还有较大差距。特别是近些年来，城市发展与农村发展、东部地区发展与中西部地区发展、经济发展与社会发展、经济发展与资源环境保护等方面不协调的矛盾越来越突出。过去长期物资短缺、温饱问题没有解决，因而特别重视经济发展，理所当然。现在我们已经实现了现代化建设的第一步和第二步战略目标，进入全面建设小康社会、加快推进社会主义现代化的新发展阶段。在新阶段仍然必须坚持以经济建设为中心，重视经济发展，但是同时有必要也有条件把全面、协调、可持续的发展提到更重要的位置上。我们不仅要关注经济指标，而且要关注人文指标、资源指标和环境指标；不仅要增加促进经济增长的投入，而且要增加促进社会发展、保护资源和环境的投入。要在加快经济发展的同时，大力发展科技、教育、文化、卫生、体育等社会事业。要在加快城市发展的同时，加大对农业和农村发展的支持力度，以城市繁荣带动农村发展。要在东部地区加快发展、有条件的地方率先实现全面小康和现代化的同时，积极推进西部大开发，有效发挥中部地区的综合优势，加快中西部地区发展，支持东北地区等老工业基地加快调整、改造、振兴的步伐。要进一步加强环境保护和生态建设，使经济发展与人口、资源、环境相适应，实现可持续发展。

《决定》把实现全面、协调、可持续发展作为确立改革目标和任务的基本出发点，提出要"按照统筹城乡发展、统筹区域发展、统筹经济社会发展、统筹人与自然和谐发展、统筹国内发展和对外开放的要求，更大程度地发挥市场在资源配置中的基础性作用，增强企业活力和竞争力，健全国家宏观调控，完善政府社会管理和公共服务职能，为全面建设小康社会提供强有力的体制保障"。根据全面、协调、可持续发展观和"五个统筹"的要求提出改革目标和任务，这是《决定》的一个显著特点，也是对10年前十四届三中全会《决定》的重要发展。"五个统筹"的核心是统筹兼顾，改革措施、进程和结果都要体现统筹兼顾，协调好各种利益关系。统筹城乡发展至关重要，全面建设小康社会的难点在农村，农业是国民经济的基础，现在又是最薄弱的环节，农民收入连续多年增长缓慢、农村发展滞后，是当前诸多经济社会矛盾的汇合点，深化改革必须着眼于农村与城市协调发展，着眼于逐步改变城乡二元经济结构。促进区域经济协调发展，逐步扭转地区差距扩大的趋势，是全面建设小康社会的又一项重大任务，也是深化改革的重要出发点。社会发展是经济发展的重要目的和有力保障，推进经济体制和社会领域的各项改革，不仅要有利于经济发展，更要有利于加快社会发展，使二者相协调。人与自然和谐发展，才是可持续的发展。经济发展不能以牺牲资源和生态环境为代价，深化改革和完善体制必须以实现可持续发展为目标。经济全球化趋势的发展，为我国的发展带来机遇和挑战，要求经济体制改革必须适应这种新形势，协调好国内发展与对外开放的关系。总之，按照"五个统筹"的要求提出改革目标和任务，体现了新的发展观和新的改革观，反映了我们对发展社会主义市场经济规律性认识的不断深化。

四、制度建设和体制创新

《决定》提出各个方面改革的任务和部署，集中到一点就是继续按照社会主义市场经济的方向坚定不移地深化改革，注重制度建设和体制创新。这是《决定》的又一个显著特点。这个特点贯穿在《决定》的各个部分，从大的方面完善公有制为主体、多种所有制经济共同发展的基本经济制度，健全经济法律制度，到各有关方面的完善农村土地制度，建立健全社会信用制度等等，都体现注重制度建设，而各方面的改革任务和措施则体现注重体制创新的要求。《决定》提出，"要适应经济市场化不断发展的趋势，进一步增强公有制经济的活力，大力发展国有资本、集体资本和非公有资本等参股的混合所有制经济，实现投资主体多元化，使股份制成为公有制的主要实现形式"，以及建立健全现代产权制度，这是完善社会主义市场经济体制的基础性制度建设和创新，在理论和实践上都是一个重要突破。

股份公司是资本主义发展的产物。马克思对股份制的作用曾给予很高的评价，指出："假如必须等待积累去使某些单个资本增长到能够修建铁路的程度，那么恐怕直到今天世界上还没有铁路。但是，集中通过股份公司转瞬之间就把这件事完成了"。① 马克思还指出股份制引起了生产关系的变化，指出股份制"是作为私人财产的资本在资本主义生产方式本身范围内的扬弃"，是"通向一种新的生产方式的单纯过渡点"。②

改革开放以来我们党一直从理论和实践的结合上探索股份制在社会主义市场经济中的地位和作用。十四届三中全会就已提出，随着产权的流动和重组，财产混合所有的经济单位越来越多，将会形成新的财产所有结构。十五大进一步指出，股份制资本主义可以用，社会主义也可以用，国家和集体控股的股份制具有明显的公有性。十五届四中全会进一步明确，国有大中型企业尤其是优势企业，宜于实行股份制的，要通过规范上市、中外合资和企业互相参股等形式，改为股份制企业，发展混合所有制经济，重要的企业由国家控股。十六大再次肯定，除极少数必须由国家独资经营的企业外，积极推行股份制，发展混合所有制经济。在实践上，以股份制为主要形式的混合所有制经济迅速发展，在经济生活中发挥着越来越突出的作用，成为搞活国有企业的重要途径。这次《决定》提出使股份制

---

① 《马克思恩格斯全集》第 23 卷，人民出版社 1972 年版，第 688 页。

② 《马克思恩格斯全集》第 25 卷，人民出版社 1974 年版，第 493、496 页。

成为公有制的主要实现形式，是在以往论断基础上的一个重要发展，是探索公有制和市场经济相结合有效形式的最新成果，必将对改革实践产生重大影响。股份制成为公有制的主要实现形式，有利于进一步巩固和发展公有制经济，充分发挥国有经济的主导作用。第一，股份制可以放大国有资本功能。一般情况下，国有股占51%以上的股份就可以控股；在股权高度分散的情况下，有时国有股占20%—30%也能有效控股。因此，少量的国有资本，可以控制、带动比它自身价值大得多的总资本。第二，股份制提供了一种灵活简便的财产组织形式。它把公司的财产从价值形态上划分为众多小额化的等份，从而便于产权在资本市场流动。通过国有股权的转让，国有资本可以灵活地从一些行业、企业部分或全部退出；也可以根据需要进入另一些行业、企业，从而有利于国有资本的优化配置。第三，实行股份制可以形成多元化的产权关系，形成有效的制衡机制，有利于对国有资产的监管和保值增值。第四，股份制有利于建立规范的公司法人治理结构。实行股份制，就要按照现代公司制的要求，在企业内部建立股东会、董事会、监事会，并由董事会聘任经理人员，这样就在企业内部建立起所有者和经营者之间的委托代理和制衡关系。现在，我国国有大型企业多数是国有独资企业，多数现代企业制度试点企业建立的仍是国有独资公司。因此，提出使股份制成为公有制主要实现形式是十分必要的，将对深化国有企业改革产生重大的推动作用。

建立健全现代产权制度，是《决定》在总结历史经验特别是20多年来改革实践经验基础上，根据新阶段社会主义市场经济发展的客观要求提出的。党的十一届三中全会以后实行改革开放，改革高度集中的计划经济体制，实际上是围绕所有制和产权这条主线展开的。一方面，对公有制一统天下的所有制结构进行改革，实行公有制为主体、多种所有制共同发展的方针。十五大进一步把这一方针确立为社会主义初级阶段的基本经济制度。同时实行对外开放，积极引入境外资金、技术、人才和先进管理经验。另一方面，对公有制本身进行改革，探索公有制和市场经济相结合的多种有效实现形式。改革之初给经济主体放权，明确权利和责任，调动各方面积极性，其实质就是探索解决公有制中的产权问题。在农村改革中，农民创造了家庭联产承包责任制，在土地集体所有条件下拥有土地使用和经营自主权，极大地推动了农业和农村经济的发展。1984年改革重点转到城市，邓小平同志指出，要"用多种形式把所有权和经营权分开以调动企业积极性，这是改革的一个很重要的方面"。1993年十四届三中全会的决定，明确提出国有企业改革的方向是建立产权关系明晰的现代企业制度，并第一次提出企业拥有"法人财产权"的概念。上述两大方面改革的深化，即调整完善所有制结构、坚持和完善基本经济制度；推进国有企业改革、建立和完善现代企业制度，都提出了建立健全现代产权制度的迫切要求。十六届三中全会《决定》明确指出，建立归属清晰、权责明确、保护严格、流转顺畅的现代产权制度，是完善基本经济制度的内在要求，是构建现代企业制度的重要基础。建立健全现代产权制度，意义和作用至关重大。

第一，有利于推行公有制的多种有效实现形式。经过20多年改革开放，现在除国有资本和集体资本外，个体、私营、外资等非公有资本和城乡居民私有财产迅速增加，单一的公有产权已经被包括国有权、集体权、个体私营外资等私有产权、混合所有制产权等在内的多元化的产权体系所取代。建立健全现代产权制度，才能促进各类资本的流动重组，推动混合所有制经济发展；维护公有财产权，巩固公有制经济的主体地位。

第二，有利于改善国有企业资本结构和组织形式，建立规范的现代企业制度。产权清晰是建立规范的现代企业制度的首要条件，产权归属清晰，才能在维护包括国家在内的出资人权益的同时，使企业拥有法人财产权，成为享有民事权利、承担民事责任的法人实体；也才能使企业以其全部法人财产，依法自主经营、自负盈亏，对出资者承担资产保值增值的责任。而产权的自由顺畅流动，不仅有利于企业依据自身实际和市场需要灵活开展资本运营，提高企业效益，而且有利于推进各种性质的资本间的收购、兼并、相互参股，实现投资主体多元化，形成良好的企业财产组织形式和规范的法人治理结构，真正建立起适应市场经济要求的管理体制和运行机制。

第三，有利于增强企业和公众创业、创新的动力，促进生产力更大发展。追求产权，以其产权获得更多的经济收益从而拥有更多的产权，是市场经济条件下包括企业、经营者和劳动者在内的各类市场主体创造性地开展生产经营活动的动力所在。清晰界定产权、明确权责关系和依法严格保护产权，为追求产权、实现尽可能多的经济收益提供了制度保证。特别要看到，建立健全现代产权制度的一个重要方面，是完善保护私有财产的制度。这一点在我国具有重要现实意义。2002 年，我国个体工商业已发展到 2377 万户，从业人员 4743 万人，私营经济 243 万户，从业人员 3409 万人，个体、私营经济增加值占国内生产总值 20% 以上，且已成为扩大就业的主渠道。今后非公有制经济还会有更大发展。党的十六大还明确提出，要实现民富国强，要使人民过上更加富足的生活，家庭财产普遍增加。今后在全面建设小康社会过程中，城镇居民家庭财产积累的速度，有可能超过经济增长速度，农村居民家庭财产也将大幅度增长。与此同时，随着信息等新科技革命的发展，技术、管理、创新对经济社会发展发挥着越来越重要的作用，保护知识产权的意义更加突出。因此，建立健全包括保护私有财产权、知识产权在内的现代产权制度，才能充分调动全社会各个方面的积极性，让一切劳动、知识、技术、管理和资本的活力竞相迸发，让一切创造社会财富的源泉充分涌流，以推动经济持续快速健康发展和社会全面进步。

第四，有利于提高资本的运行效率，实现社会资本的优化配置。产权的流动、重组和融合是市场经济发展的必然现象。改革开放以来，随着国有经济布局的战略性调整和个体、私营等非公有制经济的发展，各种形式的产权流动蓬勃展开，产权交易市场化的程度不断提高，但是也仍然存在着许多体制障碍和制度缺陷，建立健全现代产权制度，将大大提高产权交易的市场化进程，从而有效提高企业效益和增加社会财富。

第五，有利于规范生产经营行为，形成良好的信用基础和市场秩序。产权的清晰界定、自由流动和严格保护，是增强生产经营动力，稳定投资预期，规范投资行为和其他经营行为的基础和条件。我国现实生活中存在的制假售假盛行、逃废债务和违约等失信行为严重，私人投资不够活跃甚至外流等问题，都同没有形成健全和规范的产权制度有关。因此，树立诚信为本、操守为重的观念意识，形成完善的现代社会信用体系，建立良好的市场秩序尤其是形成各种市场主体在市场运作中的自律机制，都必须加快建立健全现代产权制度。

（本文原载《宏观经济研究》杂志 2003 年第 11 期）

贯彻落实科学发展观要正确处理五个关系

（2004 年 5 月 23 日）

国际经验表明，人均收入从 1000 美元到 3000 美元是一重要的发展阶段。在这个阶段，一方面，消费结构、产业结构出现新的升级，城市化进程加快；另一方面，城乡之间、区域之间、不同群体之间的收入差距会扩大，社会结构和各种利益关系的变动迅速，将导致社会不稳定因素增加。过去几十年间，一些处于这个阶段的发展中国家就出现过两种结果，一种是成功地跨过这个阶段，经济社会继续向前发展；另一种像拉丁美洲一些国家就出现了农民破产、城市失业增加、两极分化、污染严重、经济金融动荡等问题。这些经验教训值得我们吸取。我国到 2020 年全面建设小康社会的阶段，也正是我国从人均国内生产总值从 1000 美元到 3000 美元（按 2000 年美元不变价计算）的阶段。因此在这个阶段尤其要以科学发展观指导经济社会发展，正确处理各个方面的关系，才能顺利实现经济转型和结构升级，使经济社会发展跃上一个新的大台阶。否则，就可能出现经济停滞甚至社会动荡。

科学发展观的内涵极为丰富，涉及经济、政治、文化、社会发展各个领域，既有生产力和经济基础问题，又有生产关系和上层建筑问题；既管当前，又管长远；既是重大的理论问题，又是重大的实践问题。贯彻落实科学发展观，要正确认识和处理以下五个关系。

（一）正确处理坚持以经济建设为中心和加快社会发展的关系。

党中央提出科学发展观以后，国外有评论讲中国将放弃以经济建设为中心，代之以均衡发展，国内也有人这样认为。这一种很大的误解。我们党提出并坚持的以经济建设为中心，其理论基础和实践基础是：（1）马克思主义的历史唯物论，即社会生产力和物质资料生产，是人类社会发展的基础，国家制度、意识形态等等都是在这个基础上发展起来的。（2）社会主义的根本任务是发展社会生产力。特别是我国正处于并将长期处于社会主义初级阶段，这个阶段的主要矛盾，是人民日益增长的物质文化需要同落后的社会生产之间的矛盾，因此更要集中力量发展社会生产力。（3）以经济建设为中心是党在社会主义初级阶段的基本路线的重要组成部分。因此，以经济建设为中心，是我们党自改革开放以来始终坚持的基本理论和基本实践的重要组成部分。以上三条是决定以经济建设为中心的基本理论、基本实践和基本路线，三条都没有改变，因此怎么会放弃以经济建设为中心呢？恰恰相反，树立和落实科学发展观，正是为了更快更好地发展，首先就是更快更好地发展经济，也就是坚持以经济建设为中心，在优化结构、提高质量和效益的基础上长期保持较快的发展速度。

当然，科学发展观要求加快社会发展，这不仅因为社会发展为经济发展提供精神动力、智力支持和其他重要条件，而且因为现在社会发展滞后于经济发展和人民群众对科技、教育、文化、医疗、保健等方面日益增长的需求。改革开放以来，各项社会事业虽然取得明显进步，但总体上看，经济发展和社会发展存在着"一条腿长、一条腿短"的问题。2003年"非典"疫情的蔓延，集中暴露出这个方面的问题。因此必须按照科学发展观的要求，更加注重加快社会发展。经济社会协调发展，也是全面建设小康社会的重要目标。为了加快社会发展，必须增加投入，深化改革，完善政策。各级政府都要较大幅度地增加对发展社会事业的投入。同时，要加快社会领域改革和体制创新，增强社会发展的活力。还要实行鼓励、引导的政策措施，调动企业和社会各方面参与发展社会事业的积极性、主动性。

（二）正确处理城市发展和农村发展的关系。

统筹城乡经济社会发展，逐步改变城乡二元经济结构，是我们党从全面建设小康社会全局出发作出的重大决策。农业是国民经济的基础，没有 8 亿农民的小康，就不可能实现全面的小康；没有农村的现代化，就不可能有全国的现代化。全面建设小康社会，重点在农村，难点也在农村。我们党历来重视"三农"问题，但是由于种种原因，城乡差距、工农差距仍呈不断扩大的趋势。农业基础薄弱，农村发展滞后，农民收入增长缓慢，已成为亟待解决的、关系我国经济社会发展全局的突出问题。

统筹城乡发展，必须更加注重加快农业、农村发展。关键是要抓好四个环节。一是合理调整国民收入分配结构和政策，加大对农业的支持和保护力度。农业是基础产业，又是弱势产业，要承担自然风险和市场风险。加快农业、农村发展，增加农民收入，光靠市场调节不行，国家必须加强扶持和保护。这是世界各国普遍的做法。国民收入分配要向农业倾斜，通过税收政策、财政转移支付等，加强对农业、农村的支持。要进一步落实对农业"多予、少取、放活"的方针。二是农业和农村自身要加快发展，推进城镇化。要继续实施农业和农村经济结构的战略性调整，加快科技进步，全面提高农业综合生产能力，提高农业素质和效益。深化农村改革，充分调动农民的积极性，加快农村社会发展，加强农村基础设施建设。推动农村劳动力向非农产业和城镇转移，加快农村工业化、城镇化进程。三是城市发展要和农村发展相协调，充分发挥城市对农村的带动作用。随着现代化进程的推进，城市必然还要进一步发展，但要防止规模过大、标准过高的倾向，注意以城市繁荣带动农村发展。要把更多的财力等社会资源用于农村，并更好地为农村产业结构调整、劳动力转移和农民增收创造条件。四是统筹推进城乡改革，消除体制性障碍。逐步建立城乡统一的劳动就业制度、户籍管理制度、义务教育制度和税收制度等，形成有利于城乡相互促进、共同发展的体制和机制。

（三）正确处理局部与全局、当前与长远的关系。

科学发展观是根据发展全局的需要和全局利益提出的，落实科学发展观，必须树立全局观念和大局意识。什么是全局？战争时期，敌我双方力量对比和战争态势构成了战争全局，只有把握全局，并从全局出发制定正确的战略和战役计划，才能赢得战争胜利。和平时期的建设和发展也是如此。改革开放以来我国发展之所以能取得震惊世界的巨大成就，很重要的一条就是党中央正确把握世界和我国的全局，并据以制定正确的路线、战略和方针政策。现阶段，推进全面建设小康社会的伟大事业是全局，落实科学发展观也是全局。一般说来，全局利益代表的是包括各个局部利益在内的全国绝大多数人的利益。从根本上说，局部利益和全局利益是一致的。如果战争的一方输了全局，其各个局部的利益也难以保全。当今世界，经济全球化不断发展，各国经济联系日益紧密，大国的或地区性的经济金融危机，往往会对地区甚至全球经济产生重大影响。一国之内更是如此。我国现在的法制和宏观政策是统一的，全国市场是统一的，生产要素是流动的，全国宏观经济形势好与不好，对各地发展有决定性影响。因此，局部应当了解全局，执行从全局出发制定的路线、战略和方针政策。当局部发展与全局利益有矛盾时，不应为了局部发展，而损害全局利益。另一方面，全局是各个局部组成的，各个局部都发展了，全局才能发展。全局要支持各个局部加快发展，要照顾局部利益，兼顾局部利益和全局利益，充分发挥中央和地方两个积极性。全局的决策、政策要从我国幅员广阔、各地发展很不平衡的国情出发，防止"一刀切"。

正确处理当前利益和长远利益的关系也十分重要。强调可持续发展，实际上就是要处理好当前利益和长远利益的关系。我国现代化第三步战略目标是到本世纪中叶基本实现现代化，全面建设小康社会的目标之一是到 2020 年实现 GDP 比 2000 年翻两番，这些都是长远的发展目标，代表了全国人民的长远利益和根本利益。同时，各个方面、各个地方的发展，要解决当前的问题，体现当前的现实利益，否则也不可能有长远的发展和长远的利益。但是，当前发展和实现当前利益，又要有利于全国保持长期持续快速发展，因此不能只顾当前发展而损害长远的发展。

（四）正确处理政府和市场的关系。

贯彻落实科学发展观，要充分发挥政府和市场的作用，正确处理好两者的关系。既要更大程度地发挥市场对资源配置的基础性作用，增强经济的活力和效率；也要加强国家宏观调控和政府的指导，提高依法行政的水平。

在社会主义市场经济条件下，政府的主要职能是经济调节、市场监管、社会管理和公共服务四个方面。落实科学发展观，必须加快政府职能转变，全面、正确地履行政府职能。经济调节主要运用经济手段和法律手段，同时通过制定规划和政策指导、发布信息以及规范市场准入，引导和调控经济运行，而不是靠行政审批管理经济，不是政府直接干预企业生产经营活动，更不是由政府代替企业决策招商引资上项目。市场监管，就是依法对市场主体及其行为进行监督和管理，维护公平竞争的市场秩序，依法打击制假售假、商业欺诈等违法行为。社会管理，就是通过制定社会政策和法规，依法管理和规范社会组织、社会事务，化解社会矛盾，调节收入分配，维护社会公正、社会秩序和社会稳定。公共服务，就是提供公共产品和服务，包括加强城乡公共设施建设，发展就业、社会保障服务和教育、科技、文化、卫生、体育等公共事业，发布公共信息等。过去我们在经济调节方面积累了许多经验，近些年来市场监管方面也在逐步加强，今后还必须适应新形势，进一步改进经济调节和市场监管的方式方法，切实把政府经济管理职能转到主要为市场主体服务和创造良好发展环境上来。同时，更加注重履行社会管理和公共服务职能，把更多的力量放在发展社会事业和解决人民生活问题上。要继续推进政府职能转变，加快政企分开，政府该管的事一定要管好，不该由政府管的事要坚决交给企业、社会组织和中介机构，更大程度地发挥市场在资源配置中的基础性作用。

（五）正确处理科学发展观与政绩观的关系。

要以科学发展观为指导树立正确的政绩观。创造政绩是为了发展，是为了造福人民。科学发展观指导的发展，是以人为本、经济社会的全面协调、可持续发展，不能只理解为追求GDP 高速的发展。现在国内外普遍用国内生产总值（GDP）作为衡量经济实力和综合国力的最重要指标，但这个指标也有它的局限性。国内生产总值（GDP），是指一个国家（或地区）所有常住单位在一定时期内生产活动的最终成果。从价值形态看，它是包括第一产业、第二产业、第三产业的所有常住单位在一定时期内生产的全部货物和服务价值超过同期中间投入的全部非固定资产货物和服务价值的差额，即增加值之和。GDP 总量、人均 GDP、GDP 增长率，是反映一个国家

（或地区）经济实力及其动态变化的综合指标，并用以进行国家（地区）间的横向比较，或一个国家（地区）不同时期的纵向比较。但是，从经济和社会可持续发展的角度看，GDP也存在不少缺点。主要是：（1）GDP将好的产出和坏的产出，都一视同仁地算在其中；而且不能全面反映经济增长的质量。例如，今年修一座桥梁因质量差第二年垮掉了重修，其增加值又将计入明年的GDP之中。（2）GDP没有将污染、环境恶化作为成本加以扣除，甚至将其作为对经济增长的贡献，例如，污染产生人体疾病，医疗费用因此增加，也算入GDP增长之中。（3）GDP只记录看得见、可以价格化的劳务，其他对社会有贡献的劳务却摒除在外。例如，家庭主妇或社会义务劳动的贡献都不计算在内。（4）GDP不能反映经济的公平性，它只计算总产出，但不计算这些产出与财富重新分配的关系，等等。

　　我国人口众多，人均资源不足，特别是水、石油、耕地等资源，人均占有水平更比世界平均占有水平低得多。我国现在人均GDP不到2000美元，还处在工业化中期阶段，城镇化水平不高，但是由于长期偏重于粗放型经济增长方式，自然资源损耗和生态环境恶化的问题已经相当突出，可持续发展的形势严峻；地区之间、城乡之间、群体之间的收入分配差距呈扩大趋势，更加关注社会公平问题已经提上日程；社会发展方面的投入不够，与经济发展不平衡，等等。因此有必要强调，应当全面认识GDP，包括它的积极意义和它的缺点。我们要继续坚持以经济建设为中心，把促进经济增长作为政府宏观调控的重要目标。同时也要强调，绝不能以牺牲环境和浪费资源为代价求得一时的经济发展。重视用GDP表示的经济增长率，但要拒绝"一切为了GDP，GDP就是一切"的片面性。

　　现在一些不正确的政绩观及其表现，许多与我们现行的体制、机制和具体制度有关。要推进和深化改革，抓紧建立和完善政绩评价标准、考核制度和奖惩制度，以形成正确的政绩导向。

（本文是作者在"树立和落实科学发展观"报告会演讲稿的一部分）

以科学发展观指导分析经济形势

（2004 年 7 月 2 日）

（一）对当前经济形势的总体判断。

2004 年 4 月份，国务院根据一季度部分行业投资继续膨胀，经济出现过热趋势的问题，果断采取了一系列新的调控措施。和 2003 年下半年以来已经采取的调控措施相比，一是措施集中，包括采取行政手段，形成组合的措施，力度明显加大；二是表明中央对抑制部分行业和地区投资过热、实现经济软着陆的坚定决心，有利于统一各地方、各方面对经济形势和调控措施的认识。

从第二季度经济运行的情况看，这些措施加上先前采取的措施，已经取得比较明显的效果，投资和信贷过快扩张的势头得到明显遏制。虽然成效是初步的，但其意义在于反映一种好的趋势，即经济发展中的突出问题正在向着缓解和逐步解决的方向发展。

我认为，中央提出的科学发展观，把我们对经济形势的认识提到了一个新的高度。过去我们分析经济形势，主要是看经济增长速度，加上经济效益、物价、就业、国际收支等。根据科学发展观，我们分析经济形势，除了看以上这些方面外，还要看经济发展是否全面、协调、可持续。解决经济运行中不协调、不健康的因素，正是保持经济好形势的重要方面。

现在有一种观点，就是担心宏观调控力度过大，导致经济硬着陆。所谓硬着陆，概括起来就是：作为经济增长重要动力的投资增长率降到 10% 以下，甚至出现负增长，进出口贸易大幅度下跌，经济增长率降到 7% 以下，再次出现通货紧缩。持这种意见的人虽然不多，但还是值得重视，一是硬着陆正是我们要竭力避免的；二是这种判断还会成为干扰贯彻宏观调控措施的理由。

据我看到的材料，与认为调控措施会导致硬着陆的看法正好相反，国内外不少专家和评论认为，如果不采取有力的调控措施，中国经济将会硬着陆。例如，新加坡《海峡日报》2004 年 4 月 17 日的社论认为，人们担心中国经济正在制造经济泡沫，如果不及时限制过度投资，中国经济极可能硬着陆。日本经济新闻 4 月 19 日社论认为，中国经济还处在从计划经济向市场经济过渡的时期，如果过度依靠市场机制，经济有可能硬着陆。

当然，并不是完全不存在由于调控不当导致经济大幅度下滑的危险。上个世纪 80 年代末在治理整顿过程中，1989 年和 1990 年经济增长率就曾经降到 4.1% 和 3.8%。但当时除了缺乏在经济体制转轨时期宏观调控经验外，西方国家对我国的经济贸易"制裁"也是经济下滑的重要原因。现在，国内外环境、体制基础和宏观调控的能力、经验，都已今非昔比，因宏观调控而导致硬着陆的危险性很小。至于下半年钢铁、建材行业投资增长率，有可能降到 10% 以下，房地产投资增幅也将明显回落，表明这几个行业将进入消化前几年过度投资的阶段。这是符合市场经济发展规律的，不必因为某些行业投资在一段时间出现下降或负增长，就认为大事不好。

从中长期看，我国正处在工业化城市化进程加快、消费结构与产业结构升级的阶段。国际经验表明，这个阶段经济快速增长将持续 15—20 年，我国人口众多、发展很不平衡，还可能持续更长时间。从近期看，我国经济正处在新一轮周期的上升区间，只要宏观经济政策适当，就可以保持经济持续快速发展。当然也要看到，中国经济存在的问题和隐患还很多。因此，对中国经济近期和中长期发展前景，悲观和盲目乐观的观点，都是不符合实际的。

谈到经济增长的可持续水平，涉及一个概念，即 GDP 潜在增长率的概念。西方发达国家的宏观调控，主要是反周期的总量调控：当 GDP 实际增长率高于潜在增长率时，一般表现为失业率下降，通胀率上升，宏观调控的任务主要是抑制通胀；而当 GDP 实际增长率低于潜在增长率时，宏观调控主要任务是刺激经济增长，抑制失业率上升。美国在上个世纪 90 年代中期以前，一般认为 GDP 潜在增长率为 2.5%（其中劳动力增长为 1%，劳动生产率增长为 1.5%）。前些年由于信息技术革命，每年劳动生产率增长为 2%—2.5%，一般认为 GDP 潜在增长率相应为 3%—3.5%。当 GDP 实际增长率与潜在增长率相近时，经济增长率、通胀率和失业率都能保持在较适宜的水平，实现较好的结合。90 年代中期，国内一些学者认为，我国 GDP 潜在增长率在 9%—11%，中位点是 10%。近几年因经济增长基数的提高和需求限制的变化，一些学者认为我国 GDP 潜在增长率在 9% 到 10%。超过这个增长率将出现明显通货膨胀。也就是说，经济增长率的上限是不出现不能承受的通胀率。现在看来这个观点仍然是对的，但不够全面。例如 2003 年以来经济增长率不到 10%，虽然尚未出现严重通胀，但资源环境已经承受不了，潜在的产能过剩、金融风险也已经威胁到今后经济的持续快速发展。这主要是因为我国经济结构和经济增长方式仍很不合理。因此，按照科学发展观的要求，从我国资源环境承载力较差的国情出发，不能仅以通胀率作为其高限来判断经济增长率是否适度，还必须考虑经济结构是否合理和资源环境能否可持续。

（二）对宏观调控措施的认识。

2003 年以来，对中央采取的宏观调控措施，一直有不同的意见。最突出的是投资过度扩张的行业和地方，都不认为自己过热，都不愿意主动接受调控。这种现象过去也有过，这次尤甚。主要原因是现在经济市场化和利益多元化程度，比过去明显提高了，不同利益群体（集团）考虑问题，总是从自身利益出发，这是很自然的。中央政府限制投资过度扩张的宏观调控，维护宏观经济大环境的稳定，从根本上说有利于各地方、各行业的发展和利益，但从目前看，同某个局部利益存在矛盾和冲突，也是很自然的。宏观的、全局的问题，从各个行业、企业和各个地方的角度，是不好把握、难以看清楚的。如果等到地方、企业都感觉到了问题，往往是问题已十分严重甚至发生危机了。在市场经济国家，宏观经济的总量调控，一般都是由中央银行和中央政府作出判断和决策的。事先当然要掌握大量信息，听取各方面的意见，以便作出准确判断，但不可能等到各方面认识一致了，才作出判断和采取行动。

还要看到，在前几年扩大内需、解决通货紧缩问题时，中央政府与地方政府的目标和行动相对一致，而在抑制经济过热和通胀时，地方政府同中央政府调控措施的矛盾和不一致就会多起来。因为宏观经济的稳定，具有明显的公益性和外部性，是中央政府的责任。在现行体制下，地方政府更关注的是本地区投资、经济增长如何更快些。

还有人批评当前的调控措施是用行政手段解决市场经济问题。我认为，对此要作分析。不少学者认为在这一轮投资过度扩张中，地方政府扮演了主要角色。因此用行政性手段对付行政性扩张是有道理的。另一方面要看到，行政手段也有副作用。由于政府部门掌握的信息不充分和行为的惯性，常常出现调控上的"一刀切"。在解决问题的同时，容易把某些合理、正常的需求也"切掉"。这就要求采取行政手段时，要把工作做细，区别对待，尽量降低负面影响和代价。同时，行政手段对处理紧迫问题来得更快、更有效，但不能解决体制性问题，因此需要把应急措施和治本措施结合起来。

还有一种意见认为，对这轮经济过热，如果动手更早一些，或许调控成本要小得多。应该说，这一轮宏观调控不仅取得了初步成效，而且探索了在复杂形势下宏观调控的新经验。我觉得，2003 年以来宏观调控的主要特点，是以科学发展观为指导，宏观调控的指导思想和目标更为明确，同时把贯彻宏观调控措施作为当前落实科学发展观的具体行动。因此能够做到见事早，采取措施及时。在 2003 年"非典"对经济冲击有多大还难以估量时，中央已经对投资、信贷增长过快拉起了警报。早在 2003 年 6 月到 9 月，就从规范房地产发展、土地管理、提高存款准备金率等方面相继采取了措施。后来，国务院有关部门又根据经济形势的发展变化进一步采取了措施。通过渐进的方式，在保护投资和经济增长中正常的合理部分的同时，逐步解决部分行业投资过热等问题。如果不是这样，2003 年以来投资、信贷膨胀还会更加严重，2004 年调控的难度和付出的代价也将会大得多。

（三）对下半年宏观调控政策取向的建议。

宏观调控虽然取得比较明显成效，但经济发展中的一些突出问题不是短时间就能解决的，煤电油运紧张状况还在继续发展，一些行业投资增长过快和低水平重复建设随时可能复燃和反弹，价格上涨的压力还不小，特别是整个经济的结构性矛盾和经济增长方式不合理问题仍然十分突出，其深层次原因是经济体制和其他方面体制改革不到位。宏观调控只能解决短期的总量平衡问题，而要解决结构性、体制性矛盾和经济增长方式本身的问题，还必须分别在这些方面采取有力措施。把解决短期总量问题和中长期结构与体制性问题结合起来，才能避免我国经济中一些痼疾反复发作。

从当前看，我建议下半年宏观调控的重点，放在继续落实已经出台的各项措施上，暂时没有必要加大调控力度，出台新的调控措施。主要考虑是：调控措施从出台到产生效果有一个过程。市场经济中当经济扩张或收缩时，在各个环节上的传导不仅有个时滞（一般是3个月到6个月），而且往往会产生一个放大效应，即加速扩张或加速收缩的作用。这主要是加进了一个市场预期的因素，同时市场主体由于信息掌握不充分，容易跟风，即所谓羊群效应。因此在前一段调控措施比较集中、力度加大之后，可以先稳住，观察一段时间，看经济情况的发展变化，再考虑进一步采取措施，比较稳妥。

今后一段时间，除了抓紧认真落实已经出台的措施之外，还可以研究一些防止因采取行政手段而难免产生的问题。例如，在当前的大环境中，中小企业融资可能更加困难。中小企业一直缺乏有效的融资机制保障，加上各种收费和负担过重，最近几年中小企业在经济中的比重出现了下降。规模以下工业企业增加值占全部工业增加值的比重，1998年为41.8%，2003年下降到22.5%。而中小企业在增加就业方面有很大作用，因此应当把支持中小企业发展，作为各级政府的一项重要职责。

（此文是作者参加国务院总理温家宝同志
主持的征求对经济形势和宏观经济政策
意见的专家座谈会的发言稿）

经济形势和宏观政策取向

（2004 年 10 月 26 日）

（一）

我国经济在克服亚洲金融危机和 2001 年美日欧经济下滑的影响之后，进入了新一轮增长期，2002 年 GDP 增长 8%，2003 年增长 9.1%，2004 年上半年增长 9.7%。从 2003 年第 3 季度开始，已连续 5 个季度超过 9%。近 3 年来，经济增长、就业、物价和国际收支等宏观调控四大目标实现较好组合，总的经济形势是好的。但伴随着经济高速增长，也出现了钢铁、水泥、房地产等部分行业投资增长过快，能源、运输供不应求的矛盾突出，投资品价格大幅度上涨，以及货币信贷增长偏快，导致轻度通货膨胀等问题。2004 年上半年 CPI 同比上涨 3.6%。这些问题已经威胁到中国经济的稳定、协调、可持续发展，引起中央的高度重视，从 2003 年 9 月特别是 2004 年 4 月以来采取了加强宏观调控的一系列措施。目前这些措施虽然取得了初步成效，但经济结构存在的突出矛盾尚未得到有效解决。

究其原因，除了经济运行的惯性和政策措施发挥作用需要一个过程外，主要是一些地方发展经济的思路还没有摆脱片面追求经济增长速度的影响，热衷于上项目、铺摊子。一些企业和金融机构在经营活动中，短视行为比较严重，过多地考虑眼前利益，不顾资源和环境的承载能力，对潜在的风险认识不足。各方面思想认识还没有完全统一到中央的决策和部署上来。同时，经济体制还不完善，不少地方经济秩序比较混乱，有法不依、执法不严、有令不行、有禁不止的情况比较严重，直接影响各项调控政策的有效实施。

如果经济结构的突出矛盾得不到有效解决，任其发展下去，就会使经济增长和资源环境的矛盾更加突出；就会使总量矛盾和结构性矛盾更趋尖锐，并引发严重通货膨胀；就会出现大量生产能力过剩，一批企业倒闭，失业增加，并导致银行坏账增多，最终造成经济大起大落，影响社会稳定。

（二）

2003 年 4 季度以来中国经济形势已成为一个热门话题，国内外普遍关注，而且一直存在着不同认识的争论。一种意见认为，经济已经出现过热，主要是一些行业增长过快，投资增长过猛，信贷增长偏快，能源、原材料供应紧张，生产资料价格上涨较快。第二种意见认为，经济总体上没有过热，但局部行业局部地区出现了过热，主要表现为投资过热。第三种意见认为，既不存在全面过热，也不存在局部过热。一些行业快速增长是有市场需求的，投资、信贷增长较快也是经济增长需要的，有点重复建设，市场会自动调节。从各地反映看，地方政府普遍认为，经济形势很好，没有过热。一些地方大干快上的劲头很大。投资增长 60% 以上的一些省仍认为是适度的，经济发展是健康的。还有一些地方不大赞成中央采取限制钢铁、水泥等行业过快发展的宏观调控措施。

为什么对经济形势的认识差距这么大？我认为主要原因是：

（1）2003 年 4 季度以来经济形势确实比较特殊，既不同于 90 年代中期投资消费双膨胀、物价大幅度上涨的情况，也不同于 1997 年亚洲金融危机以后几年，社会总需求明显不足，物价持续负增长的情况。上述两个时期，对经济形势认识比较一致。现在处在经济发展的转折时期，情况比较复杂。

（2）2003 年以来经济发展中出现的问题还处于刚发生和正在发展的阶段，严重性还不明显，所以认识不一致。1993 年下半年、1997 年下半年对经济形势存在不同认识，而到了 1994 年和 1998 年由于情况、问题明朗了，认识也比较一致了。

（3）人们看问题的角度不同，掌握的信息不同（信息不对称），加上利益多元化之后，认识也受利益的影响，对经济形势的不同认识是可以理解的。

（4）宏观的、全局的、战略的问题，不是一眼可以看清楚的（不同于当前的利益或单位的、局部的利益），是需要用心去想、需要占有大量资料，经过分析综合才能得出正确的结论。应当说，对宏观经济形势作出全面的并具有前瞻性的判断，这是中央政府的责任，也是经济学家、金融家的责任。

西方市场经济国家，一般情况是政府关注经济增长和就业；而货币当局负责稳定币值，抑制通货膨胀，因而更关注宏观经济稳定。我国中央政府一身两任，既要促进经济增长，增加就业，又要稳定币值，保持经济稳定。而地方政府较多地介入经济活动（这一点不同于西方国家的地方政府），因而同中央政府对过度扩张的宏观调控就有可能产生矛盾。

新世纪我国改革开放和经济发展都进入新阶段，不仅判断经济形势的复杂性增加了，宏观调控的难度也增加了。2004 年 4 月 17 日新加坡《海峡时报》在"中国经济过热"的社论中指出："中国政府深知失控的经济增长具有危害性，它正采取行动避免这种危害。很显然，它必须在情况恶化之前采取措施。它必须更好地控制经济增长速度，这样才能使经济更均衡地发展。不过，对于一个正在逐渐解除管制并向市场力量开放的庞大经济体而言，这样说起来容易、做起来难。正确地组合各种政策非常关键。"我国实行宏观调控，在经济总量方面的基本问题是，如何保持经济增长、增加就业、保持物价稳定和国际收支平衡，并处理好它们之间的相互关系。宏观调控的艺术就在于，保持四个主要指标的最佳结合和增长与稳定的平衡，避免像踩跷跷板那样，有时这头重，翘起那一头；有时那头重，翘起这一头。还需要强调，我国宏观调控的主要任务，不仅要保持经济总量基本平衡，而且还要促进重大经济结构优化。因此分析经济发展存在的问题，既要重视经济总量，即社会总需求与总供给关系上存在的问题，又要重视经济结构和经济增长方式存在的问题。

（三）

2003 年 11 月 27 日，胡锦涛总书记在中央经济工作会议上的讲话中指出："当前，我国经济发展正处于经济周期的上升阶段"。这个重大判断，是符合我国经济发展客观实际的。从 2002 年开始，我国经济发展进入经济周期的上升阶段，这是客观条件和形势决定的。进入新世纪，国际经济环境总体上对我国经济发展有利，国际上资金和生产能力相对过剩，而我国投资机会多，投资回报率较高，投资环境稳定，特别是我国加入 WTO 以后，外商更加看好中国经济发展前景和市场潜力，因此资金大量进入，一些产业也加快向我国转移；国内储蓄率很高，资金相当充裕，劳动力资源极为丰富；连续六年的建设国债加上配套资金 3 万多亿元的投入，使我国基础设施显著改善；城市居民消费正处于转型期，住宅、汽车、旅游、通信、教育等正在成为新的消费热点；多年来形成的物质技术基础和生产能力的积累效应也正在逐步释放。为了紧紧抓住并用好经济周期上升阶段的有利条件，保持经济发展的良好势头，我认为应当注意把握以下几点：

一是既要充分利用经济发展的有利条件，使经济增长的潜力充分发挥出来，又要避免经济上冲力过于强劲而导致大的失衡。只有这样，才能使经济周期上升阶段尽可能延长，防止中途夭折。因为虽然处在经济周期上升阶段，客观的经济形势是往上走的，但搞得不好也还是会发生波折，或者给今后发展留下隐患。

二是推动经济结构优化升级。经济发展处于周期上升阶段，结构性矛盾容易积累。经济发展过程不仅是总量扩张的过程，也是结构转型升级的过程。经济结构好不好，会对今后经济发展带来重大影响。从我国历史经验和国际经验看，在经济周期上升阶段，经济发展速度加快，往往使本来已经不平衡的结构之间产生更多的不平衡。从我国来看，由于以下三个原因在经济周期上升阶段更容易使结构性矛盾加剧：（1）第二产业占 GDP 的 45% 以上，特别是工业占 GDP 的 43%，对新增GDP 的贡献达三分之二，一产和三产只占三分之一。（2）经济增长主要靠投资的带动，2003 年投资率已升到 42.7%，消费率偏低，投资对新增 GDP 的贡献也占三分之二。（3）基础设施建设主要是政府主导，而且按行政区划组织经济，在经济周期上升阶段更容易产生政府主导型的盲目扩张问题，因此更需要注意解决结构性矛盾。

三是注意防止经济泡沫和金融风险的积累。在投资增长很快的情况下，潜伏着产能过剩的危险。尤其要防范银行不良资产比例的上升。银行一旦出现系统性风险，会直接危及经济全局。我国间接融资比重达 80% ，其中又主要是来自国有商业银行，现在过度扩张的一些行业，一旦需求变化，它们从银行贷款的投资将会转化为不良债务。

四是注意防止通货膨胀。无论是通货膨胀还是通货紧缩，都会影响市场主体对经济运行前景的判断和信心，扭曲资源配置，对经济发展和社会稳定产生负面作用。在经济增长加快情况下，重点是防止通货膨胀。

五是抓住经济周期上升阶段的有利时机，加快推进改革。我们经济生活中的许多问题，包括经济速度一加快，结构性矛盾就会加剧，说到底是体制性原因。只有加快深化改革，才能逐步解决经济发展中的深层矛盾。

（本文是作者参加中共中央总书记胡锦涛
同志主持的征求对经济形势和宏观经济
政策意见的座谈会的发言整理稿）

从实践背景和现实针对性
看构建和谐社会的提出

（2005 年 2 月 18 日）

听了上面几位专家的发言很受启发，我也谈两点认识。

第一点，关于提出构建和谐社会的背景。党的十六大提出全面建设小康社会的目标和任务，其中就包括社会更加和谐。十六届四中全会进一步明确提出，要构建社会主义和谐社会。十六大以后党中央还提出了以人为本、全面协调可持续发展的科学发展观。这是两个非常重要的战略目标和重大决策，都是深刻总结国内外经济社会发展的正反两个方面经验，站在历史和时代的新高度，从我国发展新阶段的实际提出来的，在理论上和实践上都具有重大的现实意义和深远的历史意义。

从实践背景和现实针对性来看，改革开放 20 多年来，我国经济社会发展取得了世界公认的成就，同时也付出了相当的代价，积累了不少问题和矛盾。经济发展和资源环境之间、城乡之间、经济发展和社会发展之间、区域发展之间、不同社会群体之间，都存在不协调、不和谐的问题和矛盾，都是需要重视和解决的现实问题。近几年随着经济发展和城市化进程加快，上述这些方面的矛盾更加突出。其原因从根本上说，是由于我国社会生产力水平还不高，经济社会发展速度很快，仍满足不了人民群众追求更美好生活的要求，但也和经济体制和其他方面体制改革不到位，体制、机制不完善，有密切关系。同时，政府管理和政府工作人员作风存在的缺陷和问题，也影响这些矛盾的解决。

从发展阶段来看，我国现在到 2020 年正处于人均 1000 美元到人均 3000 美元的阶段。从国际经验看，这个阶段是十分重要的阶段，搞得好可以顺利发展；搞得不好，可能产生经济社会危机，经济发展可能进二步退一步。所以，我觉得，提出科学发展观和构建和谐社会，既立足现实，也面对未来。全面建设小康社会，就应该是通过以科学发展观为指导的发展而形成的和谐社会，而不是诸多矛盾加剧的、不和谐的社会。

同时，我们还可以看到，提出科学发展观和建设和谐社会，也是吸取了国际上的经验教训。从上个世纪六七十年代以来，国际上总结西方国家几百年发展的经验教训，也越来越重视协调发展、可持续发展和社会和谐。比如，上个世纪六十年代，时任联合国秘书长的吴丹就提出，发展等于经济增长加社会变革。从七十年代开始，国际上对发展的概念赋予了更广泛的内涵，要求在发展目标中更加重视就业、平等、消除贫穷和满足基本需要。还提出，经济增长是一个动力，但其本身并不是目的。除了经济增长以外，发展首先是社会性的，与和平、人权、民主管理、环境，以及文化、人们的生活方式有密切联系。发展的目的是扩大人类的选择范围，而不仅仅是增加收入，等等。我认为，这些认识也是包括在我们党提出科学发展观和建设和谐社会的大背景中的。

谈到实践背景，实际上也应包括我们党自己的历史经验。毛泽东早在 1956 年、1957 年就提出了正确处理人民内部矛盾，团结一切可以团结的力量，化消极因素为积极因素等思想，这实际上也是建设和谐社会的意思。但是后来由于从理论到实践都陷入了以阶级斗争为纲的错误，以至于同建设和谐社会背道而驰。直到 70 年代末邓小平总结了这段教训，提出党和国家工作重点转移到以经济建设为中心。应当说，没有重点转移就没有我们今天这样的大好局面。经济发展是社会发展的基础，我们现在的许多社会问题，包括建设和谐社会的许多问题，归根到底还要靠发展社会生产力才能逐步解决。显然，离开经济发展去讲和谐社会建设也是不行的。我认为，如果说我们整个国家要以经济建设为中心，整个国家的工作重点，全国老百姓的主要精力搞经济，发展要以经济建设为中心，这都是必须肯定的。因为经济是基础，上层建筑是在经济基础上发展的。但是，这并不是说经济发展了，社会就自然而然会和谐，因为社会和谐有许多问题是和经济发展有密切关系的，但也有不少问题并没有密切关系。比如，在同样的经济发展水平上，不同的体制、政策可以导致不同的收入分配差距，可以形成不同的社会结构。坚持以经济建设为中心，也并不是说，政府主要精力应用在直接抓经济上，那样，政府职能就不可能主要转到社会管理和公共服务上。

第二点，建设和谐社会是一个长期的历史过程。不同阶段应有不同的、比较具体的目标，不能因为是长期过程而不从当前努力。既然建设和谐社会有许多问题是和经济发展水平密切相关的，所以必须通过发展来解决。但是同样的生产力发展水平，不同的发展战略、不同的政策可以导致不同的结果。我觉得，现在的问题就在这里。比如收入分配差距过大，虽然在现阶段有不可避免的因素，但是也有一些问题是经过努力可以解决的。比如，垄断行业收入分配不合理，政府是可以监控和调节的。我们历来是以社会组织程度高、政府组织能力强著称的，但是现在对社会收入分配的调控能力却远不如西方国家，人家能做到的，为什么我们不能做到。这说明建设和谐社会，有许多问题是经过努力可以逐步解决的。

有的专家认为，和谐社会，也包括人与自然和谐，但是我觉得主要的还是讲人与人的社会关系和谐，包括不同社会群体之间、社会成员之间、政府与民众之间等等关系的和谐。现在这些方面的矛盾还是大量存在的，而正确处理这些矛盾同政府转型有密切关系。现在政府职能无所不包，就如人们常讲一句话：政府职能越位、错位和不到位。政府该管的没有管或没有管好、而不该管的又管得很多，这就出现错位。所以首先要正确定位，政府职能如果能从主要抓经济转到用更多精力履行社会管理和公共服务的职能，才能推进和谐社会建设。刚才有的专家提到：构建和谐社会政府要承担很大的责任。这是对的，但如果政府职能不转变、不转型，显然就不可能承担起这样的责任，建设和谐社会的许多问题就解决不了。比如，现在讲机会平等，如果受教育不平等，就业机会就不可能平等。现在中央政府提出，首先在中西部实行贫困家庭学生义务教育阶段免交学杂费和书本费的政策，就是创造机会平等的实际步骤。我建议，构建和谐社会要多从这样的具体措施和实际步骤着手。特别是从政府应该做的、能够做的入手。现有财力能够做到的，应该一步一步地来做。

总之，构建和谐社会不能只靠主观愿望，和谐社会也不是没有矛盾和冲突。构建和谐社会必须通过包括发展社会生产力、全面推进物质文明、政治文明、精神文明建设，经过长期艰苦的努力才能实现。

（本文是作者在中国（海南）改革研究院于北京召开的"政府转型与建设和谐社会"座谈会的发言记录稿，原载中国改革论坛网 2005 年 2 月 28 日）

经济周期的成因及其启示

（2005 年 5 月 8 日）

过去我们曾经长期认为，经济周期是资本主义制度特有的，其原因来自资本主义制度的基本矛盾；社会主义制度下不会有经济周期。实际上并非如此。经济周期既和资本主义制度相联系，也和一般的社会化大生产及市场经济相联系。深入研究经济周期的机制和成因，对在社会主义市场经济体制下，进行反周期宏观调控，长期保持经济平稳较快发展，防止经济大起大落，在理论上和实践上都有重要意义。

一、经济周期的物质基础、体制原因和制度根源

马克思在《资本论》和其他著作中分析，资本主义经济从 1825 年爆发第一次经济危机之后，几乎每 10 年就经历一个经济周期。即"繁荣——危机——萧条——复苏"的经济循环（也称为"商业循环"）。在上个世纪二战以后，西方发达国家经济周期的形态有了较大变化。由于科技进步加快和国家干预等原因，像 1929 年那种大危机和随之而来的长期萧条已很少见。但是，经济周期仍不能避免。上个世纪末，美国信息技术和信息产业迅速发展，带动经济保持长达 117 个月的持续增长，一些学者称为进入了"新经济"时代。但终因 IT 行业投资过度造成产能过剩，导致 2001 年发生经济衰退。虽然美

国联邦储备委员会在货币政策上采取了反周期调节，使得经济周期不像以前那样明显，近两年美国经济出现了复苏，但仍说明，即使是科技革命和"新经济"，也不能消除经济周期规律的作用。

说经济周期的根源在于资本主义制度，是正确的。但这个结论没有回答社会主义条件下为何也存在经济周期问题。我们研究认为，经济周期的成因，有以下三个方面：

（一）机器大工业是经济周期的物质基础。在农业社会没有经济周期，是因为农业产品的需求弹性比较小，耕地又是最基本的生产资料，需求和生产供给的扩张与收缩的力度都不会像工业那么大。机器大工业，特别是重化工业，投资和生产规模都很大，上下游的产业链条又很长，一旦需求扩张就会带动生产扩张，从而带动投资扩张，并进一步带动中间需求扩张和最终需求扩张。由于乘数原理的作用，其中每个环节的需求都有可能放大，导致扩张的加速。一旦消费需求和投资需求扩张的链条断裂，那时价格下跌，投资萎缩，需求大幅减少，产品和生产能力过剩的矛盾就会暴露出来。危机或衰退发生时，同样会产生放大和连锁效应，导致经济全局的剧烈波动。马克思把经济周期称为"现代工业特有的生活过程"。经过危机或衰退，一方面淘汰了落后的企业和技术；另一方面刺激了新技术的采用，并催生新的产业，成为结构优化和大规模投资的起点，从而促进经济走向复苏。马克思曾指出："危机总是大规模新投资的起点。因此，就整个社会观察、危机又或多或少地是下一个周转周期的新的物质基础"[①]。正是机器大工业和社会化大生产，使生产规模具有巨大的、突然跳跃式的膨胀力和

---

① 《马克思恩格斯全集》第 24 卷，人民出版社 1972 年版，第 207 页。

收缩力。这种膨胀力和收缩力，使整个社会经济活动产生扩张与收缩相交替的周期运动。恩格斯也曾指出，经济周期波动首先与大工业的巨大的扩张力紧密相关。所以，在工业化时代，大工业生产和大规模投资的交互扩张，是形成经济周期的物质技术基础。

（二）市场经济是经济周期的体制原因。一是企业追求利润的动机使得繁荣时期的投资决策受利益冲动和盲目乐观情绪所驱动；二是激烈的市场竞争驱使企业尽力扩大投资和产能；三是技术进步加快为投资与生产在广度和深度上的扩张提供了可能性；四是信用制度和金融体系的发展为投资与生产扩张提供了资金供给；五是国内市场的形成和经济全球化，为投资与生产扩张创造了市场条件。以上几个方面因素结合在一起，构成了投资和生产的扩张与收缩交替运动的体制基础。因为生产和需求之间有很多中间环节，信息往往是不对称的，产需不可能完全均衡；而且市场需求扩张总是有限的，资金也不可能无限供给。这样，不断扩张的链条完全有可能脱节。一旦需求收缩，总量矛盾和结构矛盾就会重叠在一起，最终导致产品和产能过剩，从而发生经济危机或衰退。正如马克思所指出的，当信息不能准确传达，或信用链条发生中断时，商业的危机，甚至生产过剩的危机就会出现。

（三）资本主义生产和分配方式是经济周期的制度根源。资本主义制度不可避免地导致贫富两极分化，不仅在一国之内而且在全球范围内，都是少数人占有大部分国民收入和社会财富，而收入越高，其边际消费倾向越低；大多数人的消费能力又受到收入水平低的限制，致使社会消费需求不足。马克思认为，在资本主义制度下，"社会消费力既不是取决于绝对的生产力，也不是取决于绝对的消费力，而是取决于以对抗性的分配关系为基础的消费力"；"这个消费力还受到追求积累的欲望的限制，受到扩大资本和扩大剩余价值生产规模的欲望的限制"①。利润率是资本主义生产的推动力，生产的扩大或缩小不是取决于生产和社会的需要，而是取决于一定水平的利润率。如果生产扩张后的利润率因消费不足而不能实现或下降，投资就会停止或下降，从而引发相对于利润率下降的投资需求不足，最终导致经济走向危机或衰退。所以，马克思说："一切真正的危机的最根本的原因，总不外乎群众的贫困和他们的有限的消费"②。西方古典经济学者也认为，在资本主义制度下，由于占国民大多数的劳动者收入不足，引起消费不足，使市场狭窄，产品实现遇到障碍，最终导致生产过剩的经济危机。1929年世界性经济危机之后，凯恩斯论述了经济周期的主要原因在于有效需求不足。他认为，消费需求取决于消费的那部分收入，由于消费倾向的下降，引起消费需求的不足，加之投资需求不足，致使整个社会有效需求不足，经济出现非均衡而产生周期性波动或经济危机。

总的看来，经济周期产生于资本主义制度，也和社会化大生产及市场经济密切相关。我国正处于并将长期处于社会主义初级阶段，社会生产力还不发达，正在推进工业化、现代化，发展社会主义市场经济，也存在收入分配差距过大等问题。因此，经济周期的规律仍然在我国起作用。

二、我国经济发展周期性波动的历史情况

新中国成立以来，经济发展存在周期性波动，是客观的事

---

① 《马克思恩格斯全集》第25卷，人民出版社1974年版，第272—273页。

② 《马克思恩格斯全集》第25卷，人民出版社1974年版，第548页。

实。大体可分为两个阶段,第一阶段是从 1953 年到 1976 年经历了 5 次周期波动。第二阶段是从 1977 年到 2001 年经历了 3 次周期波动。从 2002 年以来正处于第 9 次经济周期的上升期。

第一个周期(1953—1957 年)。建国后经过三年经济恢复时期,从 1953 年开始进行大规模经济建设。"一五"期间,开工建设了 156 项工程。在投资增长带动下,1956 年经济增长率高达 15%。但由于受资源供给的制约,1957 年投资下降,当年经济增长率降到 5.1%。本周期 5 年,经济增长率高低相差 10 个百分点。

第二个周期(1958—1962 年)。1958 年的"大跃进"使投资急剧扩张,投资增长率猛增长到 84.5%,当年经济增长率达到 21.3%。但由于农村生产关系变革冒进,加上三年自然灾害,农业生产大幅度下降,不得不进行经济调整,大大压缩工业和投资规模。1962 年投资增长率下降到负 62.5%。投资增长率上下相差 147 个百分点。1960—1962 年,经济连续三年负增长,特别是 1961 年为负 27.3%。本周期 5 年,经济增长率高低落差达 48.6 个百分点。

第三个周期(1963—1968 年)。由于贯彻执行了"调整、巩固、充实、提高"的八字方针,国民经济逐步好转。1963—1965 年经济增长率分别为 10.2%、18.3% 和 17%。但是 1966 年爆发"文化大革命",经济建设遭到冲击和破坏,1967 年和 1968 年经济陷入低谷,连续两年负增长,分别为负 5.7% 和负 4.1%。本周期 6 年,经济增长率高低相差 24 个百分点。

第四个周期(1969—1972 年)。由于 1968 年投资基数较低,1969 年投资增长率达到 62.9%,在备战和"三线"建设推动下,1970 投资规模再次膨胀,增长率达 49.1%,推动经济增长率达到 19.4%。但由于投资规模超过工农业生产的承受力，1972 年不得不进行调整，加上政治运动再次冲击，经济增长率降到 3.8%。本周期只有 4 年，经济增长率高低相差 15.6 个百分点。

第五个周期（1973—1976 年）。1973 年经济刚有回升，1974 年再次受到政治运动冲击，经济增长率又降到了 2.3%。1975 年，邓小平同志主持中央工作，开始全面整顿，经济增长率回升到 8.7%。但 1976 年"反击右倾翻案风"使经济再次陷入低谷，经济增长率跌到负 1.6%。本周期只有 4 年，而经济增长率高低相差也达 10.3 个百分点。

第六个周期（1977—1981 年）。这个周期处于"文革"结束后到改革开放初期的转折时期。1977 年经济恢复发展，而 1978 年的"洋跃进"又使投资急剧扩张，当年投资增长率达 22%，经济增长率升到 11.7%。针对"文革"以来经济关系的严重失调，1978 年 12 月党的十一届三中全会之后，中央提出"调整、改革、整顿、提高"的八字方针，经济增长速度逐步回落。1981 年降到 5.2%。本周期 5 年，经济增长率高低相差 6.5 个百分点。

第七个周期（1982—1990 年）。1982 年，在农村政策调整和农村改革的推动下，经济发展加快，增长率上升到 9.1%，1983 年为 10.9%。1984 年改革重点转到城市，由于改革措施不配套，1984 年银行各项贷款增长 29.1%，现金发行为上年的 2.9 倍，出现货币、信贷双失控，1984 年经济增长率上升到本周期峰顶 15.2%。1985 年投资规模特别是预算外投资继续膨胀，使原材料、能源、交通等处于紧张状态。1986 年，国务院确定实行稳定经济的"软着陆"政策，对投资规模进行压缩，当年经济增长率由 1985 年的 13.5% 降到 8.8%。1987 年，地方政府的计划与投资自主权进一步扩大，投资和工业生产再次加速，经济增长率又回升到 11.6%。1988 年继续保持 11.3% 的高水平，投资增长率达 20.2%。投资增速过快和 1986 年以后农业生产连续几年徘徊，导致物价大幅度上涨，被迫从 1988 年第 4 季度开始进行治理整顿和经济调整。1989 年和 1990 年投资增幅回落较大，加上 1989 年政治风波之后西方国家对我国进行经济贸易制裁，国内需求与国外需求同时减少。这两年经济增长率分别下滑到 4.1% 和 3.8%。本周期 9 年，经济增长率高低相差 11.4 个百分点。

第八个周期（1991—2001 年）。1991 年我国经济出现恢复性增长，增长率回升到 9.2%。1992 年，邓小平南巡讲话后，在改革开放推动下，经济发展加快，经济增长率上升到这个周期的峰顶 14.2%。同时，出现了开发区热、房地产热、金融秩序混乱等问题，通货膨胀趋势明显。1993 年下半年以后，中央及时采取了收紧银根、整顿金融秩序等政策，经过 3 年努力，1996 年实现了软着陆。1997 年下半年以后受到亚洲金融危机的冲击，国外需求下降加上国内需求不足，导致 1999 年经济增长率降到 7.1%。2000 年国家加大实施积极财政政策的力度，投资增长率由上年的 5.1% 回升到 10.3%，推动经济增长率回升到 8%。这本来应是一个拐点，即新周期的开始。但是 2001 年由于美国经济陷入衰退，日本、欧盟经济低迷，受世界经济不利因素的影响，我国经济增长率再次回落到 7.5%，使第七个周期又延伸了两年（即 2000 年和 2001 年）。本周期 11 年，经济增长率高低相差 7.1 个百分点。

第九个周期（2002 年—　）。在国内外有利因素推动下，我国经济发展从 2002 年开始，进入了新周期的上升阶段。2002—2004 年经济增长率分别为 8.3%、9.5% 和 9.5%。近两年我国经济在加快发展中也出现了一些新问题，主要是粮食供求关系趋紧，固定资产投资膨胀，货币信贷增长过快，煤电油运紧张。中央及时作出了加强宏观调控的决策和部署，保持了经济发展的好形势，避免了大起大落。

三、从经济周期规律和历史经验得到的启示

（一）防止经济大起大落才能实现最优发展速度。比较我国改革开放前、后经济周期性波动的情况，可以看出，改革开放前经济周期性波动的特征是，周期短，扩张期更短，只有一两年；波动幅度大，多次出现负增长，呈大起大落型。改革开放后经济周期性波动的特征是，周期长，扩张期长达七、八年，下降期短，波动幅度较小，没有出现负增长。两种不同类型的周期性波动，导致前后两个 26 年发展成果的很大差异：1953—1978 年，26 年间 GDP 增长 3.71 倍，年均增长 6.15%；人均 GDP 增长 1.79 倍，年均增长 4%。经济实力、综合国力和人民生活水平的提高比较缓慢。1979—2004 年，26 年间 GDP 增长 9.28 倍，年均增长 9.4%；人均 GDP 增长 6.57 倍，年均增长 8.1%。经济实力、综合国力和人民生活水平连续上了几个大的台阶。历史经验充分证明，防止经济大起大落，对于实现长期发展的战略目标是何等的重要！

（二）避免政治、社会的不稳定因素对经济周期的影响。改革开放前我国经济发展多次出现大起大落，重要的原因是政治运动和社会变革等非经济因素的冲击。这在"大跃进"和十年"文革"动乱时期表现得极为明显。改革开放以来，我们党坚持以经济建设为中心，避免了政治运动对经济发展的干扰和冲击，并保持政治、社会稳定，因而能够长期保持经济快速发展。我国现在正处于经济体制转轨和经济社会结构剧烈变动的时期，社会矛盾和影响社会稳定的因素较多，妥善处理改

革发展稳定的关系，兼顾各方面的利益，对于创造经济平稳较快发展的社会环境十分重要。

（三）保持经济持续快速发展必须加强和改善宏观调控。对比上个世纪80年代和90年代两次经济周期性波动的情况，可以看出，后一次的波动幅度比前一次小4.3个百分点，谷底的增长率比前一次高3.3个百分点，波动幅度和损失明显小于前一次。其主要原因：一是宏观调控的体制基础不同。90年代经济体制改革和对外开放的广度、深度及成效都明显超过了80年代。二是宏观调控的决心、手段和经验不同。1985年为抑制投资、信贷过快增长，中央召开了四次省长会议，但由于认识不统一，1986年经济尚未软着陆，1987年又加快了。1989年治理通货膨胀的决心大，但因经验不足，加之主要运用行政手段，使得连续两年经济增长率回落较大。而1993年以后的宏观调控不仅决心大，而且手段配套，持续几年努力直到成功实现了软着陆。1998年以后针对需求不足，中央及时实行扩大内需的方针，连续几年综合运用财政、货币政策等手段，成功抑制了通货紧缩的趋势。2002年以来的这次宏观调控，以科学发展观为指导，指导思想和目标更为明确，决策和措施也较为及时、有力，既运用了以往几次宏观调控的成功经验，又根据新的形势有所创新，综合运用经济、法律手段和必要的行政手段，区别对待，有保有压，并同深化改革紧密结合，标本兼治，使经济运行中不稳定不健康因素得到抑制，避免了经济大起大落。历史经验证明，宏观调控与市场机制都是社会主义市场经济体制的有机组成部分，将贯穿于发展社会主义市场经济的全过程。现在我国正处于经济快速发展与结构转型的重要时期，体制性、结构性矛盾与经济总量矛盾相互交织，引发经济大起大落的因素较多。宏观调控的任务，既要保持社会总需求与总供给基本平衡，又要促进产业结构优化升级，统筹城乡、区域发展，还要协调重要资源的需求与供给，调节国民收入分配，维护社会公平与稳定。因此，越是充分发挥市场对资源配置的基础性作用，就越是需要加强和改善宏观调控。

（四）保持投资适度规模和加强农业，是防止经济大起大落的两个重点。固定资产投资是一把双刃剑：一方面它是经济增长的发动机，是增强发展后劲的必要条件；另一方面，投资过度又是通货膨胀、经济关系失调的主要动因。建国以来几次经济调整和治理通货膨胀，都是由于投资过度、粮食生产下降"双碰头"引起的。今后较长一段时间内，投资仍然是决定经济周期的重要因素。关键是保持投资的适当增速和适度规模，既要充分利用经济增长的潜力，又不能导致严重通货膨胀和资源过度消耗。农业尤其是粮食生产仍然是不应忽视的薄弱环节，如产量持续下降，不仅会影响供给，而且会影响农民收入和农村消费需求。在工业化和城市化进程中，客观上存在着耕地减少的趋势，种粮收益又比较低，尤其要注意因粮食生产的波动导致经济全局的不稳。还需要注意经济周期对城镇就业和农村劳动力转移的影响。城市经济"涨潮"时与"落潮"时所吸纳的就业和农村劳动力转移的数量会有很大差别。因此，在经济上升期要防止城镇化步伐太快，并注意给农民工在城镇失业时留有退路。农村富余劳动力在城乡之间双向流动就业，是中国特色城镇化道路的必经阶段，也是发挥农业和农村对经济周期减震效应的重要形式。

（五）延长经济上升期是宏观调控的重大任务。尽力延长经济持续增长期，对增强经济实力和综合国力至关重要。美国上个世纪60年代、80年代和90年代，分别实现了106个月、96个月和117个月的增长，因而国力不断增强。据国外评论，从20世纪初至21世纪初，美国尽管经历过21次经济衰退和2

次股市大崩盘，但国内生产总值仍从 1180 亿美元增长到 10 万多亿美元，按不变价格计算，增长了 27 倍。这主要是由于上个世纪后 40 年美国科技迅猛发展，美国经济增长期明显延长。可见平稳、持续发展的重要性。

当前我国正处于经济周期的上升阶段，必须倍加珍惜，通过加强宏观调控和完善体制机制，使得良好发展势头得以持久延续。为此，一是在形势好时要注意防止急于求成、片面追求高速度的倾向。大起大落的要害在于大起。大起中过度消耗了财力物力人力，打破了经济运行中各种正常的比例关系，必有大落跟随其后。二是要注重转变经济增长方式，推动经济结构优化升级，使经济可持续发展。经济处于上升期间，结构性矛盾容易积累和暴露。要充分利用这一时期，加快结构调整和转型升级，为今后的平稳快速发展创造条件。三是要注重防止经济泡沫和金融风险的积累。在投资增长很快的情况下，潜伏着产能过剩的危险。当前尤其要防范房地产市场泡沫的扩大和银行不良资产比重的上升。四是要不失时机地推进改革。在经济周期上升阶段，国家、企业财力和居民收入增长较快，经济活力增强，有利于加快推进改革。五是在经济增长加快的情况下，要注意防止通货膨胀。

（六）扩大消费需求是增强经济发展稳定性和可持续性的重要基础。我国消费率持续偏低，2004 年，最终消费率已降到 53.6%，其中居民消费率降到 41.9%，均为历史最低水平。另一方面，资本形成率持续攀升，2004 年已达 43.9%，比"九五"时期的平均 37.6% 又提高了 6.3 个百分点。投资率居高不下，经济发展过多地依赖投资和工业带动，既是资源消耗强化、环境压力加大、增长可持续性减弱的重要原因，也是形成大量低效无效重复建设和银行呆坏账的重要根源。逐步改变这种经济增长格局，转向主要依靠消费和服务业带动，才更有可能长期保持经济平稳较快发展。消费是收入的函数。扩大消费需求，最重要是在经济发展基础上，合理分配国民收入。当前要着力解决收入分配不公和收入差距过大的问题，努力提高中低收入居民的收入和消费水平，使全社会具有适度的消费需求。这既是维护社会稳定的要求，也是增强经济持续发展动力的要求。

（七）提高对经济周期性波动的预见性。从年度短期的宏观调控看，应借鉴国际经验，建立对经济周期性波动的预测指标体系。例如，可参考美国和经合组织（OECD）的经验，利用若干先行指数来判断经济走势，预测经济运行是否正常。判断经济景气是否处于转折点时，还要通过景气调查，即对消费者、企业家、经济学家、银行家、政府官员的问卷调查（月度、季度），并同用先行指数、平行指数预测的结果互相验证。同时，应加强地区经济周期波动的监测和研究。我国的区域经济水平差异较大，特别是发达地区的经济波动一般带有先行性，并会对其他地区和全国的经济波动发生重大影响。因此，观察并跟踪地区经济运行的先行指标是很重要的。

在制定中长期经济社会发展规划时，应充分考虑经济周期性波动的因素及其影响。历史经验说明，注意这个问题才能提高中长期规划的预见性、有效性。1990年制定"八五"计划时，正处于经济周期的低谷，对"八五"发展面临的问题估计重了一些，因而提出的目标是：1991—2000年国内生产总值年均增长6%左右。刚过不久，1992年改革开放和发展的形势就发生了很大变化，"八五"计划提出的目标就需要调整了。1995年制定"九五"计划时，通货膨胀的形势相当严峻，因而提出："九五期间要以抑制通货膨胀作为宏观调控的首要任务"。也是刚过不久，1996年实现了"软着陆"，1997年爆发亚洲金融危机，紧接着就发生需求不足和通货紧缩趋势。联系历史经验，现在制定"十一五"规划时，也需要注意不能因为近几年处于经济周期上升阶段，就完全肯定未来五年不会发生经济周期性波动。上个世纪 80 年代和 90 年代两个经济周期的上升期都只有 7 年。如果这个周期规律重复出现的话，那么 2009 年前后就有可能出现转折，即由上升转为下降。清醒地估计这种可能性，才能未雨绸缪，在"十一五"规划中采取正确对策，以避免这种情形出现。

（本文原载《经济周期与宏观调控》，中国计划出版社 2008 年 1 月出版。本文写作时适逢党中央正在研究国家经济社会发展"十一五"规划建议，作者于 2005 年 5 月 23 日将此文报送国务院领导同志参阅）

加强基础产业和基础设施建设

（2005 年 9 月 21 日）

基础产业和基础设施是经济社会发展的重要支柱。改革开放以来，我国能源、交通、通信等领域一直是经济发展的战略重点，投入的建设资金持续增加，发展滞后和"瓶颈"制约的状况逐步得到扭转。"十五"期间，我国居民消费结构调整和工业化、城镇化进程加快，加入 WTO 带动了对外经济迅速发展，在经济发展加快、需求迅速增长的推动下，能源、交通、通信等都出现前所未有的高速发展，取得了历史性的重大成就。但是，由于我国人均资源占有率和基础设施发展水平都比较低，加上长期存在的高投入、高消耗、低效益的粗放型经济增长方式还没有根本转变，在经济增长加速的情况下，能源、资源消耗大幅度上升，导致近几年煤、电、油、运供求关系全面紧张，能源、交通再度成为"瓶颈"制约，而且比以往有所强化。"十一五"时期经济社会发展仍然面临这方面的突出矛盾。《中共中央关于制定国民经济和社会发展第十一个五年规划的建议》（以下简称《建议》）把加强基础产业和基础设施建设放在重要位置，提出了"十一五"时期的建设方针、发展重点和主要任务。本文就加强能源、交通和水利建设问题谈谈学习《建议》的有关精神。

一、坚持能源开发与节约并举，把节约放在首位

首先看一看能源发展面临的形势。与"九五"时期相比，"十五"时期能源供求形势发生了很大变化：一方面，能源产业发展加快，产量大幅度增长。2004年煤炭产量19.56亿吨，2005年预计超过21亿吨，比2000年增加1倍以上。发电装机从2000年3.19亿千瓦增加到2004年4.4亿千瓦，预计2005年达到5.2亿千瓦，比2000年增长63%。经过20世纪后50年的建设，我国发电装机累计才达3.19亿千瓦，而"十五"期间就增加2亿千瓦，这是前所未有的高速发展。发电量从2000年13556亿千瓦小时，增加到2004年21870亿千瓦小时，预计2005年达25043亿千瓦小时，比2000年增长84%。另一方面，能源需求增长更快，供需缺口较大。2004年全国有24个省区市拉闸限电，2005年电力供应仍然相当紧张。由于在发电装机中近2/3为煤电，2004年煤电装机2.84亿千瓦，约耗煤8亿吨。煤电以及钢铁、建材等行业迅速扩张，拉动煤炭需求剧增。在能源生产总量结构中，原煤比重从2000年66.6%上升到2004年75.6%。这导致一部分煤矿过度开发，资源浪费，安全事故频繁，也加剧了运输紧张和环境污染。能源消费快速增长还表现在石油需求剧增上。"十五"前4年，国内石油产量增长7.4%，远不能满足需求的增长，2003年和2004年石油净进口分别达9740万吨和12000万吨，对外依存度不断提高。从宏观经济角度看，"十五"时期，能源弹性系数（能源消费增长率与GDP增长率之比）大幅度上升。1981—2000年经济增长的能源弹性系数为0.4；2001—2004年，弹性系数超过1，2004年达到1.6。上个世纪后20年电力弹性系数为0.7，而"十五"前4年为1.54。上述情况说明，

我国当前这种主要依靠投资过快增长，从而主要依靠能源、资源大量消耗的粗放型经济增长方式，必然同资源、环境发生尖锐矛盾，最终导致经济发展的不可持续。从全局来看，解决能源问题不仅是加强能源建设、发展能源产业的问题，而且是调整经济结构、转变经济增长方式、提高能源利用效率和全方位节约能源的问题。解决能源问题的实质，是按照科学发展观的要求，妥善处理经济增长与资源、环境相互适应的关系问题。

《建议》明确指出："能源产业，要强化节约和高效利用的政策导向，坚持节约优先、煤为基础、立足国内、多元发展，构筑稳定、经济、清洁的能源供应体系。"这是"十一五"时期发展能源产业必须遵循的方针。坚持开发与节约并举，把节约放在首位，这是解决能源供求矛盾、实现可持续发展的必然选择和根本途径。我国一方面能源供不应求，成为经济发展的"瓶颈"；另一方面能源利用效率不高，生产、运输、消费等环节能源浪费严重。我国钢铁、有色、电力、化工等8个高耗能行业的单位产品能耗，比世界先进水平高许多。例如，我国火电厂单位发电能耗平均值为385克标准煤，比国际先进水平高71克，通过改造耗能高的设备，节能潜力可达26%，可减少上亿吨能源消耗。因此，在加快能源产业发展的同时，要用更大力气节能降耗。进一步从各个方面采取措施：促进产业结构优化升级，调整贸易结构，控制高耗能产业盲目扩张和产品出口；依靠科技进步，加快开发推广节能技术和设备；组织实施重大节能工程，推广使用先进、高效的节能设备和器具；制定和实施强制性、超前性产品能效标准；进一步采取财政、税收、价格等政策手段，鼓励生产和使用节能产品。经过从各方面努力，实现到2010年万元国内生产总值能源消耗比"十五"期末降低20%左右的目标。

能源供应要坚持立足国内。我国既是能源消费大国，又是能源生产大国。煤炭产量居世界第一位，石油产量居世界第五位。2004 年我国能源需求总自给率达到 94%。今后我们要长期坚持能源供应基本立足国内的方针，同时积极扩大国际合作，适度利用国外资源，作为国内能源供应的必要补充。

为保障能源供给和安全，要坚持以煤为基础。我国煤炭资源丰富，目前在能源生产结构中煤炭占 76%；在能源消费结构中，煤炭占 68%。发展煤炭工业，要坚持发展先进生产能力和淘汰落后生产能力相结合的原则。一方面，加快现代化大型煤炭基地建设，培育和发展若干个产量亿吨的大型煤炭骨干企业和企业集团，形成稳定可靠的商品煤炭供应基地。国家继续从中央预算内基本建设投资中安排资金，重点支持大型煤炭基地建设；支持有条件的煤炭企业上市融资、按照国家规定发行企业债券，筹集建设资金。大力提升煤炭生产和设备制造技术水平，加快高产高效矿井建设。不断提高煤炭利用效率和清洁度。同时充分发挥市场机制作用，促进中小型煤矿的调整和改造，鼓励大型煤炭企业兼并、改造中小型煤矿，鼓励资源储量可靠的中小型煤矿通过资产重组实行联合改造，实行集约化经营。积极推进煤炭资源的清洁转化和综合利用。发展煤炭液化、气化。鼓励瓦斯抽采利用，变害为利，促进煤层气产业发展。鼓励煤电联营。另一方面，要继续依法关闭布局不合理、不具备安全生产条件、浪费资源、破坏生态环境的小煤矿。

要坚持多元发展，优化能源结构。未来相当长时期内我国能源结构将是煤炭为主体、电力为中心，油气、新能源全面发展的格局。调整能源结构的中心任务是优化二次能源结构，要以大型燃机、熔量高效清洁电站为重点优化发展煤电，提高发电用煤在煤炭消费中的比重，提高电能在终端能源消费中的比重。要进一步加快可再生能源的发展步伐。我国对可再生能源的利用起步较早，经过 40 多年的努力，水电、太阳能、沼气的利用在国际上已处于领先地位。今后发展可再生能源的前景很广阔。要认真贯彻《可再生能源法》,落实鼓励可再生能源发展的政策措施,在保护生态的基础上有序开发水电;加快发展风力发电、太阳能发电、生物质能发电,使可再生能源在一次能源消费比重中由目前的7%提高到2020年的15%,"十一五"期间要取得重大进展。同时要积极推进核电建设;加强跨区电网建设,扩大西电东送规模。稳步发展石油替代产品。我国发展新的油气资源的潜力仍然很大。要以西部和海域为重点加强国内石油天然气资源勘探开发,并扩大境外油气资源开发,增加石油战略储备能力。

二、加快综合交通运输体系建设

改革开放以来,干线铁路、高速公路、干线机场、枢纽港口、深水航道和长输管道等交通基础设施建设取得重大进展,交通运输能力和运输效率不断提高。"十五"期间的成绩尤为显著。2004年,铁路营业里程7.4万公里,比2000年增加5000公里。公路通车里程187.1万公里,比2000年增加46.8万公里;其中高速公路3.43万公里,比2000年增加1.8万公里,增长1.1倍。民用汽车2820万辆,比2000年增加1211万辆,其中私人汽车1597万辆,比2000年增加972万辆。内河航道里程12.33万公里,比2000年增加4000公里。民用航空里程205万公里,比2000年增加54.6万公里。输油(气)管道3.8万公里,比2000年增加1.33万公里。运输能力大幅度提高:2004年,全社会货运总量达170.6亿吨,比2000年增加34.8亿吨。货物周转量69442亿吨公里,比2000年增加25121亿吨公里。全社会旅客总量176.7亿人,比2000年增加28.9亿人。旅客周转量16309亿人公里,比2000年增加4048

亿人公里。也要看到，随着我国工业化、城镇化进程加快，经济发展对交通运输的需求迅速增长，交通基础设施和交通运输能力不适应经济社会发展要求的矛盾相当突出。

《建议》指出，"十一五"时期"交通运输，要合理布局，做好各种运输方式相互衔接，发挥组合效率和整体优势，形成便捷、通畅、高效、安全的综合交通运输体系。"我国综合交通运输体系建设虽然起步较早，但是进展比较缓慢，当前仍存在不少问题。主要是：缺乏统筹规划，各种运输方式各自发展，运网布局不尽合理，建设资金和交通资源的运用效率不高；各种运输方式的比较优势和运输潜力未能充分发挥，没有完全做到"宜路则路、宜水则水、宜空则空"；综合枢纽建设滞后，各种运输方式的基础设施缺乏有机衔接，不适应客运"零距离换乘"和货运"无缝衔接"的要求；各种运输方式尚未建立统一的技术标准，实现运输一体化比较困难；各种运输方式的信息化建设自成体系，不同运输方式间信息不能共享，难以支持综合交通运输体系高效运行的要求。为适应我国经济社会发展对交通运输能力、效率和质量提出的更高要求，缓解能源、交通的"瓶颈"制约，必须按照《建议》的要求，加快综合交通运输体系建设。要以建设综合运输大通道和综合交通枢纽为重点，进一步扩大交通基础设施的规模，充分发挥各种运输方式的技术经济优势，实现合理分工、协调发展。

《建议》指出，要"加快发展铁路、城市轨道交通，进一步完善公路网络，发展航空、水运和管道运输。"这是从当前和未来一个时期实际出发提出的全面发展各种运输方式和优化运输结构的任务。

铁路是大运量、长距离客货运输的主力，也是建设占地较少、能耗较低的运输方式。我国幅员广阔，内陆深广，人口众多，资源和工业分布很不平衡，一次能源以煤炭为主，这样的国情要求铁路运输必须有大的发展。多年来铁路建设虽然已经取得很大成绩，但总体上还比较落后。2004年我国铁路营业里程7.3万公里、每万平方公里国土面积只有76公里，而美国铁路营业里程达27.28万公里，每万平方公里国土面积有291公里，分别是我国的3.74倍和3.83倍。目前铁路运力全面紧张，主要铁路干线运输能力处于饱和状态，不能满足煤炭、粮食、化肥等重要物资运输的需要。2003年铁路货运量22.1亿吨中，煤炭约8.4亿吨，占38%，仍供不应求。如适宜由铁路运输的大宗散货（煤炭），改由公路运输，不仅浪费能源，而且增加环境污染。因此，加快铁路建设，尽快扩大铁路运输能力，是优化交通运输结构，缓解交通运输"瓶颈"制约的重大措施。改革开放以来，公路建设由于实现投资多元化，调动了地方和社会各方面的积极性，发展十分迅速。而铁路建设基本依靠政府投资的状况一直没有改变，因此建设速度远赶不上公路。2004年公路运输完成固定资产投资4413亿元，而铁路运输仅完成投资822亿元。今后要加快铁路建设，必须加快铁路投融资体制改革，实现投资主体、筹资渠道和融资方式的多元化，为大规模铁路建设提供资金保证。鼓励非公有资本以投资参股、项目融资以及合作、联营等方式，参与铁路干线、铁路支线、地方铁路及其桥梁、隧道、轮渡设施建设和既有线改造；允许非公有资本以合资、合作、联营及投资参与等方式，参与铁路货物运输经营和旅客运输经营。

　　城市轨道交通具有占地、能耗、污染较少的优势。从我国人多地少的基本国情出发，城市发展必须十分注意节约土地占用，解决居民出行难问题，应优先发展以轨道交通为骨干的公共交通系统，引导小汽车合理使用。在城市群主要交通轴线上，建设由高速公路、轨道交通组成的快速综合运输通道。

　　"十一五"期间国道、省道公路和农村公路的建设任务仍然很繁重。公路交通虽然发展迅速，对经济社会发展作出了重要贡献，但也存在总量不足、路网结构不合理等矛盾；农村公路技术等级低、路况差的问题仍很突出。目前还有 167 个乡镇、4.9 万多个行政村不通公路，涉及农村人口近 5000 万。要继续加强公路建设，进一步完善公路网络，尤其要加快落后地区和农村公路建设，形成快速通达的公路网络。继续发展航空运输，发挥空运快捷的优势。完善机场和港口的建设布局。水运和管道运输，也具有长距离运输能力大、能耗、占地比较少等优势，要积极发展长江黄金水道等内河航运，继续加强管道运输建设。适应资源进口的需要，加强远洋运输船队建设。

三、加强水利建设，合理开发和利用水资源

水是基础性和战略性资源，人类生存、经济社会发展、生态环境保护，都离不开水资源。水利不仅是农业的命脉，也是整个国民经济的命脉。水利建设是经济社会发展的重要保障。新中国成立以来，我国水利建设取得了巨大成就，特别是1998 年大洪水以后，进一步加强了防洪工程建设。长江中下游 3578 公里的干流堤防已基本达标，黄河等江河的干流堤防建设也明显加快。长江流域实施平垸行洪、退田还湖，恢复水面 2900 平方公里，增加蓄洪面积 130 亿立方米。全国完成 837座大型和重点中型病险水库的除险加固。加强了农村水利设施建设，新增加节水灌溉面积 1.3 亿多亩。城市供水能力不断提高，农村饮水工程建设得到加强，解决了农村 5000 多万人口的饮水困难。保护水资源、治理水污染的工作也取得新进展。

但是从总体上看，我国水资源面临十分严峻的形势。一是水资源紧缺、供需矛盾突出。我国水资源量约 2.8 万亿立方米，居世界第六位，但人均水资源占有量只有 2200 立方米，

是世界人均水资源的 1/4；而且水资源时空分布极不均衡，降水多集中在 6、7、8 三个月，而且南方水多，北方水少，加上用水浪费和水污染严重等原因，导致区域性（特别是北方地区）缺水越来越严重。全国正常年份缺水量近 400 亿立方米，668 个城市有 400 多个城市缺水，其中 108 个严重缺水。有的地区和城市水资源总量并不少，但由于水污染严重，出现了水质型缺水。全国地下水多年平均超采量高达近百亿立方米，已形成 164 个区域性地下水超采区，部分地区已发生地面沉降、地质灾害、地下水水质恶化等现象。二是防洪能力低，洪灾威胁严重。我国是世界上洪涝灾害最为严重的国家之一。全国 70% 以上的固定资产、44% 的人口、1/3 的耕地，数百个城市以及大量重要的基础设施和工矿企业，都分布在主要江河的中下游地区，受洪水威胁严重。虽然 1998 年以来国家加强了长江、黄河等以堤防为重点的防洪工程建设，大江大河的抗洪能力有了较明显的提高，但是全国 70% 的城市并未达到国家规定的防洪标准，部分堤防仍存在不同程度的隐患。与此同时，水土流失严重，生态环境脆弱，也加剧了洪涝、干旱和风沙灾害，影响水资源的可持续利用。今后随着经济发展和工业化、城镇化进程加快，工业、城市、生态等方面用水量和废污水排放量都会相应增加，势必进一步加剧水资源供需矛盾，同时也对防洪抗旱提出了更高的要求。总的看，我国未来水资源紧缺和防洪面临的形势仍然十分严峻，必须把加强水利建设和合理开发利用水资源作为经济社会发展的一个战略重点，下大气力加以解决。

《建议》指出，"水利建设，要加强大江大河治理，统筹上下游、地表地下水调配，控制地下水开采，积极开展海水淡化，强化对水资源开发利用管理，提高防洪抗旱能力。""十一五"时期要进一步加强大江大河防洪工程体系建设。加快堤防建设、河道整治和病险水库除险加固；加强城市防洪建设和海堤建设。防洪建设要采取控制性工程、堤防工程、河道整治、蓄滞洪区安全建设等工程措施和非工程措施，形成完善的防洪减灾体系，提高综合防洪能力。要在水资源综合规划基础上，实现流域水资源合理配置。强化对水资源开发和利用的管理，加强流域和区域的水资源科学调度，协调好生活、生产和生态用水。加强城乡供水设施建设，提高在时间上和空间上调控水资源的能力。统筹地表水和地下水的调配，控制地下水开采。搞好南水北调工程东线、中线的施工建设。重视开发利用雨水和中水。沿海缺水城市要积极开展海水淡化和利用。加强水资源保护和水污染防治，努力解决群众饮水安全问题。要大力节约用水。我国水资源短缺，但是用水浪费严重，效率不高，节水潜力巨大。建设节水型社会，提高水资源利用效率，是解决我国干旱缺水问题的根本出路，是落实科学发展观、促进人与自然和谐的战略举措。水资源是稀缺资源，要形成由市场供求决定水价的机制；积极推进水资源管理体制改革，形成政府调控、市场调节、公众参与的水资源分配体系，充分调动全社会节约用水和治理水污染的积极性，不断提高水资源的利用效率。同时采取综合治理措施，防治水土流失，从源头上减少洪水干旱等灾害。

（本文原载《〈中共中央关于制定国民经济和社会发展第十一个五年规划的建议〉辅导读本》，人民出版社 2005 年 10月出版）

重视解决收入分配领域的问题

（2006 年 2 月 27 日）

构建社会主义和谐社会，既是长远的目标，又是渐进的过程。作为长远目标，其要求高于全面小康社会，甚至也高于基本实现现代化。因此，需要分阶段实施，提出阶段性目标。现在需要提出的是在全面建设小康社会阶段，推进和谐社会建设的目标和决策部署。

我们党历来认为，社会的基本矛盾是生产力和生产关系、经济基础和上层建筑的矛盾。解决这个基本矛盾，是推动社会主义社会发展的基本动力。十一届三中全会以来，党强调发展生产力是中心任务，大力推进经济体制改革，重点是解决生产力和生产关系的矛盾，这个矛盾今后还要继续解决。现在同改革开放以前相比，我国经济基础已经发生了重大变化，要求上层建筑与之相适应。而相对说来，上层建筑领域的发展和改革都慢了一些，与经济基础的矛盾也就突出了。可以说，推进和谐社会建设，就是要更多地关注和解决上层建筑领域的发展和改革问题。

党的十五大报告重申："我国社会的主要矛盾是人民日益增长的物质文化需要同落后社会生产的矛盾，这个主要矛盾贯穿于社会主义初级阶段的整个过程和社会生活的各个方面。"随着我国人民生活进入全面小康阶段，除了继续改善物质生活的需求之外，对教育、文化、卫生、医疗、安全等方面的需求上升了。社会主要矛盾在这些领域的表现相应突出了。适应人民群众需求的这种阶段性变化，也应当更加重视和推进社会领域的发展和改革。

推进和谐社会建设，包括社会建设和社会改革两大方面。改革开放以来，我们党一直以经济体制改革作为改革的重点。这是正确的，因为只有首先冲破传统计划经济体制的束缚，才能迅速解放和发展生产力，带动全国各项事业发展。现在经济体制已经发生重大变化，经济市场化和国际化取得显著进展；而社会领域的改革，不仅相对于经济体制改革，而且相对于社会事业发展的要求，都明显滞后。社会领域改革滞后和不到位，是现在一些社会矛盾突出的重要原因，也是人民群众意见较大、反映强烈的重要方面。加快社会建设，不仅需要增加财政投入，而且要靠改革社会领域的体制机制，才能充分发挥财政投入的社会效益，也才能动员社会力量参与社会建设。从一定意义上说，社会领域的改革，比经济领域改革还要复杂，任务也更加艰巨。改革开放以来，我们党就国有企业改革和整个经济体制改革问题，在党的十三大、十四大、十五大、十六大报告中都做了大量论述，还有多次中央全会作出决定，而对社会领域的改革则涉及较少。这次六中全会集中研究和谐社会建设问题，应将推进社会领域改革作为一个重点，深入分析改革的重要性、紧迫性，提出改革的指导原则和任务要求。

应当强调，发展改革中的问题，只能通过进一步发展和深化改革，才能逐步解决。近来有一股社会思潮，就是将我国改革和发展进程中存在的一些问题，如城乡、地区和贫富的差距扩大，国企改制中国有资产流失，教育、医疗等领域乱收费，公职人员腐败等现象，归结为改革搞错了、搞糟了。这种观点是错误的。事实上，这些问题有些是由于我国发展水平还不高所致，有些则是由于有关方面的改革滞后和改革、监管不到位所致。解决这些问题，必须靠进一步发展和改革。否定改革，就否定了十一届三中全会以来我们党的基本理论和基本实践，也否定了全面建设小康社会和实现现代化的必由之路。只有不断推进改革和发展，我国才能实现现代化，也才能从根本上保证实现社会和谐。

深化收入分配领域改革，应作为和谐社会建设的一个重点。当前收入分配领域存在的问题比较多，收入差距持续扩大、分配秩序混乱、再分配调节不力等，是社会各方面意见比较多的一个热点。近来学界关于效率与公平关系的争论，众说纷纭。我认为，可以不去抽象地讨论效率与公平，而从务实的角度，客观地分析分配领域存在的问题，从当前的实际条件出发，研究提出逐步解决差距过大等矛盾的思路和措施。

国际上一般用基尼系数反映收入分配差距的程度。据国家统计局资料，我国城镇居民基尼系数，1980年为0.16，1990年为0.23，1995年为0.28，2000年为0.30，2004年为0.32。农村居民基尼系数，1980年为0.24，1990年为0.31，1995年为0.34，2000年为0.35，2004年为0.37。包括城乡居民在一起算的基尼系数，据专家分析近几年在0.43左右。而据世界银行发展报告的测算，中国基尼系数1980年为0.33，1998年扩大到0.4，目前已扩大到0.458。

1993年9月，邓小平同志在一次谈话中说："少数人获得那么多财富，大多数人没有，这样发展下去总有一天会出问题。分配不公，会导致两极分化，到一定时候问题就会出来。这个问题要解决。过去我们讲先发展起来，现在看，发展起来后的问题不比发展时少。"又说："十二亿人口怎样实现富裕，富裕起来以后财富怎样分配，这都是大问题。题目已经出来了，解决这个问题比解决发展起来的问题还困难。分配的问题大得很。我们讲要防止两极分化，实际上两极分化自然出现。

要利用各种手段、各种办法、各种方案来解决这些问题。"邓小平同志既强调要及时提出和解决分配问题，也充分估计到解决这个问题的难度。

目前讲收入分配差距，往往只讲当年收入的差距，即增量部分的差距，而没有分析存量即已有财产占有的差距；也没有分析政府提供的公共物品和公共服务在城乡、地区和不同人群中分配方面存在的差距。讲城乡差距、地区差距、社会成员之间的差距，应当是讲实际收入和生活水平的差距；而实际收入和生活水平的差距，不仅取决于当年收入，在很大程度上也取决后两个方面。进一步看，财产占有的差距和享有公共物品、公共服务的差距，不仅对当事人这一代的实际生活水平有很大影响，而且对下一代人的教育、医疗、就业的机会等也有很大影响。财富占有状况还有积累效应和乘数效应。财富越多，通过投资可以获得越来越多的收入。从历史看，决定阶级、阶层的，主要是财富的占有状况。邓小平同志讲防止两极分化，也不是仅指当年收入的分配，而是包括存量财富在内的分配。因此，研究和解决分配问题，应当包括当年收入分配、财产分配和公共物品、公共服务的分配。

根据现有的统计，当年收入的分配状况比较清楚。存量财产的分配状况虽然有些个案和抽样调查资料，但全国总体情况并不清楚。上个世纪 90 年代以来，特别是近 10 年来，我国经济高速发展，经济规模迅速扩大，国民财富成倍增长。1995年国内生产总值仅 60794 亿元，2005 年增加到 182312 亿元，按现价计算，10 年增长 3 倍。"九五"期间国内生产总值累计增加 42.34 万亿元，"十五"期间累计增加 70.8 万亿元。也就是说，"十五"的五年间比"九五"的五年间，按现价计算，国民财富多增加近 30 万亿元。在这样大背景下，居民家庭财产也快速增加，其中一部分人更加富裕，应当说总体上是正常的，是越来越多的人走上共同富裕道路的表现，是一定经济发展阶段的产物。十六大报告提出，要"实现民富国强"。民富国强是一致的，越来越多的人富裕起来，是国家繁荣的表现。

但也必须看到，有一些人是通过不正常渠道暴富的情况。例如，少数人靠钻体制、法制和监管的漏洞，对属于国家和集体的矿产等自然资源掠夺式开采而暴富；靠承包国家建设项目偷工减料而暴富；靠利用国企改制之机，侵吞国有资产而暴富；靠低价或无偿占用农民土地经营房地产而暴富（其中有一部分收入是因国家道路建设和城市建设导致土地和房地产升值，本应属于国家的级差地租）；靠自然垄断、经济垄断和权力相结合获取垄断利润而暴富；靠克扣工资、不缴职工保险、不治理污染以及偷税漏税获取高额利润而暴富；靠经营黑色经济、地下经济而暴富；还有极少数公职人员靠受贿而暴富，等等。

当前诸多社会现象表明，近10多年来我国少数人暴富的程度和速度，是超常规的，远远超出了邓小平同志在上世纪九十年代初的预料。应当说，对于这种状况，决策当局在事前和事中从思想上和政策上都缺乏准备。现在面对已经形成的局面，虽然要承认现实，但更要在摸清情况的基础上，研究今后如何从体制改革、制度安排、健全法制和加强监管等方面堵住漏洞，避免这种状况的继续发展，尤其要避免其加速度的发展，否则，就有可能激化社会矛盾，甚至引发社会对抗。现在按照邓小平同志讲的"要利用各种手段、各种办法、各种方案来解决这些问题"，虽然已经晚了一点，但是如果继续拖下去，等到积重难返，解决起来的难度和代价都会更大。

对于暴富者和巨富者，由于是在发展中、在经济结构和经济体制转型中产生的，情况又非常复杂，现在不应当也不可能"秋后算账"。除了查出触犯法律的，要依法惩办外，对于合法财产应当依法加以保护。即使对那些钻了体制、政策、法律的漏洞，但没有犯法仍属于合法经营而获得巨额财富者，也应当依法保护。不久前，北京大学有一位教授，强烈反对全国人大正在审议中的物权法，认为不应当对富人财产和穷人财产平等地加以保护。这种观点显然是错误的，那样做只能引起经济秩序和社会秩序的大混乱。对于国家财产、集体财产、个人财产，对于所有合法获得的财产，物权法都应当确认和保护，这是正确的，是符合党的十六届三中全会决定中关于明晰产权、保护产权原则的。

发达市场经济国家在依法保护富人财产的同时，也有一套调节贫富差距的办法。富人财产的数额和来源，必须向税务部门申报，税务部门随时可以通过当事人银行资金往来账户进行查核。现在我国税务部门和银行系统在技术上也已经可以做到这一点。应当下决心尽快建立个人收入和财产的监控系统，这不仅是强化税收调节收入差距的必要前提，也是从源头上防止公职人员受贿等腐败现象的基础性工作。同时，应当加大税收和福利政策对贫富差距的调节力度。这个方面，发达国家也有不少经验可以借鉴。例如，英国经过税收和福利政策的调节，将 1994/1995 年度 20% 最高收入家庭与 20% 最低收入家庭的收入差距从初始的 19.8 倍缩小到最终收入差距的 3.7 倍。我国还应当尽快开征遗产税和赠与税。上个世纪 90 年代《政府工作报告》曾多次提出要开征遗产税，后来不知什么原因不了了之。现在是提上日程，尽快制定相关税法的时候了。

党的十六大报告提出，深化分配制度改革，要"以共同富裕为目标，扩大中等收入者的比重，提高低收入者收入水平。"减缓收入分配差距扩大的趋势，一是要"调高"，即通过税收、慈善捐献等手段和方式调节高收入。二是要"补低"，即通过扩大就业、提高最低工资标准、社会保障、增加政府公共服务等途径增加低收入者收入。三是要"扩中",即扩大中等收入者的比重,提高其收入水平。发达国家的经验和一些发展中国家的教训表明,中等收入者比重的大小,是一个国家发展水平高低的标志,对社会稳定有重要影响。西方发达国家经过数百年的发展产生了一大批中产阶级,使其社会结构由传统的农业社会的"金字塔型"转变为现代社会的"橄榄型"(指全社会的收入分配按水平分布呈"两头小、中间大"的橄榄型结构)。我们应当从各个方面综合采取措施,尽快扩大中等收入者的比重。

世界银行 2005 年公布的《中国:推动公平的经济增长》报告中指出,"如果安排优先顺序,中国就可以实现公平的经济增长。更充分地提供公共服务,以及政府对经济的间接参与是重要手段。"政府提供的公共服务的规模及其分配状况,对收入分配差距有重大影响。近 10 年来,我国财政收入逐年增加,增长幅度也比较快,但财政收入占 GDP 的比重仍然偏低。如果将我国政府性基金、行政事业性收费等预算外资金和社会保障基金纳入政府财政收入统计范围,我国近几年政府财政性收入占 GDP 的比重为 20% 左右。而 1998 年美国这一比重为 35%,德国为 47%,英国为 40%,法国为 49%。为进一步发挥公共财政在促进社会公平中的作用,一是应当逐步提高财政收入占 GDP 的比重;二是调整财政支出结构,逐步提高公共支出的水平。总体上看来,我国公共财政制度尚未完全建立,教育、公共卫生和社会保障等方面的财政支出比重偏低。2001年,财政的教育支出占 GDP 的比重,高收入国家平均为 6.8%,中等收入国家平均为 4%,低收入国家平均为 3.7%,我国为 2.6%。财政的卫生支出占 GDP 的比重,高收入国家平均为 7.9%,中等收入国家平均为 1.9%,低收入国家平均为 1.2%,我国为 0.6%。财政的社会保障支出占 GDP 的比重,高收入国家平均为 13.4%，中等收入国家平均为 7.9%，低收入国家平均为 1.8%，我国为 2.3%。从国际比较来看，为减缓收入差距过大，应加快建立公共财政制度，提高财政的公共支出水平，进一步发挥财政转移支出在缓解贫富差距方面的作用。

　　还应充分发挥第三次分配——社会慈善事业的作用。党的十四届三中全会的决定把社会保障归纳为五项内容：社会救济、社会保险、社会福利、优抚安置、社会互助。慈善事业就是动员社会力量进行社会救济和社会互助的公益活动。可以说，再分配是对初次分配的补充，即政府弥补市场的不足；而第三次分配则是对再分配的补充，即以社会慈善事业弥补政府的不足。

　　　　（本文是作者参加中共中央总书记胡锦涛
　　同志主持的征求对构建社会主义和谐社
　　会意见的座谈会的发言稿）

发挥各类社会组织
在促进社会和谐中的作用

(2006 年 9 月 8 日)

党的十六届六中全会通过的《中共中央关于构建社会主义和谐社会若干重大问题的决定》（以下简称《决定》），对构建社会主义和谐社会的重要性和紧迫性、指导思想和目标任务，作了深刻论述，并从各主要方面对加强和谐社会建设作了全面部署。完善社会管理，保持社会安定有序，是其中一个重要方面。这里，就发挥各类社会组织在促进社会和谐中的作用问题，谈几点学习体会。

一、健全社会组织是改革开放和建设和谐社会的客观要求

根据我国民法通则的规定，在我国，作为法人即具有民事权利能力和民事行为能力、依法独立享有民事权利和承担民事义务的组织，分为企业法人、机关法人、事业单位法人和社会团体法人。其中事业单位法人，包括学校、医院、科研、文化、艺术、体育机构等；社会团体法人，包括协会、商会、学会、研究会、基金会等。1998 年政府机构改革中将社会团体和民办非企业单位、基金会等社会组织，归民政部门民间组织管理机构管理，称为"民间组织"。充分发挥各类社会组织在

构建社会主义和谐社会中的作用，要推进事业单位的改革和发展，同时要发展和规范民间组织。本文论述主要涉及民间组织的发展和管理问题。

民间组织一般是指由民间设立的从事社会公益和互益活动的非营利组织。发达国家的经验表明，民间非营利组织，在经济社会生活中有重要作用。国外对民间非营利组织，有不同的称谓，如"非政府组织"、"民间组织"、"公民社会组织"、"第三部门"等等。从历史上看，行业性社团、慈善机构等民间组织早已有之，在各国工商业发展史上发挥过重要作用。最近几十年来，民间组织在西方国家得到了迅速发展，主要是适应市场经济发展和公共管理模式变革的需要。民间组织不同于企业，具有非营利性和公益性，又不同于政府自上而下的行政体系和运作机制，具有自愿参与、中立自主和多样灵活等特点。因此一方面，民间非营利组织能够弥补或纠正"市场失灵"：包括可以参与提供市场不能提供的公共物品（指在消费中具有不可分割性和非排他性的物品）；某些信息不对称的物品和服务，由于物品和服务购买者不是最终消费者或服务本身专业性、技术性很强，消费者缺乏足够的信息来评估服务质量，这类服务由民间非营利组织提供，可以避免营利性企业利用在信息不对称中占优势而损害消费者利益；某些外部性（即对第三方或周围环境有影响）很强的物品，如教育、公共卫生和生产或消费过程会带来环境污染的物品，以及可能产生自然垄断的物品，由民间非营利组织参与提供比仅由政府或市场提供，对消费者和社会更为有利。另一方面，民间非营利组织可以弥补"政府失灵"，上述公共物品等虽然可以主要由政府提供，但政府是按社会大众的一般要求提供的，难以适应复杂多样的需求；而民间非营利组织参与提供，则可以为需求较高的人群提供额外的公共物品，也可以为有特殊需求的人群提供特殊的公共物品，还有利于解决只由政府提供时的效率低、成本高等问题。因此 20 世纪 70 年代以后，西方国家政府提供公共物品和公共管理的模式普遍发生了变革，民间非营利组织在不少领域补充甚至部分替代了政府原先的作用。

在我国，民间非营利组织的发展之所以成为客观需要，主要是由于以下原因。

一是适应深化体制改革的要求。我国过去在计划经济体制下，政府对经济、社会事务管得过多过死，产生诸多严重弊端。经过 20 多年改革，这种状况虽然已有很大改变，但是政府职能仍然存在"越位、错位、缺位"的问题。政府转变职能已成为当前深化经济体制改革的关键环节。政府要从经济活动的主角转变为服务型政府，就必须切实把应当由企业、市场中介和民间非营利组织去做的事，交给企业、市场中介和民间组织去做。政府转变职能已经讲了多年，为什么总不到位？其原因不仅在于政企分开、政事分开、政资分开还不到位，而且在于我国市场体系尚不健全，市场中介组织和民间非营利组织发展不够，力量比较薄弱。因此，建设服务型政府，一方面要大力推进行政管理体制改革，优化政府机构设置，更加注重履行社会管理和公共服务职能；另一方面要进一步健全市场体系，发展和规范民间组织，积极支持民间组织参与公共服务和社会管理。

二是适应加强和谐社会建设的要求。改革开放以来，我国经济体制、社会结构、利益格局、思想观念都发生了深刻变化，极大地促进了经济社会发展，同时也带来了不少新的社会矛盾和社会问题。适应这种新的形势和加强和谐社会建设的要求，必须充分发挥民间组织在提供服务、反映诉求、规范行为等方面的重要作用。从提供服务来看，我国经济虽然有了巨大发展，但现在正处并将长期处于社会主义初级阶段，社会生产力还不发达，国家财力仍很有限，政府所能提供的公共服务同城乡居民对公共服务日益增长的需求之间存在着很大差距，特别是公共服务在城乡之间、区域之间的分配很不平衡。缓解并逐步解决这个矛盾，既要不断增加政府对公共服务的投入，优化公共资源配置；同时也要充分发挥民间组织在募集社会资金、动员公众参与、吸引志愿人员、直接面向个人或群体帮助他们解决具体问题与困难等方面的优点，使民间组织在市场不愿做、政府力不从心的公共服务领域，发挥拾遗补缺的重要作用。民间组织还具有通过合法渠道反映特定群体诉求的功能。由于我国经济、社会结构发生了重大变化，仅仅通过原有的社会组织已经不能全面、充分地反映社会各方面的诉求。例如，随着就业结构、就业形式的变化，许多职工由"单位人"转变为"社会人"，城乡流动就业人员大量增加；在经济利益主体多元化的同时，社会成员的活动方式也日趋多样化。在这种情况下，规范发展民间组织，可以多渠道、多层次地反映社会诉求，尤其是关注容易被忽视的弱势群体的诉求，从而有利于促进社会和谐。在规范行为方面，民间组织通过其宗旨、章程和自律，引导其成员遵守国家法律法规和社会公德。发挥民间组织自治机制的作用，比仅靠政府管理可以收到更好的效果。民间组织还可以发挥桥梁和纽带作用，有利于党和政府的方针政策及时下达和贯彻执行。

三是适应经济全球化和我国扩大对外开放的要求。在应对日趋激烈的国际竞争中，不仅需要依靠企业和政府的力量，而且需要民间组织扮演重要角色。美国等西方发达国家保持经济、科技强势的一个重要因素，就是政府通过各类行业协会抢先制定各种市场标准，设置非贸易壁垒，以保护其利益。我国加入世贸组织以后，对外开放在广度和深度上都在迅速拓展，新的形势迫切要求我国借鉴发达国家的经验，进一步发挥行业性社团在保护国内产业和支持国内企业参与国际竞争中的重要作用。同时，开展民间组织的国际交流也是加强国际经济、科技合作的重要方面。据统计，目前世界上有国际性、区域性的组织 2.3 万多个，其中有关贸易、商业、工程技术、科学的国际行业协会 5000 多个。因此，进一步发挥我国民间组织在参与相关国际组织交流与合作中的积极作用，也是进一步提高对外开放水平的要求。

二、进一步发展和规范各类民间组织

经过多年的发展，我国已经形成了遍布城乡、门类齐全、覆盖经济社会生活各个领域的民间组织体系。据民政部统计，截至 2006 年 6 月底，我国共有各类民间组织 321426 个，其中社会团体 172610 个，民办非企业单位 147797 个，基金会 1019 个。为适应加强和谐社会建设的要求，《决定》重点对发展和规范各类民间组织，提出了明确的要求。

（一）鼓励社会力量在教育、科技、文化、卫生、体育、社会福利等领域兴办民办非企业单位。民办非企业单位是由企业事业单位、社会团体和其他社会力量以及公民个人利用非国有资产举办的、从事社会服务活动的社会组织。目前在民政部门登记的 14.77 万多个民办非企业单位中，教育类有 7.5 万多个，卫生类有 2.7 万多个，劳动培训、民政福利类各有 1 万多个，其余分布在科技、体育、文化、法律服务等方面。要完善有利于民办社会事业发展的政策，进一步发展民办非企业单位。随着我国人民生活进入全面小康阶段，除了继续改善物质生活的需求之外，对教育、卫生、医疗、文化、体育等方面的需求也迅速上升，而上述领域的改革和发展滞后于人民群众要求的矛盾也相应突出了。适应人民群众需求的这种阶段性变化，要加快推进社会事业领域的改革和发展。其中的一个重要方面，就是进一步调动民间兴办社会公益事业的积极性，通过政府购买服务、税收减免等措施，广泛吸纳、利用民间资金、人才和技术，重点发展社会急需的民办非企业单位，形成公办社会事业与民办社会事业共同发展的格局，促进经济社会协调发展。继续发展和规范律师、公证、会计、资产评估等机构。支持社区民间组织有序发展，通过登记或备案方式，重点培育从事居家生活料理、慈善救助、文体活动、促进就业等内容的社区民间组织，加快形成适应居民需求、有利于居民参与、服务门类齐全的社区民间组织体系，促进和谐社区建设。

（二）发挥行业协会、学会、商会等社会团体的社会功能，为经济社会发展服务。我国行业协会是在改革开放以后发展起来的。20 世纪 80 年代，国家提出了"按行业组织、按行业管理、按行业规划"的原则，增强了行业概念，弱化了部门概念。1993 年党的十四届三中全会通过的《关于建立社会主义市场经济体制若干问题的决定》指出，要发挥行业协会、商会等组织的作用，并要求行业协会通过资格认定，依据市场规则，建立自律性运行机制，承担相应的法律和经济责任，接受政府有关部门的管理和监督。随后行业协会普遍发展起来。2001 年中央提出，要适应我国加入世贸组织的新形势，借鉴国外成功经验，加快行业组织改革步伐，真正按市场经济的要求建立健全代表企业利益的行业中介组织，使他们在应对"入世"中发挥积极作用。近几年，我国行业协会的发展进入了完善和规范发展的时期。现有行业协会、商会 5.3 万多个，其中全国性行业协会 600 多个，覆盖了国民经济的各个大小行业。

我国行业性社团虽然已有很大发展，但是同国外行业协会所发挥的作用相比，还有较大差距。发达国家的行业性社团，以提供服务为宗旨，主要任务是维护本行业企业的正当权益，为企业提供市场调研、信息交流和咨询等服务。行业性社团不仅在沟通政府与企业关系、制定行业标准，以及行业管理和自律等方面有着不可替代的作用，而且在保护国内产业、支持国内企业参与国际竞争方面也发挥着重要作用。包括：向企业提供国外有关市场信息、管理条例等咨询；协调本行业产品价格、确定最低限价，以减少国际贸易摩擦；当某种进口商品对国内有关产品造成严重损害时，为利用世贸组织保障条款维护本国经贸利益，由行业协会组织相关调查，以提供全面详细可靠的证据；作为反倾销、反补贴申诉中的提诉人；针对国外反倾销指控，帮助本国有关企业和行业应诉；组织国内企业尤其是中小企业联合行动，开拓国外市场；加强与国外有关行业性社团的联系，协调国际间纠纷，等等。借鉴国际经验，应当更充分地发挥我国行业协会在上述这些方面的积极作用。

为进一步发展规范行业协会，要通过调整布局、优化结构、控制总量、提高质量的要求，培育一批按市场化原则规范运作，具有广泛行业代表性，能与国际经济运行规则接轨的行业协会。要按照政企分开的原则，实现政府部门与行业协会在机构、人员、职能和财务方面脱钩。政府有关部门要把为会员提供服务、行业自律和维护行业利益等职能交给行业协会，并要指导行业协会搞好行业指导、服务、自律、协调和监督工作。

农村专业经济协会，是由农民根据生产发展需要自愿组织，为农业生产、销售和技术推广提供服务的非营利性组织，是农民与市场沟通和联系的纽带。要制定扶持政策，积极引导和支持农村专业经济协会发展，充分发挥他们在发展规模化经营，推进农村产业结构调整，增加农民收入中的积极作用。

（三）发展和规范各类基金会，促进公益事业发展。基金会是利用自然人、法人或者其他组织捐赠的财产，从事公益事业的非营利性组织。发展公益事业是政府的重要责任，而发展各类基金会，广泛动员社会力量参与发展公益事业，不仅可以减轻政府的负担，而且可以达到比政府直接组织更好的效果。改革开放以来，我国各类基金会在扶贫济困，发展慈善事业，体现社会关爱精神方面，发挥了很大作用。例如，成立于1989年的中国青少年发展基金会，通过募集"希望工程"捐款，资助了200多万名最偏远乡村最贫困家庭的儿童上学读书，同时改造和新建了9000多所希望小学。中国扶贫基金会、宋庆龄基金会在救济灾民、贫民等慈善事业中都发挥了重要作用。但是和我国经济高速发展相比，我国的慈善公益事业发展还很不够，尚未在促进社会和谐中发挥应有的作用。据报载，我国仅有10万家企业有过捐赠记录，占全部企业的1%。2004年，国内慈善排行榜中的135位慈善家共计捐款9.85亿元人民币。而美国在1992年慈善捐款就达1243亿美元，其中来自个人的慈善捐款达992亿美元，占81.4%。2000年至2004年，美国50名最大的慈善家捐款总额为650亿美元，其中微软公司的比尔·盖茨捐款230亿美元，相当于他净资产的54%。不久前全球第二大富翁沃伦·巴菲特向5家慈善基金会捐款370亿美元，占其财产的85%。我国现在经济发展水平虽然还远低于发达国家，但随着经济持续发展，企业和个人财富将不断增长，民间捐资兴办慈善事业的潜力很大。我国现有的基金会大都是公募基金会，即面向社会公众募捐的基金会。2004年6月1日起实施的《基金会管理条例》，增设了允许以企业和个人的名义命名的非公募基金会。根据发达国家经验，非公募基金会是调动企业和个人的捐赠积极性，吸引更多社会资源从事公益事业，实现社会财富再分配的有效途径和形式，应当采取扶持鼓励的政策，支持非公募基金会发展。目前我国企业所得税条例规定，国内企业的公益性捐赠在企业年应纳所得税额 3% 以内部分的才准予扣除。应当借鉴国外经验，完善社会捐赠的免税减税政策。同时，要加强对公募基金会的管理，规范面向公众的募捐活动。

三、完善培育扶持和依法管理社会组织的政策

我国民间组织虽然有了很大发展，但总体看来其作用尚未充分发挥；同时，民间组织在发展中也存在良莠掺杂、管理与自律机制不健全等问题。必须坚持培育发展和管理监督并重，完善培育扶持和依法管理社会组织的政策。

要进一步提高对新形势下发展和规范民间组织意义的认识。如上所述，在我国改革开放和发展的新阶段，加强社会事业建设和促进社会和谐，对各类民间组织发挥提供服务、反映诉求、规范行为的作用提出了新的要求。伴随着政府职能转变，也要求民间组织在参与公共服务和社会管理中扮演重要角色。因此，发展和规范民间组织，既有很强的客观需求，又有现实的可能性。我们要从推进社会管理体制创新和构建社会主义和谐社会的高度，充分认识民间组织的地位和作用，以及发展和规范民间组织的重要性，把民间组织发展和管理工作列入党和政府的议事日程，纳入经济社会发展总体规划，切实采取措施促进民间组织发展，并依法加强对其管理和监督。

要健全法制，完善政策，解决制约民间组织发展和对其管理监督工作中的突出问题。目前我国关于民间组织的立法，仅限于行政法规和部门规章，有些政策未在法规中体现，增加了依法登记管理的难度。而民间组织登记管理工作是行政许可的重要内容，依法行政的要求很高。因此需要抓紧修订《社会团体登记管理条例》和《民办非企业单位登记管理暂行条

例》，并在条件成熟时，制定符合我国国情的"民间组织法"或"非营利组织法"，将促进民间组织发展和对民间组织的管理工作纳入法制化轨道。

促进民间组织发展，要进一步转变政府职能，取消对民间组织参与公共服务和社会管理的不合理限制。积极探索民间组织承担政府转移或委托的职能的实现方式，使民间组织成为政府的有力助手，成为公共服务的重要承担者。当前要重点研究加强行业性组织的职能问题，把适宜于行业协会承担的信息咨询、人员培训、价格协调、公信证明、产品推介等职能交给行业协会。同时要完善民间组织从事公共服务的税收政策，健全民间组织专职工作人员养老、失业、医疗等社会保障制度。

要完善民间组织管理体制，加强管理力量，重点解决管理机构不健全和执法监管力量薄弱的问题。完善民间组织双重管理体制，进一步明确业务主管单位的职责，赋予登记管理机关综合协调职能，指导、协调各业务主管单位在登记管理方面的工作。登记管理机关要与业务主管单位以及政府职能部门加强沟通，密切配合，形成合力，真正发挥管理效能，形成高效、有力的管理监督体制。加强民间组织依法登记制度，除《社会团体登记管理条例》明确规定可以免于登记的社会团体以外，所有民间组织都必须依法由民政部门统一登记。对于违背国家法律法规、不利于社会稳定的民间组织要严禁成立。针对近些年来西方敌对势力利用境外某些民间组织进入我国从事渗透颠覆活动的新情况，要切实加强涉外民间组织的管理，完善监控体系，维护国家安全和社会稳定。

加强民间组织内部建设，提高自律性和诚信度，是实行培育发展和管理监督并重政策的重要内容。要引导各类民间组织以服务国家、服务社会为己任，为会员、同业和群众服务，反映合理诉求，规范自身行为。要切实解决社团、基金会行政化倾向严重的问题。按照政社分开的原则，将社会团体的机构、人事、财务同国家机关、企事业单位分开，办事机构不得与国家机关、企事业单位的工作机构合署办公；现任国家工作人员除确需兼任并经严格审批的外，不得在社会团体和基金会兼职。民间组织要建立和完善以章程为核心的内部管理制度，健全会员大会（会员代表大会）、理事会（常务理事会）制度，认真执行有关财务会计制度和换届选举制度，实行民主管理。加强民间组织领导班子建设和党的建设工作，建设专业化、职业化的工作人员队伍。加强对民间组织的评估工作，借鉴国际经验，探索建立民间组织的综合评估体系，定期跟踪评估。表彰诚信守法、严格自律、作用突出的民间组织，促进民间组织形成自我管理、自我约束、自我发展的运行机制。

（本文原载《〈中共中央关于构建社会主义和谐社会若干重大问题的决定〉辅导读本》，人民出版社 2006 年 9 月出版）

应对我国人口老龄化的政策建议

（2007 年 6 月 8 日）

人口老龄化是指老年人口在总人口中比重的提高过程，反映人口年龄结构的变化。按照联合国的划分标准，当一个国家或地区 60 岁以上人口所占比例达到或超过总人口的 10%，或者 65 岁以上人口达到或超过总人口的 7% 时，其人口称为"老年型"人口，其社会称之为"老龄化社会"。

国际上对人口老龄化问题进行系统研究始于二战以后。1956 年，联合国出版了《人口老化及其社会经济后果》一书。1982 年，联合国在维也纳召开了专门研究人口老龄化问题的世界大会，会议通过了《维也纳老龄问题国际行动计划》。

我国改革开放后，应对人口老龄化问题越来越引起党和国家的重视。20 年前，党的十三大报告就提出，要注意人口迅速老化的趋向，及时采取正确的对策。党的十四大、十五大和十六大报告也都强调，要重视人口老龄化问题，认真研究制定相应的政策措施。同时，国务院也加强了应对人口老龄化工作，成立全国老龄工作委员会等综合协调机构，各相关部门都做了大量工作，取得了积极成效。

从已进入老龄化的国家来看，人口老龄化对经济社会发展的不利影响主要有：社会负担加重（社会扶养比上升），劳动力供给减少，消费与储蓄水平下降，社会保障体系和公共服务压力加大，社会代际关系受到影响等。我国人口老龄化由于特殊的国情，问题更为突出。一是老年人口多。目前我国 60 岁以上人口已经达 1.44 亿，是世界上唯一 60 岁以上人口超过 1 亿的国家。二是老龄化进展快。我国人口年龄结构从成年型进入老年型仅用了 18 年，而最早进入老龄社会的法国经历了 115 年，瑞典经历了 85 年，美国经历了 66 年，英国和德国经历了 45 年，时间最短的日本也经历了 25 年。三是未富先老。发达国家进入老龄化社会时，人均 GDP 在 5000 美元到 1 万美元；而我国进入老龄化社会时，人均 GDP 还不到 1000 美元。正如联合国的一份报告所指出的，从没有一个国家尚处于中国这样的发展阶段便开始老龄化。四是老龄化程度农村比城市高、地区差异大。这些特殊因素，使人口老龄化的不利影响更为突出："人口红利"迅速减少，养老和医疗费用支出不断上升，社会经济负担明显加重，加快养老保障和服务体系建设成为繁重而紧迫的任务。

应对人口老龄化是一个关系经济社会发展全局的战略性问题，涉及养老保险、医疗保险、疾病预防、体育保健、宣传教育等诸多部门和领域，需要从全局上把握和统筹协调。应对人口老龄化又是一个长期的过程，必须未雨绸缪，超前谋划，并有足够的提前量，不能等到问题突出和严重时才采取对策措施。目前我们对不期而至的老龄化社会，从思想认识到体制政策等应对上，总的说都还不够。因此，需要进一步引起重视，把应对人口老龄化作为国家重大战略，坚持从中国国情出发，全面系统地采取应对措施。以下是关于应对人口老龄化的政策建议。

1. 加快完善城镇养老保障体系。目前我国城镇养老保险制度虽已基本建立，但还不完善，存在不少问题。一是来自养老保险制度转轨中出现的巨额"隐形债务"问题（据世界银行的测算，这一隐性债务总计在 3 万亿元左右），以及个人账户"空账"运行问题（据估计，全国"空账"高达8000多亿元）。应通过增加财政投入、减持国有股份、变现某些国有资产（或国有企业收益分红）、开征特种税（或发行特种国债）等办法，加大补充养老保障资金的力度。国外也有类似做法，如智利就是通过发行特种国债偿还社会保障的隐性债务。二是基本养老保险的覆盖面偏窄，城镇基本养老保险的覆盖面不到50%，非职工的居民基本养老保障尚未建立，非国有经济就业人员参保进展缓慢。应从我国的实际出发，实行"两手"抓，在低水平、广覆盖上下工夫。"一手"抓城镇居民的基本养老保险，充分发挥地方政府的作用；"一手"抓城镇职工特别是非国有企业职工的基本养老保险，充分发挥各类企业的作用。应强化地方政府和企业的责任，让他们切实负担起应尽的责任，而不能最后都依赖中央政府。三是养老保险体系不健全，企业年金（或企业补充养老保险）、个人商业养老保险发展不充分。应加强制度创新，在多层次上下工夫。同时实行多渠道、多种方式的资金筹集机制，如大力发展慈善事业等。此外，还可积极探索"以房养老"模式，即老年人的房产既可正常生活居住、又可作为提前变现养老的一种保险产品，投保人以居住房屋作抵押，按月从保险公司领取现金支付养老费用直到身故。有人把这种模式概括为"60岁前人养房，60岁后房养人"。

2. 建立健全农村养老保障制度。我国农村养老历来一靠家庭、二靠土地。但现在这两种养老方式的功能都在快速削弱。不少农村老人遭遇子女弃养、衣食大病无着落等养老困境。据2005年对全国1万多名60岁以上农村老人的调查，45.3%的老人与儿女分居，自己干农活的占85%，小病吃不起药的占67%，大病住不起医院的高达86%。因此，建立健全农村基本养老、基本医疗保障制度更为迫切，应当给予更多关注，积极探索具有农村特色的养老模式。一是着力完善对现行以个人交纳为主的农村社会养老保险制度，政府应在农村基本养老保障中承担更多的责任，加大财政支持力度。可考虑按照低水平、广覆盖的要求，根据当地维持农民基本生活所必需的费用设计基本养老保险标准，也可以把支付基本养老保险金的年龄推迟到65岁。实行这种低门槛进入和政府给农民以实惠的制度，才能吸引更多农民参保。在此基础上，逐步提高统筹层次，将目前的县级统筹提高到市级或省级统筹，以增强农村基本养老保障的功能。二是引导农民进行养老保险储蓄，如建立政府和农民共同出资的"农村千元养老年金制度"，探索储蓄积累型养老保险模式。三是发挥土地养老的保障作用，探索"土地养老"新模式。匈牙利为了解决因年迈放弃耕作的农业人口的养老问题，实行以土地换年金计划，由国家通过法定合同收回土地并发给土地所有者年金。现在我国农村很多老人，在子女进入城市之后，已无力耕作，抛荒的承包地很多。如果实施以退回承包地换取年金的办法，对解决部分农村老年人特别是"留守老人"的养老问题会有一定帮助。建议可先在一些农村试点，取得经验后推广。此外，对于被征地农民，应在征地的同时将其纳入城镇或农村的基本养老保险。

3. 解决好农民工的养老问题。农民工养老是我国的一个特殊问题。据统计，1.2亿的流动农民工，参加养老保险的总体参保率仅为15%左右，其中有些还在退保。这主要是由于目前政策设计存在问题，保费过高（按当地职工人均工资的8%缴纳养老保险费）、缴纳期限过长（连续缴费15年以上）、不能有效对接和转移等障碍，让农民工无法真正从中受益。因此，应积极探索适合农民工特点的养老保险办法。一是农民工养老保险缴费多少应相对灵活，可根据其收入多少等具体情况决定缴费数额，可设计不同档次的缴费标准，如按当地职工人均工资的 3%、5%、8%、11% 等。二是农民工养老保险缴费连续性应相对灵活，允许其根据具体情况决定缴费接续，可设计分段计保，避免形成"断保"现象。三是农民工养老保险应可以异地转移，建立跨省区转移机制，便于农民工跨地区转移养老保险关系。如实行电脑全国联网，像银行卡一样，发放全国流通的养老保险卡。农民工不论转移到什么地方，都可以凭卡缴纳社会养老保险费，凭卡领取养老保险金。四是探索农民工养老保险城乡相互衔接的机制。

4. 充分发挥家庭养老的主导作用。中国的养老模式不能和西方一样，特别是在未富先老阶段，尤其需要充分发挥家庭养老的主导作用。我国传统文化提倡以孝道作为维系家庭关系的道德行为准则，但在市场经济冲击下，出现了越来越多的子女有经济能力而不承担赡养老人的事例，孝道的传统道德观念已荡然无存。我们认为，应把孝道作为中华民族传统文化成果有分析地加以肯定，正面宣传报道儿女孝敬父母、赡养老人的事例；还应在中小学教育中，明确地提出敬老的要求，形成敬老、养老的社会氛围，并予以法律约束。其实，受我国传统文化影响较大的一些东亚国家也在积极推行这一做法。例如，韩国政府倡导"敬老孝亲"；新加坡推行"孝道法"，出台强制人伦方案，以保证老人向子女索取经济支持。这对我国也有一定的借鉴意义。同时，政府还可以从制度建设上鼓励家庭养老。比如，为城市居民购房、农村宅基地审批等方面提供税收优惠和适当的收入补贴等。近年来西方一些国家实行"居家养老"制度，强调老人身心健康、生活护理等服务都在社区内取得，不脱离原有社区的人际关系。"居家养老"也是我国养老的一种模式。对于子女不在身边或子女无能力赡养的老人，可选择以"居家养老"为主，政府担负必要责任，充分发挥社区服务功能，提供养老保障。在这方面，上海的做法值得推广。上海把"居家养老"服务与"万人就业项目"计划结合起来，既使需要照顾的老人得到政府埋单的养老服务，又使"4050"的下岗职工有了工作和收入。此外，还可以选择"移居养老"模式，就是将大城市中的老年人移居到市郊周边城镇适度集中养老，如建老年城等。

5. 大力加强老年人健康教育和疾病预防。老年医学研究表明，老年人的发病率比青壮年要高 3—4 倍，老年人一般易患多种慢性病，疾病治疗期长，康复缓慢，还容易造成严重后遗症，导致残疾和生活自理困难。老年人住院率比青壮年要高 2 倍，老龄人口花费的医疗卫生资源一般是年轻人的 3 至 5 倍，是全部人口平均医疗费用的 1.9 倍。减少老年疾病，关键在于预防。最新研究表明，老年人易患难治的癌症和心脑血管等疾病，90% 是生活方式等人为因素造成的，可以通过预防和保健措施大幅度降低发病率。我国近些年来上述几类疾病发病率呈明显上升趋势，主要也是由于吸烟、膳食结构不合理、肥胖、生活工作压力大和缺少体育锻炼等因素造成的。因此，加强健康教育和疾病预防，改变不健康的习惯，是当务之急。首先，应当加强对戒烟的宣传教育和立法。有关医学研究表明，吸烟已成为继高血压之后的全球第二号杀手。目前，我国约有 3.5 万亿吸烟者（占世界烟民的 1/3 强），每年死于吸烟相关疾病的人数近 100 万。据推算，我国遭受被动吸烟危害的人数更是高达 5.4 亿。近些年欧美国家纷纷加强禁烟的宣传和立法工作，不断加大对香烟广告的限制，越来越多的公共场所禁止吸烟，因此吸烟者人数不断减少。美国的家庭"无烟化"比例已从 1993 年的 43% 上升到 2003 年的 72%。上述做法值得我们借鉴。其次，应大力加强对全民的预防疾病和保持健康的宣传教育。建议中央电视台（包括有条件的地方电视台）开设老年频道，大量传播预防疾病、合理饮食、身体锻炼以及书法绘画等养生之道和保健知识，逐步做到家喻户晓，深入人心，付诸行动。高素质的人才是国家的宝贵财富。现在各行各业优秀人才英年早逝时有发生，这不仅对其家庭、而且对社会都是重大的损失。大量事例表明，许多疾病和死亡本可以预防甚至避免，却因为缺乏相关知识而导致恶果。应当从预防和保健入手，大力提高全民健康素质，尤其是要加强薄弱环节，重点抓好工作、生活压力大的中年人的疾病预防和保健教育。建议国家先从公务员抓起，规定公务员每年都要定期接受预防疾病和保健知识培训，并作为业绩考核的内容之一；然后逐步将这种培训推广到全社会各行各业的从业人员。各级财政应适当增加这方面的投入，也鼓励企业、社会增加投入。应当看到，在预防和保健工作上投入一元钱，可以在医疗费用上节省五元钱，是完全值得的。同时，还应当发展健康咨询机构，开展老年人心理咨询，提高老年人的身心健康和生活质量等。此外，要鼓励支持更多健康的老人走出家门参加有意义的志愿者工作。

6. 积极发挥中医药在应对人口老龄化中的作用。中医药作为我国的传统医学，在几千年的医疗历史中积累了丰富的临床经验，尤其对治疗老年人的常见病、多发病、慢性病有独特的优势，正在越来越为许多国家所认同。老年人由于身体抵抗力较低，疾病多发、病程长、顽固性强，服用中药在标本兼治的同时，可发挥激活免疫的作用，从而增强老年人的抗病能力，起到扶正固本和加快疾病痊愈的作用。更为重要的是，中医药资源广泛，药品价格和治疗费用比较低廉，能用小钱治大病，适合我国人口众多、人均收入低、中低收入群体比重大、医疗资源不能满足需求等基本国情。因此，应当从全局和战略的高度，把充分发挥中华传统医药的作用，作为应对人口老龄化的重大战略措施（目前有些人极其错误地全面否定中医中药），进一步加大对中医药的支持力度，促进我国中医药事业加快发展。

7. 积极发展老年服务产业。人口老龄化对消费结构和产业结构的变化都有重大影响。为应对人口老龄化，需要加快开发老年人消费市场，满足老年人不断增长的社会服务需求（包括基本生活需求、卫生保健需求、休闲娱乐需求和终生学习需求等）。这既有利于扩大社会消费需求，也有利于增加就业岗位。一是大力发展社区的老龄服务，鼓励支持开办各种类型的养老服务机构，发展机构（个人）养老服务。二是大力发展医疗保健产业，包括保健、理疗、护理业等。应把老年医疗保健纳入社区卫生工作重点，社区卫生服务机构要加强老年保健、医疗护理和康复等服务工作，保健费用纳入医疗保险范围，给予一定比例的报销。三是大力发展其他老龄服务产业，如卫生保健产品和设备、家政服务业（目前在北京家政服务中，九成以上保姆不懂急救知识，懂急救的保姆异常抢手）、老年生活用品业、教育产业（老年大学、老年职业培训、老年职业介绍）、心理咨询服务业等。

8. 有区别、分步骤地提高退休年龄。随着现代人预期寿命的延长和年轻时受教育年限的延长，为缓解人口老龄化对劳动力供给的影响，在一定范围适当提高退休年龄，既有可能，也有必要。由于信息技术革命和产业结构的升级，老年人与年轻人的就业结构并不完全相同，因而适当延长退休年龄，从全社会看，对年轻人就业的影响并不大，是可行的。近几十年来，发达国家已经提高了退休年龄。例如，美国、英国、西班牙男女退休年龄都是 65 岁；美国还通过一项法案，计划到 2027 年将法定退休年龄由现在的 65 岁提高到 67 岁。在人口老龄化的现实背景下，我国应研究逐步调整现行退休年龄，并作为应对人口老龄化的一项战略性措施。从 2030 年到 2050 年是我国人口老龄化走向高峰的时期，高峰过后还将延续很长一段时间。据德意志银行估算，若中国不调整人口政策和不改变退休年龄，到 2050 年，则每 100 名劳动者就要供养 79 名退休者。由于我国在今后相当长时期内就业压力都会很大，应当统筹兼顾增加就业岗位和适当延长退休年龄两者的关系。为此建议：一应有区别地适当提高退休年龄，首先在高技能人才和稀缺人才中实行。为此需要在一定范围建立灵活的退休制度，允许身体健康、社会和企业需要的高技能人才适当推迟退休。这将有助于缓解目前我国高技能人才短缺的压力。二应分步骤提高退休年龄。例如，可考虑从 2020 年开始每年将退休年龄延长 6 个月，到 2030 年逐步调升至 65 岁，在我国人口老龄化高峰到来时将 65 岁规定为我国的法定退休年龄。同时，将男女退休年龄调整一致。此外，要严格控制提前退休。目前提前退休问题较多，不少是退而不休（即在单位之外再就业），不仅扰乱了劳动力市场秩序，而且加重了养老保障负担。国外对提前退休者一般采取降低或取消养老金的做法。三应研究对延长退休年限的老年人实行弹性期限的合同制度，允许和支持用人单位与高技能的老年劳动者建立灵活的劳动用工关系。

9. 研究有利于缓解老龄化问题的人口政策。当前我国实行以"控制人口数量、提高人口素质"为基本理念的人口政策，这对控制我国人口的迅速增长发挥了关键性作用，但同时也引发了人口老龄化进程加速、出生性别比失衡等问题。从人口发展规律来看，人口政策调整的影响通常具有一定的滞后性，因此我国需要提前研究对现行人口政策调整的"时间表"，以便在恰当的时间逐渐放宽生育控制政策，避免人为加剧中国人口生育率下降和未富先老的进程，以降低人口老龄化的负面影响，也有利于实现区域之间人口结构的平衡发展。为此建议：一是在 2020 年之前稳定现行人口政策，只在上海等极少数地区放宽生二胎的限制；自 2020 年开始逐步调整政策，允许每对夫妇生育两个孩子。二是积极开展研究与试点，以便在将来稳妥地向"奖励只生一孩，允许间隔 4—5 年后生二孩"政策的平稳过渡。

（本文于 2007 年 7 月 30 日报送国务院有关领导同志参阅）

展望实现二〇二〇年奋斗目标后的中国

（2007 年 9 月 15 日）

高举中国特色社会主义伟大旗帜，为夺取全面建设小康社会新胜利而奋斗，是贯穿党的十七大报告的中心内容。十七大报告在对全面建设小康社会奋斗目标提出 5 个方面新的更高要求时，有一个显著特点和亮点，就是立足实际，放眼未来，对于到 2020 年全面建设小康社会目标实现之时我们国家的美好前景和国家形象用 5 个"将成为"作了生动鲜明的描绘。这就是，到那时我国"将成为工业化基本实现、综合国力显著增强、国内市场总体规模位居世界前列的国家，成为人民富裕程度普遍提高、生活质量明显改善、生态环境良好的国家，成为人民享有更加充分民主权利、具有更高文明素质和精神追求的国家，成为各方面制度更加完善、社会更加充满活力而又安定团结的国家，成为对外更加开放、更加具有亲和力、为人类文明作出更大贡献的国家"。

上述 5 个方面的发展前景和国家形象是相互联系的整体，是全面建成小康社会的主要标志，反映了中国特色社会主义的重要特征，体现了科学发展、和谐发展、和平发展的本质要求，是贯彻落实科学发展观、推进中国特色社会主义经济、政治、文化、社会建设四位一体总体布局的必然趋势和必然结果。本文着重就这 5 个方面的国家形象问题谈些认识和体会。

一、工业化基本实现、综合国力显著增强、国内市场总体规模位居世界前列的国家

历史和现实表明，实现工业化，是国家富强、人民富裕、经济社会结构现代化的必由之路。自 18 世纪英国工业革命以来，英、美、法、德、意、日等国，先后实现了工业化，极大地提高了社会生产力水平和国家经济实力，走上了发达国家的道路。二战结束后又有亚洲"四小龙"等成为新兴工业化国家和地区。在 18、19 世纪，工业化是指机器大工业取代农业成为社会占主导地位的生产方式。到了 20 世纪，尤其是二战结束后，随着科技进步和产业分工深化，特别是人均收入的提高，工业化的含义比原来拓宽了。目前国际上评价一个国家或地区是否实现工业化以及工业化水平的指标包括：人均国内生产总值，制造业占社会商品生产总值的比重，三次产业的生产结构和就业结构，城市化水平等。

旧中国积贫积弱，备受列强欺侮，一个重要原因就是没有工业化。实现工业化是我国 100 多年来多少仁人志士梦寐以求的理想。新中国成立以来，我们为实现工业化奋斗了半个多世纪，取得了重大进展。但是，对照工业化国家的发展水平，我国工业化的任务尚未完成。党的十七大报告重申了党的十六大报告提出的到 2020 年基本实现工业化的历史任务。在一个十几亿人口的发展中大国，用 70 年左右的时间基本实现工业化，这是将载入世界史册的伟大事业。

党的十六大以来的 5 年，伴随着国民经济强劲增长，我国工业化进程明显加快。可以预计，到 2020 年基本实现工业化之时，我国经济实力、综合国力将迈上新的大台阶。

经济总量和人均水平大幅跃升。2006 年国内生产总值

210871 亿元，按汇率换算约为 2.645 万亿美元，人均超过 2000 美元。2007—2020 年按预计年均增长 7.5% 并以 2006 年不变价和汇率计算，2020 年经济总量将达 58 万亿元，约为 7.2 万亿美元；按 2020 年总人口 14.5 亿计，人均约为 5000 美元。对照国外学者划分工业化阶段的标准，届时我国人均收入水平相当于进入工业化行列的国家。

制造业由大变强。国际经验表明，制造业占社会商品生产总值（全社会有形商品的生产总值）的比重超过 60%，是工业化的标志之一。据测算，我国这一比重 2001 年为 51.5%，到 2020 年可以提升到 70% 左右。更为重要的是坚持走中国特色新型工业化道路，将使今后十几年我国自主创新能力显著增强，科技进步对经济增长的贡献率接近 60%，进入创新型国家行列；产业结构将进一步优化升级，制造业由大变强，不仅在比重上，而且在质量、水平上都达到工业化国家的先进水平。

一、二、三次产业的关系趋于协调。我国 2006 年三次产业的生产结构为 11.8%：48.7%：39.5%；三次产业的就业结构为 42.6%：25.2%：32.2%。同工业化国家三次产业的生产结构、就业结构相比，差距主要是我国第三产业在生产、就业结构中的比重都明显偏低，第一产业在就业结构中的比重过高。按照党的十七大的部署，今后十几年将着力增强发展协调性，加快发展服务业，提高服务业比重和水平。我国第三产业在生产、就业结构中的比重 1991—2006 年平均每年分别提高 0.5 个百分点和 0.85 个百分点，考虑到今后十几年第二产业发展速度可能有所放缓，第三产业发展速度可能加快，预计到 2020 年第三产业在生产、就业结构中的比重将提高到 50% 和 44% 左右。第一产业在就业结构中的比重可能降低到 30% 左右。

城镇化水平显著提高。国际经验表明，基本实现工业化国家的城市化率一般在60%以上。我国城镇化率2006年为43.9%，1991—2006年平均每年提高1.09个百分点，按这样的速度发展，到2020年我国城镇化率有可能接近60%，基本达到工业化的要求。

国内市场总体规模位居世界前列。未来十几年我国将坚持扩大国内需求特别是消费需求的方针，随着我国居民收入、消费水平不断提高和消费结构逐步升级，国内消费市场扩大将呈加速趋势。据瑞士信贷银行2007年3月24日发表的一项研究报告预测："中国2006年的消费额仅占全球消费总额的5.4%，只与意大利消费额占全球的比重相当，大大低于美国（占全球消费总额的42%），也低于日本、德国和英国（三国在全球消费总额中的比重分别是11.1%，7.3%和6.6%）。但到2015年中国消费额在全球的比重将上升到14.1%，将超过意、英、德、日等国，成为仅次于美国的世界第二大消费市场。"显然，到2020年我国国内市场的总体规模将会比现在成倍地扩大，并位居世界前列。这不仅意味着中国经济结构的重大转变，也将为全球经济发展创造巨大机会。

二、人民富裕程度普遍提高、生活质量明显改善、生态环境良好的国家

我们党关于现代化建设"三步走"的战略目标，有一个显著特点，就是把发展社会生产力和改善人民生活都作为每一步战略目标并列的组成部分。党的十六大报告和十七大报告关于全面建设小康社会的目标和部署，都体现了这个特点。根据对未来十几年发展趋势的预测，到2020年全面建成小康社会之时，人民收入水平和富裕程度将普遍提高。这首先是由于随

着经济持续快速增长，经济总量将不断扩大。如上所述，2020年国内生产总值预计将达 58 万亿元，比 2006 年增长 1.75 倍；人均国内生产总值将达 40000 元，比 2006 年增长 1.5 倍。国民经济这块"蛋糕"将越做越大，这是人民富裕程度普遍提高的基础。其次是由于收入分配将更加公平。按照党的十七大的部署，将逐步调整国民收入分配结构，更加注重提高中低收入群体的收入，逐步提高居民收入在国民收入分配中的比重，提高劳动报酬在初次分配中的比重。同时由于社会就业更加充分，越来越多的居民拥有财产性收入，中等收入者的比重将不断扩大，居民家庭财产将普遍增加。再次是由于财富积累效应的结果。居民家庭财富和整个社会财富是逐渐加速积累的历史过程。底子薄的时候，财富积累的速度很慢，到了全面建设小康社会阶段，由于经济每增长 1 个百分点所包含的绝对量越来越大，可分配的国民收入越来越多，家庭财富的积累也将呈现加速效应。因此，人民富裕程度普遍提高，将成为全面建成小康社会之时的社会现实。

与此同时，城乡居民衣食住行用条件和生活质量将得到明显改善。由于国家财力不断增强，公共财政用于社会保障体系和社会建设的投入将持续增加，城乡居民享有的社会保障、教育、医疗、卫生等公共服务将显著增加，并初步实现基本公共服务均等化。到 2020 年，现代国民教育体系更加完善，终身教育体系基本形成，全民受教育程度和创新人才培养水平明显提高。实现人人享有基本医疗卫生服务。建设覆盖城乡居民的公共卫生服务体系、医疗服务体系、医疗保障体系、药品供应保障体系，将为人民群众提供安全、有效、方便、廉价的医疗卫生服务。

改善生态环境，是全面建设小康社会的重要目标，也是今后十几年必须着力加强的重点环节。要努力扭转生态环境恶化趋势，到 2020 年使环境污染得到有效治理。城市空气质量良好率、水域水质达标率、森林覆盖率等可测指标明显提高。可再生能源在一次能源中的比重将从目前的 7% 提高到 15% 以上。化学需氧量和二氧化硫等主要污染物排放总量在 2010 年比 2005 年下降 10% 的基础上，到 2020 年继续比 2010 年进一步降低，并相应减少二氧化碳的排放。实现上述目标是十分艰巨的任务，我们必须坚定不移地贯彻节约资源和保护环境的基本国策，在全社会牢固树立生态文明观念，基本形成节约能源资源和保护生态环境的产业结构、增长方式、消费模式，以确保实现主要污染物排放得到有效控制、生态环境质量明显改善。

三、人民享有更加充分民主权利、具有更高文明素质和精神追求的国家

全面建设惠及十几亿人口的更高水平的小康社会，不仅包括物质生活方面的内容，而且包括政治民主和精神文化生活方面的内容。党的十七大报告既重申了党的十六大报告关于这后一方面的目标，又根据新形势提出了新的更高要求和重大举措。

社会主义愈发展，民主也愈发展。保障人民享有更加充分民主权利，是发展中国特色社会主义的重要目标。适应我国经济社会发展新形势和人民扩大政治参与积极性不断提高的要求，在全面建设小康社会进程中，将进一步扩大人民民主，健全民主制度，丰富民主形式，拓宽民主渠道，依法实行民主选举、民主决策、民主管理、民主监督，保障人民的知情权、参与权、表达权、监督权；进一步发展基层民主，人民依法直接行使民主权利，管理基层公共事务和公益事业，对干部实行民

主监督，保障人民享有更多更切实的民主权利。同时通过全面落实依法治国基本方略，加快建设社会主义法治国家，加快行政管理体制改革，完善制约和监督机制，保证扩大社会主义民主的目标实现。

明显提高全民族的思想道德素质、科学文化素质和健康素质，是全面建设小康社会的重要目标和重要保证。随着经济持续快速发展和人民物质生活的不断改善，人民群众对精神文化生活的需求日趋旺盛，同时随着社会结构、社会组织形式和利益格局的深刻变化，人们思想活动的独立性、选择性、多变性、差异性明显增强，对发展社会主义文化提出了更高要求。党的十七大报告根据经济社会发展和人民群众的新要求，对推动社会主义文化大发展大繁荣作出了全面部署，要求兴起社会主义文化建设新高潮，激发全民族文化创造活力，提高国家文化软实力，使社会文化生活更加丰富多彩，社会主义核心价值体系深入人心，良好思想道德风尚进一步弘扬，使全民具有更高的文明素质和精神追求。

四、各方面制度更加完善、社会更加充满活力而又安定团结的国家

我国社会主义市场经济体制虽已初步建立，但还不完善，实现又好又快发展仍然面临诸多体制机制障碍。必须坚定不移地继续推进改革，以实现到2020年建立完善的社会主义市场经济体制的目标。今后十几年推进改革将呈现以下特点：一是着力解决深层次矛盾和问题，打好改革攻坚战。二是着力加强改革的协调性，推进相对滞后领域和薄弱环节的改革。三是着力增强改革的普惠性，增加国家公共财政对改革的支持，使广大群众从深化改革中得到更多的实惠。四是着力使各方面改革

的成果制度化，形成完善和定型的制度。邓小平同志在 1992 年初视察南方谈话中就曾高瞻远瞩地指出："恐怕再有三十年的时间，我们才会在各方面形成一整套更加成熟、更加定型的制度。在这个制度下的方针、政策，也将更加定型化。"我们应当努力争取到 2020 年实现邓小平同志提出的这个目标。

社会主义市场经济体制从初步建立到完善定型，是十分艰巨的历史任务，但是我们实现这个任务也具备诸多有利条件：近 30 年改革积累了丰富经验，继续推进改革的方向、目标明确；经济持续快速发展，支持改革的物质基础和财力条件越来越雄厚；党对改革的领导坚强有力，决心和魄力大；推进改革深得人心，具有广泛的群众基础，因此再经过十几年的艰苦努力，完全可以实现预期的目标。

——公有制为主体、多种所有制经济共同发展的基本经济制度进一步完善，形成各种所有制经济平等竞争、相互促进的新格局。归属清晰、权责明确、保护严格、流转顺畅的现代产权制度基本建立，各类产权主体拥有平等的法律地位和发展权利，受到法律的平等保护。完成国有经济布局与结构的战略性调整；国有资产管理和监督体制健全有效；现代公司制度或其他有效的企业制度全面建立。

——统一开放竞争有序的现代市场体系进一步健全。绝大多数商品、劳务、生产要素自由流动，价格由市场决定；各类要素市场健康发展；反映市场供求关系、资源稀缺程度、环境损害成本的生产要素和资源价格形成机制全面建立；各类市场主体平等地使用生产要素，在各领域最大限度地形成公平竞争；各类市场中介组织规范发展；社会信用体系健全，信用秩序良好；市场规则健全，市场监管有效，制约机制有力，市场运作规范有序。

——宏观调控体系完善，政府行政管理规范有效。建立健全有利于实现科学发展的财税制度；形成多种所有制和多种经营形式、结构合理、功能完善、高效安全的现代金融体系。政府责任明确，机构精干，分工合理，职责到位，依法行政，廉洁高效；政府作为公共产品的提供者，市场规则的制定者，市场环境的维护者，发挥有效的社会管理和公共服务职能。

——收入分配和社会保障制度合理健全。按劳分配为主体、多种分配方式并存的分配制度进一步完善，劳动、资本、技术、管理等生产要素按贡献参与分配的制度进一步健全；形成规范的调节收入差别扶助社会低收入群体的再分配机制。建立健全覆盖城乡居民的社会保险、社会救助、社会福利、慈善事业相衔接的社会保障体系，各类商业保险齐全。

——经济法律制度完善，法制环境健全。保障财产权利、约束各类市场主体行为、维护市场秩序、规范政府管理的法律法规完备，执法机构设置科学、职能合理，执法手段有力；所有的经济社会活动都依照相关法律法规进行；在全社会牢固树立自觉遵纪守法的意识。

五、对外更加开放、更加具有亲和力、为人类文明作出更大贡献的国家

近30年来，中国经济持续快速发展，同坚定不移地贯彻对外开放的基本国策是密不可分的。对外开放不仅极大地促进了经济发展，而且极大地促进了改革，与改革一道成为经济社会发展的强大动力。今后十几年我国还将进一步拓展对外开放的广度和深度，完善内外联动、互利共赢、安全高效的开放型经济体系。

2001年我国加入世贸组织以后，对外开放进入了一个新阶段，中国经济进一步融入了全球经济体系。我国按照入世承

诺大幅度降低了关税，现在平均关税略低于10%，由于许多进口商品可以减税甚至免税，同进口总额相比，实际关税只有2%。中国制造业对外开放度已经很高。据美国学者分析，在制造业部门，在中国的外国公司（合资企业、外国独资企业等）生产占总产出的1/3；而在欧盟，外国公司生产的平均工业产出只占1/4；美国外国公司在国内产出中约只占1/5。再从进口比重来看，2006年中国进口量相当于国内生产总值的30%，这个比例高于日本（进口量相当于国内生产总值的10%），也高于美国（进口量相当于国内生产总值的17%）。由于制造业全面开放和大量进口，促进了国内市场的竞争，中国大多数商品的国内价格已接近国际价格。在服务业开放方面，到2006年年底，我国已经全面履行对开放银行业、证券业和证券市场、保险业和保险市场、货币市场和债券市场等的承诺，包括放宽或取消外国金融机构在机构准入、地域范围、客户对象、经营业务等方面的限制。

今后要拓展对外开放广度和深度，主要是：把"引进来"和"走出去"更好结合起来，深化沿海开放，加快内地开放，提升沿边开放；加快转变外贸增长方式，调整进出口结构，促进加工贸易转型升级，大力发展服务贸易；创新利用外资方式，优化利用外资结构；创新对外投资和合作方式，积极开展国际能源资源互利合作；实施自由贸易区战略，加强双边多边经贸合作。

中国经济总量目前虽然只占全球经济总量的5.5%，但由于人口众多，人均水平低，中国还有很大的发展空间，并将在较长时期内保持快速发展势头，特别是中国经济已深深融入全球经济体系，中国经济和世界经济的相互联系越来越紧密，互相影响越来越加深，中国经济的持续快速发展和更加开放，将成为世界经济繁荣的重要推动力，给各国发展带来前所未有的机会。

中国坚持走和平发展道路，既通过维护世界和平发展自己，又通过自身发展维护世界和平。这是由中国的国情、中国的文化传统和中国作为社会主义国家的性质所决定的，是中国政府和人民根据时代发展潮流和自身根本利益作出的战略抉择。这条道路决定了中国始终是维护世界和平的坚定力量，决定了中国永远不称霸，永远不搞扩张。毛泽东同志在 20 世纪 50 年代曾经预言："中国会变成一个大强国而又使人可亲。"我们正在通过走科学发展、和谐发展、和平发展的道路，把毛泽东同志的预言变为现实，从而对人类文明作出更大贡献。

我们之所以对实现 2020 年奋斗目标后的美好前景和国家形象充满信心，是因为这种展望绝非主观想象，而是基于对今后十几年影响我国发展进程的国内外环境与发展条件的客观判断和分析。

从国际环境看，虽然影响世界和平与发展的不稳定不确定因素增加，世界仍然很不安宁，但是，和平与发展仍然是时代主题，世界多极化不可逆转，经济全球化深入发展，科技革命加速推进，全球和区域合作方兴未艾，国与国相互依存日益紧密，国际力量对比朝着有利于维护世界和平方向发展，国际形势总体稳定。我国经济持续快速发展，国际地位不断提高，国际社会广泛看好我国的发展前景，同我国开展合作的意愿普遍上升，我国坚定不移地走和平发展道路，有信心有能力为现代化建设争取较长时期的和平国际环境。

从国内环境看，虽然存在不少制约发展的不利因素，如人多地少，人均资源不足，城乡、区域之间发展不平衡，经济发展与资源环境的矛盾突出等等，这些决定了我国工业化、城市化进程加快阶段遇到的矛盾和困难，会比别的国家处于相同阶段时更多、更复杂，但是从总体上看，国内的有利条件也多于制约因素。经过建国以来特别是改革开放近 30 年来的持续快速发展，我国科技、教育和工业已有相当规模和基础，交通、通信等基础设施不断完善，特别是党的十六大以来这 5 年的迅速发展，为实现全面建设小康社会目标奠定了更好的基础。从发展前景看，国内需求还有很大潜力和拓展空间，基础设施建设、工业建设和城市建设的投资需求将不断增长；城乡居民收入逐年增长，国家持续增加公共财政支出，将推动消费需求不断扩大。与此同时，国内也具备经济持续快速发展的供给和保障条件：我国劳动力资源极为丰富，成本较低；国民储蓄率高的趋势仍会持续，外商投资还会继续增加，经济发展的资金供给充裕；政治、社会长期保持稳定，深化改革将使经济体制和其他方面体制不断趋于完善。还要看到，改革开放以来我们一直是在不断解决矛盾和克服困难中前进的，和过去相比今后应对困难的条件更好了，经验更多了。因此我们完全有信心有能力继续保持经济社会发展的良好势头，实现到 2020 年全面建成小康社会的奋斗目标。

（本文原载《〈十七大报告〉辅导读本》，
人民出版社 2007 年 10 月出版）

解决总量矛盾应和调整结构、深化改革相结合

（2007 年 10 月 30 日）

一、2007 年以来经济形势的基本面和问题

2007 年以来，我国经济继续保持稳定、快速的发展态势，基本面是健康的。主要表现在：

1. 宏观调控四大目标实现较好组合。前 3 季度 GDP 同比增长 11.5%，预计全年高于 11%。这是自 2003 年以来连续第五年超过 10%。前 3 季度城镇新增就业 920 万人，预计全年超过 1000 万人。前 3 季度居民消费价格指数同比上涨 4.1%，预计全年上涨 4.5% 左右。这是 1997 年以来涨幅最高的。1997—2006 年居民消费价格指数仅上涨 9.6%，平均每年上涨不到 1%，而这 10 年国内生产总值累计增长 139.9%。正是由于经历了 10 年的低物价，因此今年价格涨幅较大，其中主要又是由农产品价格上涨带动的（占 85%），这带有必然和合理的因素。在国际收支方面，继续保持经常项目和资本项目双顺差。

2. 财政收入、企业利润大幅度增长，城乡居民收入显著增加。这是经济规模扩大和经济效益提高的反映。

3. 经济发展的协调性有所改善。主要表现在：全社会固定资产投资增幅有所回落，消费增长有所加快；中西部地区投资和经济增长速度与东部地区相比明显加快；"三农"得到加

强，粮食生产战胜严重自然灾害，连续第 4 年获得丰收，产量预计超过 1 万亿斤，农村社会事业发展加快；节能减排工作力度加大，单位国内生产总值能耗、二氧化硫和化学需氧量排放的下降情况好于上年。

我国连续多年保持经济基本面良好，主要取决于中央正确把握国内外形势和大局，提出并贯彻科学发展观，推进改革开放，充分发挥市场作用，又加强和改善宏观调控，保持和增强经济发展活力，又及时解决或缓解经济发展的突出矛盾和问题。

党中央提出科学发展观，使我们分析判断经济形势有了更明确的标准，这就是不能只看速度，也不能仅看速度和效益，还要看发展是否符合全面协调可持续发展的要求，归根到底看是否符合绝大多数人的现实利益和长远的根本利益。要按照科学发展观的要求，对经济形势作一分为二的分析：在充分肯定经济基本面健康的同时，必须清醒地看到，在经过五年高速增长之后，也存在不少矛盾、问题和隐患。其中有一些是长期积累下来的，有一些是近几年出现的。

1. "三过"和经济增长偏快问题仍然存在。投资增长虽有所回落，但仍在高位。第 3 季度新开工项目计划总投资大幅度回升，比上半年回升 17.8 个百分点。目前投资资金来源充裕，存在较大的反弹压力。货币供应与信贷投放仍然偏多。外贸顺差继续扩大。我国进入了结构性持续顺差时期，尽管 2007 年采取了多方面措施，包括取消或降低了 2700 多种商品的出口退税，人民币对美元汇率自 2005 年 7 月 21 日汇改到 2007 年 9 月 28 日也已累计升值 10.2%，但顺差仍在扩大，外汇占款不断增加。

2. 通货膨胀压力加大。价格上涨面临多方面压力（劳动力成本和其他要素成本上升，国际市场原油、粮食和其他资源性价格上涨，国内通货膨胀的预期等），存在着价格由结构性上涨转为全面上涨，引发严重通货膨胀的危险。尤其需要关注的是房屋、股票等资产价格近年来持续大幅度上涨存在着较大隐患。国际经验表明，资产价格上涨对经济发展是一把双刃剑。股票价格持续上升使一部分居民收入增加会产生财富效应，在一定程度上带动消费，从而促进经济发展；但如果产生泡沫并积累到一定程度，一旦破灭就可能对经济产生负面效应，甚至引发经济衰退。

3. 经济发展与资源、环境的矛盾依然突出。主要问题还是经济结构不合理：经济增长在需求上过于依赖投资和出口，在产业上过于依赖工业，特别是重工业。今年前三季度二产比重继续上升，三产比重继续下降。在工业内部，重工业尤其是高耗能、高排放行业的生产、投资、出口增速仍然居高不下。这种经济结构不改变，节能减排的严峻形势也难以扭转。

二、对 2008 年经济工作的建议

2008 年是贯彻落实党的十七大确定的目标任务和大政方针的第一年。国内大环境很好。十七大以后全国各地各个方面推进发展改革的热情高涨，劲头很足。历史经验也表明，我们党召开全国代表大会的当年和第二年一般都会出现经济发展加速的情况。因此很需要把这种巨大的能量引导到贯彻十七大部署上来，引导到落实科学发展观上来，引导到进一步推进改革开放、实现经济又好又快发展上来。对明年经济工作，有以下几点建议：

1. 2008 年宏观调控的重点，一是抑制通货膨胀和资产泡沫的发展，二是促进经济结构优化升级。经济增长速度预期目标仍以 8% 较为适宜，这既与十七大确定的到 2020 年人均

GDP 翻两番的目标衔接，又体现又好又快、把好放在首位的要求。经济工作中存在的追求过高速度的倾向，症结在于体制机制，而不在于是否提出目标。提出宏观调控预期目标的作用，一是作为提出就业、物价、财政预算等宏观经济指标的重要依据；二是作为向市场、企业和地方政府发出的导向信号。我国经济已连续 5 年超过 10%，虽然成绩是主要的，但高增长也付出了较大代价，还存在一些隐患。在 2007 年通货膨胀已经抬头、2008 年压力较大，资产价格泡沫正在积累的情况下，不适宜调高经济增长的预期目标，否则也和继续解决"三过"、防止经济增长由偏快转向过热的导向相矛盾。有的同志存在一种误解，即把预期目标误认为是对实际增长的预测。由于国内外经济环境和市场等因素的变化，最终实现的经济增长率和预期目标之间可能会有一定差距，这是正常的。西方市场经济国家根据经济潜在增长率提出的政策目标和实际经济增长率之间也往往存在差距。不能由此而否认根据经济潜在增长率和宏观调控总要求提出的经济增长预期目标对市场所起的引导作用。

2. 实现又好又快发展，关键在于加快经济结构调整和优化升级。这是长期的过程，又是当前的紧迫任务。在经济处于周期下行、不景气的条件下，需求缩小、竞争加剧，市场优胜劣汰法则的强大压力，推动着经济结构调整和优化的进程。在经济处于周期上行、景气好的条件下，市场对结构调整的压力减弱，但国家财力和企业盈利大幅度增加，对结构调整升级的支撑力、承受力显著增强。这个时期推动结构优化升级更需要靠政府引导和政策支持，并同市场的力量结合起来。从我国当前看，重要的是加大政府对结构优化升级的资金和政策支持；同时加快建立健全资源有偿使用制度和生态环境补偿机制，使生产要素价格和资源价格能够正确反映市场供求关系、资源稀缺程度和环境损害成本。通过政府和市场两只手并用，加快推进经济结构调整和优化升级。

3. 引导各地各方面在深化改革上使更大气力。现在经济增速高、形势好，容易掩盖经济体制机制存在的问题，减弱对深化改革紧迫性的认识，因而把主要心思和精力都用到了发展上。但是，解决当前经济发展中诸多突出矛盾，寻根溯源又必须解决体制机制问题。因此，我们既要通过宏观调控解决或缓解经济总量失衡和结构性矛盾，又要通过深化改革解决盲目投资等加剧总量与结构性矛盾的体制机制问题。应当强调把落实十七大提出的深化改革的任务放在经济工作的突出位置上，作出具体部署，采取切实举措。

4. 促进中西部地区加快发展。近年来中西部地区投资、经济增长快于东部的趋势有利于地区协调发展，体现了邓小平同志关于两个大局的思想，既要大力支持，也要积极引导。现在中西部地区加快发展经济的积极性都很高，什么项目都想上，很容易走结构趋同的老路，成为下一步结构调整的任务，造成浪费和隐患。这就需要国家有关部门帮助各地区搞好规划。中西部地区基础设施和金融体系落后是突出问题。前者主要是国家加大支持力度，适当增加投入，使之加快发展；后者在完善地方金融体系方面（吸引外部金融机构进入和完善自身金融环境），国家政策应适当放开一点。中西部地区和东部地区处于不同发展阶段，在一定时期速度高一些是合理的，虽然速度加快，但在全国比重较小。对中西部发展速度和经济结构的要求，应与东部地区区别对待。还要进一步强调，东部发达地区一方面要扩大开放、提高国际竞争力，另一方面要进一步发挥对中西部发展的辐射带动作用。

5. 重视流动性过剩的国际因素。流动性过剩是当前经济生活中几个突出问题（如"三过"、通货膨胀、资产价格暴涨等）的重要根源。这个问题的产生发展，除了国内因素外，还有国际因素。近几年我国外汇储备大幅度上升，从 2002 年底 2864 亿美元到 2007 年 9 月末增加到 14336 亿美元，不到 5 年增加了 11472 亿美元。其中，除了外贸顺差和利用外资之外，还有相当一部分是国际套利游资流入。这种情况和近些年来美国、日本、欧盟持续实行宽松的货币政策，导致国际流动性过剩有密切关系。现在应对这种情况，主要应及早研究加强监管办法，提出应对大量套利资金进入和突然抽逃的预案，以免对我国经济产生重大冲击。

6. 解决国内流动性过剩需要有综合配套的政策措施。大的原则和政策在党的十七大报告中都已经提出了，2008 年主要是落实问题。这里提出一个具体建议：现在老百姓手里钱多，存到银行增加流动性过剩，进入股市增加风险，企业钱多也有出路问题。另一方面，我国社会保障和医疗卫生等社会事业的欠账，以及解决低收入群众生活需要办的事情很多，这些方面又缺许多钱。这是一个很矛盾的现象。我认为可以考虑，发行一种特别国债，比如一年 1000 亿元甚至更多一些，连续发行几年，专项用于增加社会保障投入和解决低收入群众的生活问题。这种特别国债不同于建设国债，不会扩大投资规模，而有利于扩大消费，可以减少流动性过剩对股市、楼市的冲击，又不会推动通货膨胀，将来偿还也没有风险。

（本文是作者参加中共中央总书记胡锦涛
同志主持的征求对经济形势和宏观经济
政策意见的专家学者座谈会的发言稿）

正确判断物价上涨和宏观经济走势

（2008 年 7 月 11 日）

2008 年以来，我国经济发展处在一个新关口。面对国际经济环境不确定因素增多和国内物价上涨较快的复杂局面，宏观调控的主要取向应是防止经济增长由偏快转为过热、防止价格过快上涨，同时也要避免"硬着陆"，防止经济增长速度回落过大。在这种背景下，正确判断物价上涨和宏观经济走势，对于保持经济平稳较快发展具有重要意义。

一、新一轮物价上涨的成因和特点

改革开放以来，我国经历过两次严重的通货膨胀：第一次是 1988 年至 1989 年，居民消费价格指数（CPI）分别达到 18.8% 和 18%；第二次是 1993 年至 1995 年，CPI 分别达到 14.7%、24.1% 和 17.1%。2007 年开始的新一轮物价上涨与前两次相比，在体制环境、经济开放度、总供求格局等方面有着很大不同。这一轮物价上涨更为复杂，既有需求拉动又有成本推动，既有国内原因又有输入型通胀影响，是多种因素叠加引起的。其主要特点和成因是：

农产品价格上涨为主带动的价格结构性上涨。2007 年 CPI 走高开始于年初粮食和食用植物油涨价，加速于 5 月份猪肉价格突发性上涨，全年上涨 4.8%。其中，食品价格涨幅达

12.3%，影响 CPI 上升 4.1 个百分点。2008 年 1 季度 CPI 同比上涨 8%，增幅同比高出 5.3 个百分点，其中食品价格同比上涨 21.4%。4 月和 5 月 CPI 同比分别上涨 8.5% 和 7.7%，其中食品价格同比分别上涨 22.1% 和 19.9%，仍然是主要因素。这一轮农产品涨价，除了一些短期因素（如 2007 年生猪发生疫病、2008 年初遭遇严重低温雨雪冰冻灾害和汶川大地震等），主要是受中长期因素的影响。一是从 1997 年至 2006 年，CPI 累计上涨 9.5%，平均每年上涨不到 1%，尤其是农产品价格多年处于较低水平，而农业生产资料价格持续上涨，农产品生产成本大幅度增加必然推动农产品价格上涨。二是我国工业化、城镇化进程加快。其结果是：一方面耕地逐年减少，2002 年以来全国耕地面积净减少 8820 万亩；另一方面城镇人口不断增加，2002 年以来城镇人口每年增加近 2 千万人，加之随着人民收入持续增长，对农产品（尤其是畜禽产品）的需求日益增加。因此，不论从农产品价格形成机制（耕地有限、农业受自然条件的制约大、农产品需求有一定刚性等，决定了农产品价格由劣等条件的生产成本加平均利润决定）看，还是从农产品供求规律看，这一轮农产品价格上涨都是必然的。工业化国家的历史表明，农产品价格逐步上升，从而使工农业产品价格剪刀差逐步缩小，是伴随工业化、城市化进程不可避免的长期趋势。这个过程也是我国必然要经历的。问题在于，由于前些年农产品价格一直稳定在较低水平，使矛盾逐渐积累、集中爆发，以至于 2007 年以来食品价格上涨过快，对低收入群体的基本生活影响较大。因此，必须采取有力措施抑制价格总水平的过快上涨。

输入型通胀对国内价格的传导和影响。近几年国际市场上原油、粮食、铁矿石等初级产品价格大幅攀升，而我国对石油、铁矿石等初级产品的需求大幅增长，对外依存度很高。因此，国内成品油、食用植物油、化肥、钢材等涨价主要受国际市场价格上涨影响，输入型通胀的特征明显。

旺盛的投资需求的推动。2003 年以来我国经济持续保持10% 以上的高速增长，投资需求旺盛推动国内投资品价格和土地、劳动力等要素价格上涨，并逐步传导到 CPI。2008 年 3 月以来，工业品出厂价格涨幅都在 8% 以上。

这些因素决定了我国 CPI 近期仍将保持在较高水平。由于2007 年 CPI 上半年低、下半年高，受翘尾因素影响，预计2008 年 CPI 走势将是上半年走高、下半年走低。

二、物价上涨与我国经济结构性矛盾的关系

这一轮物价上涨的深层原因还在于，我国经济在持续 5 年10% 以上的高速增长中积累了一些结构性矛盾。其突出表现是两个失衡，即国内储蓄、投资与消费失衡以及内需与外需失衡，经济增长在需求上过多地依赖投资和出口，在产业上过多地依赖工业尤其是重化工业。2003 年至 2007 年，全社会固定资产投资一直保持高位增长，5 年累计增长 2.12 倍。2007 年投资率上升到 42.1%，而消费率降到 49%，为 1978 年以来最低。投资过度扩张造成一些行业产能过剩，必须依赖出口扩张来消化，从而使外贸顺差占 GDP 的比重从 2003 年的 1.5% 上升到 2007 年的 8%。从三次产业结构看，2003 年至 2007 年第二产业的比重由 46% 上升到 49.2%，而第三产业的比重由40.4% 下降到 39.1%。在轻重工业结构上，重工业比重持续上升，2007 年达到 69.9%，轻工业比重则降到 30.1%。三次产业发展不均衡和轻重工业发展不均衡，同投资与消费失衡有密切关系，两者互为因果。

在投资增长很快、投资率持续上升的情况下，储蓄仍然大

于投资，表现为净出口和资本净流出。这说明投资增长过快、货币信贷投放过多、外贸顺差过大，其根源在于储蓄率过高，而这又与国民收入分配格局的不合理变化密切相关。2003年至2007年，财政收入和企业利润年均增长分别超过22%和35%，而城镇居民人均可支配收入和农民人均纯收入年均增长分别为9.8%和6.8%。据测算，我国总储蓄率上世纪90年代平均为39.8%，2006年上升到49%，这主要是由于企业储蓄和政府储蓄大幅增长。2006年，居民储蓄、企业储蓄、政府储蓄占国民总储蓄的比重分别为38.5%、42.2%和19.3%，其中居民储蓄的比重比上世纪90年代平均水平下降11.9个百分点，而企业储蓄和政府储蓄的比重分别上升6个百分点和5.9个百分点。国民收入分配格局的这种变化，是投资与消费失衡的重要原因。

这种内部失衡和内外失衡，在货币上表现为银行体系流动性过剩。一般来说，货币供应量增长率等于GDP增长率加物价上涨率（以CPI表示）。2003年至2007年广义货币M_2累计增长率为117.6%，超过GDP增长率和CPI增长率之和80.0%达37.6个百分点。从理论上讲，超过经济增长正常需要的货币供应量都会表现为物价上涨。只是由于金融机构的存差不断扩大，这些超量货币供应才没有完全转化为物价上涨。近年来消费价格上涨和资产价格上涨，其根源是流动性过剩。

为什么会出现流动性过剩呢？问题又回到了前面所说的两个失衡上。国内储蓄与消费失衡，储蓄率过高，直接表现为银行体系资金过剩，引起货币信贷投放过多、投资增长过快、一些行业产能过剩，从而导致出口快速增长、外贸顺差不断扩大，加上资本项目顺差以及从其他渠道进入的境外资金，造成国家外汇储备超常增长，使中央银行不得不吐出大量的基础货币用于购汇。基础货币是高能量货币，到了商业银行就可以产生几倍的乘数效应。中央银行虽然采取多种措施对冲、冻结进入商业银行的基础货币，但流动性过剩问题仍然存在。因此，从根本上治理通货膨胀，必须解决银行体系流动性过剩问题，而这又必须解决国内储蓄与消费失衡以及内外需失衡问题。

三、2008 年和 2009 年两年的经济走势分析

最近有论者认为，当前我国经济形势和 1998 年十分相似，2008 年和 2009 年两年很有可能出现经济下滑。从外部环境和出口形势看，2008 年和 10 年前确实有些类似：1998 年受亚洲金融危机影响，我国出口大幅回落，1998 年出口仅增长0.5%，1999 年增长 6.1%。2008 年受美国次贷危机影响，美国经济濒临衰退，世界经济增速明显放缓。我国出口形势严峻，一方面外需减弱，出口市场面临萎缩风险；另一方面，受人民币升值加快、原材料涨价、劳动力成本上升、利率上调和2007 年外贸政策调整等多种因素叠加影响，企业出口成本明显上升。2008 年 1 月至 5 月出口同比增长 22.9%，上半年出口大幅回落的可能性不大，但如果下半年国内外环境继续趋紧，一些企业尤其是中小企业和劳动密集型企业将难以支撑，出口增速有可能出现较大幅度的回落。

但是，2008 年和 2009 年经济增长会不会大幅下滑，一方面取决于外部环境是否进一步恶化，出口增速会不会跌到10% 以下；另一方面还取决于国内投资和消费需求的增长状况。而在后一方面，2008 年的情况同 1998 年有很大不同。1998 年 GDP 增速从 1997 年的 9.3% 降到 7.8%，1999 年进一步降到 7.6%，是受外需和内需增幅同时下降叠加影响的结果。当时内需不足的突出表现是投资增速回落。1997 年固定资产投资增长率为 8.8%，比 1996 年下降 5.6 个百分点，虽然

1998 年回升到 13.9%，但 1999 年又猛降到 5.1%，回落 8.8
个百分点。消费增速也较为缓慢，社会商品零售总额 1998 年
和 1999 年都仅比上年增长 6.8%。与 10 年前不同，2008 年投
资和消费两个方面的内需增长仍然强劲。2008 年 1 月至 5 月，
城镇固定资产投资同比增长 25.6%。从行业看，由于国际市
场初级产品价格走高的刺激和国内需求旺盛的拉动，能源、原
材料行业投资增长强劲。因此，2008 年固定资产投资增速比
2007 年大幅回落的可能性不大，预计名义投资增速仍可能保
持在 25% 左右。2008 年国内消费需求继续稳定增长，1 季度
社会商品零售总额同比增长 20.6%，扣除价格因素，实际增
长 12.3%，与 2007 年 4 季度和 2007 年同期大体持平；4 月和
5 月分别增长 22% 和 21.6%，1 月至 5 月累计增长 21.1%，趋
势和一季度差不多。预计全年消费需求增长仍可能保持头 5 个
月的态势。

　　综上所述，预计 2008 年 GDP 增长率将在 10% 左右，属于
符合宏观调控预期目标的正常调整，仍在我国经济潜在增长率
9%—10% 的区间。2009 年即使外部环境继续恶化，国内投资
增长向下波动，从而使 GDP 增长率有可能回落到 8%—9%，
但也不可能出现滞胀。

　　　　　　　　　（本文原载《人民日报》2008 年 7 月 11 日）

危机对我国中长期经济增长格局的影响

（2009 年 7 月 6 日）

国际金融危机及世界经济衰退对我国经济的影响包括两个部分：一是对我国经济近期的影响，主要是对 2009 年和 2010 年经济增长包括出口、进口、投资、消费、就业以及财政收入、企业利润、居民收入等的影响；二是对我国中长期经济增长格局和发展战略的影响。目前，对第二个方面影响及对策的研究还比较少。实际上，这个问题关系能否把国际金融危机的挑战转化为长期保持经济平稳较快发展的机遇，与解决近期问题同样具有重要意义。

一、我国经济周期性调整的原因和特点

探讨国际金融危机对我国中长期经济增长格局的影响，有必要先分析一下当前我国经济周期性调整的原因和特点。

改革开放以来，随着我国经济对外开放度的不断提高，发达国家经济衰退对我国经济的影响在不断加深。但由于发达国家经济周期和我国经济周期在时间上有一致的情况，也有不一致的情况，因而影响的大小又有所不同。例如，1997 年亚洲金融危机对我国出口有很大冲击，但由于当时美、欧等发达经济体正处于经济周期上行阶段，所以整体上对我国的冲击没有目前这一次严重。又如，2001 年美国经济由于

信息技术泡沫破灭而陷入衰退，后又受到"9·11"事件冲击，但当时我国经济正进入新一轮周期上行阶段，国内需求迅速回升，很快就弥补了对美出口所受的影响。而这一次有三个过去从未遇到的情况：一是去年以来国际金融危机及世界经济衰退来势之猛、波及范围之广、影响程度之深，都超过上世纪30年代以来的任何一次危机，可以说是一次"天文大潮"。它是由多年来世界经济严重不平衡引起的，必然导致世界经济结构的一次大调整。二是国内经济也正经历一次大的调整，即前些年高速增长积累起来的结构失衡引起的一次周期性调整。三是世界经济和国内经济两个周期性深度调整在时间上正好重叠，使得两方面因素重叠交织、相互影响，形成多年未有的严峻经济形势。

当前，国内经济的周期性调整除了有国际因素，也有国内原因。从2000年开始，我国经济摆脱亚洲金融危机冲击后进入新一轮增长周期，经济增长率从1999年的7.6%（上一轮周期谷底）回升到2000年的8.4%，2001—2007年增长率分别为8.3%、9.1%、10%、10.1%、10.4%、11.6%、13%，2008年回落到9%。这一轮扩张期在基数比以往高得多的情况下连续5年保持10%以上的高速度，使我国经济实力大幅度提高：GDP总量从1999年的8.97万亿元增加到2008年的30万亿元，按可比价格计算累计增长1.35倍。但是，在经济高速增长中也积累了不少矛盾和问题，最为突出的是经济结构性矛盾。可以说，经济结构失衡是这次周期性调整的主要动因。新世纪，我国进入改革发展新阶段，也进入工业化、城镇化加快推进阶段。经济高速增长得益于对外开放扩大，得益于重化工业加快发展和城镇化步伐加快，但由此也引起投资与消费失衡、内需与外需失衡、三次产业结构不合理等结构性矛盾和资源消耗过多、环境污染加重等问题。

　　投资与消费失衡表现为投资率过高，消费率持续下降、明显偏低。固定资产投资连续几年高速增长，2007年比2002年累计增长2.16倍；而同期社会消费品零售总额累计仅增长85.4%。按支出法计算的GDP增长中，最终消费的贡献率2000年为65.1%，2001年和2002年分别为50%和43.6%，2003—2007年连续5年降到40%以下；而资本形成总额的贡献率由2000年的22.4%上升到2006年的42%和2007年的40.9%。内需与外需失衡主要表现为货物和服务净出口对经济增长的贡献率持续上升，2006年和2007年分别达到19.3%和19.7%。2007年投资和净出口两项贡献率相加达到60.6%。同时，我国经济高速增长中还存在经济增长方式粗放和三次产业结构不合理等突出问题。2003—2007年第二产业占GDP比重由46%上升到48.5%，其中工业比重由40.5%上升到43%；而服务业比重由41.2%下降到40.4%。经济增长方式粗放的主要表现是经济增长所付出的资源、环境成本过高。2002—2007年能源消费总量累计增长75%，超过同期GDP累计增长率7个百分点。与此同时，主要污染物排放总量有几年连续上升。造成资源高消耗和污染物高排放的重要原因是我国资源和资源性产品价格偏低，而且没有把环境损害成本计入价格。随着能源、资源、土地、环境以及资金、劳动力等要素成本上升，依靠低要素成本、低资源成本、低环境成本的投资结构、产业结构和粗放型增长方式已不可能再继续下去，必然导致经济由扩张转为收缩的周期性调整。可见，即使没有国际金融危机引发的世界经济衰退冲击，我国经济这次周期性调整也是要发生的。当然，如果没有外部因素的猛烈冲击，我国经济周期性调整可能以比较平缓的方式进行。

二、判断我国中长期潜在经济增长率

这次国际金融危机过后，我国经济增长格局将发生重大变化，像前些年那样主要依靠出口和投资带动经济高速增长的条件不仅在危机中已经改变，而且在危机后也不可能恢复。从国外看，美国迫于世界舆论压力和自身利益的需要，危机之后不大可能再继续依靠无限制的经济透支来支撑过度消费。同时，美国等发达经济体为应对危机而大规模增发国债和货币，必然带来新一轮的美元贬值和世界性通货膨胀。危机也使各国间经济贸易竞争更加激烈。因此，我国外贸出口在危机过后不可能再恢复到危机前那种持续高速增长的局面。从国内看，一是随着资源、环境对经济增长约束的强化以及劳动力、土地、资本等成本的上升，过去那种依靠低成本优势支撑出口高速增长的路子也不可能再继续走下去；二是经过前几年投资过度扩张，我国不少行业已出现产能过剩，加上 2008 年以来实施 4 万亿元刺激经济一揽子计划，不少领域的投资已经或接近饱和，今后不可能像前些年那样有那么多投资热点，一直保持那么高的投资增长率。

为解决国内经济结构失衡等问题，应对危机对我国中长期经济增长格局的影响，我国今后需要对经济发展战略包括速度、结构和增长方式等进行重大调整。先就经济增长速度的调整作一些分析。

我国改革开放 30 年来 GDP 年均增长率为 9.8%，因而有一种普遍认同的观点是，我国 GDP 潜在增长率在 9%—10%（我也赞同过这样的判断）。由于 2003—2007 年 GDP 增长率连续 5 年在 10% 以上，也有观点认为我国 GDP 潜在增长率在10% 以上。现在看来，对经济潜在增长率的高估和实践上追求过高的速度，对保持经济平稳较快发展是不利的，也是不切实际的。首先要看到，GDP 增长速度和 GDP 总量有密切关系。GDP 总量越大，每增长一个百分点所含的绝对量就越多，如改革开放 30 年来我国 GDP 总量按可比价格计算增长 15.5 倍，这意味着现在增长 8% 就相当于 1979 年增长 1.24 倍。因此，发达国家现阶段的增长速度一般都低于历史上的增长速度。随着我国经济总量越来越大，GDP 潜在增长率逐步下降是正常的，符合经济规律。其次要看到，我国 2003—2007 年的高速增长有其特殊的客观条件，包括：美国经济和世界经济那几年处于高涨期；我国加入世界贸易组织后头几年释放出积极效应；亚洲金融危机后我国经济经过调整，为后几年加速发展积蓄了能量；工业化、城镇化在一段时间对加快发展产生了带动效应；等等。再次要看到，虽然有这些有利条件的组合，但那几年的高速增长也付出了经济结构失衡、产能过剩、安全事故增多，以及资源消耗过大、生态环境恶化等较大代价。正是因为速度过高在短时间产生的过大需求，为生产技术水平低、资源消耗高、产品质量差、污染物排放多的企业创造了赢利和生存的外部条件。而这些劣等生产条件企业的生存，降低了经济结构的整体水平。同时，由于劣等生产条件的企业创造单位 GDP 所付出的资源消耗、环境损害等方面的边际成本是最高的，大大高于全社会平均成本，因此必然导致整体经济的投入产出率下降和资源环境成本上升。

　　事实证明，研究 GDP 潜在增长率，除了要考虑新增劳动力和劳动生产率提高两个基本要素，还要考虑国内外市场需求容量以及资源、环境承载能力。此外，改革开放以来，我国固定资产投资增长率除少数年份外，一般比消费增长率高 10 个百分点左右，因此经济增长从主要依靠投资拉动逐步转到更多地依靠消费拉动，GDP 增长率也会相应降低。综合这些因素，我国今后中长期 GDP 潜在增长率为 7%—8% 的判断比较符合实际。这与"十一五"规划提出的预期增长率 7.5% 是一致的。应当说，能长期平稳地保持这样的速度，特别是使这样的速度建立在优化结构、提高效益、节约资源、保护环境的基础上，需要付出巨大努力。还应指出，人们担心经济增长速度的降低将使就业问题更加突出。如果经济结构不调整，确实是这样。但由于服务业同重化工业相比每增长 1 个百分点所能吸纳的就业容量要大得多，而对能源、资源消耗和环境损害的成本却低得多，因此关键是要大力调整经济结构，从主要依靠发展重化工业带动经济增长逐步转到主要依靠发展服务业带动经济增长。这样，就可以抵消或减轻经济增长率降低对就业的影响，并且缓解经济增长与资源环境的矛盾。2008 年我国服务业增加值占 GDP 的比重为 40.1%，2007 年服务业的就业人数占全社会就业总数的比重为 32.4%，不仅大大低于发达国家，而且低于同我国发展水平相当的国家。所以，发展服务业、提高服务业的就业比重还有很大空间。总之，至关重要的是在适当降低经济增长率的同时，通过调整优化结构，提高每个百分点经济增长率的就业容量、科技含量和投入产出效益，并降低资源消耗和环境损害成本。这正是我国应对危机带来的经济增长格局重大变化的出路所在。

三、以危机为契机加快结构调整和发展方式转变

解决多年积累下来的结构失衡问题，并转变粗放的增长方式，需要有一个中长期的战略思路。这里仅从调整需求结构方面谈点思考。

在市场经济条件下，社会有效需求是决定经济增长速度的主要因素，而需求结构又是决定生产供给结构的主要因素。我

国前几年结构失衡，主要是需求结构（内需与外需、投资与消费）失衡，因而调整需求结构具有决定性意义。投资、消费、出口三大需求是拉动经济增长的三驾马车。出口需求在危机中锐减，在危机后也不可能恢复到前些年高速增长的状况；投资需求增长受多方面因素制约，也不可能像前些年对经济增长起那么大作用。从中长期看，潜力最大的是消费需求。扩大消费需求，是今后我国经济平稳较快增长的希望所在。因此，必须把扩大消费需求作为一项战略，采取短期与中长期相结合的综合政策措施。从当前看，最重要的是，在稳定提高居民收入水平的同时，对国民收入分配结构进行较大调整。投资率上升、消费率下降的症结在于：在国民收入分配中，国家、企业所得比重持续上升，居民收入比重明显下降，不同社会群体收入分配差距不断扩大。这就导致广大中低收入者购买力偏低。所以，调整国民收入大的分配结构和不同收入阶层的分配结构，增加占人口大多数的中低收入者收入，是扩大消费需求的治本之策。

通过调整收入分配结构扩大消费需求，还有一个重要方面，就是增加政府在提供公共物品和公共服务方面的财政支出，同时逐步缩小公共物品和公共服务在城乡、区域和不同群体之间的分配差距。这两个方面都有很大努力空间。从前一方面来看，2001 年，财政的教育支出占 GDP 的比重，高收入国家平均为 6.8%，中等收入国家平均为 4%，低收入国家平均为 3.7%，而我国 2008 年为 2.97%；财政的卫生支出占 GDP 的比重，高收入国家平均为 7.9%，中等收入国家平均为 1.9%，低收入国家平均为 1.2%，而我国 2008 年为 0.91%；财政的社会保障支出占 GDP 的比重，高收入国家平均为 13.4%，中等收入国家平均为 7.9%，低收入国家平均为 1.8%，而我国 2008 年为 2.25%。因此，逐步增加公共财政对教育、卫生等社会事业和社会保障的支出，同时逐步缩小公共物品和公共服务在城乡、区域和不同群体之间的分配差距，不仅可以缓解收入分配不公，而且可以改善居民对未来消费支出的预期，从而直接和间接地扩大消费需求。

调整经济结构，既要做减法，也要做加法和乘法。一般说来，当经济衰退、经济周期进入下行阶段时，需求大幅减少，那些劣等生产条件的企业会在竞争中被淘汰。同时，危机或衰退将刺激新技术应用，并催生新的产业，成为新技术投资和经济结构优化升级的起点。因此，危机或衰退虽然对经济是一种破坏力，但它又通过市场竞争对经济结构的调整和优化起到强制性的促进作用。现在，美国、日本、英国都提出要把发展低碳经济作为今后的发展方向和主要动力。我国经济增长中能源消耗过大、利用效率较低，同时能源结构不合理，煤炭在能源消费中占 70% 左右，因此调整能源结构、发展低碳经济潜力巨大。在这个方面，既要做减法，即加快淘汰高耗能、高排放的落后产能；又要做加法，就是大力增加对节能减排和环保产业的投入，加快发展低碳经济，使之成为调整优化经济结构和转变经济发展方式的结合点和重要方向。在经济结构调整上做加法，还有一个重要方面，就是加快发展服务业，同时大幅度增加对教育、卫生和社会保障等方面的投入，积极促进这些方面发展。当然，更重要的是在调整优化结构中做乘法，这就是增强自主创新能力，加快研发先进技术，抢占高新技术领域的制高点。

（本文原载《人民日报》2009 年 7 月 6 日，《新华文摘》2009 年第 17 期转载）

关于转变经济发展方式问题

（2010 年 2 月 3 日）

　　党的十七大根据我国改革发展进入新阶段面临的新情况新问题，明确提出要加快转变经济发展方式，改变经济增长主要依靠投资和出口拉动、主要依靠第二产业带动、主要依靠增加物质资源消耗的状况。这次国际金融危机及其对我国经济的冲击，证明了党的十七大战略决策的正确性和重要性，也使我们更加认识到，加快转变经济发展方式，确实是"关系国民经济全局紧迫而重大的战略任务"。2009 年年底召开的中央经济工作会议进一步强调，"转变经济发展方式已刻不容缓。"发展方式转变及相应的结构调整和改革深化，是我国经济正在经历的一次深刻转型。未来应对后危机时代国内外经济环境的新变化新挑战，使我国经济实现均衡、可持续的发展，在很大程度上取决于成功实现这次新的转型。

一、我国发展的国内外环境和条件出现重大变化的客观要求

　　为了从全局和战略的层面理解转变经济发展方式的深刻内涵和重大意义，有必要分析一下我国经济发展的国内外环境和条件已经和正在发生哪些重大变化及其对经济发展方式的影响。

（一）社会总供求格局的根本性变化要求经济发展方式相应转变并为之提供了条件。进入新时期以来，改革开放极大地促进了我国生产力发展。到上世纪 90 年代中期，我国告别了短缺经济，绝大部分商品由供不应求的卖方市场转变为供过于求的买方市场。国内资金也由总体上不足转变为总体上剩余。与此同时，经济增长由过去主要受供给因素制约转变为主要受需求因素制约。社会总供求格局发生了根本性变化，而以追求数量和速度为重要特征的粗放型增长方式却没有转变，这必然导致经济在扩张到一定程度后因需求相对不足而出现周期性收缩。1998—2000 年和 2008 年以来两次发生社会总需求不足、部分产能过剩和通货紧缩趋势，虽然直接原因是亚洲金融危机和国际金融危机引发我国出口大幅度下滑，但也暴露出我国经济在需求相对不足成为主要矛盾的大背景下存在的缺陷。一是过分依靠国外需求，因而易受外部因素冲击，经济增长的稳定性、持续性不够；二是与生产、供给能力的高速扩张相比，国内消费需求增长滞后，只得过多地依靠投资和出口拉动经济增长；三是制造业产品供给过剩与服务业尤其是生产性服务业供给不足并存，社会总需求不足与广大中低收入群众对医疗卫生、教育、社会保障等公共产品和服务的需求得不到应有满足并存。解决这些问题，迫切要求加快转变经济发展方式，对投资（储蓄）与消费、内需与外需、制造业与服务业等结构进行重大调整。

（二）世界经济失衡及其调整对我国经济发展方式的影响。上世纪 90 年代以来，信息网络技术发展迅猛，推动经济全球化深入发展，国际产业转移和资本流动加快。而我国在加入世界贸易组织后，对外开放也进入新阶段。这种大形势总体上有利于我国吸引更多外商投资，发展外向型经济，加快经济发展。但我国承接的国际产业转移大多是技术含量和附加值低、资源消耗和污染排放较多的产品及生产环节。据专家测算，我国加工贸易产品在国内的直接增加值平均只占其出口额的17.7%，而加工贸易出口额约占我国出口总额的五成。这是我国经济对外依存度高和过多依赖物质资源消耗的重要原因。从国际上看，经济全球化促进了全球生产能力迅速扩大，同时也进一步拉大了南北发展差距和全球贫富差距，使发展中国家需求增长受到很大限制。资本主义经济固有的生产扩大与需求不足的矛盾，过去主要表现在发达国家内部，现在由于经济全球化而扩大到国际范围。这是全球经济失衡并形成所谓"亚洲生产、美欧消费"模式的根本原因。虚拟经济超常发展是全球经济失衡的另一表现。生产过剩和需求不足的矛盾，使越来越多的资金从实体经济游离出来，并与金融衍生品结合，形成巨大的虚拟资本，在全球到处套利，制造出庞大的资产泡沫。短短10年间，先后引发了亚洲金融危机和此次国际金融危机。危机充分暴露了世界经济体系和金融体系的弊端。纠正世界经济失衡、改革全球金融体系，在其中居于主导地位的美国等发达国家应承担主要责任，而包括我国在内的发展中国家也必须进行相应的结构调整和改革。我们只有适应未来世界经济格局的重大变化，加快转变包括外贸增长方式在内的经济发展方式，才能提升我国在国际经济、金融体系中的地位，减少在纠正世界经济失衡过程中可能受到的损害。

（三）国内要素成本上升和资源环境约束强化对转变经济发展方式的倒逼作用。要素成本低，是我国吸引国际产业转移和外商投资的重要优势。现在情况正在发生变化，要素成本上升将是一个必然趋势。这主要是因为我国许多重要资源短缺，人均土地只有世界人均水平的35.9%，人均水资源只有世界人均水平的25%，石油、天然气的人均水平更低得多。而随着经济持续快速增长，资源消耗量越来越大，2008年能源消费已达 29.1 亿吨标准煤；石油、铁矿石等资源进口量越来越大，已占国内需求量的 50% 以上。但另一方面，我国资源和资源性产品的价格长期偏低，没有充分反映资源稀缺程度、供求关系变化，也没有包括资源开发和利用对环境损害的补偿成本。我国的"低成本"实际上是不完全的成本。这不仅导致资源利用效率低、浪费严重，而且使经济发展同资源环境的矛盾越来越突出。尤其是人口和工业高度集中的东部沿海一些地区，资源环境的承载能力已达到或接近极限。从整体上看，资源环境越来越成为制约我国经济发展的主要因素。要素成本上升和资源环境约束强化，正在从两头对转变经济发展方式起到强有力的倒逼作用。

（四）以人为本的发展目的决定了经济发展方式必须转变。实现以人为本的发展，不仅要求始终把不断满足人民日益增长的物质文化需要作为经济发展的根本目的，而且要求经济发展方式必须符合发展阶段和人民的新要求。这包括经济发展方式要体现发展内容的全面性，即符合全面建设小康社会的要求；要体现发展过程的均衡性和发展成果分配的公平性，有利于逐步缩小城乡和区域之间的发展差距以及不同社会群体间收入分配的差距；要体现发展环境和条件的可持续性，使自然资源和生态环境不仅满足当代人生活和发展的需要，而且能够造福于子孙后代。这些都要求加快转变经济发展方式，从注重数量和速度的粗放型发展转向注重效益和质量的集约型发展。

二、宏观经济政策应重点解决的问题

加快转变经济发展方式需要从各个方面努力，应与当前经济工作及中长期经济发展紧密结合。从发展战略和宏观经济层面看，应重点解决三个问题。

（一）调整国民收入分配结构。

为应对国际金融危机冲击，我国近两年内外需失衡已在调整。虽然消费在政策刺激下增长很快，但投资增长更快，投资与消费失衡问题还没有从经济体制和运行机制上得到解决。增强消费对经济增长的拉动作用，仍然是今后调整需求结构的关键。投资与消费失衡主要是从较长时期来看的：2000—2008年，最终消费率从 62.3% 下降到 48.6%，居民消费率由46.4% 下降到 35.3%。最终消费对经济增长的贡献率也由65.1% 下降到 45.7%。与此同时，投资率持续上升，由 2000年的 35.3% 上升至 2008 年的 43.5%，其中 2003—2008 年连续 6 年均在 40% 以上。据世界银行统计，2007 年高收入经济体 GDP 构成中，居民最终消费支出占 62%，资本形成占21%；中等收入经济体这两个比重分别为 60% 和 25%；中国分别为 34% 和 44%。我国居民消费率明显偏低，投资（资本形成）率明显偏高。

投资是经济增长的驱动力和增效器，它从需求和供给两个方面对经济增长产生重大作用。特别是在我国现阶段，保持较高的投资率不仅是保证经济较快增长所必需的，而且符合我国基本国情和发展阶段的特征。但是，投资又是一把双刃剑，是经济波动的关键因素。远的看，历史上资本主义经济危机无一不是过度投资造成生产过剩所致。近的看，日本经济的 10 年停滞、美国的网络泡沫和房地产泡沫也都起因于过度投资。我国的历史经验和现实也证明，过度投资一方面会引起投资品价格上涨，导致通货膨胀和资产泡沫；另一方面又会造成一些行业产品供过于求、产能过剩、过度竞争，使企业效益下降甚至造成一些企业倒闭，并导致大量银行坏账。我国近两年为应对国际金融危机冲击，采取非常措施扩大国内投资，以弥补因出口大幅下滑产生的需求缺口，这是必要的、正确的。但从中长期看，我们所要解决的还是投资率过高和消费率过低问题。

消费是收入的函数，收入是决定消费的根本因素。我国居民消费近几年约占最终消费的 73% 左右。最终消费率和居民消费率下降，同居民收入在国民收入分配中的比重下降有直接关系。2000—2007 年，这一比重从 65.5% 下降到 57.5%，下降 8 个百分点。同期劳动报酬在国民收入初次分配中的比重从 51.4% 下降到 39.7%，下降 11.7 个百分点。再从储蓄率变化看，1999—2007 年，我国总储蓄率从 37.1% 提高到 51.8%，提升 14.7 个百分点，其中企业储蓄率从 14.6% 上升到 18.8%，政府储蓄率从 2.6% 上升到 10.8%，而居民家庭储蓄率从 19.9% 上升到 22.2%，仅提高 2.3 个百分点。这说明，投资率持续上升主要是企业和政府储蓄率上升的结果。因此，纠正投资和消费失衡的治本之策，是调整国民收入分配结构。首先，提高劳动报酬在初次分配中的比重，改变企业"利润侵蚀工资"现象，落实最低工资制度，健全最低工资标准调整机制；充分发挥工资指导线、劳动力市场工资指导价位的调节作用；逐步在各类企业建立工资集体协商制度，使工资随着企业效益的提高而相应增长；引导企业依靠改善管理、技术创新提高劳动生产率和效益，减少对低劳动力成本的依赖，实现利润和工资双增。其次，加大政府对国民收入再分配的调节力度。消费率下降与居民收入分配差距扩大有密切关系。我国作为人口大国，大众消费是消费的主体。中等收入群体比重越大，整体消费能力就越强。因此，应加大"调高、补低、扩中"的再分配调节力度。第三，把提高居民收入在国民收入分配中的比重作为宏观经济政策和中长期经济发展的重要目标，并相应调整财政支出结构和政府投资结构。政府储蓄应主要用于增加公共财政支出，缩小医疗卫生、教育等公共产品和服务的供给缺口；加快建立包括农民工在内的所有企业职工和包括农民在内的城乡居民的基本社会保障体系。政府投资应主要转向公共事业领域，尤其是地方政府应减少生产建设投资。国有企业资产为全民所有，应继续通过国有股减持等途径划拨一定比例的国有资产用以扩充社会保险基金，其增量直接用于做实个人账户或提高保障水平。国有企业储蓄应更多地用于增加全民福利，为此可以适当提高中央国有企业利润上缴的比例。

（二）加快发展服务业特别是生产性服务业。

2001—2008 年，我国服务业年均增长 10.8%，略高于 GDP 增速。但从总体上看，我国服务业发展滞后的状况仍未根本改变。2008 年与 2000 年相比，第二产业占 GDP 的比重从 45.9% 上升到 48.6%，其中工业的比重从 40.4% 上升到 42.9%，而服务业的比重仅从 39% 上升到 40.1%。据世界银行统计，2007 年服务业增加值占 GDP 的比重，高收入经济体为 72%，中等收入经济体为 59%，中国为 40%。我国服务业占 GDP 的比重明显偏低，尤其是同国内庞大的工业规模相比，生产性服务业发展严重滞后。这是制约我国经济发展方式转变的重要因素。

加快发展服务业具有战略意义。发达国家经济增长之所以能够主要依靠服务业带动，并且创造出比主要依靠第二产业带动高得多的国民收入，就是因为服务业特别是信息、研发、金融、物流、商务等生产性服务业对发展专业化、市场化、国际化的产业分工体系有重大作用，可以极大地提高生产效率、经济效益和经济现代化水平。在制造业的价值链中，生产加工属低附加值的环节，而处于前端的技术研发、产品设计和处于后端的品牌培育、市场营销属于高附加值的环节。制造业的转型升级在很大程度上取决于生产性服务业所包含的技术、知识和人力资本对制造业的中间投入。生产性服务业越发展，对各类高中端人才的需求就越多，从而可以吸纳更多高校毕业生就业。发达国家从"工业经济"向"服务业经济"转型，集中体现在生产性服务业对制造业的渗透和融合，成为制造业技术、知识密集的心脏和起飞的翅膀。我国经济之所以能耗物耗高、技术含量和附加值低，缺少国际品牌和核心竞争力，主要原因在于长期以物质资源的"硬性"要素投入为主，而生产性服务等"软性"要素的投入严重不足。因此，加快服务业尤其是生产性服务业发展，是我国制造业转型升级的关键，也是我国经济发展方式从粗放型转向集约型的关键。

加快生产性服务业发展，当务之急是在现代金融、现代物流、商务服务、信息服务、技术研发服务等重点领域，在研发设计能力、高端人才、服务标准国际化水平等薄弱和关键环节，取得突破性进展。为此，应积极推进改革创新，深化垄断行业改革，打破市场分割，探索建立有效推动生产性服务业发展的新体制、新机制，尤其是在金融业开放、技术研发投入方式、现代物流体系建设、信息服务政策支持、商务服务的国际融合机制等方面取得大的突破。应大力促进东部大城市率先进行经济转型，加快建设若干个具有金融服务功能、技术创新功能、商贸商务功能、信息支撑功能的大城市，带动我国生产性服务业的整体发展与功能提升。

（三）积极推进人口城镇化。

提高居民消费率和加快发展服务业，都同推进人口城镇化有密切关系。改革开放以来，我国城镇人口从1978年的1.72亿人增加到2008年的6.07亿人，城镇化率从17.9%提高到45.7%。工业化和城镇化互相促进，成为我国经济发展的巨大推动力量。但从总体上看，工业化是主动推进的，是"主角"；而城镇化则是被动适应的，是"配角"。据世界银行统计，2007年工业占GDP比重，高收入经济体为26%，中等收入经济体为 32%，中国为 48%。我国工业比重明显偏高，而城镇化率明显偏低，表明城镇化滞后于工业化。这种情况同我国人口总量大、农村人口比重高的基本国情以及正处于工业化阶段有密切关系。但这也表明，今后推进城镇化还有很大空间，经济发展应当从主要依靠工业化推动转向更多地依靠城镇化推动。这是我国经济发展正在发生的阶段性变化的客观要求。

城镇是现代制造业、现代服务业和现代文明的载体，我国的工业化、信息化、市场化、国际化和现代化都离不开城镇化。尤其是在现阶段，积极推进城镇化是扩大内需和调整结构的重要结合点，对于破解经济社会发展难题具有重大作用。一是城镇居民消费支出约为农民的 3 倍至 5 倍，城镇人口增加将带动消费需求成倍增长。城镇人口增加所带来的农产品需求增长，也将为农业发展、农民增收提供更大空间。二是农村居民自给性消费和服务占很大比重，转为城镇居民后将被商品性消费和社会化服务所代替，在互相提供商品和服务的同时也彼此提供收入。这将促进传统服务业发展，从而为农民工提供更多的就业岗位。三是城镇人口增加将促进城镇建设和城镇公共设施与服务发展，从而带动投资需求持续扩大。四是农村居民转为城镇居民，将使其子女接受更好的教育，成为具有更高素质的劳动者和创业者，并有机会进入中等收入群体行列，有利于缩小收入分配差距。五是城镇对生产要素的集聚和有效使用有利于资源节约。城镇土地利用率高于农村，城镇居民人均用地也低于农村居民。只要在城镇扩大土地占用的同时相应腾退出农村建设用地，城乡建设用地总量就有可能节约。

积极推进城镇化，应坚持走大中小城市和小城镇协调发展的道路。我国人口总量比美国、欧盟和日本的人口总和还要多，特别是我国农村人口比重高，城乡、地区发展差距大，城镇化显然不可能在短时期完成，也不可能采取单一模式。因此，既要以特大城市、大城市为依托，形成若干大的城市圈、城市群，充分发挥其要素聚集功能和辐射带动作用，使其成为我国经济新的增长极、增长带，并吸纳更多的农村转移人口；又要进一步发展中小城市和小城镇，使其成为各类特色经济、县域经济、生活服务业的载体，成为转移农村人口的重要途径。就近向中小城市和小城镇转移，也符合一部分农民工对生活习惯、费用支出和照顾父母等的实际要求。农民工是我国产业工人的重要组成部分，积极解决农民工在城镇落户等实际问题，是推进城镇化的重要方面。要推进户籍制度改革，放宽中小城市和小城镇户籍限制，解决符合条件的农村转移人口在城镇的就业和落户问题。尤其要尽快解决农民工子女在居住地接受义务教育问题，解决农民工进入城镇后的基本养老、医疗社会保障体系等问题。

（本文原载《人民日报》2010 年 2 月 3 日，《新华文摘》2010 年第 9 期转载）

评对于中国经济的高估

（2010 年 8 月 28 日）

一、对中国出口居世界第一的分析

2010 年 1 月 10 日在中国公布 2009 年 12 月出口额同比增长 17.7% 之后，国外媒体立即热议去年中国已经超过德国，成为世界第一出口大国。并由此在随后再次引发要求人民币升值的炒作。2009 年，德国出口额为 11270.7 亿美元，中国出口额为 12016.6 亿美元，中国比德国多出 746 亿美元，按照现有的外贸统计口径，中国成了世界头号出口国。事实似乎是不容置疑的，其实不然。问题在于出口额是一个包含重复计算的总产值概念，它不同于只计算增加值的国内生产总值（简称 GDP）。不同国家由于外贸结构不同，出口商品中的国内增加值差异很大，因此出口额并不能反映一国真实的出口规模及其对经济增长的贡献。尤其在经济全球化条件下，跨国公司在全球配置资源，制造业的产品设计、技术开发、零部件加工、最终产品组装和营销，分散在不同国家与地区。例如，美国、日本等发达国家的海外企业销售额都超过了本国的直接出口额。现有以居民定义的出口额统计方法，越来越脱离已经发生重大变化的国际经济现实。拿中德两国的出口来比较：

第一，中国出口商品的国内增加值比德国低得多。中国出口商品中约五成是加工贸易出口（1998—2008 年平均为

54.1%，2009 年为 48.8%）。据中国学者江小涓分析，将加工贸易和一般贸易中的进口转移价值都进行扣除，2007 年中国 8 种主要出口商品的国内增加值率平均为 48.3%。① 假定这个比例不变，按 2009 年中国出口额 1.2 万亿美元计算，国内增加值只有 5796 亿美元。即使按美国国际贸易委员会经济学家估计的中国出口商品国内增加值率为 50% 计算，2009 年中国出口商品国内增加值也只有 6000 亿美元。而据经济合作与发展组织分析，德国出口商品的国内增加值率为 70%，按 2009 年德国出口额 1.127 万亿美元计算，其国内增加值约为 7889 亿美元，比中国超过 2000 亿美元。据悉，国际货币基金组织、世界贸易组织正在研究新的统计方法，对加工贸易出口只计算其增加值部分。如果按此方法统计，中国出口额将比按现有口径统计的数额大幅减少。当然，德国人口只有 8200 万，中国人口是德国的 16.3 倍，即使按出口商品增加值计算，中国出口额迟早也会超过德国。但如果计算人均出口额，中国远落后于德国，就是不言自明的。

第二，中国出口商品竞争力明显低于德国。德国出口商品中居前六位的分别为机械和电子、汽车、电气设备、医药、精密仪器、高分子材料。在上述占德国出口总额 55% 的资本技术密集出口商品中，德国均具有明显的竞争优势。因此，德国的贸易顺差主要来自它高精尖的核心技术。而中国出口商品的比较优势主要来自纺织、服装、鞋帽等劳动密集型产品。虽然中国电气设备、机械及电子设备出口规模已居出口商品的第一位和第二位，在出口总额中分别占 24.2% 和 20.5%。从表面上看，这两类出口商品的贸易竞争力指数（计算方法是：出

---

① 江小涓：《大国双引擎增长模式》，《管理世界》2010 年第 6 期。

口额减进口额除以出口额和进口额之和。指数越接近负 1，表示竞争力越弱；指数越接近正 1，表示竞争力越强），也略超过德国；但是实际上，中国在机械和电子设备的出口商品中有 45% 来自 IT 制造业，特别是台式机、笔记本电脑等最终 IT 产品，其核心部件研发和核心零部件生产均在境外，中国内地只是进行组装，不仅附加值很低，而且不能反映中国真实的出口规模及外贸竞争力。

第三，中国贸易条件和效益比德国差。贸易条件是指出口价格指数与进口价格指数之比。它是国际贸易领域反映一个国家外贸效益的重要指标。出口价格比进口价格相对上升（大于100），表明贸易条件改善；出口价格比进口价格相对下跌（小于100），表明贸易条件恶化。中国海关数据显示，2009年2月以来中国出口价格同比持续下降，贸易条件处于恶化之中。2010年一季度，中国进口价格同比上涨 15.6%，其中主要是由于国际大宗商品价格上涨；而出口价格同比却下降 3% 左右，是 2000 年以来一季度出口价格指数的最低值。据北京大学中国经济研究中心宋国青教授测算，今年一季度，进口价格上涨使进口部门多支出 404 亿美元，而出口价格下跌使出口部门少收入 104 亿美元，两项合计 508 亿美元。贸易条件恶化导致的损失占国民收入的 4.3%。这意味着一季度 GDP 增长 11.9% 当中，有 4.3 个百分点是中国贡献给了别国，特别是石油输出国和矿产国。[1]

中国贸易条件的恶化与中国的经济结构和进出口结构有密切关系。由于中国经济增长过多地依靠投资和重化工业，对石油、铁矿石等能源、资源类产品的进口依存度越来越高，成为

[1] 范若虹：《中国贸易条件再度恶化》，《财经国家周刊》2010 年第 10 期。

提高国际大宗商品价格的重要需求因素；另一方面我国出口商品大多是附加值和利润率低的加工制成品，而由于产能过剩和激烈市场竞争，又不能把能源、原材料涨价转移到出口商品价格上。这就使得中国在进口和出口两个方面都处于贸易条件不利的地位。

李嘉图国际贸易模型认为，如果每个国家都专门生产并出口本国劳动生产率相对较高从而具有比较优势的产品，国际贸易就能为每个国家带来利益。改革开放以来，我国利用劳动力资源丰富、成本低的比较优势，大力引进外资，发展外向型经济，对扩大国内就业、加快经济发展发挥了重大作用；另一方面，从上个世纪 80 年代到 90 年代，我国在较长时间经常项目和资本项目都处于逆差，外汇紧缺，因此形成了一种习惯思维：只关注进出口总额和外贸顺差的增长，而不重视贸易条件和效益的状况。现在我国国际收支状况和对外贸易条件都发生了重大变化，因而是到了全面看待和正确处理上述两个方面关系的时候了。

二、怎么看中国 GDP 超过日本

根据世界银行统计，2000 年，中国 GDP 为 11985 亿美元，日本为 46675 亿美元，中国只相当于日本的 25.7%。到 2008 年，中国 GDP 增加到 43270 亿美元，而日本增加到 49108 亿美元，中国相当于日本的 88.1%，中日两国 GDP 差距明显缩小。据国际货币基金组织数据，2009 年，中国 GDP 为 49090 亿美元，日本 GDP 为 50680 亿美元。因此海外媒体普遍预测，中国 GDP 将在 2010 年超过日本。不久前日本公布 2010 年第二季度 GDP 为 1.29 万亿美元（上半年 GDP 为 2.58 万亿美元），而中国 2010 年二季度 GDP 为 1.34 万亿美元（上半年

GDP 为 2.53 万亿美元），于是媒体再次热议中国今年将成为世界第二大经济体。但是，问题在于中国名义 GDP 超过日本，并不等于中国实际经济总量超过日本，更不等于中国经济实力、经济发展水平超过日本。

第一，在经济全球化深入发展的条件下，由于跨国公司把在本国的企业大量转移到国外，发达国家的产出水平和经济实力，有相当大部分没有反映在 GDP 上。例如，据中国商务部研究院专家唐淳风计算，2004 年，日本的海外企业销售额为 155 万亿日元，是当年日本直接出口额 61 万亿日元的 2.5 倍。日本的海外总资产达到 41968 亿美元，这与日本海外企业销售额合在一起，相当于日本国内 GDP 的 1.58 倍。[①] 这个估算虽然有些夸大，因为海外企业销售额和直接出口额一样，并非全部都是增加值，海外资产也只能按当年资产收益计算，而且这两项加在一起也有部分重复计算；但是无论如何，将这两个部分换算成 GDP，其数额还是相当可观的。这是日本 GDP 所没有包含在内的。因此，中国 GDP 超过日本 GDP，也还不能说，中国实际经济总量已经超过日本。

第二，从人均国民收入比较，中国与日本还有很大差距。国民总收入（GNI）等于国民生产总值（GNP），即等于国内生产总值（GDP）加上来自国外的要素收入，再减去对国外的要素支出。中国的 GNP 在 2004 年以前略低于 GDP，约相差 1—2 个百分点；2005 年以来略高于 GDP 不到 1 个百分点。日本的 GNP 历来高于 GDP，如 2006—2008 年分别高 2.8、3.3 和 3.3 个百分点。2008 年日本 GDP 只有 49108 亿美元，而 GNP 为 50736 亿美元，比 GDP 多 1628 亿美元。2008 年日本人

---

① 唐淳风：《学日本闷气发财》，2009 年 8 月 6 日《环球时报》。

口 1.28 亿人，不到中国的 10%，即使中国 GNP 总量也超过日本，但人均国民收入，也仍然比日本低得多。当然，并不是说经济总量无关紧要。用 GNP 或 GDP 表示的经济总量，是一个国家经济实力和综合国力的重要表现，尤其是对大国而言，经济总量与它的国际地位和影响力有直接关系。国际上关注中国 GDP 总量增长，其原因就在于此。而人均国民收入具有和 GDP 总量不同的经济意义，它更能反映一国的实际发展水平和国民福利水平。中国 GDP 虽然居于世界前列，但人均只有 3800 美元，居于世界 105 位，还有 1.5 亿人生活在联合国制定的贫困线之下，仍属于发展中国家。发展经济的目的，归根到底是为了不断提高本国人民的生活水平，因此，不管国际上如何关注中国 GDP 总量，而和国内全体人民增加收入、改善生活更直接相关的，还是实际人均国民收入有多少。

　　第三，比较两国的经济实力不能只看当年的产出，即只看 GDP 或 GNP，更要看存量，即积累的国民财富和经济总量。日本经济总量居世界第二位已经几十年。据世界银行统计，1980 年当中国 GDP 只有 1894 亿美元时，日本已经达到 10553 亿美元，1990 年中国 GDP 只有 3569 亿美元时，日本已达到 30183 亿美元；2000 年中国 GDP 达到 11985 亿美元时，日本已达 46675 亿美元。虽然近 10 多年来日本国内经济增速缓慢，但几十年来积累的家底是很雄厚的；中国 30 年来经济发展速度虽然很快，但毕竟底子很薄，每增长一个百分点的绝对量也是逐步增加的，即使以 GDP 或 GNP 表示的年产出超过日本，但国民财富和社会福利水平也仍然无法与之同日而语。日本在上世纪 70—80 年代的经济高速增长期，就将当时获得的国家财富重点投入到医疗制度、养老金制度等社会保障系统的建设上。到了 90 年代日本经济低迷时，由于拥有良好的社会福利系统，日本社会依然相当安定。国际金融危机前，日本家庭有高达 1500 万亿日元的个人资产（约占整个世界的四分之一）。
2007 年底日本的对外纯资产为 250 万亿日元（100 日元约合
1.19 美元），是排名第二的德国的两倍。①尽管日本是发达国
家中债务最高的国家，据日本财务省公布的数据，截至 2010
年 3 月底，包括国债、借款以及政府短期证券等在内的国家债
务余额高达 882.92 万亿日元，相当于日本 GDP 的 1.8 倍，但
由于在日本的国债余额中，日本国内银行和投资者持有比例约
占 95%，外国投资者的持有比率仅为约 5%，这也正是日本不
会像希腊那样出现债务危机的主要原因。

　　第四，中国经济的发展阶段比日本低得多。日本早已实现
工业化，现在处于后工业化社会，而中国尚未实现工业化，比
日本落后三四十年。从三次产业结构看，2007 年，日本三次
产业增加值分别占 GDP 的 1.4%、29.1% 和 69.4%，三次产
业就业比重分别为 4.3%、27.2% 和 68.5%。2007 年，中国三
次产业增加值分别占 GDP 的 11.1%、48.5% 和 40.4%；三次
产业的就业比重分别为 40.8%、26.8% 和 32.4%。从城市化
水平看，2008 年日本城市化率为 89.6%，而中国只有 45.7%。
2010 年 4 月 19 日，日本经济新闻的一篇署名文章认为，"如
今中国的人均名义国内生产总值为 3500 美元，已接近 1973 年
日本的人均名义国内生产总值（3800 美元）水平。中国的汽
车普及率和城市人口比例几乎和上世纪 60 年代的日本处于同
一水准。"评论认为，"如今的中国与昔日的日本也有不同之
处。上世纪 60 年代至 70 年代，日本各地区间的收入差距迅速
缩小，而如今中国城乡收入差距过大，社会保障制度不完备。
为维持社会稳定，中国不得不保持经济高度增长，经济运行面

――――――――

　　① （日）松野平：《中国得为低速经济做准备》，2010 年 2 月 26 日
《环球时报》。

临艰难处境。"应当说,这是对中日两国发展阶段的比较符合客观实际的评述。

从企业竞争力来看,上个世纪90年代日本进入世界500强的企业数曾经与美国进入500强的企业数相差不多,并曾包揽前4名。后来由于日本经济陷入停滞而逐渐减少,但在今年《财富》公布的全球500强中,日本也仍有71家企业进入。在拥有核心技术和著名品牌方面,中国也远落后于日本。其中一个重要原因是日本研发经费支出占GDP的比重长时间居全球第一。日本2000年的这一比重为3.12%,2007年为3.67%,高于美国的2.65%和2.62%,而2008年中国的这一比重仅为1.54%。

再从可持续发展能力来看,日本是一个土地、能源、矿产等自然资源很贫乏的国家,日本吸取了上世纪70年代两次石油危机的教训,历来十分重视资源节约和在国外开发利用资源,以确保资源供给安全。日本一贯奉行"变他国资源为自己资源"的政策。只要企业能够获取海外油田、矿产权益,国家就在研发技术上给予支持,并由银行提供低息贷款。例如,日本的粮食自给率从上世纪60年代的79%下降到前几年的39%,粮食安全问题日益突出。于是日本掀起了新一轮海外屯田的浪潮。据非政府组织GRAIN在2008年公布的一份报告,日本食品企业于2006—2008年间在巴西、非洲和中亚等地租用和购买了大量农田种植有机作物。日本目前已拥有超过国内农田3倍的海外农田。又如,日本早就建立了战略资源储备制度,石油、铁矿石、木材、粮食以及多种稀有金属纳入了储备范围。根据日本石油储备法,国家、企业储备石油必须分别供全国消费90天和60天。① 到2009年年末日本石油储备

---

① 张捷:《资源角逐》,山西人民出版社2010年3月出版。

量达到 5. 89 亿桶，政府和企业的石油储备量均在法定标准之上。日本的森林覆盖率达到 64%，但为保护国内木材资源而长期从中国进口一次性筷子。再如，日本实行"藏汇于民"政策，2009 年年底，日本官方外汇储备为 1. 049 万亿美元，仅占日本全部对外资产的六分之一；而中国官方外汇储备为 2. 399 万亿美元，占中国全部对外资产的三分之二。正如日本学者所估算的：日本官方和民间的对外资产比中国全部对外资产多 1 倍。日本人口老龄化严重，人口自然增长率很低，导致国内经济增长缓慢，但由于日本拥有庞大的海外资产，日本跨国公司在全球建立庞大生产企业，广泛利用国外人力资源和自然资源，等于在国外又建立了一个日本经济体。这不仅避短扬长，而且把利润带回国内，把环境等问题留在别国，大大降低了成本。

以上这些，都是仅仅比较中日两国 GDP 看不出来的。由此可见，用 GDP 作为主要评价标准，说明中国经济超过日本，具有很大的片面性。

三、对中国经济总量超过美国之预测的讨论

本世纪头 10 年美国经济经历了两次衰退，而中国经济一直保持高速增长，令全球瞩目。预测中国经济的未来，成了国外诸多研究机构和学者的热门课题。高盛集团最先提出中国经济总量将在 2027 年超过美国，后来预测中国经济总量超过美国的时间不断"被刷新"，从 2025 年到 2020 年，再到最近英国经济与社会研究所预测的 2019 年。中国经济超过美国的规模，也一再"被放大"。美国卡内基基金会预测到 2050 年中国经济总量将比美国多 20%。最为夸张的是，2010 年 2 月美国《外交政策》刊登了芝加哥大学商学院教授罗伯特·福格

尔撰写的《2040 年的世界经济前景》，预测到 2040 年中国经济将达到 123 万亿美元，相当于 2000 年全球经济总量的 3 倍。届时中国经济将占全球 GDP 总量的 40%，而美国将只占 14%，欧盟 15 国占 5%，印度占 12%，日本占 2%。① 此论一出，立即引起了全球传媒的高度关注，原因不仅由于福格尔是 1993 年诺贝尔经济学奖获得者，更在于他预测的结论太具有轰动效应了。其中最吸引眼球的关键词是 123 万亿美元和 40%。外媒评论说："很显然，这一预期将使所有人感到担忧，特别是目前享有霸权的美国、欧盟和日本"。"美国《新闻周刊》最近称中国人为'新君王'，并将'当中国统治世界'作为报道的标题，宣称：中国将改写货币、技术、贸易、太空和气候领域的世界规则"。美国布鲁金斯学会的一位中国问题专家甚至说：中国想坐上"头把交椅"，并正为此要求国际社会对它更加"友好"。② 于是"中国将超越美国，成为世界第一强国"，世界将出现中国"独大"格局的舆论不胫而走。

俄新社的一篇评论说："福格尔并不是惯于耸人听闻的地缘政治家，他目前研究的是受教育人群和未受教育人群创造生产力的差异"。福尔格在文章中说，他的预测受到了美国中央情报局和《经济学家》的影响。尽管福格尔本人也许不是有意要把"祸水"引向中国，但在客观上还是起到了把水搅混、为"中国威胁论"推波助澜的作用。因此，对福格尔预测的方法和结论，进行实事求是的分析和讨论，是有必要的。本文

---

① （美）罗伯特·W. 福格尔：《2040 年的世界经济前景》，王哲译，《经济社会体制比较》2010 年第 2 期。

② 埃米利奥·诺埃尔：《巨龙不在熟睡》，委内瑞拉《分析报》2010 年 4 月 15 日。

限于篇幅，只讨论与中国有关的部分。

第一，福格尔在计算全球主要经济体的 GDP 时采用的是购买力平价（PPP）法，而不是采用国民核算系统和平均汇率计算，因此作为预测基数即 2000 年主要经济体 GDP 的数额就有很大的差异。

2000 年主要经济体的 GDP

经济体	福格尔按购买力平价计算（单位：亿美元）	世界银行按购买力平价计算（单位：亿国际美元）	世界银行按国民核算系统和汇率法计算（单位：亿美元）
美国	96010	110099	97648
欧盟（15 国）	92640	106858	80496
日本	34560	36286	46674
中国	49510	33758	11985

从上表可以看出，福格尔按购买力平价计算，作为基数的 2000 年的中国 GDP，比世界银行按国民核算系统和汇率法计算的数值多算 37526 亿美元，即多算 3.1 倍；也比世界银行按购买力平价计算的数值多算 15752 亿美元，即多算 46.7%。按照福格尔给出的基数和假定条件（中国 GDP 年均增长 8.4%，美国 GDP 年均增长 3.8%），可推算出，到 2016 年中国 GDP 是 179953 亿美元，同年美国 GDP 是 174354 亿美元。就是说，6 年后中国 GDP 总量就将超过美国，这也是迄今为止最夸张的预测。

这里有必要讨论一下购买力平价法的局限性。购买力平价法（简称 PPP），是通过价格调查来测算不同国家货币购买力的比率，并按此比率把按各国货币计算的 GDP 换算为基准货币（如美元），以进行国际比较。联合国统计局和世界银行按 PPP 法开展了国际比较项目（简称 ICP）。该项目以美国为基准，收集了各国 151 类 2000 多种代表规格的商品和劳务的价格，将各国 GDP 按上述 151 类的支出构成作为权数，进行加权，先计算各分类商品或劳务的购买力平价，然后汇总为各国 GDP 的购买力平价，并换算为同一货币，以进行国际比较。

PPP 理论与方法存在明显缺陷：一是 PPP 要求在不同的国家所调查的代表商品的规格、性能和质量必须是相同的，同时又必须在不同国家都具有代表性，但由于各国的基本国情、经济发展水平、生产和消费结构等都存在很大差异，因此在不同国家选择既具有代表性，规格、性能和质量又完全相同的商品和劳务，是很困难的。如选择不当，测算结果就会失去可比性。二是 PPP 法假定各国所有商品都可用于国际自由交换，并且不计关税、配额和赋税等交易成本；同时它忽略了服务性商品价格的不可比性；忽略了同一种类商品在不同国家销售环境和售后服务的差异。三是由于发达国家有较大的 GDP，在确定各类支出权数时，发达国家起着主导作用，因而不能充分反映发展中国家的情况。四是购买力平价的测算是一个系统又十分复杂的统计过程，实际操作比较困难。由于受基础资料来源、调查范围、调查点和代表商品规格样本、比较对象、汇总方法等多种因素的影响，不同国家、不同年份的调查和统计测算的结果之间往往有较大的偏差。[①] 例如，世界银行在 2008 年 2 月底公布了 2005 年全球国际比较项目的最终报告，其中按 PPP 法计算的中国 GDP 总量为 53332 亿美元，而此前世界银行于 2006 年公布的同一项数据的中国 GDP 约为 8.6 万亿美元，前后相差近四成。世界银行解释调整数据的原因是：世界银行过去一直根据 1986 年时的中美两国物价对比来推算中国

---

① 王国实：《对人均 GDP 国际比较两种方法的思考》，《财经理论与实践》2001 年第 1 期。

的购买力平价，此后再也没有考虑物价变化，而事实上近20年来中国相当一部分商品价格已涨了几倍。[①] 五是购买力平价估算的方法有多种，同样用 PPP 法计算，因采用的估算方法、选取的代表性商品种类、权数以及调查价格的时间、地点不同，计算结果也不一样。世界银行 ICP 项目在长期工作基础上不断改进，至今尚且存在数据质量问题；福格尔采用 PPP 法估算的数据太不靠谱，其可信度受到质疑，当然在情理之中。

总之，从理论上讲，PPP 法可以在国际比较时消除各国 GDP 中的价格差异，但是，它的实际应用由于受到诸多客观条件的限制，推算结果往往高估了发展中国家尤其是中国的经济规模。正因为 PPP 法存在缺陷，世界银行在公布 2005 年 ICP 项目初步报告中特别强调："由于数据结果存在不确定的统计误差，PPP 数据不宜用来进行 GDP 和人均 GDP 前后精确位次排序，也不宜作 GDP 支出分类结构分析。PPP 不仅反映国家间可贸易品的价格比例关系，也包括不可贸易的价格比例关系，它不能用作评价汇率高估或低估的标准。"也因为如此，现在世界银行也仍然采用汇率法计算的 GDP，作为划分高收入国家、中高收入国家、中低收入国家和低收入国家的标准，以及各国 GDP 和人均 GDP 在全球的排名。

第二，福格尔的预测还建立在中美两国 GDP 增长率长期保持 1 倍以上的差距上，即 2001—2040 年，中国 GDP 始终保持 8.4% 的增长率，而同期美国 GDP 增长率为 3.8%。这个假定带有很大的或然性。因为中国从 1979 年实行改革开放以来，已经保持长达 30 年的经济高增长，未来 30 年仍然一直保持年均 8% 以上高增长率的可能性不大。连续 60 年保持 8%—10%

---

① 余芳东：《世界银行推算的中国购买力平价结果及其问题》，引自中国论文下载中心。

的高速度，这在世界发展史上没有先例。美国历史上 GDP 年
均增长率 1820—1870 年曾达到 4.2%，1870—1913 年达到
3.94%，二战后 1950—1973 年达到 3.93%；1973—1998 年降
为 2.99%。法国、德国 GDP 年均增长率 1950—1973 年分别达
到 5.05% 和 5.68%，1973—1998 年分别降到 2.10% 和
1.76%。曾被称为东亚奇迹的日本 1950—1973 年 GDP 年均增
长率曾达到 9.29%，随后速度就慢了下来，1973—1998 年降
到 2.97%。[①] 发达国家经济发展史表明，从长期看，随着经济
规模越来越大，经济每增长一个百分点的绝对量也越来越大；
同时经济增长受到市场需求、劳动力和资源供给、环境承载等
多种因素制约，因此在高速增长期之后，增长速度逐渐慢下
来，是符合经济发展规律的。美国《亚洲华尔街日报》2010
年 7 月 18 日的文章《中国开始放眼经济高速发展时期之后的
未来》，引美国哈佛大学经济学家德怀特·珀金斯说："任何
国家都无法无限期地以 8% 到 9% 的增长速度发展下去。对任
何国家而言，这种增长速度都将结束。"珀金斯认为，中国高
速增长的阶段最多还剩 10 年。该文认为，大约 35 年来适龄劳
动人口稳步增长的格局将宣告结束。据美国华盛顿思想库战略
和国际问题研究中心称，"自上世纪 70 年代末以来，中国人口
格局的变化使得年经济增长率增加了约 1.8 个百分点。"该中
心预测，"到 2030 年，劳动人口的减少将会使得中国增长率每
年减少 0.7 个百分点。"日本新任驻华大使丹羽宇一郎在日本
《文艺春秋》7 月号发表的文章中认为："中国的高速经济增
长期将持续 35 至 36 年（1980—2015 年），是日本高速经济增
长期的两倍。""2015 年前后中国可能进入年增长率为 4% 至

① （英）安格斯·麦迪森：《世界经济千年史》，北京大学出版社 2003
年版，第 260 页。

5%的平稳经济增长期";"日本的平稳经济增长持续了17年,中国这一阶段将持续35年左右。即自2015年至2050年,中国经济年增长率将保持在4%至5%左右"。"到2020年中国国内生产总值可能达到10万亿美元,届时日本国内生产总值仍为5万亿美元左右。也就是说,10年后中国市场规模将是日本的两倍"。笔者赞同大使先生关于中国经济将从高速增长期转入平稳增长期的判断,但认为时间可能在2020年前后;增长速度放缓也将是逐步的,比如2010—2020年增速年均在7%左右;2020—2030年增速年均在6%左右,2030—2040年增速年均在5%左右。按照这样的发展速度,中国就可以在本世纪中叶实现第三步战略目标,即基本实现现代化、达到中等发达国家水平。

第三,福格尔在"对中国预测的解释"中强调了支持中国经济增长的两个潜在因素:一是农业部门的人口转移到工业和服务业。据他分析,"产业间人口转移为中国经济年增长率贡献了3个百分点。今后30年产业间人口转移会继续成为中国经济增长的重要因素。"二是教育对劳动力素质的提高。据他分析,"在接下来的30年中,把高中入学率提高到100%,把大学入学率提高到50%,这个举措本身就会让经济年增长率提高6%还多。"应当说,这两个因素对中国经济增长确实是至关重要的。在中国13亿多人口中,农村人口至今仍占一半以上,未来二三十年还将有三、四亿农村人口转移到城市。中国城市化规模比美国、欧洲、日本历史上的城市化规模都大得多。这虽然将给中国城市就业、住房、交通、教育、医疗等带来巨大压力和困难,但同时也将为中国未来经济发展提供丰富的劳动力资源和潜力巨大的国内市场。笔者认为,未来二三十年,中国经济发展速度会随着经济规模不断增大而逐渐放缓,但仍能长期保持7%、6%、5%的高增长,主要依据就在于中国空前的城市化规模，将为经济发展提供持续的动力和发展空间，这是美国、欧洲、日本工业化历史上所未曾有过的条件。尽管如此，但是按福格尔的分析，上述两个因素会让中国经济年增长率提高 9% 还多，无疑还是夸大了。在未来 30 年中，高中入学率提高到 100%，大学入学率提高到 50%，这对于拥有 13 亿多人口的中国来说，谈何容易！即使能达到这样目标，也将是一个长过程，显然不可能仅靠这个因素，就使今后 30 年中国经济年增长率提高 6% 以上。因为道理很明显，美国 3.1 亿人口，拥有 4400 所大学，早在 1980 年大学入学率就已达到 50% 以上，但是美国经济年增长率并没有因此提高几个百分点。福格尔文章说，"西欧在 20 世纪的最后 20 年里，高校入学率从 25% 提高到了 50%；英国把大学入学率从 19% 提高到 52%，其中 2/3 的增长发生在 1990 年至 1997 年间。"但是，无论西欧还是英国在上述期间经济增长率都没有因此提高多少。这说明教育提高劳动力素质对经济增长的作用大小，在不同国家和不同发展阶段是不一样的，不能成为一个公式随意套用到各个国家或一个国家各个发展阶段上。

　　第四，福格尔在文章中对国际上关于中国"政治不稳定"、"经济将出现周期性的急剧下降"、"国有企业的低效将加剧社会动荡"，"受不良贷款严重困扰的银行系统即将崩溃"，等等怀疑中国经济增长前景的论点，作了比较客观的分析。这是应当给予肯定的。但是，问题恰恰在于：福格尔在预测中国到 2040 年的发展前景时，没有把中国未来 30 年发展面临的困难、问题和挑战作为制约经济增长速度的因素给予充分的考虑。例如，未来 30 年中国人口老龄化和适龄劳动年龄人口的结构变化；中国水、土地、石油等人均资源不足；资源和环境对经济增长的约束日趋强化；生产要素成本不断上升；30 年高速增长积累的经济结构失衡必须纠正和调整等等。同时，中国经济发展方式不可避免的转变，也是未来增长速度放缓的重要因素。例如，多年来中国投资的增速比消费增速高得多，出口增速明显高于 GDP 增速；第二产业增速也高于第三产业增速，今后经济增长从主要依靠投资和出口带动转向更多地依靠消费拉动，从主要依靠第二产业带动转向更多地依靠第三产业拉动，这一过程也将是增长速度放慢、而增长质量和效益提高的过程。今后 30 年中国经济的成功，将从前 30 年主要表现为 GDP 高速增长，转向主要表现在经济发展具有更高质量和效益上，表现在经济社会发展更平衡、协调和可持续上，表现在社会和谐、共同富裕、人民幸福上。中国共产党中央在本世纪初提出要树立和贯彻科学发展观，笔者认为其根本意义就在于要摆脱只追求 GDP 高速度的传统增长模式，引导中国经济走以人为本、全面协调可持续的发展道路。日本学者松野平说得不错："中国的国家目标，绝不应是 GDP 这一体现经济规模的数值超过美国，而是应成为 13 亿人和平生活，且大多数中国人都感到幸福的国家。世界对中国的关注，不在于中国的 GDP，而在于中国的经济发展方式"。[①] 因此，福格尔对中国发展前景的预测，实际上是对今后中国经济发展方向的误导。上个世纪 80 年代，日本经济发展势头强劲，当时也有不少预测认为日本将很快超越美国。美国学者埃兹拉·沃格尔曾发表《日本第一》，轰动一时。20 多年过去了，结果怎么样呢？日本和美国的差距反而拉大了。殷鉴不远，当前盛行的中国即将超越美国的预测，何尝不也是一种陷阱呢？我们千万要当心。

第五，福格尔文章对美国科技、教育、经济等方面在世界独一无二的优势和未来的发展潜力，均未作分析。既然是比较

---

① （日）松野平：《中国得为低速经济做准备》，2010 年 2 月 26 日《环球时报》。

中美两国经济发展前景，这是不应有的疏漏。我们在上面关于中日经济比较所作的分析，也完全适用于中美经济的比较。例如，美国的产出水平和经济实力，也有相当大部分没有反映在GDP上。据美国商务部统计，2008年美国的海外总资产为19.24万亿美元。另据统计，美国海外企业销售额2008年达到2.6万亿美元，远超过美国出口额。美国庞大的海外企业销售额和海外资产收益均未计算在GDP之内。尽管美国对外资产目前是负3000亿美元，但是恰恰在这一点上美国占了大便宜，因为国外持有美国10年期国债的平均收益率只有3%左右，而美国跨国公司海外资产的平均收益率比3%高5倍以上。更重要的是要看到，美国三次产业在世界上都是最强大的：美国农业早已实现现代化，且具有得天独厚的自然条件，美国人口不到中国人口的四分之一，而其耕地比中国多72%。美国拥有世界上最先进的制造业，其在经济中的比重虽然一直在下降，但仍占世界制造业的五分之一。美国的金融、电信等服务业更是在全球独占鳌头。上个世纪40年代以来美元一直是全世界主要的储备和结算货币。美国经济总量居世界第一已有100多年，它所积累的财富总量和经济实力，并不是用年GDP产出所能衡量的。例如，尽管受到金融危机冲击，在2010年《财富》公布的世界500强（根据营业收入对全球大型公司的排名）中，美国依然以139家上榜企业遥遥领先；近几年中国进入世界500强的企业增加很快，但也只有54家。在不久前公布的《福布斯》全球品牌50强中，美国品牌居明显优势，在全球最有价值的十大品牌中，美国的苹果、微软、可口可乐、IBM、谷歌、麦当劳、通用电气、万宝路、英特尔等品牌占据前9名，9大品牌价值合计达3794亿美元。至于美国科技在全球的领先地位更是尽人皆知的。1896年至2009年，诺贝尔奖中化学、物理学、生理学或医学、经济学奖的获得者共有 513 人，其中美国占了 235 人。匈牙利著名经济学家科尔奈说：美国的创业精神极其旺盛，过去 60 年至 80 年时间里世界性的伟大创新与科技进步大多是由美国企业家创造的。[①] 以上举例足以说明，当前盛行的仅仅根据中美国两国 GDP 年增长率的差距，就预测中国经济总量很快将超越美国，甚至成为"世界第一强国"等等，距离事实和实际有多远。

说到对中国发展前景的预测，瑞士日内瓦大学亚洲研究中心高级研究员张维为在《中国触动全球》一书中说过，"美国研究中国问题的人众多，但对中国前景误判的人也最多"。"你可以把西方最好的智库和最有名的中国专家排出来，看一看他们过去 30 年对中国的预测有多少是正确的"。中国现代国际关系研究院世界政治研究所所长高祖贵认为，从目前来看，现在预测中国的主基调大多是"唱强"，只是程度不同而已，"但是在这些基调里都能感觉到一种夸张。说你好的时候过于好，说问题的时候又过于严重。无论是有意，为他们的战略和策略服务，还是无意，因为他们用自己的价值观来作判断"。[②]笔者认为，两位学者的以上分析是很中肯的，可以说是切中目前国外某些对中国前景预测的要害。

四、以 GDP 作为衡量发展状况主要依据的局限性

GNP 和 GDP 是上世纪 30 年代美国经济大萧条时期，经济学家西蒙·库兹涅茨应美国商务部要求编制的、用来反映经济景气的指标。库兹涅茨当时就指出了他自己创设的这种经济指

---

① 科尔奈：《中国改革再建言》，2010 年 3 月 29 日《财经》杂志第 2 期。

② 《澄清"预测中国"的浑水》，《瞭望新闻周刊》2010 年第 10 期。

标的局限性，他在国会作证说：（这种指标）既排除了做家务等无法计价而又具有社会价值的活动，又不能计算经济和人力资源的损耗。因此一个国家的幸福与繁荣几乎不可能由这个指标来表现。[①] 后来这项指标受到凯恩斯的推崇，认为可以用作政府对供给、需求、失业等问题进行宏观经济管理的有用依据。可是在二战后全球追求经济复苏的大趋势下，GDP 慢慢变成为衡量国家经济发展和社会进步的最重要指标。其实从上世纪 70 年代以来，国际上就不断有学者指出 GDP 存在不少缺点。例如，从社会层面看，GDP 将好的、坏的产出都一视同仁地算在指标之中。从环境层面看，GDP 没有把污染、环境恶化作为必须偿还的成本加以扣除，甚至将污染导致人体疾病、医疗费用增加也算作对经济的贡献。同时，GDP 只计算产出，而不能反映产出与财富分配的公平性。1994 年维兹塞克在《地球政治》中曾生动地描述了 GDP 的缺陷："乡间小路上，两辆汽车静静驶过。一切平安无事，它们对 GDP 的贡献几乎为零。但是，其中一个司机由于疏忽突然将车开向路的另一侧，连同到达的第三辆汽车，造成了一起恶性交通事故。'好极了！' GDP 说。因为随之而来的是：救护车、医生、护士、意外事故服务中心、汽车修理或买新车、法律诉讼、亲属探视伤者、损失赔偿、保险代理、新闻报道、整理行道树等等，所有这些都被看作是正式的职业行为，都是有偿服务。即使任何参与方都没有因此而提高生活水平，甚至有些人还蒙受了巨大损失，但我们的'财富'——所谓的 GDP 都依然在增加。"

诺贝尔经济学奖获得者、美国哥伦比亚大学教授斯蒂格利

---

① 《GDP 不能表达一个国家的幸福和繁荣》，2009 年 11 月 2 日《第一财经日报》。

茨也鲜明地指出了 GDP 的弊端，他在 2009 年接受媒体采访时说，这场金融危机显示，美国的 GDP 数据完全没有反映真实状况："单看美国 GDP 指标，2008 年 GDP 比 2000 年有明显增长，但美国在危机前的数据被不真实的银行行为和资产泡沫扭曲了。对多数美国人而言，这是衰退的 10 年。但 GDP 却显示境况改善了"。斯蒂格利茨认为，GDP 最大的问题是没有考虑社会和人的发展。"GDP 只是一个量的指标，而不是一个质的指标。GDP 没有考虑财富分配，也没有道德价值观"。"GDP 只计算公共部门的投入而不考虑产出，只计算规模而不考虑效益"。"GDP 无关可持续性也是一个重要问题，投资去了哪里？消费是否可持续，GDP 都没有测量。"斯蒂格利茨举了阿根廷的例子证明他的观点。上世纪 90 年代，阿根廷 GDP 看起来很好，曾被美国作为经济发展的典型，但随后发生了经济危机。因为其增长是建立在大规模负债和错误价格基础上的。①

　　在中国，由于基本国情（人口占世界五分之一，人多地少，人均自然资源短缺，城乡二元结构典型，区域发展很不平衡，投资、工业过于集中东部沿海地区）、发展阶段（工业化中期，大规模城市化，从低收入进入中等收入）、发展战略（承接国际资本和产业转移，大进大出、两头在外、出口导向）、发展方式（投资驱动，重化工业优先发展，粗放和速度型）、经济体制（从计划经济向市场经济转轨尚未到位，政府和国企配置资源力量强、比重大）等多方面原因，GDP 在发挥正面作用的同时，其缺陷和负面效应也比发达国家突出。例如，GDP 的资源环境成本更大。2009 年，中国 GDP 占全球 8.5%，而消耗的钢铁占 46%，煤炭占 45%，水泥占 48%，

---

　　① 《GDP 不能表达一个国家的幸福和繁荣》，2009 年 11 月 2 日《第一财经日报》。

油气占 10% 。中国电力、钢铁、有色金属、石化、建材、化工、轻工、轻纺等 8 个行业单位产品能耗平均比世界先进水平高 47% 。这除了经济结构、发展阶段、增长方式的问题外，还由于发达国家在一二百年工业化、城市化进程中分散支付的资源环境成本，中国要在几十年间集中支付，其中还包括承担"中国生产、美欧消费"的资源环境成本。据测算，中国出口的高耗能产品平均每年消耗能源达 1.5 亿—2.5 亿吨标准煤。又如，中国 GDP 核算以生产为主，而不是以收入为主，投入、规模、速度等因素对 GDP 影响大，因而被考虑得多；产品与建筑质量、生产与消费安全、资源与环境成本、经济效益、居民收入等因素对 GDP 影响小，因而被考虑得少，加上要素价格没有真正反映实际成本和供求关系，因而 GDP 数据和实际经济状况往往存在较大差距。再如，中国现阶段一方面 GDP 高速增长，另一方面国民收入和财富分配的差距持续扩大，GDP 本身既不能反映、也解决不了两者的矛盾。总之，正如斯蒂格利茨所说，GDP 只是一个量的指标，而不是一个质的指标。因此，用 GDP 进行国际比较，实际上仅仅限于量的比较，而不包括质的比较。但是，经济社会发展恰恰不只是量的增长，更重要的是质的提高，是社会和人的发展。

正因为用 GDP 作为衡量发展状况的最主要指标，存在不少缺陷，因而近几十年来，不断有学者和机构提出了正确衡量发展状况的新指标。例如，1972 年美国学者詹姆斯·托宾和威廉·诺德豪斯共同提出了"净经济福利指标"（Net Economic Welfare）。他们主张应该把城市中的污染、交通堵塞等经济行为产生的社会成本从 GDP 中扣除掉；同时必须加进去传统上被忽略的经济活动，例如休闲、家政、社会义工等，才是净经济福利。根据他们的算法，美国从 1940 年至 1968

年，每人每年净经济福利所得，几乎只有人均 GDP 的一半，1968 年以后几年还不及一半。[①]

1973 年，日本政府在美国学者上述研究的基础上提出了"净国民福利指标"（Net National Welfare）。其中最重大的突破是将水、空气、垃圾等主要的环境污染列入指标中，先列出每项污染的可允许标准，再调查污染状况，超过污染标准的，必须编列改善经费，这些改善经费必须从国民所得中扣除。根据这样的计算方法，日本政府发现当时虽然 GDP 年增长 8.5%，但在扣除污染改善成本后，实际上只有 5.8%。

又如，1989 年美国学者罗伯特·卢佩托为首的一群研究人员提出了"国内生产净值"（Net Domestic Product）。他们主张必须将自然资源损耗成本从 GDP 中扣除。他们选择大量出口石油、木材的印尼为例，1971 年至 1984 年印尼 GDP 虽然年均增长 7.1%，但在扣除因大量出口导致的石油损耗、木材量减少以及因伐木引起的土壤流失等自然资源损耗成本之后，只有 4%。

同一年，美国经济学家戴利与科布共同提出了"可持续经济福利指数"（Index of Sustainable Economic Welfare）。这套指数包含了一些过去没有被尝试的内容。例如，它计算财富分配的状况，如果分配超出不公平的标准，必须被扣分；它还计算社会成本，如失业率、犯罪率；它严格区分经济活动中的成本与效益，例如医疗支出、超时工作是社会成本，不能算成对经济有贡献。英国、美国、德国、瑞士、澳大利亚等政府在上个世纪 90 年代，曾试图依据这套标准来衡量国家进步的状况。澳大利亚在 1997 年根据这套指标估算增长状况，发现从 1950

---

① 《致命的 GDP》，台湾《天下》杂志 1999 年 4 月号。

年至 1996 年间，澳大利亚人均 GDP 从 9000 澳元增长到 23000
澳元；但是，以可持续经济指标衡量，1996 年每人所得只有
16000 澳元，约只有人均 GDP 的七成而已。

随后，联合国开发计划署在 1990 年提出了"人类发展指
数"（Human Development Index）。这项指数最重要的突破是认
为，国民所得在达到一定程度后，对人类带来的福祉、效益会
逐渐递减，打破了传统认为所得越高就一定越幸福的观念；主
张从人本观点出发，反对以 GDP 作为国家最终追求的目标。
这项指数除了调整国民所得之外，还加了三项指标，即人口平
均寿命；成人文盲比例；学龄儿童就学率。

联合国环境署在 1995 年提出了"可持续发展指标"（Sus-
tainability Indicators）。这套指标极为复杂，包含四大类，一是
社会；二是经济；三是环境；四是政府组织、民间机构。每个
方面包括分析人类行为中足以影响可持续发展的活动；这些行
为活动在可持续发展的标准下的现状如何；目前有没有政策规
范可以改善现状，综合这几个方面得出可持续发展指标的
状况。[①]

为了实现可持续发展，1997 年德国学者厄恩斯特·冯·
魏茨察克和美国学者艾默里·B. 洛文斯及 L. 亨特·洛文斯
共同发表了《四倍跃进》（Tactor Four）一书，提出了"在财
富成倍增加的同时使资源消耗减半"的新理念。该书还提出
了绿色经济和绿色 GDP 的新概念，并收集了实现四倍资源生
产率的 50 个实例，形象地示范了"四倍跃进"的广泛可
能性。[②]

综上所述，40 年来对 GDP 的认识已经深化和发展了。从

---

① 《致命的 GDP》，台湾《天下》杂志 1999 年 4 月号。
② 《四倍跃进》，中国工商联合出版社 2001 年出版。

现实针对性看，也更需要强调，必须充分认识把 GDP 当作衡量国家发展状况主要指标的局限性。正如台湾《天下》杂志在 1999 年 4 月发表《致命的 GDP》一文时加的编者按所说："如果你还在用 GDP 衡量自己的国际地位，那你就落后世界 30 年了。追求真正的发展，先进国家开始用不同的指标瞄准未来。"这也正是我们在今天需要借鉴和反思的，尤其是在国外媒体大肆渲染中国 GDP 超日赶美、而国内主要倾向也仍是偏重于追求 GDP 速度的时候。

（本文原载《宏观经济研究》2010 年第 9 期。发表前曾报送国务院温家宝总理、李克强副总理和中央关于"十二五"规划建议起草组参阅）

后　记

　　这本文集是作者在 1988—2010 年间文稿的选辑。其中一部分选自公开发表的文章；一部分选自未曾发表的研究报告、讲话和其他文稿。选集是按时间先后排列的，内容涉及经济发展战略、经济体制改革、经济形势和宏观调控，以及关系全局的其他经济问题。上个世纪后二十年和本世纪头十年，正值中国改革开放全面展开、深化和中国经济高速发展的时期。这个期间中国经济社会面貌所发生的巨大、深刻变化，不仅在中国历史上未曾有过，而且在世界历史上也是罕见的。新中国成立前，中国是世界上人口最多，又是最贫穷和落后的国家，仅仅过了六十年，中国就迅速崛起为站在世界前列的经济大国。我和许多同龄人一样，有幸目睹和亲历祖国的这个伟大变化；作为经济学的研究者，我还有幸参与改革开放新时期不少经济问题的研究和决策咨询工作。如果说这本选集中的文稿有某些参考价值的话，也是由于它们从一些侧面反映了这个期间实践与认识的探索和发展过程。但是，也正因为这个时期的实践在迅猛发展，认识在不断深化，而作者受实践和认知的能力所限，因此，文稿中的观点和论述，难免有诸多不周全甚至是错误之处，敬请读者批评指正。为尊重历史，这次收入选集的文章，内容均未修改，只作文字和资料的订正。选集中有几篇公开发表的文章，是与其他同志合作的，收入选集时，征得了合作者的同意。

感谢王梦奎同志应我之邀，欣然命笔为本书写了序言；感谢袁守启（启笛）同志为本书题写了书名；感谢为本书有关文章研究、写作和本书编辑、出版提供帮助的所有同志。

林兆木

2011 年 9 月 6 日

作者简介

1936年10月出生，福建省漳州市人。1954年12月福州商业学校毕业后分配到福建省商业厅工作。1956年7月考入中国人民大学经济系学习。1960年7月毕业后留在本校任教，兼任光明日报《经济学》专刊编辑。1971年3月至1988年6月，在中共中央理论刊物《红旗》杂志先后任编辑、评论组长、总编室副主任、经济部副主任。1988年7月至1999年9月，先后任国家计委经济研究中心综合组长、经济研究中心副主任、宏观经济研究院常务副院长。1992年被评为有突出贡献专家，享受政府特殊津贴。1998年3月至2003年3月，任九届全国政协委员、全国政协经济委员会委员。2003年3月至2008年3月，任十届全国人大代表、全国人大财经委委员。1988年以来经常参与党中央、国务院部分重要文件起草工作，包括党的十五大报告、十六大报告、十七大报告，1988年以来的十多次中央全会文件；1994年以来历年中央经济工作会议文件和1989年以来历年《政府工作报告》等。在中央报刊和有关书籍中发表众多关于经济发展与改革的论文和评论。现任国家发改委宏观经济研究院研究员，中国宏观经济学会副会长，国家发改委学术委员会委员，国务院发展研究中心学术委员会委员，国家行政学院兼职教授，《经济研究》杂志顾问，国家哲学社会科学基金应用经济学科评委、副组长，广西壮族自治区决策咨询委员会特邀委员，福建省政府经济社会发展顾问等。

责任编辑:鲁　静
装帧设计:徐　晖
版式设计:东昌文化
责任校对:周　昕

图书在版编目(CIP)数据

林兆木自选集/林兆木 著. -北京:人民出版社,2011.11
ISBN 978 - 7 - 01 - 010379 - 2

Ⅰ.①林… Ⅱ.①林… Ⅲ.①经济学-文集 Ⅳ.①F0-53

中国版本图书馆 CIP 数据核字(2011)第 220906 号

林兆木自选集
LINZHAOMU ZIXUANJI

林兆木　著

人民出版社 出版发行
(100706　北京朝阳门内大街 166 号)

环球印刷(北京)有限公司印刷　新华书店经销

2011 年 11 月第 1 版　2011 年 11 月北京第 1 次印刷
开本:710 毫米×1000 毫米 1/16　印张:45.25
字数:559 千字　印数:0,001-3,000 册

ISBN 978 - 7 - 01 - 010379 - 2　定价:95.00 元

邮购地址 100706　北京朝阳门内大街 166 号
人民东方图书销售中心　电话 (010)65250042　65289539